汽车工程手册 8

生产质量篇

日本自动车技术会　编
中国汽车工程学会　组译

北京理工大学出版社
BEIJING INSTITUTE OF TECHNOLOGY PRESS

版权专有　侵权必究

图书在版编目（CIP）数据

汽车工程手册.8，生产质量篇／日本自动车技术会编；中国汽车工程学会组译.—北京：北京理工大学出版社，2010.12
ISBN 978-7-5640-3945-5

Ⅰ.①汽… Ⅱ.①日…②中… Ⅲ.①汽车工程-技术手册②汽车工业-质量管理-技术手册　Ⅳ.①U46-62②F407.471.63-62

中国版本图书馆CIP数据核字（2010）第214556号

北京市版权局著作权合同登记号　图字：01-2008-5498号
Automotive Technology Handbook by Society of Automotive Engineering of Japan, Inc.
Copyright © 2008 by Society of Automotive Engineering of Japan, Inc.
Transaction right arranged with Beijing Institute of Technology Press.

出版发行／北京理工大学出版社
社　　址／北京市海淀区中关村南大街5号
邮　　编／100081
电　　话／(010)68914775(办公室)　68944990(批销中心)　68911084(读者服务部)
网　　址／http://www.bitpress.com.cn
经　　销／全国各地新华书店
印　　刷／北京中科印刷有限公司
开　　本／889毫米×1194毫米　1/16
印　　张／25.25
字　　数／665千字　　　　　　　　　　　　　　　责任编辑／史　瑞
版　　次／2010年12月第1版　2010年12月第1次印刷　樊红亮
印　　数／1～5000册　　　　　　　　　　　　　　　责任校对／陈玉梅
定　　价／190.00元　　　　　　　　　　　　　　　责任印制／边心超

图书出现印装质量问题，本社负责调换

汽车工程手册

译审委员会

主　　任　付于武
副 主 任　李　骏
委　　员　高　波　于秀敏　张晓艳　杨志坚　樊红亮

翻译委员会

主　　任　高　波
副 主 任　黄永和　谢　飞
委　　员　（按姓氏笔画排序）
　　　　　王珍英　任世宏　刘璟慧　孙万臣　孙　丽　李云清
　　　　　李兴虎　何士娟　郑　芬　赵　和　姚为民　殷　悦
　　　　　彭大庆　程光明

审校委员会

主　　任　金东瀛
副 主 任　毛　明　孟嗣宗
委　　员　（按姓氏笔画排序）
　　　　　王国力　冯　宇　冯慧华　吕建国　朱　平　朱问锋
　　　　　刘　忠　安相璧　许　敏　李尔康　李　杰　李彦龙
　　　　　李炳泉　李晓雷　李淑慧　杨　林　张方瑞　张立军
　　　　　张建武　陈关龙　罗　勇　殷承良　黄　华　喻　凡
　　　　　魏春源

汽车工程手册 中文版序

汽车产业作为我国的支柱产业，在国民经济中发挥着越来越重要的作用。进入 21 世纪后，中国汽车产业进入了快速发展阶段，现已成为世界第一产销国。中国正在经历从世界汽车生产大国向汽车强国的转变。经过数十年的发展，我国汽车工业的综合技术水平有了很大的提高，但与国际先进水平相比，尚有一定差距。为满足我国汽车工业对国外先进科技信息的需求，缩短与发达国家的差距，中国汽车工程学会与北京理工大学出版社合作，在 2008 年引进了日本《汽车工程手册》的版权，并组织行业专家翻译出版。

《汽车工程手册》是由日本自动车技术会（JSAE）组织专家编写而成。该手册来自 1957 年出版的《自动车工学手册》和《自动车工学概览》，经过 4 次改版，并于 1990 年将两书整理修订并更名为《汽车工程手册》进行出版。为适应世界汽车技术的快速发展，在 2006 年再次重新整理编排，由 4 分册细分为 9 分册。同时在各分册中增加了"汽车诸多形势"和用作参考的"法规、标准"等章节，并将当前最新的汽车技术信息编入手册，使其成为日本汽车工程技术人员的必备工具书。

《汽车工程手册》涵盖了汽车制造的各方面，9 个分册包括《基础理论篇》《环境与安全篇》《造型与车身设计篇》《动力传动系统设计篇》《底盘设计篇》《动力传动系统试验评价篇》《整车试验评价篇》《生产质量篇》《维修保养·再利用·生命周期评价篇》。中文版手册配有丰富的原版插图、表格及大量的图片资料，最大程度地保留了原版手册的编写风格。相信本套手册的出版对我国汽车工程技术人员了解世界汽车最新的发展将有极大的帮助，并为行业技术人员、科研人员提供了一套不可多得的工具书。

中国第一汽车集团公司技术中心、吉林大学、北京航空航天大学、中国汽车技术研究中心、中国北方车辆研究所、中国汽车工程研究院、北京理工大学、军事交通学院等单位为手册的出版给予了鼎力支持。

在此谨向以上单位和个人表示感谢，并向他们表示衷心的谢意！同时，感谢北京理工大学出版社对手册的出版给予的大力支持，特在本书出版之际向他们表示深深的谢意！

中 国 汽 车 工 程 学 会
汽车工程图书出版专家委员会　付于武
2010 年 12 月

译者序

增强自主创新能力，是提升中国汽车工业水平的关键。学习和吸收国外的先进技术经验无疑可以加快我们的自主研发进程。中国汽车工业虽然比国外落后，但后发优势明显，古人云："吾尝终日而思矣，不如须臾之所学也"。只要我们认真地向汽车技术更先进的国家学习，一定能在学习中求进步，在进步中求提高，在提高中求创新，变"中国制造"为"中国创造"。

我们深知，科技进步靠的是合力，一万人前进一步的合力，远远大于一个人前进一万步的力量。引领并推动中国汽车工业科技进步，中国第一汽车集团公司有着义不容辞的责任。从知识分享的角度，中国第一汽车集团公司近两年向汽车行业推荐了几本有价值的资料，并受到行业图书出版专家委员会的普遍认可。中国第一汽车集团公司技术中心在组织人员对日文版全套《汽车工程手册》的章节标题及主要内容进行翻译后，发现该书内容翔实、图文并茂、深浅结合，并涵盖了最新技术，内容全面而系统，是一套对中国汽车工业有较强学习与借鉴作用的汽车工程和技术专著。因此我们向中国汽车工程学会推荐引进出版这套手册的中文版，让国内汽车行业的从业人员能够从中受益。

《汽车工程手册》是由日本自动车技术会（JSAE）组织出版。自1957年首次出版后，至20世纪90年代初，历经几次修订，由1册发展为4分册。伴随世界汽车技术的长足发展及环境的变化，2003年开始，日本自动车技术会又对《汽车工程手册》进行了全新改版，历经4年时间完成了9个分册的出版。新版手册不仅囊括了混合动力汽车的产业化、燃料电池车的发展、控制技术的高端化、再利用技术的发展等最新技术信息，每一分册还增加了能够反映汽车发展趋势的法规、标准等相关章节。各分册均由活跃在日本汽车各专业领域研发一线的专家执笔，不仅质量高，而且非常系统。该书对于国内工作在一线的研究和技术人员，以及承担着未来汽车技术开发的年轻人和学生来说都无疑是一本非常好的参考资料。相信该书必然会成为了解和掌握日本汽车技术，以及审视未来技术发展所不可缺少的工具书。

2008年，由中国汽车工程学会牵头，组织行业各单位和专家对《汽车工程手册》的9个分册进行翻译。其中，《造型与车身设计篇》《动力传动系统设计篇》《底盘设计篇》《动力传动系统试验评价篇》4个分册由中国第一汽车集团公司技术中心翻译完成，《基础理论篇》由北京航空航天大学翻译完成，《维修保养·再利用·生命周期评价篇》由中国汽车技术研究中心翻译完成，《环境与安全篇》《整车试验评价篇》《生产质量篇》3个分册由吉林大学和中国汽车工程研究院翻译完成。

本套手册由日本自动车技术会从2004年9月至2006年11月间陆续出版的《汽车工程手册》9个分册的日文修订版直接译成，也是国内首次出版该书的中文版。本分册由程光明、阚君武、崔洪、华顺明、何丽鹏翻译，由李晓雷审校。在此感谢北京理工大学出版社给予机会翻译这套工具书，更感谢付于武理事长对此书出版的大力支持。译、校者虽在译文、专业内容、名词术语等方面进行了反复斟酌，并向有关专业人员请教，但限于译、校者的水平与对新知识的理解程度，谬误和不当之处恳请读者批评、指正。

中国第一汽车集团公司技术中心主任　李骏

汽车工程手册 序言

进入汽车高速发展的时代以来，众多汽车行业前辈凭自己的劳动和自己的努力，攻克了汽车的耐用性、可靠性、降低排放、安全性等许多难题，追赶并超越汽车先进国家，造就了日本的汽车工程技术。1990年出版了第一版《汽车工程手册》。在泡沫经济与经济危机之际，国际性的大厂商进行了强强联合，这一时期确立了日本汽车产业在世界的领先地位。《汽车工程手册》在任何时候都以非常重要的基本原理与技术为基础，并涉及了汽车安全、环境、信息化、智能化和全球化等多个领域。

随着汽车技术的进一步发展，《汽车工程手册》搜集和整理了所有最新的汽车技术。日本汽车界专家和编写委员会委员抱着"技术是为人类解决难题"这种坚定的信念，在首次出版14年之后又对手册重新进行修订。这版《汽车工程手册》凝聚了众多先辈的劳动结晶，希望通过汽车研发人员和技术人员的学习和努力造就下一个汽车新时代。

如果本书能够为人们追求汽车生活的便利性，为人们实现梦想发挥一定作用的话，那将会不胜荣幸。

最后，对在百忙之中抽出宝贵时间给予本书的出版以大力帮助的各位执笔专家、编写委员会委员和事务局的各位表示深深地感谢和敬意。同时，也祝愿汽车行业更快更好地发展。

日本自动车技术会
会长　萩野道义

前言

日本自动车技术会将汽车技术集大成为目标，编辑出版本套手册和文献。1957年，经过反复修改首次出版了《汽车工学手册》。1990年对其进行了大量的修改，出版了《汽车工程手册》。该手册由《基础理论篇》，《设计篇》，《试验和评价篇》，《生产、质量、维修和保养篇》4个分册构成，总页数达到1758页。

以后的14年里，汽车技术不断发展，汽车工业发生了很大的变化。因此，必须出版一本符合时代要求的手册。2003年，成立了手册编写委员会，对手册的编写内容和分册结构进行了分析和研究。根据分析研究结果，把手册划分为9个分册，成立了相关的编写委员会，并开始进行修订版的编写工作。

《汽车工程手册》的编写特点：① 涵盖了混合动力车辆的实用技术、燃料电池车的相关技术、高性能的控制技术、再生利用等最新技术；② 由活跃在汽车各个领域中从事开发、设计的一线专家执笔，系统而全面地介绍了多个领域的前沿技术；③ 在各个分册中增加了汽车相关的发展趋势和相关的法律、法规篇章；④ 增加了摩托车技术等内容。另外，考虑到读者的经济承受能力，细分为9个分册出版，可以按分册销售。

我们相信本套手册能使活跃在一线的研究、技术人员更加受益，使肩负着下一代汽车技术重任的年轻技术人员和汽车专业学生对目前的汽车技术有所了解。

最后，在本套手册出版之际，向给予本套手册大力协助的委员会诸位委员、各位执笔专家深表谢意！

《汽车工程手册》编委会
主任委员　小林敏雄

目 录

第1章 汽车的研究发展现状 / 1
1.1 前言 / 1
1.2 泡沫经济以来的汽车生产情况 / 1
1.3 今后关于汽车生产方面的研究 / 2
    1.3.1 汽车生产技术的继承与发展 / 2
    1.3.2 汽车生产行业的劳动力不足 / 2
    1.3.3 确保汽车生产行业的国际竞争力 / 3
    1.3.4 网络信息社会和生产实际的关系 / 3
    1.3.5 IT技术与汽车生产 / 3
    1.3.6 汽车生产和环境保护 / 3
1.4 制造、品质篇的内容 / 4
参考文献 / 4

第2章 材料 / 5
2.1 钢材 / 5
    2.1.1 钢材的制造 / 5
    2.1.2 薄钢板 / 7
    2.1.3 钢管 / 15
    2.1.4 结构钢和特种钢 / 17
    2.1.5 粉末冶金用铁粉 / 27
2.2 有色金属材料 / 30
    2.2.1 铝合金材料 / 30
    2.2.2 镁合金材料 / 38
    2.2.3 钛合金材料 / 45
2.3 非金属材料 / 46
    2.3.1 橡胶 / 46
    2.3.2 塑料 / 51
    2.3.3 陶瓷材料 / 61
    2.3.4 涂料 / 61
    2.3.5 纤维材料 / 67
    2.3.6 粘接、密封材料 / 70
参考文献 / 75

第3章 加工技术 / 79
3.1 铸造 / 79
    3.1.1 概述 / 79
    3.1.2 铸造工艺及设备 / 80
    3.1.3 铸型 / 84
    3.1.4 铸造材料 / 86

3.1.5 铸件的质量／91
3.1.6 计算机在铸造生产中的应用／92
3.1.7 新技术／93
3.2 锻造／93
3.2.1 概述／93
3.2.2 锻造工艺及设备／95
3.2.3 锻模／101
3.2.4 锻造材料／103
3.2.5 锻件的精度及质量／103
3.2.6 先进的锻造技术／103
3.3 粉末冶金／104
3.3.1 概述／104
3.3.2 粉末冶金工艺／106
3.3.3 烧结材料／110
3.3.4 新的烧结技术／112
3.4 热处理／115
3.4.1 概述／115
3.4.2 热处理方法和设备／119
3.4.3 热处理质量的保证／125
3.4.4 热处理与表面处理技术的发展趋势／125
3.5 机械加工／126
3.5.1 概述／126
3.5.2 机械加工工艺及设备／127
3.5.3 大批量机械加工生产线／133
3.6 冲压加工／136
3.6.1 概述／136
3.6.2 冲压模具的设计／139
3.6.3 冲压模具的制造方法／140
3.6.4 生产准备用各种模型／141
3.6.5 冲压用材料和成型性／141
3.6.6 冲压加工工艺／146
3.6.7 冲压模具的寿命／149
3.6.8 冲压模具的质量保证／149
3.6.9 冲压加工新技术／149
3.7 塑料成型／152
3.7.1 概述／152
3.7.2 加工方法概述／154
3.7.3 金属模具制作／158
3.7.4 二次加工／158

3.7.5　零件精度及质量保证 / 160

3.8　陶瓷 / 160
 3.8.1　概述 / 160
 3.8.2　常用陶瓷材料的种类和性能 / 160
 3.8.3　陶瓷的制造工艺 / 162

3.9　电镀 / 164
 3.9.1　概述 / 164
 3.9.2　电镀 / 165
 3.9.3　塑料电镀工艺 / 167
 3.9.4　化学镀 / 168
 3.9.5　热浸镀 / 168
 3.9.6　电镀废水处理工艺 / 169

3.10　涂装 / 170
 3.10.1　概述 / 170
 3.10.2　涂装工序前的车身 / 171
 3.10.3　前处理 / 171
 3.10.4　电泳（底漆） / 171
 3.10.5　密封 / 173
 3.10.6　车底防护和热融性阻尼材料 / 173
 3.10.7　中层漆 / 175
 3.10.8　面漆 / 176
 3.10.9　修补 / 178
 3.10.10　打蜡 / 179

3.11　焊接·钎焊 / 179
 3.11.1　概述 / 179
 3.11.2　焊接工艺的种类和应用实例 / 180
 3.11.3　焊接设备 / 188
 3.11.4　焊接质量检查 / 192
 3.11.5　焊接新技术 / 195

3.12　连接 / 195
 3.12.1　螺纹连接 / 195
 3.12.2　铆接 / 198
 3.12.3　紧固件连接 / 199

3.13　其他加工技术 / 200
 3.13.1　喷丸硬化加工处理 / 200
 3.13.2　热喷涂技术 / 202

3.14　无损检测 / 203
 3.14.1　概述 / 203
 3.14.2　无损探伤检测 / 204

3.14.3 材质检测 / 208
3.14.4 应力检测 / 208

参考文献 / 209

第 4 章 生产加工 / 214

4.1 概述 / 214
    4.1.1 汽车生产的特点 / 214
    4.1.2 生产加工系统的全过程 / 215

4.2 生产准备 / 215
    4.2.1 生产准备的流程 / 215
    4.2.2 数字化工程的现状 / 215

4.3 制造工序和生产管理 / 218
    4.3.1 销售、生产管理系统 / 218
    4.3.2 生产方式的种类 / 218
    4.3.3 生产计划 / 218
    4.3.4 车辆生产标志管理 / 219
    4.3.5 生产管理 / 220

4.4 生产系统的发展 / 221
    4.4.1 生产系统的关键技术 / 221
    4.4.2 生产系统的发展趋势 / 225

参考文献 / 225

第 5 章 零部件、总成 / 226

5.1 发动机 / 226
    5.1.1 汽缸体、汽缸盖 / 226
    5.1.2 活塞 / 229
    5.1.3 连杆 / 231
    5.1.4 曲轴 / 234
    5.1.5 滑动轴承 / 236
    5.1.6 凸轮轴 / 237
    5.1.7 发动机气门 / 238
    5.1.8 燃料供给装置 / 240
    5.1.9 进气、排气歧管 / 243
    5.1.10 催化剂转换器 / 244
    5.1.11 增压器 / 245
    5.1.12 蓄电池 / 247
    5.1.13 充电装置 / 248
    5.1.14 火花塞 / 248
    5.1.15 散热器 / 249

5.1.16　发动机装配／252

5.1.17　转子发动机／254

5.2　动力传动装置／256

 5.2.1　离合器／256

 5.2.2　手动变速器／256

 5.2.3　自动变速器／262

 5.2.4　无级变速器／264

 5.2.5　传动轴／265

 5.2.6　等速万向节／267

 5.2.7　减速装置／268

 5.2.8　液力耦合器／269

5.3　转向机构／271

 5.3.1　转向盘（方向盘）／271

 5.3.2　转向柱／272

 5.3.3　转向器／273

 5.3.4　转向器装配／274

5.4　悬架／275

 5.4.1　悬架弹簧／275

 5.4.2　减震器／276

 5.4.3　球铰总成／278

 5.4.4　摇臂及其连接／279

5.5　制动器／280

 5.5.1　制动鼓和制动盘／280

 5.5.2　制动摩擦片和制动块／281

5.6　车轮及轮胎／282

 5.6.1　车轮／282

 5.6.2　轮胎／284

 5.6.3　车轮、轮胎的装配／285

5.7　车身／286

 5.7.1　车架／286

 5.7.2　车身本体／287

 5.7.3　油箱／290

 5.7.4　车身外饰件／290

 5.7.5　车身内饰件／295

5.8　辅件／300

 5.8.1　汽车空调／300

 5.8.2　仪表／301

5.9　电子设备／302

 5.9.1　集成电路／302

5.9.2　电子设备安装／304
　　5.9.3　电子设备检查／306
5.10　混合动力系统／307
　　5.10.1　混合动力汽车用电机／307
　　5.10.2　混合动力汽车用变换器／311
参考文献／315

第6章　车辆装配／317
6.1　概述／317
　　6.1.1　汽车装配的要点、种类和特点／317
　　6.1.2　生产方式／317
6.2　装配工艺／318
　　6.2.1　轿车／318
　　6.2.2　载货汽车／325
　　6.2.3　客车／328
参考文献／331

第7章　质量管理／332
7.1　质量管理概论／332
　　7.1.1　质量管理的定义／332
　　7.1.2　质量保证／333
　　7.1.3　质量管理方法／334
7.2　生产各阶段的质量管理／335
　　7.2.1　规划／335
　　7.2.2　设计与制作／336
　　7.2.3　生产工艺计划／337
　　7.2.4　采购／338
　　7.2.5　生产／340
　　7.2.6　检查／342
　　7.2.7　销售及售后服务／345
　　7.2.8　监察制度／348
7.3　最近的质量管理动态／349
　　7.3.1　源头管理／349
　　7.3.2　PPM管理／349
　　7.3.3　质量管理小组（QC circle）／350
　　7.3.4　质量第一的经营思想和质量管理系统／351
　　7.3.5　海外生产的QC应用／351
参考文献／352

第8章 可靠性 / 353
- 8.1 可靠性总论 / 353
  - 8.1.1 可靠性的定义 / 353
  - 8.1.2 可靠性的历史 / 353
  - 8.1.3 质量保证与可靠性管理 / 354
  - 8.1.4 可靠性管理的方法 / 354
- 8.2 生产各阶段的可靠性管理 / 360
  - 8.2.1 策划 / 360
  - 8.2.2 设计与试制 / 361
  - 8.2.3 生产准备 / 365
  - 8.2.4 零部件购置 / 366
  - 8.2.5 生产 / 366
  - 8.2.6 检查 / 367
  - 8.2.7 销售及售后服务 / 368
- 8.3 现代的可靠性管理活动 / 369
  - 8.3.1 终身周期成本 / 369
  - 8.3.2 电子机械的可靠性 / 369
  - 8.3.3 PL / 371
- 参考文献 / 372

第9章 标准化 / 373
- 9.1 概述 / 373
- 9.2 与汽车制造厂相关的法规 / 373
  - 9.2.1 劳动安全法规 / 373
  - 9.2.2 建筑、预防灾害标准 / 376
  - 9.2.3 环境保护法 / 379
  - 9.2.4 其他相关法规 / 381
- 9.3 汽车制造厂的标准 / 381
  - 9.3.1 规定制定的原则 / 381
  - 9.3.2 规定的目标 / 381
  - 9.3.3 法规执行中的注意事项 / 381
  - 9.3.4 ISO14001标准的审查和登记情况 / 381
- 参考文献 / 382

第 1 章

汽车的研究发展现状

1.1 前　　言

第二次世界大战结束已经60年了，日本建立的各种各样的体系也迎来了新的发展变化时代。政治、行政改革进入新的阶段的同时，企业经营，也从以往内部步调一致、整体前进模式，进入了由企业独立判断、全球性资本集中、业务合作的阶段，而且大力推行提高成本竞争力、技术革新的观念。

本章将对处在这种变化改革时期，有关汽车生产系统的研究发展课题和策略进行简略说明。

1.2 泡沫经济以来的汽车生产情况

回顾日本这10年的经济情况，从20世纪90年代初期的泡沫经济的破裂，和接踵而来的90年代后期的亚洲金融危机，艰难渡过之后才进入了经济缓慢增长时期（图1-1）。

作为这个经济增长时期的证据，日本国民主要消费品之一的汽车的生产量，由2002年、2003年开始也有所增加。

另一方面，日本的汽车生产厂在海外的生产情况，虽然在前面说明的亚洲经济危机的影响下，出现一时的回落，但伴随着北美、欧洲及中国的需求量的扩大，也在持续的上升（图1-2）。

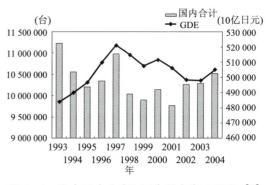

图1-1　汽车国内生产和国内总支出（GDE）[1]

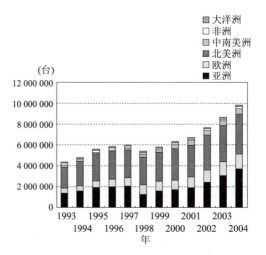

图1-2　汽车海外生产量的变化情况[2]

事实上，在1993年海外的生产量仅占国内生产量的1/3以下，但是2004年，海外生产量已经扩大到1/2左右。这中间比较突出的是包括中国在内的亚洲生产量的增加。

同生产量增加相适应，机床的订单也由泡沫经济后最不好时期的2.3倍，恢复到泡沫经济高速发展时期同等的程度。就是说，虽然在日本国内的汽车销售低迷是明显的，但是在发展中国家正在实现汽车大众化的背景下，汽车的产量不断增加，所以在今后的一段时间内机床的生产量也将表现出增加的趋势（图1-3）。

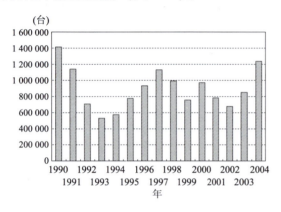

图1-3　机床订单量的变化情况[4]

1.3　今后关于汽车生产方面的研究

如上所述，虽然可以明确的预见到，日本的汽车产业会再次崛起，但是在将来，还有更大的课题需要解决。

首先是被称为"2007年问题"的由于战后一代技术人员的大量退休形成的制造技巧断层。其次是由于出生率低的原因在制造业出现年轻人断层的问题。第三是由于生产制造业的全球化，保持日本制造品牌的地位也成为难题。也就是说，目前日本汽车制造业面临成熟技术的继承，劳动力不足的改善，已有竞争力的确保等急需解决的课题。而对于处于变革发展时期的日本汽车制造行业来说，为保证在海外制造出具有高竞争力的日本产品，最紧迫同时也是最重要的研究课题应该是培养能够面向世界，适应现代发展的技术人才。

1.3.1　汽车生产技术的继承与发展

在昭和四十年（1965年）前后就职的，曾经推动日本经济高速成长的那一代人，现在已经到了退休年龄，他们的退休意味着很多制造技巧将随之消失，这就是被称为"2007年问题"的课题。针对这个问题，各个行业为避免制造技巧的消失，正在采取相应的措施。如将各种工作方式、过程用文字记录下来，建立标准化的工作程序，或者采用直接点对点传授的师徒制度、私塾制等方法。

还可以采用IT技术把一些难以言传的经验和技术整理成能够理解、记录的材料，通过这些方式，将个人的知识、技术、信息收集起来，并建立新的知识共享管理系统来保证成熟技术的继承。

但是，实际上由于泡沫经济的破裂引起企业整体能力的下降，作为直接传授的时间不够，同时用于建立知识共享管理系统的资金投入不足，或者技术人员不习惯应用IT等成为阻碍上述措施贯彻实行的枷锁（因素）。

这样由各个企业根据各自的情况所采取的解决措施，其效果还是有限的，对这个问题需要国家采取措施，将其作为日本国家的重要课题加以探讨解决。

1.3.2　汽车生产行业的劳动力不足

随着大部分已到工作年限人员的退休以及年轻人员离开制造业的现实，汽车生产行业的劳动人员的不足已经非常明显了。

对此，各个生产企业以继续提高生产能力为目标，采取了相应的措施。如提高机床的工作速度（超高速化），推行最经济化生产方式，延长退休年龄等。

作为另一个切入口，如研制机器人来代替人类从事技术工作的研究，已经正式开始了。

同时以提高生产者的工作效率为目的，开展了工作岗位、工作时间、工资三方面的有机组合的研究。虽然工作岗位、工作时间、工资三方面的有机组合研究的目的，是将过去比较少的工作岗位，分解成较多的工作机会；但是如将每个劳动人员的工作能力信息、制造现场的需求情况用网络连接起来，就可以让劳动者在确实需要的工作场所，采用相应的措施随时进行工作，这就是将劳动人员不足的问题和网络信息社会的发展联系起来的研究课题。

不久的将来,也许将出现不到工厂(企业)的工作场地也可以工作的劳动形式,而且能灵活应用这种方式且具有很高技巧的技术人员。

1.3.3 确保汽车生产行业的国际竞争力

日本在泡沫经济破裂中挣扎的同时,努力地进行了针对在美国的日本生产系统的研究工作,开展了 CS(为用户服务)、基准点、品质管理(6Σ)活动,实施了 QS9000 性能标准和 ISO9000 标准等的标准化措施,通过产品性能的工艺学研究,迅速提高了日本汽车行业的国际竞争力。另外根据 JD. POWER 公司的调查数据,引入了代表汽车性能的定量评价系统,该结论对消费者的消费意向具有直接的影响作用。即使在日本也有非常多的生产厂家引入了上述的欧美国家的各种措施,但是为了今后能够继续保持日本产品的国际竞争力,还必须研究并建立保持和提高日本产品竞争力的本身的管理系统。

1.3.4 网络信息社会和生产实际的关系

前面叙述了日本产品性能保证系统,但是具有现代化特征的还是网络信息社会的到来。在日本 2004 年手机的普及率已超过 70%,计算机入网率也接近 60%(图 1-4)。

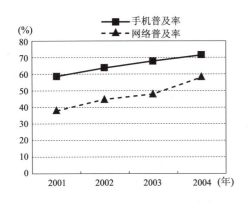

图 1-4 手机、网络的普及率[4]

因此每个人可以在信息终端进行操作,以 IT 技术为基础的网络信息社会对工作场地也产生了较大的影响。目前产品的性能检测、库存情况、生产过程已经快速实现了可视化管理,这些信息在工厂内可通过网络灵活操作。而且不仅是在工作现场,在企业内部、甚至企业之间也可以进行实时(Real time)交流。

因为 IT 生产系统是日本比较擅长的研究领域之一,所以 IT 技术的应用也许会成为带有日本标记的制造管理系统。

1.3.5 IT 技术与汽车生产

伴随着计算机技术的发展进步,即使在汽车生产领域,也采用了很多 IT 技术。

特别是 CAE(Computer Aided Engineerring)技术,由于可以不需要实物,就能够进行生产前的研讨,所以在很多场合中得到应用。

新产品的开发阶段应用的方式如下:
① 模锻加工仿真分析。
② 塑料成型仿真分析。
③ 电泳涂漆仿真分析。
④ 喷涂膜厚仿真分析。
⑤ 焊接机器人的离线操作分析。
⑥ 焊接仿真分析。
⑦ 工程仿真分析(人员配置、产品装配的干涉研究,工作姿势的研讨等)。

另外,还可以建立包括上述内容的,利用 IT 技术制作的虚拟工厂。这些方式的任意一种对于减少生产制作周期都会有较大的帮助。

在生产阶段应用 IT 技术的方式如下:
① 物流仿真分析。
② 生产过程分析。
③ 切削加工仿真分析。

依靠这些措施,将有助于进一步推进生产成本的降低。

1.3.6 汽车生产和环境保护

以 1997 年联合国气候变化框架公约第 3 次缔约国大会(COP3)在日本京都召开时通过的《京都议定书》为契机,以持续发展的汽车社会的现实为目标,采取了增加混合燃料汽车的市场开发资金、提高燃油利用率来减少 CO_2 的排放量等措施,同时建立或开发适合人类生存环境的生产制造系统。

和上述方式相对应的要求包括两个方面的内容：一是适应气候环境产品的批量制造；二是生产厂家对环境的影响不大。

（1）适应气候环境产品的批量制造。可以预见到将来会有燃料电池驱动的汽车。随着混合燃料汽车、电动汽车等新系统的发展，对于至今没有生产的零部件产品（电机、电池、能量转换装置（逆变器）、电容器等），需要建设高效率的制造生产方式。尤其是混合燃料系统，已经以较快的速度增加了生产量，还必须进行生产方法的改革建设，才能够提供低成本的生产体系。同时还需要开展适合地球环境的汽车部件的研究，推进这些部件的批量生产方法的开发。这方面的一个代表就是可降解的塑料产品的研究，以及其作为汽车产品的适用性研究问题等。

（2）适合环境的生产系统。因为使工厂本身适应保持环境的要求，是可持续发展的社会体系的基本条件，所以工厂的生产不仅要符合以往的各种规定，还需要积极的引入 EMS（ISO14000 环境管理系列标准）等。依据这些规定，不断地改善生产制造系统；在喷涂车间通过涂料的水溶化处理，削减 VOC 的排放量；通过采用生产过程的余热利用系统，认真开展节省能源的措施等。在本书"标准化"这一章中有其概要的描述，请参照。

1.4　制造、品质篇的内容

在本书中涉及的制造系统，如前所述是在广义的环境变化过程中，已经由前辈们经过多年的研究、改进、提高而成为了一套成熟的系统，从本书中也许不能了解全部内容。而且被称为汽车的产品本身，是由各种各样技术综合而成的"机器"，涉及它的生产制造技术，涵盖相当广阔的领域。

但是，为了能站在汽车生产的出发点，需要用心而充分地掌握有关汽车制造的基本信息。同时因为本书对于今后汽车生产的重要技术，如"适应环境技术""IT 技术"，尽可能地进行了说明，因此在本书的帮助下，务必请你们能够承担起下一代（日本）汽车的制造（工匠）的重任。

参　考　文　献

[1] 社団法人日本自動車工業会ホームページ，データベース

[2] 社団法人日本自動車工業会ホームページ，データベース

[3] 社団法人日本工作機械工業会ホームページ

[4] International Telecommunication Union 社ホームページ

第2章

材 料

2.1 钢 材

本节对当今汽车常用的钢铁材料,以及钢铁材料的制造方法、特点和应用场合进行了简略的说明。在这里介绍的钢铁材料,是指根据汽车的各种性能要求,通过严格的、多次反复开发、研制的,满足汽车结构、应用技术发展进步、最佳性能要求的材料。综合考虑到汽车的舒适性和便捷性,环境的适应性和提高安全性的要求,开发出了各种具有较高性能的钢铁材料和相应的生产技术,同时通过高纯度化和高清洁化来提高其基本性能。以减轻汽车的质量、提高碰撞安全性、提高工作寿命和降低燃油消耗为目的,通过以钢材的化学成分最优化的分析,加工热处理方法的改善为代表的制造条件的研究,正在开发各种具有高强度和高性能的钢铁材料。

2.1.1 钢材的制造

钢材的制造工艺分为制铁工艺和制钢工艺,在制作过程中利用高清洁度工序,脱气处理获得高纯净度材质的基础上,进行高精度的成分调整。图2-1显示了钢材制造过程的各种工序的流程框图。炉外精炼是在将熔化状态的钢水与大气隔绝的状态下进行搅拌,这种方式可以提高精炼的效率,因而常用方法有真空脱气处理方法和

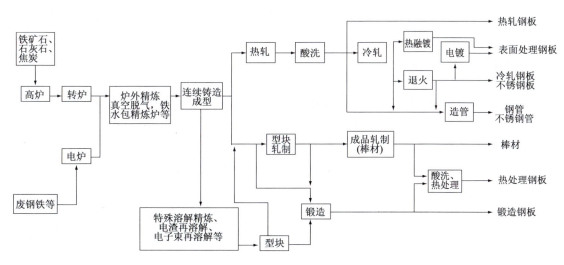

图2-1 钢铁材料制作工艺概念图

铁水包精炼方法。图2-2表示了环流真空脱气处理方法的工作原理。一般量产的钢材，广泛采用真空脱气处理方法。非金属杂质影响钢材的疲劳特性和极限变形能力，会降低钢材的韧性。如弹簧钢中非金属杂质的低熔点特性，会使其硬度变软；图2-3显示正在进行炉外精炼的工作过程。另外，对于工具钢和部分耐高温钢材、轴承钢，因为需要保持较高的硬度和必要的韧性，在冶炼阶段需要尽量除去钢材中的杂质。采用的方法有：VIM（真空感应冶炼法），ESR（电渣重熔法），VAR（真空电弧重熔法），EBR（电子束重熔），PAM（等离子体电弧冶炼法）等特殊的冶炼方法。图2-4显示了其中之一的ESR方法的工作装置的简图。另外高纯精度的生产方法通过提高钢板的可加工性能，特别是提高了 n 值和 r 值，对普通钢材和不锈钢等薄钢板材料的轧制成型性能的提高也有很大作用。

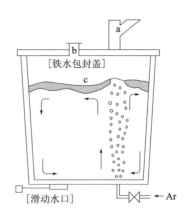

图2-3 CAB方法概略图

a. 合金投入管道；b. 测温取样孔；c. 合成熔渣

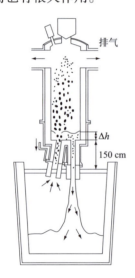

图2-2 环流式真空脱气法原理

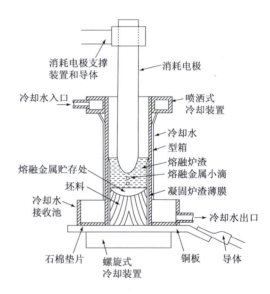

图2-4 ESR方法原理图

精炼后的钢水通过连续铸造或分块铸造方法铸造成型。目前连续铸造法是常用的方法。这是因为通过铸造的高生产率、无氧化铸造、温度控制和电磁搅拌等先进技术的开发，提高了连续铸造方法的产品质量的可靠性。

在制钢工序过程中，对调整好成分的钢材料通过热加工工序，进行形状和材质的制作。这里的材质控制是利用热加工和冷却控制的有机组合完成的，也被称作热加工处理。在热加工工序中制作的产品有热轧钢板、圆钢、线材等。一般的钢管是利用加工后的钢板卷制焊接制造完成的。对于特殊钢材，热处理方法与材料的加工性能和最后的工作性能密切相关，因此对制作过程的控制是非常重要的。例如，轴承钢、工具钢在原材料阶段其内部结构为均一的球状化组织，是为获得良好的加工性能和最终优秀材料特性所必需的，需要严格管理退火处理加工过程。冷轧钢板退火处理后，按照需要还要考虑到表面耐腐蚀特性和润滑性能的表面处理加工。对于不锈钢板一般是在专用的不锈钢生产线制作，生产线上使用如图2-5所示的森式极多辊式轧机等多段式轧机完成加工。对不要求表面光泽的较软的铁素体系的不锈钢，可采用和普通钢相同的前后排列形式的冷轧机进行加工。汽车排气系统应用的零部件，多采用这种工序制作钢板。另外，为控制表面状态，冷轧加工后有时采取在还原性气体中进行光亮退火加工处理。

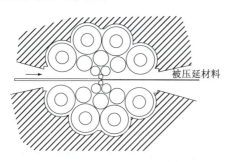

图2-5 森氏极多辊轧机截面图

2.1.2 薄钢板

汽车常用的薄钢板分类如下：用低合金钢热轧加工后直接使用的热轧钢板；冷轧后采取退火处理的冷轧钢板；在这些钢板表面进行电镀处理后的表面处理钢板；以及含较多量Cr的不锈钢钢板等。作为这些钢板以外的特殊形式，还有利用树脂材料将两片钢板粘接起来制作的树脂复合钢板等。

汽车用薄钢板除了板厚尺寸精度和被称为表面品质的质量要求外，还有挤压成型性能、焊接性能及耐腐蚀、疲劳性能等要求。挤压成型性能可以分为四类：① 深拉延性；② 涨出性；③ 延展性；④ 弯曲性。深拉延性是钢板的塑性各向异性性能，由 r 值表示，固溶碳少的极低碳素钢或者添加 Ti（钛）和 Nb（铌）等碳化物形成元素的 IF 钢（超深冲无间隙原子钢）等的软钢板，显示出了良好性能。涨出性与钢板的延长性能有关，特别是与加工硬化系数所对应的均一延伸性具有良好的相关性。通常随钢板强度增加而降低。高强度钢板在软质组织中分散存有硬质相结构的复合组织钢，显示了良好的涨出性。延展性与极限变形能有较好的对应性，但是与涨出性一样，随钢板强度增加延展性也降低，还发现延展性也受钢板的 r 值和 n 值的影响。另外高强度钢板的涨出性能可以说与微组织的均一性直接相关，与延展性好的复合组织材料相比，不如说单相组织显示了良好的涨出性。弯曲性能和涨出性能类似，微组织结构的均一性越好、性能越好。挤压成型后的钢板多数情况是通过点焊方式被组合起来，这时钢材的化学成分对焊接性能有较大的影响作用，含碳量（被 Mn 和 Si 的添加量修正后的含碳量）和 P、S 等量增加，焊接性能下降。

以下将对汽车使用的各种薄钢板进行说明。

（1）热轧钢板。热轧钢板在轧制完成，除去表面氧化层后，主要制作 1.6 mm 以上相对厚度的钢板产品。因钢板厚度尺寸精度和表面形状不如下面说明的冷轧钢板，所以被用作外侧等要求艺术美观位置的钢板材料，主要适用于有强度和耐久性要求，且需要钢板比较厚的结构零部件的制作。

热轧钢板提高深拉延性指标 r 值比较难，因此涨出性能和延展性能成为重要的成型性能指标。

在 JISG3131 以及 G3113 中规定了 SPHC、SPHD 和 SPHE 的软质热轧钢板（表 2-1）以及 310～440 MPa 级的汽车结构用的热轧钢板（SAPH310～SAPH440）（表 2-2）；另外在 JISG3134 中还规定了更高强度的 490～590 MPa 级汽车加工用的热轧钢板（表 2-3）。

表2-1 软质热轧钢板的种类

种类代号	备注	适用厚度 /mm	拉伸强度 /(N·mm⁻²)	伸长率/% JIS 5号试样（压延方向）					
				1.2 mm~<1.6 mm	1.6 mm~<2.0 mm	2.0 mm~<2.5 mm	2.5 mm~<3.2 mm	3.2 mm~<4.0 mm	4.0 mm 以上
SPHC	一般用	1.2~14	270 以上	27 以上	29 以上	29 以上	29 以上	31 以上	31 以上
SPHD	压延用	1.2~14	270 以上	30 以上	32 以上	33 以上	35 以上	37 以上	39 以上
SPHE	深压延用	1.2~6	270 以上	31 以上	33 以上	35 以上	37 以上	39 以上	41 以上

表 2-2 汽车结构用热轧钢板的种类

种类代号	适用厚度/mm	拉伸强度/(N·mm^{-2})	屈服强度/(N·mm^{-2})			伸长率/% JIS5 号试样（压延方向，6.3 mm 以上是 JIS1A1 号）					
			<6 mm	6 mm~<8 mm	8 mm~<14 mm	1.6 mm~<2.0 mm	2.0 mm~<2.5 mm	2.5 mm~<3.15 mm	3.15 mm~<4.0 mm	4.0 mm~<6.3 mm	6.3 mm 以上（JIS1A 号）
SAPH310	1.6~14	310 以上	(185)以上	(185)以上	(175)以上	33 以上	34 以上	36 以上	38 以上	40 以上	26 以上
SAPH370		370 以上	225 以上	225 以上	215 以上	32 以上	33 以上	35 以上	36 以上	37 以上	25 以上
SAPH400		400 以上	255 以上	235 以上	235 以上	31 以上	32 以上	34 以上	35 以上	36 以上	24 以上
SAPH440		420 以上	305 以上	295 以上	275 以上	29 以上	30 以上	32 以上	33 以上	34 以上	22 以上

注：表中（ ）内数字为参考值

表 2-3 汽车加工用的热轧钢板的种类

种类代号	备注	适用厚度/mm	拉伸强度/(N·mm^{-2})	屈服强度/(N·mm^{-2})	伸长率/% JIS5 号试样（压延垂直方向）			
					1.6 mm~<2.0 mm	2.0 mm~<2.5 mm	2.5 mm~<3.25 mm	3.25 mm~<6.0 mm
SPFH490	加工用	1.6~6.0	490 以上	325 以上	22 以上	23 以上	24 以上	25 以上
SPFH540			540 以上	355 以上	21 以上	22 以上	23 以上	24 以上
SPFH590			590 以上	420 以上	19 以上	20 以上	21 以上	22 以上
SPFH540Y	深加工用	2.0~4.04	540 以上	295 以上		24 以上	25 以上	26 以上
SPFH590Y			590 以上	325 以上		22 以上	23 以上	24 以上

除了这些热轧钢板外还开发了综合多种强化机能的高强度热轧钢板。钢板的高强度性能通过以下措施获得：① 有 Mn 和 Si 元素产生固熔强化作用；② 利用珠光体、马氏体等为组织结构实现微组织强化作用；③ 利用微组织的细化达到细粒化强化作用；④ 利用微细分散粒子的分散强化作用；⑤ 由加工产生的滑移位错形成强化作用。上述③中微组织强化作用是由于引入冷却的相变（由高温时稳定的奥氏体组织变态成在低温时具有稳定的相位）随着滑移位错和相变，由微细组织或者硬质相组织的析出，产生强化作用。固熔强化一般常用 Mn、Si 或 P 元素，特别是对于低 C 系列的几乎不含硬质相组织的钢材料，从成型性能角度看，440 MPa 级程度的高强度钢板可认为是极限了。超过这个强度的钢材料固熔强化之后也可以利用多种组合措施得到。如：进行固熔强化时，把 Nb、Ti、V、Mo 等主要的碳化物微细分散的分散强化，添加能提高钢淬火性能的元素（C 或 Mn 等使奥氏体组织稳定的元素，以及 B 元素等），用控制热轧后的冷却过程中的速度，强化微细组织结构，以及进一步将热轧加工与急速冷却相结合，而通过使微组织细粒化产生细粒化强化作用等。利用碳化物析出的钢材料的代表是 HSLA 钢（High Strength Low Alloy，低合金高强度钢），一般在低强度范围利用 Nb，高强度范围利用 Ti。这些钢材料（一般统称为析出强化钢）的特点是具有比较高的屈服强度，在热轧工序中碳化物析出的 600 ℃温度附近进行成卷操作。如在更高的温度进行成卷操作的话，由于析出的粒子成长分散强化作用反而下降。更低的温度下成卷操作，由于碳化物不能充分析出，分散强化作用也下降。析出强化的钢材，与其他强化结构钢材比较，焊接时软化作用（特别是热影响的软化作用）小，因此作为焊接钢材应用较多。

作为微组织强化的高强度钢板，具有硬质的铁碳化合物和软质的铁素体层状组织的珠光体和在更低温度下得到的贝氏体、马氏体等的硬质相组织，被分散到软质的碳素体组织中，成为复合组织钢材。在碳素体中分散珠光体的碳素体—珠光体钢材一般用在 440 MPa 强度级别的钢或者强度更高的析出强化钢方面。铁素体和马氏体的复合组织称为 DP 钢（Dual Phsae，双相钢），被广泛应用于 540 MPa 及 590 MPa 强度级别的热轧钢板，780 MPa 强度级别的高强度钢板也正在开发。DP 钢的特点是有较低的屈服强度和高的冷作硬化性能（即良好的涨出性能），有报告称其具有良好的压制成型性能。DP 钢的疲劳强度高也是其特点之一。由 Si 元素固熔强化的铁素体对疲劳裂纹的产生具有抑制作用，同时微细分散的硬质马氏体具有抑制裂纹传播的作用，因此可以达到较高的疲劳强度，因此，将疲劳寿命作为产品的重要特性的轮辐钢板中广泛采用。最近还报道了将 DP 组织和析出强化方法组合运用的钢材。比 DP 钢具有更好的加工性能和特别大的延展性能的复合组织钢板是低合金 TRIP 钢（Transformation Induced Plasticity，相变诱导塑性钢）。添加 Si 或 Al 等抑制渗碳体生成的元素，由于钢板中的碳分布不均（有意使之不均），使得在高温下才稳定的奥氏体组织在室温状态下还残留在钢组织中，加工时由于残留奥氏体组织向马氏体组织相变，从而可以得到较大的加工硬化性能。

DP 钢和 TRIP 钢具有比较大的 BH 特性（Bake Hardening，焙烧硬化），产生了使疲劳强度和压溃强度提高的作用。积极地利用 BH 特性可以开发高强度钢板，目前也有一部分适用情况的报道。BH 效果可以提高疲劳强度，因为可以期待在底盘类产品中能有效利用具有 BH 特性的钢材。

适用于底盘类产品的高强度热轧钢板，多需要同时具有较好的涨出性能和延展成型性能。提高延展性的软质铁素体和硬质相组织复合化后，在延展成型加工产生大变形时，由于在硬质相组织界面有裂纹出现，延展成型性能下降。因此，为提高延展成型性能使微组织均匀，是很重要的。贝氏体单相组织或铁素体和贝氏体的复合组织，为促使其组织间的硬度差较少，可以通过选择制作条件加以改善。特别是因为粗大的碳素体延展成型性能很差，所以通过添加 Si 等元素使碳素体微细分散，或者添加可以使 C 的比例下降的元素改善钢材性能。最近开发了 780 MPa 强度级别的高强度钢板，作为延展成型性能指标的圆孔扩展性能和延展性能都得到了提高。

（2）冷轧钢板。冷轧后的钢板一般硬度较高，加工性能差。因此冷轧后在卷曲状态进行批量处理或者原状态直接在连续生产线上进行退火处理，然后使用。这种退火工序对软质钢板由于加工产生的形变被释放而产生软化作用，各种高强度钢板通过微组织的控制调节力学性能。一般冷轧后进行退火操作钢板称为冷轧钢板。

关于加工用冷轧钢板在 JISG3141 标准中规定了 SPCC，SPCD，SPCE 种类（表 2-4）。在这些软质钢板中，涨出性能指标 n 值和深拉延性能指标 r 值也是重要的特性指标。提高 n 值、r 值的措施是开发出将钢板中的碳元素含量降低到 0.01% 重量以下的低碳钢。但是，因为残留在钢板内的一点点渗入性固熔元素 C 和 N，使退火后的钢板的 r 值下降，所以通过添加 Ni 和 Nb 等碳氮化合物形成元素，开发了实质上不含有渗入性元素的 IF 钢材，也开发了由于非常适合热轧、冷轧以及退火条件的，具有超深拉延加工性能的软质钢板。

表 2-4 加工用软质冷轧钢板的种类

种类代号	摘要	拉伸强度 / (N·mm^{-2}) (0.025 mm 以上)	伸长率/% JIS5 号试样（压延方向）					
			0.25 mm ~ <0.4 mm	0.4 mm ~ <0.6 mm	0.6 mm ~ <1.0 mm	1.9 mm ~ <1.6 mm	1.6 mm ~ <2.5 mm	2.5 mm 以上
SPCC	一般用	(270 以上)	(32 以上)	(34 以上)	(36 以上)	(37 以上)	(38 以上)	(39 以上)
SPCD	拉延用	270 以上	34 以上	36 以上	38 以上	39 以上	40 以上	41 以上
SPCE	深拉延用	270 以上	36 以上	38 以上	40 以上	41 以上	42 以上	43 以上
注：( ) 表示订货者要求的情况下适用（SPCCT）；0.6 mm 以下原则上不作拉伸试验								

高强度冷轧钢板种类如 JISG3135 标准中规定，有拉延加工用、加工用、低屈服强度型和焙烧硬化型（表 2-5）。拉延加工用的高强度钢板，采用以上述的 IF 钢为基础的利用固熔强化达到高强度化的钢板，而 340~370 MPa 级的钢以及一部分 440 MPa 级程度的高强度钢板已进入了实用化阶段。

表 2-5　高强度冷轧钢板种类

种类代号	备注	适用厚度/mm	拉伸强度/(N·mm⁻²)	屈服强度/(N·mm⁻²)	伸长率/% JIS5 号试样（压延垂直方向） 1.6 mm~<2.0 mm	伸长率/% JIS5 号试样（压延垂直方向） 2.0 mm<2.5 mm	焙烧涂装硬化量/(N·mm⁻²)
SPFC340	拉延加工用	0.6~2.3	340 以上	175 以上	34 以上	35 以上	—
SPFC370	拉延加工用	0.6~2.3	370 以上	205 以上	32 以上	33 以上	—
SPFC390	加工用	0.6~2.3	390 以上	235 以上	30 以上	31 以上	—
SPFC440	加工用	0.6~2.3	440 以上	265 以上	26 以上	27 以上	—
SPFC490	加工用	0.6~2.3	490 以上	295 以上	23 以上	24 以上	—
SPFC540	加工用	0.6~2.3	540 以上	325 以上	20 以上	21 以上	—
SPFC590	加工用	0.6~2.3	590 以上	355 以上	17 以上	18 以上	—
SPFC490Y	低屈服强度型	0.6~1.6	490 以上	225 以上	24 以上	25 以上	—
SPFC540Y	低屈服强度型	0.6~1.6	540 以上	245 以上	21 以上	22 以上	—
SPPC590Y	低屈服强度型	0.6~1.6	590 以上	265 以上	18 以上	19 以上	—
SPFC780Y	低屈服强度型	0.8~1.4	780 以上	365 以上	13 以上	14 以上	—
SPFC980Y	低屈服强度型	0.8~1.4	980 以上	490 以上	6 以上	7 以上	—
SPFC340H	焙烧硬化型	0.6~1.6	340 以上	185 以上	34 以上	35 以上	30 以上

在进行外形钢板加工时，当钢板的屈服强度高的情况下，有时会产生面变形，所以应使用极限强度低的钢板。一方面为提高钢板的耐冲击变形性能而又需要增加钢板厚度和提高屈服强度，这又和汽车的轻量化要求相矛盾。为满足这种互相矛盾的要求，开发了在加工时强度低，实际使用时屈服强度高的焙烧硬化钢板。在 2% 的拉伸变形状态下，并在 170 ℃ 温度下，进行 20 min 的涂装焙烧处理操作时，钢材的屈服强度增加值被定义为 BH 硬化，在轧制加工时引入的滑移位错集中了固熔 C、N 元素，并利用了固着的滑移位错提高屈服强度的现象。因此 BH 量在钢板中的渗入性元素 C 和 N 的固熔体越多就越大。另一方面固熔的 C、N 元素在室温下长时间的放置后进行钢板制作时固着仅有很小量的位错，不仅带来了屈服强度上升和延展性的下降，而且由于屈服延伸的发生，产生被称为屈服皱褶的表面缺陷（室温状态下时效），所以通常 BH 量仅停留在 30 MPa 的程度。

高强度冷轧钢板多作为内板和结构用钢板使用。典型的高强度钢板是与热轧钢板相同的 DP 钢。DP 钢因为在加工时和高速变形时的能量吸收能力高，所以多在以 590 MPa、780 MPa 级为中心的各种冲击安全零件和加强用零件中使用。最近开发了延展性和扩孔性能不同的，有平衡关系的 980 MPa 强度级别的超高强度冷轧钢板，并得到了应用。另外这种类型的 780~1 180 MPa 级的超高强度钢板，为确保强度，提高了以碳元素为中心的添加元素的浓度，轧制时的形状冻结性能变差，操作良好的点焊接连接也不能确保碳元素丢失。对此采用低碳素等的成分系列元素，正在开发具有良好焊接性能的超高强度钢板。

作为延展性更好的高强度钢板，开发了与热轧钢板同样的低合金 TRIP 钢。低合金 TRIP 钢和 DP 钢具有轧制成型性能和具有好的高速变形吸收能的特点。这是因为软质的铁素体金相组织具有依存高应力的变形速度的同时,两种钢材还具有比较高的 BH 特性的缘故,还有报告上说,低合金的 TRIP 钢随着变形速度的上升是促进残余奥氏体向马氏体方向转变等的原因。

作为冷轧钢板的特殊利用方法——树脂复合钢板是在两片薄的冷轧钢板之间用树脂(为实现目的所要求的)黏结而成。树脂复合钢板根据用途不同可分为轻量多层钢板和防振钢板两种。轻量多层钢板使用比较厚的树脂制成,特点是具有较高的轻量化性能和弯曲刚度。而防振钢板中的树脂层很薄,是在必要的温度范围依据黏弹性发挥防振性能的钢板材料。当然在不同的温度范围要选择相应的树脂材料才能发挥其作用。

(3)表面处理钢板。对汽车来说,在车体部位、油箱、排气系统、电装系统等,不同的位置需要使用各种不同的表面处理钢板材料。主流的制造方法是使用熔融电镀方式。

汽车上,特别是使用在车体的表面处理钢板在 20 世纪 80 年代(1980 年)迅速增加。为适应汽车的使用时间的延长和节省资源等的社会要求,汽车制造厂把车体用钢板材料从冷、热轧钢板替换为表面处理钢板。表面处理钢板的国内需求用途不同的订单中,汽车用途的所占比率,在 2004 年约为 40%。这个比率和 1993 年的情况大致相同,对表面处理钢板来说,汽车是其最大的用途。在汽车用表面处理钢板占有的熔融电镀钢板的比率,1993 年约为 60%,但在 2004 年增加到约为 83% 的比率。正如后面所要说明的,车体防锈钢板的一部分从电镀锌钢板变换为合金化熔融锌钢板(GA),这被看做影响占有比率的原因。

图 2-6 显示了在原材料构成比率中表面处理钢的比率和原单位总重量构成比率的乘积,反映出表面处理钢使用量的发展情况。表面处理钢的组成比率在 1980 年是 7.2%,20 世纪 80 年代(1980 年)后期迅速增加,1992 年达到 20.2%,以后处于大致稳定状态,在 2001 年是 20.3%。作为车体防锈的基准,正如众所周知的 "10—5" 防锈目标(10 年间没有孔眼,5 年间没有锈迹)或者在欧洲对应的保证 12 年没有孔眼的要求,之所以能够如此要求,是由于表面处理钢板的使用已经进入了稳定的状态。但是与 1992 年相比,2001 年原单位的总重量,增加了大约 20%,所以可以推定表面处理钢板使用量也确实有所增加。

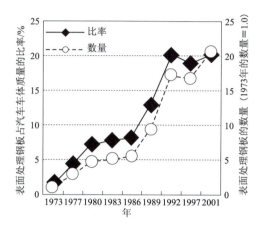

图 2-6 以 1973 年为单位 1,表面处理钢板占汽车车体质量的比率以及总使用量的发展情况

对于表面处理钢板的环境污染物质减少措施影响最大的是 2000 年 10 月生效的与 EIV(End-of-Life Vehicle)对应的 EU 准则 2000/53/EC,原则上禁止使用 Pb、Cr(VI)、Hg、Cd 等元素的规定。虽然材料要求的性能相互矛盾的情况有很多,但是正在努力开发把这些问题同时解决的以表面处理钢板为首的钢材。

(4)镀锌钢板。镀锌钢板在汽车表面处理钢板占有最重要的位置。镀锌的作用是防止钢板的腐蚀。如图 2-7 所示,各种处理措施下钢板耐腐蚀性能与钢板两面存在的镀层的深度直接相关。镀层附着量越多耐腐蚀性能越好,但是因为轧制成型性能、点焊接性能下降,所以正在开发研制使两方面都可以有较好性能的镀层方法。在 1980—1990 年,合金化熔融镀锌钢板(GA)和薄膜有机涂层钢板成为主流的车体防锈钢板。进入 21 世纪,作为环境污染物质的 6 价 Cr[Cr(VI)] 的使用受到规定限制,GA 钢板正在替代表面有机涂层钢板,而有机涂层钢板需要使用铬酸盐物质处理方法将含有 Cr(VI) 的有机皮膜作为底层处理。GA 钢板作为日本轿车的车体防锈钢板已经成为标准材料。在海外也正在使用熔融镀锌钢板(GI)和电镀锌钢板(EG)。

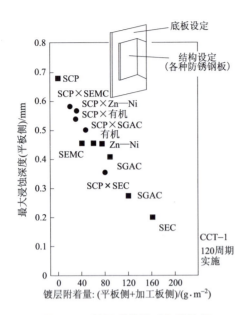

图 2-7 镀层附着量对各种处理
措施下钢板耐腐蚀性能的影响

SCP：冷轧钢板；SEMC：双层 Zn—Fe 镀层钢板；
有机：薄膜有机复合钢板；SGAC：合金化熔融镀 Zn 钢板；
SEC：双层合金化熔融镀 Zn 钢板

GA 以及 GI 是使冷轧后的钢板在还原气体下加热、退火处理，同时使钢板表面形成活性化状态，浸入熔融 Zn 液中镀锌获得的。GA 是直接加热到 Zn 的熔点以上，使熔融 Zn 扩散到 Fe 中，形成 Zn—Fe 合金镀层。深拉延加工时使用 IF 钢，IF 钢在减少钢中的 C、N 元素后，添加 Ti 以及/或者 Nb 以固定 C、N 元素。焙烧硬化性、高强度性、高延展性、高扩孔性等作为钢板应该具有的性能且达到 270~1 180 MPa 的各种钢板，已经得到了广泛应用。在 GA 钢板挤压成型加工中，镀层鱼鳞状剥离的破坏，或者粉状玻璃形式的风化破坏等的解决成为研究课题。通过 Zn—Fe 合金化的条件和钢板成分的改良，使上述两个问题同时解决的 GA 钢板已经开发出来。以改善轧制成型性能为目的，在 GA 钢板表面增加 Mn—P 氧化物等的具有高成型性能的 GA 钢板也已经开发并在实际中应用。

对于熔融镀锌钢板，有 JIS 标准（JIS G 3302：2005），规定了如表 2-6 所示的种类和表 2-7 所示的镀层厚度。

对于电镀锌钢板，也有 JIS 标准（JIS G 3313：2005），规定了如表 2-8 所示的种类。

表 2-6 熔融镀锌钢板（冷轧钢板用）

种类代号	可适用的名义厚度	适用范围
SGCC	0.25 以上，3.2 以下	一般常用
SGCH	0.11 以上，1.0 以下	一般硬化用
SGCD1	0.40 以上，2.3 以下	拉延 1 类
SGCD2		拉延 2 类
SGCD3	0.60 以上，2.3 以下	拉延 3 类
SGC340	0.25 以上，3.2 以下	结构件应用
SGC400		
SGC440		
SGC490		
SGC570	0.25 以上，2.0 以下	

表 2-7 熔融镀锌钢板的最小
镀层厚度（两面合计）（g/m^2）

镀层形式	镀层厚度代号	3 点平均最小镀层厚度	1 点最小镀层厚度
非合金化	(Z06)	(60)	(51)
	Z08	80	68
	Z10	100	85
	Z12	120	102
	Z18	180	153
	Z20	200	170
	Z22	220	187
	Z25	250	213
	Z27	275	234
	Z35	350	298
	Z37	370	315
	Z45	450	383
	Z60	600	510
合金化	(F04)	(40)	(34)
	F06	60	51
	F08	80	68
	F10	100	85
	F12	120	102
	(F18)	(180)	(153)

注：( )—根据交、接货负责人之间的协定也可以加以采用

表 2-8 电镀锌钢板（冷轧钢板的应用场合）

种类标识	适用的名义厚度	适用情况 主要用途	适用情况 对应JIS原版种类标识
SECC	0.4以上 3.2以下	一般应用	SPCC
SECD	0.4以上 3.2以下	拉延用	SPCD
SECE	0.4以上 3.2以下	深拉延用	SPCE
SECF	0.4以上 3.2以下	非时效性深拉延用	SPCF
SECG	0.4以上 3.2以下	非时效性超深拉延用	SPCG
SEFC340	0.6以上 2.3以下	拉伸加工用	SPFC340
SEFC370	0.6以上 2.3以下	拉伸加工用	SPFC370
SEFC390	0.6以上 2.3以下	加工用	SPFC390
SEFC440	0.6以上 2.3以下	加工用	SPFC440
SEFC490	0.6以上 2.3以下	加工用	SPFC490
SEFC540	0.6以上 2.3以下	加工用	SPFC540
SEFC590	0.6以上 2.3以下	加工用	SPFC590
SEFC490Y	0.6以上 1.6以下	低屈服极限型	SPFC490Y
SEFC540Y	0.6以上 1.6以下	低屈服极限型	SPFC540Y
SEFC590Y	0.6以上 1.6以下	低屈服极限型	SPFC590Y
SEFC780Y	0.8以上 1.4以下	低屈服极限型	SPFC780Y
SEFC980Y	0.8以上 1.4以下	低屈服极限型	SPFC980Y
SEFC340H	0.6以上 1.6以下	焙烧硬化形	SPFC340H

（5）镀铝钢板。熔融镀铝钢板具有耐热性好的特点，在排气系统的消声器和管零件中使用。用其代替轿车用的不锈钢板，而在大型车中被广泛采用。近年来镀铝钢板耐热性能好的特点被灵活应用，把钢板在高温下加热后轧制成型，同时在金属模具中使钢板淬火冷却的热模锻用材料，这一作为熔融镀铝钢板的应用形式也开始被使用。熔融镀铝钢板也有 JIS 标准（JIS G 3314：1995），规定了如表 2-9 所示的种类。

表 2-9 熔融镀铝钢板

种类标识	适用情况 主要用途	适用情况 铝附着量标识
SA1C	耐热用（一般应用）	40、60、80、100
SA1D	耐热用（拉延应用）	40、60、80、100
SA1E	耐热用（深拉延应用）	40、60、80、100
SA2C	耐气候用（一般应用）	200

（6）油箱用钢板。对于油箱用钢板，长时间使用的是镀铅锡板（Pb 及 3%～25% Sn 合金的镀层钢板）。这种合金镀层钢板具有箱内侧对于汽油的耐腐蚀性能好，箱外侧对于盐化环境的耐腐蚀性能好的特点，其成型性能和接缝焊接性能，以及焊锡连接性能也都比较优秀，因而能够长时间应用。进入 21 世纪，欧洲、日本对 Pb 元素材料的使用有了严格的限制，因此开发了不含 Pb 元素的油箱用电镀钢板，并已经实用化。典型代表有熔融 Al 镀层钢板，熔融 Sn—Zn 合金镀层钢板，GI + Ni 电镀层钢板等。上述几种钢板都有和镀铅锡板相同或更好的耐腐蚀性能、压制成型性能和焊接性能。

（7）不锈钢板。是指难产生锈迹的钢板，不锈钢是指在稳定的环境中保持不易生锈的状态、含金属铬大约 10.5%～32% 的铁合金材料。不锈钢有很多钢种，不仅在 JIS 中规定了钢种，而且各生产厂根据使用要求，也生产了已经实际应用的独自的不锈钢种类。

具有多个钢种的不锈钢如果根据金属成分进行分类，可以分为奥氏体系、铁素体系、马氏体系、铁素体奥氏体二相系、析出硬化系等种类，其中在汽车中使用的钢种，主要是铁素体系不锈钢和奥氏体系不锈钢。在本节中，以这两种不锈钢为主进行说明。

铁素体系不锈钢主要含有金属铬而几乎没有金属镍，价格较低。它的晶体结构和普通钢同为体心立方体，并具有磁性。热膨胀系数也和普通钢相近为 $10 \sim 12 \times 10^{-6}/℃$。表 2-10 列出了 JIS 标准规定的钢种中，作为汽车应用的主要的铁素体系不锈钢的基本成分和性质。还有 SUH409L 虽然在 JIS 标准中分类在耐热钢中，但是一般还是作为铁素体系不锈钢的一种来理解，所以，在本节中将其归类在铁素体系不锈钢中。

表 2-10 铁素体系不锈钢主要的钢种

钢种	基本成分	性质
SUH409L	11Cr—Ti—低 C	409 材料由于 C 含量低焊接性能好，因此是通用的汽车排气系材料
SUS410L	13Cr—低 C	比 410S 含 C 量低，焊接部位弯曲性、加工性、耐高温氧化性好
SUS429	16Cr	430 材料的焊接性能改良钢种（添加 Nb 类钢种，应用于排气歧管等耐热用途材料）
SUS430	18Cr	耐腐蚀性好的通用钢种材料
SUS430J1L	18CrCu—Nb—极低（C、N）	在 430 材料中添加 Nb、Cu，作为极低量（C、N）的材料，改善耐腐蚀性和焊接性能
SUS436L	18Cr—1Mo—Ti、Nb、Zr—极低（C、N）	减少 434 的 C 和 N，单独或者复合添加了 Ti、Nb、Zr，改善了加工性、焊接性，是消声器用材料
SUS436J1L	190Cr—0.5Mo—极低（C、N）	在 430 材料中添加 Mo、Cu、Nb，作为极低量（C、N）的材料，改善了耐腐蚀性、成型性、焊接性，也是消声器用材料
SUS444	19Cr—2Mo—Ti、Nb、2r—极低（C、N）	比 436 材料多 Mo，进一步提高了耐腐蚀性能。其为添加 Nb 类钢种，被应用于排气歧管等耐热用途材料

注：*—SUH409L 在 JIS 标准被分为耐热钢种类，但在本项目中作为铁素体系不锈钢的一种应用

奥氏体系不锈钢主要含有金属铬和镍，它的晶体结构是面心立方体，同时作为溶体化处理材料而没有磁性。热膨胀系数为 $16 \sim 18 \times 10^{-6}/℃$，比铁素体钢材大，一般来说强度、焊接性、高温强度好。

表 2-11 列出了 JIS 标准规定的钢种中，作为汽车应用的主要的奥氏体系不锈钢的基本成分和性质。

表 2-11 奥氏体系不锈钢的主要钢种

钢种	基本成分	性质
SUS304	18Cr—8Ni	作为耐热钢不锈钢，其用途最广
SUS316	18Cr—12Ni—2.5Mo	主要作为耐空蚀材料应用
SUS310S	25Cr—20Ni	多作为耐热钢使用
SUSXM15J1	18Cr—13Ni—4Si	增加了 304 材料的 Ni 成分，添加了 Si 成分，提高了耐应力腐蚀破坏性能

不锈钢钢板在汽车制造中的用途，以前主要是作为装饰材料使用，但是近年来成为排气系统零部件的主要应用材料了。图 2-8 所示为汽车排气系统的零部件结构和名称。现在排气系统的几乎全部零件都采用了不锈钢材料，且主要使用了铁素体系不锈钢材料。另外，排气系统材料虽然也有采用压制方式将钢板制成部件，但采用钢板焊接制成钢管，再进行加工制成零部件的情况是很多的。

排气系统使用的材料根据其特点可分为两大类：一类是发动机处的从排气歧管经过前侧连接管路到催化转换器的高温段部分，使用耐热不锈钢；另一类是从中部管路经过消声器到末端管路的低温端部分，但这一段零件内侧是冷凝水，外侧是恶劣的融雪盐所形成的盐化环境，因此在这一部分零部件使用的是耐腐蚀不锈钢。高耐高热的不锈钢在排气歧管和前侧管路至今使用的是 SUH409L 和 SUS430JIL，近年则采用 SUS444 系和 SUS429 系钢种。而且排气歧管和前侧管路多为双层管，其中外管采用 SUS429 系的铁素体系不锈钢，内管采用 SUS304 或 SUSXM15JI 等奥氏体系不锈钢。另外，加工蛇腹形式的弹性管路需要良好的加工性能，因而采用奥氏体系的 SUS304 或 SUSXM15JI 钢种。耐腐蚀不锈钢主要使用 SUH409L，在恶劣的腐蚀环境下或需要精工细作

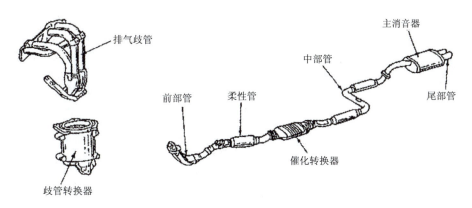

图 2-8　汽车排气系统零部件结构图

的情况下，使用 SUS436L、SUS436JIL 和 SUS304 钢种，也有时采用镀铝不锈钢。另外作为催化转换器的催化剂载体材料，使用具有良好耐氧化性的 20Cr—5Al 钢的 20~50 μm 箔材。

作为最近的发展动向，燃料供应管路成为汽车用不锈钢的新的用途。从环境强化法规考虑需要燃料供应管路具有较高的寿命，因此不锈钢管代替电镀钢管作为燃料供应管路材料已经开始得到了使用。

2.1.3　钢管

钢管根据制造方法有无缝钢管、焊接钢管和锻接钢管等。在汽车中主要采用焊接钢管，其中应用最多的是电焊钢管。电焊钢管的制造工序如图 2-9 所示。电焊钢管的制作是一边用成型辊子把成卷钢板压制成圆筒形状，一边采用通过高频电流的工作线圈或者电触头，利用端部的电阻发热升温，并用加压滚筒给弯成的圆管端部加压并接合的焊接方法。因为焊接是在加压过程中进行的，在管的内侧和外侧会出现溢出，需要用刀具连续切削、除去。由于焊接技术的进步，也制造出了焊接部位可靠性非常高的钢管。

（1）机械制造用的碳素钢管。在 JIS G3445 制定了相应标准。在表 2-12 中显示了碳素钢管的化学成分和机械性质（抗拉强度、屈服强度、延展率、弯曲性能、扁平性）。碳素钢管主要的应用用途是传动轴、驱动轴、转向轴、受拉螺栓、横梁、悬挂、各种杆件、扭杆减震器油缸等零件。

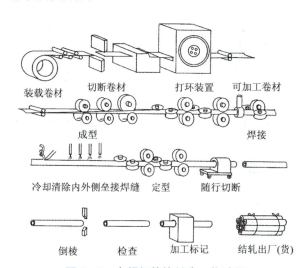

图 2-9　电焊钢管的制造工艺过程

（2）机械结构用的合金钢管。机械结构用的合金钢管的基本材料有 Cr 钢和 Cr—Mo 钢等。这些钢材需要通过淬火或者淬火—回火热处理，增加其作为零件所需的强度、延展性和韧性。机械结构用的合金钢管虽然在 JIS G 3441 规定了标准，但是多数情况下合金钢的 JIS 标准和各厂家的标准可以通用。高强度的传动轴用钢管拉伸强度为 690~780 MPa，已经在实际中应用；车门冲击杆用的钢管是具有超强拉伸强度为 1 400 MPa 的钢管，也已经在实际中应用；由电弧焊接的热影响作用软化阻力而得到的，具有优秀性能的 780 MPa 强度级的钢管等也已经投入实际应用了。对车门冲击杆用钢管的弯曲变形情况进行详细解析计算，结果证明弯曲最大载荷与材料在 4% 变形时的变形应力具有良好的相关性，对提高材料强度是有效果的。弯曲变形可获得最大的吸收能量，因此在弯曲的末端钢管塑性屈服或者不破断

表 2-12 机械构造用碳素钢钢管的化学成分和机械性质

种类		标记	C	Si	Mn	P	S	Nb或V	拉伸强度	屈服极限	延伸率 4号、11号、12号试验片纵向	延伸率 4号、5号试验片横向	扁平性 半板间的距离（H）D是管的外径	弯曲性 弯曲角度	弯曲性 内侧半径（D是管的外径）
13种	A	STKM11A	0.12 以下	0.35 以下	0.50 以下	0.040 以下	0.040 以下	—	290 以上	—	35 以上	90 以上	1/2D	150°	4D
12种	A	STKM12A	0.20 以下	0.35 以下	0.60 以下	0.060 以下	0.040 以下	—	340 以上	175 以上	25 以上	30 以上	2/3D	90°	6D
	B	STKM12B							390 以上	275 以上	25 以上	20 以上	2/3D	90°	6D
	C	STKM12C							470 以上	355 以上	30 以上	15 以上	—	—	—
13种	A	STKM13A	0.25 以下	0.35 以下	0.30~0.90	0.040 以下	0.040 以下	—	370 以上	215 以上	30 以上	25 以上	2/3D	90°	6D
	B	STKM13B							440 以上	305 以上	20 以上	15 以上	3/4D	90°	6D
	C	STKM13C							510 以上	380 以上	15 以上	10 以上	—	—	—
24种	A	STKM24A	0.30 以下	0.35 以下	0.30~1.00	0.040 以下	0.040 以下	—	410 以上	245 以上	25 以上	20 以上	3/4D	90°	6D
	B	STKM24B							500 以上	355 以上	15 以上	10 以上	3/4D	90°	3D
	C	STKM24C							550 以上	410 以上	15 以上	10 以上	—	—	—
15种	A	STKM15A	0.25~0.35	0.35 以下	0.30~1.00	0.040 以下	0.040 以下	—	470 以上	275 以上	22 以上	17 以上	3/4D	90°	6D
	C	STKM15C							550 以上	430 以上	12 以上	7 以上	—	—	—
16种	A	STKM16A	0.35~0.45	0.45 以下	0.40~1.00	0.040 以下	0.040 以下	—	510 以上	325 以上	20 以上	15 以上	7/8D	90°	8D
	C	STKM16C							620 以上	450 以上	18 以上	7 以上	—	—	—
17种	A	STKM17A	0.45~0.55	0.40 以下	0.40~1.00	0.040 以下	0.040 以下	—	550 以上	345 以上	20 以上	15 以上	7/8D	90°	8D
	C	STKM17C							650 以上	480 以上	10 以上	5 以上	—	—	—
18种	A	STKM18A	0.18 以下	0.35 以下	1.50 以下	0.040 以下	0.040 以下	—	440 以上	275 以上	25 以上	20 以上	7/8D	90°	6D
	B	STKM18B							490 以上	315 以上	23 以上	18 以上	7/8D	90°	3D
	C	STKM18C							610 以上	380 以上	15 以上	10 以上	—	—	—
19种	A	STKM19A	0.25 以下	0.55 以下	1.50 以下	0.040 以下	0.040 以下	—	490 以上	315 以上	28 以上	18 以上	7/8D	90°	8D
	C	STKM19C							550 以上	410 以上	25 以上	10 以上	—	—	—
20种	A	STKM20A	0.25 以下	0.55 以下	1.50 以下	0.040 以下	0.055 以下	—	540 以上	390 以上	23 以上	18 以上	7/8D	90°	4D

是非常必要的，拉断时破断伸长量达到 8% 以上是有利的，同时作为材料含有 0.2% 的 C 仅靠淬火获得的马氏体组织也是有效的。对传动轴用钢管，进行扭转疲劳强度和影响因素的分析，从分析结果可知，在两端位置采用电弧焊接时，钢管母材由于电弧焊的热影响作用产生软化，而软化作用产生钢管的扭转强度下降，表明扭转疲劳极限强度与热影响部位的最小硬度具有良好的相关性。根据这些结果，利用微量元素的析出强化作用，抑制焊接热影响引起的软化现象，提高钢管的扭转疲劳强度，从而开发出高强度的传动轴用钢管，并得到实际应用。

（3）不锈钢钢管。对于排气系统用钢管有排气歧管、前侧排气管路、柔性管路、中部排气管路、后侧排气管路、消声器内管路、最后段管路（图 2 - 8）。因为每个部位可达到的最高温度、腐蚀环境（内部排气凝液产生的腐蚀现象，外部的盐腐蚀等）不同，所以需要根据使用条件选择具有耐腐蚀性的材料。有时也根据需要选用双层复合管路。双层管以绝热作为目的，在两层管之间塞入不锈钢丝网。

排气歧管以前是用铸铁制作的，但随着发动机的高功率化的发展，排气温度的提高成为必然，因此以耐热性和轻量化为目的，近年来使用不锈钢管或不锈钢铸钢材料。

作为面向不锈钢管的必要性能，必须具有高温强度、耐氧化性、耐腐蚀性和加工性能。高温强度优秀的不锈钢正在开发并得到应用。

前排气阀以前多采用镀铝钢板。1989 年以后，为了保证对于由三元催化产生的腐蚀因子（盐化物、氨离子及其他）凝缩的高温水溶液，具有耐腐蚀性能，以延长耐腐蚀的工作时间为目的，大量使用了不锈钢材料。作为在非常恶劣环境中具有良好的内耐腐蚀能力的材料，有一部分零件也使用了镀铝不锈钢管。在排气系统使用的钢管如表 2 - 10 所示，是铁素体系不锈钢。这其中的一部分作为机械结构用的不锈钢管，与 JIS G 3446 规定的相同。

2.1.4 结构钢和特种钢

在汽车工业中机械构造用钢和特殊用途钢，被作为汽车的重要安全零件大量使用。这些钢材的质量是左右汽车性能、可靠性的关键因素。因此这些钢材的内部材质应是健全且均匀一致的，同时具有优秀的表面质量，同时形状、尺寸也是重要的。

（1）强韧钢。表 2 - 13 是在汽车标准（JASO）的汽车构造用钢钢材（M106 - 92）中规定的钢种。这些几乎都是采用了淬火回火热处理的钢材。进行淬火回火的钢材，淬火性能是重要的特性。为此日本工业标准（JIS）中关于机械构造用钢材，规定了不仅保证钢材成分标准，还同时要求保证他们的淬火性能的 H 钢（JIS G 4052）。H 钢是除了成分有规定外，对钢的淬火曲线波动范围还有严格限制的钢材。汽车结构用钢钢材中的机械构造用钢全部是 H 钢。

表 2 - 13　汽车结构用钢材（JASO 标准）

名　　称		钢　种　标　记
碳钢		S10C、S12C、S15C、S17C、S20C、S22C、S25C、KS28C、S30C、S33C、S35C、S38C、S40C、S43C、S45C、S48C、S50C、S53C、S55C、S58C
硼钢		ASBo20、ASBo25、ASBo28、ASBo30、ASBo33、ASBo35、ASBo38、ASBo40、ASBo43、ASBo45、ASBo48、ASBo50、ASBo53
H 钢	锰钢	ASMn420H、ASMn425H、ASMn430H、ASMn433H、ASMn435H、ASMn438H、ASMn440H、ASMn443H、ASMn448H、ASMn453H
	锰硼钢	ASMnB220H、ASMnB233H、ASMnB422H、ASMnB425H、ASMnB433H、ASMnB443H
	锰铬钢	ASMnC420H、ASMnC443H、ASMnC520H、ASMnC543H
	锰铬硼钢	ASMnCB440H

名 称		钢 种 标 记
H钢	铬钢	SCr415H、SCr418H、SCr420H、SCr423H、SCr425H、SCr430H、SCr435H、SCr440H、ASCr445H
	铬硼钢	ASCB435H、ASCB440H
	铬钼钢	ASCM115H、ASCM118H、ASCM120H、ASCM125H、ASCM315H、ASCM318H、ASCM320H、ASCM325H、SCM415H、SCM418H、SCM420H、SCM430H、SCM435H、SCM440H、SCM445H、SCM822H
	镍铬钼钢	SNCM220H、SNCM420H
改善切削性能钢种	铅添加钢	……L₁、L₂
	硫黄添加钢	……S₀、…S₁、…S₂
	钙添加钢	……U
	复合添加钢	上述标记的组合　（L₂S₁、L₂S₂、L₁S₁U 等）

作为强韧钢的典型汽车零件有螺栓零件、发动机零件、底盘零件和轴类零件等。作为螺栓用钢材，700 MPa 级、800 MPa 级的螺栓使用 S45C 等钢材，1 000 MPa 级、1 100 MPa 级的螺栓使用 SCM435 和 SCr440 等钢材。作为螺栓用钢材，近年的重要研究课题是省略冷锻前的退火工序以及材料的高强度化研究。作为可以省略退火热处理工序的螺栓用钢材，在 700 MPa 级、800 MPa 级的螺栓用钢方面低碳素硼钢得到广泛应用。其次，即使螺栓也在不断增强高强度化的要求，但强度超过 1 000 MPa 的螺栓，延缓破坏成为新的问题。延缓破坏是由于腐蚀反应生成的氢浸入钢中，积聚在晶粒界形成龟裂现象产生的。因此作为高强度螺栓用钢，提出以下措施：① 减低 P、S 元素含量，进一步通过高温回火控制晶粒边界的渗碳体形态，达到强化晶粒界的要求；② 提出开发通过析出 Mo、V 碳化物元素，由氢收集器减少扩散性氢元素并增加回火软化阻力的钢材料的提案。从这些角度出发开发的高强度螺栓的延缓破坏特性如图 2-10 所示[44]。高温回火的高 Mo 钢显示了具有高数值的扩散性氢元素含量，且具有良好的延缓破坏性能。

因为各种轴类零件形状简单，适合通过感应加热的高频淬火处理方式，所以大多数轴类零件使用调质钢制作，通过高频淬火进行表面硬化处理。作为钢材采用 S43C、ASMn443H 等中碳钢。轴因为主要功能是传递力矩，所以扭曲强度是其主要特性指标，但是这些轴类零件也有提高强度

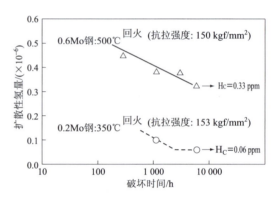

图 2-10　高温回火的高 Mo 钢材料的延缓破坏特性

的要求。为达到提高强度的目的，单纯提高含碳量可以使硬度增加，但是在扭转试验中知道式样的破坏状态从模态 3 的剪切破坏状态向模态 1 的主应力破坏状态转变，也就是说增加硬度反而产生了扭曲强度下降的现象[45]。因为模态 1 破坏的起始位置是晶界裂纹处，所以为提高模态 1 的破坏强度需要增加晶界强度。为此最近作为高频淬火轴用钢材多采用中碳硼钢。图 2-11 是关于影响模态 1 破坏强度的低 P 化、添加 B 元素的效果研究结果示意图[46]。虽然模态 1 的破坏强度随含碳量的增加而下降，但是在含碳量相同的情况时，增加 B 元素含量，模态 1 的破坏强度会增加，这个结果和使 P 从 0.013% 减少到 0.002% 的效果相同或更好。图 2-12 所示为根据 AES（俄歇电子能谱法）对旧奥氏体晶界形状的解析计算结果。B 产生晶界偏析，同时 P 的晶界偏析量与没有添加 B 的钢相比有所降低。添加 B 元素模态一的破坏强度提高，这是因为 B 元素的晶界净化

作用增加了晶界强度的缘故。

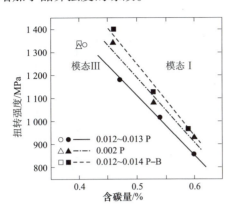

图 2-11　P、B 元素含量与高频淬火处理轴的扭转强度关系

（2）非调质钢。非调质钢是指从节省成本、削减 CO_2 排放量的角度出发，可以省略淬火回火处理工序（调质处理）的钢材。非调质钢的适用是因为其具有消解淬火裂纹、淬火变形的较好的特性。对于非调质钢有热锻用钢和直接切削用钢，关于热锻用钢，如表 2-14 所示，在汽车标准（JASO）中的汽车结构用非调质钢材料（M110-97）已经标准化了。热锻后钢材，为了

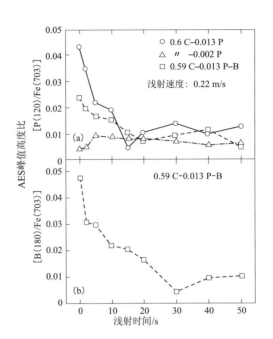

图 2-12　根据 AES 进行的 P、B 的晶界偏析情况解析计算

使之具有淬火回火材料相当的强度，所以添加 V 元素达到析出强化的方法被广泛应用。另一方面，热锻后的材料通常因为具有组织粗大的特征，要保证材料韧性是非常困难的。

表 2-14　汽车结构用非调质钢材料（JASO 标准）

No	钢种标记	C	Si	Mn	P	S	Cr	V	其他
1	ASVa40C	0.37~0.43	0.15~0.35	0.60~1.10	0.030 以下	0.035 以下	0.035 以下	0.05~0.15	Cu 0.30 以下、Ni 0.20 以下
2	ASVa43C	0.40~0.46							
3	ASVa45C	0.42~0.48							
4	ASVa48C	0.45~0.51							
5	ASVa50C	0.47~0.53							
6	ASVMn19C	0.15~0.22	0.80 以下	1.20~1.60	0.035 以下	0.020~0.060	—	0.08~0.20	
7	ASVMn30C	0.26~0.33							
8	ASVMn38C	0.34~0.41							
9	ASVMn46C	0.42~0.49							

热锻非调质钢的技术研究课题是热锻后的金相组织如何微细化，使钢材的韧性提高，从这样的观点考虑，再推进钢材的开发。因为热锻通常在 1 250 ℃ 的高温下进行，所以类似控制压延那样的加工热处理方式进行组织微细化是不可能的。为了使奥氏体颗粒直径微细化，通常采用添加微量合金元素控制碳氮化合物。热锻的加热温度在 1 250 ℃，为控制奥氏体颗粒直径，TiN 的灵活应用是最有效的措施，因此 TiN 型非调质钢已经得到实际应用。但是即使在这种情况下，颗粒直径约为 40 μm 也没有充分细粒化，与淬火回火处理的材料相比韧性不足的情况还是很多。

与此相对，在旧奥氏体颗粒直径不能达到某种程度的细粒化时，则通过大量生成粒内铁素体，达到真正意义上的组织微细化的细粒化技术，作为第三代新细粒化方法近年得到关注。作

为粒内铁素体，是指从旧奥氏体的晶粒内生成、成长的铁素体，在厚板的焊接热影响部位，最初可以发现 Ti—O 系的氧化物作为相变核的针状粒内铁素体，确立了韧性改善技术[47,48]。其后作为大发展在各个领域得到多样化的发展，在棒线材料领域也发现了以新的 MnS—VN 作为相变核的粒状粒内铁素体，并作为热锻非调质钢的高韧化技术得到确立、应用[49]。图 2-13 显示了以往的非调质钢和粒内铁素体型非调质钢的热锻后的微组织形态。粒内铁素体型非调质钢组织显著的微细化了，可以得到超过淬火回火材料的优秀的韧性。图 2-14 是把粒内铁素体型非调质钢热锻后，在冷却过程中间进行淬火处理的组织形态。圆标记显示的是正在生成的粒内铁素体，但粒内铁素体中的铁素体相变核可以分析出是 MnS 和 VN 的复合析出物。VN 和粒内铁素体的 (001) 面有贝氏体的关系，为提高晶格整合性，VN 可以考虑成为粒内铁素体的相变核[50,51]。总之粒内铁素体型非调质钢的组织微细化的关键点，是由 S 增量使 MnS 大量微细化分散，在冷却过程中 MnS 上析出 VN，增大粒内铁素体的核生成部位。

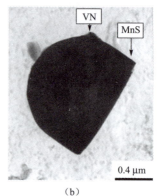

图 2-14　粒内铁素体型非调质钢热锻后的冷却过程中的淬火组织形态

(a) 相变中 (620℃) 的淬火组织圆标记：粒内铁素体及相变核；(b) 粒内相变核的 TEM 解析结果

除了铁素体—珠光体型非调质钢以外，还有通过低—中碳素钢的贝氏体或者马氏体组织，以提高强韧化为目的的非调质钢[52,53]。这些非调质钢与铁素体—珠光体型非调质钢相比屈服比、耐久比低，但是具有优秀的强度和韧性。

（3）冷锻用钢材。小的汽车零部件采用冷锻工序制作的较多。还有一部分汽车零件正在探讨从热锻工序制作向冷锻工序制作转换。这是因为与热锻制作相比冷锻方式生产性好，锻造可以直接得到高精度的表面形状，以及可以形成所谓的无飞边化。作为冷锻用钢的主要研究课题可以列举出省略退火处理和非调质化处理两项。

这里控制热轧工序的轧制材料质量的 TMCP（Thermo Mechanical Control Process）技术，在厚板、薄板领域，作为压延的强韧化技术得到了引

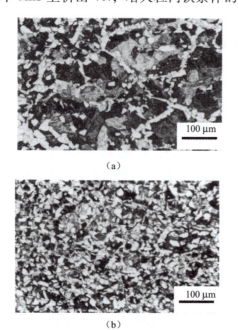

图 2-13　TiN 型热锻非调质钢和粒内铁素体型热锻非调质钢的微组织形态

(a) TiN 型非调质钢 0.016S—0.1V—0.008N；
(b) 粒内铁素体型非调质钢 (0.07S—0.13V—0.015N)

人注目的发展。与此相对，在特殊钢领域里，因为受到高速、连续轧制等制造方式的限制，与板系列材料相比，控制轧制技术的应用落后，但是最近以冷锻制品的二次加工工序的各种热处理的简化或省略作为目标，在棒材领域也开始探讨TMCP技术应用的可行性了。

SCM440等的合金钢，一般的压延组织是混入贝氏体的组织结构，特别坚硬。压制品不仅是冷锻，即使是切断往往也很困难。为此，加工前必须进行软化回火处理。针对这种情况，采用图2-15所示的方法，通过控制压延，进一步控制冷却速度，采用保温覆盖方式进行缓慢冷却，抑制材料中贝氏体的生成，使直接压延也可以达到需要的较低硬度要求。由此可以省略以往采用的软化退火处理工序，开发合适硬度的（软化）冷锻用钢材[54]。作为厚板、薄板领域中的高强度加工方式，虽然可以使用控制压延方法，但在冷锻用棒钢线材领域，作为完全相反的软化材料工艺，灵活应用控制压延的方法得到关注。通过控制压延，抑制贝氏体生成是因为奥氏体晶界作为贝氏体相变核作用，因此促进了微细奥氏体晶粒的扩散相变[55]。再则，由于用Mn等的能够提高淬火性能的元素将没有固溶体硬化作用的B元素替换掉了，以达到进一步软化材料的效果，为此目的开发出软化冷锻用钢材[56]。

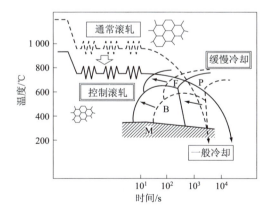

图2-15 通过控制压延、控制冷却速度的合金钢软化机理（SCM440）

其次是同时省略冷锻前后的热处理工序的非调质螺栓用钢正处于开发中[57]。螺栓通常使用上述的S45C等的中碳强韧钢制作，用球状化退火—拔丝—冷锻—淬火回火工序制作。冷锻前的线性拉伸加工是为调整线径和强度进行的，但冷锻时的变形阻力是由于一种称作"包欣格"效应的作用，降低了线材强度的比值。包欣格效应是在一个方向施加塑性变形后，接下来在相反方向变形时，变形应力下降的现象。通过扩大包欣格效应，可以得到低变形阻力和高强度同时成立的材料。因此，在强度为800 MPa以上的高强度螺栓制作时，同时省略冷锻前后的热处理工序，即球状退火和淬火回火，这样一种高强度螺栓用钢材也已经被实际应用了。

（4）表面硬化钢。表面硬化钢是含碳量为0.10%～0.25%程度的机械结构用合金钢（SCr420、SCM420等），进行渗碳处理后使用的钢材料的统称。作为汽车零件，齿轮、轴类零件应用广泛，尤其是齿轮作为变速箱零件，在汽车重量中占有较大的比率。随着近年来的减低环境负荷要求、汽车的低燃料消耗要求、轻量化的发展趋势等，齿轮的高强度化发展需求也非常迫切。

图2-16显示了渗碳材料的弯曲强度受晶界氧化层深度的影响较大，减少晶界氧化层深度则弯曲强度显著增加[58]。渗碳材料的晶界氧化层是钢中氧化能力强的Si、Mn、Cr等元素，在渗碳过程中与从晶界浸入的氧元素结合，在晶界生成氧化物形成的。另外因为这个表面氧化层的作用，在最表层的压缩残余应力也小。因此，如果

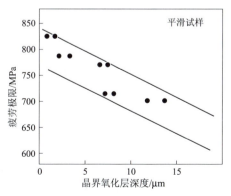

图2-16 渗碳材料的晶界氧化层深度和疲劳极限之间的关系

减少氧化性能强的 Si、Mn、Cr 等元素,用难产生氧化作用的 Mo 确保淬火性能,则材料的晶界氧化层浅,疲劳强度提高。以这种组织结构的钢材为特征的高强度齿轮用钢也已经开发了出来[44]。其次,通过喷丸处理增加压缩残余应力,对提高疲劳强度也是有效的。图 2-17 是对渗碳处理的试样进行回转弯曲疲劳试验过程中,观察疲劳裂纹发展情况的试验结果,因为在渗碳材料表面的晶界氧化层成为起始点,所以疲劳裂纹早期出现,且裂纹的传播寿命占了全寿命的大部分。因此不仅表面,材料内部的裂纹传播域的压缩残余应力也将促进寿命的提高。图 2-18 表示了通过试验整理的裂纹传播域的压缩残余应力的积分平均值和疲劳强度之间的关系[59]。

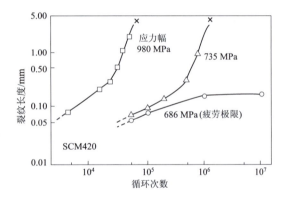

图 2-17 渗碳材料的弯曲疲劳过程中的疲劳裂纹的产生和传播情况

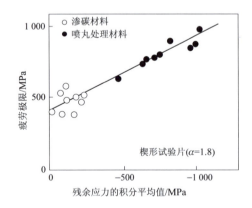

图 2-18 压缩残余应力(深度达到 300 μm 的积分平均值)和疲劳极限的关系

下一个是关于齿轮的制造工艺,由冷锻方式进行齿轮的成型制作以及缩短高温渗碳处理过程的渗碳时间是重要的研究课题。为解决这些问题,针对钢材的研究课题主要都集中在防止渗碳过程中粗大晶粒的生成。所谓粗大晶粒是局部结晶粒异常成长形成粗大化的现象,冷锻材料、球状化退火处理材料、初期混粒度大的情况,在高温渗碳是特别容易产生。粗大晶粒生成的同时将出现疲劳强度和冲击值下降,热处理变形大,损害产品精度等问题。针对这些问题,正在开发可以防止粗大晶粒的冷锻用钢及高温渗碳用钢[60]。为防止粗大晶粒,使增加冒口的 AlN、Nb(CN)等的微细析出物大量分散成为关键。开发的防止粗大晶粒的钢材料如图 2-19 所示,利用优化成分设计和制造程序实现了析出物的大量微细分散。图 2-20 显示了开发的钢材料的粗大晶粒防止性能[61]。从图可见,开发的钢种在浸碳温度变高的情况下,奥化体晶粒也不会变大。如果采用了上述的被开发的防止粗大晶粒的钢材,则可能省略冷锻后的正火处理过程,由于高温渗碳而缩短了渗碳时间,并由于热变形减少可以省略或简略后续的研磨切削工序。

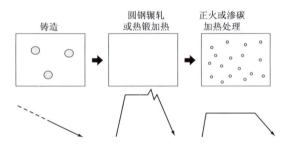

图 2-19 析出物大量分散的机理分析

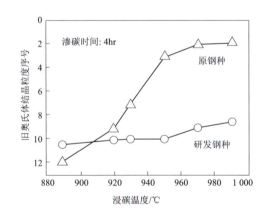

图 2-20 析出物微细分散钢材(开发钢材)的防止粗大晶粒性能(球状化退火—冷锻—渗碳工序)

(5) 易切削钢。汽车零件中的大多数,因为需要进行机械加工完成,所以为提高工作效率,良好的被加工性能是重要的特性。已知的提高钢被加工性能的影响元素有 S、Pb、Te、Bi、Se 等。一般来说 S、Pb 元素使用得多些。这些元素的影响作用如图 2 - 21 所示[62]。

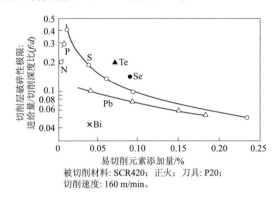

被切削材料:SCR420;正火;刀具:P20;
切削速度:160 m/min。

图 2 - 21　切削层破碎性极限进给量/切削深度比和易切削元素添加量的关系

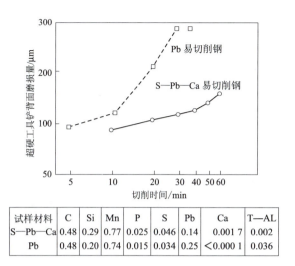

图 2 - 22　S - Pb - Ca 三元素系列易切削钢的加工性能

汽车标准(JASO)中规定,需要兼顾考虑钢材的力学性能和机械加工性能,规定 S、Pb 的含量各自分为 S_0—S_2 的三阶段,L_1—L_2 的二阶段,作为汽车结构用钢材料(M106—92)的任意一种,都可以通过添加 S、Pb 元素改善性能。为提高切削加工效率,利用超硬工具进行高速切削加工的方式也已经普及。S 或者 S—Pb 类易切削钢由于不能得到充分的切削性能,可进一步添加 Ca 元素有效提高高速切削性能。从而可以使用从低速到高速切削都可以适应的 S—Pb—Ca 三元素系列易切削钢。实例如图 2 - 22 所示。

近年来随着对环境污染问题的重视,Pb 被看做环境污染物质之一,有从钢材制作中取消的趋势,因此需要开发不含 Pb 元素且具有相同的切削性能的新钢种。如果仅从改善切削性能考虑,采用多量添加 S 等元素的方法可以解决,但是多量添加易切削元素,会带来制造性能和最终产品的材质特性(特别是材料的韧性)下降的缺点。针对这个问题,正在开发通过使钢中的 MnS 比以往更加微细分散的方式,达到兼有较好的易切削性能、制造性能、最终产品性能,并不污染环境的无 Pb 元素的易切削钢种[63]。

(6) 弹簧钢。弹簧在汽车上的很多部位广泛使用,如发动机的阀弹簧、离合器弹簧、悬架弹簧、阀座弹簧等。在 JIS 所规定的弹簧钢可归纳成如图 2 - 23 所示。

图 2 - 23　弹簧用钢材

弹簧的制作成型,根据冷成型或者热成型方式,采用不同钢材种类。即使冷制作成型方式也分为冷制作加工线和热处理线。实际使用弹簧的适应钢种,根据弹簧的形状、大小、工作性能等被大致确定。

弹簧的必要性能是指疲劳强度和变形特性。在弹簧的制作工艺中,为提高上述性能,需要控制材料中的非金属杂质,通过脱碳等方式来减少缺陷。

尤其是对于疲劳强度特性很重要的阀弹簧用线材，非金属杂质的微细化是最大的研究课题。因为非金属杂质完全消除是不可能的，所以使非金属杂质低熔点化—软质化，通过分块压延—拉伸的制作工序，使非金属杂质拉伸、微细化成为新的研究思路[64]。另外非金属杂质对于疲劳强度的影响作用，有可能相对软质物的不良影响要小。硬质杂质的主要成分是在 Al_2O_3 和 SiO_2 添加 Ca 生成的 CaO 复合组成，从图 2-24 可见低熔点且软质杂质组成的情况。

（7）轴承钢。轴承钢是指轴承内外圈和球或滚柱（滚动体）使用的钢材，需要具有优秀的滚动疲劳性能、耐磨损性能、耐冲击性能等特性。

在 JIS 中，规定了如表 2-15 所示的高碳铬轴承钢（JIS G 4805）。另外前边说明过机械结构用合金钢（表面硬化钢），以及作为特殊的钢材如表 2-16 所示的钢也可作为耐热轴承钢使用。高碳铬轴承钢因为具有价格较低、原材料切削性能好、滚动疲劳性能和耐磨损性能好的特点，所以很久以来被作为轴承钢使用。高碳铬轴承钢是具有 1%C 元素的过共析钢，通过进行球状化退

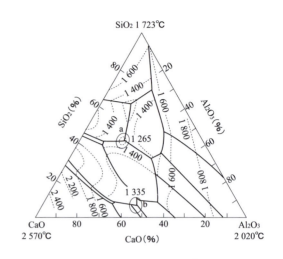

图 2-24 $CaO—SiO_2—Al_2O_3$ 的三元状态图

火—淬火—回火的热处理工序，最终零件的组织为在马氏体中分散微细的残存碳化物的组织结构，这种结构可得到优秀的回转疲劳性能及耐磨损性能。一方面使用表面硬化钢制作的轴承零件，以确保表面残余应力与齿轮材料相同，另一方面在表层存在大量的残余奥氏体组织，所以在混入微粒润滑时的表面开始运动情况下，零件具有较好的回转疲劳性能。同时与高碳铬轴承钢相比，具有较好的韧性也是其特征。

表 2-15 轴承钢的 JIS 标准成分

钢种代号	化学成分/%						
	C	Si	Mn	P	S	Cr	Mo
SUJ1	0.95~1.10	0.15~0.35	0.50 以下	0.025 以下	0.025 以下	0.90~1.20	—
SUJ2	0.95~1.10	0.15~0.35	0.50 以下	0.025 以下	0.025 以下	1.30~1.60	—
SUJ3	0.95~1.10	0.40~0.70	0.90~1.15	0.025 以下	0.025 以下	0.90~1.20	—
SUJ4	0.95~1.10	0.15~0.35	0.50 以下	0.025 以下	0.025 以下	1.30~1.60	0.10~0.25
SUJ5	0.95~1.10	0.40~0.70	0.90~1.15	0.025 以下	0.025 以下	0.90~1.20	0.10~0.25

表 2-16 耐热钢系轴承钢的化学成分

钢种代号	化学成分/%						
	C	Si	Mn	Cr	Mo	W	V
SUS440C	0.95~1.20	1.00 以下	1.00 以下	16.00~18.00	0.75 以下	—	—
440M	0.95~1.20	1.00 以下	1.00 以下	13.00~15.00	3.50~4.50	—	—
AISI M50	0.8	0.3	0.3	4.0	4.25	—	1.0
AISI M2（SKH9）	0.85	0.3	0.3	4.0	5.0	6.0	2.0

清洁润滑环境下，轴承零件的滚动疲劳破坏，一般是由非金属杂质的作用而造成的。为此，如已在制作工序项中叙述的那样，对轴承钢，也在考虑通过特殊的炉外精炼，制作出完全

低氧化、低硫化的材料。这样通过减少杂质、微细化的过程,使得滚动疲劳性能得到飞跃性的提高。作为判定有害杂质的大小、分布的评价方法,以往采用的是由 JIS 规定的清洁度判定试验方法,但是近年来普及了镜检—极值统计方法。这个方法是一个假定杂质的分布服从指数平方规律,采用极值统计确定最大值的方法,在基准镜检面积测定最大杂质直径,做出极值统计表,在危险面积上求得预测的最大杂质的直径[65]。对于改变脱氧条件就可改变最大杂质直径的材料,通过镜检—极值统计方法可以得到最大杂质直径和滚动疲劳性能具有较好的相关特性[66]。

其次,伴随着近年来轴承用钢飞速的高清洁化与由此得到的高寿命化,轴承零件可以在更严酷的高压力工作条件下使用,但在滚动疲劳过程中生成如图 2-25 所示的特殊组织,而这种特殊组织成为破坏传播路径的现象[67]。特殊组织可分为白色带、径向条纹的板状组织,这些特殊组织的生成在剪切应力为最大的位置处最为显著。因此,变形集中和由变形引起的发热可被认为是这些特殊组织的形成的原因。从板状组织以及白色带附近都可以看到微细的渗碳体而析出。总之,板状组织可以说是伴随着渗碳体而析出的一种拟珠光体金相组织。还有因为析出渗碳体组织,所以会在回转面下部因发热而升温到 300 ℃以上。另外白色带部位含碳量低,硬度也低,是一种铁素体金相组织。图 2-26 是求得的 X 射线半值宽度在深度方向的分布情况,但是半值宽值的时效变化情况在剪切应力最大,深度 0.2 mm 部位最明显,在疲劳过程中单调减少。上述特殊组织的形成成为在滚动疲劳过程中材质性能降低

图 2-25 在滚动疲劳过程中滚动接触面正下方部位生成的特殊组织和驻留的龟裂情况

的微观(Macro)指标。

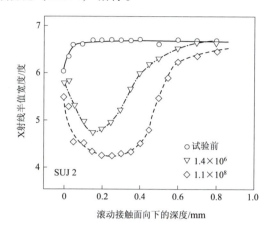

图 2-26 在滚动疲劳过程中滚动接触面直下部位的 X 射线半值宽度分布的变化情况

(8)耐热钢。耐热钢根据其使用环境、使用目的有非常多的种类,仅在 JIS 中规定的耐热棒钢材料(JIS G 4311)也有表 2-17 所示的 34 种之多。使用耐热钢的汽车零件中有汽车发动机中暴露于高温的零件,其代表是发动机阀和排气净化装置。

表 2-17 耐热钢的 JIS 代号和分类

钢种代号	分类	钢种代号	分类
SUH31	奥氏体系	SUS304	奥氏体系
SUH35		SUS309S	
SUH36		SUS310S	
SUH37		SUS316	
SUH38		SUS317	
SUH309		SUS321	
SUH310		SUS347	
SUH330		SUSXM15J₁	
SUH660		SUS405	铁素体系
SUH661		SUS410L	
SUH446	铁素体系	SUS430	
SUH1	马氏体系	SUS403	马氏体系
SUH3		SUS410	
SUH4		SUS410J₁	
SUH11		SUS431	
SUH600		SUS630	析出硬化系
SUH616		SUS631	

对于发动机阀来说,可使用表 2-17 所示的 H31~H38 钢种。因为现代发动机的高性能化带来对高速回转和高效率输出的需求,所以发动机阀件将接触更高温度,因此其耐久性能成为了问题。针对这个问题在基座面和轴端面堆焊了钨铬钴合金(Stellite)(例如:2.5% C—30% Cr—12% W—3% Fe 的 Co 合金),或者镍铬铁耐热合金(Inconel)(15% Cr—2.5% Ti—1% Al—7% Fe—1% Nb 的 Ni 合金),有的进一步在阀杆形成的中空位置中封入 Na,促进热的导出。

对于耐热材料的高温化要求不仅是发动机阀件,在追求使用能量的高效率领域也在逐年增强此方面的需求,推进开发多种类的超合金材料。

(9)工具钢。因为汽车零部件的种类多,且需要采用各种不同的加工方法制作,所以使用的工具种类也非常多。各种工具必须具有的性能也多种多样,各种工具的基本要求如表 2-18 所示[68]。另外 JIS 中规定的工具钢分类如表 2-19 所示。仅这些就已有 48 种之多,这也证明了没有万能的工具钢种。因此当引入新的加工方法,需要选择使用这种新方法的钢种时,通过某种程度的试验研究(失败再试验)寻求最佳化的钢种成为必要步骤。

汽车零件的加工因为属于自动化且高速度的工作过程,所以使用工具的寿命情况将直接影响零件加工的生产性能。因此在高速自动机械上应用的工具,必须具有足够的寿命。一般对任何工具来说,工作寿命是最大的问题。表 2-18 表示的工具的必要性能是多种多样的,但与工具寿命相关的基本特性是耐磨损性能和韧性。

为提高工具钢的耐磨性能,需要尽量提高硬度,但同时需要防止韧性的下降。在制造工艺项中也说明了,为保持工具钢的硬度,且同时得到必要的韧性,需要采用 ESR(电渣重熔法)等特殊的焊接精炼方法,达到在制钢阶段就能彻底减少杂质的目的。图 2-27 所示为通过应用 ESR 方法,减少非金属杂质的效果情况[69]。

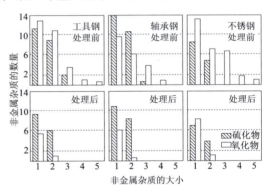

图 2-27 利用 ESR 法减低非金属杂质的效果

通过应用 CVD(化学蒸膜)、PVD(物理蒸膜)方法,在工具表面可覆盖上 TiC、TiN、Al_2O_3 等物质,因为这些措施可达到如图 2-28[70]显示的提高零件的耐磨损性能,所以在切削工具应用方面,表面涂覆工具已经广泛普及了。

表 2-18 各种工具的基本要素

工具种类	主要条件	其他条件
切削工具	耐磨损性能、热稳定性(高温下硬度的保持)	韧性
剪切工具	耐磨损性能、韧性	不变形、淬透性
成型工具	耐磨损性能	韧性、非切削性能
拉拔工具	耐磨损性能	不变形
挤压工具	热稳定性(高温下硬度的保持)	耐磨损性能、韧性
压延工具	耐磨损性能	淬透性、韧性
冲击工具	韧性	耐磨损性能
测量工具	耐磨损性能,不变形	淬透性

表 2-19 JIS 规定的工具钢材料

碳钢工具钢材(JIS G 4401)	SK1—SK7(7 种)
高速工具钢钢材(JIS G 4403)	SKH2—SKH59(13 种)
合金工具钢钢材(JIS G 4404)	SKS11—SKS95(16 种)
	SKD1—SKD8(10 种)
	SKT3—SKT4(2 种)

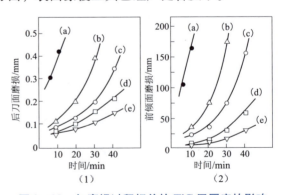

图 2-28 与磨损过程相关的 TiC 层厚度的影响
(a)母材(P20);(b)TiC 1.5 μm;(c)TiC 3 μm;
(d)TiC 5 μm;(e)TiC 7 μm

2.1.5 粉末冶金用铁粉

（1）原料粉末的选择。粉末冶金用原料粉末的选择需要考虑以下因素：首先需要考虑零件的用途和所要求的工作性能，并考虑为实现这些性能需要采用的制作工艺规程以及可能利用的工艺设备的限制等，在此基础上选择满足上述各种条件的最合适种类。因此，从最初需要的工作性能出发，选择合适的材料（合金及密度等）成为必要。典型工作性能中，有机械强度、形状和尺寸精度、耐磨性能、自润滑性能、磁性能等，适合各种要求及性能的材料需在某个范围内确定。标准的机械结构用粉末冶金材料在日本规定为 JIS Z 2550，在美国为 MPIF 标准 35，在欧洲为 ISO 标准 5755 等。在这些标准中没有规定的特殊的粉末冶金材料也有不少，因为各生产厂或供应商都有各自的材料，所以没有被列入标准。其代表的种类是阀座和阀导杆，被使用的原料粉末也是固有技术的一部分。

通过材料选择确定合金系列，这样，作为选择对象的粉末的范围就被缩小了。另外，根据制作的工艺过程和它的相适应性，或者设备限制的条件，也就限定了应选择粉末。

表 2-20 所示为典型的粉末冶金用铁粉末，包括制作工艺、合金化方法等分类情况。除此之外的粉末[71]是大致相同的类似粉末、派生粉末，或者限定用途的特殊粉末。下面对选用方法进行详细的说明。选用时需要根据合金化方法、制作方法、偏析防止处理的各种选择要求进行比较判断。

表 2-20 典型的粉末冶金用粉末

制作方法	还原	水雾化	水雾化					还原	水雾化			
合金化制法	纯铁粉		预合金粉末					纯铁为主的部分 扩散合金粉末		Mo 钢为主的部分 扩散合金粉末		
品种	视在密度区别	压缩性区别	NiMo 铜	低 Mo 钢	Mo 铜	低 CrMo 铜	CrMo 铜	低合金铜	合金铜	Ni 系	Cu 系	NiCu 系
合金成分（%）			19Ni 0.55Mo 0.2Mo	0.85Mo	1.5Mo	0.5Cr 0.2Mo	3.0Cr 0.5Mo	1.75Ni 1.5Cu 0.5Mo	4Ni 1.5Cu 0.5Mo	2Ni 1.47Mo	2Cu 1.47Mo	4Ni 2Cu 141Mo
视在密度	2.3~2.68	2.99~3.02	3.1	3.06	3.08	2.87	2.0	2.92	3.04	3.04	3.15	3.14	3.18
流动性	34~29	24	23	24	24	26	25	27	24	24	23	23	23
压缩性	6.75~7.11	7.15~7.26	6.97	7.15	7.10	7.03	6.95	7.06	7.17	7.18	7.10	7.10	7.08
成型体强度	29~15	13~14	11	13	13	17	15	12	13	14	13	12	13
粉末冶金密度			6.89	7.05	7.00	6.92	6.90	7.00	7.12	7.10	7.10	7.02	7.08
粉末冶金强度			840	845	1025	850	1030	570	620	750	720	660	890
粉末冶金延伸性			0.8	0.4	0.4	0.3	0.3	2.2	3.0	2.8	2.5	1.8	2.3
粉末冶金硬度			380	390	415	370	400	180	180	200	190	210	250
粉末冶金冲击值			12	14	18	10	14	26	27	30	30	14	26

注：1. 视在密度：g/cm³；流动度：s/50g；压缩性：600 MPa 成型，g/cm³；成型体强度：600 MPa 成型，N/mm²；粉末冶金材料强度：MPa；
2. 斜体字表示是烧结淬火处理 2.5 ℃/s 后，在 200 ℃回火保持 30 min 时的特性，粉末冶金伸长率：%；粉末冶金体硬度：HV10；粉末冶金体冲击值：J

（a）合金化制法。粉末冶金特点之一是合金组成的自由度高，可以比较容易得到各种各样的合金组成。

另外，合金化制作方法也有多种多样的种

类，图2-29所示为分类的情况。

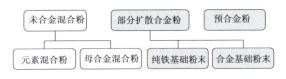

图2-29 依据合金化制法的粉末的种类

作为合金化制法，最大的选择项目是选择预合金粉，还是部分扩散合金粉，或者单纯混合粉。

由各种合金化制法得到的粉末的概念图如图2-30所示。

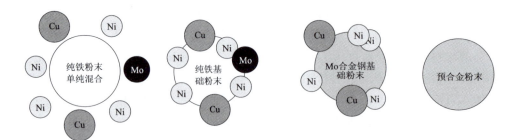

图2-30 合金化制法的概念图

最基本的制作方法是未合金化混合粉，自由度高，也可以由不融合的成分制作成粉末冶金材料。这是粉末冶金的通常做法。但是因为其具有多种缺点，所以根据工作需要选择下述的其他制作方法。

预合金粉是没有合金成分偏析，组织均一的粉末，但缺点是压缩性能（成型密度）与其他合金化制法的粉末相比要差。预合金粉使用的材料是比其他合金化制法成型或烧结等容易制作的合金材料（表2-21中的Mo钢、CrMo钢等）。另外因为省略了二次工程的热处理，所以随着采用了烧结后冷却速度高的"烧结淬火处理"，使用淬火性好的钢种，制作预合金粉的机会也增加了。对于7.4 g/cm³以上的超高密度烧结钢的场合，比其他合金化制法可得到高疲劳强度的材料也是其优点。

一方面扩散合金粉和未合金化混合粉的选择分支，对于基本材料为相同的纯铁粉情况时，可以得到大致相同的成型特性以及烧结特性。一般来说在未合金化混合粉中添加的形状、尺寸、比重等显著不同的合金成分粒子，在运输过程中容易引起飞散、偏析、凝结等趋势，但在部分扩散合金粉中可抑制高损失率的产生，所以可以认为其在量产稳定性等特点方面远比其他好得多。预合金化的Mo钢，因为具有比未合金化的Mo钢更易于均一合金化的长处，所以在烧结后的热处理淬火，尤其是烧结淬火性能等方面具有优势。用含有Ni的部分扩散合金粉制作的材料显示了一般钢材中不存在的特殊金相组织，马氏体、贝氏体、珠光体等显示了分散的微观不均一（宏观均一）的组织。由于这种特殊组织的产生，可以获得优秀的疲劳强度特性和强韧特性等。

烧结铁制品零件大多是用Fe—Cu—C材料制作的。这种材料基本上是采用图2-29所示的元素混合粉制作的。但是如已经说明过的，合金成分（铜粉末）易产生偏析，而且因为铜的偏析，使制品烧结时出现显著的尺寸变化影响，所以现在常使用将10%左右的铜作为部分扩散合金化的预合金粉末添加的方式。

(b) 制作方法的选择。从力学性能特性方面或者易制作程度方面考虑选择粉末冶金的制造方法。以铁系粉作为主要原料使用的制造方法大致可分为喷射法和还原法。喷射法得到的粉末一般容易得到高密度材料。而还原法制作的粉末是在低密度下的成型体，烧结体强度好。其原因取决于粒子形状的差异和粒子内部空隙的多少，通常表观密度越低成型体强度越高，但是其压缩性能会下降。换句话说，表观密度越高，压缩性能越好，但是具有成型体强度降低的趋势。因此对于含油轴承和复杂形状的中低密度零件，从内部空隙和成型体强度的角度考虑，选择使用还原法制作的海绵粉材料。如果需要获得高密度、高强度的粉末冶金材料，制造方法则应选择喷射粉末方法。根据各种制作方法的表观密度和压缩性，可将制作的粉末分为几个等级，根据要求的强度和密度，或者制作方法的难易性选择最合适的粉末（图2-31）。

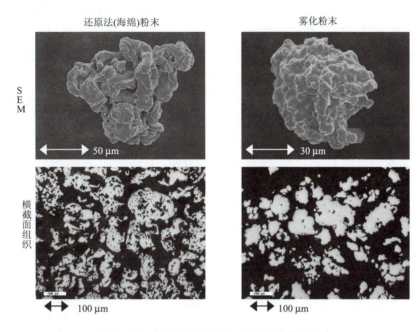

图2-31 还原法（海绵）粉末和喷射法粉末

喷射法[73]是把废铁等在电炉中熔化得到合适组成的铁水，并使其从喷嘴喷落，与10～20 MPa的喷射水冲击，使铁水成为100 μm的微粒凝固，而获得粉末的一种制作方法。还原法[73]是把优质的磁铁矿粉状化，并将焦炭与石灰石作为还原剂加入，在隧道反应炉中进行直接固相还原，获得铁粉末的制作方法。对于这两种方法，各自有几种衍生方法，虽然使用了不同的原料，但基本原理相同。进一步通过最后精微还原处理，调整合适的C、O、N等元素的纯度和粉末特性，就可以出厂了。

(c) 偏析防止处理。通过摇动、振动、流动或自由下落形成的粉末，由于其粒度、形状、比重差等因素影响会产生偏析现象。特别是作为烧结钢一般必须使用的添加物石墨粉末，不仅会产生偏析还有粉尘飞散等问题。为避免这些问题，进一步保证粉末特性稳定，达到改善充填模具时的性能，要采取偏析防止处理[74]措施。如把石墨等用有机物质与铁粉末粒子黏着的措施，包括溶媒黏着法和熔融黏着法，已经有各种专利技术。由于烧结后有机物质完全消失，所以材料的固有特性不受有机添加物的影响，加之偏析防止处理，所以除了具有改善烧结材料的均质性和尺寸精度等的性质外，还有改善生产性能等的效果，因此被广泛使用。

(2) 运输、装卸。即使进行了偏析防止处理的粉末，不合适的操作方法有时也会引起粒度偏析现象，损坏偏析防止处理的效果。对于粉末的输送，一般采用称为皮线编织袋的包装袋，抑制由于用固定罐类包装而易产生的偏析作用。从这个包装袋移送到成型轧机的料斗时，由于从高的落差自由下落时，便会产生粉尘和偏析现象。还有由弹性送料器等强制进行粉体输送时，因为产生过剩混合效果或者产生热量，所以也会损害粉末特性。粉末应尽可能减少运输、装卸，需要运送时应采用较好的运输、装卸方式，避免不必要的偏析和变质现象，以获得稳定性好、高成品率、高质量的烧结铁成品[75]。

2.2 有色金属材料

2.2.1 铝合金材料

在节约资源、节约能源、减少 CO_2 排放量等环境问题的要求不断提高的过程中，质量轻且可再生性能好的铝合金材料，在汽车中的应用不断扩大。

铝合金在以发动机零件和轮系等铸件以及压铸件为中心的零件中被广泛采用，但是最近，铝合金材料制品在操纵面板类的板材、横梁、车架骨架等的挤压材料，以及底盘部位零件的锻造材料等的延展材料方面的应用也迅速增加了。

图 2-32 显示了铝材料的制作工艺[76]。铝元素是地球的地壳资源的金属中储藏量最多的金属，从主要成分为氧化铝（Al_2O_3）的矾土矿中提出氧化铝，进一步通过电解提炼出铝材。

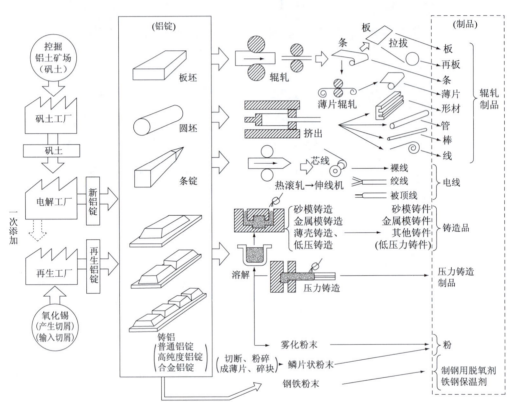

图 2-32 铝的制作工艺

注：棒、管、坯材等，为进一步增加强度，有时可采用锻造方式；也有时采用不将熔化铝制成铝锭，直接制成铝板或线材的方法

（1）铝合金的分类和名称。JIS 中对铝合金的分类如图 2-33 所示。

铝合金在 JIS 中大致分为砂模铸件、金属模铸件等的铸件用合金和板材、型材、管材、棒材、线材、锻造零件等的延展用合金材料，还有按照各种各样的热处理和非热处理合金的分类方式。热处理合金是通过熔化处理和人工时效处理等的热处理方法得到的铝合金材料，非热处理合金是通过压延等为主的冷加工方式得到所需强度要求的铝合金材料。

在 JIS 标准中铝合金的标记示例如下：
- A2014BE - T6（延展材料的热处理合金示例）
- A5052P - H34（延展材料的非热处理合金示例）
- AC2B - T6（铸件材料的热处理合金示例）
- AC3A - F（铸件材料的非热处理合金示例）

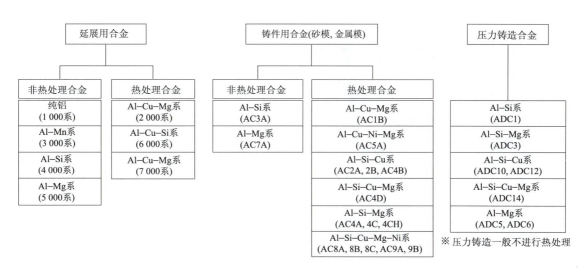

图 2-33 铝合金的分类

关于延展材料重点标记 A 表示是铝元素，接续的 4 个数字中的最初的数字表示合金系列，数字后的罗马数字是表 2-21 所示的产品形状和制作工艺的标记。

表 2-21 表示产品形状以及制作工艺的主要的 JIS 标记

标记	意 义	标记	意 义
P	板、条、圆板	TD	拉拔无缝钢管
PC	调和板	TW	焊接管
BE	挤压棒料	TWA	电弧焊接管
BD	拉制棒料	S	挤压型材
W	拉制线材	FD	模锻制品
TE	挤压无缝钢管	FH	自由锻制品

连字符号后面的记号是表示加工和热处理等的性质和区别标记，T6 表示熔化制成后人工时效处理，F 表示制作后不进行热处理和调质，H34 是加工后进行稳定化处理的材料，拉伸强度表示的是 O 材料（退火材料）和 H38 材料（硬质材料）的中间值（见表 2-22）。

表 2-22 JIS 规定的性质和区别的标记示例（JIS H 0001-1998）

标记	定 义	意 义
F	制作成型的原件	没有进行加工硬化或热处理等特殊的调整，由制作工序直接得到的材料

续表

标记	定 义	意 义
O	退火处理后的材料	对于延伸材料，得到最软状态的退火材料。对于铸件，为提高伸长率或者尺寸稳定性而进行退火的材料
H	加工硬化后的材料	为得到适当的软化程度，而不论有无热处理，依靠加工硬化增加强度的材料
T	通过热处理但是 F、O、H 以外的具有稳定性质区别的材料	为得到稳定的性质区别，不论追加工硬化的有无，进行热处理的材料
T4	熔化处理后自然时效的材料	熔化处理后不进行冷加工，由自然时效到充分稳定状态的材料。因此即使矫正冷加工的效果，作用也小
T5	高温加工冷却后经人工时效处理的材料	铸件或者由挤压材料那样的高温制作工序制作冷却后没有进行冷加工，经人工时效硬化处理的材料。因此即使矫正冷加工的效果，作用也小
T6	熔化处理后人工时效处理的材料	熔化处理后没有积极地进行冷加工，经人工时效硬化处理的材料。因此即使矫正冷加工的效果，作用也小
T7	熔化处理后稳定化处理的材料	熔化处理后因为进行了特别的性质调整，超过得到最大强度的人工时效硬化处理条件而过时效处理的材料

续表

标记	意 义	参考
H14	仅加工硬化处理的材料（H1X），拉伸强度在 O（退火）和 H18 中间的材料	1/2 硬质
H34	加工硬化后进行稳定化处理的材料（H3X），拉伸强度在 O（退火）和 H38 中间的材料	1/2 硬质
H38	加工硬化后进行稳定化处理的材料（H3X），由通常的加工可得到的最大拉伸强度的材料	硬质

（2）金属模具铸件用和砂模铸件用合金。JIS 标准中的铸件用合金的化学成分如表 2-23 所示，物理性质如表 2-24 所示，金属试样的机械性质如表 2-25 所示。

（a）Al-Cu 系合金（AClB）：通过热处理可以得到作为铝合金铸件的最高水平强度的合金。因为熔化液体易吸收氢气而耐腐蚀性能和铸造性能不好，对于汽车零件几乎不使用这种合金。

（b）Al-Si-Cu 系合金（AC2A、AC2B、AC4B）：因为铸造性能、气密性能好，所以在进、排气歧管、阀体、气缸盖等汽车零件中广泛采用。虽然通过 T6 处理拉伸强度、屈服强度、硬度高，但是延展率低。

（c）Al-Si 系合金（AC3A）：Si 因为是共晶组成的二元合金，所以耐腐蚀性能和铸造性能好，但由于不是热处理合金，因而强度低。这种合金因为具有不易生锈，可制成复杂形状制品的特点，在建筑领域，对强度要求不太高的零件应用较多，但对于汽车零件制品几乎没有。

表 2-23 JIS 标准中铝合金铸件和压铸件的化学成分
（JIS H 5202-1999、5302-2000）

种类代号	化学成分[1,2]（%）											
	Si	Fe	Cu	Mn	Mg	Zn	Ni	Ti	Pb	Sn	Cr	Al
AClB	0.30	0.35	4.2~5.0	0.10	0.15~0.35	0.10	0.05	0.05~0.35	0.05	0.05	0.05	残余量
AC2A	4.0~6.0	0.8	3.0~4.5	0.55	0.25	0.55	0.30	0.20	0.15	0.05	0.15	残余量
AC2B	5.0~7.0	1.0	2.0~4.0	0.50	0.50	1.0	0.35	0.20	0.20	0.10	0.20	残余量
AC3A	10.0~13.0	0.8	0.25	0.35	0.15	0.30	0.10	0.20	0.10	0.10	0.15	残余量
AC4A	8.0~10.0	0.55	0.25	0.30~0.6	0.30~0.6	0.25	0.10	0.20	0.10	0.05	0.15	残余量
AC4B	7.0~10.0	1.0	2.0~4.0	0.50	0.50	1.0	0.35	0.20	0.20	0.10	0.20	残余量
AC4C	6.5~7.5	0.5	0.20	0.6	0.20~0.4	0.3	0.05	0.20	0.10	0.05	—	残余量
AC4CH	6.5~7.5	0.20	0.10	0.10	0.25~0.45	0.10	0.05	0.20	0.05	0.05	0.05	残余量
AC4D	4.5~5.5	0.6	1.0~1.5	0.50	0.4~0.6	0.30	0.5	0.20	0.1	0.05	0.05	残余量
AC5A	0.7	0.7	3.5~4.5	0.6	1.2~1.8	0.1	1.7~2.3	0.2	0.05	0.05	0.2	残余量
AC7A	0.20	0.30	0.10	0.6	3.5~5.5	0.15	0.05	0.20	0.05	0.05	0.15	残余量
AC8A	11.0~13.0	0.8	0.8~1.3	0.15	0.7~1.3	0.15	0.8~1.5	0.20	0.05	0.05	0.10	残余量
AC8B	8.5~10.5	1.0	2.0~4.0	0.50	0.50~1.5	0.50	0.10~1.0	0.20	0.10	0.10	0.10	残余量
AC8C	8.5~10.5	1.0	2.0~4.0	0.50	0.50~1.5	0.50	0.50	0.20	0.10	0.10	0.10	残余量
AC9A	22~24	0.8	0.50~1.5	0.50	0.50~1.5	0.20	0.50~1.5	0.20	0.10	0.10	0.10	残余量
AC9B	18~20	0.8	0.50~1.5	0.50	0.50~1.5	0.20	0.50~1.5	0.20	0.10	0.10	0.10	残余量
ADC1	11.0~13.0	1.3	1.0	0.2	0.3	0.5	0.5	—	—	0.1	—	残余量
ADC3	9.0~10.0	1.3	0.6	0.3	0.4~0.6	0.5	0.5	—	—	0.1	—	残余量
ADC5	0.3	1.8	0.2	0.3	4.0~8.5	0.1	0.1	—	—	0.1	—	残余量
ADC6	1.0	0.8	0.1	0.4~0.5	2.5~4.0	0.4	0.1	—	—	0.1	—	残余量
ADC10	7.5~9.5	1.3	2.0~4.0	0.5	0.3	1.0	0.5	—	—	0.2	—	残余量

续表

种类代号	化学成分[1,2] (%)											
	Si	Fe	Cu	Mn	Mg	Zn	Ni	Ti	Pb	Sn	Cr	Al
ADC10Z	7.5~9.5	1.3	2.0~4.0	0.5	0.3	3.0	0.5	—	—	0.2	—	残余量
ADC12	9.6~12.0	1.3	1.5~3.5	0.5	0.3	1.0	0.5	—	—	0.2	—	残余量
ADC12Z	9.6~12.0	1.3	1.5~3.5	0.5	0.3	3.0	0.5	—	—	0.2	—	残余量
ADC14	16.0~18.0	1.3	4.0~5.0	0.5	0.45~0.65	1.5	0.3	—	—	0.3	—	残余量

注：① 钒和铋在0.05%以下。但是钒和铋以及在表中没有的元素，限于有用户的要求时再进行分析；
② 没有显示范围的数值表示的是许用极限值

表2-24　JIS标准中铝合金铸件和压铸件的物理性质

合金	密度 (kg/m³)	凝固温度范围 (℃)		热膨胀系数 (10⁻⁶/℃)			比热容 (20℃) (J/kg·℃)	热传导率 (25℃) (W/m·℃)	纵向弹性系数 (kN/mm²)	剪切弹性系数 (kN/mm²)
		液相线温度	固相线温度	20~100℃	20~200℃	30~300℃				
AC1B	2.80	650	535	23.0	—	—	963	140	—	—
AC2A	2.79	610	520	21.5	22.5	23.0	963	142	73.5	24.0
AC2B	2.78	615	520	21.5	23.0	23.5	963	109	74.0	24.5
AC3A	2.66	585	575	20.5	21.5	22.5	963	121	76.9	25.0
AC4A	2.68	595	560	21.0	22.0	23.0	963	138	75.0	25.0
AC4B	2.77	590	520	21.0	22.0	23.0	963	96	76.0	25.0
AC4C	2.68	610	555	21.5	22.5	23.5	963	159	73.5	24.0
AC4CH	2.68	610	555	21.5	22.5	23.5	963	159	72.5	24.0
AC4D	2.71	625	580	22.5	23.0	24.0	963	151	72.5	24.0
AC5A	2.79	630	535	22.5	23.5	24.5	963	130	72.5	23.5
AC7A	2.66	635	570	24.0	25.0	26.0	963	146	67.6	20.6
AC8A	2.70	570	530	20.0	21.0	22.0	963	125	80.6	25.5
AC8B	2.76	580	520	20.7	21.4	22.3	963	105	76.9	25.0
AC8C	2.76	580	520	20.7	21.4	22.3	963	105	76.0	24.5
AC9A	2.65	730	520	18.3	19.3	20.3	—	105	88.2	27.0
AC9B	2.68	670	520	19.0	20.0	21.0	—	110	86.2	26.5
ADC1	2.66	585	574	20.5	21.5	22.5	963	121	—	—
ADC3	2.66	590	560	21.0	22.0	23.0	963	113	71.1	26.5
ADC5	2.56	620	535	25.0	26.0	27.0	963	88	66.2	24.5
ADC6	2.65	640	690	24.0	25.0	26.0	963	146	71.1	—
ADC10	2.74	590	535	—	22.0	22.5	963	96	71.1	26.5
ADC12	2.70	580	515	—	21.0	—	963	92	—	—

表 2-25 金属模具样片的机械性质（JIS H 5202-1999）

种类代号	性质区别	拉伸试验 拉伸强度（N/mm²）	伸长率（%）	参考布氏硬度 HBS10/500
AC1B	T4	330 以上	8 以上	约 95
AC2A	F	180 以上	2 以上	约 75
AC2A	T6	270 以上	1 以上	约 90
AC2B	F	150 以上	1 以上	约 70
AC2B	T6	240 以上	1 以上	约 90
AC3A	F	170 以上	5 以上	约 50
AC4A	F	170 以上	3 以上	约 60
AC4A	T6	240 以上	2 以上	约 90
AC4B	F	170 以上	—	约 80
AC4B	T6	240 以上	—	约 100
AC4C	F	150 以上	3 以上	约 55
AC4C	T5	170 以上	3 以上	约 65
AC4C	T6	230 以上	2 以上	约 85
AC4CH	F	160 以上	3 以上	约 55
AC4CH	T5	180 以上	3 以上	约 65
AC4CH	T6	250 以上	5 以上	约 80
AC4D	F	160 以上	—	约 70
AC4D	T5	190 以上	—	约 75
AC4D	T6	290 以上	—	约 95
AC5A	O	180 以上	—	约 65
AC5A	T6	260 以上	—	约 100
AC7A	F	210 以上	12 以上	约 60
AC8A	F	170 以上	—	约 85
AC8A	T5	190 以上	—	约 90
AC8A	T6	270 以上	—	约 110
AC8B	F	170 以上	—	约 85
AC8B	T5	190 以上	—	约 90
AC8B	T6	270 以上	—	约 110
AC8C	F	170 以上	—	约 85
AC8C	T5	180 以上	—	约 90
AC8C	T6	270 以上	—	约 110
AC9A	T5	150 以上	—	约 90
AC9A	T6	190 以上	—	约 125
AC9A	T7	170 以上	—	约 95
AC9B	T5	170 以上	—	约 85
AC9B	T6	270 以上	—	约 120
AC9B	T7	200 以上	—	约 90

（d）Al-Si-Mg 系合金（AC4A、AC4C、AC4CH）：相对 AC3A 减少 Si 的用量，为获得热处理效果，添加 Mg 元素的合金材料。这种合金材料比任何合金的铸造性能、耐腐蚀性能都好，且为强度和伸长率均衡的合金。因此在汽车中比较大的零件制品多数使用这种合金材料。

汽车的铝质车轮几乎都使用严格限制杂质含量且确保韧性的本系合金 AC4CH。另外在很多场合，为使共晶 Si 微细化，提高材料的伸长率和强度，采用添加 Sr 等元素的改良处理措施。

（e）Al-Si-Cu-Mg 系合金（AC4D）：相对 AC4A、AC4C、AC4CH 合金材料进一步减少 Si 的含量，添加 Cu 和 Mg 元素的合金材料。铸造性能比 AC4A、AC4C 有所下降，但因为强度、韧性提高，耐压性能高，在气缸体、气缸盖等发动机零件的应用很多。

（f）Al-Si-Ni-Mg 系合金（AC5A）：在 Al-Cu 系（AClB）合金中添加 Ni 元素，改善高温强度的合金材料。虽然是通过热处理具有最高水平强度的合金，但同 AClB 合金一样，在熔化状态易吸收气体，铸造性能、耐腐蚀性能不好，所以汽车零件几乎不使用这种合金。

（g）Al-Mg 系合金（AC7A）：非热处理合金以未加工状态直接使用。因为强度、伸长率高，且外观漂亮耐腐性能好，所以在建筑模具和船舶用零件方面应用很多；但因为在熔化状态易吸收气体且铸造性能不好，所以汽车零件几乎不使用这种合金。

（h）Al-Si-Cu-Mg（-Ni）系合金（AC8A、8B、8C）：铸造性能、耐热性能、耐磨损性能好，热膨胀系数小，且因为通过热处理拉伸强度可获得较高的数值，所以在发动机的活塞零件上广泛应用。这些合金中的 Cu、Ni、Mn 是使耐热性能提高的元素，但因为 AC8C 合金没有添加 Ni 元素，所以和 AC8B 相比耐热性能有所降低。

（i）Al-Si-Cu-Mg-Ni 系合金（AC9A、9B）：在过共晶 Al-Si 合金中添加 Cu、Mg、Ni 元素的合金材料。因为具有比 AC8 系合金更高刚性、低膨胀系数和耐热性能、耐磨损性能好的特点，所以在热负荷高的二冲程发动机和一部分柴油发动机的活塞中应用。

AC9A、AC9B 的液相线温度分别为 730 ℃、670 ℃，在 JIS 标准的铝合金材料中最高，因此溶解、铸造温度也高，熔化状态易氧化和吸收气体。还有这个系列的合金为使初晶微细化，通常需要添加磷或磷化合物。

（3）压铸用合金。压铸加工是使产品厚度变薄，尺寸精度和生产性能提高的制造方法，占汽车铝合金用量的一半以上。铝合金压铸件的就 JIS 标准的化学成分如表 2-23 所示，物理性质如表 2-24 所示。机械性质在 JIS 中没有规定，但是作为附件（参考）在 JIS 中也有说明（表 2-26）。

表 2-26 从未加工的压铸件中切制试样的力学性能（JIS H 5302-2000）

代号	拉伸试验									硬度试验				
	拉伸强度（MPa）			屈服强度（MPa）			伸长率（%）			HB			HRB	
	平均值	σ	ASTM	平均值	σ	ASTM	平均值	σ	ASTM	平均值	σ	ASTM°	平均值	σ
ADC1	250	46	290	172	22	130	1.7	0.6	3.5	71.2	3.5	72	36.2	5.5
ADC3	279	48	320	179	35	170	2.7	1.0	3.5	71.4	1.8	76	36.7	2.2
ADC5	(213)	65	310	(145)	26	190	—	—	5.0	(66.4)	2.4	74	(30.1)	3.7
ADC6	266	61	280	172	23	—	6.4	3.2	10.0	64.7	2.3	67	27.3	3.9
ADC10	241	34	320	157	18	160	1.5	0.5	3.5	73.6	2.4	83	39.4	3.0
ADC12	228	41	310	154	14	150	1.4	0.8	3.5	74.1	1.5	86	40.0	1.8
ADC14	193	28	320	188	31	250	0.5	0.1	<1	76.8	1.7	108	43.1	2.1

σ：标准差

注：1. ADC5 的括号值是仅仅 3 种压铸件试样的测试结果；
2. ASTM：美国材料试验协会标准试样的标准测定值

压铸用合金希望熔化液体的流动性好，对于凝固收缩的溶液补充性能好，另外对金属模具不要产生熔固黏着现象。为此，Al-Si 系合金成为生委用材，并且为防止在铸造模具中产生熔固黏着，增加了 Fe 元素的含量。过去压铸件主要被应用在箱盒件、罩盖件等不太需要强度的零件中，但近年来，由于高真空和超高速射出等压铸加工技术的发展，提高了压铸件的性能，也在用于车架、悬挂等零件的制作方面有所进展。

（a）Al-Si 系合金（ADC1）：与 AC3A 相同为共晶组织成的合金材料。因为该合金铸造性能、耐腐蚀性能好，所以在不要求强度的薄壁且形状复杂的零件可加以应用，但实用化案例却少。

（b）Al-Si-Mg 系合金（ADC3）：相对 ADC1 材料 Si 含量减少，添加了 Mg 元素的合金材料。因为其铸造性能、耐腐蚀性能好，且冲击值和耐久性提高，采用高真空和超高速射出压铸加工法等制作的高性能的车架、悬挂等零件多为该系合金材料。

（c）Al-Mg（-Mn）系合金（ADC5、ADC6）：耐腐蚀性能最好，阳极氧化处理性能好的合金系材料。Mg 含量少的 ADC6 因为强度、伸长率高，所以在二轮车的操纵手柄和车灯座零件中应用，但是由于这个系列合金的铸造性能不好，所以仅限于简单形状零件的制作，在汽车零件中的应用几乎没有。

（d）Al-Si-Cu 系合金（ADC10、ADC10Z、ADC12、ADC12Z）：铸造性能好，且强度和硬度高的合金材料。发动机的机体、机盖类等铝压铸件的汽车零件，几乎都是由该系列合金制造。

代号后部加字母 Z 的合金是海外标准中允许杂质 Zn 含量到 3% 的材料，虽然对耐腐蚀性能有一定影响，但因为已确认对力学性能没有影响作用，所以 JIS 标准在 1992 年的修订版中新设了 ADC10Z、ADC12Z 类合金材料。

(e) Al-Si-Cu-Mg 系合金 (ADC14): 在过共晶 Al-Si 合金添加 Cu 和 Mg 的合金，比 (d) 中的 Al-Si-Cu 系合金进一步提高耐磨损性能、高温强度、刚性，而且热膨胀系数小的合金材料。其适用于零件有重视高温强度和耐磨性能的自动变速器的油泵箱体和二轮车的离合器壳体等的制造。

(4) 延展用合金。铝延展材料的使用是从 1970 年在欧美国家开始进行的，但是近年在日本国内汽车的高级化、高性能化的发展很快，为抑制随之引起的车辆重量增加并提高行驶性能，所以积极地推进车辆的轻量化，进一步为抑制 CO_2 的排放，作为改善燃料消耗的手段，铝延展材料的应用范围也扩大了。

延展材料是采用如图 2-32 所示的制作工序制造的，通过加工和热处理获得强度。在汽车中使用的主要铝延展材料的组成和力学性能如表 2-27 和表 2-28[77] 所示，在汽车中的应用实例如表 2-29[77] 所示。

表 2-27 典型的汽车用延展铝合金的组成 (JIS 以及 AA 标准)

合金名	化学成分 (wt%)									其他		Al
	Si	Fe	Cu	Mn	Mg	Cr	Zn		Ti	每个	合计	
1100	0.95	0.95	0.05~0.20	0.05	—	—	0.10		—	0.05	0.15	99.00 以上
2014	0.50~1.2	0.7	3.9~5.0	0.40~1.2	0.20~0.8	0.10	0.25		0.20 Zr+Ti	0.15	0.05	0.15	余量
2017	0.20~0.8	0.7	3.5~4.5	0.40~1.0	0.40~0.8	0.10	0.25		0.20 Zr+Ti	0.15	0.05	0.15	余量
2024	0.50	0.50	3.8~4.9	0.30~0.9	1.2~1.8	0.10	0.25		0.20 Zr+Ti	0.15	0.05	0.15	余量
2036	0.50	0.50	2.2~3.0	0.10~0.40	3.30~0.6	0.10	0.25			0.15	0.05	0.15	余量
2008	0.50~0.8	0.40	0.7~1.1	0.30	0.25~0.50	0.10	0.25		0.05 V	0.10	0.05	0.15	余量
3003	0.6	0.7	0.05~0.20	1.0~1.5	—	—	0.10				0.05	0.15	余量
4032	11.0~13.5	1.0	0.50~1.3	—	0.8~1.3	0.10	0.25		0.50~13 Ni		0.05	0.15	余量
5052	0.25	0.40	0.10	0.10	2.2~2.8	0.15~0.35	0.10				0.05	0.15	余量
5252	0.08	0.10	0.10	0.10	2.2~2.8		0.05		0.05 V	0.03	0.10	余量
5182	0.20	0.35	0.15	0.20~0.50	4.0~5.0	0.10	0.25			0.10	0.05	0.15	余量
5N01	0.15	0.25	0.20		0.20~0.6		0.03				0.05	0.15	余量
6063	0.20~0.6	0.35			0.45~0.9		0.10		0.10	0.05	0.15	余量
6061	0.40~0.8	0.7	0.15~0.40	0.15	0.8~1.2	0.04~0.35	0.25			0.15	0.05	0.15	余量
6N01	0.40~0.9	0.35	0.35	0.50	0.40~0.8	0.3	0.25		0.50 Mr+Cr	0.10	0.05	0.15	余量
6009	0.6~1.0	0.50	0.15~0.6	0.20~0.8	0.40~0.8	0.10	0.25			0.10	0.05	0.15	余量
6010	0.8~1.2	0.50	0.15~0.6	0.20~0.8	0.6~1.0	0.10	0.25			0.10	0.05	0.15	余量
7075	0.40	0.50	1.2~2.0	0.30	2.1~2.9	0.18~0.28	5.1~6.1		0.25 Zr+Ti	0.20	0.05	0.15	余量
7N01	0.30	0.35	0.20	0.20~0.7	1.0~2.0	0.30	4.0~5.0		0.10 V, 0.25 Zr	0.20	0.05	0.15	余量

注：没有显示范围的数值表示的是许用极限值

表 2-28 典型的汽车用延展铝合金的力学性能

合金代号	性质区别	力学性能			硬度	剪切强度 (N/mm²)	疲劳强度 (N/mm²)	纵弹性系数 (kN/mm²)
		拉伸强度 (N/mm²)	屈服强度 (N/mm²)	伸长率 (%)	布氏硬度 HB10/500			
1100	0	90	35	35	23	65	35[2]	69
	H14	125	120	9	32	75	50[2]	69
2036	T4	345	195	24	94[1]	205	125[3]	71
2008	T4	250	125	28	—	—	—	—
3003	0	110	40	30	28	75	50	69
5052	0	190	90	25	47	125	110[2]	71
	H32	230	190	12	60	140	120[2]	71
	H34	260	220	10	68	150	125[2]	71
5252	H32	220	180	13	—	—	—	—
5182	0	280	130	26	66[1]	165	140[1]	71
	H34	330	230	18				
5N01	0	100	40	33				
	H24	145	115	12				
6063	T5	190	150	12	60	120	70[2]	69
6061	T6	310	270	12	95	200	100[2]	69
6N01	T5	270	225	12			93[2]	69
6009	T4	230	125	25	66[1]	150	115[3]	69
6010	T4	290	170	24	81[1]	195	125[3]	69
7075	T651	580	510	11	150	330	160[3]	72
7N01	T6	360	290	15	100	190	130[3]	72
1010	钢板	310	175	42	—	—	—	—

注：[1] 由洛氏硬度（15 t）的换算值；
[2] 回转弯曲 5×10⁸ 次；
[3] 板弯曲 10⁷ 次

表 2-29 延展铝合金在汽车上的应用实例

使用场合	合金	形态
车身、控制面板等	Al-Cu 系、Al-Mg 系、Al-Mg-Si 系、Al-Mg-Zn 系	板材
保险杠	5052、6061、7N01、7003、Al-Mg-Zn-Cu 系	板材、型材
车轮	5052、5154、5454、6061	板材、管材、锻造材料
散热器、制冷器	1050、1100、3003、5052、6951、7072、7N01	板材、型材、管材、钎焊材
油箱	5052	板材
装饰零件	1050、5N01、6063	板材、型材
轴瓦座	1200、5052	板材
车轮轮缘	6063、7N01、7003	型材
车架（二轮车）	5052、5083、7N01、7003	板材、型材
车架（商用车）	5052、5083、6061、7N01、7003	板材、型材

(a) 1000 系铝材料：它是工业用的纯铝材料，虽然加工性能、耐腐蚀性能、热传导性能好，但因为强度低，所以不适合作为结构材料，适用于壳罩类等没有强度要求的零件。

(b) 2000 系合金：该系合金以硬铝（Duralumin）、超硬铝的名称被熟知的是代号为 2017、2024 合金，强度高，适用于二轮翻斗车零件等，但是因为含铜量多耐腐蚀性能低，在汽车零件中几乎不用。

(c) 3000 系合金材料：其典型代表为 3003 合金，不像纯铝加工性能、耐腐蚀性能低，是提高了强度的合金材料。其在容器、建筑材料等方面应用广泛，但在汽车中作为热交换器用材料使用也较多。

(d) 4000 系合金：4032 是化学成分和铸造用合金的与 AC8A 相当的合金材料，因为热膨胀系数小，强度、耐热性能、耐磨损性能优秀，所以被作为锻造活塞材料使用。

(e) 5000 系合金：Mg 添加量比较少的 5252 合金等在道路等的装饰材料中被应用；Mg 的添加量多的 5052 和 5182 被作为结构用材料，其中 5052 应用于地板、箱盒和车轮等零件，5182 因为成型性能好，所以被应用于车身内板类零件。在日本国内，经过进一步改良 5182 成型性能的合金，被应用在车身内、外板的制作中。

(f) 6000 系合金：该系合金，因为强度、耐腐蚀性能优秀，变形阻力小，所以不仅用作板材，还作为挤压材料和锻造材料而被应用。

6063 合金变形阻力极小，因其可以用于薄壁且复杂形状的挤压工艺的制作，所以在汽车的支架类、导轨类和强度要求不高的结构部件中被应用。6061 合金因为比 6063 合金强度高，所以作为支架类等行走部位的锻造材料和保险杠辅助材料等挤压材料被广泛应用。

6N01 合金具有和 6063 合金相近的挤压性能，因为比 6063 合金强度高，所以替代 6063 合金应用在结构用材方面。6009 和 6010 合金等在 6000 系合金中成型性能好，因其具有喷涂烧结硬化的特点，所以作为车身外板材料使用。

(g) 7000 系合金：该系合金可以分类为在铝合金中可得到最高强度的 Al - Zn - Mg - Cu 系合金和不含铜的焊接连接强度好的 Al - Zn - Mg 系合金。

2.2.2 镁合金材料

镁合金比重为 1.7 ~ 1.8，相当铝合金的 2/3，在实用的合金材料中最轻，另外其比强度、比刚性、防振性、被切削性能、耐压印性能好。一方面镁是活性金属，其对于高度的熔解、铸造技术和腐蚀问题需要充分的重视；另一方面其材料价格是铝材料的两倍左右，虽然在赛车中应用较多，但对于量产车来说，目前没有广泛使用。

在世界范围，镁主要的用途是作为铝合金的添加剂。近年来伴随着笔记本电脑和手机等生产量增加，镁合金产品的需求扩大了。在汽车用材料方面，由于熔化、铸造技术的提高，以及耐热镁合金的开发，在量产车中也开始应用压铸法生产，汽车转向轮、薄壁车架、气缸盖、罩、座、变速箱罩等零件材料的镁合金化有年年增加的趋势。表 2 - 30 所示为镁合金产品的应用实例。

表 2 - 30　在汽车中使用的镁合金产品实例和材料

零件名称	合　　金
仪表盘	AM50A、AM60B
薄板车架	AM50A、AM60B
门内控制板	AM20A、AM60B
转向轮	AM50A、AM60B
转向柱	AZ91D、AM60B
制动踏板托架	AZ91D
输送装置罩	AZ91D
进气歧管	AZ91D
气缸盖罩壳	AZ91D
变速器壳体	AS31HP*、AE62X*
气缸座（同铝合金的混合制作方法）	AJ62*
底座	AJ62*
油盘	AXM522*

注：*—耐热合金；
与合金代号对应的元素名称 A：Al；M：Mn；Z：Zn；S：Si；E：稀土类；X：Ca；J：Sr；M：稀土类

镁的精炼方法可大致分为热还原法和电解方法。热还原法是在氧化镁中添加还原剂，在减压、高温条件下还原；电解法是把原料制成镁盐，再通过电解得到镁的方法。图 2-34 所示为镁块坯料的制作工艺。

（1）铸造用镁合金（包括压铸镁合金）。铸造用镁合金在 JIS 中分为 Mg-Al 系合金和 Mg-Zr 系合金。在 JIS 标准中铸件用合金的种类和化学成分如表 2-31 所示；力学性能如表 2-32 所示；压铸用合金的种类和化学成分如表 2-33 所示。

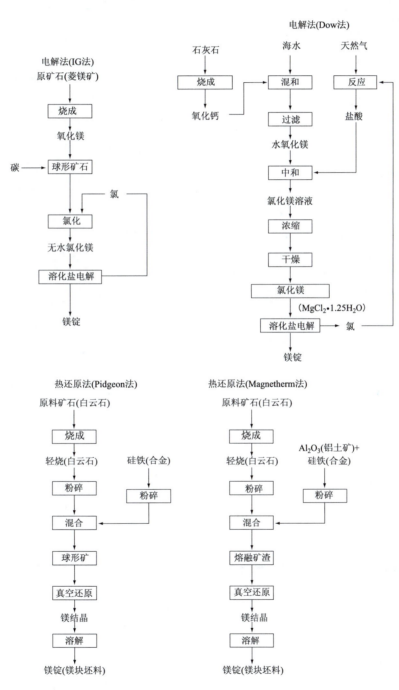

图 2-34　镁块坯料的制作工艺

表 2-31　JIS 中的镁合金铸件的种类和化学成分（JIS H 5203-2000）

代号	化学成分（%）													铸模类别	ASTM 相当合金	合金特点	用途
	Al	Zn	Zr	Mn	RE（稀土类）	Y	Ag	Si	Cu	Ni	Fe	其他各个不纯物	其他不纯物合计	Mg				
MC1	5.3~6.7	2.5~3.5	—	0.15~0.35	—	—	—	0.30 以下	0.25 以下	0.01 以下	—	—	0.30 以下	余量	砂型精密	AZ63A	具有强度和韧性。铸造性稍差，适用于简单形状铸件	一般用机、电视机、纺织照相机、零件等
MC2C	8.1~9.3	0.4~1.0	—	0.13~0.35	—	—	—	0.30 以下	0.1 以下	0.01 以下	—	—	0.30 以下	余量	砂型精密	AZ91C	具有韧性且铸造性好，也适用于形状复杂铸件用压性铸件用	一般用铸件。曲轴箱、变速箱、齿轮箱零件、工具用夹具、数码相机用工具等应用
MC2E	8.1~9.3	0.4~1.0	—	0.17~0.35	—	—	—	0.20 以下	0.015 以下	0.0010 以下	0.005 以下	0.01 以下	0.30 以下	余量	砂型金型精密	AZ91E	比 MC2A 耐腐蚀性好。其他性能相同	一般用铸件。发动机用零件等
MC3	8.0~10.0	1.5~2.5	—	0.10~0.5	—	—	—	0.3 以下	0.20 以下	0.01 以下	0.05 以下	—	0.30 以下	余量	砂型金型精密	AZ92A	虽然具有高强度，但是韧性稍差，铸造性也好	一般用铸件。发动机用零件等
MC5	9.3~10.7	0.3 以下	—	0.10~0.35	—	—	—	0.30 以下	0.10 以下	0.01 以下	—	—	0.30 以下	余量	砂型金型精密	AM100A	具有强度和韧性，作为铸件也合适	一般用铸件。发动机用零件等
MC6	—	3.5~5.5	0.40~1.0	—	—	—	—	—	0.10 以下	0.01 以下	—	—	0.33 以下	余量	砂型	ZK51A	较应用于需要强度和韧性的场合	高性能铸件、赛车车轮等应用

续表

| 代号 | 化学成分 (%) ||||||||||||| 铸模类别 | 参考 |||
	Al	Zn	Zr	Mn	RE(稀土类)	Y	Ag	Si	Cu	Ni	Fe	其他各个不纯物	其他不纯物合计	Mg		ASTM相当合金	合金特点	用途
MC7	—	5.5~6.5	0.60~1.0	—	—	—	—	—	0.10以下	0.01以下	—	—	0.30以下	余量	砂型	ZK61A	被应用于需要强度和韧性的场合	高性能铸件。发动机进水管等(Intel Housing)
MC8	—	2.0~3.1	0.50~1.0	—	2.5~4.0	—	—	—	0.10以下	0.01以下	—	—	0.30以下	余量	砂型 金型 精密	B233A	具有铸造性、焊接性、耐压性。常温下强度低，但在高温状态下强度改变不多	耐热用铸件。发动机用零件、齿轮箱、压缩机壳体等
MC9	—	0.2以下	0.4~1.0	—	1.8~2.8	—	2.0~3.0	—	0.10以下	0.01以下	—	—	0.30以下	余量	砂型 金型 精密	QE22A	具有强度、韧性且铸造性好；高温强度好	耐热用铸件、耐压铸造件外壳、齿轮箱等
MC10	—	3.5~5.0	0.40~1.0	—	0.75~1.75	—	—	—	0.10以下	0.01以下	—	—	0.30以下	余量	砂型 精密	ZE41A	具有铸造性、焊接性、耐压性，在高温下强度降少	耐压用铸件。耐热用铸件外壳、齿轮箱等

续表

代号	化学成分（%）													铸模类别	ASTM相当合金	参 考	
	Al	Zn	Zr	Mn	RE（稀土类）	Y	Ag	Si	Cu	Ni	Fe	其他各个不纯物	其他不纯物合计	Mg			合金特点	用途
MC11	—	5.5~6.5	—	0.25~0.75	—	—		0.20以下	2.4~3.0	0.01以下	—	—	0.30以下	余量	砂型 金型 精密	ZC63A	具有同MC10类似的性能，铸造性也相同	汽缸体、油盘等应用
MC12	—	0.20以下	0.40~1.0	0.15以下	2.4~4.4	3.7~4.3		0.01以下	0.03以下	0.005以下	0.01以下	0.2以下	0.30以下	余量	砂型 金型 精密	WE43A	在200℃以上可以使用，即使在高温下长时间工作，强度下降也少	宇航用零件、直升飞机的变速箱等应用
MC13	—	0.20以下	0.40~1.0	0.15以下	1.5~4.0	4.45~5.5		0.01以下	0.03以下	0.005以下	—	0.20以下	0.30以下	余量	砂型 金型 精密	WE54A	在目前的镁合金中，是高温强度最高的材料	赛车发动机零件，尤其是缸体、缸盖、阀盖等应用广泛

表 2-32　JIS 中的镁合金铸件的力学性能（JIS H 5203—2000）

代号	性能区别		拉伸试验			参考①②				
			拉伸强度（N/mm²）	屈服强度（N/mm²）	伸长率（%）	熔体化处理			时效硬化处理	
						温度（±6℃）	最高温度（℃）	时间（h）	温度（±6℃）	时间（h）
MC1	-F	铸造原件	180 以上	70 以上	4 以上	—	—	—	—	—
	-T4	熔体化处理	240 以上	70 以上	7 以上	385	391	10~14	—	—
	-T5	时效硬化处理	180 以上	80 以上	2 以上	—	—	—	260	4
									232	5
	-T6	熔体化处理后时效硬化处理	240 以上	110 以上	3 以上	385	391	10~14	218	5
									232	5
MC2C	-F	铸造原件	160 以上	70 以上	—	—	—	—	—	—
	-T4	熔体化处理	240 以上	70 以上	7 以上	413③	418	16~24	—	—
	-T5	时效硬化处理	160 以上	80 以上	2 以上	—	—	—	168	16
									216	4
	-T6	熔体化处理后时效硬化处理	240 以上	110 以上	3 以上	413③	418	16~24	168	16
									216	5~6
MC2E	-F	铸造原件	160 以上	70 以上	—	—	—	—	—	—
	-T4	熔体化处理	240 以上	70 以上	7 以上	413③	418	16~24	—	—
	-T5	时效硬化处理	160 以上	80 以上	2 以上	—	—	—	168	16
									216	4
	-T6	熔体化处理后时效硬化处理	240 以上	110 以上	3 以上	413③	418	16~24	168	16
									216	5~6
MC3	-F	铸造原件	140 以上	75 以上	1 以上	—	—	—	—	—
	-T4	熔体化处理	230 以上	75 以上	6 以上	407④	413	16~24	—	—
	-T5	时效硬化处理	160 以上	80 以上	—	—	—	—	260	4
	-T6	熔体化处理后时效硬化处理	235 以上	110 以上	1 以上	407④	413	16~24	218	5
MC5	-F	铸造原件	140 以上	75 以上	—	—	—	—	—	—
	-T4	熔体化处理	240 以上	70 以上	6 以上	424③	432	16~24	—	—
	-T5	时效硬化处理	160 以上	80 以上	—	—	—	—	232	5
	-T6	熔体化处理后时效硬化处理	240 以上	110 以上	2 以上	424③	432	16~24	232	5
MC6	-T5	时效硬化处理	235 以上	140 以上	4 以上	—	—	—	177⑤	12
MC7	-T5	时效硬化处理	270 以上	180 以上	5 以上	—	—	—	149	48
	-T6	熔体化处理后时效硬化处理	275 以上	180 以上	4 以上	499⑥	502	2	129	48
MC8	-T5	时效硬化处理	140 以上	100 以上	2 以上	—	—	—	175	16
MC9	-T6	熔体化处理后时效硬化处理	240 以上	175 以上	2 以上	525⑦	538	4~8	204	8
MC10	-T5	时效硬化处理	200 以上	135 以上	2 以上	—	—	—	329⑧	2

续表

代号	性能区别	拉伸试验			参考①②				
		拉伸强度(N/mm²)	屈服强度(N/mm²)	伸长率(%)	熔体化处理			时效硬化处理	
					温度(±6℃)	最高温度(℃)	时间(h)	温度(±6℃)	时间(h)
MC11-T6	熔体化处理后时效硬化处理	190 以上	125 以上	2 以上	440⑦	445	4~8	200	16
MC12-T6	熔体化处理后时效硬化处理	220 以上	170 以上	2 以上	527⑦	535	4~8	250	16
MC13-T6	熔体化处理后时效硬化处理	235 以上	175 以上	2 以上	527⑦	535	4~8	250	16

注：① 熔体化处理后的铸件，通过强制空冷冷却到室温状态。不包括有其他的设定条件的情况。在400℃以上采用CO_2气体保护氛围，或者使用添加SO_2或者0.5%~1.5% SF_6的CO_2气体保护氛围；
② 在Mg-Al-Zn合金熔体化处理时，需要在260℃的热处理炉中进行2 h升温达到熔体化温度；
③ 为防止结晶粗大化，最好采用在413℃±6℃6 h—352℃±6℃2 h—413℃±6℃10 h的处理过程；
④ 为防止结晶粗大化，最好采用在407℃±6℃6 h—352℃±6℃2 h—407℃±6℃10 h的处理过程；
⑤ 218℃±6℃8 h的处理过程也可以；
⑥ 482℃±6℃10 h的处理过程也可以；
⑦ 利用65℃的温水或其他媒体冷却；
⑧ 不能得到规定的力学性能时，也可以追加177℃16 h的处理过程

表 2-33　JIS 标准中的压铸用合金的种类和化学成分

代号	化学成分（%）									参考		
	Al	Zn	Mn	Si	Cu	Ni	Fe	其他不纯物	Mg	ASTM相当合金	合金特点	使用部件事例
MDC1B	8.3~9.7	0.35~1.0	0.13~0.50	0.5 以下	0.35 以下	0.03 以下	—	—	残余量	AZ91B	耐腐蚀性能比4种D稍差；力学性能好	链锯、录像机、音响制品、运动用品、汽车、OA机、计算机等的零件
MDC1D	8.3~9.7	0.35~1.0	0.15~0.50	0.10 以下	0.030 以下	0.002 以下	0.005 以下	0.02 以下	残余量	AZ91D	耐腐蚀性能好；其他和4种B相同	其他通用零件等
MDC2B	5.5~6.5	0.22 以下	0.24~0.6	0.10 以下	0.010 以下	0.002 以下	0.005 以下	0.02 以下	残余量	AM60B	延伸率和韧性好，铸造性稍差	汽车零件、运动用品等
MDC3B	3.5~5.0	0.12 以下	0.35~0.7	0.50~1.5	0.02 以下	0.002 以下	0.0035 以下	0.02 以下	残余量	AS41B	高温强度好；铸造性稍差	汽车发动机零件
MDC4	4.4~5.4	0.22 以下	0.26~0.6	0.10 以下	0.010 以下	0.002 以下	0.004 以下	0.02 以下	残余量	AM50A	延伸率和韧性好；铸造性稍差	汽车零件、运动用品等

（a）Mg-Al-Mn系合金（AM系）：由于铝的添加提高了强度，改善了铸造性能与耐腐蚀性能，但是相比来看，含有较少量铝的AM50A和AM50B，延展性、耐冲击性好，在薄板车架、转向车轮等方面得到了应用。这些合金，伴随着近年来汽车轻量化需求的提高，使用量在逐年增加。

（b）Mg-Al-Zn-Mn系合金（AZ系）：该

系合金中 AZ91D 材料在力学性能、铸造性能等的平衡方面，最具代表性的是镁合金材料，涉及面广，是使用最多的材料。

（c）Mg–Zn–Zr 系合金（ZK 系）：其由于添加了 Zr 元素促进了结晶粒微细化，提高了机械性质。该系合金是在常温下强度和韧性优秀的合金材料，ZK61A 是在 JIS 铸造用合金材料中具有最大强度的合金。

（d）Mg–(Zn)–Zr–RE 系合金（稀土类）：由于稀土类元素的添加，其在粒界出现化合物结晶。该系合金是高温强度高、蠕变特性好的合金材料。

（e）Mg–Al–Sr–Ca 系合金及 Mg–Al–RE–Ca 系合金：这些合金是作为压铸用耐热合金被开发的镁合金材料，同（d）的合金一样，在结晶粒界出现化合物结晶，因为耐高温蠕变性能好，所以作为变速器壳体、气缸体等零件材料被使用。

（2）延展用镁合金。延展用镁合金主要有 Mg–Al–Zn 系合金和 Mg–Zn–Zr 系合金，比较来说成型性能好的 Mg–Al–Zn 系合金中的 AZ31，在延展材料中使用得最多。另外 Mg–Al–Zn 系合金与铸造用合金相同，由于添加 Zr 使结晶粒微细化，是强度好的合金材料。

但是镁合金因为塑性加工难，所以作为延伸材料其生产量少，面向批量生产车的应用实例很少见。

2.2.3 钛合金材料

钛是在 1954 年实现工业化规模生产的新金属，因为具有比强度高和耐腐蚀性能好的特点，被应用在航空、化学领域。近年汽车和电力、PHE（板式热交换器）、电解（苛性碱制造的电极）等领域的需求旺盛，需要应用的领域在扩大[78]。在汽车领域，作为满足轻量化、低燃料消耗率等要求的材料之一，得到关注。为此在汽车领域，从 2000 年以来的多年时间内的使用量、成长率，与其他日本国内民生的需求比较，处于最高的状态。这在摩托车的消声器零件等应用方面起了关键作用。进一步在发动机的吸、排气阀，悬架弹簧等方面，钛的用途也越来越广泛。

（1）制造工艺。现在钛的精炼的主流方法，是通过把钛矿石氯化，再通过 Mg 还原得到金属钛的置换法。进一步把这种由还原得到的海绵状钛，通过电极真空电弧熔化方法熔解，制成钢锭。然后进行热加工和冷加工，制作成棒材、线材、板材等的延展材料。目前，通过精密铸造和粉末法制作原材料的方法也已经实用化了。

（2）合金的种类和特点[79,80]。钛合金根据室温下的微组织形态可分为 α、$\alpha+\beta$ 以及 β 三种合金。在汽车上最常用的是纯钛材料和 $\alpha+\beta$ 合金。在表 2–34 所示为汽车中使用、研究的典型的钛、钛合金的力学性能[81]。

表 2–34 典型的钛、钛合金的力学性能

组　　成		热处理[①]	力学性能			相关标准	汽车中的应用实例
			拉伸强度（MPa）	屈服强度（MPa）	伸长率（%）		
纯钛	JIS 1 种	A	270～410	165 min	27 min	ASTM G1	
	JIS 2 种	A	340～510	215 min	23 min	ASTM G2、AMS4902	消声器 排气管
	JIS 3 种	A	480～620	345 min	18 min	ASTM G3、AMS4900	
	JIS 4 种	A	550～750	485 min	15 min	ASTM G4 AMS4901、4921	
α 合金	Ti–5Al–25Sn	A	860	800	16	ASTM G6 AMS4926、4966	
	Ti–5Al–2.5Sn（ELI[②]）	A	800	750	16	AMS4909、4924	

续表

组成		热处理[1]	力学性能			相关标准	汽车中的应用实例
			拉伸强度(MPa)	屈服强度(MPa)	伸长率(%)		
α+β合金(接近α合金)	Ti-8Al-1Mo-1V	A	1 000	950	15	AMS4915、4916、4955 4972、4973	排气阀
	Ti-6Al-2Sn-4Zr-2Mo	A	970	890	15	AMS4976	吸气阀
	Ti-5.8Al-4Sn-3.5Zr-0.7Nb-0.5Mo-0.35Si	STA	1020	890	16	—	排气阀
α+β合金	Ti-3Al-2.5V	A	690	590	20	ASTMG9、AMS4943	排气管
	Ti-3Al-2V-S	A	650	600	10	JIS H 4650	连杆 操纵杆头
	Ti-6Al-4V	A	990	920	14	ASTMG5、F5 AMS4911、4928	连杆、吸气阀、排气装置、壳体
		STA	1 170	1 100	10		
	Ti-6Al-6V-2Sn	STA	1 270	1 170	10	AMS4918、4971、4978	
	Ti-6Al-2Sn-4Zr-6Mo	STA	1 260	1 180	10	AMS4981	吸气阀
	Ti-5Al-2Sn-2Zr-4Mo-4Cr	STA	1 200	1 110	10	AMS4995	
β合金	Ti-22V-4Al	STA	980	880	7	JIS H 4650	弹簧护圈
	Ti-13V-11Cr-3Al	STA	1 270	1 210	8	AMS4959	
	Ti-3Al-8V-6Cr-4Mo-4Zr	STA	1 440	1 370	7	AMS4957、4958	悬架弹簧
	Ti-15V-3Cr-3Al-3Sn	STA	1 230	1 110	10	AMS4914	

注：① 热处理：A：退火；STA：熔化后时效处理；
② ELI：Extra Low Interstitials（低杂质）

(a) α合金：该合金是在钛的低温稳定相α相时，添加大量可以固熔的Al、Sn等元素，使α相固熔强化得到的α相相单一组织的合金材料。其热温定性、耐氧化性能、耐蠕变性能优秀，焊接性能也好。

(b) α+β合金：该合金是在常温状态由α相和β相组成的二元合金材料，投入实际使用的几乎全部是这种合金。这是因为通过调节合金元素的种类和添加量可得到任意强度的合金材料，通过加工、热处理方法相应改变α相和β相的比值、结晶粒的形状等，可得到坚强有力的合金的缘故。现在钛合金中使用最多的Ti-6Al-4V合金就属于这种合金。另外以α型合金为基础，为进一步提高材料的耐热性能和强度，添加少量的β相稳定元素的接近α相合金的材料也已经开发了出来。

(c) 合金：通过大量添加Mo、V、Cr等β相稳定元素，可使得在高温状态稳定的β相保持到常温状态。β相合金因为是bcc结构，比hcp结构的α相合金具有更好的塑性加工性能，又因为其是高浓度合金，所以可以期待获得较大的固熔强化作用和热处理性能。

2.3 非金属材料

2.3.1 橡胶

(1) 橡胶的生产。

(a) 天然橡胶：由热带、亚热带种植的橡胶树上提取的天然橡胶因其抗破坏特性优良，至今仍是天然橡胶重要的原材料。天然橡胶的制造工艺如图2-35所示。首先，由橡胶树取得的乳浊液（胶乳）经过为去除杂质而进行的过滤及稀释、氧化凝固，之后进行脱水、干燥，再进行边以硫黄烟熏边干燥的处理（熏蒸处理），在检查、分级之后，形成块状胶送出。

（b）合成橡胶：是以石化产物的各种单体为原料合成的橡胶状高分子，根据其分子结构不同具有天然橡胶不具备的多种特性。根据聚合反应形态分为活性聚合和离子聚合，根据反应相有块状聚合、溶液聚合、乳化聚合、悬浊聚合四种，典型的合成橡胶——丁苯橡胶（SBR）的生产工艺如图2-36所示。将原料苯乙烯、丁二烯与乳化剂（有机酸石矸石）混合成的水胶乳在反应器中、在5℃以下进行聚合反应，之后回收未反应的原料，其中一部分作为胶乳送出，余下部分添加入油、助剂等，经过水洗、干燥成为产品。主要的合成橡胶的化学结构如表2-35所示。

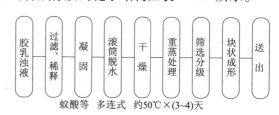

图2-35 天然橡胶生产工艺

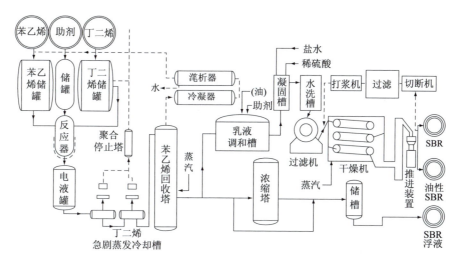

图2-36 SBR的生产流程

表2-35 主要合成橡胶的化学结构

橡胶名称	简称	主要成分	化学结构	商品名
a）合成橡胶 b）天然橡胶	IR NR	顺-1.4 聚异戊二烯	$(-CH_2-\underset{CH_3}{C}=CH-CH_2-)_n$	a Coral Rubber Ameripol SN 等
丁二烯橡胶	BR	1.2丁二烯-1.4丁二烯	$(-CH_2-\underset{\underset{CH_2}{\|\|}}{CH}-)_n$ $(-CH_2-CH=CH-CH_2-)_n$	（顺型）顺：-4 Ameripol CB
丁苯橡胶	SBR	丁二烯苯乙烯共聚体	$(-CH_2-CH=CH-CH_2-)_n-(CH_2-CH-)_y$	FR-S, Pliofler 1 500 SKS Ameripol 1502 等
丁腈橡胶	NBR	丁二烯丙烯腈共聚体	$(-CH_2-CH=CH-CH_2-)_n-(CH_2-\underset{CN}{CH}-)_y$	Chemigum N5. Hycar-1512 Perbunan 等
氯丁橡胶	CR	聚氯丁二烯	$(-CH_2-\underset{Cl}{C}=CH-CH_2-)_n$	Neoprene Perbunan C 230 等

续表

橡胶名称	简称	主要成分	化学结构	商品名
丁基橡胶	IIR	i-丁烯-异戊二烯共聚物（不饱和度1.0%~3.0%摩尔）	$(-\underset{\underset{CH_3}{\mid}}{\overset{\overset{CH_3}{\mid}}{C}}=CH_2-)_n-(-CH_2-\underset{\mid}{\overset{\overset{CH_3}{\mid}}{C}}=CH-CH_2-)_y$	Enjay Butyl Polysar Butyl
聚硫橡胶	—	多硫化聚合成橡胶	$(-R-S_y-)_n$ (R:乙烯或其诱导体)	Thiokol ST Thiokol FA 等
氨基甲酸酯橡胶	—	聚酯异氯胺酯 聚酯异氯胺酯	$(-O-R''-O-\underset{O}{\overset{\overset{\parallel}{C}}{}}-R'-\underset{O}{\overset{\overset{\parallel}{C}}{}}-O-R''-O\\ -\underset{O}{\overset{\overset{\parallel}{C}}{}}-NH-R'''-NH-\underset{O}{\overset{\overset{\parallel}{C}}{}}-)_n$ R', R'' 烷基 R''' 苯基	Chemigum SL Vulcaprene Vulcollan
硅橡胶	—	二甲基地	$(-O-\underset{\underset{CH_3}{\mid}}{\overset{\overset{CH_3}{\mid}}{Si}}-)_n$	Adiprene B 等 Silastic 等
氟橡胶 (a) Viton A (b) Fluoro rubber 1F4 (c) Kel F Elastomer	—	(a) 六氯化丙烯-氯化乙烯共聚物 (b) 丙烯酸二氢氯化烷 (c) 三氮氯乙烯-氯化乙烯共聚物	(a) $(-CF_2-CH_2-\underset{\underset{F}{\mid}}{\overset{\overset{CF_3}{\mid}}{C}}-CF_2-)_n$ (b) $(-CH_2-\underset{\underset{O=C-O-CH_2-C_3F_7}{\mid}}{CH}-)_n$ (c) $(-\underset{\underset{Cl}{\mid}}{\overset{\overset{F}{\mid}}{C}}-\underset{\underset{F}{\mid}}{\overset{\overset{F}{\mid}}{C}}-)_n-(-CH_2-CF_2-)_y$	
亥帕隆合成橡胶	—	氯磺酰化聚乙烯合成橡胶	$-(CH_2)_3-\underset{\underset{Cl}{\mid}}{CH}-(CH_2)_3-\underset{\underset{SO_2Cl}{\mid}}{CH}-_{17}$	Hypalon 20
丙烯橡胶	ABR	聚丙烯酸酯（或丙烯腈共聚物）	$(-CH_2-\underset{\underset{O=C\cdot O\cdot R}{\mid}}{CH}-)_n$	Hycar 4501 Alongum 等

（2）橡胶的性质。在橡胶的性质中，显著的有破断延长，这是因为与一般塑料、纤维状高分子在软化点、熔点以下不同，其使用温度在软化点以上。此外，作为黏弹性体的橡胶，由于随着拉伸会约束自身的分子运动即有熵弹性，这可以说是橡胶的明显特点。表2-36所示为主要的橡胶的特性和其主要的用途。

表2-36 主要橡胶的特性和用途

橡胶种类（根据ASTM的简称）	天然橡胶（NR）	合成天然橡胶（IR）	丁苯橡胶（SBR）	丁二烯橡胶（BR）	氯丁橡胶（CR）	丁基橡胶（IIR）
化学构造	聚异戊二烯	聚异戊二烯	丁二烯苯乙烯共聚体	聚丁二烯	聚氯丁二烯	异丁酸酯和丁二烯共聚体
主要特点	最具橡胶弹性，耐磨损性等力学特性优良	具有与天然橡胶基本相同的稳定性质	与天然橡胶相比耐磨损性、耐老化性好，价格便宜	与天然橡胶相比弹性好，耐磨损性优良	具有耐环境性、耐臭氧性、耐热性、耐化学性等均衡的性质	耐环境性、耐臭氧性、耐透气性好，耐极性溶剂

续表

橡胶种类 (根据ASTM的简称)		天然橡胶 (NR)	合成天然橡胶 (IR)	丁苯橡胶 (SBR)	丁二烯橡胶 (BR)	氯丁橡胶 (CR)	丁基橡胶 (IIR)
纯橡胶的性质	比重	0.92	0.92~0.93	0.92~0.97	0.91~0.94	1.15~1.25	0.91~0.93
	门尼·黏度 ML_{1+4}(100℃)	45~150	55~90	30~70	35~55	45~120	45~80
复合橡胶的物理性质和性能	可能的JIS硬度范围	10~100	20~100	30~100	30~100	10~90	20~90
	拉伸强度(kgf/cm^2)	30~350	30~300	25~300	25~200	50~250	50~200
	拉伸率(%)	1 000~100	1 000~100	800~100	800~100	1 000~100	800~100
	回弹性	◎	◎	○	◎	○	△
	抗断裂	◎	○	△	○	◎	○
	耐磨损性	◎	○	◎	◎	○~◎	○
	耐弯曲撕裂	◎	○	○	△	◎	○
	可使用温度范围(℃)	-75~90	-75~90	-60~700	-100~100	-60~120	-60~150
	耐老化性	○	○	○	○	◎	◎
	耐光辐射性	○	○	○	○	◎	◎
	耐臭氧性	×	×	×	×	◎	◎
	耐火性	×	×	×	×	○	×
	绝缘性($\Omega\cdot cm$) (本身固有电阻)	10^{10}~10^{15}	10^{10}~10^{15}	10^{10}~10^{15}	10^{14}~10^{15}	10^{10}~10^{12}	10^{16}~10^{18}
	透气性 ($cc\cdot cm/cm^2\cdot s\cdot atm$)	18	18	12	13~50	30	0.9~1.0
	耐放射性	△~○	△~○	○	×	△~○	×
复合橡胶的耐油性和耐溶剂性	汽油、柴油	×	×	×	×	○	×
	苯、甲苯	×	×	×	×	×	△~○
	三氯乙烯	×	×	×	×	×	×
	乙醇	◎	◎	◎	◎	◎	◎
	醚	×	×	×	×	×~△	△~○
	乙基酯酸	×~△	×~△	×~△	×~△	×	◎
复合橡胶的耐酸性和耐碱性	水	◎	◎	◎	◎	◎	◎
	有机酸	×	×	×	×	◎	◎
	高浓度无机酸	△	△	△	△	○	◎
	低浓度无机酸	○	○	○	○	◎	◎
	高浓度碱	○	○	○	○	◎	◎
	低浓度碱	○	○	○	○	◎	◎
主要用途		汽车尤其是大型汽车轮胎,产业用拖拉机轮胎、履带、管、带、空气弹簧等通用以及工业用品	汽车、飞机轮胎等几乎可以替代所有天然橡胶的制品	汽车轮胎、履带、橡胶苫布、运动用品、地板瓷砖、蓄电池壳体、带等工业用品以及通用橡胶制品	汽车、飞机轮胎、履带、防振橡胶、脱壳机滚筒、带、管等工业用品、塑料改质等	电线被覆层、传送带、防振橡胶、窗框密封橡胶、黏结剂、橡胶苫布、通用工业产品、涂料等	汽车轮胎的内胎、焙烧带、车顶内面材料、电线被覆材料、窗框密封橡胶、蒸气管、耐热传送带等

注:◎:优良; ○:良好; △:不太好; ×:不好

续表

丁腈橡胶（NBR）	乙丙橡胶（EPM EPDM）	氯硫化聚乙烯（CSM）	聚丙烯酸酯涂胶（ACM ANM）	聚氨酸橡胶（U）	硅橡胶（Q）	氯化橡胶（PKM）	酸硫橡胶（T）
丁二烯、丙烯腈共聚体	乙烯、丙烯、共聚体（三元共聚）	氯硫化聚乙烯	丙烯酸酯共聚体	聚氨酯	有机聚硅氧烷	全氟丙烯-氟化乙烯共聚体	有机聚硫化剂
耐油性、耐磨损性、耐老化性良好	耐老化性、耐臭氧性、对极性液体的低抗、电气性能优良	耐老化性、耐臭氧性、耐环境性、耐化学性、耐磨损性	高温耐油性好	力学强度很好	具有高度耐热、耐寒性，耐油性良好	具有极高的耐热性、耐化学性	具有高耐油性、耐臭氧性，电气性能也良好
0.96~1.02 20~130	0.86~0.87 40~100	1.11~1.18 30~115	1.09~1.10 45~60	1.0~1.30 25~60 或液态	0.95~0.98 液态	1.80~1.82 35~160	1.34~1.41 25~50 或液态
20~100	30~90	50~90	40~90	60~100	30~90	50~90	30~90
50~250	50~200	70~200	70~120	200~450	30~120	70~200	30~150
800~100	800~100	500~100	600~100	800~300	500~50	500~100	700~100
○	○	○	△	◎	○	△	△
○	△	○	△	◎	×~△	×~△	×~△
◎	○	◎	◎	◎	○	◎	×
-50~120	-60~150	-60~150	-30~180	-60~80	-120~280	-50~300	-30~80
○	○	○	○	○	◎	◎	○
×	×	×	×	×	○	○	×
×~△	×	×~△	×~△	×~△	△	△	×
10^2~10^{11}	10^{12}~10^{13}	10^{12}~10^{14}	10^8~10^{10}	10^9~10^{12}	10^{11}~10^{16}	10^{10}~10^{14}	10^{13}~10^{15}
0.3~3.5	15	3.0	10	2.0	400	1.0	0.22
△~○	×	△~○	×~○	△~○	△~○	△~○	△~○
◎	×	△	◎	◎	◎	◎	◎
×~△	△	×~△	×	×~△	×	×~△	△~○
×	×	×	×	△~○	×	×	×
◎	◎	◎	◎	×	◎	◎	◎
×~△	◎	×	×	×	◎	×~△	×~△
×	◎	△~○	△	×	○	×	◎
×~△	◎	◎	△	×	○	×~△	◎
◎	◎	◎	◎	△	◎	◎	○
×~△	◎	○	△	×	◎	×~△	×
○	◎	◎	△	×	◎	○	△
×	◎	×	△	△	◎	×	△
×	◎	◎	△	△	◎	△	△
×	◎	◎	○	×	◎	×	△
润滑油封、气缸垫、耐油管、传送带、印刷滚、纺织机上辊等耐油产品	电线被覆层、汽车防雨密封条、车窗框橡胶条、蒸气输送管、传送带等	耐候性、耐腐蚀性涂料、油箱衬层、室外用苫布、耐腐蚀性密封材料、耐热耐腐蚀性轧辊等	汽车变速器、曲轴相关的密封材料及油封、气门杆、润滑油挡油圈等	工业用滚筒、实心轮胎、带、高压密封材料、连接器、缓冲垫板等承受强力的零件	密封材料、气缸垫、润滑油滚筒、防振橡胶等耐热耐寒用途以及电绝缘、医疗用等（固形橡胶、密封剂、浇注、封装、RTV）	需要具有耐热、耐油、耐化学药品的导弹、火箭等密封材料。化工厂耐蚀密封材料、气缸垫、膜片、油箱衬层、管、泵零件等	要求高度的耐油性的管、密封材料、滚筒等（干橡胶），浇注封装密封、填隙材料、黏结剂、起模材料（液态橡胶）

注：◎：优良； ○：良好； △：不太好； ×：不好

(3) 橡胶的配方。根据不同要求，橡胶与各种配合剂混炼，此外，利用其未交联时的流动性来进行加工，经过加热的交联剂的交联反应成为制品。

2.3.2 塑料

树脂在汽车上的使用广泛。汽车内饰件中几乎所有材料及外饰件中从保险杠、散热器格栅等大型零件到功能零部件都广泛使用树脂材料。近年来，小型汽车的树脂材料使用率有增加的趋势。

表2-37概括了树脂的一般分类和在汽车上的主要用途，表2-38所示为典型树脂的特性。树脂可以分为热塑性树脂和热固性树脂，热塑性树脂根据市场规模、耐热性、力学性能等又分为通用树脂和工程塑料。

图2-37表示不同类别树脂在汽车上的使用情况。以下就在汽车上使用的主要树脂的生产方法加以叙述。

(1) 通用热塑性树脂。

(a) 聚丙烯（PP）：PP树脂在通用树脂中用量最多，它的比重低，热变形温度高，耐化学性、耐应力撕裂性优良，同时又由于其高结晶性，而有高刚性，PP树脂也因此具有耐冲击性差的缺点。为改善其缺点，采取与乙烯共聚等方法，特别是嵌段共聚，由于可以在不甚损失原刚性的基础上提高耐冲击强度，在汽车上被广泛采用。

表2-37 树脂的分类和在汽车上的主要用途

分类		树 脂		用 途
热塑性树脂	通用树脂	聚丙烯		立柱类、内饰类、仪表板、控制台、保险杠、储存罐
		聚氯乙烯		皮革、座椅类、仪表板罩、密封嵌条
		聚乙烯		各种存储罐、进气导管、挡泥板衬层、天棚、车门橡胶材料、行李箱内饰
		ABS树脂		散热器装饰护棚、仪表板、控制台、立柱、散热孔类、杂物箱
		异丁烯		车灯壳体、仪表壳体
	工程材料	聚酰胺		外车门把手、安全带部件、油箱类、储存罐类、齿轮、开关类、油底壳
		聚碳酸酯		信号灯透镜、多叶冷却风扇、保险杠、仪表类标牌板、外车门把手
		PBT、玻璃纤维强化PBT		分电器部件、接插件类、雨刷、后墙面板、前挡泥板
		聚缩醛		车门把手、开关类、雨刷、转向系统零件、安全带部件
		改性亚苯基氧化物		仪表罩、扬声器罩、外饰件、后窗齿轮
		聚亚苯基硫化物		点火系部件、汽油机油箱、接插件、分电器部件、散热器部件
		聚矾		保险丝盒、触发器、灯罩
		聚丙炔		车灯类
热固性树脂		酚醛树脂		发动机零部件、电装部件、驱动系统部件、制动片、制动块
		不饱和聚酯树脂	SMC	前端面板、保险杠、扰流板、灯罩、发动机罩通风口、室顶棚
		聚胺酯树脂	发泡体	遮光板、车门内板、座椅缓冲、座椅扶手、保险杠
			弹性体	防尘罩、回弹橡胶

表 2-38 典型树脂的特性

树脂名称	融点 (℃)	热变形温度 (℃) 1.82 (MPa)	热变形温度 (℃) 0.46 (MPa)	玻璃传导温度 (℃)	物理性质 比重	吸水率 (%)	热线性膨胀系数 (×10⁻⁵/℃)	成形收缩率 (%)	拉伸强度 (MPa)	拉伸率 (%)	弯曲弹性率 (GPa)	弯曲强度 (MPa)	冲击强度 (J/m)	表面硬度 (洛氏硬度)
PP	170	57~70	96~110	—	0.9 (1.13)	<0.01	~11 (3~5)	1.7	30~40 (70)	200~700 (11)	0.9~1.5 (4.3)	55 (45)	30~70 (160)	K85~110
PVC (硬度)	—	54~79	57~82	77	1.4~1.5	0.1~0.4	5~19	0.1~0.5	35~60	2~40	2.8	70~120	20~1050	(肖氏硬度) D70~90
HDPE	132	43~50	60~82	−120	0.94~0.97	<0.01	10~12	1.4	20~40	1000	1~2.9	10~30	100	(肖氏硬度) D60~70
ABS 树脂	—	90~115	98~125	—	1.02~1.06	0.2~0.4	6~10 (2.8)	0.3~0.8	30~60 (120)	5~60 (3)	2~2.9 (7.8)	40~90 (160)	60~300 (70)	R93~115 (H125)
PMMA (成型用)	—	74~99	80~107	72~106	1.17~1.2	0.1~0.4	3~9	0.1~0.8	50~80	2~10	2.7~3.2	90~120	20~30	M85~106
尼龙 6	215~225	65~79	149~185	−65 45	1.14 (1.37)	1.3~2.9	8 (2~3)	1~2 (0.1~0.8)	70 (80)	~200 (14)	2.7 (8)	70~100 (180)	60 (120)	R114~119
尼龙 66	256~265	66~86	182~185	−65 50	1.14	1.1~1.5	10	0.8~1.5	60~80	60~300	1.3~2.9	40~130	40~110	R108~120
PC	220~230	129~138	141	150	1.20	0.16	7~8	0.5~0.7	61	200	2.4	100	150~300	M77
P3T	225	55~71 (210)	154~163 (215~228)	—	1.31 (1.52)	0.1	9.2	1~2 (0.4)	~55 (132)	360 (4)	9.1	91	50~90 (80)	R118
PET	256	76 (235)	—	70	1.47 (1.6)	0.1	10	0.2~2 (0.8)	44 120	350 (3~4)	(8.8~9.8)	(210)	(100~130)	(R120)
POM (齐聚物)	175	124	170	−50	1.42	0.2	12.2	2~2.5	70	15~65	2.8~3.1	97	80~110	R120
POM (共聚物)	165	110	158	−60	1.41	0.2	7~13	2.0	61	60	2.5	98	65	R115

续表

树脂名称	熔点 (℃)	热变形温度 (℃) 1.82 (MPa)	热变形温度 (℃) 0.46 (MPa)	玻璃传导温度 (℃)	比重	吸水率 (%)	热线性膨胀系数 (×10⁻³/℃)	成形收缩率 (%)	拉伸强度 (MPa)	拉伸率 (%)	弯曲弹性率 (GPa)	弯曲强度 (MPa)	冲击强度 (J/m)	表面硬度 (洛氏硬度)
改性 PPO	—	90~130 (140)	—	—	1.06 (1.28)	0.14 (0.14)	6 (2.5)	0.5~0.7 (0.1~0.3)	61 (120)	55 (5)	2.2 (6.5)	93 (130)	200 (100)	R119
PPS (40%玻璃纤维)	—	>260	—	—	1.64	0.1	0.4~2.2	0.2	130~110	1.3	16.9	285	40~80	R123
PSF	—	175 (185)	181 (190)	190	1.24 (1.45)	0.2 (0.2)	5.5 (2.5)	0.7 (0.2)	71 (130)	60 (2)	2.7 (9.8)	137 (160)	70 (100)	M69
聚丙炔	—	175	—	193	1.21	0.2~0.3	6.1	0.8	72	65	1.9	80	200~300	R125
酚醛树脂(玻璃纤维强化)	—	167~333	—	—	1.69~1.95	0.03~1.2	0.8~1.6	0~0.4	35~130	0.2	13.7~22.6	70~420	—	E54~101
不饱和聚酯树脂 (SMC)	—	208~278	—	—	1.66~2.6	0.1~0.2	1.5~4.2	0.1~0.4	55~140	1.7	6.9~15.7	70~250	—	50~70 (巴科尔)
聚苯乙烯	240	97~122	100~133	85	1.06	0.03	7~10	0.2~0.6	40~50 (83)	2~3	~2.8 (6.3)	80~100 (160)	15~30	R65~75
AS 树脂	—	94~122	—	—	1.08 (1.30)	0.2~0.4 (0.3)	6~8 (2.5)	0.2~0.7 (0.1~0.4)	70~80 (120)	2~3 (2.7)	~3.7 (7.6)	100~140 (160)	16~40 (65)	M75~90
聚醚砜	—	203 (216)	210	230	1.37 (1.60)	0.4 (0.3)	5.5	0.6 (0.2)	85 (140)	60 (3)	2.5 (8.2)	130	86 (81)	R120
聚醚醚酮	334	152	—	143	1.30 (1.52)	0.5	4.6 (1.9)	1.1 (0.2)	97 (173)	80 (4.4)	3.7 (11.3)	140 (230)	—	M98
聚亚胺	—	(>300)	—	240~250	1.40	0.3	5.0	—	92~180	4~10	3.1~4.2	42~100	20~50	R100

注：( )内为30%玻璃纤维强化

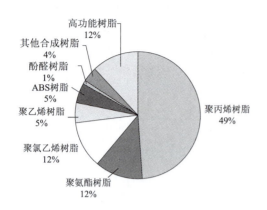

图 2-37 不同类别树脂在汽车上的使用情况

PP 的典型生产方法为使用齐格勒-纳塔（Ziegler-Natta）型催化剂的溶媒浆聚合法，图 2-38 为其生产过程概要。溶媒浆聚合法中聚合后的分离、回收、后处理过程比较复杂，不同制造企业有不同的特点。此外，PP 分子链的空间规整性是很重要的。由于产生非结晶性的立体异构聚合物副产物，如果希望得到结晶性的标准异构必须依靠溶媒的去除工序。

相对于上述旧方法，目前推行的过程简化的气相法（图 2-39）不断在各公司推行。气相法与以前的方法相比，使极高活性的催化剂保持为固体状态，将丙烯以气体状态导入反应器进行聚合，可提高分子链的空间规整性，减少催化剂用量，又因为不使用溶媒，所以不需要复杂的分离工序，适于为取得刚性和冲击强度均衡的嵌段共聚物的生产。

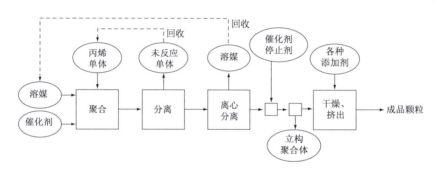

图 2-38 PP 的溶煤浆聚合工艺流程

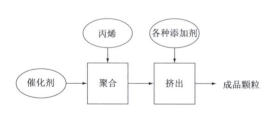

图 2-39 PP 的气相聚合工艺流程

(b) 聚氯乙烯（PVC）：PVC 一般具有耐水性、耐化学性、力学性能、电气绝缘性等优良，具有阻燃性、依靠可塑剂的配合可设计成硬质到软质的特性。硬质 PVC 有很多优良的物理、化学性质，但耐冲击性、耐寒性等欠佳，另一方面，软质 PVC 有耐寒性、耐油性蠕变特性差的特点。PVC 由于具有易发生脱 IICL 分解的分子结构，对热和光不太稳定，因此必须添加热稳定剂。PVC 大多采用悬浊液聚合法生产，图 2-40 所示为生产过程概要。与乳化聚合相比，增加了分离工序简化的成本优势，由于不含石碱和凝固剂，在电气绝缘性、热稳定性、树脂色调等质量上具有优势。

聚合时，PVC 粉粒的形状（大小、多孔）主要取决于搅拌和分散剂，PVC 要与可塑剂和稳定剂等混炼，而在混炼加工性中，粉粒形状是重要的质量指标之一。

(c) 聚乙烯（PE）：PE 的生产方法根据加压条件被分为高压法、中压法、低压法。根据聚合法的不同，取得的聚合体的性状也有差异，高压法分支多，可得到结晶化程度低的低密度 PE（LDPE），中、低压法分支少，可得到结晶性高的高密度 PE（HDPE）。PE 的性能概括于表 2-39。表中，共聚指依靠共聚 1-丁烯等的烯烃，由于具有侧链，得到低密度的 LDPE。作为车用，除去需要发泡挤压的一部分内装件外，采用

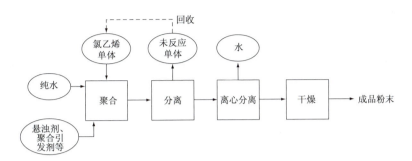

图 2-40　PVC 的悬浊液聚合工艺流程

HDPE 较多。在 PE 的中、低压法中，使用溶媒浆法的生产过程如图 2-41 所示，压力与聚合催化剂密切相关，中压法中采用金属氧化物为主体的固体催化剂，低压法则采用反馈型催化剂，低压法的聚合条件与高、中压法比相对较弱（柔和）。

表 2-39　PE 的生产方法和性能[92]

生产方法	高压法（共聚）中·低压法
密度	低————中————高
结晶度	低————→高
刚度	低————→高
软化温度	低————→高
强度	低————→高
延伸率	大————→小
冲击强度	高————→低

(d) ABS 树脂：ABS 树脂由丙烯腈（AN）、丁二烯（BD）、苯乙烯（ST）三种成分组成，通常在由 AN、ST 组成的共聚体基体（AS 树脂）中，通过 AN、ST 进行接枝共聚，得到稳定的聚丁二烯橡胶均匀分布的结构。从而 ABS 树脂可以由广泛的成分组合，具备对应各种性能要求的品种。ABS 树脂一般具有耐冲击性、成型加工性、尺寸稳定性等均优良的特性。根据组成成分的不同，以及第四成分的导入等其高性能化、特殊功能化动向也很明显，特别是寻求向超耐热、超耐环境、超阻燃的方向发展。ABS 树脂与其他树脂间的合金化也得到了发展。依靠聚合碳酸酯、PVC、尼龙、热塑性聚酯等的合金，可赋予它耐热性、耐冲击性、阻燃性、耐化学性、阻电性等特性。图 2-42 所示为乳化接枝聚合的过程。

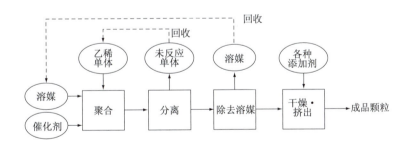

图 2-41　PE 的溶煤浆聚合工艺流程

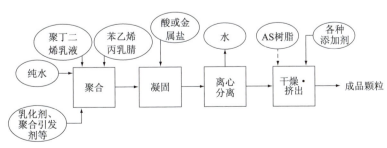

图 2-42　ABS 的乳化接枝聚合工艺流程

ABS树脂根据性能要求，经常进行共聚改性。例如，由甲基丙烯酸甲酸增加透明性，由α-甲基苯乙烯等增加其耐热性。由于乳化、悬浊液聚合法需要复杂的分离工艺，工序缩减的块状聚合法也在部分实施，该方法可实现连续聚合过程。

(e) 异丁烯树脂（PMMA）：其透明性高，成型流动性、机械强度、耐环境性良好，但冲击强度差。利用其透明性，在汽车零部件中用于灯和仪表的罩壳等。成型用PMMA的生产方法以悬浊液聚合法为主流。悬浊液聚合的流程与PVC相同，使原料——甲基丙烯酸甲酯以及丙烯酸甲酯等的共聚单体在含有悬浊剂、聚合引发剂、链转移剂等的水中进行自由基聚合。此外，树脂板的生产方法中有单元铸造法和连续铸造法等。

(2) 工程塑料。

(a) 聚酰胺（PA）：聚酰胺俗称尼龙。根据原料单体的不同，有尼龙6、66、610、612、11、12等多种品种。如再包含共聚合体和各种品级，就构成了具有各种各样特性的品种。一方面聚酰胺具有高弯曲弹性率及耐冲击性等力学性能、摩擦性能、耐化学性、耐油性等优良的特性。另一方面，由于酰胺基的亲水性，吸水性较高，所以吸水会后引起尺寸变化、机械强度下降。在汽车上多使用尼龙6、66，特别是尼龙66的发展以车用为主。与尼龙6相比，尼龙66的融点约高40℃，具有耐热性优良的特点。

图2-43表示尼龙6的生产流程。尼龙6由原料ε-己内脂的开环聚合而得，聚合度一般为120～220，添加的水量、系统外放出的水量、聚合度调节剂的使用是聚合度控制的关键。

图2-44所示为尼龙66的生产流程。尼龙66由1、6己二胺-己二酸的等摩尔盐（AH盐）脱水缩聚而成。

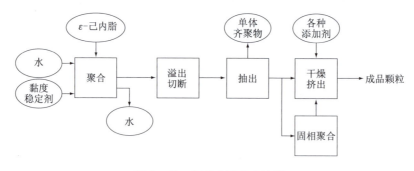

图2-43 尼龙6的生产流程

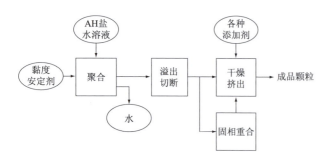

图2-44 尼龙66的生产流程

以上为成批间歇流程，也有从原料的供给、聚合体的生成连续进行的连续聚合流程。由于在熔融聚合中存在黏度的限制，为得到高聚合度的聚合体，所以在溶点以下的温度对聚合体片减压或在氮气流下加热，这样的固相聚合流程也被组合起来使用。

尼龙作为成型材料除基材外，也配合各种填充剂，具有可依靠玻璃纤维、矿物质等增强剂提高增强效果的特点。此外，为提高耐冲击性，改性聚烯烃类分散的品种也被开发出来。尼龙作为各种树脂的聚合体合金用的基础树脂也是很有使用价值的。

(b) 聚碳酸酯（PC）：PC为非结晶体，是透明性优良的材料，具有良好的冲击强度及拉伸强度。由于其具有高热变形温度，因此基材可以在130℃～135℃使用，使用温度范围广，而且尺寸稳定性、电气特性优良。PC有自消火性，容易阻燃；另外，PC的耐化学性、加工性、耐擦伤性等性能较差。

作为PC生产方法的典型示例,有关光气法的界面聚合流程如图2-45所示,反应在常压、30℃以下进行。反应速度由光气量、胺系相间转移催化剂等调节,聚合度由酚醛系的末端基终止(阻聚)剂调节,可以得到分子量2万~15万的产物。

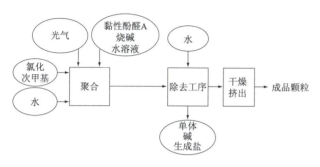

图2-45 聚碳酸酯的界面聚合工艺流程

此外,还有溶液聚合法和依靠采用二苯基碳酸酯脂化反应的熔融缩聚法。这几种生产方法各有长短。光气法可以实现宽广的品种构成,且产品品质优良;而熔融缩聚法虽然可省略回收工序,成本较低,但由于高黏度化困难,以注射成型为主,产量较低。目前,作为生产流程,成批间歇法和连续法都在运作中。

作为PC的新品种,可以举出共聚芳香族二羧酸成分的聚酯碳酸酯。其热变形温度、低温冲击强度、耐化学性等很多特性得到改良。此外,PC应用于与ABS树脂及热塑性聚酯的合金。

(c)热塑性聚酯:对于汽车,使用的是聚对苯二甲酸丁二醇酯(PBT)和聚对苯二甲酸乙二醇酯(PET)。特别是PBT,作为结晶性的工程塑料,而具有高机械强度、耐热性、耐疲劳性、耐摩擦磨损性、尺寸稳定性、耐化学性、电气特性以及成型性好等的优良特性,以发动机舱内的电器零部件为主,其需求不断增加。虽然PET成型困难,但其玻璃纤维强化品种可作为注射成型材料使用。

PBT及PET几乎全部都采用熔融缩聚法生产。图2-46所示为PBT的生产流程实例,包括采用原料为对苯二甲酸二甲酯(DMT)的脂交换法和采用对苯二甲酸(TPA)的直接聚合法两种。由于前者副产物为甲醇,后者副产物为水,所以回收流程有些不同。此外,生产PBT时催化剂体系也有些差异,聚合度为2万~3万;但为了生产高黏度品种,故采取与固相聚合流程并用的方法。

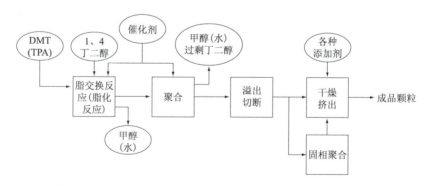

图2-46 PBT的生产流程

生产PET时有些不同,与PBT相比,PET融点高,所以聚合温度较高,采用氧化锑系催化剂,但工艺及设备大体相同。PBT在车用领域,如改善翘曲、耐水分解性不足等缺点的品种和表面电镀及防静电的品种都在进行开发。此外,与弹性体、PC、ABS、PET等的合金也正在开发中。

(d)聚甲醛(POM):POM为高结晶性树脂,具有在宽泛的温度范围内取得均衡力学性能的特点,其摩擦特性、耐蠕变性、耐化学性、耐疲劳性、耐热性优良。另外由于其高结晶性,也存在黏接性较差、成型收缩率大等缺点。此外,其还有耐环境性差、易燃等缺点。目前市面上的产品大致区分为均聚合体类和共聚合体类,均聚合体类力学特性好,共聚合体类热稳定性、成型加工性优良。前者重点在物理特性,后者重点在加工性。

均聚合体采用胺系催化剂对甲醛进行阴离子催化聚合进行生产。图2-47所示为均聚合体的生产流程，取得的聚合体必须保护其不稳定的羟基。一般是采用乙酸酐的乙酰化。共聚合体的生产是以三氧杂环乙烷噁为原料，共聚成分采用环氧乙烷等，使用三氟化硼系催化剂进行阳离子催化聚合而成。由于残留催化剂会使其热稳定性降低，因此采用胺将其去除，再依据对不稳定末端进行碱性分解使其稳定。在聚合体中添加各种添加剂制成成品颗粒。

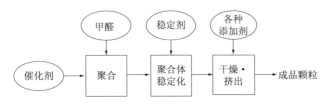

图2-47 聚甲醛（均聚合体）的生产工艺流程

（e）聚二苯醚（PPO）：作为苯乙烯类高抗冲击性树脂及混合改性PPO而使用。改性PPO的机械强度、耐冲击性优良，耐热性、耐环境性、成型加工性也好，但耐化学性有些差。PPO是以作为原料的2，6-甲基酚经过以氯化铜-胺系配位化合物为催化剂，使原料在有氧的条件下进行自由基反应的氧化耦合法而制成。

PPO依靠与尼龙的合金化，使其耐热性、耐化学性提高，用途已向汽车外饰材料扩展。

（3）热固化树脂。

（a）酚醛树脂：酚醛树脂的力学性能、耐热性、耐化学性、电气特性、尺寸稳定性优良，主要以电器零部件为主，多用于发动机周围零部件及驱动、制动零部件等，但与热塑性树脂相比，缺点是柔韧性较差。在生产方法中，有可溶酚醛树脂法和漆用酚醛树脂法两种。作为成型材料大多采用漆用酚醛树脂法的酚醛树脂。图2-48所示为生产流程。分子量1 000以下的，采用漆用酚醛树脂法生产的树脂与填充材料、可塑剂、颜料、润滑剂、硬化剂等经过热压等工序混合，再进行粉碎成为成型用粉体材料。经过成型时的加热伴有交联硬化。根据酚醛树脂和甲醛量的比例，可以改变生成树脂的性状。

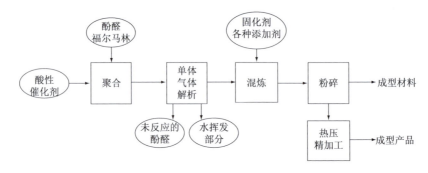

图2-48 酚醛树脂的生产工艺流程

汽车零部件占酚醛树脂用途中较大的一部分，一般认为今后还将继续扩大。成型的高循环化（反复成型），赋予其依靠各种强化材料的高强度化，依靠橡胶改性的挠性化，这些都正在研究之中。

（b）不饱和聚胺酯树脂（UP）：与酚醛树脂一样，具有力学性能、耐热性、耐溶剂性、电气特性优良的特点。

UP的生产由不饱和聚胺酯的聚合和乙烯单体的溶解而成。图2-49为熔融聚合法生产流程的一个例子。生成的不饱和聚胺酯分子量为1 000~3 000，软化温度为60℃~120℃，加入阻聚剂后，溶解于苯乙烯等，再添加硬化剂、填充剂等，通过硬化得到成品。根据共聚组成的不同，可以赋予其多种性能。

（c）聚胺酯树脂（PUR）：PUR作为硬质及软质泡沫和弹性体等已经使用；作为RIM、RRIM树脂也得到使用。如图2-50所示，泡沫材料一般仅与原料单体与催化剂、发泡剂混合，经过在金属模具内聚合、发泡、硬化而制成。通过150℃~250℃的加热，使其进行反应的流程

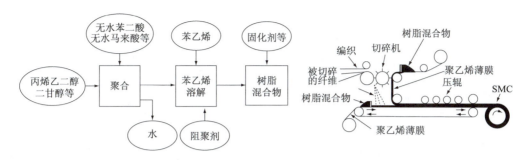

图 2-49 不饱和聚酯树脂和 SMC 的生产工艺流程[117]

叫做热固化法;采用二苯基甲烷二异氰酸酯(MDI)等高反应性原料,使用低温金属模具的流程叫做冷固化法。热固化法具有可得到低密度、高延展性、低压缩永久变形的优点,而在能源成本、提高弹性、阻燃性以及座椅垫等大型零部件方面冷固化法占优。

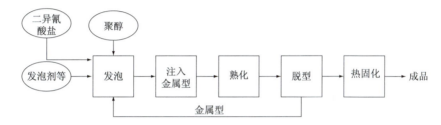

图 2-50 聚胺酯树脂模制泡沫材料的生产流程

(4)复合材料(FRP)塑料复合材料大致区分为 FRP(Fiber Reinforced Plastics)和 PRP(Parfical Reinforced Plastice)以及其他层状塑料材料等。FRP 根据强化材料的纤维和黏结剂的不同组合可有很多种类。强化纤维一般以玻璃纤维居多,有短玻璃丝、粗丝、丝垫等。根据使用目的,可使用不同长短和形状的玻璃纤维。下面以强化对象的树脂基材以及强化方法为主进行阐述。

(a)热固化树脂:不饱和聚酯树脂以前就被经常采用。狭义的 FRP 多指玻璃纤维强化不饱和聚酯树脂。特别是近年来,SMC、BMC 领域的利用有所增长。SMC(Sheef Molding Compound)是指在树脂中混入各种填充剂、硬化促进剂等的混合物在玻璃纤维丝垫中浸渍形成的薄板状的压轧成型材料(参照图 2-49),玻璃纤维通常占重量的 30% 左右。BMC(Bulk Molding Compound)是指在树脂浆内混入短纤维的材料。

(b)热塑性树脂:特别是有时被称为 FRTP(Fiber Reinforced Thermoplasfics)的材料。从 PP、PE、ABS、聚苯乙烯、PMMA、尼龙、PC、PBT 等到特殊的工程塑料,大体上包括了各种强化品种。通常填充了重量达 10%～40% 的纤维长度为 0.1～0.6 mm 的短纤维,以注塑成型用为主,与非强化材料相比,具有机械强度高、热变形温度高、尺寸稳定性高等特点,其缺点是比重高、表面质量和成型流动性差。为提高冲击强度,长纤维强化品种也在开发中。FRTP 的形态大多为颗粒状,也有板状材料及可称为 SMC 的热塑性树脂版的可冲压板等。利用 RIM 制品的高弹性率和尺寸稳定性,在胺基甲酸乙酯、尼龙中导入强化材料来生产 R-RIM 的研究也在进行中。

(c)ACM(先进复合材料):在 FRP 材料中,具有特别显著的性能,今后,极有可能作为汽车结构材料。强化材料中使用碳素纤维及矿物质纤维等高强度、高弹性率纤维,作为结构用材,具有力学性能优良、与金属相比重量轻、功能多的特点。在增强复合树脂中,多采用力学性能、耐热性、与碳素纤维的粘接性等方面优良的环氧树脂。此外,作为其他增强复合树脂,正在进行开发的有:聚酰亚胺系树脂、PPS、聚乙醚-醚酮(PEEK)、液晶聚酯(LCP)等。表 2-40 综合了主要树脂的聚合反应式。

表 2-40 各树脂的化学结构和聚合反应式

树脂	反应式	树脂	反应式
聚丙烯	$CH_2=CH\text{-}CH_3$ 丙烯 $\longrightarrow \text{-[}CH_2\text{-}CH(CH_3)\text{]}_n\text{-}$	热塑性聚酯	$ROOC\text{-}C_6H_4\text{-}COOR$ $\{R=CH_3; DMT, R=H; TPA\}$ $+ HO\text{-}(CH_2)_4\text{-}OH / HO\text{-}(CH_2)_2\text{-}OH$, $-H_2O$ → $\text{-[}OC\text{-}C_6H_4\text{-}COO\text{-}(CH_2)_4\text{-}O\text{]}_n\text{-}$ PBT / $\text{-[}OC\text{-}C_6H_4\text{-}COO\text{-}(CH_2)_2\text{-}O\text{]}_n\text{-}$ PET
聚氯乙烯	$CH_2=CH\text{-}Cl$ 氯乙烯 $\longrightarrow \text{-[}CH_2\text{-}CHCl\text{]}_n\text{-}$	齐聚物 聚缩醛	$CH_2=O$ 甲醛 $\longrightarrow \text{-[}CH_2\text{-}O\text{]}_n\text{-}$
聚乙烯	$CH_2=CH_2$ 乙烯 $\longrightarrow \text{-[}CH_2\text{-}CH_2\text{]}_n\text{-}$	共聚物 聚缩醛	三噁烷 + 环氧乙烷 → $\text{-[}CH_2O\text{-}(CH_2\text{-}O)\text{]}_n\text{-}$
ABS 树脂	$\text{-[}CH_2\text{-}CH(C_6H_5)\text{]}_n\text{-} + CH_2=CH\text{-}CN$ (AN) + $CH_2=CH\text{-}C_6H_5$ (ST) 聚丁二烯橡胶 $\longrightarrow \text{-[}CH_2\text{-}CH(C_6H_5)\text{-}CH_2\text{-}CH(CN)\text{]}_n\text{-}$	聚亚苯基氧化物	2,6-二甲基苯酚 $\xrightarrow{O_2}$ $\text{-[}C_6H_2(CH_3)_2\text{-}O\text{]}_n\text{-}$
异丁烯树脂	$CH_2=C(CH_3)\text{-}COOCH_3$ 甲基丙烯酸乙酯 $\longrightarrow \text{-[}CH_2\text{-}C(CH_3)(COOCH_3)\text{]}_n\text{-}$	酚醛树脂	苯酚 + HCHO 甲醛 → 可溶性酚醛树脂 →(六亚甲基四胺 $C_2H_{12}N_4$)→ 酚醛树脂
尼龙-6	$NH_2\text{-}(CH_2)_5\text{-}COOH$ ε-乙内酰胺 AH场 → $\text{-[}NH\text{-}(CH_2)_5\text{-}CO\text{]}_n\text{-}$	不饱和聚酯	无水马来酸 + 无水苯二甲酸 + 丙二醇 / 二甘醇 + 苯乙烯 → $\text{-[}CO\text{-}R\text{-}COO\text{-}R'\text{-}O\text{]}_n\text{-}$ 不饱和聚酯·树脂
尼龙-66	$NH_2\text{-}(CH_2)_6\text{-}NH_2 + HOOC\text{-}(CH_2)_4\text{-}COOH$, $-H_2O$ → $\text{-[}NH\text{-}(CH_2)_6\text{-}NHCO\text{-}(CH_2)_4\text{-}CO\text{]}_n\text{-}$	甲酸乙酯	$OCN\text{-}R\text{-}NCO + HO\text{-}R'\text{-}OH$ 二异氰酸酯 + 聚醇 → $\text{-[}CNH\text{-}R\text{-}NHC(O)\text{-}O\text{-}R'\text{-}O\text{]}_n\text{-}$
聚碳酸脂	$HO\text{-}C_6H_4\text{-}C(CH_3)_2\text{-}C_6H_4\text{-}OH + R\text{-}CO\text{-}R$ {R=Cl; 光气, 碳酰氯; R=O; 二苯碳酸酯}, $-RH$ → $\text{-[}O\text{-}C_6H_4\text{-}C(CH_3)_2\text{-}C_6H_4\text{-}OC(O)\text{]}_n\text{-}$		

2.3.3 陶瓷材料

作为汽车用材料而使用的典型陶瓷材料如表 2-41 所示。其主要作为功能材料、绝缘材料使用。氮化硅等力学性能优良的新型陶瓷开始作为发动机相关结构材料使用。本文中就氮化硅、氧化铝烧结用原料粉末的主要生产方法叙述如下。

表 2-41 汽车用陶瓷材料

零部件名称	陶瓷材质
氧传感器	氧化锆（ZrO_2）
混合气加热塞	氧化钛钡 ①
燃料加热塞	氧化钛钡 ①
催化剂蜂窝载体	堇青石 ②
颗粒捕集器	堇青石 ②
混合集成电路基板	氧化铝（Al_2O_3）
IC 封装材料	氧化铝（Al_2O_3）
火花塞	氧化铝（Al_2O_3）
机械密封件	氧化铝（Al_2O_3）
电热塞	氮化硅（Si_3N_4）
热型火花塞	氮化硅（Si_3N_4）
摇臂触点	氮化硅（Si_3N_4）
增压器涡轮	氮化硅（Si_3N_4）

注：① $BaTiO_3$；
② $2MgO \cdot 2Al_2O_3 \cdot 5SiO_2$

（1）氮化硅（Si_3N_4）。其典型的生产方法包括硅直接氮化法和硅亚胺热分解法。生产方法的流程图如图 2-51 所示。

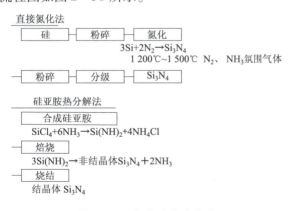

图 2-51 氮化硅生产方法

（a）直接氮化法：将单体硅的细粉放入氮或者胺中，在 1 200 ℃ ~ 1 500 ℃ 下进行加热氮化，得到氮化硅的方法。反应式如下：

$$3Si + 2N_2 \longrightarrow Si_3N_4$$

直接氮化法是现在工业上最广泛采用的方法，产品价格较低。

（b）硅亚胺热分解法：将 $SiCl_4$ 和 NH_3 在常温附近反应，生成 $Si(NH_2)$。将它在非氧化性环境中加热到 1 200 ℃ ~ 1 500 ℃，得到 Si_3N_4 含量较高的氮化硅。由于原料为高纯度 $SiCl_4$，得到金属杂质少的高纯度氮化硅，但成本较高。

（2）氧化铝。将铝土矿和烧碱混合，溶解氧化铝成分，分离以氧化铁为主的红泥，然后由溶液中析出氢氧化铝（$Al_3O_3 \cdot 3H_2O$）经 1 200 ℃ ~ 1 300 ℃ 焙烧成为 α-氧化铝，生产方法的流程图如图 2-52 所示。

图 2-52 氧化铝生产方法

2.3.4 涂料

（1）汽车涂漆的目的。涂漆的目的是保护被涂物，并赋予被涂物美观和功能。所谓汽车涂漆的保护，不言而喻是为防止大部分由钢铁制造的车身的锈蚀，使车身在各种环境下直至汽车报废要保持其强度。所谓美观是以颜色、外观、光泽等信息，通过视觉向人传达。颜色与车身形状相谐调，这很大程度上取决于个人的嗜好，因此要追求为人所喜爱的艺术表现。涂料、涂装用怎样的色彩来体现出汽车设计的概念和形象是值得研究的课题。所谓功能就是，通过增加不易损伤、维修保养方便的要素，起到提高商品价值的作用。

（2）涂漆工艺与涂层结构。图 2-53 为普通的涂漆工艺流程，图 2-54 为涂层结构的示意图。4 层有机薄膜涂漆工艺和 3 次烘干工艺是必要的，涂漆线长达到 500 m；在商用车上也有采用 2~3 层的做法。

（3）困扰汽车涂漆的环境。最近，日本逐步开展了对有机溶剂（VOC）的法规约束（PRTR 信息公开、VOC 削减计划）。涂料技术和涂漆技术两方面的低 VOC 化遇到了较大困难，涂装工

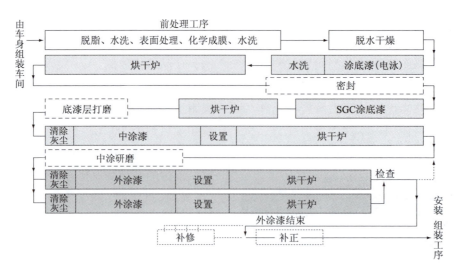

图 2-53 汽车涂漆流程概要

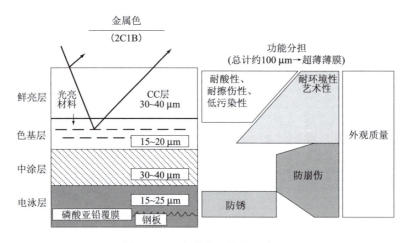

图 2-54 汽车涂层结构示意图

序排出的有机溶剂量非常大，但为了保护地球环境，这是必须的技术。此外，最近汽车厂商经常对消费者声称自己为绿色公司，减低 VOC 排放成为其宣传口号。

削减 CO_2 排放量也引起关注，涂漆工序需要耗费很多能源（涂漆工艺的温湿度调整、烘干炉等），为此也出现了缩短工序的动向。

此外，汽车制造商在同行的全球化激烈竞争中，以"创大家喜爱的车"为目标，期望提高商品的竞争力。在商品竞争力中对涂漆要求的部分较多，让最终用户有"自己的靓车"感觉的艺术设计、功能开发正在进行之中。

(4) 涂料的成分。围绕涂料所具有的功能和涂漆技术，从达到预定目标的观点出发，这两方面是不可分开考虑的。

涂料被要求的作用和功能有：① 可涂漆；② 硬化；③ 外观质量好；④ 不脱落；⑤ 具有耐久性。

涂料的组成按大类划分：一是由树脂清漆、颜料、溶剂、添加剂四部分组成的，用溶剂将树脂液和颜料混合在一起，为了易涂漆、提高质量，加入了添加剂。二是不能明确区分上述四种成分的涂料，如近年开发的粉体涂料、无溶剂涂料、水性涂料等。但基本上是以某种形态与之相关联的。

涂料的组成按其成分的作用：① 涂膜主料；② 涂膜副料；③ 涂膜辅料。涂膜主料是指具有保证涂料牢固粘接的作用、直接关系到设计要求的保护及美观作用的树脂和颜料等的主要成分。涂膜副料是指具有对方便涂料生产、涂料高质量干燥起积极协助作用的分散剂、稳定剂等添加剂。涂膜辅料是指在颜料与树脂混合时使用的溶剂，以及增加便于涂装的稀释剂等不使涂料干燥的成分。如图 2 – 55 所示。

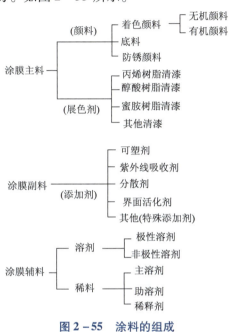

图 2 – 55　涂料的组成

（5）电泳。所谓电泳是指利用电离性聚合水分散体的电解析出特性进行涂漆的方法，从 1960 年开始，在汽车内泳上应用。电泳的原理和特点如图 2 – 56、表 2 – 42 所示。它的快速普及是因为如下原因：① 附着性优良，对复杂结构的被涂物可均匀地涂附涂膜；② 可谋求机械化、高效率；③ 由于是水性，无火灾的担心；④ 膜厚度的调整可用化学方法进行。从环保的观点看，可以说这是非常优良的技术。

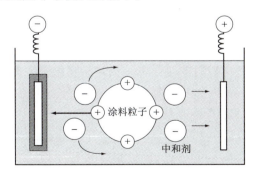

图 2 – 56　电泳涂漆原理（阳离子（阴极）电泳）

表 2 – 42　电泳涂漆的特点

	优　点	缺　点
经济性	● 可实现涂漆的自动化、高效率化 ● 涂漆效率高 ● 适合大批量、连续生产	● 初期设备投资高（电泳槽、电源、水洗 UF、辅助设备）
涂覆性能	● 可进行结合面、内面、端面的涂漆，防锈能力也强（附着性、边缘保护性好）	
涂层性能	● 与被涂物的形状、结构无关，能得到均匀的涂膜，膜厚度调整容易 ● 不产生滴落、堆积、侧漏、网纹、流淌、蒸气淡涂等的涂抹不良	● 原则上进行 2 次回涂困难 ● 改变颜色较难
安全性	● 由于是水性涂料，环保、无火灾危险	● 电泳槽中，有直流电流动，必须有防触电措施
环保	● 由于稀释剂为水，本身就可以达到低 VOC	● 由于作业时依赖少量的溶剂，实现较低水平的 VOC 化较困难

现在普及应用的环氧树脂、嵌段异氰酸酯树脂为主体的阳离子电涂装涂料显示出非常优良的防锈性能（保证 10 年）。其中，适应低温硬化（150 ℃ ~ 160 ℃）、边缘防腐蚀（钢板端面尖锐处）、耐环境性等需要的涂料的开发已经在实际中应用。此外，在阳离子电涂装涂料的交联催化剂和腐蚀抑制剂中，铅作为加重环境负荷的物质被视为较大问题，现在，对不采用铅的电涂装技术进行了开发，目前已经有 7 成以上的涂装线完成了更新改造。

希望下一代的电涂漆涂料应具有以下特点：① 不使用锡、低 VOC 等，环保性能进一步提高；② 提高附着性（车身的袋状处）的同时降低车辆单位用量；③ 高涂漆质量。此外，从缩短工序的观点出发，悬链吊运搬送等涂漆技术方面的开发也引起了关注。

（6）中涂。中涂以后一般是贝尔式旋转静电喷雾电涂漆。

中涂起如下作用：遮盖底涂装电泳层的粗糙表面，赋予外涂装鲜映性（光泽、表面质量），同时使内外涂层间附着牢固，防止行驶时沙石撞击引起的崩伤及剥落。此外，为了便于外涂层的色彩设计，为了避免被肉眼看不见的沙石崩伤，分别涂装复数的颜色（与面漆相似的亮度、色彩）。中涂层虽不如面漆，但也应设计成具有一定的室外耐环境性。

中涂一般以聚酯、蜜胺酯树脂为主体，为赋予防崩伤性能，也多会利用氨基甲酸乙酯的柔软性。

特别是海外寒冷地区，为防止路面冻结经常撒小石子，耐崩伤性可以说是非常重要的功能。在发动机前罩壳前端的石子易撞击部位，在内涂层和中涂层之间多增加一层（5 μm）热塑性底漆，其效果明显（图2-57）。

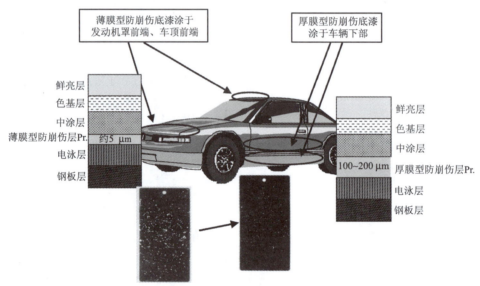

图2-57 防崩伤底漆的效果

下一代中涂的低VOC化将是最大的研究课题。相对于北美的粉体涂料及水性涂料，欧洲和日本的主要目标为水性涂料。水性涂料在进行雾化涂漆时，要考虑滴流和平滑性较困难的问题，但从设备投资等方面考虑粉体涂料的问题也很大，所以认为水性且低VOC化的涂料是当前开发的重点。

（7）面漆。面漆涂膜要求包含保证艺术性的外观品质，以及赋予长期的室外耐久性，经常需要考虑的问题是：如何提高并且保持新车涂色的魅力？

面漆如图2-58所示有各种涂覆方法，不仅要开发新的面漆材料，涂漆方法及涂层结构的开发也很重要。

面漆的主要部分为图2-58所示的色基层/鲜亮层（2Coat1Bake），表现色彩的色基层和赋予平滑性、耐久性的鲜亮层复涂后同时烘烤完成。

色基层的作用是，将产生各种颜色的颜料和赋予光亮感的铝合金、云母片（光亮材料）相配合，展现出多彩的艺术性。汽车用颜料要求具有极高的牢固性（长期暴露在室外也不退色）和高的色彩现性。日本最近开发了各种光亮材料，对提高汽车涂色的魅力起到了很大作用（图2-59）。

光亮材料一般由丙烯、蜜胺系构成，为了控制光亮材料的排列方向（相对涂膜水平方向平行排列光亮材料薄片），采用各种流变学（Rheology）控制技术。

以前色基层的VOC最多（占涂装时固体成分的15%～30%），因此最早进行了改进，引进以北美为中心的高固溶性化（粉体化）技术和以欧洲为中心的水性化技术。在日本国内，2000年

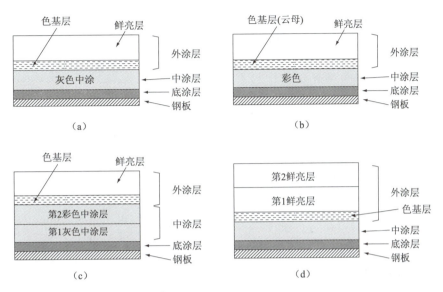

图 2-58　面漆涂膜结构

(a) 金属色工艺；(b) 珠光色工艺；(c) 双层中涂工艺；(d) 双鲜亮层工艺

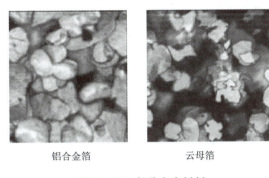

图 2-59　各种光亮材料

前后水性化快速发展，但由于设备（必须有除去水分的预热工序，必须有严格的温度调整装置）的制约，全面展开还需要一定时间。

鲜亮层为最外层涂膜，所以，除外观质量（光泽、平滑性）外，要求对于耐环境性、耐化学性等的外界环境条件下的恶劣因素具有高承受能力。由于采用湿式工艺进行涂漆，必须考虑鲜亮层的化学相性（混层控制）。

鲜亮层通常采用丙烯、蜜胺系材料，但自1990年开始，由于受酸雨的损害，纷纷引入耐酸性优良的交联系材料。将酸/环氧树脂、嵌段异氰酸酯树脂、环氧基乙硅烷等交联系与蜜胺并用或单独使用。

以高质量为目的在全欧洲推广的2液氨基甲酸乙酯（异氰酸酯交联）对耐酸也很有效，但由于毒性问题和设备方面的困难（材料混合系统、维护复杂），日本国内较少采用。

在紫外线吸收剂（图2-60）和胺系防氧化剂（图2-61）的共同作用下，鲜亮层的耐环境性随着这两种试剂的发展而飞速提高。紫外线吸收剂能有效地吸收波长接近290~400 nm 的可见光中的紫外线，防止涂层树脂分解。防氧化剂可以降低伴随着树脂分解发生的活性，防止发生分解连锁反应。

关于鲜亮层的VOC对策技术难度很高，很难在现在描述将来的情况。粉体鲜亮材料已经在某种程度上确立了其作为"零VOC"的最有效的方法，但设备、涂料上的制约非常大，已有一部分被采用，但其前景还不明朗。目前，正在进行对水性浆液、2液水性（氨基甲酸乙酯）、超高固溶性、UV 等进行研究，将来的标准（规范）目前还不能明确。

（8）零部件涂装。对于保险杠等部件，与覆盖件同色涂装为主流，但由于零部件材质不同，涂料也有必要分别设计（图2-62）。因此，必须分别涂装，因为颜色的一致性是非常重要的。

（9）工序缩短。在性能、颜色设计、外观质量提高方面，覆层涂膜数的减少非常困难，因此，作为工序缩短的手段，一般是减少烘干工序。在欧洲，率先实施了省略中涂烘干工序的水

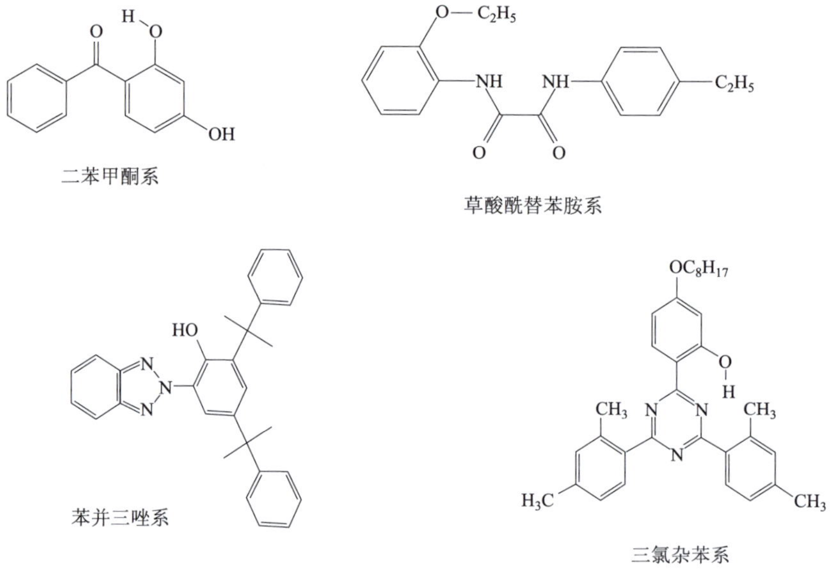

二苯甲酮系

草酸酰替苯胺系

苯并三唑系

三氯杂苯系

图 2-60　紫外线吸收剂

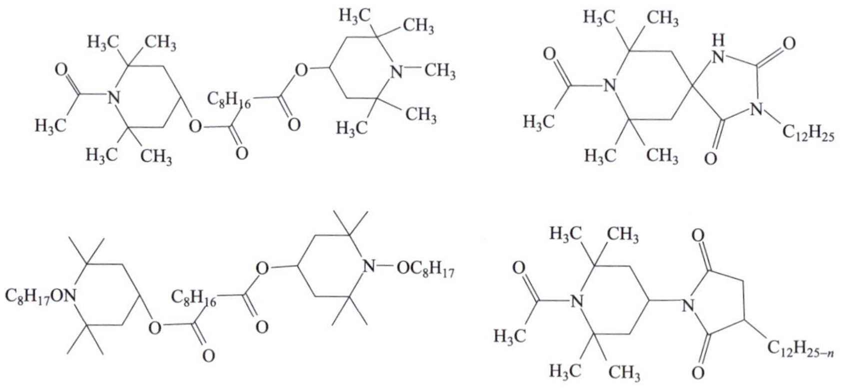

图 2-61　胺系防氧化剂

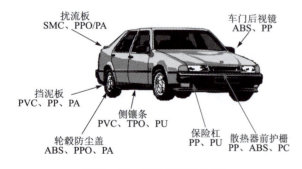

图 2-62　零部件涂装概要

性系统（3Wet），但在日本国内，溶剂系的 3Wet 系统、水性系的 3Wet 系统分别自 2002 年和 2004 年开始，迎来了真正实用化的推广时代。减少烘干工序技术上最难的是如何抑制外观质量的下降，但作为当前减少工序的关键还会有所推广。

缩短烘干工序时间也是有效的办法，为此提出了采用 UV 固化系材料的鲜亮层，但实现均匀照射等技术问题较大。

部分欧洲厂商进行了零部件涂装－组装的试验。将来应从各个方面（薄膜贴停，树脂部件的扩大）着手，不断削减工序，努力节能。

（10）高商品竞争力。为实现前述"要得到仅属于自己的、任何时候都漂亮的汽车"的最终用户的愿望，对涂漆的要求又提高了一个档次。实现"镜面一样的质量"必须提高包括钢板及所有涂层在内的质量，不能忽视工艺方面的努力。作为要求"颜色漂亮"的工业产品，要最大限度地实现多彩的艺术性，随着要求进一步提高，材料的开发和工艺的开发（图 2-63）都在进行试验中。"不受伤""去污简单"等功能相当早就被要求，但是与工艺方法相制约（修补性、附着性）。

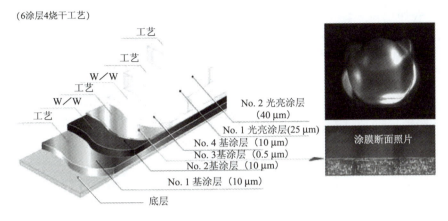

图 2-63　特殊工艺的艺术设计

以上提高商品竞争力的要素经常与实施涂装的汽车厂商的需求不相容，但更高层次的技术开发和汽车制造方法（适应车型的涂装工艺设计）的研究也在不断进行着。

2.3.5　纤维材料

（1）内装饰材料用纤维。作为内装饰材料，纤维的主要使用部位为：座椅、车门、顶棚、地板，除力学特性、染色性等化学特性外，对于被太阳光暴晒机会较多的部位，耐光性（光退色、光劣化）是很重要的特性。作为原材料，也使用羊毛等天然纤维、天然皮革，本节仅就用量较多的合成纤维的生产方法和特性阐述如下。

表 2-43 列出了主要合成纤维的特性。由于尼龙为胺基，可以用酸性染料染色，但由于聚酯及聚丙烯无极性基，不能用分散性染料染色。耐磨损性、防污性是丙烯材料的难点，所以，限于客户选用的地板垫等用途。典型的由聚酯、尼龙、聚丙烯的聚合体到纤维的生产工艺如图 2-64 所示。将聚合体制成块粒状小块进行溶解，或依靠热聚合得到聚合体溶液，将它们直接、适当的用泵定量输送，通过纺丝模板孔在冷却介质中（通常为空气）以丝状喷出，边冷却固化边以一定速度取出。一般仅冷却固化后的纤维可拉伸性过大，无使用价值。此时的纤维叫做未拉延丝，接着在拉伸工序中被拉长数倍，根据不同情况，再进行适当的热处理后成为成品，而纤维的特性可根据使用目的加以控制。

表 2-43　主要合成纤维的特性[123]

		聚　酯	尼龙 6	尼龙 66	聚丙烯	丙烯
拉伸强度(g/d)	干	4.3~9.0(f)①,4.7~6.5(s)②	4.8~10.0(f)		4.5~7.5(s)	2.5~5.0(s)
	湿	4.3~9.0(f),4.7~6.5(s)	4.2~9.0(f)		4.5~7.5(s)	2.0~4.5(s)
比重		1.38	1.14		0.91	1.14~1.17
标准含水率（%）		0.4	4.5		0	2.0
热影响	软化点	238℃~240℃	180℃	230℃~235℃	140℃~160℃	190℃~240℃
	熔融点	255℃~260℃	216℃~220℃	250℃~260℃	165℃~173℃	不明确
耐光性（室外悬露）		强度几乎不下降	强度略下降，变黄		强度几乎不下降	强度几乎不下降
染色性（普遍采用燃料）		分散、颜色分散	酸性、金属盐、分数、反应性、铬		颜料、分散	场基性，分散

注：① (f) 纺丝；
　　② (s) 纤维

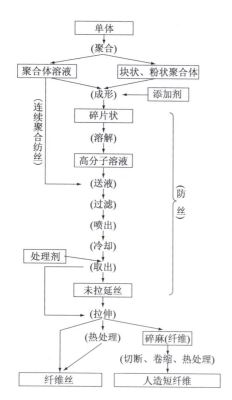

图 2-64 从聚合体到纤维的生产工艺流程

(a) 纤维物理特性：可以依靠改变拉伸率控制强度、延展性，可以依靠改变热处理温度控制收缩率。特别是为得到高强度，提高聚合体的聚合度是有效的方法。

(b) 光泽度：使二氧化钛分散在聚合体中，据此取得去光效果，根据不同要求添加，添加量为 0.5% - 3%。

(c) 形状：通过改变喷丝模板孔的形状，可取得复杂的断面形状，如图 2-65 所示。

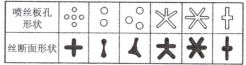

图 2-65 喷丝板孔形状和纤维断面[125]

(d) 混纺：将复数的聚合体流从一个孔中压出可得到混纺丝（图 2-66），图 2-66 (a) 为双线结构的螺旋状卷线；图 2-66 (b) 为制成海岛状，将"海"溶解得出非常细的纤维；图 2-66 (c) 为非互溶系的分离纤维。

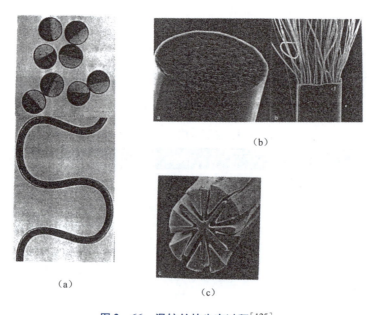

图 2-66 混纺丝的生产过程[125]

(a) 双线结构复合丝，使不同种类的聚合体接合后的断面（上图）热处理后出现卷缩（下图）；
(b) 海岛状复合丝，如果溶解掉左图的海的部分，就会出现如右图的极细的纤维；
(c) 分割纤维

除此以外,希望赋予各种功能,就阻燃、防污、抗菌、防臭等功能而言,在原丝阶段就可以部分满足的有阻燃、抗菌纤维,但是目前大多还得依赖后处理。

(2)增强用纤维。

(a)碳素纤维:因为同时具有高强度、高弹性,低密度、低热膨胀率,耐热性、自润滑性优良的特性,在航空、航天、体育用品、建筑、土木工程、车辆等领域作为新材料被使用,碳素纤维单独使用的情况很少,通常作为以树脂、陶瓷、金属为基材的复合材料的强化功能材料加以利用,图2-67所示为基于力学特性的分类。

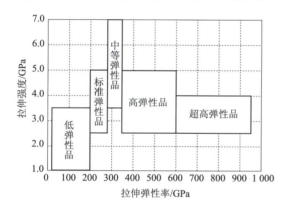

图2-67 基于碳素纤维的力学特性的分类

现在进入工业(批量)生产的碳素纤维根据原材料分为PAN系、沥青系及人造纤维系,产量及用量最大的是PAN系碳素纤维,图2-68所示为碳素纤维的生产流程。

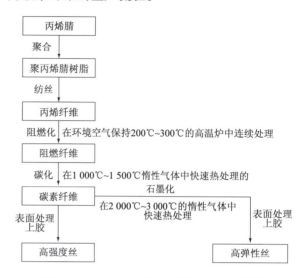

图2-68 PAN系碳素纤维的生产流程[126]

(b)玻璃纤维:用途非常广,长纤维多用于FRP等复合材料的增强材料,由于附加了优良的绝缘性、耐热性高的阻燃性,也作为机电的绝缘材料使用;短纤维广泛用于住宅、蒸汽管道、空调送气管线等隔热材料,表2-44所示为纤维用玻璃的分类和成分及主要特点。这些原料玻璃按图2-69所示的方法进行纤维化,由于玻璃在不同温度下其黏度连续变化,所以要高精度控制其拔丝温度。

表2-44 玻璃纤维用玻璃的典型成分及特点[127,128]

特点	E玻璃	A玻璃	C玻璃	S玻璃	ARG(AR玻璃)
	含碱性物(Na_2O、K_2O)不足0.8%的纤维用通用玻璃。绝缘性优良	碱性物含有量8%~20%的纤维用通用玻璃	特殊的耐酸性纤维用玻璃	强度优良的纤维用玻璃	主要作为水泥强化用的耐碱性优良的碳纤维用玻璃
SiO_2	54.4	72.0	65.0	64.3	55~62
Al_2O_3	14.4	0.6	4.0	24.8	1~5
CaO	17.5	10.0	14.0	<0.01	0~12
MgO	4.5	2.3	3.0	10.3	
B_2O_3	8.0	—	5.5	<0.01	0~4
Na_2O	0.5	14.2	8.0	0.27	13~18
K_2O			0.5		
Fe_2O_3	0.4	—	—	0.2	—
ZrO_2	—	—	—	—	12~21
SO_3	—	0.3	—	—	—
F_2	0.3	—	—	—	—

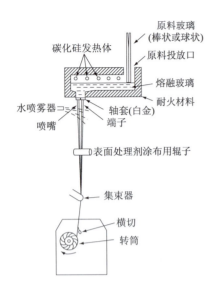

图 2-69 对原料玻璃进行纤维化处理装置

作为内装饰材料要较多地使用纤维材料，色彩、花样表现的幅度要宽，因此必须开发数量多且重量轻的纤维，这是今后的发展方向。此外，为了实现结构材料的轻量化，正在进行高强度、高弹性纤维的低成本生产方法的研究开发。

2.3.6 粘接、密封材料

在汽车组装中必须的相关技术（钢铁、材料、防锈油、焊接、压力加工、表面处理、涂料、黏结剂、密封材料的涂布装置、机器人、内装饰材料等）的革新中，黏结剂、密封材料（以下简称黏结剂等）起到了重要的作用。

汽车组装中使用的黏结剂等在车身组装线、涂漆线、前端部装配线上实际使用的有很多。黏结剂等在不同使用部位其品质、基本构成、制造工艺有所不同。

（1）按汽车生产工序区别使用的黏结剂、密封材料。

（a）车身组装线：黏结剂等要求具有以下基本性能，在涂有防锈油的钢板上涂覆，以未固化的状态通过表面处理工序、电泳工序，在对电装涂料进行烘干时一起加热固化（单成分热固化型黏结剂等）。

车身组装线上使用的黏结剂等的品种、使用部位、目的、使用方法如表 2-45 和图 2-70 所示。

表 2-45 车身组装工序中使用的黏结剂、密封材料

品种	使用部位及使用目的	使用方法
芳香族黏结剂	发动机罩壳、车门、行李箱盖、车顶等外板和增强板的黏结	用高黏度用压送泵输送，依靠专用机械（多点式）或机器人，以点状或线状涂覆
金属缝用车身密封剂	焊接后车身钢板结合部的密封（防锈、防水）	用高黏度用压送泵输送，依靠机器人以线状涂覆
点焊密封剂	金属外壳等车身铜板结合部的密封（防锈、防水）	① 糊状物：用高黏度压送泵输送，依靠机器人以线状涂覆 ② 成型物：使一定形状的产品附着
车身覆盖件增强材料	车门、发动机罩壳、挡泥板、车顶等外板（提高刚性、减少震动）	① 糊状物：用高黏度用压送泵输送，依靠机器人以线状涂覆 ② 成型物：使一定形状的产品附着
结构用黏结剂	车门、发动机罩壳、行李箱盖等边缝处 车身侧板、杂物箱、支柱处等（提高刚性、防锈）	用高黏度用压送泵输送，依靠机器人或手工作业以线状涂布

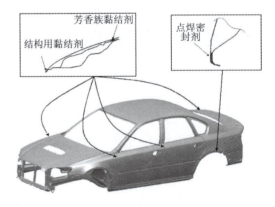

图 2-70 车身组装使用的黏结剂、密封用材的使用实例

1）芳香族黏结剂：有溶剂型和非溶剂型两种。溶剂型指将合成橡胶（氯丁二烯）、交联剂等在溶剂中溶解并分散。加热固化时交联剂产生

活性，进行橡胶的交联使橡胶成为弹性体。

非溶剂型以合成橡胶、氯化乙烯树脂为主要成分。如同溶剂型一样，因为表面未固化，为了确保其耐喷淋，要提高初期黏度，因此必须使用高黏度压送泵。合成橡胶的使用是为了保证涂覆后未固化状态时的耐敲击、耐喷淋性能，以及保持固化后的橡胶状弹性。可塑剂是为了使合成橡胶（固态）液态化（保证工艺性）的助剂，一般多使用苯二甲酸可塑剂。

2）点焊密封剂：点焊密封剂在涂覆后进行钢板组合，之后进行点焊，因此点焊密封剂要具有点焊焊接性。要保持下述流动性，即点焊密封剂可以在焊接模具中加压时向周围流出、焊接后卸压时回到焊接部位周围。此外还有不因焊接受热而着火、燃烧的非溶剂性、阻燃性。

为使车身使用部位的缝隙完全密封，要求能够加热固化时点焊密封剂体积要膨胀（添加发泡剂）。

3）车身覆盖件增强材料：为了车身的轻量化而降低钢板厚度。由此产生了外钢板的刚性、抗凹性下降及音振特性下降。以提高外钢板刚性为目的所开发的就是车身覆盖件增强材料。增强材料所使用的树脂的固化物理性能（如：拉伸强度）越高增强效果越好，但由于固化后的热收缩产生应变（附着部位及周围），使外观质量显著下降，而不产生应变的固化物理性能又没有增强的效果。为了取得折中效果，研究出2层、3层结构的成型材料，其结构图如图2-71所示。

4）结构用黏结剂：指车身结构部位的粘接，以提高刚性、抗疲劳性、防锈性、减震性。

结构用黏结剂主要使用在车门、发动机罩壳等结构的边缝处，以烘干固化前的形状固定为目的，也有混入玻璃珠使用的做法。

在侧板、车厢、支柱等车身结构部位，也有采用在电焊焊接处同时采用结构用黏结剂的焊接连接（Weld Bound）工艺。

结构用黏结剂必须保证初始质量、可靠性、耐久性等重要指标。结构用黏结剂的原材料有多种，但材料要满足汽车生产工艺的条件，即：① 单

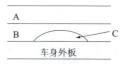

图2-71 车身外板增强材料的组成图（断面）

成分型；② 非溶剂性；③ 防锈油面附着；④ 防锈钢板的粘接；⑤ 工艺性；⑥ 高粘接强度（拉伸剪切、剥离、冲击、挠曲性等）；⑦ 防锈性等。一般原材料以环氧树脂为主要成分。

（b）涂漆线：密封材料（车身密封）涂在电涂漆钢板上，在密封炉表面固化后，在烘干中涂涂料及外涂涂料时加热固化。

涂装线越来越多地采用机器人自动涂覆，涂覆方法有压力填充法和喷雾法。涂覆装置固定在机器人上对车身进行无接触涂覆。

密封材料的黏度取决于温度，根据夏冬、昼夜的温差而产生变化。为此改变了送出量、涂覆层的形状（宽度、厚度）、喷雾方式，从而较难达到目标质量。要解决这一问题，必须对密封材料进行保温。由于密封材料是热固化型，随着温度上升，黏度上升，从而凝胶、固化。保温温度的设定以储藏条件稳定的基本数据为基础，一般在40℃以下。

（c）车身内外部安装线：即车身的电涂漆钢板、中涂装钢板、外涂装钢板与合成树脂类、合成橡胶类、玻璃类之间的粘接、密封；固化形态为常温固化，基本上是常温粘接；品种、使用部位、目的、使用方法如表2-46、图2-72所示。

（2）基本成分和生产工艺。根据黏结剂等的用途（使用部位），不同黏结剂品质有差异，基本成分也有差异，因此需要不同的生产工艺。

表 2-46 车身安装工序使用的黏结剂和密封材料 续表

品种	使用部位及使用目的	使用方法
车门内屏黏结剂兼密封剂	车门维修用孔部以防止雨水等进入室内为目的,按照车门形状黏结PVC膜或聚乙烯膜	① 糊状物:用高黏度用压送泵保温输送,用流动枪涂覆 ② 成型物:使预定形状物附着在钢板上
车窗密封条	① 直接固定方式 车窗玻璃和车体直接粘接 ② 密封方式 橡胶框和玻璃、车体之间加密封(防水)	① 在玻璃表面自动涂覆 ② 三个部件组合后,用流动枪注入进行密封
侧保护镶条用黏结剂	安装于车窗等的外侧的树脂类外饰件的粘接	
车顶隔音用粘接	室内天花板衬材(毛毡)和车体顶盖的粘接	向车内顶棚加强材料上喷雾
强化塑料用结构黏结剂	SMC(Seat Moulding Compound)的结构粘接	靠两液体混合装置混合溢出
后组合灯用密封材料	尾灯安装部的粘接、密封	靠高温高压泵(高温加热)用流动枪涂覆
门周围橡胶用黏结剂	后备箱门周围橡胶和涂装钢板的粘接	
车身窗封剂	钢板结合部(涂装钢板)	使用涂胶器涂覆
氯乙烯衬用黏结剂	涂装钢板和氯乙烯密封材料的粘接	喷雾涂覆、包涂

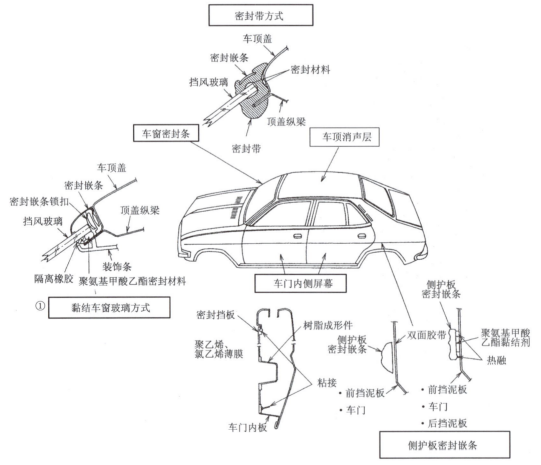

图 2-72 前段内饰部件分装

（a）基本成分：不同用途的基本成分如表2-47所示。各种黏结剂等使用画"○"的原材料成分[156-162,166]。

表2-47 基本成分表

		黏结剂、密封材料的品种	芳香族黏结剂		点焊密封剂		金属缝用车身密封杆	外板增强材料(A)	外板增强材料(B)	结构用黏结剂(A)	结构用黏结剂(B)	车身密封剂	车窗密封剂		内屏蔽用		车顶隔音用热熔型(水性)	热异丁烯系	橡胶系(溶剂型)	树脂系(溶剂型)	FRP用结构黏结剂
			溶剂型	无溶剂型	糊状物	成型物							氨基甲酸酯系	异丁烯系	糊状物	成型物					
原材料名称		合成橡胶（CR、IIR、SBR、NBR）	○	○	○	○	○	—	○	—	○	—	—	○	○	—	—	○	○	—	—
		合成橡胶（聚氨酯橡胶）	—	—	—	—	—	—	—	—	—	—	—	—	—	—	—	—	—	○	—
		聚氯乙烯树脂	—	○	—	—	○	—	—	—	—	○	—	—	—	—	—	—	—	—	—
		氨基聚合体	—	—	—	—	—	—	—	—	—	○	○	—	—	—	—	—	—	—	○
		聚醇	—	—	—	—	—	—	—	—	—	○	○	—	—	—	—	—	—	—	—
		环氧树脂	—	—	—	—	—	—	○	○	○	—	—	—	—	—	—	—	—	—	○
		乙烯、酯共聚树脂	—	—	—	—	—	—	—	—	—	—	—	—	—	○	—	—	—	—	—
		酚醛树脂	○	—	—	—	—	—	—	—	—	—	—	—	—	—	—	—	—	—	—
		聚丙烯树脂	—	○	—	—	—	—	—	○	—	—	—	—	—	—	—	—	—	—	—
		合成橡胶浆	—	—	—	—	—	—	—	—	—	—	—	—	—	—	—	—	—	—	—
		潜在固化剂（热活性）	—	○	—	—	—	○	○	○	—	—	—	—	—	—	—	—	—	—	—
		交联剂（热活性）	○	—	—	—	—	—	—	—	—	○	—	—	—	—	—	—	—	—	—
		固化催化剂（水活性）	—	—	—	—	—	—	—	—	—	—	○	—	—	—	—	—	—	—	—
		耐热稳定剂	—	—	—	—	○	—	—	—	—	○	—	—	—	—	—	—	—	—	—
		发泡剂（热活性）	—	—	○	○	—	—	—	—	—	—	—	—	—	—	—	—	—	—	—
		黏结剂	—	○	—	—	—	—	—	—	—	—	—	—	—	—	—	—	—	—	—
		黏结剂	—	—	—	—	—	—	—	—	—	○	○	—	○	—	—	○	—	—	—
		填充剂	○	○	○	○	○	○	○	○	○	○	○	○	○	—	○	○	○	○	○
		颜料	○	○	—	—	—	—	—	—	—	—	○	—	—	—	—	—	—	—	—
		可塑剂	○	○	○	○	○	—	—	—	—	○	○	○	○	○	○	○	○	○	○
		溶剂	○	—	—	—	—	—	—	—	—	—	—	—	—	—	—	—	—	○	○
		其他添加剂	—	—	—	○	—	○	—	—	—	—	○	○	○	○	○	○	○	○	○

（b）生产工艺：表2-48表示了各种黏结剂的生产工艺，通过画"○"的工序生产。

原材料（合成树脂、合成橡胶、填充剂、溶剂、添加剂等）通过合成、改性、配合、混合、加工成为制成品。

表 2-48 生产工艺

黏结剂等的种类		芳香族黏结剂（无溶剂型）	点焊密封剂（糊状物）	外板增强材料	结构用黏结剂（B）	车身密封剂	内屏蔽用（成型物）	热熔型	树脂系（溶剂型）
生产工艺	塑炼	○	○	○	○		○		
	混炼		○	○	○		○		
	熔融							○	
	溶解、混合	○	○	○	○		○		○
	减压、搅拌、混合	○	○	○	○		○		
	成型加工				○		○		
	过滤	○	○	○	○	○	○	○	○
	填充	○	○	○	○	○	○	○	○
	包装	○	○	○	○	○	○	○	○
	成品	○	○	○	○	○	○	○	○

在生产工序中，合成、改性、混合等操作在搅拌混合装置中进行，搅拌操作的作用是：① 均匀化（混合、分散）；② 物质运动（溶解、提取、吸收）；③ 化学反应（合成）；④ 热传导（冷却、加热）等。搅拌操作有多种，根据装置内搅拌的流动特性决定搅拌混合装置的结构、形式、规格和使用方法。

1）搅拌混合装置[163-165,167]。

Ⅰ）塑炼：塑炼为天然橡胶、合成橡胶的加工工序，为了减低弹性、提高可塑性，便于后续的加工，依靠滚压机或密封式混合机处理原料橡胶。它将橡胶分子机械地切断，生成的活性物在空气中氧化稳定，进行分子量的减低使其可塑化。装置包括开放滚压碎机及密封式混合搅拌装置。

Ⅱ）混炼：在塑炼后的橡胶中添加预定的配合材料，使其混入橡胶分子中，称为混炼。混炼装置包括塑炼装置、溶解-混合装置，具体有高黏度和固态产品的生产机械等。

Ⅲ）合成：根据合成的物质有很多。黏结剂等使用的物质（原材料）为液体和液体的反应或液体和固体的反应。合成装置按照反应开始、反应之中、反应终了时的温度控制（冷却、加热）、产量等决定其结构、规格形式。

Ⅳ）熔融：如热熔性黏结剂，是将热塑性树脂、橡胶和粘接用树脂蜡等在加热状态下熔融、混合进行生产，作为加热熔融混合装置，有羽毛形搅拌加热熔融槽和叶片混合机。

Ⅴ）溶解-混合：如挥发性溶剂型树脂系及橡胶系黏结剂，低黏度品的生产装置，作为搅拌溶解混合机，采用在槽中用机械使叶片旋转的方式较多，包括：桨叶型、螺旋桨型、蜗轮型、圆盘型、圆锥台型、往复运动型搅拌机等。另一方面，在黏度高的情况下，捏合机的旋转部分采取耐高捏合力的结构。作为捏合的基本混合装置，采用剪切、压延、折叠、压缩及它们的组合包括：叶片搅拌混合机、密封式混合搅拌机、小型混合搅拌机、米拉混合搅拌机、滚筒碾磨机、粉碎机、捏土磨机碾磨机、齿轮混合器、混合器等。

Ⅵ）减压-搅拌混合：去除在原材料成分中、中间体中、生产过程中混入黏结剂等的空气、溶剂、水分。

Ⅶ）成型：将塑料材料、配合橡胶复合体、

其他材料，采用金属模或胎模，生产成根据用途所决定的形状、尺寸的产品。设备包括注射成型、压轧成型装置。

Ⅷ）过滤：去除在生产过程中产生、混入的异物。

参 考 文 献

［1］日本鉄鋼協会編：鉄鋼便覧Ⅱ，製銑，製鋼，第3版，丸善（1979）

［2］田中ほか：製鉄研究，No. 291, p. 52（1977）

［3］植崎ほか：鉄と鋼，Vol. 68, No. 12, S865（1982）

［4］上田保：不二越技報，Vol. 28, No. 3, p. 72（1972）

［5］川和ほか：鉄と鋼，Vol. 57, No. 11, S690（1971）

［6］堀珊吉：第40, 41回西山記念講座，鋼の連続鋳造操業の進歩，日本鉄鋼協会（1976）

［7］林央：第40回塑性加工学講座，力学コース，板成形，塑性加工学会（1985）

［8］薄鋼板成形技術研究会：プレス成形難易ハンドブック，日刊工業新聞社（1987）

［9］山口ほか：日本鋼管技報，Vol. 45, p. 23（1969）

［10］中沢吉他：鉄と鋼，Vol. 68, 1263（1982）

［11］T. Furukawa, et al.：Structure and Properties of Dual-phase Steels, ed. By T. A. Kot and J. W. Morris, Jr., AIME, New York, p. 281（1979）

［12］水井正也ほか：鉄と鋼，Vol. 76, No. 3, p. 108（1990）

［13］清水哲雄ほか：CAMP-ISIJ, Vol. 13, p. 411（2000）

［14］O. Kawano, et al.：Proc. of Int. Conf. on "Physical Metallurgy of Thermo mechanical Processing of Steels and Other Materials", Tokyo, Japan, ISIJ, p. 692（1988）

［15］V. F. Zackay, et al.：Trans. Am. Soc. Met., Vol. 60, p. 252（1967）

［16］高橋学ほか：自動車の衝突安全性と高張力鋼板の高速変形特性，日本鉄鋼協会，p. 41（1997）

［17］水井正也：学位論文，九州大学工学部，p. 104（1994）

［18］金子真次郎ほか：鉄と鋼，Vol. 89, No. 10, p. 1057（2003）

［19］平井更之右：自動車技術会学術講演会前刷集，No. 90-01, p. 19（2001）

［20］N. Matsuzu, et al.：SAE Technical Paper Series, 910513（1991）

［21］高橋学ほか：新日鐵技報，Vol. 378, p. 7（2003）

［22］鹿島高弘ほか：CAMP-ISIJ, Vol. 13, p. 407（2000）

［23］小山一夫ほか：日本金属学会会報，Vol. 31, No. 6, p. 535（1992）

［24］K. Yamazaki, et al.：Proc. of Conf. on Microalloyed HSLA Steels, World Materials Congress, ASM 327（1988）

［25］野中俊樹ほか：新日鐵技報，Vol. 378, p. 12（2003）

［26］吉永直樹ほか：自動車技術会2004年秋季学術講演会前刷集，20045745

［27］大沢一典ほか：自動車技術会2002年秋季学術講演会前刷集，106-02, 9

［28］O. Matsumura, et al.：Trans. ISIJ, Vol. 27, p. 570（1987）

［29］A. Uenishi, et al.：IBEC'96, Automotive Body Interior & Safety Systems, Automotive Technology Group Inc., Michigan USA, Vol. 89（1996）

［30］M. Takahashi, et al.：Proc. Int. Conf. on TRIP-Aided High Strength Ferrous Alloys, GRIPS' Sparkling World of Steel, Belgium, p. 103（2002）

［31］佐々木雄貞ほか：鉄と鋼，Vol. 64, No. 8, p. 1226（1984）

［32］佐々木雄貞ほか：鉄と鋼，Vol. 70, No. 2, p. 167（1984）

［33］長井弘ほか：鉄と鋼，Vol. 72, No. 10（1986）

［34］2001日本の自動車工業，日本自動車工業会編，p. 51（2001）

［35］別所毅ほか：トヨタ技術，Vol. 40, p. 250（1990）

［36］S. Suzuki, et al.：CAMP-ISIJ, Vol. 6, p. 1545（1993）

［37］須藤俊太郎：工業材料，Vol. 45, No. 10, p. 94（1997）

［38］黒崎将夫ほか：新日鐵技報，No. 378, p. 46

(2003)

[39] ステンレス協会編:ステンレスの初歩,p.6

[40] ステンレス協会編:ステンレスの初歩,p.102から抜粋して,一部補足

[41] 石川秀雄:ステンレス鋼便覧,第3版,p.1265,日刊工業新聞社(1995)

[42] 最近10年の鉄鋼技術の進展,ふぇらむ,Vol. 10,No. 4,p.305(2005)

[43] 田辺弘人ほか:新日鐵技報,No. 354,p.48(1994)

[44] 子安善郎ほか:新日鐵技報,No. 343,p.30(1992)

[45] T. Ochi, et al.: SAE Technical Paper Series, 940786 (1994)

[46] 越智達朗ほか:鉄と鋼,83,p.665(1997)

[47] 山本広一ほか:日本金属学会報,28,p.514(1989)

[48] K. Yamamoto, et al. ": Residual and Unspecified Elements in Steels", ed. by A. S. Melilli and E. G. Nisbett, ASTM STP [ASTM] 1042, p. 266 (1989)

[49] T. Ochi, et al.: Iron & Steel Maker, 16–2, p. 21 (1989)

[50] F. Ishikawa, et al. ": Solid/Solid Phase Transformations", ed. by W. C. Johnson et. al. [TMS], p. 171 (1992)

[51] F. Ishikawa, et al.: Metallurgical and Materials Transaction 25A, p. 929 (1994)

[52] 子安善郎ほか:製鐵研究,No. 337,p.41(1990)

[53] H. Takada, et al.: Microalloyed Bar and Forging Steels, ed. by C. J. Van Tyne et. al., [TMS], p. 143 (1996)

[54] 岡敏博ほか:新日鐵技報,No. 343,p.63(1992)

[55] 内藤賢一郎ほか:CAMP–ISIJ,2,p.1752(1989)

[56] 越智達朗ほか:新日鐵技報,No. 370,p.11(1999)

[57] 蟹澤秀雄ほか:日本金属学会報,30,p.557(1991)

[58] 蟹澤秀雄ほか:新日鐵技報,No. 354,p.43(1994)

[59] K. Naito, et al.: Proc. 4th International Conference on Shot Peening, p. 519 (1990)

[60] 久保田学ほか:新日鐵技報,No. 378,p.72(2003)

[61] 戸田正弘ほか:鍛造技報,No. 83,p.1(2000)

[62] 山本ほか:鉄と鋼,Vol. 62,No. 1,p.72(1976)

[63] 橋村雅之ほか:新日鐵技報,No. 378,p.68(2003)

[64] 本間達:特殊鋼,Vol. 38,No. 7,p.17(1976)

[65] 村上敬宜:金属疲労微小欠陥と介在物の影響(養賢堂),p.233(1993)

[66] 草野祥昌:CAMP–ISIJ,11,p.1322(1998)

[67] 越智達朗ほか:新日鐵技報,No. 370,p.20(1999)

[68] 日本鉄鋼協会編:鉄鋼便覧Ⅳ,鉄鋼材料,試験?分析,第3版,丸善(1979)

[69] M. Wahlster, et al. : Metal Prog., No. 4, p. 107 (1969)

[70] 杉沢泰次郎:精密機械,Vol. 46,No. 5,p.549(1980)

[71] ASM Handbook, 7 Powder Metal Technologies and Applications, USA, ASM International, p. 123 (1998)

[72] 日本粉末冶金工業会編:焼結部品概要,p.40,日本粉末冶金工業会(2004)

[73] R. M. German: Powder Metallurgy of Iron and Steel, NY, John Willey & Sons, Inc., 45 (1998)

[74] M. Larsson, et al.: Advances in Powder Metallurgy & Particulate Materials 2000, Part2: MPIF, NY, 41 (2000)

[75] T. Luzier, et al.: Advances in Powder Metallurgy & Particulate Materials — 2003 Part2: MPIF, NY, p. 250 (2003)

[76] 自動車軽量化技術資料集成〔材料〕編:フジ?テクノシステム(1980)

[77] 日本アルミニウム協会:アルミニウムハンドブック. 第6版,p.25,31,202,207(2001)

[78] 工業レアメタル,アルム出版社,No. 121(2005)

[79] 亀井ほか:非鉄金属材料学,第7版,朝倉書店(1984)

[80] 村上ほか:金属チタンとその応用,第2版,

日刊工業新社（1984）

［81］（社）日本チタン協会編：チタンの加工技術，日刊工業新聞社（1992）

［82］日本ゴム協会：新ゴム技術入門，日本ゴム協会（1967）

［83］建林賢司：合成ゴム新版，日刊工業新聞社（1966）

［84］高分子学会：ゴムの性質と加工（高分子工学講座7），地人書館（1965）

［85］前田守一：配合設計（1）原料ゴムの種類と性質，日本ゴム協会誌，Vol. 51, No. 8, p. 632（1978）

［86］安田武夫：プラスチックス，Vol. 41, No. 4, p. 26（1990）

［87］自動車技術会：自動車技術ハンドブック第3分冊，設計（デザインボディ）編，p. 106（2005）

［88］（社）日本自動車工業会：2001日本の自動車工業，普通小型乗用車における原材料構成比推移，p. 51

［89］佐伯康治：ポリマー製造プロセス，工業調査会（1971）

［90］自動車材料の新展開，東レリサーチセンター（1988）

［91］古谷正之：プラスチック材料講座18，塩化ビニル樹脂，日刊工業新聞社（1972）

［92］プラスチック読本（改訂，12版），プラスチックスエージ

［93］高分子機械材料委員会：ABS樹脂，高分子学会（1970）

［94］白井潔：プラスチックス，Vol. 32, No. 8, p. 45（1986）

［95］浅見高：プラスチック材料講座12，アクリル樹脂，日刊工業新聞社（1972）

［96］福本修：ポリアミド樹脂ハンドブック，日刊工業新聞社（1987）

［97］浅井治海：ポリマブレンドの製造と応用，CMC（1988）

［98］松金幹夫ほか：プラスチック材料講座5，ポリカーボネーと樹脂，日刊工業新聞社（1970）

［99］プラスチックスエージ，Vol. 33, No. 2, p. 102（1987）

［100］保坂範夫：プラスチックスエージ，Vol. 32, No. 1, p. 147（1986）

［101］森川武：プラスチックス，Vol. 37, No. 7, p. 43（1986）

［102］田部好成ほか：日化協月報，Vol. 28, No. 2, p. 431（1975）

［103］松島哲也：プラスチック材料講座13，ポリアセタール樹脂，日刊工業新聞社（1970）

［104］藤田正雄：プラスチック材料講座18，ポリエーテル，日刊工業新聞社（1961）

［105］A. S. Hay：J. Polym. Sci., Vol. 58, p. 581（1962）

［106］A. S. Hay：Polym. Eng. Sci., Vol. 16, No. 1, p. 1（1976）

［107］森岡清志：プラスチックス，Vol. 37, No. 7, p. 36（1986）

［108］村橋俊介ほか：プラスチックハンドブック（改訂新版），朝倉書店（1969）

［109］神原周：自動車材料ハンドブック〈プラスチック編〉，大成社（1982）

［110］岩田敬治：プラスチック材料講座2，ポリウレタン樹脂，日刊工業新聞社（1969）

［111］精機学会：精密機器用プラスチック複合材料，日刊工業新聞社（1984）

［112］日経ニューマテリアル，1988年7月25日号（No. 48），p. 62（1988）

［113］森本尚夫：FRPの実際，高分子刊行会（1984）

［114］宗宮重行編：セラミックス部品のエンジンへの応用，内田老翁圃（1990）

［115］岡田明：構造用セラミックスの動向，工業材料，Vol. 53, No. 8, p. 23 — 27（2005）

［116］宗宮重行編：窒化珪素セラミックス1，内田老鶴圃（1988）

［117］L. D. Hart：Alumina Chemicals, The American Ceramic Society, Inc., Ohio（1990）

［118］塗装と塗料，No. 5, p. 27,（2005）

［119］塗装技術，Vol. 43, No. 11, p. 75（2004）

［120］Innovation for next generation coating process in Daihatsu Oita Plant, Surcar（2005）

［121］色材，Vol. 78, No. 8, p. 30（2005）

［122］塗装工学，Vol. 24, No. 10, p. 411（1989）

［123］繊維ハンドブック1989，繊維総合研究所

［124］高分子学会編：プラスチック成型加工，高分子工学講座6，地人書館（1966）

［125］繊維学会編：図説繊維の形態，朝倉書店

（1982）

［126］炭素繊維の応用技術，1984，シーエムシー出版

［127］新素材ハンドブック編集委員会：新素材ハンドブック，丸善（1988）

［128］JIS R 3410（1999）ガラス繊維用語

［129］笹岡：車体組立の自動化，自動車技術，Vol. 39，No. 7（1985）

［130］大見：フレキシブル生産技術の動向，自動車技術，Vol. 42，No. 5（1988）

［131］前田：鉄鋼材料の表面と接着，日本接着協会誌，Vol. 22，No. 1（1986）

［132］大藪：コーティング領域の界面制御，塗装技術，2月号（1986）

［133］三上：自動車用材料，自動車技術，Vol. 41，No. 8（1987）

［134］久恒ほか：自動車車体用表面処理鋼板の現状と将来，自動車技術，Vol. 42，No. 5（1988）

［135］西川：自動車塗装における現状と将来方向，自動車技術，Vol. 42，No. 5（1988）

［136］2極分化に向う防錆鋼板，NIKKEI NEW MATERIALS（1989. 2. 20）

［137］田野井：自動車における接着，自動車技術，Vol. 33，No. 2（1989）

［138］梅谷：自動車工業における粘着製品，接着，Vol. 29，No. 4（1985）

［139］原ほか：油面用マスチック接着剤の開発，日本接着協会誌，Vol. 18，No. 2（1982）

［140］岡田ほか：車体外板を補強する樹脂複合材料，自動車技術，Vol. 38，No. 8（1984）

［141］トヨタ：鋼板の剛性補強材，公開特許公報，平1-135860

［142］中村：金属間接着剤の自動塗布技術の開発，自動車技術，Vol. 39，No. 7（1985）

［143］野口：自動車用接着剤の動向，第130回月例講演会資料，日本接着協会（S62. 4）

［144］坂田：機械構造体の接着技術，自動車技術，Vol. 37，No. 1（1983）

［145］原賀ほか：接着とスポット溶接及びリベット締結との併用継手における応力下接着耐久性，日本接着協会誌，Vol. 21，No. 1（1985）

［146］沢：ボルト-接着併用継手の特性，日本接着協会誌，Vol. 22，No. 8（1986）

［147］原賀ほか：最近の接着技術の動向と将来の展望「ウェルドボンドの現状と将来」，溶接学会誌，Vol. 56，No. 3（1987）

［148］自動車用語事典（改訂版），トヨタ技術会（1988）

［149］古川：自動車車体における接着作業方法，公開特許公報，昭61-36387

［150］芦田：ヘミング部用シーリング材，公開特許公報，昭61-255975

［151］芦田ほか：ヘミング部のシール方法，公開特許公報，昭62-86083

［152］新田：ウェルドボンド用接着剤，公開特許公報，昭60-223882

［153］榊原：構造用接着剤組成物，公開特許公報，昭59-27976

［154］仲澤ほか：亜鉛メッキ鋼板による単純重ね合わせ継手の破壊挙動（第一報），日本接着協会誌，Vol. 25，No. 8（1989）

［155］柴田ほか：シール材，公開特許公報，昭62-246981

［156］神原周：合成ゴムハンドブック，朝倉書店

［157］新保正樹：エポキシ樹脂ハンドブック，日刊工業新聞社

［158］山下晋三：架橋剤ハンドブック，大成社

［159］高次複合材料の全容，大阪ケミカルリサーチ

［160］村井考一：可塑剤，その理論と応用，幸書房

［161］山田桜：塩化ビニル安定剤総覧，（株）ポリマー工業研究所

［162］高分子学会：高分子辞典，朝倉書店

［163］化学工学便覧，丸善

［164］接着便覧（第14版），第3編，高分子刊行会

［165］化学装置百科辞典，化学工業社

［166］高分子学会編：ポリマーアロイ：基礎と応用，東京化学同人

［167］新版プラスチック加工技術便覧，日刊工業新聞社

［168］新海：最近のポリウレタン系構造用接着剤，接着，Vol. 30，No. 3（1986）

第 3 章

加工技术

3.1 铸造

3.1.1 概述

（1）汽车用铸件。伴随着汽车的高性能化，对高性能材料的要求也在增加，对材料的经济性、可靠性的要求也在不断提高。对铸造零件来说，不仅要保证较高的形状精度和在材料表面具有较高的质量，同时还要有较高的生产率和较低的成本要求。

汽车用铸件的一般特点如下：

① 铸件形状复杂，一般需要采用砂芯；
② 尺寸精度高；
③ 采用薄壁铸件以减轻重量；
④ 材料性能稳定；
⑤ 疲劳强度、耐热性、耐磨损等性能的要求高。

为了达到上述要求，铸造技术的发展也非常显著，代表性的事例如下：

① 以提高批量生产率和尺寸精度为特征的高速高压造型生产线的普及；
② 为减少汽车的重量，大件发动机缸体采用铝合金材料铸造；
③ 可以获得稳定性能材料的溶解技术和孕育处理技术；
④ 强度较高的经过等温淬火处理之后的球墨铸铁的实用化；
⑤ 超高速、超高真空压铸法的普及；
⑥ 低压铸造等铸铝件产量的扩大等。

（2）铸造工艺的概要。对于汽车用铸件采用的铸造方法来说，有多种类型的铸造方式且各具有不同的特点。基本方法是将规定温度下熔化的金属注入铸模中，等金属凝固后，从铸模中取出铸件加以表面加工后，完成制作工艺。虽然铸造方法很多，铸模有砂模和金属模，浇铸时有加压和不加压的形式，且各有不同的特点，但是铸造方法的本质还是和上述说明的基本方法相同。因此，在这里仅就一般铸铁铸件的制造工艺的概要进行说明。图 3-1 所示为外形采用生砂模，并使用了壳形砂芯的铸铁铸件的制作工艺示意图。

（3）铸造方式。以下是具有代表性的铸造方式。

（a）砂型铸造法：这种方法铸型多采用型砂，一般采用高速高压方式进行铸造。这种铸造方式的工作循环时间有时仅需十几秒钟，所以生产率高和尺寸精度也比较好。而且，造型时采用压缩空气推动的方式，使铸型强度均匀。压缩空气铸造方式目前已经普及。因为生产率非常高，在转向节壳体、差速器壳体、制动毂等铸造中被广泛应用。

（b）壳型铸造法：壳型生产的铸件强度高，

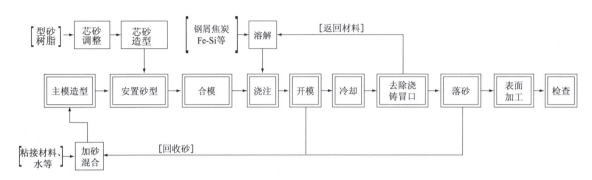

图 3-1 铸造工程的示意图

尺寸精度好。但由于近来砂型法和重力金属模铸造法的发展，这种铸造方法很少作为主砂型使用，主要用于砂芯的制作。制作砂芯时，多采用了铸铁、铝合金并且都以热硬化性树脂使型砂结成硬壳。但最近通过气体在常温状态下使铸型固化的冷芯盒法，从制造尺寸精度和热环境对策角度考虑，正被广泛应用。

（c）金属型铸造法：金属型铸造是将熔融金属浇入到金属模具中获得铸件的方法，主要用于铝、锌合金等低熔点金属零件的铸造，可以获得尺寸精度优良、表面美丽的铸件。金属铸造法中根据浇铸金属液时施压的高低情况可分为（高压）压铸法、低压铸造法、重力铸造法。其中由于零部件轻量化的要求，铝合金压铸件的普及显著。为提高铸造质量，在铸造加工中引入了真空压铸法、模压铸造处理法等新工艺，可进行固化分析、熔融液流动数值分析模拟等的计算机辅助制作技术 CAE 在铸造加工中也活跃起来。

3.1.2 铸造工艺及设备

前一节概要说明了铸造工艺过程，在这一节当中对各工艺适用的方法和设备进行说明。

（1）造型。

（a）湿砂造型：湿砂造型机由以前主流的气压造型机，渐渐发展为液压造型机为主。液压造型机提高了铸型紧实度和尺寸精度。造型机的尺寸也由原来的大型造型机向较小机型发展而成为主流。这样不但提高了生产线的工作速度，也提高了生产效率。图 3-2 所示为无砂箱造型机的示例。

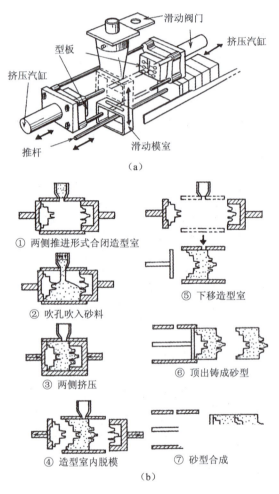

图 3-2 无模造型机
（a）模室移动式无砂箱造型机；（b）无砂箱造型机的造型工艺

随着湿砂型用的型砂性能的自动控制的发展和造型机的进步，铸造工作条件的最优化也容易实现，因此也提高了铸件的质量，也省了人力，提高了生产效率。

（b）砂芯造型：砂芯造型时利用苯酚树脂表面包覆砂的壳型铸造成为主力，但是冷芯盒法和热芯盒法由于有较高的尺寸精度和环境的优越性，也受到瞩目。砂芯造型机除了以往的垂直开箱造型机和水平开箱造型机外，又增加了适应反转排砂式等功能要求的特殊类型的多种造型机。

（c）砂型和金属型：以铝合金为首的低熔点金属的批量的铸造生产，几乎全部采用金属型铸造方式。而且因为加热、冷却、凝固控制和辅助装置的机械化容易实现，所以对质量和生产率的提高帮助比较大。

一方面，因为铸铁类金属的铸造中金属浇铸温度超过1 200 ℃，所以大多还使用砂型方式制作。另一方面，最近伴随着气缸体向铝合金化方向发展，利用离心金属模具铸造制作镶入式缸套，由于铸件加工留量的减少的好处，所以快速提高了生产量。

（2）金属熔化。

（a）铸铁的熔化：以往铸铁金属熔化炉主要采用冲天炉、低频感应电炉，但是近年来随着汽车用铸铁材料的多样化，如图3-3所示的小容量高频感应电炉的使用也多了起来。

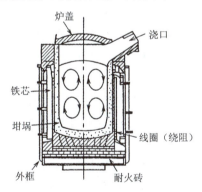

图3-3　高频感应电炉

作为大量熔解法的潮流，冲天炉熔解法正在被重新认识。其主要原因如下：

① 汽车用铸件的主力原料是压力机残角料，随着防锈钢板材料使用的增加，铸件原料中金属锌的含量也增加了，由于锌会侵蚀感应炉衬板，黏附在线圈上，所以对设备使用寿命的影响较大。

② 冲天炉可实施无衬垫法进行长时间连续化操作。

（b）轻金属的熔化：铝合金的熔化属于大批量熔化加工，所以主要采用是连续投入熔化方法。在连续熔化炉中，使用如图3-4所示的材料被砌底预热后，用燃烧器从下向上直接加热省燃料炉。

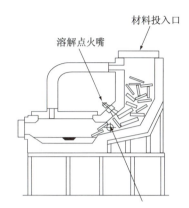

图3-4　烟道预热性铝合金熔化炉

（3）铸造。

（a）铸铁的铸造：铁水通过孕育处理按规定的材质调整后，浇铸到铸型内。孕育处理的目的在于使石墨形状得到调整，防止铸造缺陷，防止白口铁化，改善材料的机械强度等。孕育处理材料的主要成分多半是Fe-Si（Si：50%~70%）。对于容易产生白口铁化的材料，也采用Ca、Al等为核心的孕育处理材料。浇铸作业为了提高生产线的运行速度和改善操作，而正在向自动化浇铸方式转变。

（b）重力金属型铸造：在铸造中利用熔化金属的重力来浇铸入金属模具的方法叫重力金属型铸造法。这种方式为了避免空气的注入，需要平静地进行浇铸。这种浇铸方法具有以下优点：① 方案的自由度较大；② 设备简单；③ 工作循环节拍时间短；④ 容易设置出气冒口等。与低压铸造相比特点突出，期待今后也将得到广泛的应用。

需要特别指出的是如图3-5所示的使用倾转式浇铸机的翻炉浇铸法，因为金属型腔内的空气和金属液的交换顺畅，对浇铸液的回转有利，可以说是一种极为优秀的铸造方法。另外其具有耐压性和热处理容易的特点，制作型芯方便，对复杂形状的零件的适应性较好。汽车常用的气缸体、气缸盖，发动机的进气歧管，铝制车轮等零件的应用例很多。

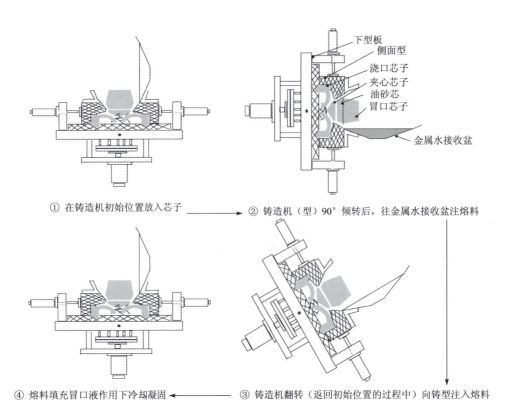

① 在铸造机初始位置放入芯子 → ② 铸造机（型）90°倾转后，往金属水接收盆注熔料

④ 熔料填充冒口液作用下冷却凝固 ← ③ 铸造机翻转（返回初始位置的过程中）向铸型注入熔料

图 3-5　（金属型铸造）翻炉浇铸法的示意图

（c）低压铸造：低压铸造如图 3-6 所示，将密闭在坩埚内的金属液，在低压（$0.5×10\,000 \sim 5×10\,000$ Pa（$0.05 \sim 0.5$ kgf/cm^2））下浇铸在铸型内。

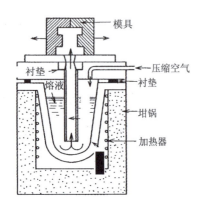

图 3-6　低压铸造法

低压铸造的特点是在浇口部凝固之前始终受到金属液的压力，金属液的供给也比较充足，容易适用于较厚铸件，而且铸件精度也较高。但是工作循环时间比较长的问题也存在。而且（可以说和金属型铸造同样的情况）与压力铸造相比因为可以使用芯子，所以可以适应复杂形状零件的铸造加工。在发动机铝合金缸盖、进气歧管、铝制车轮等铝金属铸件上应用较多。

作为提高压力铸造质量，采用的方法有：真空压铸方式（图 3-8）、局部加压方式（图 3-9）、加氧压铸方式，以及用铝固定的 PF（无孔性）压力铸造技术等。最近的发展特点是：真空压铸法不断采用；由于离型机喷射的机器人操作化的发展，喷射点稳定化提高；通过向金属模具注入高压水，和由于很细的铸件推出杆的内冷化而防止烧结对策等在迅速普及。

（d）压力铸造：具有代表性的带有冷室式的压力铸造机的示意图如图 3-7 所示。压力铸造是在铸造机本体附近设置身边炉，利用自动浇铸机把熔化的液态金属注入浇口，在高速、高压作用下注入铸模型腔。其优点是生产效率高，铸件力学性能好，尺寸精度高，表面极光洁，薄壁轻量化等。它是一种在摩托车零部件、汽车上用的铸件及其他的所有成型件的加工中不可缺少的铸造方法。特别是为减轻重量，在敞开式汽车的铝质气缸加工时具有很好的适用性。

（e）挤压铸造：挤压铸造是在铸型内浇铸熔

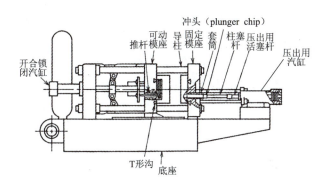

图 3-7 有冷室结构的压力铸造机

化的金属液后,到完全凝固前对产品施加高压的铸造方式。由于组织产生的微细化,改善了铸件的机械特性,适合以 MMC 为首的复合化加工技术,适合活塞、连杆、铝车轮毂等铸件的制作。

(f) 精密铸造:作为精密铸造法来说,主要采用的是失蜡铸造法。这种方法是在易熔蜡模上涂敷耐火材料,铸造时蜡模熔化流出,熔融金属填充留下的空间形成铸件的铸造方法。这种方法不仅尺寸精度高,而且还适用于复杂结构的零件制作。适用于蜗轮增压器的蜗轮转子零件等的铸造上。

(g) 其他:除了以上的铸造以外,满足轻量化需要的镁合金材料的铸造,也已经实用化了。镁合金材料铸造方法是以铝合金材料的压力铸造为基础,但是镁合金具有易燃的特性,在熔化、铸造、加工时需多加注意。

(4) 热处理。

(a) 灰口铸铁:灰口铸铁为了防止由于时效

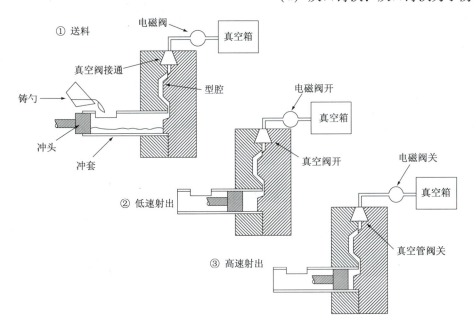

图 3-8 真空压铸方式说明图

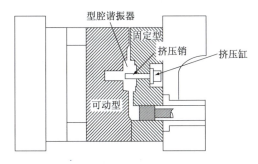

图 3-9 压铸的局部加压方式说明图

而产生的变形和应力破裂现象,有时需要进行退火处理除去铸造应力。退火处理是先将铸造的零件加热到一定的温度范围(500 ℃ ~600 ℃),并保温数小时时间后,缓慢冷却然后出炉。

(b) 球墨铸铁:为了改善材料的韧性,而要获得铁素体基体可采用退火处理方法;也有时为了提高材料的机械特性,而要获得珠光体基体可采用正火处理方法。另外,为了确保表面的耐磨性,可采用高频淬火或火焰淬火处理。为了获得强度为 T. S. 900~1 200 N/mm($92~122$ kgf/mm^2)

级的高强度铸件，等温淬火处理方法得到了关注，并已实用化。

（c）可锻铸铁：如果是黑心可锻铸铁，应以恒定温度 920 ℃ ~ 980 ℃下加热 10 ~ 30 h，恒定温度700 ℃ ~ 710 ℃下加热 20 ~ 45 h。可是由于可锻铸铁生产效率非常低，所以除特殊用途外很少使用。

（d）铝合金：铝合金铸造后，为了改善材料强度，进行 T6 处理（淬火处理加回火处理）的情况比较多。例如用 AC4CH 材料做成的汽车轮毂，通过 T6 处理的方法来改善强度、硬度、韧性等所有机械特性。此外在气缸体、气缸盖等发动机的零部件（也包括砂芯的烧除）上，也对 AC4B 材料和 AC4C 材料进行 T6 处理。

（5）清理。

（a）落砂清理：为了除去从铸型当中取出后残留着的铸件表面的砂粒，使用一种能高速喷射钢球的喷丸机进行砂粒清理。这个工序粉尘多，工作环境比较恶劣，所以从铸型拆卸到喷丸处理的操作工作正在向无人化方向发展。

对于重力金属型铸造和低压铸造的铝铸件物，需要进行砂芯清理操作。将铸件冷却到常温时结合振动，把未燃烧的砂芯材料震落。在这道工序没有清理掉的没有破坏的砂芯，可在后续的 T6 处理操作中加热燃烧清理。砂芯的清理操作在铝制品铸件中是比较耗费成本的工作，因此是希望通过技术进步加以改善的一个工序。

（b）清除铸件披缝：去毛刺工程中多采用专用机和通用机器人，随着无人化、省力化的进步，成本也在逐渐减少。

3.1.3 铸型

（1）基本用语的说明。

通过注入金属液而制作成达到要求的铸件的模型，称为铸型。在铁铸件中，把由模型做成的砂型叫铸型。换句话说，模型就是制作砂型铸型的原型。木制的模型叫木模，金属性的模型叫金属型。

金属型铸造（大部分为铝铸件）当中金属型直接用于铸型。铸件的中间空隙处采用芯子。相比于芯子，铸件的主要部分叫主型。主型和芯子连接起来的部分叫做芯头座。而且，在主型上应设置一定操作空间，便于设置浇口、冒口、浇道等。这些操作空间的设计工作称为铸造方案设计。这种铸造方案的设计是确定铸件的质量和成本的非常重要铸造技术。

（2）型设计。

（a）铸铁件：在砂型铸件的模型设计当中应考虑多种因数，如零部件的形状、大小，材质特性引起的尺寸的变化和铸造缺陷等。

铸件产品的尺寸由于型砂特性和造型条件的改变而引起的铸型尺寸和强度的不准确，同时浇铸后的铸型形状变化，材料凝固收缩引起的形变等也产生影响，使产品的尺寸不准确。还有芯子的烧成时也出现尺寸变形，芯头座的间隙等很多种因素都会对尺寸产生影响作用。

为了将铸型从模型当中拔出，应设置起模斜度。通常的起模斜度是 2/100 ~ 3/100。

因为液态金属凝固时收缩，所以模型尺寸上留出足够的收缩余量。收缩率不仅随着材质的不同而不同，而且也随着铸型的种类及造型方法、产品形状及壁厚的大小不同而不同，所以模型尺寸在确定之前必须经过充分的调查。

不仅要尽量减少加工余量，以减轻重量和降低加工成本方面做最大努力，但需要注意，夹渣和加工表面的铸造缺陷不能出现。铸造方案应适应产品的形状及造型系统的情况，并根据试制纠错的内容很多，所以没有可能确立普遍的和通用的技术。内浇口（浇道到产品部件的入口）的配置和大小，也由各种零部件特有的形式确定。对于凝固收缩量较大的球墨铸铁，通过设置冒口的方式，也是防止产品内部的出现缩孔的方法。

作为铸造方案的关键技术的一部分，热分析，流体力学的应用，以及计算机模拟计算等的研究工作正在开展。

（b）重力金属型铸造和低压铸造的铝铸件：金属型设计不是设计模型，而是直接设计铸型，这点和砂型铸造有区别。在模具设计的时候应注意以下问题：① 考虑避免空气卷入和使浇铸液流动自如的前提下，确定内浇口的大小和位置；

② 足够的排气通道；③ 定向凝固。因为这三项是决定质量和成本的关键，所以分别进行说明。

① 中的关于考虑避免空气卷入和使浇铸液流动自如的前提下，确定入口的大小和位置。特别需要注意的是，应在满足使浇铸液流动距离最短的原则下设置。此外，在受到浇铸液的显热和潜热时，金属型的热容量（换句话说重量）是否合适（特别是不使之过重），需要特别注意。而且，为了避免空气卷入而使浇铸液能够进入，应有能使型腔内的空气和浇铸液置换顺利的置换技术。重力金属型铸造中的翻炉浇铸法，在这方面具有出众的优点已经被确认。

② 中关于具有足够的排气通道这方面，芯头座的大小和精度极其重要。在芯头座当中为了确实地抽出空气（在芯子当中，由于金属液的高热产生的），不仅在芯头座中浇铸液不能流动，而且芯头座断面太小也不能排气。

③ 中关于定向凝固问题，应根据金属型各部分温度分布合适的前提下，考虑确定金属模型的壁厚（热容量），以及设置冷却设施是必要的。而且在铸件的凝固过程当中，确实可以完成向壁厚部分的充型过程，同时合适地设置冒口位置的布置设计工作，是必要的条件。

其他的拔模斜度、加工余量、收缩余量的方法和铸铁件基本相同，内浇口等局部性过热的部位有时需要较大的拔模斜度。

(c) 压铸成型的铝铸件：金属型作为铸型使用这一点和前述的铝铸件物相同。而且型设计上特别留意的全部事项的思考方法也都和前述的铝合金的铸件相同。但是设计时必须注意以下3方面内容：① 根据壁厚可以得到充填时间和控制速度，所以应选好浇口的断面积及其位置；② 为了使浇铸液可靠地填充，应选择适当的溢出位置和出气冒口；③ 为了消除铸造砂眼和烧结，必须充分冷却。另外，内浇口等局部性过热的部位有时需要较大的拔模斜度。

(3) 砂型。在铸铁部件当中，采用纯粹砂型的制型系统是最常用的形式。铸型材料是在硅砂中添加作为黏结剂的膨润土和水混匀制成。而且，为改善成型性和防止铸件粘砂，加入淀粉或煤粉，混合后，利用加压的方式把金属型模型的形状临摹下来，得到铸型。使用过的旧砂可回收，通过再次添加黏结剂的方式能反复利用。

利用壳型铸造法形成的铸型，是通过电阻加热或气加热方法，将金属模具加热到200 ℃～300 ℃，然后充填壳型砂（树脂预覆膜的型砂）烧制成型。在这种方式作用下，充填的树脂受热硬化，因而得到坚固的砂型。这种铸型方法主要用于芯子的制作。制作铸铁零件时，一般外型是砂模，铝材料铸件外型一般是金属型，而将壳型砂芯组装在这些外型内，这是一般常用的做法。

消失模铸型是用产品及浇道形状相同的泡沫成型的聚苯乙烯塑料制成模型，将其埋入砂中，模型不取出直接浇铸金属液，模型受金属液高温作用气化排出，金属液则填充到的模型空间，从而得到与模型大小形状相同的铸件。

"V"型铸造是一种物理造型法。它是利用特殊构造的金属砂箱做塑料薄膜，并使其密封砂箱，并依靠真空泵抽出型内空气，造成铸型内外有压力差，使干砂紧实，以形成所需型腔的一种物理造型方法。在造型的时候由于受到软膜的保护，型表面不直接和砂接触，而且，由于不在高压或高热状态下完成工艺，所以木型和树脂模型也可以采用。其与一般的铸件用砂相比采用的是粒度更细的砂，而且因为在制品表面实行了涂性操作，所以可以得到表面美观的铸件产品。

(4) 金属模型。

作为模型材料，而用在砂型时主要采用铸铁。这种原材料不仅铸造、加工性能比较好，而且成本低，且具有较好的强度与耐磨性。

因为在壳型铸造当中采用的金属型对热传导性、热容量、耐热性、耐摩擦性的要求较高，故采用球墨铸铁的时候较多。在尺寸精度较高的铸型当中，为了获得较紧密的砂型形状，也常采用热变形较少、热传导较好的铜合金材料。并且在模型表面进行Ni-P等的电镀处理，可以提高对砂的耐摩擦性和具有较好的脱模性能。

对于铝材料的压铸件使用的铸造金属模型，要求具有较好的加工性，热处理稳定性，耐热冲击性，耐腐蚀性等特性，所以常采用合金工具钢

(SKD61等)。金属模型在与浇铸液接触的时候反复受到热冲击的作用,故金属型的耐久性受材料质量、浇铸温度、冷却速度等的影响较大,因此应格外重视对技术技巧(诀窍)的积累和标准化操作的执行。

金属模型的制作,以前是采用将复杂的形状部分事先制作木模,然后进行仿形加工的方式,但是随着数控加工机床、CAD/CAM计算机辅助工程技术的普及,依靠这些方法制作金属模型已经成为主要的加工方式,同时也提高了金属模型的制作精度,减低了制作费用,缩短了制作周期。

3.1.4 铸造材料

(1)铸铁。铸铁材料的最基本的特征是比钢材料含碳量多,无法溶解于基体组织中的碳以石墨状态存在于材料中。石墨存在的优点是:① 耐磨损性能比较好;② 较大的振动吸收能力;③ 强度方面对外部的缺口不是很敏感;④ 机械加工性能好。但是也存在机械强度较低的弱点。以下是各种材料的特征。

(a)灰口铸铁:它在铸铁当中应用最广泛,被称为普通铸铁。石墨是片状,基体组织当中珠光体是主体,低级一类也有部分存在析出铁素体的现象。在JIS当中,如表3-1所示,规定了从FC100-FC350的6种类的灰口铸铁。对耐磨性等有要求的部件来说,不仅要看硬度,也要对石墨形状及基体组织有一定的规定。石墨形状如图3-10所示,在ASTM当中规定了从A到E的5种类型的石墨形状。表3-2中列出了灰口铸铁的特点及用途。

(b)球墨铸铁:简单地说,它是把灰铸铁的石墨变成球状的铸铁。石墨变成球状可大幅提高自身强度,有时可接近钢的强度。而且,由于铸造性和机械加工性较好,所以有替代钢铁材料使用的趋势。也可以采用高频淬火等局部性的硬化处理,因而用途甚广。这种铸铁当中常加入镁元素进行球化处理,但是应严格控制球化处理前的硫(S)元素的含量。在JIS标准中如表3-3所示,规定了FCD370~FCD800的7种类型的铸铁,各种类的制定的区别,通常是通过热处理来完成的。如果铸造之后进行退火处理,可得到强度较低、韧性较好的材质;如果铸造之后进行正火处理,则可得到强度较高、韧性较低的材质。

表3-1 灰口铸铁产品的JIS标准(JIS G 5501 1989)

种类	牌号	试件直径(mm)	拉伸强度 (N/mm²) (kgf/mm²)	抗弯性能		布氏硬度 (HB)
				最大负荷 (N) (kgf)	挠度 (mm)	
1类	FC100	30	100以上 (10以上)	7 000以上 (713以上)	3.5以上	201以下
2类	FC150	30	150以上 (15以上)	8 000以上 (815以上)	4以上	212以下
3类	FC200	31	200以上 (20以上)	9 000以上 (917以上)	4.5以上	223以下
4类	FC250	30	250以上 (25以上)	10 000以上 (1 019以上)	5以上	241以下
5类	FC300	30	300以上 (31以上)	11 000以上 (1 121以上)	5.5以上	262以下
6类	FC350	30	350以上 (36以上)	12 000以上 (1 223以上)	5.5以上	277以下

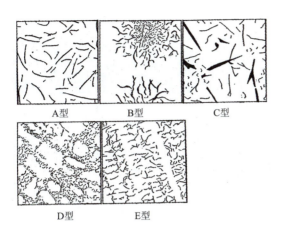

图 3-10　片装石墨铸铁的石墨形状（ASTM）

表 3-2　灰口铸铁的特点和用途

牌号	特　点	典型应用
FC150	虽然几乎不能满足强度要求，但可用于需要有良好铸造性能和切削加工性能的场合。 使用时，需要十分注意材质性能比较分散的特点	一般容器类零件
FC200	兼有某种程度的强度和良好铸造性能以及切削性能的材料，性能分散较小，材料应用较广，是汽车工业中仅次于 FC 250 的使用量材料	变速箱、歧管、制动毂

续表

牌号	特　点	典型应用
FC250	强度优于 FC200，由于几乎没有铁素体析出，所以耐磨性好，铸造性能、切削性能也不低于 FC200，故多用于重要零件中	气缸体、气缸盖、凸轮轴、气缸套
FC300	强度和耐磨性能良好，铸造性能和切削加工性能稍差，根据用途不同也是一种很有吸引力的材料	飞轮、阀座、阀门摇臂

另外，通过加入铜（Cu）、镍（Ni）、钼（Mo）等合金元素，即使不进行热处理操作，也能获得强度较高的材料。故近年来采用这种方法，省略热处理操作的情况也有。在球墨铸铁当中重要的因素是石墨的球化率，在 JIS 标准中规定为 70%以上。表 3-4 列出了球墨铸铁的特点和用途。而且，经过奥氏体等温淬火处理之后的奥氏体球墨铸铁也在汽车的零部件上使用。

（c）合金铸铁：在各种铸铁当中加入合金元素就成为合金铸铁。在一般情况下，所谓合金铸铁指的是合金的添加量较多，但是在汽车工业当中一般常采用合金加入量较少的铸铁，这两种铸铁统称为合金铸铁。常加入的合金元素为铬

表 3-3　球墨铸铁的 JIS 标准（JIS G 5502）

种类	牌号	拉伸强度 （N/mm²） （kgf/mm²）	屈服强度 （N/mm²） （kgf/mm²）	延伸率 （%）	冲击值（J）（kgf·m）		（参考）硬度（HB）
					3 次平均	单个值	
0 类	FCD370	370 以上 （38 以上）	230 以上 （24 以上）	17 以上	13.0 以上 （1.3 以上）	11.0 以上 （1.1 以上）	179 以下
1 类	FCD400	400 以上 （41 以上）	250 以上 （26 以上）	12 以上	—		201 以下
2 类	FCD450	450 以上 （46 以上）	280 以上 （29 以上）	10 以上	—		143～217
3 类	FCD500	500 以上 （51 以上）	320 以上 （33 以上）	7 以上	—		170～241
4 类	FCD600	600 以上 （61 以上）	370 以上 （38 以上）	3 以上	—		192～269

续表

种类	牌号	拉伸强度 (N/mm²) (kgf/mm²)	屈服强度 (N/mm²) (kgf/mm²)	延伸率 (%)	冲击值 (J) (kgf·m)	(参考) 硬度 (HB)
5类	FCD700	700以上 (71以上)	420以上 (43以上)	2以上	—	229~302
6类	FCD800	800以上 (82以上)	480以上 (49以上)	2以上	—	248~352

表3-4 球墨铸铁的特点和用途

牌号	特　点	用途
FCD400	原则上，铸造后应进行退火处理，由于基体组织全部为铁素体，因此一定程度上牺牲了强度、耐磨性而提高了韧性，从而局部淬火硬化处理困难	驱动桥轮毂，差速器壳、差速器支座，转向齿轮箱，转向节
FCD450	比FCD400材料的强度有一定提高，在铁素体组织中有若干珠光体存在。一般不进行热处理操作	
FCD500	强度、耐磨性以及韧性都适度的球墨铸铁材料，珠光体和铁素体大致对半存在，所以称为牛眼组织，几乎任何场合也不进行热处理操作	制动鼓、托架类零件、齿轮类零件
FCD600	比FCD700的强度有若干下降，硬度也降低的球墨铸铁材料，铁素体含量增加。一般不能进行热处理操作	
FCD700	原则上铸造后应进行正火处理，基体组织以珠光体为主，是韧性有某种程度下降，但强度和耐磨性能有所提高的球墨铸铁	曲轴、气门摇臂

（Cr）、钼（Mo）、镍（Ni）、铜（Cu）、钒（V）等金属。根据用途的不同，加入合金元素的种类和量的大小也将不同。加入量没有什么通用的标准，各制造商按照各自的企业标准进行生产。在活塞环、凸轮轴、气缸套、排气歧管上常使用合金元素。其中由于近年来排气的高温化，加入特有的钼元素的排气歧管采用的较多。

（2）铸钢件。其是用钢铸造的材料，兼有钢的强度、韧性以及铸造所具有的形状自由度。在汽车工业当中，由于铸钢件的生产率较低，使用量较少，排气歧管即是一例。

（3）铝合金。铝合金中，主要有用在重力金属型铸造和低压铸造的铸件合金，以及在压力铸造当中采用的压铸件合金两种。下面分别叙述这两种合金的区别。

（a）铸件合金：近年来伴随着汽车轻量化的要求，铸铁零部件用铝材料替换的趋势越来越普遍。在JIS标准中，规定了从AC1BD到AC9B的16种合金种类（见表3-5）。其特征和代表性的例子在表3-6中列出。以下对常在汽车上使用的具有代表性的三种合金进行说明。

① AC4B被称为含铜的硅铝明合金（Silumin），通过在硅铝明合金当中加入铜来强化α组织，也提高了对于$CuAl_2$的时效硬化性。在气缸盖、气缸等发动机零部件上被广泛采用。

② AC4C通常叫做γ硅铝明合金，以改善硅铝明合金的力学性能为目的的常加入Mg，以Mg_2Si的形态来提高时效硬化性。对于（在凝固收缩方面）浇铸液的补给性较好，所以常在进气歧管、气缸盖、气缸等零件上使用。而且，AC4CH能够抑制残渣在AC4C中的杂质（主要抑制铁的成分），故是一种既能满足强度要求，也能满足韧性要求的合金。所以在摩托车等的车轮上也使用。

③ AC8A称为铝基复合材料，接近热膨胀率较小的气缸用铸铁，有比重较低，耐磨擦性较好，耐高温能力较强等优点。标准的组成包括含12% Si、1% Cu、1% Mg、1.8%镍的铝合金。为提高高温强度加入Cu、Ni元素；加入Mg可提高时效硬化性；为了起到结晶粒微细化的作用，有时加入极少量的Ti。其常作为活塞制作材料使用。

表 3-5 铝合金铸件的化学成分（JIS H 5202-1999）

牌号	化学成分（%）											
	Cu	Si	Mg	Zn	Fe	Mn	Ni	Ti	Pb	Sn	Cr	Al
AC1B	4.2~5.0	0.3≥	0.15~0.35	0.10≥	0.35≥	0.10≥	0.05≥	0.05~0.35	0.05≥	0.05≥	0.05≥	
AC2A	3.0~4.5	4.0~6.0	0.25≥	0.55≥	0.8≥	0.55≥	0.30≥	0.20≥	0.15≥	0.05≥	0.15≥	
AC2B	2.0~4.0	5.0~7.0	0.50≥	1.0≥	1.0≥	0.50≥	0.35≥	0.20≥	0.20≥	0.10≥	0.20≥	
AC3A	0.25≥	10.0~13.0	0.15≥	0.30≥	0.8≥	0.35≥	0.10≥	0.20≥	0.10≥	0.10≥	0.15≥	
AC4A	0.25≥	8.0~10.0	0.30~0.6	0.25≥	0.55≥	0.30~0.6	0.10≥	0.20≥	0.10≥	0.10≥	0.15≥	
AC4B	2.0~4.0	7.0~10.0	0.50≥	1.0≥	1.0≥	0.50≥	0.35≥	0.20≥	0.20≥	0.10≥	0.20≥	
AC4C	0.20≥	6.5~7.5	0.20~0.4	0.3≥	0.5≥	0.6≥	0.05≥	0.20≥	0.05≥	0.05≥	—	其余
AC4CH	0.10≥	6.5~7.5	0.25~0.45	0.10≥	0.20≥	0.10≥	0.05≥	0.20≥	0.05≥	0.05≥	0.05≥	
AC4D	1.0~1.5	4.5~5.5	0.4~0.6	0.5≥	0.6≥	0.5≥0	0.3≥	0.2≥	0.1≥	0.1≥	—	
AC5A	3.5~4.5	0.7≥	1.2~1.8	0.1≥	0.7≥	0.6≥	1.7~2.3	0.20≥	0.05≥	0.05≥	0.2≥	
AC7A	0.10≥	0.20≥	3.5~5.5	0.15≥	0.30≥	0.6≥	0.05≥	0.20≥	0.05≥	0.05≥	0.15≥	
AC8A	0.8~1.3	11.0~13.0	0.7~1.3	0.15≥	0.8≥	0.15≥	0.8~1.5	0.20≥	0.05≥	0.05≥	0.10≥	
AC8B	2.0~4.0	8.5~10.5	0.50~1.5	0.50≥	1.0≥	0.50≥	0.10~1.0	0.20≥	0.10≥	0.10≥	0.10≥	
AC8C	2.0~4.0	8.5~10.5	0.50~1.5	0.50≥	1.0≥	0.50≥	0.50≥	0.20≥	0.10≥	0.10≥	0.10≥	
AC9A	0.50~1.5	22~24	0.50~1.5	0.20≥	0.8≥	0.50≥	0.50~1.5	0.20≥	0.10≥	0.10≥	0.10≥	
AC9B	0.50~1.5	18~20	0.50~1.5	0.20≥	0.8≥	0.50≥	0.50~1.5	0.20≥	0.10≥	0.10≥	0.10≥	

表 3-6 铝合金铸件的特点和典型应用

牌号	性能特点	典型应用
AC1B	有一定强度、韧性、耐热性、切削性能良好	架线、重电气设备、自行车、飞机
AC2A	铸造性好，有一定强度，可焊接	进排气歧管、差速器支座、泵体、气缸盖
AC2B	铸造性好，有一定强度，可焊接	阀体、气缸盖、曲轴箱、离合器壳
AC3A	铸造性好，有一定耐蚀性，可焊接，热膨胀小，需改良处理	容器类、盖类、壳体类薄壁复杂形状零件
AC4A	铸造性好，有一定强度、韧性，可焊接	进排气歧管、制动鼓、变速箱体、发动机零件
AC4B	铸造性好，有一定强度，可焊接	曲轴箱、气缸盖、进排气歧管、飞机上的电装用品
AC4C	有一定的强度、韧性和耐蚀性，可焊接	液压零件、变速箱体、飞机零件、小型发动机零件
AC4CH	有一定的强度、韧性和耐蚀性，可焊接	汽车车轮、飞机发动机零件和液压零件
AC4D	有一定的强度、韧性和耐蚀性，可焊接	水冷气缸盖、气缸体，飞机液压零件和电装零件
AC5A	有一定的强度、耐热性，切削性良好	空冷气缸盖、活塞，飞机发动机零件
AC7A	耐蚀性良好，有一定的韧性	架线用零配件、船用零件、飞机电装零件、建筑用零件、办公用机器
AC8A	耐蚀性良好，满足强度基础上有一定的韧性，不可长年使用	活塞、皮带轮、轴承
AC8B	满足强度要求基础上有一定的耐热性、耐磨性，热膨胀小	活塞、皮带轮、轴承
AC8C	满足强度要求基础上有一定的耐热性、耐磨性，热膨胀小	活塞、皮带轮、轴承
AC9A	满足强度要求基础上有一定的耐热性、耐磨性，热膨胀小	活塞（空冷2冲程发动机用）
AC9B	满足强度要求基础上有一定的耐热性、耐磨性，热膨胀小	活塞（柴油机，水冷2冲程）、空冷气缸

(b) 压铸合金：压铸合金的铸件，可用于生产壁厚较薄的大型零部件，生产率很高。作为材料需要的性能有：流动性较好；熔液补给性较好；热脆性较小；对金属模具没有贴附作用等。为抑制对金属模型的贴附作用，可加入0.8%~1.3%的铁。在JIS标准中规定了ADC1~ADC14的9种类型（表3-7）。其特征和代表性的使用例如表3-8所示。其中ADC12（或ADC10）的采用最为普遍。作为汽车用材料，常在气缸盖罩壳、变速箱体中使用。近年来伴随着汽车轻量化的要求，很多制造工厂正在加速进行将铸铁气缸体转变为生产铝压铸气缸的研究进程。

表3-7 铝基压铸合金的化学成分（JIS H 5302-2000）

牌号	化 学 成 分								
	Cu	Si	Mg	Zn	Fe	Mn	Ni	Sn	Al
ADC1	1.0以下	11.0~13.0	0.3以下	0.5以下	1.3以下	0.3以下	0.5以下	0.1以下	其余
ADC3	0.6以下	9.0~10.0	0.4~0.6	0.5以下	1.3以下	0.3以下	0.5以下	0.1以下	
ADC5	0.2以下	0.3以下	4.0~8.5	0.1以下	1.8以下	0.3以下	0.1以下	0.1以下	
ADC6	0.1以下	1.0以下	2.5~4.0	0.4以下	0.8以下	0.4~0.6	0.1以下	0.1以下	
ADC10	2.0~4.0	7.5~9.5	0.3以下	1.0以下	1.3以下	0.5以下	0.5以下	0.2以下	
ADC10Z	2.0~4.0	7.5~9.5	0.3以下	3.0以下	1.3以下	0.5以下	0.5以下	0.2以下	
ADC12	1.5~3.5	9.6~12.0	0.3以下	1.0以下	1.3以下	0.5以下	0.5以下	0.2以下	
ADC12Z	1.5~3.5	9.6~12.0	0.3以下	3.0以下	1.3以下	0.5以下	0.5以下	0.2以下	
ADC14	4.0~5.0	16.0~18.0	0.45~0.65	1.5以下	1.3以下	0.3以下	0.5以下	0.3以下	

表3-8 铝基压铸合金的特点和典型用途

牌号	合金种类	性 能 特 点	典 型 应 用
ADC1	Al-Si	耐蚀性、铸造性良好，屈服强度稍低	汽车主车架及前面板
ADC3	Al-Si-Mg	抗冲击强度和屈服强度高，耐蚀性和ADC1相同，铸造性能不好	汽车车轮罩、摩托车曲轴箱、汽车车轮
ADC5	Al-Mg	耐蚀性最好，延伸率和抗冲击性能高，但铸造性不好	农机具的支架、船外螺旋桨、钓竿及线轴
ADC6	Al-Mg	耐蚀性仅次于ADC5，铸造性能较ADC5好些	摩托车手柄、汽车信号灯、船外螺旋桨、箱体、水泵
ADC10	Al-Si-Cu	力学性能、切削加工性能及铸造性能良好	汽车气缸体、气缸盖，变速箱体，摩托车减震器、曲轴箱、发动机盖，农机具的齿轮箱、曲轴箱上盖、上盖、气缸体，VTR支座，照相机本体，电动工具等
ADC10Z	Al-Si-Cu	与ADC10材料性能大致相同，铸造分型性和耐蚀性有所降低	
ADC12	Al-Si-Cu	力学性能、切削加工性能及铸造性能良	
ADC12Z	Al-Si-Cu	与ADC12材料性能大致相同，但铸造分型性和耐蚀性有所降低	
ADC14	Al-Si-Cu	耐磨性能优良，铸造性能良好，屈服强度高，延伸率较低	汽车自动变速箱用油泵箱体，摩托车离合器壳

（4）镁合金。

在减轻车辆的质量方面，材料也渐渐从铝开始过渡为镁。镁的特点是在压铸合金中质量最轻（比重1.8，是铝的2/3），而且在强度比、屈服强度比，机械加工性、减振性能方面相对较好。但是和铝合金相比，其耐压、伸缩性、抗冲击性等力学性能，及对酸、盐水的耐蚀性等比较差。而且在熔融温度以上易燃烧，所以在熔解、铸造的时候需多加注意,避免引起酸化物、氮化物等的混入熔液的情况。镁合金作为汽车上常用的零件,有磁头罩、机罩等。

(5) 压铸的锌合金。

与铝合金相比锌合金的熔点较低,所以金属模具的寿命较长,尺寸精度较高。而且,锌合金的机械性质较好,也容易电镀。作为汽车上常用的零部件有电钥(键盘)、气缸。

3.1.5 铸件的质量

(1) 模型的检查。

(a) 铁铸件的情况:以铸铁为主的铁铸件,注入砂型之前的模型的检查非常重要。铸件的尺寸受模型以外的变动要素的影响,所以,重新制作模型的时候,必须检查模型自身的尺寸精度,需要以实际的工程条件铸造产品,并通过检查铸造产品的实际尺寸,确定模型的制作精度,如有必要可以进行模型修正。

不过,有时候进行模型的尺寸检查较为困难,这时常利用树脂或石膏模型来进行尺寸的判定。

生产开始以后,由于长时间的使用模型,模型将逐渐产生磨损变形,因此需要定期检查模型,并进行个别模具的喷丸处理;特别是,因为底座的摩擦和变形是产品的重要部分造成尺寸缺陷的原因,所以应该更加注意定期的检查。

(b) 重力金属模型铸造和低压铸造的铝铸件的情况:金属模具和砂型制作的区别在于,它不是制作模型,而是直接制作铸造模具。从尺寸方面考虑,由铸造周期和冷却条件来左右模型的温度的同时,根据产品取出时的温度的不同,收缩量也将会改变。因此,需要在模型温度稳定的条件下的生产和在相同条件下对铸件进行尺寸检查。除了尺寸精度以外也有其他质量方面的要求。如:① 浇铸液的流动性良好;② 具备从底座完全排出空气的方案;③ 温度分布应有利于进行定向凝固。这三项要求特别关键。另外,因为突然停车对稳定模型温度的损害较大,且直接影响质量,所以在模型制作初期就应该充分进行检查,避免上述情况的产生。

(c) 压力铸件的情况:对于尺寸和突然停车的对策,完全与上述(b)相同。虽然在尺寸缺陷以外存在的质量方面的问题也没有变,但是以下的要求也是非常重要的:① 在全自动运行时,为了不出现因为疏忽产生的突然停车现象,应该保证整个装置具有充分的强度和精度;② 模型过热的位置需要采用内冷或外冷的方式进行可靠的冷却;③ 应充分地排出空气。

(2) 铸造条件和质量。对于汽车上用的铸造零部件来说,在耐磨性、耐热强度、疲劳强度及刚性等方面有严格的要求。而且,由于和后期的加工工序有关联,为确保质量,所以铸造原材料应该选择可靠性高且稳定的材料。

(a) 铁铸件的情况:如图3-11所示,相比于它的加工方法,影响铁铸件质量的因素非常多。而且,因为它们之间的影响关系非常复杂,所以需要加强工序的管理,使各因素尽量保持稳定的状态。

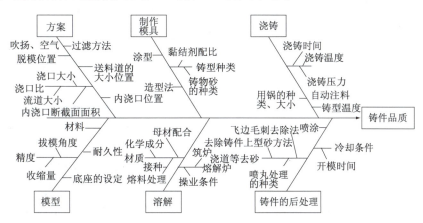

图3-11 影响铸件质量的关键因素

在湿砂型当中，通过合理控制砂的粒度、黏结剂、水分的配合比例、混合条件等，来稳定成型性、铸件的强度和通气性。

在金属壳模造型当中，通过控制壳型砂的粒度，树脂的添加量，金属模具的温度，燃烧时间，可以稳定铸型当中砂的充填性和燃烧程度。由此可以提高铸件强度和尺寸精度，也可以抑制气眼。

熔解工序的设计与铸件材料的基本质量有关，应严格控制材料配合、熔解方法、成分和其调整方法，以及温度等的条件。特别是铸铁材料中的主要成分 C、Si 的含量对机械性质起决定性作用。而且，S、P 等微量物质对球墨铸铁当中的石墨球状化率影响较大。

此外，还应严格控制浇铸温度、注入速度、冷却时间等注入条件。而且 Si 的孕育处理会对石墨形状产生较大影响，应时刻注意。此外，在砂型铸造当中，喷砂性能对铸造表面影响较大，所以有必要对喷砂装置的投射条件、喷砂粒度和补给量进行严格控制。

(b) 重力金属模具铸造和低压铸造中的铝铸件。在熔解工序中有 3 项要求极为重要：① 适当的熔解（保持）温度；② 可靠的排气（0.2 ml/100 g – Al 以下）；③ 可靠的脱氧化物。特别是其中的熔解（保持）温度不仅非常重要，而且不易观测，所以操作的时候应严格按标准执行，同时应该利用排气判定装置，对每个熔解组进行炉前试验检测。

在铸造工序中也有 3 项重要要求：① 注入温度、模型开启时间、浇铸速度类型等应按标准操作进行；② 常以一定周期连续进行铸造；③ 底座中（浇铸液不回转）、砂芯当中的气体准确的排出。如果每一个工序都严格按标准操作进行，则存在质量问题时，容易找到问题的原因和解决的对策。

最后在清理工序当中，为了避免芯子里的残砂、落砂或在热处理的时候引起的裂缝、砂眼等缺陷，也应按照标准规程进行操作。

(c) 压铸件的情况：基本的对策和上述(b) 完全相同，以下是压铸件特有的需注意的重要事项。

① 在适当的位置设置外部冷却装置或喷水降温装置，从而将带有冷却装置的模型拍摄成照片，这样无论谁看到喷水降温位置都不会产生误解，从而制定出标准化操作规程。

② 射出的时候模型表面应为干爽的状态。

③ 保证在气孔不被堵塞的情况下进行铸造操作。

(3) 检查方法。铸件制品的检查，其外观检测包括尺寸偏差、形状偏差、表面粗糙度、表面缺陷及清理品质等的全部铸件的检测项目。内部检测和精密尺寸检测项目只抽取样本进行检测。

制品的外观全部采用目测方式检测，根据检测到的外观问题，可以推测工序的异常部位或问题产生的原因。对于利用肉眼无法检测的微细的缺陷，可以利用浸透探伤法、磁粉探伤法等检测法来检测。

此外，为了避免在检测中出现误判，引起测试结果不准确的现象，现在也在采用光学探测技术和图像处理技术的无人检查系统进行检测。

尺寸检测包括：确认产品是否在规定的公差范围内；在工序范围内，容易出现变动的较长方向的尺寸和外部的壁厚等，用简易量规来做定期的检测。在对结构形状复杂或者精密尺寸进行检测时，常采用三维测量仪器进行检测，这样可以缩短测定时间，提高测定精度。

另外，为了保证质量，利用金属的电磁特性区别的过流探伤法，利用超声波的传播速度区别进行内部的缺陷检测、共振频率测试的超声波探伤法，X 射线探伤法等各种各样的非破坏性检测法也常采用。并且，在发动机零部件上，利用气压进行耐压检测，检测贯穿于产品的薄壁处微细的铸造缺陷的工序也在采用。

3.1.6 计算机在铸造生产中的应用

(1) 在铸造方案当中的应用。为了铸造出性能稳定的零部件，需要设定对于固化和浇铸液的流动适合的铸造条件，为此，必须利用计算机技术进行控制。预测固化的时候引起空穴缺陷的固化模拟仿真技术，正处于实用化阶段。实际的固化现象是，液相中的固相一边放出内热，一边成长为树枝石状的过程，这个过程中产生以下现象：① 物质的移动；② 气体的发生；③ 产生偏析等复杂的过程，实际应用时作为考虑固化内热的热传导问题进行解析计算。具体地说，固化内热的释放是根据等价比热法和温度回复法来评价，由有限元分析（FEM）和直接差分法（DFEM）来进行计算的例子较多。而且，缺陷发生的部位是由凝固过程当中的温度、固相率、冷却速度等综合分析得到的。图3-12是铸铁曲轴的固化仿真例子，浇铸液流动的仿真分析可以预测浇铸液回转不良和气体卷入缺陷的发生，这项面向实用化的研究正在进行。金属铸孔内流动由于以下问题，使仿真分析变得困难：① 形状复杂；② 有自由表面；③ 受到惯性力的影响；④ 不稳定的流动等。但是FAN法、SMAC法分析正在研究中，也有利用伯努利方程求出浇口处流量的实用例子。

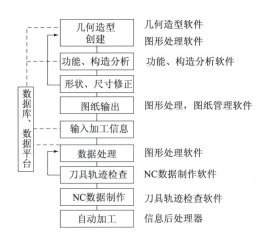

图3-13 CAD/CAM设计体系

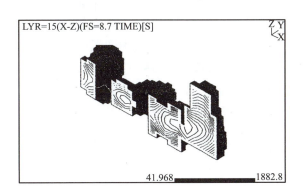

图3-12 铸铁曲轴的三维固化解析计算图

（2）CAD/CAM方面的应用。利用计算机设计铸造品和金属模具，再用自动换刀数控机床等数控加工机进行模型的自动加工的CAD/CAM体系近年来应用较为广泛。如图3-13所示。计算机广泛采用通用大型计算机或工作站，软件为铸造品复杂的曲面和轮廓形状的创建提供了可能性。

另外，采用的CAD/CAM技术和三维测试仪器结合的自动进行尺寸测试的实例，以及将模具设计操作规程作为基础知识的可以自动进行模具设计的实例，也已经出现了。

3.1.7 新技术

作为新的铸造材料，MMC（金属基复合材料）正处在实用化阶段。这种材料的优势包括：① 把铝制活塞中的氧化铝纤维、镍发泡体复合化，可以提高铸件的耐摩擦性；② 在铝制连杆中复合不锈钢纤维，可以提高强度等。类似的例子很多。

而且，CV铸铁材料作为排气分流系统等被广泛使用，这种材料有以下特征：① 拉伸强度在300~400 MPa（30~40 kg/mm^2）之间，与球墨铸铁接近；② 铸造性和热传导性方面比球墨铸铁要好。

铸造品的表面质量改善技术的实用化例子如下：① 铸铁制凸轮轴在TIG弧光下再熔融处理，以提高摩擦性；② 铝制气缸加工采用喷射钼的方式，提高了耐摩擦性。

3.2 锻 造

3.2.1 概述

（1）锻造工艺。锻造是利用工具将金属材料加压，形成需要的形状、尺寸的加工方法。

锻造所制成的零件其性能都比较好。如锻造零件比铸造零件、粉末冶金零件、板金零件的韧性、可靠性优秀，所以在汽车的发动机、传动装置、行走系统的关键部件中，广泛采用锻造零件。图3-14所示为汽车中锻造零件的装配位置。

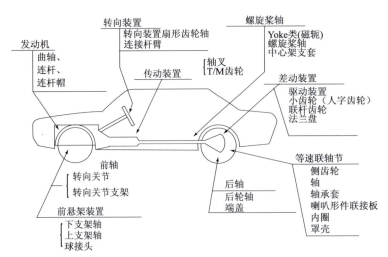

图 3-14 锻造件的装配位置

锻造加工根据原材料的加工温度，可分为以下的加工方法：① 热锻加工；② 冷锻加工；③ 温锻加工等。应用时可根据零件的工作要求、制造形状等选择加工方法。

热锻是将金属加热到再结晶温度以上，但没有达到固相线温度时进行加工的方法。在此温度下，材料具有良好的可锻性能，由于晶粒细化和金属流动性等，机械性能得到提高。因为材料的加工性好，加工件的形状和尺寸的限制也少，所以作为汽车零部件，从连杆、变速箱齿轮等的小零件，到曲轴、转向节等的大型零件，都广泛应用。但随着高精度锻造零件需求量的增加，热锻件占原材料的比例在减少，冷锻零件的比例在增加。冷锻是指在金属的再结晶温度以下进行加工的方法，通常是指在常温下进行加工。由于材料的加工硬化作用，在成型面有变形抗力，但因为尺寸精度和表面形态好，所以可以省略切削等后加工工序，材料利用率好。当今冷锻作为无切削量的加工方法的地位已经确立。作为汽车零件中的主动小齿轮、传动轴、球铰等零件都采用这种方法制作。

在上述两种锻造方式的中间温度区域进行加工的方法称为温锻。与热锻方法的制成品相比，工件氧化程度少，产品的尺寸公差和表面质量要高，所以适用于制作等速连接座圈等零件。

（2）锻造工艺特点。图 3-15 所示为热锻以及冷锻工艺的实例。

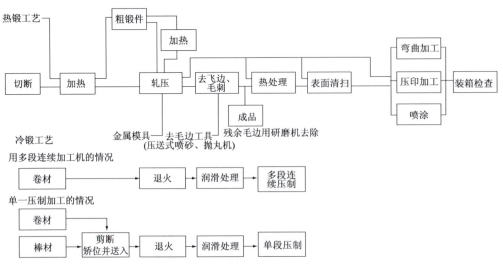

图 3-15 热锻工艺和冷锻工艺

热锻过程是从剪切设备将材料切断开始,然后利用高频感应加热装置将切断的钢坯加热,通过轧机压制成型。与以往的通过重油炉加热和锻锤加工的工艺过程相比,工作环境有跨越性的改善,但是还是属于高热重体力工作,所以从改善工作环境的观点考虑,开展了自动化压制加工工艺的应用。还有采用机器人和输送设备将各工序之间连接起来,从切断到制作成型、热处理、检验的所有工序连成一体的自动化生产线,也已经投入实际应用了。图3-16所示为自动化热锻生产线的实例。

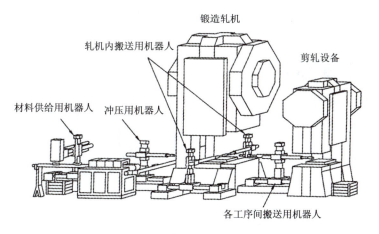

图3-16　自动化热锻生产线的实例

冷锻使用的原材料是卷材或棒料,因为一般在加工前需要进行退火和润滑处理,所以实现自动化加工比较困难。因此以提高生产率和减少加工成本为目的,省略原材料的中间退火加工过程和润滑过程,采用单一压制成型工序,利用卧式多段成型机或者立式滚压成型机直接压制的方式成为发展的趋势。冷锻加工和热锻加工相比,工作环境要好得多。冷锻的加工成品有圆棒形零件和中空零件,还在向复杂结构零件的制作方向发展。

3.2.2　锻造工艺及设备

(1) 热锻。钢材的热锻是将原材料加热到大约1 200 ℃的高温,因为在这个温度范围内,钢材的变形阻力下降,延展性提高,所以可以获得较大的变形。最近热锻加工正在向精密化、高速化以及柔性制造的自动化方向发展。

作为精密锻造技术,密闭锻造、闭塞锻造已经普及,可以达到提高制成品的精度和无误差的锻造过程。另外随着消费趋势的多样化,需要进行多品种、小批量的生产,因此在生产设备方面也有了显著的进步。在这种趋势的促进下,同时因为熟练劳动者的缺少和改善工作环境的需要,所以作为对过去的锻锤加工的替换方式,轧机、卧式多段成型机成为主流的锻造设备。

工序、金属模具的最佳设计技术的提高和润滑技术、锻造模具的冷却技术的改良等对锻造制成品的高精度化进步发挥了较大的作用。今后从原材料切断和加工工序到热处理、检查的全部工序流程的系统化,以及实现加工条件的最优化的同时,结合其他加工方法的组合运用,达到资源、能源和人工的最优效率的制作方法,成为热锻工艺的研究课题。以下将热锻设备的特点和用途,按照工序顺序进行说明。

(a) 切断:热锻的原材料切断方法,一般从提高生产率的角度考虑,多采用钢坯切断形式。这点在冷锻加工和温锻加工中也是一样的。工序上在切断面的形状精度有问题时,可采用锯断方法。图3-17为钢坯切断设备的照片。

剪切切断可以在短时间内完成大量材料的加工,生产率高。另外还有无切屑、材料利用率好的特点;但是缺点是切断面不规整,形状精度和重量精度差。

对此采用锯断的方式虽然可以提高制作精

图 3-17 钢坯切断设备

度，但是生产率下降，对大量生产方式不合适。另外锯断时断面有切屑产生，材料利用率也不好。

随着锻造制成品向精密化发展，对切断材料的精度要求也在提高。所以关于加工成品的重量精度保证问题，实际采用了自动测试切断前的原材料和切断后坯件的重量保障方法，并产生了可以进行重量修正的工作系统。

(b) 加热：在原材料为钢材时，热锻的加热温度一般要达到 1 200 ℃，因此要注意高温时的温度控制。加热温度如果不稳定，原材料过热、产生氧化层和表面脱碳现象，影响锻造制成品的质量，也直接影响模具寿命和工作环境。因此作为锻造用的加热炉，应具有良好的温度控制性能，而且希望具有升温快、氧化少的特点。高频感应加热装置因为具有上述特点，所以成为加热装置的主流设备。

1）重油或者煤气加热炉：对于直接加热的锻造炉有间歇炉和连续炉。间歇炉设备费低、通用性好，但是因为材料的装入、取出都需要开关炉门，所以热效率低。连续炉有推进炉和回转炉。推进炉是将材料按顺序插入炉内，在炉的出口处达到所需要的温度的加热炉。炉内的容积可以很小，而且因为利用余热进行材料的预热，所以热效率高。回转炉投入材料，在炉内回转一圈达到需要加热的温度。虽然不论材料什么形状都可以进行加热操作，但是因为炉内容积不能太小，所以热效率低。

2）高频感应加热装置：感应加热，是在加热线圈内通入交流电流，使原材料内部产生电涡流，依靠感应电流产生的热量进行加热的方式。该方法具有被加热的材料内部可以均匀、快速的加热、温度控制方便、工作环境好等优点；但是缺点是设备费用较高。图 3-18 所示为连接供给装置，以及从材料的投入到取出完全自动化的设备情况。

图 3-18 高频感应加热装置照片

(c) 轧辊：锻造轧辊作为锻造粗成型的加工装置被广泛使用。因其可以使材料均匀延长、扩展，而且加工速度快，所以在大批量生产时，和锻锤或者轧机组和使用，可以高效率地完成对锻造制成品的加工。最近滚压工序的自动化操作也在应用中。轧辊滚压装置如图 3-19 所示。

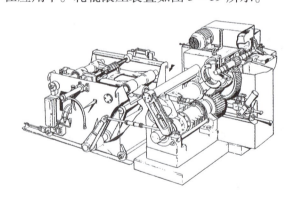

图 3-19 轧辊滚压装置

(d) 锻锤：锻锤是将活塞的动能转换为压力进行锻造加工，但是因为活塞的下落速度是由操作者的踏板动作控制的，所以要求操作者要具有较好的操作经验。另外，由于这种加工方式的振动、噪声对环境影响大，实现自动化和精密锻造困难，最近明显向轧制加工改变，新建锻制工序采用较少。但是这种加工方式的应用范围大，对于复杂形状制品和薄壁制品，以及小批量的大件制品的制作比较合适。也有为提高精度采用计算机控制锤击力的实际事例。作为锤子的形式有很多种，但从提高生产率的观点考虑多采用蒸汽－空气两用锻锤。

（e）轧制：具有易于自动化操作、工作环境好、不需要专业操作人员等特点的轧制加工中，最常用的方式是曲柄式压制。尤其是最近由无偏差锻造的高精度化和高速化的锻造方式的活跃发展，适于封闭锻造加工的立式连续自动压力机和卧式多工位成型设备增加了。虽然这些机器是适应品种少批量大的生产设备，但是连续自动压力机的伺服化发展等，也推进了可以适应多品种小批量的产品制作。卧式多工序成型机可以60～150 r/min高速工作，加工对象是中小型制品。以往只限于轴类产品，但是最近也扩大到复杂形状产品的制作，如已经生产的作为前轮驱动汽车的等速联轴器零件十字联轴节和内圈，作为齿形零件的锥齿轮等。图3-20是卧式多工序成型机的结构示意图，图3-21是卧式多工序成型机的产品样品示例，图3-22是轧机加工曲轴工件的工艺流程图。

图3-21 卧式多工序成型机的产品样品示例

工程	加工目的	设备	加工形状
剪切		钢坯剪床	
预备成型 预粗锻	轴向体积分配	锻轧机 (reduce roll) 800 TP	
预备成型 弯曲	径向体积分配		
模锻 粗模锻	截面成型	6 000 TP	
模锻 精模锻	截面整形		
飞边毛刺处理	去飞边毛刺	500 TP	
成型	尺寸校正	500 TP	

图3-22 轧机加工曲轴工件的工艺流程图

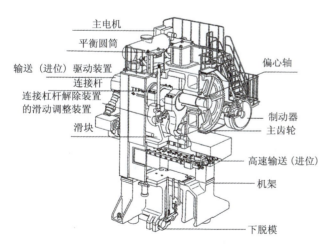

图3-20 卧式多工序成型机的结构示意图

（f）修复：模型锻造产生的飞边，采用冷或热的修复工序清除。在这个工序中需要在不损坏零件正确外形的前提下，除掉锻锤、轧机加工时产生的飞边、毛刺等。因此保持冲头和模具之间的间隙、冲头和模具的形状是非常重要的工作。这个工序，一般采用单个机械轧机完成，但是在进行多工序轧制时，多将其设为轧制的最后一道工序。

（g）热处理：作为机械加工的前处理工序，对于热锻制品需要进行热处理加工。以往是把冷却到常温的制品，再重新进行热处理加工。但是最近将轧机和热处理炉连接，热处理炉可以利用锻造后的余热，节省能源。另外热处理后，通常氧化鳞片等需要进行喷丸处理。

（2）冷锻。本工序在日本实现工业化程度的时间是1950年，可以说是比较老的技术。但是技术的发展和普及速度非常快，从最初的低碳钢小件制品，至今已经扩大到大件轴状制品了。

冷锻和热锻加工相比，可以得到精度高、表面形态好的制品。另一方面，加工的压力高，因为冷作硬化作用延展性下降，加工件的形状受到一定的限制。对于需要较高的加工程度的制品，需要进行中间退火和润滑操作。

作为最近的发展趋势，增加了将冷锻和其他加工方式组合的复合加工方法。另外作为加工机械，正在从单工序轧制向多工序轧制发展。

（a）加工方法：对于冷锻的基本成型方式有正挤压、反挤压、复合挤压和径向挤压等。形状复杂的零件，可以把这些方法组合使用。正挤压广泛应用于后车轴等轴类制品，反挤压应用于内套筒，复合挤压方式被应用于主动小齿轮、球头螺柱等。

（b）应用范围：在汽车零件中常用实例如表3-9所示。

表3-9 冷锻制品的应用实例

钢材种类	发动机	底盘	驱动零部件	电装零部件
软钢 S10C S20C SS材 SHP SCP 未热处理材料	排水塞 油泵（阀门）挺杆	球形连接套管 扭杆铰链 车锁齿轮	柔性软管零件 制动器调整螺钉	交流电机铁芯 交流极片开关 本体 电刷球形铁芯
表面渗碳钢 S10C S15C S25C SCr420 SCM415 SCM420	活塞销 气门弹簧座 气门挺杆 油压挺杆阀芯（柱塞） 推杆阀座 油泵溢流阀 气门调整螺钉	球形连接座 球形连接垫片 球形连接帽 转向横拉杆球铰接头 转向横拉杆球形连接座 支点推力轴承 轮毂螺栓	万向联轴节 轴承环 变速器传动轴 各种齿轮毛坯	启动马达齿轮 启动机圆筒
强韧钢 S35C S45C SCr440 SCM440 SNC439	进给阀 发动机盖安装螺钉 曲轴轴承 箱盖螺钉 连杆螺栓 飞轮螺栓	钩环销 球铰用双头螺栓 转向横拉杆用双头螺栓 吸振器轴 螺旋桨推进器轴 轮毂螺栓	后车轴 齿圈固定螺栓 差速器轴承 端部带头的紧固螺栓 差速器壳体紧固螺栓 制动器安装螺栓	发电机轴

作为高精度、复杂形状的零件，传动用的同步卡头、差速器齿轮等的齿形零件也可以生产。另外也适用于像等速联轴节外圈的球滚动槽那样的有沟槽形状零件的精加工。

（c）工序设计：图3-23所示为启动离合器壳体的冷锻加工工序设计实例。

（d）加工压力：关于加工的压力，根据很多研究人员得到的计算式可以求得。但是，关于摩擦和加工硬化问题的精确评价还是个难题。即使简单的形状，有可能需要进行理论解析计算，也必须考虑轴对称变形和平面剪切变形等。如果是

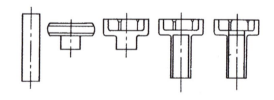

图3-23 启动离合器壳体冷锻加工工序设计实例

复杂形状的零件，在目前的情况下与理论解析计算相比，试验研究、经验的判断还是相对准确些。表3-10列出了在大量生产时，通常采用的各种加工方法施加的工作压力。

（e）原材料的前处理和中间处理：钢材的冷

锻加工，加工压力在 2 000 MPa 以上，材料的温度也达到 200 ℃ 以上。因此，材料的变形阻力下降使其具有较好的加工性能，金属模具和材料的摩擦阻力也减小，但防止表面烧蚀现象也是重要的。前处理中为改善加工性能的热处理采用软化退火处理、球状化退火处理。润滑多采用磷酸锌膜处理，即所谓的镀锌处理。但是因为处理时会产生大量的废弃物，所以正在进行不产生废弃物的润滑剂的开发研究。

表 3-10 在典型钢材种类中不同加工方法施加的工作压力

成型方法	含碳量≤0.1% 的碳素钢		含碳量≤0.3% 的碳素钢		含碳量≤0.4% 的碳素钢	
	断面收缩率（%）	压力（MPa）	断面收缩率（%）	压力（MPa）	断面收缩率（%）	压力（MPa）
向前挤出	50~80	1 373~1 961	50~70	1 569~2 452	40~60	1 961~2 452
轴向拉伸	25~30	883~1 079	24~28	981~1 275	23~28	1 128~1 471
向后挤出	40~70	1 569~2 157	40~70	1 765~2 452	30~60	1 961~2 452
自由锻	50~60	490~686	50~60	785~981	50~60	981~1 471
模锻	30~50	981~1 569	30~50	1 569~1 961	30~50	1 765~2 452
冲压成型		1 961~2 452		1 961~2 452		1 961~2 452

（f）加工设备：冷锻轧机分机械式和液压式两种，除了较长的轴类零件外，都可采用生产型的机械式轧机。

机械式轧机可分为立式和卧式轧机，根据加工件的不同分别应用。立式轧机生产性能稳定，因为曲柄连杆式轧机和多连杆式轧机与曲柄轧机相比具有在下止点附近的滑动速度可以减缓的特点，所以经常被应用。近年来为了节省人力和提高生产率，伴随着多工位连续自动轧机应用的增加，推进了轧机向大型设备方向发展。还有作为卧式轧机的高速多段成型机，这种设备虽然是用于大量生产钢卷材料的，但是由于快速模型交换设备的开发，也适应了多品种少量生产制品的需要。

（3）温锻。温锻是在 1960 年前后开始进行实用的研究开发工作，随着汽车的 FF 化的普及，作为等速联轴器应用的外圈零件的加工方法，得到迅速的应用。

温锻方式的原材料加工温度是在热锻和冷锻方法之间的温度范围，但是应用时需要避开碳素钢的蓝脆温度范围。

温锻是补充了冷锻和热锻方法的不足之处的加工方式，其特点如下：① 与热锻方式相比因为产生的氧化、脱碳现象轻，所以产品尺寸公差和表面质量高；② 与冷锻方式相比，因为变形阻力降低变形能力增加，所以即使是高碳钢、高合金钢、不锈钢等加工难度大的钢材，也可以用较少的工序进行加工；③ 可以省略中间处理和清理工序，所以容易利用多工位连续自动轧机进行连续加工操作。

作为温锻的不足之处是：① 模型寿命短；② 由于模具需要润滑，对工作环境有污染。因此模具材料、润滑剂的开发是今后的研究课题。

（a）应用范围：作为温锻加工的适用零件，除了等速联轴器用的零件外，还有差速器齿轮、小齿轮、齿条等高精度零件和齿形零件，由密闭或封闭锻造方式达到批量生产的水平。仅在温锻精度不足时，采用复合工序轧花和减薄拉伸确保达到所需的精度。

（b）加热和润滑：为防止工件氧化合脱碳原材料需要进行石墨涂敷操作，石墨的耐热温度为 900 ℃~1 000 ℃，为保持润滑效果需要迅速加热，所以常采用高频感应加热装置。

石墨涂敷装置一般设置在加热机的入口处，将预热到 150 ℃~200 ℃ 的原材料连续倾入。另一方面，对金属模具来说兼有模型润滑和模型冷却作用的石墨稀润滑剂，因其易污染轧机周围，使操作环境恶化，所以希望开发没有污染的环保润滑材料。

（c）加工设备：作为温锻使用的轧机，考虑到接触时间、模型冷却润滑等确定滑动行程次数，同时行程长度要大且具有刚性。另外为保证产品精度采用多工序连续自动加工也是非常重要的。

（4）特殊锻造。

（a）辗环（滚轧扩孔）：这种加工方法是可以将小的圆筒状材料的径向尺寸减小，形成大直径的圆筒状材料的方法。其结构如图3-24所示，由主辊等组成。

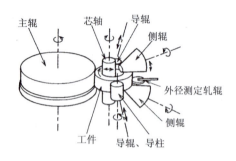

图3-24　辗环设备结构图

作为加工对象的零件有斜齿轮、传动链末端齿轮类的大齿轮，主要目的是提高材料的加工利用率。滚轧扩孔设备不是单独使用的，加工制作圆环毛坯件时一般和锻压机组合使用。当加工精度不满足要求时，需要增加精轧整形工序。

（b）斜置轧辊：这其中有平板式和圆筒式的辊锻设备，在日本国内重视生产性能的提高，多采用圆筒式加工方式。图3-25所示为斜置轧辊的加工成型原理。

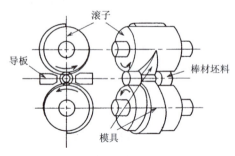

图3-25　斜置轧辊的加工成型原理

它在一对辊轮的外周制作了模具曲面，随着辊轮的转动，棒材坯料被碾压拉伸，制成需要的形状。其适用于汽车零件中输入轴、主传动轴、中间轴等零件的制作。但是需要注意在材料的中心部分产生的被称为满乃斯孔的内部缺陷问题。

另外与锻造辊筒比较，台阶形状的零件可以快速的旋转一周完成加工，材料利用率高，所以还扩大到用于复杂零件的毛坯成型制作的加工过程中。

（c）摆动碾压：图3-26为加工原理示意图。

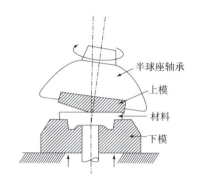

图3-26　摆动碾压加工成型原理示意图

这种加工方法是把有一定倾斜角度的上模具，沿本身垂直轴线滚动回转，使原材料局部一边推入，一边数次反复沿原材料表明回转加压，得到需要的形状。因为加工的接触面仅是局部表面，所以所需的加工单位压力低，设备的结构尺寸小，振动噪声也非常小，工作环境好。作为冷锻加工设备使用的比较多。以往加工比较困难的厚度薄直径大的产品和斜齿轮作为加工对象零件也可采用此加工方法。

（d）封闭锻造：为提高制品的加工精度，增加了封闭锻造方法的应用。这种加工方法如图3-27所示。工作时通过上、下冲头的作用，使原材料充满预先封闭的模具空腔。

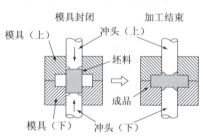

图3-27　封闭锻造的加工成型原理

日本在1970年前后开始研究这种加工方法，开发了计算机控制的封闭锻压设备，以及将机械冲压机床和液压机构组合的专用生产设备。其后，将成套模具和液压装置或者机械式封闭结构组合，即使采用现存的单功能轧机，也可以进行封闭锻造，所以目前这种锻造方式的应用得到了普及，作为最具代表性的零件有等速联轴器用的支架和内圈、斜齿轮等。

（e）旋压：旋压是将圆形板一边转动，一边平整或者推入辊筒成型的加工方法，适用于加工汽车零件中的轮状物或者发动机中的带轮等。

旋压加工是边移动材料边通过压制，使材料的厚度产生变化为目的的加工方式，也称为旋压成型。热锻或者利用钢板材料制成的毛坯材料，采用旋压加工可轧制成齿轮和沟槽形状，所以可以制作汽车动力齿轮零件、变速箱零件。图3-28是旋压成型的工作示意图。

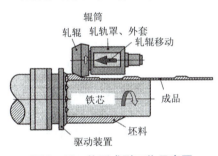

图3-28　旋压成型工作示意图

3.2.3　锻模

（1）模具设计。

（a）CAD/CAM：在模具设计中，通常采用CAD方法。同当初引入CAD的目的相同，主要是为了简化制图工作，但在一般企业，对比较简单的设计工作，其设计方法已经完全程序化操作了，锻造工序以及金属模具的自动化设计系统也已经普及了。

另一方面，利用CAM可以使三维设计和电火花加工的制作时间缩短、减少生产费用，所以随着NC机床的普及应用范围也扩展了。但是CAD/CAM一般还是分开应用，希望尽快将其作为一个整体系统在实际中应用。

（b）热锻模具：锻造模型成品的设计需要注意以下事项：① 强度、形状、尺寸精度等性能的要求；② 机械加工以及后处理工序；③ 适应锻造加工的形状设计；④ 为保证加工成品达到需要的形状尺寸和精度要求的锻造设备等。

另外在模具设计时还需要考虑以下要求：① 为防止锻造加工中的横向力作用，使模具产生滑移，应尽量设计左右对称的模具形状；② 虽然模具的分隔面受到最终制品改装的限制，但是基本设计成平面；③ 防止由模具飞边引起的尺寸变化和飞边变动；④ 联结板和加强筋的厚度大时，会减小锻造压力。

（c）冷锻模具：冷锻因为被加工材料的变形阻力非常大，所以和热锻价格相比，模型损坏的危险性要高。因此设计模型时应该注意的事项是，模具强度的补充和模具分隔的工作。

1）模具强度的补充：加工中由于模具内压的作用，可以产生非常大的应力，但是因为不能超过材料的屈服极限应力，所以采取了通过增加联结圆环补足结构强度减小应力的措施，如图3-29所示。因为预先给圆周方向增加了压缩应力，所以和内压引起的圆周方向拉伸应力互逆，减小了最大应力值。特别是在拉伸应力比较低的超硬合金模具上使用时，这种方式是提高模具寿命的关键因素。补足结构强度的圆环的层数需要根据加工时产生应力的情况确定，但是一般结构多采用双重圆环结构。

作为过盈联结的方法，锥面压入和热装配是通常的方式，补足强度的材料常使用SCM435（42HRC）、SKD61（48HRC）等。

2）模具的分割：受产品形状的限制，在应力集中现象不能避免和加工压力大的工作场合，分割设计模具是减小应力集中的方法。图3-30所示的冲孔、模具主要的分割结构，应力状态合理，便于材料变更和零件互换。

模具的分割方法有横向分割和纵向分割方式，在横向分割时，当内压高的情况下，有时会出现材料流入模具的缝隙的现象。作为对策，可采用分隔面远离接触面，以及提高接触面的压力等措施。

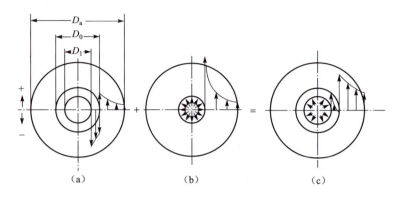

图 3-29　由过盈配合联结结构产生的圆周应力
(a) 由过盈配产生的应力；(b) 单一锻模内压原因产生的应力；(c) 加工时的应力

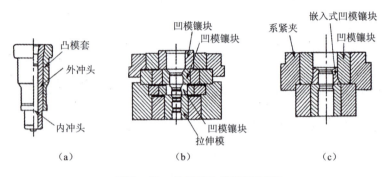

图 3-30　分割结构的模具示例
(a) 无分割；(b) 横向分割；(c) 纵向分割

(2) 模具材料。

(a) 热锻用模具材料：热锻金属模具材料需要具有高温强度和韧性的特点。因为这是两个互为矛盾的特点，所以材料的选择应根据应用条件，并注意两者之间的平衡，这对于提高模具寿命及稳定性是非常重要的。

作为锻锤加工应用的模具，一般采用 SKT4 系列材料。轧制用模型材料多采用 5Cr 系并经过回火处理减低加工阻力的 SKD61 系材料，和大量添加 Mo、W、Co 等元素，高温强度好的 SKD8 系、SKD7 系材料。另外，模具工作中受力，引起金属模具表面温度上升，形成表面硬化，分离出硬化钢的方法也被应用。

作为表面处理方法有气体氮化、浸硫氮化、离子氮化等，适用于模具的成型位置加工，达到提高模具寿命的目的。

(b) 冷、温锻造用模具材料。冷锻加工压力高，金属模具需要静强度和疲劳强度高的材料。过去冷工具钢多使用 SKD11，但最近由于锻造的精密化、工序集约化发展，加工程度提高，高速钢中的 SKH51（62-65HRC）和硬质合金系列高速钢也被采用了。在需要更高硬度的工作场合，适用于高 V、高 Co 系高速钢 SKH57 和粉末高速钢。还有具有优秀的产品精度稳定性的超硬化合金也被迅速应用了。

对于冷锻模具的长寿命化措施，多数情况下采用 CVD（化学蒸发膜）、PVD（物理蒸发膜），以及称为 TD 过程的涂敷被膜方法。一般应用的被膜有 TiC、TiN、TiCN 等。

温锻的模具材料，需要具有高温强度和耐热裂性能，一般使用 55~60HRC 的硬质合金系高速钢。还有为提高模具的工作寿命，常采用氮化处理措施的。

(3) 模具制作：对于锻造模具的制作，有切削加工、电火花加工、电解加工、挤压加工等。可根据模具的使用目的、要求，以及精度、形状等因素选择采用。

另外锻模属于消耗工具（易损模具），所以

还需要考虑满足再现性条件的加工方法的确定。一般的制作程序是：切削加工→淬火，回火→研削，电火花加工→研磨精加工。加工用的机器种类虽然也很多，但是目前主要采用 NC 机床。

近年来由于高速机械加工技术的发展，高硬度材料（63HRC）的直接切削加工也成为可行的技术。另外也确立了电火花加工后在模具表面生成的熔融层的厚度更薄的技术，推进了缩短供货时间和面向高精度加工技术的制作程序。

3.2.4 锻造材料

对热锻因为材料的变形抗力低，延展性高，所以几乎所有的金属材料都可以应用。

与此相对应的冷锻因为材料的变形抗力高、易产生加工裂纹等原因，使用材料受到一定的制约。表 3-9 列出了冷锻加工中常用的钢材种类。

最近，以锻造工序合理化为目的开发工作的开展，开发出了新的钢材种类。作为热锻材料，有不采用调质处理方式的非调质钢，曲轴、连杆等零件采用这种生产方式。对于冷锻用材料，正在开发可以省略锻前热处理工序的材料。另外需要限制最长裂纹的线材，对冷锻的裂纹应能进行有效的控制。

3.2.5 锻件的精度及质量

（1）锻件的精度。热锻制品的尺寸公差虽然是各个汽车厂家制订的厂内标准，但多是根据 JIS 标准制订的。在 JISB0415 和 JISB0416 中有各种锻锤和轧制加工以及镦粗机加工锻件的尺寸公差标准，规定了锻件的厚度、长度、宽度、模具偏移、弯曲等的尺寸公差要求。

冷锻因为涉及的加工方式多，没有通用的公差规定。表 3-11 列出了热锻、温锻、冷锻制品的精度比较情况。

表 3-11 冷锻方法、温锻方法、热锻方法的精度情况

		冷 锻	温 锻		热 锻
	锻造温度	常温	200℃～500℃	600℃～750℃	1 100℃～1 250℃
	表面粗糙度	<6S	<7S	<10S	<20S
	脱碳层<6S	无	无	0.10～0.25	0.3～0.4
尺寸精度	根据材质不同进行调整	±0.025～0.05～±0.1	±0.05～±0.15	±0.1～±0.2	±0.5～±1.0
	厚度	±0.1～0.25	±0.1～±0.25	±0.2～±0.4	±1.0～±2.0
	余量不均	0.05～0.20	0.10～0.30	0.10～0.40	0.7～1.0

（2）锻件的质量保证。锻造加工的质量管理的基础，不是最终的检查，而是工序内的过程管理。由于热锻的精密化要求，原材料切断时端面形状的重量补充，加热工序中温度成为重要的管理工作。锻制工序中，需要进行尺寸、形状、锻制加工缺陷的检验等。

冷锻多属于达到材料极限的成型操作，因此需要进行润滑材料质量和材料裂纹的检查。检查工作由操作人员自己完成，检查员巡查确认，重要零件进行全部检验。作为关键零件的检查项目，有硬度、表面缺陷、内部缺陷，因为需要全部进行检查，所以需要实行检查的自动化操作。表面缺陷的检查可采用磁粉探伤检查，轴类零件的内部缺陷检查可采用超声波探伤方法。

3.2.6 先进的锻造技术

（1）无切削锻造。锻件一般是需要进行机械加工后完成的零件，但是锻造出达到精加工或者和精加工形状相近的工件，将大幅度削减零件的加工成本，因此正在开发推进这种加工方式。这种加工方式统称为无切削锻造技术。

作为锻造方案。采用将温锻、热锻和冷锻方法组合的复合锻造方式，以及以闭塞锻造技术为代表的成型技术等。

（2）IT 化。以锻造试运行前的分析、确认不适合量产的原因等问题的研究为目的，增加了采用锻造分析的过程。现在如果应用二维解析计算方法，仅需要 10 min 至 1 h 时间即可以计算出结果，而且正在推进解析精度高、运算速度快的三维解析计算软件的开发。还有构建一体化 CAD 系统，提高设计和解析计算的效率也是今后的课题。

（3）复合加工。将以往的加工方式组合，尝试开发进一步减低加工成本方法，确立了钢板锻造技术。这是利用钣金成型方法制作粗大形状制品，用锻造方式控制局部位置的板厚，可以说是钣金技术和锻造技术结合的复合加工方法。

目前以自动变速箱零件的加工制作为中心的技术研究，正在扩大应用范围。

3.3 粉末冶金

3.3.1 概述

（1）粉末冶金法（烧结金属加工方法）。粉末冶金法是将金属粉末放入模具加压成型后，在金属的熔融温度以下（数种金属混合时有时部分金属产生熔融现象）加热，使粉末粒子扩散烧结制成金属制品的加工技术。

这种加工方法具有可以将任意组合的粉末配合在一起，无须进行机械加工就能够制成精度高、坚固的成品的优点。利用这个特点从机械结构材料到超硬材料、摩擦材料、电焊材料、超耐热材料、磁性材料、多孔性质材料等众多领域，都可以作为材料加工方加以推广应用。

本部分将以在汽车上广泛使用的机械结构使用的铁系材料（以下称为烧结金属）为主进行说明。

（2）制造工艺概述。图 3-31 所示为烧结金属的工艺过程。在主成分的铁粉中，加入作为合金成分填料的石墨、铜、镍等粉料，为防止在后续工序加压成型时模具出现磨损，再加入润滑剂材料，然后在混料机中混合。把混合后的材料放入金属模具加压成型，在 1 100 ℃ 左右的保护气体中加热烧结，制成成品。

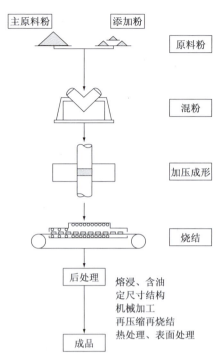

图 3-31 烧结制品的制造工艺过程图

然后根据成品需要的特性，向残留的空隙进行溶浸、含油处理，并且为提高尺寸精度，进行修整加工，也有部分采用机械加工等。另外当要求更高强度性能时，可以进一步采用再压缩、再烧结、热处理、表面处理等措施。

（3）烧结的特征。作为烧结技术，其主要优点如下。

① 即使复杂形状的制品也可以用粉末直接压制成精度良好的产品形状，几乎不需要进行后续加工（机械加工），材料利用率高。

② 制造工序少，可以减少人工费用。

③ 改变粉料的配比，自由地按组合成分进行混合，混合后在不熔融的温度下烧结固化，所以不出现在熔融法中出现的偏析问题。另外即使熔融且没有混合的粉料，也可以合成结合好的复合材料。

④ 通过粉末加压力和烧结条件的选择，或者预先混合一些在低温下可蒸发逸散的有机物可以得到均匀的具有多孔性质材料，可以用于含油轴承、过滤器等零件的制作。

烧结技术的不足之处如下。

① 制成完全致密的材料需要特殊的工艺，一

第3章　加工技术

般残留某种程度的空隙（约为整体体积的10%）。因此拉伸强度、力学性能有所降低。

② 粉末和液体不同，加压时粉末的流动性差，所以在结构窄小的位置、长轴类零件和零件结构有过渡变化处的情况下制造有难度。

③ 原材料粉末一般价格较高，所以制作大型、重量较大的零件时需要充分考虑材料成本的影响。

根据以上说明的情况，将500 g以下的一个机械零件采用不同制作方法制作时的优缺点情况，在表3-12中列出。

表3-12　各种制作方法的优缺点

零件设计内容	铸造	锻造	冲压	粉末冶金	关于粉末冶金的补充
形状：					
复杂平面	○	○	◎	◎	
复杂立体	◎	○	×	×	
三次元曲面	◎	△	△	△	
鼓状和空洞	◎	×	×	△	接合技术
复合体	△	△	×	◎	
尺寸精度（小件）：					
精密级　约±1%	△	◎	◎	◎	部分场合也有较高精度
中级　约±2%	○	◎	◎	◎	
粗级	○	○	○	○	
重量：					
500 g以上	◎	○	○	○	逐年大型化趋势
500～5 g	◎	◎	◎	◎	
5 g以下	×	○	◎	◎	
材料：					
普通零件	球墨铸铁	碳素钢	至S60C	低合金钢	容易添加其他成分
较高要求的零件	铸钢	合金钢	合金钢	合金钢	各种材料，也可是复合材料
特性：					
静强度	○	◎	○	○	
动强度	△	◎	○	○	
韧性	△	◎	○	○	
硬度	○	○	○	○	
耐磨性	○	○	△	◎	含油，也可以是不同材料复合
单批成本：					
100件左右	◎	×	×	△	
1 000件左右	○	△	△	○	
5 000件以上	×	◎	◎	◎	

注：◎：适合；○：可以；△：根据场合不同有可能；×：困难

（4）在汽车零件中的应用。适用烧结金属的汽车零件从铜系的按钮类和轴承类等的小零件，扩大到发动机、变速器的结构零件，日本以及欧美的每台汽车中的烧结金属零件的使用量的变化情况如图3-32所示。2002年，日本为7.6 kg，美国为17.6 kg，欧洲为8.0 kg。每年内作为汽车零件的粉末使用量为：每台乘用车大约使用 3~10 kg。图 3-33、图 3-34 显示了现在的乘用车使用的烧结金属的零件实例，以及不同使用部位的结构比例。烧结金属应用还有很多的开发余地，可以预见今后需求量还将不断增加。

要求的强度是片状灰铸铁程度（拉伸强度约为 30 kg/mm^2），而且代替齿轮等需要复杂机械加工制作部位的零件，这样的例子很多。但最近随着强度、韧性的改善，替代锻造制品的事例也增加了。

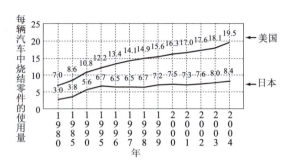

图 3-32　每台汽车中的烧结金属零件的使用量的变化情况

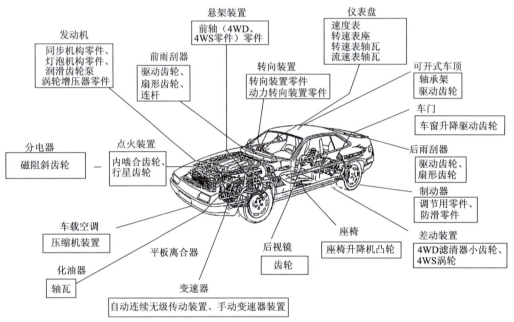

图 3-33　汽车用烧结金属的实例

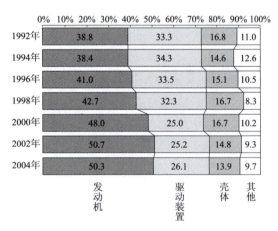

图 3-34　不同使用部位结构比例

3.3.2　粉末冶金工艺

（1）混料。主要成分为铁粉，添加希望组成合金的成分，如石墨、铜、镍粉等，再适量添加硬脂酸锌等粉末润滑剂，用专用的混料机混合搅拌。还有在使用已经合金化的合金钢粉末时，为添加润滑剂和调整粉末粒度使其分布均匀，也需要进行混粉处理操作。

（2）加压成型。作为机械零件，为得到需要的零件形状，需要在成型模具内进行把原料粉加压固化操作。图 3-35 表示的是加压力和密度关系（粉末的压缩性）的一个实例。两者的关系根据粉末的种类、形状等条件而不同。铁系机械零件考虑到成型模具的寿命，平均比压一般为 294~588 MPa，密度为 6.0~7.0 g/cm^2。

因为粉末之间或者粉末和模具壁之间的摩擦等影响，所加压力不能均匀地传递到内部。因此

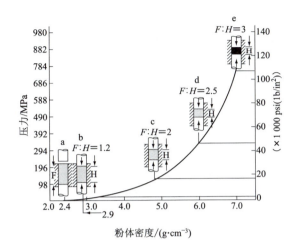

图 3-35 加压力和粉体密度关系

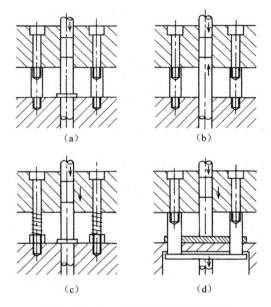

图 3-37 加压成型方法的作用原理
(a) 单向压制方法；(b) 双向压制方法；
(c) 浮动模加压法；(d) 分立操纵加压法

压后粉体的密度不能完全均匀一致，具有上下方向、半径方向的密度分布差异。图 3-36 为密度分布的一例情况。

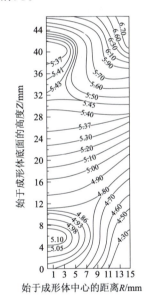

图 3-36 圆筒压分体的密度 (g/cm²)
(直径 20 mm，成型重量 245×10^3 N，单向推入)

对于优秀的烧结材料零件，希望的是得到压后粉体均匀的成型体。因此为适应零件的密度一致性要求，下面显示了加压成型加工时在模具结构方面想办法，达到密度均匀化的措施。作为成型方法，一般常用的有图 3-37 所示的 4 种结构形式。

（a）单向压制法：仅用上侧的压杆移动的加压方式。外模具和下侧的推杆在加压成型过程中保持固定，在取出成型零件时下侧推杆才上升运动。上下方向虽然已产生密度差，但是模具结构简单，成型加工过程容易。因此难于产生密度差的扁平形状的零件（垫片等）时，采用这种方式成型。

（b）双侧压制法：该方式为，外模具固定，上下牙干工作时同时移动，从两个方向加压的压制方式。被压粉体的中间位置为中性面，密度相对中性面上下对称分布。上下方向的密度差比单向压制法小。但是因为压制机械的结构复杂，所以下面说明的浮动模加压法、分立操纵加压法被广泛应用，双侧压制法仅在下侧有结构要求的（有角度的或球状的）特殊形状零件成型中应用。

（c）浮动模加压法（浮动模具法）：外模具采用弹簧、气压或液压支撑，仅驱动上压杆移动。由于模具内壁和粉末之间的摩擦作用逐渐增加，外模具和上压杆将同时下降，相对等同于下推杆产生上升运动，和双侧压制法相当上下方向的密度差小，因此被广泛应用。

（d）分立操纵加压法（降低法）：下推杆固定，上压杆移动的同时强制带动外模具下降，这也是双侧压制法的一种形式。其广泛适用于复杂形状零件的成型加工。

图3-38显示了与上下方向的密度分布有关的成型方法，以及润滑材料的影响作用。

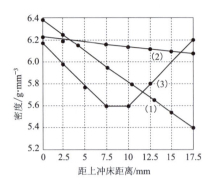

图3-38 压制粉体上下方向的密度分布

（3）烧结。

（a）烧结结构：对烧结现象来说，有同种金属不熔融，仅固相进行的烧结（单一固相烧结）；不同金属在固相状态进行的烧结（多元固相烧结）；部分材质熔融在液相存在下进行的液相烧结等。它们的机构也各不相同。但是一般来说，烧结过程的驱动力是通用的，这里首先对其进行说明。

将相同的材料的粉末状态和成块状态相比较时会发现，粉末状态的表面积和大得多，因此具有较多的表面能量。能量高处在不稳定状态的粉末，具有相互之间紧密接触以减少表面积总值（表面能量）的趋势，这可以说就是烧结的驱动作用力。

下面以最简单的单一固相烧结为例，说明烧结机理。烧结工作的进行过程大致可分为两个阶段（图3-39）。

图3-39 烧结进行过程的模拟图

第一阶段，是粉末粒子之间的接触部分相结合的连接部位面积增加阶段（图3-40），致密化几乎没有进行。在这个阶段可以看到的材料特性的变化有导电率、拉伸强度提高等。

任一阶段都需要材料原子的移动，其原因虽然考虑为以下4个方面（图3-41），但是在金属烧结过程中，表面扩散和体积扩散发挥着重要的作用。

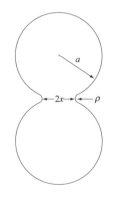

图3-40 烧结过程

第二阶段，使孔洞空间体积减小，推进了孔洞的球状化，整体致密化增加。这个阶段材料的延伸率及韧性提高。

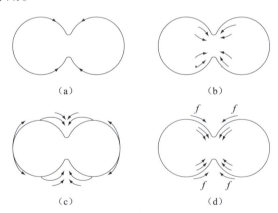

图3-41 烧结的四种作用机理

(a) 表面扩散；(b) 内部扩散；
(c) 蒸发凝结；(d) 黏性流动

1）表面扩散：因为原子是沿着金属表面连

接移动的,所以在微粉粒的情况下,烧结的第一阶段的开始时间,低温的烧结等依据该机理进行。此时连接位置的曲率变大,但粒子之间的距离不变,如图 3-42（a）所示。

2）内部扩散：原子通过粒子内部的连接部位移动的情况,在金属烧结时该激励发挥着重要的作用。此时粒子连接部位的曲率不变,但粒子之间的距离变小,形成致密化过程（图 3-42（b））。

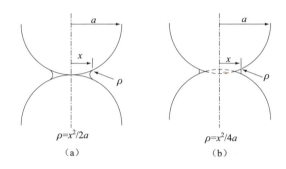

图 3-42 表面扩散和内部扩散
（a）表面扩散过程；（b）内部扩散过程

3）蒸发、凝结：因为物体凸面的蒸气压力比凹面高,由凸面蒸发的物质通过空间凝结在粒子连接部位的凹面处。

4）黏性流动：这是由张力压力产生的剪切应力使原子移动的过程,这与塑性流动不同。它是使原子或者分子的流动情况。

（b）烧结操作：烧结是在保护性气体环境下,在 400 ℃～800 ℃ 的预热温度下使润滑剂充分分解蒸发后,再在 1 100 ℃～1 200 ℃ 的高温下进行 10～60 min 的加热,最后为避免冷却时的变形现象应采用缓慢冷却方法。

作为保护性气体一般主要使用吸热性气体（主要成分是 H_2、N_2 和 CO）或者分解氨气（主要成分是 H_2 和 N_2）。

（4）后处理。以上说明了烧结的最基本的加工工艺过程,但是通常制作过程还需要根据制品的特性要求,进行以下说明的后处理操作。

（a）残留孔洞的处理：因为烧结制品中残留很多的孔隙,所以在很多情况下是采用这些空隙存储润滑油,工作时起到润滑作用。含油操作过程是在 80 ℃～100 ℃ 温度下加热浸泡完成,需要数十分钟的浸油时间。另外对于不允许有空隙的制品,则是采用熔浸金属铜（铜合金）或者浸泡树脂的方法处理。

（b）提高尺寸精度：虽然有些制品烧结后可直接使用,但是遇到需要更高尺寸精度的情况时,需要进行位尺寸矫正,采用金属模具进行再加压操作,即精压加工。表 3-13 所示为精压加工后的尺寸校正情况。

表 3-13 具有相同截面积的铁系烧结制品的尺寸精度

名 称	铁 基 零 件				非铁基零件	
	烧 结 态		精 整 态		精 整 态	
	普通	精密	普通	精密	普通	精密
长度	±0.125	±0.075	±0.075	±0.050	±0.075	±0.050
内径	±0.050	±0.025	±0.025	±0.012 5	±0.038	±0.010
外径	±0.050	±0.025	±0.025	±0.012 5	±0.038	±0.010
偏心	±0.075	0.050	0.050	0.038	0.025	0.050
端面平面度	±0.050	±0.025	±0.025	±0.025	±0.025	±0.025
端面平行度	±0.038	±0.025	±0.025	±0.025	±0.025	±0.025
注：尺寸为 25 mm						

要求得到更高精度时,可采用切削和研磨等机械加工方式。另外,由于产品形状,受到粉末成型的限制不能制作的部位,也是采用机械加工方式处理。

（c）提高强度特性：如下一项详细说明的那样,烧结材料的特性虽然随密度提高而增加,但是因为压粉成型时的压力和烧结温度受前述说明的制约,所以致密程度有一定界限。因此有时采用先进行一次预烧结加工，然后将加工硬化的粉末软化，再次压缩到高密度（如 7.3 g/cm³）后，进行正式烧结加工（再压缩、再烧结制作）的生产方式。

还有为提高强度和耐磨性能，同一般钢材的处理方法相同，有时也采用淬火回火，或者渗碳淬火回火等的表面硬化处理方法。

（d）其他处理方法：以上方法以外的常用处理方式还可以列举出以下几种：① 以提高耐腐蚀、耐磨损性能为目的的水蒸气处理、电镀处理等；② 以处理毛边、表面磨光加工为目的的喷丸加工、表面研磨加工筒式喷丸等。

3.3.3 烧结材料

（1）烧结材料的机械特性和影响因素。烧结材料的机械特性，如图 3-43 所示有为数众多的影响因素，其中特别重要的因素是密度、合金元素、烧结温度和热处理 4 项。下面按顺序说明这些因素的影响及作用。

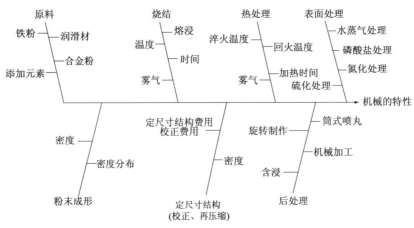

图 3-43　影响铁系烧结金属的机械性质的相关因素

（a）密度：除了需要将烧结材料具有的空隙作为存油孔穴利用外，空隙的存在是降低材料制品的机械特性最需要注意的关键因素。换言之，如减少空隙提高密度，制品的特性将和熔融制品相似。图 3-44 所示为烧结材料和铸造材料的密度、弹性模量的关系。如在高密度数值外插值各种材料都为线性关系，约和熔融制品材料的密度、弹性模量性质一致。还有从这个趋势分析，在烧结金属空隙的起始位置处的弹性应力系数，可以说是处于球墨铸铁和灰铸铁之间。

图 3-45 表示了具有代表性的烧结金属的机械特性和密度的依存关系。

（b）合金元素：很多情况下是将金属铁作为强化的合金元素，但是在烧结材料中最常用的元素是 C、Cu、Ni 和 Mo。图 3-46 显示了 C 对拉伸强度、延伸率的影响作用。另外虽然也使用 Si、Mn 和 Cr，但因为烧结时易产生氧化作用，所以需要考虑烧结温度、烧结气体环境等情况。

（c）烧结温度：烧结温度越高，烧结形成的空隙易形成球状化，所以提高了延伸率、韧性等机械性质。但是伴随着致密化的进程，烧结产生的变形也大。一般考虑到构成烧结炉材料的耐热性、寿命等因素影响，确定在 1 100 ℃ ~ 1 200 ℃范围进行。后边说明的高温烧结（1 200 ℃ ~ 1 300 ℃），烧结炉的结构、材料需要特殊考虑制作。

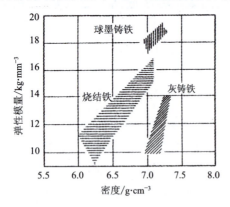

图 3-44　烧结材料和铸造材料的密度、弹性模量的关系

烧结材料进行渗碳淬火回火处理时，如图3-48所示，与普通钢材相比形成的渗碳层进入材料内部是一种典型特征。而且具有材料的密度越低渗碳层进入内部的深度越多的趋势，在烧结材料中，空隙在气体扩散中发挥着重要的作用。

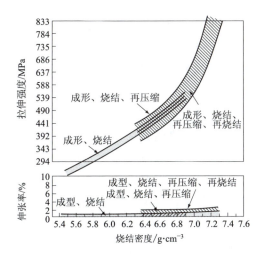

图3-45 密度对烧结金属机械性质的影响关系

化学组成：0.7%~0.8%C；2.5%Cu；Fe。
成型：196~784 MPa；烧结：850~1 150℃·60 min。
再压缩：392~784 MPa；再烧结：850~1 150℃·60 min

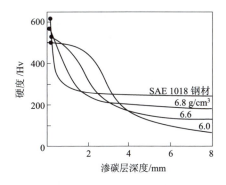

图3-48 渗碳层的深度和材料密度的关系

（2）铁系烧结材料。典型的实用铁系烧结合金的种类、性质和合金特征，以及用途实例等，在日本工业标准（JISZ 2250）及日本粉末冶金工业标准中已经总结归纳了。其中的种类和特点如表3-14所示。

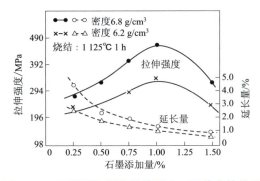

图3-46 石墨添加量和拉伸强度、延伸率的关系

（d）热处理：通常采用淬火回火和渗碳淬火回火，根据要求使用。图3-47显示了淬火回火前后的疲劳强度。

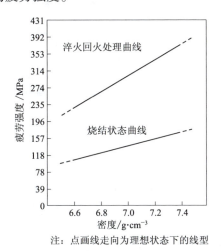

注：点画线走向为理想状态下的线型

图3-47 淬火回火和提高疲劳强度的关系

表3-14 铁系烧结材料的种类和特点（JISZ 2250）

牌号	合金种类	主要特点
SMF1	纯铁	适于小型高精度零件，可用作磁化铁芯
SMF2	铁-铜合金	适于普通结构件，经渗碳淬火可提高耐磨性
SMF3	铁-碳合金	适于普通结构件，经调质可提高强度
SMF4	铁-碳-铜合金	适于普通结构件，有耐磨性，经调质可提高强度
SMF5	铁-碳-铜-镍合金	适于高强度结构件，允许调质处理
SMF6	铁-碳合金（铜熔浸）	高强度，耐磨性、热传导性优良，有气密性，允许调质处理
SMF7	铁-镍合金	有韧性，经渗碳淬火后耐磨性提高

续表

牌号	合金种类	主要特点
SMF8	铁-碳-镍合金	调制后适于高强度结构件,有韧性
SMS1	奥氏体不锈钢	耐蚀性、耐热性好,有弱磁性
SMS2	马氏体不锈钢	耐蚀性、耐热性好
SMK1	青铜合金	质地柔软,容易适应;有耐蚀性

(3) 其他烧结材料。除了上述的一般机械结构使用的铁系烧结材料外,以下材料在汽车行业中也在应用。

(a) 铜系烧结材料:添加锡和铅类的润滑性好的合金,多作为轴承或轴承合金使用。

(b) 不锈钢系烧结材料:是具有优良的耐腐蚀性能和耐氧化性能的烧结合金,被应用制作汽车排气系统零件和行走系统零件。

(c) 铝系烧结材料:添加锡和铅类的润滑性好的合金,多作为轴承或轴承合金使用。

(d) 特殊耐磨损烧结材料:是碳化物和铁合金等的硬质粒子,或者铅等的自润滑剂分散的复合材料,被用于制作发动机的阀座和气门系的耐磨损零件等。

(e) 烧结工具钢、高速钢:工具钢和高速钢的组成是使微细碳化物均匀分散的烧结合金,被用于制作发动机气门系耐磨损零件。

(f) 烧结摩擦材料:铁系、铜系的金属系或者添加陶瓷的陶瓷金属系复合材料,被用作大型车和特种车的离合器摩擦衬片和制动器摩擦盘的材料。

(g) 超硬合金:把 W、Ti、Ta、Mo 和 V 等的碳化物结合 Co、Ni 等金属而得到的高硬度烧结合金,主要用作切削工具类零件,最近在烧结制品的制造工艺中,也被用于制作成型和精压加工用的模具零件。

3.3.4 新的烧结技术

为了适应汽车的轻量化、低成本化、高效率的各种各样的需要,开发了众多的新的烧结制品零件。在本节中介绍一下这些成品中的高强度化、结合复合化、复杂制品的成型(粉末冶金复合成型制造法),以及借助新的烧结技术开发的实用化的事例。

(1) 高强度化。其作为烧结材料的高强度的关键技术如下:① 高密度化;② 基体强化;③ 连接部位强化。

高密度化的典型方法是烧结锻造方法,这种方法是先烧结出粉末成型体,并将其作为预成型制品在热状态下密闭锻造,大致达到真实密度的致密化加工方法。图 3-49 是如前所述的拉伸强度和密度关系的各种材料相对范围的概念示意图。作为实际使用的事例,如图 3-50、图 3-51 所示的连杆(相当碳素钢)和内凸轮(相当表面硬化钢)零件。其中,任一个都达到了与钢相同的强度。

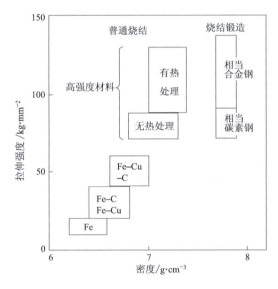

图 3-49 各种材料相对范围的拉伸强度与密度的关系

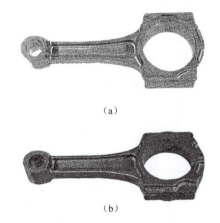

图 3-50 烧结锻造的连杆件(成分:Fe-2Cu-0.5C)
(a) 预成型制品;(b) 烧结锻造成品

图 3-51 烧结锻造的自动锁紧转换器用内齿轮
（成分：Fe-1.8Ni-0.5Mo-0.6C）

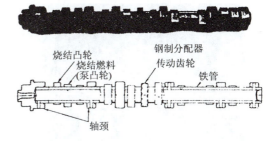

图 3-53 烧结凸轮轴 （成分：管材为 STKM15C
凸轮件为 Fe-5Cr-1Mo-2Cu-0.5P-2C）

基体强化及连接部位强化的典型事例，是把经添加 Ni、Mo、Cr 和 Mn 合金元素的得到的基体强化材料，在 1 200 ℃ ~ 1 300 ℃ 的高温烧结，使得粒子间的结合力进一步强化的材料，代表事例如图 3-52 所示，拉伸强度达到了 100 kg/mm²。

图 3-52 动力转向系统水泵转子 （成分：
Fe-4Ni-0.5Mo-1.5Cu-0.6C 渗碳淬火回火）

(2) 接合、复合化。零件的各部位需要的物理性质在很多情况下不一样，要求的性能越高，全部性能通过单一材料满足越困难。因此需要利用不同材料组合形成一个零件的方式。粉末冶金方法如前所述是在高温下进行加热成型的烧结工序，此时如进行不同材料的复合制作，可以缩短工序时间，是非常合适的加工方法。作为代表事例，对于以往的一体化铸件凸轮轴，采用管材和粉末成型的凸轮、轴颈等其他零件组合，烧结同时钎焊形成的凸轮轴，如图 3-53 所示，达到了比以往的加工方法显著提高耐磨损性能和大幅轻量化的目的。

把烧结材料和不同材料同时铸造得到的复合材料事例如图 3-54 所示。这是将合金工具钢（SKD11）系材质的烧结材料件与铝合金压力铸件复合铸造的气门摇臂件，使零件的轻量化要求和耐磨损性能得到提高。

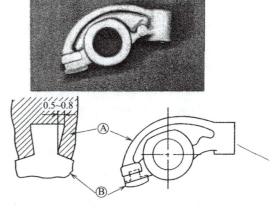

图 3-54 烧结材料复合铸造的气门摇臂

(3) 粉末冶金复合成型制作法。依靠烧结体之间的结合，不能形成一个整体零件的沟槽形状，或者中空结构的复杂零件，利用粉末冶金复合成型制作法也能够进行加工。前面说明的烧结的同时结合钎焊方法形成一体化零件的事例，有动力转向系统的侧板零件，以及自动变速装置零件的行星架等，如图 3-55 所示。

与任意的熔融制材料不同，为焊接有空隙的烧结件，一般的焊料是不能完全深入空隙充分结合的，因此需要使用特殊的焊料，并采用专门的方法。

(4) 射出成型法（Materrial Injection Molding，MIM）。最近作为适用于陶瓷材料的射出成型法，在金属粉末的成型中被应用。其作为把三维复杂形状的烧结金属零件的直接成型制造方法，已经实际应用了。

图 3-55　烧结结合的行星架

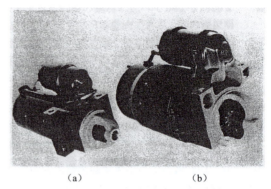

图 3-57　烧结稀土类磁石在汽车起动电机上应用

（a）Nd-Fe-B 类烧结磁石；（b）传统制品（铁素体磁石）

这种方法是将以往烧结金属使用的 50~100μm 的原料粉末，改为使用 10μm 以下的微粉并和热塑性树脂等的有机黏合剂混炼，进行射出成型（脱黏）烧结的方法。

该方法适合用于制作三维曲面和横向有孔，以及有沟槽等复杂形状的精密零件的批量生产。

（5）磁性材料。磁性材料是难加工的材料，所以属于体现粉末冶金方法特征的领域。

对软质磁性材料的应用实例，可列出 ABS（防抱制动系统）的车轮转速传感装置（图 3-56）。因为其处于恶劣腐蚀环境中的车轮缘上，要求传感器具有较高的透磁率，所以使用铁素体系的不锈钢烧结材料。

的铁芯，也有从铸造制品置换为利用两个烧结制品接合制成的实例（图 3-58）。且同时达到了提高生产效率和工作性能的要求。

图 3-58　混合驱动汽车用电机铁芯烧结零件
由两个零件结合制作（Fe 系 + Fe-Cu-Ni-C 系）

图 3-56　ABS 车轮转速传感器转子

作为磁性材料，今年开发出具有铁素体磁性材料 5~6 倍磁性的稀土类磁性材料，也被应用到汽车零件上。这些材料以粉末状态在磁场中成型，由于容易按磁化轴排列，可提高磁束密度，所以可得到铸造材料不能达到的高磁性能。

作为应用实例，有门锁线圈和电子悬挂零件，以及启动电机等。起动电机如图 3-57 所示，其重量、大小仅为以往启动电机的一半左右。

另外今后将急剧增加的混合驱动汽车用电机

以上以汽车零件为中心，介绍了粉末冶金方法的概况和最近已经实际应用新型烧结制品的情况。

粉末冶金方法是利用任意组合的粉末，通过粉末冶金成型制作方式制作成精度高、质地坚硬的零件的加工方式，而且是兼有具备可以开发新的材料性能和合理的加工方式的零件制造工艺。

汽车制造厂的需求是多种多样的，对汽车来说，要不断追求高效率，提高安全性、舒适性等各种各样的性能。因此烧结制品的应用范围，也将从降低成本面向复杂零件制造的应用，逐渐扩展到向零件的轻量化、进一步提高性能等的方向发展，可以说今后这个领域的应用还将迅速发展。

3.4 热处理

3.4.1 概述

组成汽车的材料中机械结构钢、轴承钢、弹簧钢、耐热钢、不锈钢等的钢材，占重量比约15%（平均），且作为支撑汽车性能的主要零件使用。本节，将简要介绍占这些钢材几乎全部的机械结构用钢的热处理方式。

（1）热处理的基本概念。钢材（简称钢）的热处理是利用钢材的相变特性的处理工序。以下列出了基本的相变特性。

铁-渗碳体系状态图，如图3-59所示。

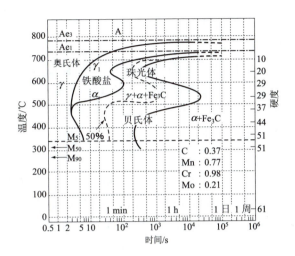

图 3-60　Cr-Mo 的 TTT 曲线

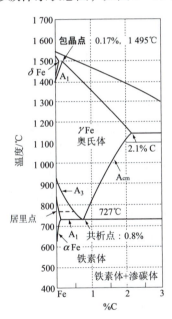

图 3-59　铁-渗碳体系状态图

等温相变曲线（TTT 曲线），如图 3-60 所示。

连续冷却相变曲线（CCT 曲线），如图 3-61 所示。

图 3-59 显示了钢的比较柔和加热、冷却时的相变曲线。钢在 A_1 点以下时形成铁素体（铁的固溶体）和渗碳体（Fe_2C）。渗碳体析出铁素体和层状物质，这个层状物质称为珠光体。另外在 A_3 线以上的温度形成奥氏体（γ 铁的固溶体）。

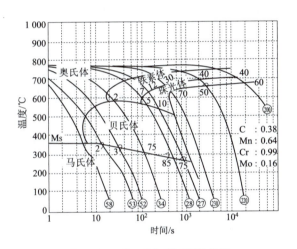

图 3-61　Cr-Mo 的 CCT 曲线

图 3-60 显示了使钢从奥氏体区域急速冷却到相变点以下的各温度区域，并保持在这个温度的状态下，钢从相变开始时间到完成时间的情况。这个等温相变曲线给出了保持 M_s 以上珠光体生成温度以下的温度区域，使贝氏体相变的奥氏体等温淬火的热处理情况；以及保持在 M_s 直接向上或直接向下到钢的各部分温度相同后，缓慢冷却的马氏体等温淬火的热处理情况。

图 3-61 显示了连续冷却时的相变开始及完成的时间，使实际应用的重要的相变图。但是因为通过试验获得相当困难，所以可应用数据分析，但仅限于典型的钢种。

以上是基本的相变图形，但是这些图形根据钢中合金成分和含量的情况不同而产生相应的变化。Mn、Mo 和 Cr 等的元素因为使图 3-60、图

3-61的相变开始、完成线向右移动，有提高淬火性能的作用。

其次是钢的表面硬化处理，因为在很多场合需要提高机械零件的表面力学性能（耐磨性能、耐疲劳性能等）。在汽车零件中广泛采用的处理方式有渗碳淬火、渗碳氮化淬火、高频淬火、软氮化等。

（a）渗碳：在SCM420等的渗碳钢的表面，是采用了让碳素由外部向表面内部扩散渗透的处理方式。通过渗碳处理，可以使钢表面的含碳量接近图3-59所示的共析组成0.8%左右再淬火处理，则在表面一定深度达到约60 HRC的高硬度，而在钢内部的硬度约为35 HRC，韧性较好。图3-62表示了钢的含碳量和淬火硬度之间的关系。随含碳量的增加，硬度也提高。这也和高频淬火情况相同，含碳量越多的钢淬火硬度越高。由淬火产生的马氏体，通常具有硬脆性，所以淬火处理后要进行回火处理。由回火产生的过饱和固溶碳，作为碳化物形式析出。这被称为回火马氏体或索氏体（高温回火）。

（b）渗碳氮化：渗碳氮化是在高温下把碳元素和氮元素扩散到钢表面的热处理方法。这是以渗碳为主，将碳元素、氮元素的固溶的奥氏体表面层淬火、硬化的方法。通过氮元素提高淬火性能，可以改善渗碳淬火没有充分淬硬的碳素钢和热轧、冷轧钢板一类的待淬火钢材的表面硬度。近年来控制渗氮量、氮化物量、残留奥氏体量的新型渗碳氮化方法也开始得到了应用。通过喷丸硬化处理，使得残留奥氏体变成体积大的马氏体，其产生的表面残余应力抑制了龟裂现象的扩展。还有由于氮化物位错的针插入效果作用，抑制了位移。同时因为在实际使用温度范围内（约200℃）可以减少硬度的下降，所以在应用中得到重视。

（c）高频淬火：该方法是利用高频感应电流产生的焦耳热迅速加热零件表面后，进行淬火、硬化处理的方法。由于其具有处理时间短、可局部硬化、易于进入生产线操作等特点，在汽车轮部位零件的热处理中广泛采用。

（d）软氮化：软氮化是铁-氮素系材料的基本热处理方式。与碳元素相比，虽然氮元素是提高钢固溶极限的元素，但是氮元素在钢中作为元素状态存在是很少的，通常是以氮化物的形式存在。图3-63所示为铁-氮系相图。前述的三种热处理方式是将钢加热到奥氏体化温度以上后，通过淬火达到表面硬化的方法。软氮化处理方式的原理与这三种方法不同，主要是通过氮元素固溶到铁素体中形成硬化效果的处理方式。为此可以在氮素固溶能力大的、较低的550℃~590℃温

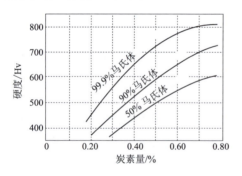

图3-62 钢含碳量与淬火硬度关系

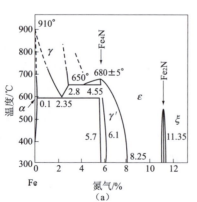
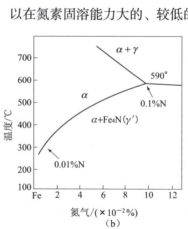

图3-63 Fe-N系平衡相图

度范围进行处理作业。为提高疲劳强度，可采用处理后急速冷却，使氮素过饱和固溶而生成压缩残余应力。另外由于在软氮化层的表面生成铁的氮化物，提高了材料的早期的可塑性，从而可以改善材料的耐磨性能。

（2）热处理的种类和目的。汽车的钢制零件，几乎都是从圆棒、卷材、平板类原材料，通过热轧、冷轧、压制等的塑性加工方式，加工制作成所需的产品形状的。加工过程中采用的热处理方式归纳如图3-64所示。

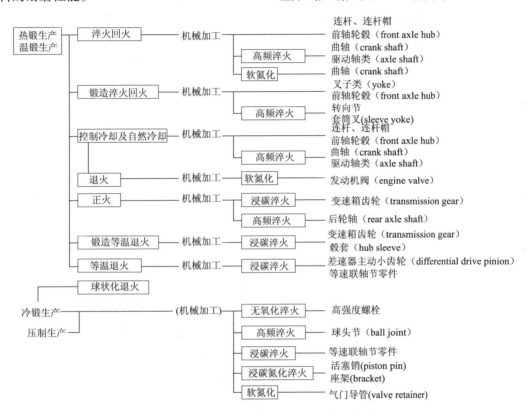

图3-64　汽车零件的热处理方式（工艺过程省略）

（a）热锻零件：图3-65显示了热锻后实施的各种热处理方式。热锻后的状态称为粗型材，因为在1 200 ℃左右的高温下锻造，所以奥氏体晶粒粗大，钢的力学性能差。同时即使是一个零件也因为加工程度不同，以及由于质量效果引起冷却速度的区别，产生硬度不稳定情况。为了解决这样制作产生的性能降低问题，可采用正火处理方式。通常在900 ℃左右的温度（A_3线以上）均匀加热后，空冷状态下得到所需要的组织结构。由正火处理得到的结构为标准的铁素体、珠光体组织，硬度下降，提高了后续机械加工中的切削性能。

淬火、回火是可以使结晶粒微细化和提高力学性能的热处理方式，一般称为调质处理。

另外对合金钢类淬火性高的场合，通过正火

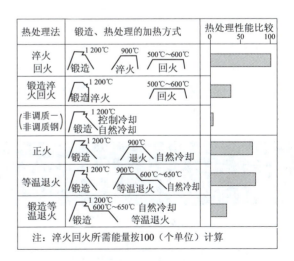

图3-65　热锻体的热处理方式

处理，结晶粒可以细化。但是冷却速度过快时硬度很高，后续的机械加工比较困难。为此需要采用较慢的冷却速度，作为这种形式且在较短时间完成的热处理方法可以采用等温退火处理方法。这是在图3-61所示的，被称为TTT曲线突起处650 ℃附近的铁素体、珠光体相变曲线左侧，以等温状态保持操作通过的方法。

以上虽然是标准的热锻制品的热处理方式，但是从节省能源的角度考虑，进行着多种改进工作。

关于正火，以往主要是以渗碳制品作为主体进行处理，但为了渗碳加热前晶粒的微细化而进行加热处理的操作很少，因此最近几乎不再进行。与其说是因为重视提高切削加工性，不如说是因为考虑软化退火而进行等温退火操作。变速箱齿轮等零件主要采用这种方式，将锻压设备和热处理炉连接成线，利用锻造余热，进行与等温退火一样的处理。

还有热锻完成后，锻造件处于奥氏体状态时，也采用将零件直接放入水或油中淬火的热处理方法（锻造淬火）。锻造淬火材料的晶粒较大，具有一次淬火就可以得到均匀马氏体组织的特点。还有应用于低碳钢材料时因为可以确保良好的韧性，所以在行驶系零件中广泛采用。

另外这种方式可以使零件材料由合金钢替换为碳素钢成为可能，具有节省资源、减少制作成本的作用。

进一步通过合理的控制热锻后的冷却温度，可得到性能均匀、具有淬火回火效果硬度的非调质钢，因而扩大了非调质钢的应用范围。这种非调质钢因为奥氏体晶粒粗大，所以具有耐冲击值低的缺点。因此适用于不太需要冲击性能要求的零件，但是通过合金成分变化等的金属组织的改善，也可适用于行驶系零件应用[65,66]。

（b）冷锻制品：螺栓、球连接类零件，采用冷锻加工制作。作为这种方式制作的热处理方法首先需要考虑提高锻造加工性能。为此采用球化退火处理。通常由钢中析出的层状渗碳体为球状结构，虽然考虑了种种方法，但有在A_1相变点上的温度加热适当的时间后徐徐冷却的方法，以及在A_1相变点下的温度长时间加热的方法等。冷锻后可进行下面说明的加工后热处理方法。

（c）加工后的热处理：锻造结束后的毛坯材料，通常通过机械加工方式完成后续制作工作。然后进行作为零件需要的热处理加工，即为加工后的热处理。

主要热处理方式有无氧化淬火回火、渗碳淬火、渗碳氮化淬火、高频淬火、软氮化处理等，目的主要是进行表面硬化处理。这些表面处理方法的特点如表3-15所示。实际应用时，除特殊性能要求的钢种外，可根据加工性能、成本、热处理后的变形情况等进行适当选用。如在变速器齿轮的切齿加工工序中，从加工用齿轮滚刀的寿命考虑，应尽可能切削易加工的工件。为此，使用低碳素合金钢材料时，加工后进行渗碳处理，则仅表面部分具有高碳性，再利用淬火处理使表面具有高硬度和压缩残余应力，而内部还具有较好韧性的，这就是一种巧妙的处理工序和方法。另外渗碳氮化淬火适用于钢板的压制零件和小件的碳素钢锻造零件，具有降低零件成本的作用。

表3-15 表面硬化热处理的特点对比

表面处理种类	表面硬化层深度（mm）	表面硬度	压缩残余应力大小	适用材料	强度（钢材）			
					静强度		疲劳强度	
					平滑性	切削缺陷	平滑	切削缺陷
高频淬火	0.5~任意	H_V400~750 根据含碳量而定	1	钢材、铸铁 铁基烧结材料	1	取决于缺陷的程度（缺陷大强度减小）	1	1
渗碳淬火渗炭氮化淬火	0.3~1.3	H_V650~750	2	低碳合金钢 碳素钢	2	取决于缺陷的程度（缺陷大强度减小）	2	2
软氮化	0.3~1	化合物层 H_V500~800 扩散层 +H_V100程度	3	钢材、铸铁 铁基烧结材料	3	稍许增大	3	3

注：数字越小性能越好

还有高频淬火方法因为其硬度（强度）取决于母材的含碳量情况，所以低碳钢不宜应用，但是因为利用喷水冷却可以获得较好的淬火性能，所以采用低价的碳素钢。另外，因为局部淬火硬化具有淬火变形小、热处理耗能少的优点，所以驱动轴和以往渗碳处理的等速联轴器零件的加工，多采用这种处理方法。该方法还有在表面形成坚硬的氮化物使耐磨性能提高等优点，因而得到广泛应用。表3-16为汽车用齿轮零件的材料和热处理方式。

表3-16 汽车用齿轮材料与热处理方法

零件名称		材料	热处理
发动机	凸轮轴、曲轴正时滑轮，链轮	碳素钢 铸铁 特殊铸铁 铁基烧结材料	IH QTN
	机油泵主动齿轮，分电器齿轮	铸铁 碳素钢	QTN
	飞轮齿圈	碳素钢	IH CQ
转向器	蜗杆、扇形齿轮轴（转向臂轴）、球形螺母	合金钢	CQ
	小齿轮	合金钢	CQ
	齿条	碳素钢 合金钢	IH CQ

续表

零件名称		材料	热处理
变速器	1～5速齿轮、输入齿轮、惰轮	合金钢 碳素钢	CQ IH
	离合器从动盘毂	铸铁 铁基烧结材料	IH IH
	太阳轮、行星齿轮	合金钢	CQ
	内齿轮（齿圈）	碳素钢 铸铁	IH IH
	速度表齿轮	铜合金 尼龙	
差速器	半轴齿轮、小齿轮、主动小齿轮	合金钢	CQ
	锥齿轮（冕状齿轮）	合金钢	CQ

注：CQ：渗碳淬火；IH：高频淬火；
QT：淬火回火；N：软氮化

3.4.2 热处理方法和设备

（1）坯材的热处理。

热处理炉：大批量热处理需要采用连续炉。图3-66为连续调质炉示意图。将规定重量的热处理零件装入送料盘，按照规定的时间周期送入预先设定温度分布的隧道型炉中。输送机构除托盘推进式外，还有活动梁式、滚柱输送式、输送链式等。推进式方式在高温范围没有可动部位的

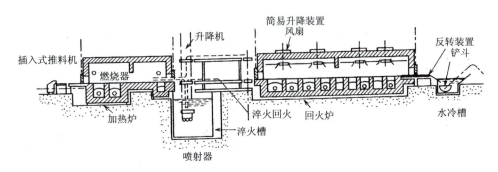

图3-66 托盘推进式连续型原型材调质炉

特点是其长处。另外活动梁式和滚柱输送式因为是采用送料箱进行输送，所以对于多品种零件的热处理工作可以根据需要随时进行变换。淬火可浸入如图3-66所示的淬火油槽中完成。但是由于锻造淬火和非调质钢的开发，调制处理方式的应用正在逐渐减少。

另外，在等温退火炉中，利用强力的风扇代替油槽使被加工零件迅速降温，且可以连续保持等温状态。

这样作为坯材的热处理炉的热动力源主要使用重油或可燃气体，在炉内各部位设置热电偶监控炉内温度。

图3-67所示为锻造淬火热处理的一个实例。热锻后的原型材用输送链运送到淬火槽，进行淬火处理。完成淬火的零件用输送链从淬火槽中顺序运出，为了避免产生淬火裂纹，马上进行回火处理。

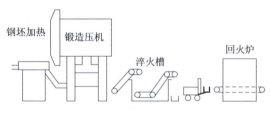

图3-67　锻造淬火工艺流程

（2）冷锻材料的退火处理。

对于冷锻制作，近年来推进了精密冷锻制造技术的发展，即使原材料和中间退火材料很多情况也需要进行无氧化、无脱碳化处理。为此加热用气体燃烧器的排气精制气体等以氮气为主要应用气体。采用了可使用保护气体的热处理炉。

（3）加工后的热处理。

（a）渗碳淬火。

1）热处理炉：因为采用渗碳性质的气体作为燃料，所以需要具有密封结构的热处理炉。图3-68所示为具有代表性的连续渗碳淬火回火热处理炉的结构。处理零件设置的夹具，为了不扰乱炉内的保护气氛围，切削油等杂质必须彻底清除。过去虽然也采用有机溶剂，但是由于使用如图3-69所示的兼有预热作用的熔烧炉，可以通过燃烧除去切削油等杂质。

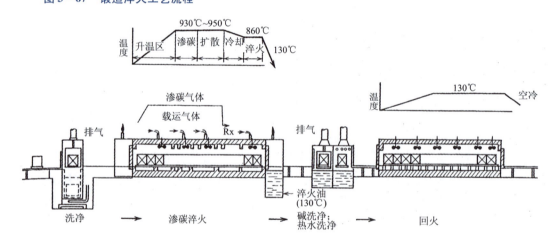

图3-68　渗碳淬火工序的结构示意图

炉内可分为渗碳、扩散、淬火等工作区域。加热时用电加热装置，但是也可以使用成本更低的天然气或煤气加热。

图3-70显示了在升温区域使用的高效率喷灯的实例。热处理零件的运输方式因为考虑到直线化设计以节省空间，以及在炉内设置隔断门结构精密控制炉内保护气体氛围的需要，所以普及了滚柱炉底，或者升温-渗碳使用推进型装置，扩散以后过程采用滚柱炉底的混合型结构。对于淬火油，考虑到减少淬火变形影响，使用冷却速度缓慢些的高温油。淬火后，为除去淬火油，可使用碱性液清洗或者石油系溶剂进行真空洗净并经干燥处理，然后进行回火处理操作。

2）处理方法：渗碳性气体将丙烷、丁烷等碳氢化合物和空气按一定的比例混合，用加入镍催化剂的气体发生装置（气体发生炉），生成以$CO-H_2-N_2$元素为主体的混合煤气以备应用。这种气体一般称为吸热性气体（endthermicgas）通常也称为RX气体（商品名）。与空气的混合比例虽然是根据原料气体决定（与化合价相当）的，但是为得到精确数值，要进行气体性能分析确定。表3-17所示为RX气体的组成分析实例。

各种气体的组成为一定值。

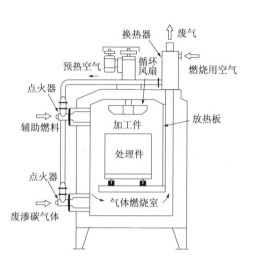

图 3-69 密封燃烧炉

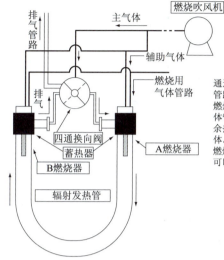

图 3-70 高效率燃烧器实例(回热燃烧器)

出处:(财)节能中心平成 9 年度 1997 年节能优秀事例全日本大会

表 3-17 RX 气的体积组成   %

原料气	RX 气组成				
	CO_2	CO	H_2	CH_4	N_2
C_4H_{10}	0.0	24.5	32.1	0.4	其余
C_3H_8	0.0	24.0	33.4	0.4	其余

在渗碳时,进一步在炉内加入丁烷等浓缩气,平衡含碳量(渗碳气体的渗碳能力 = CP)为0.8%~1.1%的程度。这种 RX 气体中的 H_2 和 CO 可以认为产生如下的气体,其反应保持平衡,即

$$CO + H_2O = CO_2 + H_2 \quad (1)$$

其次,下面列出了典型的渗碳反应,即

$$2CO = [C] + CO_2 \quad (2)$$

式中,[C]表示在钢种渗透的碳元素。

式(2)中的平衡常数为:

$$K_1 = \frac{P_{CO_2}}{a_C P_{CO_2}} \quad (3)$$

这里 a_C 是钢中碳元素活量,活量系数为 1 时,a_C 碳元素活量为

$$a_C = \frac{A_C(奥氏体中的平衡含碳量)}{A_S(奥低体中的饱和含碳量)} \quad (4)$$

因此,A_C 则有

$$A_C = \frac{A_S P_{CO_2}}{K_1 P_{CO_2}} \quad (5)$$

根据式(5),如果求得 P_{CO} 和 P_{CO_2},则可以求得平衡含碳量 A_c 即 CP。但是因为 RX 气体中的 CO 从宏观来观察,实际操作测定时几乎为定值,所以如测试微量变化大的 CO_2 也可以了解 CP 情况。因此利用红外线 CO_2 仪表,就可以测定、控制。另外从下面渗碳反应的 H_2O 含量,即根据露点也可以进行管理,则

$$CO + H_2 = [C] + H_2O \quad (6)$$

$$K_2 = \frac{P_{CO} \cdot P_{H_2}}{a_C \cdot P_{H_2O}} \quad (7)$$

近年,利用氧浓淡电池测定炉内的含氧量以计算 CP,多使用 O_2 传感装置。图 3-71 所示为使用氧传感装置和利用该装置的 CP 控制系统。

氧传感装置渗碳时,依据下示的平衡式而得以成立。因为响应速度快、灵敏度也良好,所以有可能进一步促进其应用,即

$$CO = [C] + \frac{1}{2}O_2 \quad (8)$$

$$K_2 = \frac{P_{CO}}{a_C \cdot P_{O_2}^{\frac{1}{2}}} \quad (9)$$

以氮气为基础的渗碳法和不使用以往的气体

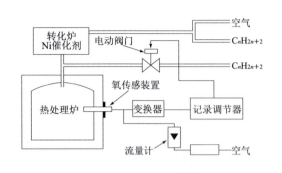 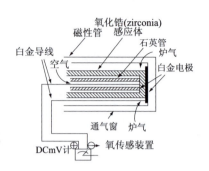

图3-71 应用氧传感装置的环境气体管理系统

发生炉而直接在渗碳炉中注入丙烷、丁烷和空气的直接生成方法也不断得以实用化。

因为渗碳处理需要较长时间,所以缩短处理时间是研究课题。以加速碳元素的扩散速度为目的,在满足结晶粒不产生粗大化发展的前提下,采用高温(930℃~950℃)进行操作。此外,也在渗碳区域提高CP下运作。在扩散区域,使这么高的零件表面含碳量看做为共析组成以下(0.8%)。另外以往在同一炉内的冷却淬火区域,为缩短处理时间,在炉外用其他类型的炉进行操作完成,如图3-72所示。

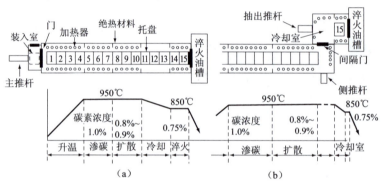

图3-72 直通型及其他室型热处理炉的结构简图和热反应模式
(a) 直通型处理炉;(b) 其他室型处理炉

淬火后,为保持渗碳层的硬度,进行低温回火处理,以保证淬火组织稳定。

在缩短时间方面,使保护气体CO的浓度提高为35%~50%,提高渗碳性的高CO渗碳方法,以及图3-73所示的采用数个渗碳室,并在专用的冷却室降温的多室(cell)方式真空渗碳炉也已开发了。

3) 渗碳淬火零件的材质:通常含碳量0.15%~0.30%的铬钢,使用铬钼钢等合金钢材料。这是为确保渗碳层的淬火硬度和硬化层深度,从淬火变形角度考虑即使缓慢冷却也可以使零件内部的硬度充分达到的缘故。对于齿轮零件和等速联轴器零件,需要较高的尺寸精度时,可使用淬火性能范围(顶端淬火值)窄的特定的钢种。另外为防止结晶粒粗大化,也使用添加Al和N的钢种。作为低碳素钢应用时,需降低材料内部硬度,这是为了保证零件整体韧性要求的缘故。

(b) 渗碳氮化淬火:处理方法和渗碳处理方式大致相同。在RX煤气中添加NH_3达到百分之几程度时进行。以提高钢板和碳素钢等的耐磨性能为目的渗碳氮化处理方法,硬化层薄,处理温度比渗碳时低,处理时间也比渗碳处理短。

(c) 无氧化淬火。

1) 热处理炉:使用和渗碳淬火大致相同的结构的热处理炉。但是与渗碳淬火不同之处仅是

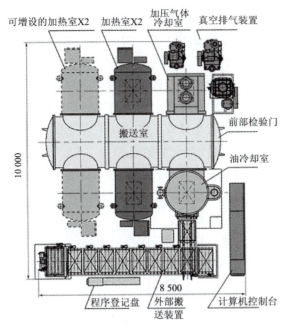

图 3-73　真空渗碳装置

几个真空渗碳室（相当于图上的加热室）由一个搬运室相连接。降温冷却室、淬火油槽是共有的。这就是具有生产性高、质量稳定的多室方式渗碳装置的例子。根据生产的变化，可以进行增设与停产。

均一的加热，所以仅有升温、均热区域，均热温度为 870 ℃ ~ 900 ℃。

2）处理方法：作为煤气氛围，同渗碳相同，采用 RX 煤气。但是因为目的不是渗碳，所以 CP 值的大小取决于处理零件材料的含碳量（0.30% ~ 0.50%）这二者的混合。

淬火油与渗碳淬火相比使用冷却性能高的 60 ℃ ~ 80 ℃ 的低温油。另外回火温度因为一般为 450 ℃ ~ 600 ℃，所以为防止氧化，在回火炉内使用以 N_2 为主体的煤气。

3）无氧化淬火零件的材质：为保证硬度和韧性二者的平衡，可使用含碳量为 0.30% ~ 0.40% 的碳钢、铬钢、铬钼钢，尤其是冷锻制品较多。

(d) 高频淬火。

1）热处理设备：热处理设备由高频发振器、淬火机组成。对于振动发生器来说，在频率较低时采用可控硅变频器，频率较高时使用晶体管环流器。因为通过发振频率可以改变被处理零件中产生的感应电流的渗透深度，所以需要根据工作需要适当的选择处理零件的硬化深度目标。

一般使用的工作频率为 3 kHz、10 kHz、20 kHz、100 kHz、200 kHz、400 kHz。对于淬火设备来说稳定固定被处理零件并使其转动，均匀加热，在进行轴类等零件处理时，有时需要使被加工件一边移动一边连续加热。

高频淬火时，决定淬火效果的最重要的因素是工作线圈。线圈是采用铜材料加工制作完成的。加热后把水或水溶性冷却液，喷射到加热部位进行淬火处理。这时冷却液的输送通道，可设置在加热线圈的内部，通过线圈上的小孔喷射淬火（固定淬火）；有时也在其他系统设置冷却套管。

高频淬火机也可以设置在机械加工生产线上，作为加工生产线的一部分发挥作用。近年来这种要求也在增强，正在推进可适应多种零件的，自动进行零件检测、工作条件变换、更换线圈、位置变动等的 NC 化进程。

图 3-74、图 3-75 所示为高频淬火的实例。另外图 3-76 是关于环状零件的淬火装置，淬火时在环形内部插入插头进行变形校正的实例，加热、插头淬火、插头抽取连续进行。

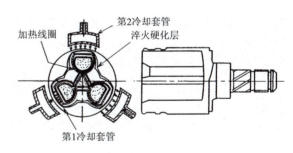

图 3-74　等速联轴器（外环）的高频淬火

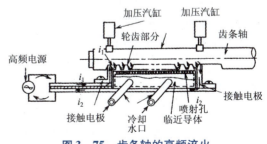

图 3-75　齿条轴的高频淬火

另外，沿齿轮齿形的淬火也正在开发，可以认为今后也会得到实用。

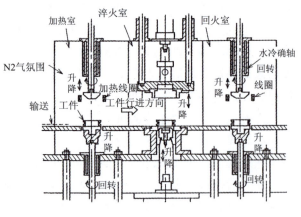

图 3-76 高频插头淬火装置

2）处理方法：因为是快速短时间的加热，所以为使钢中的碳化物充分固熔形成均一的奥氏体组织，需要比通常更高的淬火温度。为此用 950 ℃ ~ 1 000 ℃ 的温度进行处理操作。作为淬火前的组织，如同淬火回火组织类那样，碳化物微细且均一分散的组织容易奥氏体化，而经过球状化退火的组织最难形成奥氏体化。

用于高频淬火的淬火冷却剂，通常采用的是水，但是为防止淬火裂纹和变形，也使用聚乙烯醇和聚烷撑二醇的水溶液。这被称为淬火缓和剂溶液。

回火在 100 ℃ ~ 180 ℃ 进行。过去多采用炉加热方式，最近多采用淬火线圈方法直接处理，而再次低温加热的方法。

3）被高频淬火的零件材质：在高频淬火时，即使淬火性能不好的碳素钢因为也可以获得良好的淬火性能，所以含碳量 0.30% ~ 0.55% 的碳素钢多采用这种处理方式。另外合金钢也被采用。

(e) 软氮化处理：对于软氮化处理，虽然有气体、盐浴、离子化等方法，但主要使用的是气体和盐浴方法。氮化处理用于氮化钢，是以生成 Cr、Mo、Al 等的氮化物为目的的处理方法。与此相对，软氮化处理可以说是以生成铁的氮化物为目标的处理方法。

气体软氮化处理是利用 NH_3 和渗碳使用的 RX 气体进行操作的。可以认为通过以下的化学反应使氮元素和碳元素形成固熔的，即

$$NH_3 = [N] + 3/2H_2 \quad (10)$$

$$2CO = [C] + CO_2 \quad (11)$$

处理温度是 570 ℃，为使碳元素具有加快氮元素渗透的效果，处理时间也需要 1 ~ 5 h。热处理炉和渗碳炉一样使用密闭的具有保护氛围的炉结构，快速冷却处理介质可使用冷却油。

盐浴软氮化处理是在 570 ℃ 左右的温度加热 K 和 Na 等碱性金属的氰化合物（KCN 等）与氰酸盐（KCNO 等）等，在盐浴中浸渍被处理零件的处理方法。这种方法作为常用的盐浴软氮化处理方法已被熟知。

盐浴软氮化处理分解反应式为

$$8KCNO = 4[N] + [C] + 2K_2CO_3 + 4KCN + CO_2 \quad (12)$$

由式（12）显示的分解反应，可知道碳元素和氮元素的扩散情况。为此，需要保持一定的 CNO^- 离子的浓度，盐浴中还要进行吹入空气，使 CN 离子氧化的操作。

还有在坩埚中镶着 Ti 的内衬，用来防止 Fe 离子（坩埚材料）熔解进入盐浴溶液中。但因为 Ti 内衬由于盐溶液的侵蚀，使用寿命比较短，所以也有使用镍铬铁耐热耐蚀合金制作坩埚的情况。处理操作时间是 20 min 至 5 h。由于被处理零件的升温操作很快，可以缩短处理时间。

处理后的快速冷却，是从盐浴中取出零件后，进行油或水溶液浸渍过程，然后进行汤洗、水洗操作。另外盐浴成分不能直接流到外部，需要在工厂内进行处理。

离子氮化是在低压气体氛围中（0.5 ~ 10Toor①）加上 100 ~ 150 V 的电压，以炉壁为阳极，被处理零件为阴极，利用辉光放电进行处理操作。被离子化的 N^+ 离子加速冲击被处理零件，使处理件加热。同时，激发出表面的铁原子。该铁原子和原子状态的氮结合生成氮化铁，凝结在表面。这些氮化铁立刻分解氮浓度低的化合物，此时产生的氮元素中一部分扩散到被处理零件的内部，这就是进行氮化处理的作用机理。

处理的温度可以说在氮化处理中是最低的温

---

① Toor 是真空度单位——译者注。

度，但因为氮化速度慢，所以多在500 ℃左右的温度下进行。离子氮化因为不使用可燃性气和有毒物质，所以也可以布置在机械加工生产线中应用，可以想象今后这种加工方式的应用将会逐渐增加。

3.4.3 热处理质量的保证

零件的力学性能由热处理工艺来决定，其质量和汽车的安全性和耐久性直接相关。也在热处理工序也需要严格管理设备及工作条件。因此可以说，基本上是由工艺来确定产品质量的。在渗碳中，除了加热温度、热处理炉内的氛围管理（CP）以外，也要实施淬火油等的管理。

还有，每隔一定时间，需要将样品切开研磨，检查硬度和组织情况，并进行硬度深度等设定指标的研究。渗碳氮化、无氧化淬火处理也应采用相同方法。

在进行高频淬火时，切片检查尤其重要，通过这种方式确认淬火深度和硬度是否在基准值范围内，从而进行工艺管理。

对于这样的硬度检查，一般使用威氏硬度计，有时也使用洛氏硬度计和布氏硬度计。

虽然切片研磨进行质量管理成为重要的方法，但是因为检查时间长且需要经验积累，所以正在开发非破坏式检查方法。但目前还没有成为充分可靠的检查方法。图3-77是已经实用化的硬度检查方法实例。

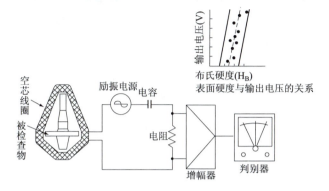

图3-77 硬度自动测试判别方法

另外进行高频淬火时，对于要求得到更好的淬火性能时，必须防止淬火裂纹。因此淬火回火后，需要利用磁力探伤装置进行裂纹检查。

3.4.4 热处理与表面处理技术的发展趋势

随着车辆的高性能、高效率化发展，零件的高强度化、耐磨损、耐热性能等需求在不断提高。还有省能、环保、安全性能、自动化等生产方面的需求也在提高。针对这些问题，作为热处理技术和表面处理技术的新的方法加以列出，并如表3-18所示（电镀、化学处理、润滑被膜处理等除外）。

表3-18 热处理、表面处理方法的发展趋势（与汽车相关的内容）

区 分		技术动向	适用的主要零件	处理方法、特性（简要）
一般热处理		球墨铸铁的奥氏体等温淬火	曲轴，行走部分零件，差速器齿轮，其他	冷却时利用盐浴或高温油进行等温保持，得到贝氏体组织
扩散渗透	C的扩散（渗碳）	N2基渗碳 真空渗碳 离子渗碳	齿轮及其他渗碳零件，喷嘴	氮气中混入RX气体或烷类气体后的渗碳法，气体成本低，安全性好（尤其对爆炸方面）。 减压条件下的气体渗碳法，可在真空炉中进行高温渗碳，安全性高，可控性好，不会出现渗碳层异常现象。 辉光放电条件下烷类气体被等离干化，碳离子冲击进入零件表面实现离子渗碳过程
	S、N、C的扩散	高温渗硫 低温渗硫	轴承、模具、差速器主动小齿轮等	565 ℃温度下在含渗硫盐成分的盐浴中进行渗硫氮化处理，提高严酷使用条件下零件的耐磨性又称为"斯如斯如夫（スルスルフ）处理法"—商品名称。 盐浴条件下电解生成FeS，提高耐摩擦磨耗性，又称为高彼得处理法—商品名称

续表

区　　分		技术动向	适用的主要零件	处理方法、特性（简要）
扩散渗透	B 的扩散	渗硼处理	油泵主动齿轮	粉末、盐浴、气体等方法，大概900 ℃温度下进行渗硼处理，得到FeB、Fe_2B层，提高耐摩耗性
	金属的扩散	渗铬 TD 处理	排气系统零件等 模具、刀具	在含Cr介质中高温加热进行渗铬处理，生成Cr台金层、碳化物层，提高零件的耐酸性、耐蚀性。 一般来说，向以硼砂为主体的盐浴中添加碳化物生成元素，实现金属扩散（约1 000 ℃），主要为生成VC
表面变质	局部淬火	激光表面强化 电子束表面强化	动力转向齿轮座、 气门挺杆、同步零件	利用激光束进行局部快速加热，然后自然冷却硬化。对控制激光束的光学系统要求较高。 利用电子束在真空室中进行局部快速加热，然后自然冷却硬化。电子束的可控性良好
	表面熔融	TIG 再熔融硬化	凸轮轴（铸铁）	用TIG焊炬将零件局部熔化后，再快速凝固实现硬化目的
	加工硬化	喷丸处理 表面滚压	齿轮等 曲轴等	钢丸颗粒高速射向零件表面，造成表面塑性变形而达到加工硬化目的，同时表面压缩残余应力可提高疲劳强度。 滚轮对零件表面的挤压产生同上的硬化和耐疲劳作用
表面被覆	气相沉着	PVD CVD	活塞环、刀具、 模具、刀具	在真空炉内使金属元素蒸发、离子化，使其和氮元素等发生反应，于是氮化物等沉积于负电位的零件表面。 在1 000 ℃左右，反应炉内含有金属元素的蒸气和送入的反应气体作用，生成碳化物和氮化物
	表面涂覆	溶射 激光涂覆	制动器零件等 发动机阀门	将金属、陶瓷等加热，吹向半熔融状态的零件，形成被覆层，提高零件的耐热性、耐蚀性以及耐磨性。 用激光束将零件加热的同时，供给涂覆材料，完成涂覆工艺。热控制性能良好

因此，作为齿轮的高强度化技术，喷丸硬化方法被广泛应用。在渗碳领域，由于采用乙炔类渗碳性能好的气体等改善措施，对以往问题关键的灰尘产生加以抑制的真空渗碳方法再次引起广泛重视。通过使用相同装置的高温渗碳方法可提高生产率，通过调整材料成分促进碳化物的产生可提高强度，通过安全性能的提高可促进无人化生产等，正在期待这些方式方法尽快获得应用。

还有可以达到产品的高性能化、多功能化的表面处理技术的进步也非常显著，应用激光、电子束、离子、等离子等的处理技术也进入了实用阶段。

3.5　机械加工

3.5.1　概述

在汽车产业中，机械加工方式主要用于需要高精度、多工序制作的重要零部件、安全零部件等的精加工，主要特点如下：① 不仅根据加工方法，而且根据加工件的品种数和生产数量，生产形式也大不相同；② 当产品规格类型变化时，不仅夹具、刀具、检具等工艺装备要有相应的变化，加工设备也要变化。

随着汽车产业的发展，在机械加工领域也经过了以下发展阶段。

① 从以通用机床为主的机群式生产方式到机床专用化生产线化阶段。以采用多轴加工机床等

为标志,追求高精度、高效率。

② 自动化生产周期化阶段。以引入多工位自动运件设备(transfer machine)为标志,追求省人力、低损耗以及缩短交货期,使得在制品减少、辅助生产时间减少。

③ 柔性化、系统化、多品种化、多样化阶段。以引入数控机床、FMS 等为标志,追求生产线的柔性化,以应对汽车种类增加、使用周期缩短的发展趋势。

到了现阶段,在满足多样化生产要求基础上的高效率加工已成为机械加工领域的重要课题。较之过去,如今的生产量已有显著的变化,与此相适应,出现了工序集中型的数控(NC)机床为单位,并对应于产量的复数配置的生产体制。另外,生产管理体制也与此相应,如生产场地、供应方的分散,设计开发、生产装配等的分散等,而且,不仅生产方面,从接受订单到产品交货的全部过程为实现统一管理,正在努力向更高层次的水平发展。本节介绍机械加工的常见方法和相应的机床、刀具、切削油(液)等的种类和特征,如切削加工、磨削加工、滚辗加工等,以及批量生产线的设计方法和主要事项。

3.5.2 机械加工工艺及设备

机械加工系统是指由被加工工件和加工方法(刀具、机床)构成的统一系统,包括3项指标要素:① 生产率,即单位时间的生产数量;② 生产成本,即单位加工量的成本;③ 加工精度。

以切削加工为例,欲提高生产率则需要提高或增大切削速度、切削深度和进给量,但会造成刀具磨损加大,精加工表面粗糙度数值劣化,对切削深度和进给量指标有不利影响。因此,重要的是,只有明确对进给量指标的影响因素,再确定最合适的加工方法,选择最合理的切削参数。

为确定最合理的切削参数,需从以下几个方面入手研究:① 切削机构;② 切削力;③ 切削温度;④ 刀具寿命;⑤ 切削液;⑥ 材料的切削加工性能。研究方法:① 测试法(如测定刀具前刀面应力分布的光干涉测量装置、测定工件精加工后表面变质层的扫描电镜等);② 解析法,即确定切削区温度分布的有限元计算方法(图3-78),以及依据脆性破坏理论的刀具突发破损解析等。表3-19所示为影响加工精度的因素。

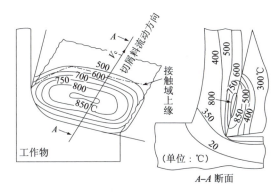

图 3-78 切削温度分布的数值计算结果

切削条件:被切材料:0.48 碳素钢,刀具:P20 超硬 (15, 10, 7, 7.15, 15, 0.5),$A = 2.0$ mm,$S = 0.25$ mm/r,$V = 100$m/min,不使用切削液(前角面上的剪切刀假定是成为台形分布)

表 3-19 对加工误差的影响因素

机床	• 主轴回转精度 • 定位精度 • 切削抗力变形 • 重量移动所引起的变形 • 热变形
工件	• 夹紧力变形 • 切削力变形 • 重力变形 • 热变形 • 残余应力(含加工前残留的内应力)
刀具	• 切削抗力变形 • 刀具磨损形成的刀尖后退 • 热变形
夹具、安装部件	• 切削抗力、夹紧力变形 • 安装精度、再安装精度
切削过程	• 积屑瘤造成的过切 • 粗糙度、波度 • 颤振

(1) 机械加工的种类。

(a) 切削加工:切削加工分为刀具固定(车刀等)和刀具回转两类。前者包括车削、镗削、刨削、拉削等;后者包括钻削、铣削、齿轮切削加工等[79]。

1）刀具固定。

① 车削：车削是工件回转、刀具进给的一种加工方法。图3-79所示为最基本的7种基本车削加工方式。工件的安装方法有两种：长轴用顶尖、短轴用卡盘。

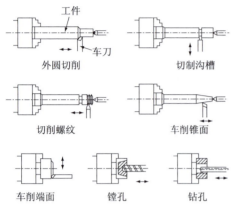

图3-79　车削的基本的几种加工方式

② 镗削：镗削加工是为钻削后的底孔或毛坯孔加以扩孔的高精度加工方法，加工方式分悬臂镗削法和双支撑镗削法两种。为有效防止镗削中的颤振发生，多采用图3-80所示的消振杆。

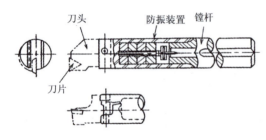

图3-80　消振杆

③ 成型刨削、立刨、平刨：刨削加工是通过刀具往复运动，对平面、沟槽进行精加工的一种加工方法，并且是适合于需要、防止加工薄形或长工件变形的精加工方法。但是刨削在实际加工中采用较少，这是因为一方面刨削是断续切削而能量损失较大，另一方面由于有空回程损失而生产率较低。

④ 拉削：拉削加工是使多段刀刃的刀具（拉刀）沿直线或螺旋线连续进给，完成对内孔或各种形状的表面从粗加工到精加工的高效、连续加工的一种方法。但是，由于拉刀是成型刀具，拉削加工的柔性不好。图3-81所示为圆拉刀示例。

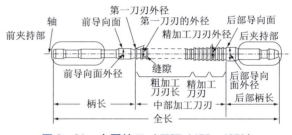

图3-81　内圆拉刀（JIS B 0175—1979）

2）回转刀具。

① 钻孔、铰孔：钻铰加工是钻头、铰刀边回转边进给的内孔加工方法，与此相关的加工方法还有精铰、锪孔、螺纹钻孔等。深孔一般用枪钻头（图3-82）以及为进一步提高功效、降低成本而使用超硬不磨刃钻头（图3-83）加工。

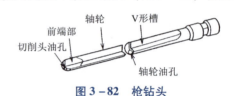

图3-82　枪钻头

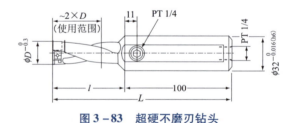

图3-83　超硬不磨刃钻头

② 铣削：铣削加工是采用圆周或端面上分布有多个刀齿的刀盘（铣刀）回转进行加工的一种方法，可加工平面、侧面、沟槽、螺纹、齿轮等多种表面。图3-84所示为常用的9种铣刀类型。从铣削方式上区分为逆铣和顺铣两种。其中，顺铣有刀具寿命长、加工精度高、动力损失小的优点，但也有使进给系统传动间隙增大的趋势，因此必须设置间隙消除机构（Backlash，BL）以减小加工时的工作台窜动量。

③ 齿轮切削、剃齿加工：齿面加工分滚齿和插齿两种。滚齿加工采用切制成几条螺纹性切刃，沿着螺纹线设置的刀具（滚刀）进行齿面加

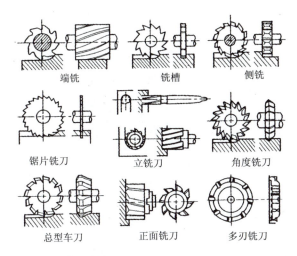

图 3-84　铣刀种类（JIS B 4106~4109、4201~4235）

工（图 3-85）的方法；插齿加工主要用于组合齿轮（双联、多联齿轮等）和内齿轮的加工，是利用插齿刀具进行齿面加工的方法。

剃齿加工是在斜齿轮形状的齿面上设置切削刃制成剃齿刀，并与准备加工的工件轴交错设置，作为螺旋齿轮啮合，利用沿着齿线方向产生的滑动，进行齿面精加工的方法，其中以切入法用得最多。

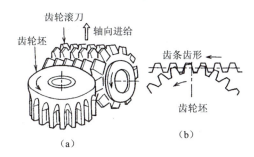

图 3-85　滚齿加工原理
(a) 加工中的滚刀和齿轮坯；(b) 范成加工表面

(b) 磨削加工：磨削加工主要用于表面的精加工，适用于渗碳钢、超硬合金等高硬度工件的加工，分普通磨削和光整加工两类。普通磨削是指砂轮对工件间有一定的进给量，最终获得图样尺寸的加工方式，外圆磨削、内圆磨削、无心磨削、端面磨削等均属此种加工方式。光整加工是指在工具和工件间施加一定的压力，对工件进行抛光，减小表面粗糙度值的加工方法，常用的方法有研磨、超精加工、珩磨等。

(c) 滚辗加工：是用一对和工件轴线平行的工具，对棒材、管材等外圆表面回转加压成型加工的一种方法。加工工具按照形状分为圆形工具（模具）和平行工具（齿条）两种（图 3-86）。

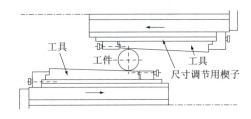

图 3-86　创成法滚挤加工原理（齿条型工具）

机械加工领域中，滚挤加工主要用于花键轴、细齿轴以及齿轮等的加工。

此外，采用滚挤加工对加工表面施加压力，使其产生残留压应力，可以提高零件的抗疲劳强度，如零件尖角部位的圆角滚压、齿轮齿面的滚轮滚压等。

(2) 机械加工设备。

(a) 机床结构：机床由本体、运动驱动机构、操作及控制装置 3 部分组成，是保证刀具和工件间能产生要求的相对运动（或是创成运动）并将其轨迹复映到工件上的工作母机。

机床有 3 种基本运动：① 切削运动；② 进给运动；③ 位置调整运动。这 3 种运动及其驱动机构的不同组合，就形成了不同的加工方法及其加工机床。

衡量现代机床生产能力的标准有三个要素：① 加工精度；② 生产效率；③ 加工柔性。其中，特别是加工精度，除取决于 3 种基本运动的运动精度外，还和机床本体的静刚度、动刚度、热变形等因素有关。以图 3-87 所示的卧式镗床为例，给出了切削力的传递路线以及机床各部件的受力变形情况。另外，图中也给出了主轴箱固定位置受主轴水平方向热变形的影响。

(b) 机床的种类：① 切削速度、进给速度可调的通用机床；② 限定单一功能的专门机床；③ 加工特定尺寸、形状和材质工件的专用机床；④ 在通用机床基础上功能扩展的万能机床；⑤ 具备多种工艺能力的多功能机床。

作为有代表性的加工机床，图 3-88~

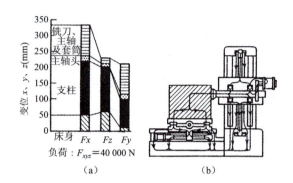

图 3-87 卧式镗床的变形分布图
(a) 变形分布；(b) 力传导图

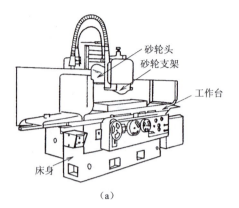

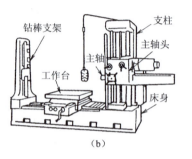

图 3-89 磨床及镗床
(a) 横轴台式平面磨床；(b) 台式卧镗床

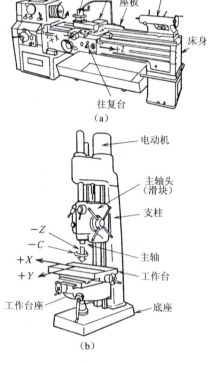

图 3-88 加工机床[78]
(a) 普通车床；(b) 立式钻床

图 3-90 给出了普通车床、钻床、镗床、平面磨床、铣床等的外形图。图 3-91、图 3-92 分别给出了车削中心、加工中心的外形图（卧式），这两类机床是多功能机床的代表。

(3) 刀具和切削液。

(a) 刀具：为了实现高效化，超高压技术不断进步，CBN（Cubic Boron Nitride）、多结晶金刚石等刀具材料已经实用化。特别是 CBN 材料的实用化，使得对于淬火钢等从前只能依靠磨削

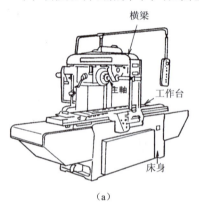

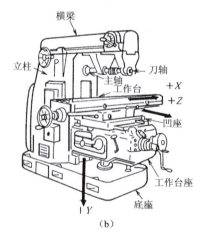

图 3-90 铣床
(a) 卧式铣床；(b) 万能铣床

第3章 加工技术

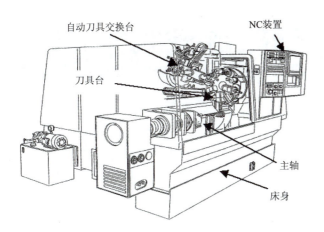

图 3-91 车削中心（JIS B 0105）

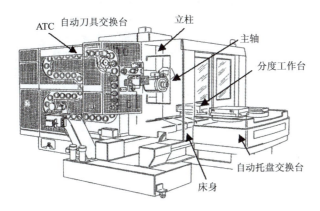

图 3-92 卧式加工中心（JIS B 0105）

而不能切削的硬质材料也可以用切削的方式进行精加工。而多结晶金刚石刀具多用于铝合金材料的高速切削加工。

作为刀具材料，必须满足以下条件。

① 高温硬度和压缩强度高。
② 耐磨性和强韧性高。
③ 传热性能和耐热性能高。
④ 化学稳定性高，与被加工材料的亲和性低。
⑤ 磨削性能好。

现阶段常用刀具材料的适用范围如图 3-93 所示。最近，利用涂层技术还开发出了适于干切加工的刀具材料。常规切削过程中，切削液有润滑、冷却、排屑等多种功能，而干切加工则要求刀具具备这些能力。其中，润滑和冷却问题靠涂层技术和开发新型刀具材料来解决，排屑问题靠优化刀尖形状、控制断屑来解决。目前，面向干切加工的涂层材料有加工钢材的 TiAlN 系列、加工铝合金的 DLC（Diamond Like Carbon）系列、超微结晶金刚石系列等。

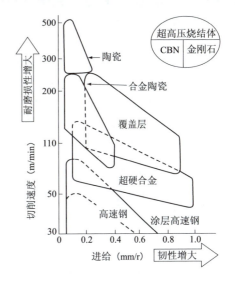

图 3-93 刀具材料的适用范围[82]

一般来说，刀具磨损随切削时间的增加逐渐发生，但若超过了一定量，由于刀尖温度上升，会加速磨损各种刀具磨损、破损形式如图 3-94 所示。另外，各种加工方法的推荐切削速度见表 3-20。

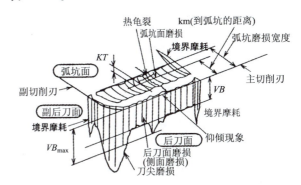

图 3-94 刀具刃部磨损的形态[82]

（b）切削液：切削液功用有：① 润滑；② 冷却；③ 抗溶焊；④ 保护环境。另外，切削液对切削过程也有影响，表现如下。

Ⅰ）减小摩擦力和切削力。
Ⅱ）减小刀具前刀面和切屑的接触长度。
Ⅲ）剪切角增大。
Ⅳ）防止积屑瘤生成。
Ⅴ）切屑排除容易等。

表 3-20 各种加工方法的推荐切削速度　　　　　　　　　　　　　　　　　　　　m/min

加工方法	刀具材料	碳素钢 225~275 HB	铸铁 160~200 HB	球磨铸铁 240~300 HB	Al 70~125 HB
车削	高速钢	27~35	27~43	17~23	215~245
	硬质合金	115~150	125~165	79~90	425~550
	涂层	150~230	160~190	90~120	—
	陶瓷	305~460	365~550	185~245	—
	金刚石	—	—	—	915~1 065
镗削	高速钢	27~34	34~43	18~23	185~230
	硬质合金	105~130	115~145	60~76	425~490
	涂层	160~200	130~160	84~105	—
	陶瓷	245~395	305~490	135~200	—
	金刚石	—	—	—	760~915
铣削	高速钢	30~38	34~44	20~26	215~305
	硬质合金	125~150	135~180	81~105	395~490
	涂层	165~230	175~265	105~160	—
	陶瓷	—	350~400	—	—
	金刚石	—	—	—	1 200~1 800
钻削	高速钢	18	32	14	90
	硬质合金	40~80	30~60	—	80~120
铰	高速钢	9	17	9	37
	硬质合金	12	24	12	60
	金刚石	—	—	—	40~200
攻丝	高速钢	5~15	6~18	2.4~6	14~30
拉削	高速钢	5	9	3	12
	硬质合金		46		
注：HSS 表示高速钢					

从而延长刀具寿命、减小加工表面粗糙度值、提高尺寸精度等。最近，有喷雾冷却、MQL（Mimimum Quantity Lubriation，或 Mimimal Quantity Lubricants）冷却等方法问世。喷雾冷却法是将少量的切削液和高压空气混合后，高速喷入切削区域进行冷却的方法。而 MQL 冷却法不仅能使切削液供给最适量与最少、保护环境，而且能提高切屑排出性，使得钢材的深孔加工实现高效率低能耗。

切削液的种类见表 3-21。

表 3-21 切削液种类

油基切削液	切削油，非活性极压切削油，活性极压切削油
水基切削液	乳化切削液，乳化溶液，合成乳化切削液等
固体润滑剂	MoS_2、C、BN、PbO
内部润滑剂（高速切削添加剂）	Pb、S、Ca、Bi、Te 等
冷却液	液态空气、液氮等

3.5.3 大批量机械加工生产线

(1) 加工生产线设计。汽车产业中的机械加工，由于零件类型千差万别，决定了其加工方法和加工工序的多样化，不同品种、不同类型的零件月产量从几百个到数万个不等。为此，加工生产线的设计要遵循以下要点。

① 尽管零件的种类、数量、交货期多样化，但加工设备的使用率不能低下。

② 尽管从毛坯到成品的工序数目很多，但物流输送的复杂化、在制品量不宜过高。

③ 生产批量变动时，不应有设备使用不平衡、人力等待、材料等待等生产损失情况出现。

④ 为节约人力资源，取消调整作业，使加工作业单一化。

加工生产线的设计方法分以下三类：

(a) 生产线设计；
(b) 工序设计；
(c) 装备设计。

(a) 生产线设计：依生产数量、种类的不同，生产线设计分三种类型。① 少品种多量；② 中种中量；③ 多品种少量。形式不同，设计不同。生产线的设计应追求以下目标：生产效率高；对生产计划变动的适应能力高；生产管理容易，以实现生产线数量尽量少，而相应的生产数量大的目的。

因此，要对生产对象进行归纳分组（Grouping），为以下两部分工作的实施打下基础。

① 以商品计划为基础，选定适当的主要零部件组为目标，设计专用生产线。

② 将零件不同加工表面分类，将来计划变更时，加工、运送基准统一等生产设计的分组自由度将扩大。

(b) 工序设计：工序设计的目标为，易于实现自动化、工序管理、质量稳定、高效率、安全生产，维持良好的生产环境。设计应兼顾以下5点。

① 工序数目的最少化、适当化：依据切削量削减情况进行工序削减，利用复合刀具、多面加工机床将工序集中，从而易于自动化的同时，要求做到线内在制品存量最小，易于实现工序管理及自动化。

② 质量保证、检查的容易化：确定适当的加工基准、加工方法和工序顺序，保证产品质量，在重要工序设置检查工序，及时得到产品质量的反馈信息。

③ 生产过程的均衡性：保证制件在工序间的准时化生产，尽量减少设备空转等待的发生。

④ 新技术、新方法能很容易的引入：为使新技术、新方法能及时引入当前生产线，工艺过程的标准化、设备的模块化、工艺顺序的变更、替换的高自由度化是十分重要的。

⑤ 除以上要点外，物流搬运的最小化等问题也必须同时加以考虑。

(c) 装备设计：生产线由多台机械加工设备及其附带设备组成，这些装备的设计目标为：以最低成本满足要求的精度；易于维护管理；运行成本低；可以遵守作业标准；故障少；设备折旧时间长。为此，装备设计要兼顾以下5点。

① 构造简单化。加工所需的运动越少越好，不设计冗余机能。

② 装备的零部件标准化。

③ 节能化。

④ 结构紧凑化。有效利用布局空间。

⑤ 维护、保养性的提高。将设备构成单元按功能分类，对各功能单元分散控制，从而使得检查部位的最少化零部件的更换更容易。

(2) 汽车产业的最新发展趋势。汽车产业近来可以有以下一些发展趋势。

(a) 由于用户要求的多样化，为及时满足各类用户的不同爱好需求，汽车产品的少量多种化倾向越来越明显。与此相适应，提出了短周期生产（包括了缩短生产准备时间）问题。

(b) 随汽车产品更新换代周期的加快，产品使用寿命越来越短，生产数量的快速变更对生产提出了实现加工设备高柔性化的课题，要求加工设备能够及时快速的应对产品的变更需求。

(c) 随着生产全球化趋势的出现，海外生产规模逐渐扩大。为此，不论是日本国内还是海外使用的机械装备，提出了高可靠性、免调整化、保养、维修零件统一等课题。

归纳以上需求可知：缩短包括了生产装备的生产周期、提高柔性化生产能力以应对产品变更、提供可靠性高收益性好的加工设备等是当前亟须解决的课题。

（3）生产线种类。现有的有代表性的生产线种类有：自动加工线（Transfer Line）、FTL（柔性自动线）、FMS、NC 单元生产线（NC Cell Line）、复合加工机床等（图3-95）。

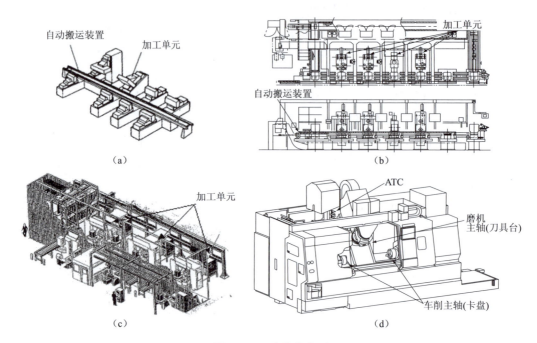

图 3-95 生产线类型

(a) 自动加工输送线；(b) FTL, NC 单元生产线；(c) FMS；(d) 复合加工中心

自动加工线（Transfer Line）是指"为满足复杂零件连续加工若干表面的需要，将一组切削机床、自动搬运装置及其附属装置组合在一起，其间既有相互控制又有统一控制的一种加工设备"。

FTL（Flexible Transfer Line）和前述的自动加工线相同，只是其中的加工设备不仅有专用机床，还有 NC 设备。

FMS（Flexible Manufacturing System）是由若干台 NC 机床（加工中心）组成的加工自动线，其中物料搬运装置为带有夹具的托盘。

NC 单元生产线（NC Cell，含加工中心）是由若干台加工中心组成的自动线，其中加工用的工件夹具固定在机床侧面，工件单件输送的自动生产线。

复合加工机是指一次装夹，车削、铣削、钻削等加工内容都在同一台设备上完成的加工机械。

FTL 或 NC 单元生产线上所采用的加工设备，往往不单单是加工中心，专为某工序设计的被称作多轴标准机的专用设备也常被配置到线上。

生产线形式从以加工自动线为主体的面向"少品种多量"的加工方式，逐步过渡到以 NC 机床为主体的"多种变量"方式，表现为"柔性化"的发展趋势。一般来说，各种生产线类型的柔性如图3-96 所示。

各生产线类型的特征如表3-22 所示。

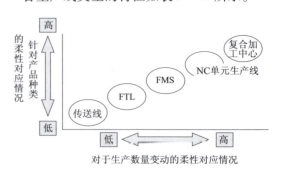

图 3-96 生产线的柔性对比

表 3-22 各种生产线类型的特征

	自动加工线	FTL	FMS	NC 单元生产线	复合加工机
种类变更	不能加工多种产品	因有 NC，某程度可以	增加物料搬运托盘即可	准备夹具等即可	准备夹具即可
数量变动	不能（只有增减设备使用率）	不能（增减设备使用率）	增加物料搬运托盘即可	很容易适应数量变动	增减设备台数即可
设备投资	成本高（因要设计专用设备）	和自动线比 NC 部分价高	托盘数量、搬运装置等价高	成本较低	成本高
空间	小	小	大	小	小
产品价格	低	低	高	低	高
产品质量	误差分散小	分散小（应计入 NC 部误差）	受工序间误差、托盘定位误差影响	受工序间误差影响	稳定（因一次装夹）

泡沫时期过去后，由于日本国内市场的成熟，汽车更新换代加快，随着产品的使用寿命缩短、车型越来越多、用户需求多样化等趋势变化，促使对汽车产业的要求也不断变化。今后作为批量生产的发展方向，对变动的适应性、生产速度、价格竞争力等已成为新形势下的重要课题。

(4) 自动化装置。必须加以自动化的功能有下列四项：① 机械本体（包括加工）；② 运输；③ 保养、维修；④ 传感技术等。

(a) 机械本体：关于机械本体是指 ATC（自动工具交换装置）、APC（自动托盘交换装置）、冷却装置等现代加工中心或复合加工机所配备的标准装置。另外，复杂曲面加工中生成加工程序的自动编程器或 CAD/CAM 装置等一般也已被采用，并归入此类。

(b) 运输装置：关于物料输送包括两种：① 工件更换或工件在一台机床内的搬运；② 不同机床间的物料输送。工件更换除了上下料装置外，近年来也开始较多地使用工业机器人。需要特别指出的是，工业机器人的动力源正从液压驱动转换为电力驱动，AC 伺服加气压驱动的混合驱动方式成为主流，从而大幅提高了驱动速度和定位精度，另外由于视觉传感技术的进步，搬送装置的功能也得到了极大的扩展。

(c) 保养、维修：为实现保养性、维修性的提高，需进行加工状态的监测、故障诊断等。关于监测手段，一般是监测刀具寿命或使用刀具破损检测装置。对于故障诊断，各个生产厂家都给出了各种各样的诊断系统方案，最近还出现了利用网络等进行的系统支持方案。

(d) 传感技术：传感技术对于现代加工机械是不可或缺的。机床得到加工命令后为实现对执行装置的控制，其位置、速度必须要有相应的测量装置。而且最近的发展趋势是，一边检测刀具和工件间相对变形及其带来的机床变形、振动，一边监测加工过程的状态（如切削力、切削温度、切屑的状态等），这样，对刀具交换等加工条件加以变动时，加工精度自然还可以维持，以实现高精度加工。另外，对加工精度（尺寸、形状、表面粗糙度、残余应力）也在加工中（in process）、加工后（post process）进行传感，并通过各种反馈方式进行测控，目标是实现省力化、无人化的加工方式。

(5) 测试装置。测量包括两种情况：① 给加工系统反馈质量信息，为防止不合格品出现的对加工状态的在线测量和加工后测量；② 为保证加工质量，以判断是否是合格品为目的的测量。这两种情况是被适当区别使用着。

测量仪器一般由测量、转换、传输、运算、判断、判断后处理 6 部分组成。在大批量生产线上使用的在线测量装置，其测量（传感）部分应具备的使用条件（除精度、响应速度、SN 比、维修性要求外，还要对切削液、切屑、热、振动以及电气干扰等恶劣的外部环境干扰有良好的稳定性、可靠性）最为严酷，是不断进行技术开发对象。

3.6 冲压加工

3.6.1 概述

（1）冲压设备种类。冲压设备是将被成型材料置于一对模具间，使其按照模具形状强制变形的一种加工机械。使用多台压力机组合，或单台大型多工位压力机，可进行复杂形状零件的冲压加工。

冲压机械和普通加工机械相比有很大的不同，最适于大量生产。优点：① 单件时间极短；② 加工精度取决于模具精度，和操作者熟练程度无关，连续冲压，产品质量稳定可靠。缺点：由于一组模具只能加工一种产品，因而高昂的模具制造成本对产品的总生产成本有很大影响，需要事先综合考虑成本和总产量的关系。

冲压设备分为机械压力机和液压压力机两大类，前者用于一般的钣金加工，后者用于试冲压（Trial Press）。表3-23 所示为两种机械的生产特征对比。

表3-23 机械压力机和液压机的生产特征对比

生产特征	机械压力机	液压压力机
加工速度	快	慢
行程变化	一般不能	容易
行程终点定位	能准确定位	不能准确定位
压力调整	困难	容易
压力保持	不能	容易
维修	容易	困难

压力机根据结构的分类方法如表3-24所示。

表3-24 压力机的分类

动力源	传动机构、方式	床身结构	滑块动作方式
机械压力机	曲柄压力机 无曲柄压力机 摩擦压力机 齿轮齿条式压力机 连杆传动压力机 曲柄连杆式压力机	• 开式C型床身 • 整体式双柱型床身 • 组合式双柱型床身 • 整体式C型机身 • 可调式床身 • 弧形床身	• 单动式 • 复动式 • （双动式、三动式）
液压机	液压机		

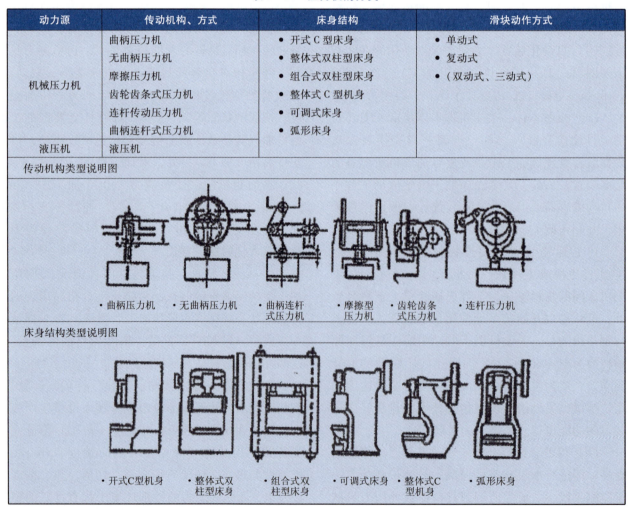

传动机构类型说明图: • 曲柄压力机 • 无曲柄压力机 • 曲柄连杆式压力机 • 摩擦型压力机 • 齿轮齿条式压力机 • 连杆压力机

床身结构类型说明图: • 开式C型机身 • 整体式双柱型床身 • 组合式双柱型床身 • 可调式床身 • 整体式C型机身 • 弧形床身

下面介绍常用的压力机类型。

（a）按滑块传动机构区分：小型的用曲柄压力机、大型的用无曲柄压力机。由于滑块的大小和公称压力不同，而驱动单元的数目也不同。曲柄压力机按滑块个数分单动压力机和双动压力机两类。无曲柄压力机按压力点可分为单点压力机和双点压力机。

（b）按床身形状区分：小型机多采用C型床身，大型机采用双柱型床身。

此外，按驱动部件的位置可分为上驱动式压力机和下驱动式压力机。近年来，伺服压力机受到了越来越多的关注。伺服压力机大致可分为两类：由伺服电机驱动机械滑块的电动伺服式；以及利用伺服电机控制压力油的流量，再由压力油驱动滑块的液压伺服式。电动伺服式压力机又可分为连杆伺服、曲柄伺服、螺旋伺服等类型。液压伺服式压力机则有伺服阀式和伺服泵式之分。和传统压力机相比，伺服压力机具有成型过程中速度可调的特征，使其具有以下优点：① 能够减小噪声和振动；② 能够减小压力机以及模具的冲击载荷，从而有望延长设备及模具的寿命。

（2）冲压零件的种类。汽车中的冲压零部件，可以分为车身部件和车架底盘部件，各自的特点如下文所述。

（a）车身部件：汽车车身外板及骨架件的冲压主要选用板厚在0.6~1.2 mm的薄钢板。作为增强材料，部分也采用1.6 mm以上的钢板。作为汽车冲压用钢板，冷轧钢板是汽车生产中用量最多的品种。除此以外，为满足市场上各种需求也使用其他钢板，如防止浸蚀的表面处理钢板、质量轻而抗冲击性能良好的高强度钢板等。另外，以轻量化为目标的树脂材料和铝合金材料的使用比率正在增加。进一步在加工方法方面，也开发了多种新技术和适于批量生产的工艺方式。例如，异材缝合板材（Tailored Blank）方法，这种方法是根据车身设计的强度和刚度要求，采用激光焊接技术把不同厚度、不同表面镀层甚至不同原材料的金属薄板用激光等焊接在一起，然后再进行冲压。图3-97所示为使用此法加工的汽车部位示意图。在零件缝合的基础上，零件数目和点焊所需的凸缘部位都减少了，汽车的"轻量化"效果显著。最初，该方法只用于小型零件，以提高材料利用率为目的，但是最近已经扩展至车体侧板以及底板等大型零件。图3-98所示为用异材缝合板材方法成型的车体侧板零件的实例。车身零件的成型方法一般为拉延成型，对于有外表美观等特殊要求的外板，则要求对压力机的模具要有高的加工精度和表面精整技术。另外，为防止异物混入而造成制件压痕，应对材料及模具进行清洗，在冲压现场也需要有精细的管理措施。

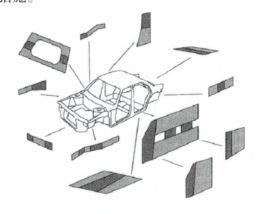

图3-97 应用异材缝合板材（Tailored Blank）方法的车身零件示意图

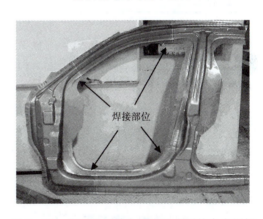

图3-98 应用异材缝合板方法成型的车身侧板

（b）车架底盘零件：汽车中起支撑作用的车架，主要用板厚在1.2~3.6 mm间的热轧钢板成型，也有采用10 mm左右的厚钢板成型的情况。由于板材厚度和制件尺寸的原因，车架零件的成型需要更大的加工压力，因此需要比成型车身零件更大的压机和模具，且要有足够的刚性。作为成型方法，虽然弯曲加工是车架零件的主要加工方法，但是也有利用如像车轮或变矩器零件那样强制挤压拉延成型的方法，通过模型表面处理等方法，避免模具表面划伤的技术很重要。

表3-25所示为构成汽车车身的冲压零件分类和加工参数设备规格的关系。

表3-25 轿车车身中的冲压零件及所需冲压设备规格

级别	典型零件		设备规格			实现多工位连续自动化的目标
			压力 (t)	垫板尺寸 /mm	冲程 /mm	
大型	侧板 顶板 车门内板（成套） 底板前部 底板后部（一体） 前挡泥板（组件） 前侧加强板（表面装饰板）	外罩板 内罩板 后车门外板 后车门内板	2 000 ~ 800	2 100 × 4 500	~300	5 000 t级(进给量2.5 m以上) 3 200 t级(进给量2.0 m) 2 700 t级(进给量1.5 m) 1 000 t级(进给量0.9 m)　1 700 t级(进给量1.5 m)
中型	车门内板（左、右） 车门外板（左、右） 后行李箱盖内板 后行李箱盖外板 后挡泥板（左、右） 前挡泥板（左、右）	后内支柱 前内支柱 B加强支柱（表面装饰板） 内部顶层轨道 加强活动铰链 加强铰链	1 200 ~ 400	1 700 × 3 000	~200	
小型	角钢板 加强轨道（组件） 前挡泥板托架		600 ~ 400	1 500 × 2 500	~150	

（3）冲压模具的种类。冲压模具的种类分为成型模具、剪断模具和弯曲模具三大类。根据所用的压机，可作更进一步的细分。第一类：成型模具包括拉伸模、张出模、成型模、挤出成型、压印等；第二类：剪断模具包括修边、冲孔、去毛刺、剪切、冲裁等；第三类：弯曲模具包括冲凸缘、弯曲、卷边、弯边等。下面说明上述各种模具的结构。

(a) 成型模具结构：汽车车身钢板的成型，通常采用拉伸成型和张出成型的组合模具。模具的构造由被冲压件的型状和所用压力设备共同决定，分单作用拉伸模具和双作用拉伸模具。图3-99和图3-100所示为两种模具的结构简图。

(b) 剪断模具结构：剪断模具中落料和冲孔通常是混在一起的，而且受零件形状、工序数的

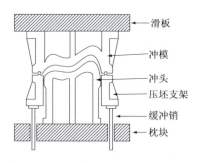

图3-99 单作用拉伸模具结构简图

限制，翻边等加工也常包括其中。还有综合考虑模具的成型质量和使用寿命，将修边条件不好的部分，利用使上下方向位移变换为横向移动的凸轮型模具结构。图3-101所示为落料·冲孔模具的结构简图。

(c) 弯曲模具结构：弯曲成型按照成型种类分为翻边弯曲和冲切弯曲两种（图3-102）。还

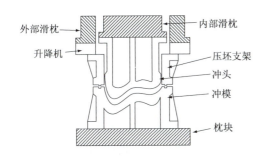

图3-100 双作用拉伸模具结构简图

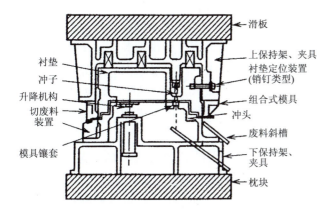

图3-101 落料·冲孔模具的结构简图

可以按照成型方向分为向上翻边模具、向下翻边模具和凸轮法兰模具等。图3-103所示为翻边成型模具的结构简图。

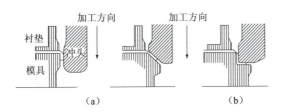

图3-102 弯曲成型的种类
（a）减薄成型；（b）压切成型

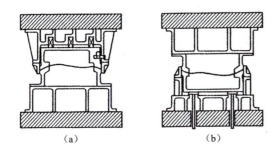

图3-103 翻边模具结构简图
（a）向下凸缘型；（b）向上凸缘型

3.6.2 冲压模具的设计

冲压模具的设计通常指的是连贯的一系列工作：从被冲压零件的结构设计和工艺设计的同步进行开始，到模具结构设计、模具材料选择以及详细设计结束。其中，由于工艺设计对零件的质量、生产性、成本等各个方面都有举足轻重的影响，因此除模具设计者外，包括汽车外形设计者、零件设计者，甚至加工车间技术员在内，都应参加进行反复的论证。工艺设计时的论证项目包括：① 成型性、加工性论证；② 最少工序论证（合理分配加工部位）；③ 模具结构·强度论证；④ 采用的压力加工设备和生产线布局论证；⑤ 现场操作性论证；⑥ 生产成本论证等通过论证使得工艺设计和作为对象的冲压件的种类（内板、外板、大小、要求的精度、生产量等）相适应。作为和冲压加工的成型性最相关的工艺，一般的设计方法如下所述。

（1）拉伸工艺。冲压零件的形状大半都是通过拉伸工艺获得的。该工艺设计时需要考虑：① 模具表面形状；② 冲压加工方向（有无负角度，冲头·材料的走合条件）；③ 合适的压边力（压边圈的形状、尺寸和设置位置）；④ 成型力；⑤ 后续工序的加工性；⑥ 质量保证（外观质量等的保证）；⑦ 进给方向等。汽车零件中的外板，由于存在结合线分叉、打击线、表面变形、尺寸误差等外观质量问题，以及张力刚性·耐电镀性能等问题，因此加工前要进行非常详细的论证。

（2）落料·冲孔工艺。以剪断加工为核心的落料·冲孔工艺设计，需要考虑的问题是：① 冲压方向和模具刃口的强度·寿命；② 刃口工作条件；③ 边角料的处理（边角料的形状、边角料的尖端装置的配置，滑槽角度）；④ 作业性（起重装置的配置）；⑤ 加工力；⑥ 模具刚度等。

（3）翻边工艺。翻边工艺实为弯曲加工，其工艺设计时应考虑：① 成型性（确定最小曲率半径R，防止拉伸翻边·压缩翻边部位的起皱、外板面内变型等成型缺陷）；② 翻边面的回弹情况的预估算；③ 冲压方向；④ 冲压模的强度和刚性；⑤ 作业性等。

近年来，为缩短开发周期、减少开发工作量，实现从零件设计到模具设计、制作的连续性，已有融合了CAD·CAM·CAE技术的系统问世，数据为一体化共享。同10年前的开发周期相比，采用一体化技术后开发周期缩短到原来的2/3[89]。与模具设计、模具制造相关的CAD·CAM·CAE概念如图3-104所示。

3.6.3 冲压模具的制造方法

汽车模具的重量少则数吨，最重可达35 t，投影面积在1~10 m²。生产汽车大型覆盖件模具时，需要机械加工、试制设备、运送装置等大型装备。而且，由于制件表面形状精度要求在数微米以下，所以对机械加工精度的要求也很高。直到十几年前，模具生产过程中制件的成型性等问题依然是未知的，试模·调整是必要工序，耗费大量工时。最近，CAE技术的发展和引入使得冲压缺陷问题可以事前进行模拟验证，试模时缺陷的发生几率大幅减少。目前的发展趋势是随着机械加工能力的不断增强和CAD·CAM技术的不断发展，模具制造的工序越来越少，而精度不断提高。

图3-105为模具制造流程的简略示意图。以图3-106所示的拉伸工艺为例，给出了从机械加工到试模的一般过程。最近，精磨加工仅在

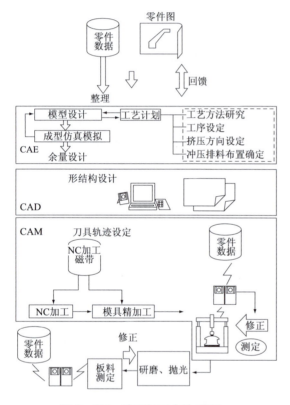

图3-104 冲压加工中的CAD·CAM·CAE一体化概念图

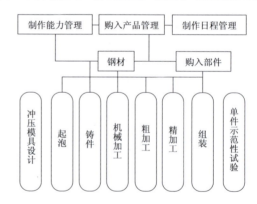

图3-105 模具制造流程的简略示意图

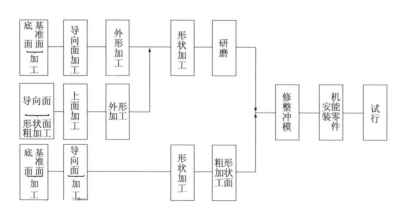

图3-106 拉伸模具的一般制造过程

必要的部位进行，加工范围已经很小了，可以看到的精磨工序事例已经大幅度减少了。

3.6.4 生产准备用各种模型

20世纪80年代后期，各大汽车制造商开始引入CAD·CAM·CAE技术，自此，从冲压零件设计开始，到模具的设计·制造结束，零件模型所包含的设计数据以信息的形式传递，通过计算机，数据成为一个一元化的整体，即可为各种各样的工程所用，也能接受各工程提供的信息。数据一元化和只使用模型相比，模具设计师和零件设计师所要求的形状、精度可以很好的得以反应，模具设计、制造时可实现最大幅度的合理化。最近，出现了模具三维化设计，利用该三维数据，可进行机械加工时刀具干涉和冲压工序间托盘搬送干涉的事前模拟检查，从而大量减少试验工作量。今后，CAD·CAM·CAE技术的融合会越来越紧密。图3-107所示是数据一元化的流程示意图。

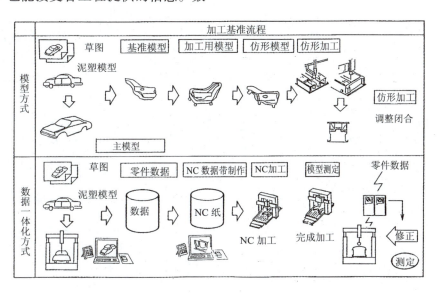

图3-107　由于CAD·CAM扩大而形成的数据一体化

3.6.5 冲压用材料和成型性

汽车零件冲压加工所用的钢板材料，主要有冷轧钢板、热轧钢板和表面处理钢板三类。此外，排气、电装和内饰零件也常使用不锈钢板和铝合金板材等钢板以外的材料。而且，近年来为减轻汽车自重，高强度钢板、树脂材料和铝合金等材料的使用急剧增加。下面，以汽车车身零件所用钢板为主，分别介绍其种类和所具有的特性。

（1）冷轧钢板[91]。冷轧钢板为薄板，厚度为0.3~3.2 mm，板厚精度高，美观、平滑，力学性能和加工性能良好。过去，冷轧软钢板是汽车大型冲压件的主要材料，近年来由于追求汽车轻量化，适于制造车身零件的冷轧高强度钢板的需求急剧增加。表3-26所示为冷轧钢板的种类、特征和用途。

（2）热轧钢板[91]。热轧钢板和冷轧钢板的成分上无何差异，但制造工艺不同，力学性能、表面性能和尺寸精度等较差。热轧钢板的板厚为1.2~14 mm，主要用于车身底板零件和构件、制动盘类零件。要求高强度的车架、底盘、承载车轮等零件，采用汽车构造用热轧钢板以及汽车加工用热轧高强度钢板。表3-27所示为热轧钢板的种类、特征及用途。

（3）高强度钢板[93]。用于汽车制造业的钢板，一般强度的软钢板其拉伸强度（TS）在270~310 MPa，高强度钢板的拉伸强度则在340 MPa以上，一般小于1 470 MPa。高强度钢板的特征是，TS高的同时屈服强度（YP）也很高，利用这个特征可以降低面板的厚度。因此，对于减轻汽车重量十分有利。

表3-26 冷轧钢板的种类、特征及用途

种类		型号	特征	用途
冷轧压延软钢板	JIS冷轧压延钢板及钢带（JIS G 3141）	SPCC	小变形量加工用材料（一般用），一般为沸腾钢（不脱氧钢）	拉深度较小的汽车零件，其他小型零件
		SPCD	性能仅次于SPCE的具有良好压延性能的钢板（拉深用）	汽车车门内板，车身侧板结构件等
		SPCE SPCEN	复杂形状拉深加工用材料（大拉深用）一般为镇静铝钢板（脱氧铝钢板），SPCEN保证非时效性	前、后保险杠，车轮盖等
	非JIS规定但性能相当的冷轧压延钢板	低屈服点钢板	具有较低的屈服点和屈服比，可冲压加工形状较复杂的零件	车门、顶板、机罩、后行李箱盖等
		超拉深加工用钢板	可进行大拉深加工，性能等同于或超过JIS钢板，为各大钢铁公司自主开发的产品	前、后保险杠，油盘等
冷轧高张力钢板	JASO汽车用易加工冷轧压延高张力钢板及钢带（JASO M 108-77）	APFC 390~590	低TS为固溶强化钢，高TS为析出强化钢，与传统的高张力结构钢板相比，成型性有所改善，但屈强比高、延展性、r值小，因而不适于复杂形状拉深工艺以及对形状精度要求高的拉深工艺	结构件，支架类，减震器车门导杆等
	拉深用高张力钢板	固溶强化型高张力钢板	在镇静铝钢为基础上添加P元素等进行固溶强化得到的材料，TS最高可达440 MPa，高r值（约1.5左右），具有优良的拉深性能	防护罩（遮光板）、车门、车身后部底板等
		低屈强比型高张力钢板（DP）	较低的屈服点，具有高延展性基础上的烧结硬化性，可制备1 270MPa级超高张力钢板	保险杠、车门导杆等
特殊冷轧钢板	润滑钢板		将金属皂等特殊润滑剂涂布于钢板上，经低温干燥固化制备	汽车内板零件等
	压花钢板（浮雕钢板）		将钢板表面制成凸凹花纹，得到美观的效果	汽车内板零件等

表3-27 热轧钢板的种类、特征及用途

种类	型号	特征和用途
热轧压延软钢板（JIS G 3131）	SPHC SPHD SPHE	按照加工性分为三类，SPHC主要用于弯曲加工，有严格冲压加工要求的场合采用SPHD、SPHE材料，SPHE为获得更好的加工性采用镇静钢
汽车结构用热轧压延钢板（JIS G 3113）	SAPH 315~440	适于对强度和成型性要求均较高的场合，公称强度分315、370、400和440 MPa四种，主要用于成型底盘类零件
汽车用易加工热轧高张力钢板（JASO M 107-77）	APFH 490 APFH 540 APFH 590	适于对冲压成型性要求较高的场合，不仅用于车架等较简单弯曲加工，也用于车身仪表板的成型加工

但是，由于YP的高低对于冲压零件的成型质量有明显影响，所以和软钢板相比，高强度钢板的冲压成型性较差，易于发生断裂、起皱等成型缺陷。用于汽车外面板的钢板，特别是表面变形成为问题，而且，回弹（spring back）等影响最终成型效果的因素更加突出。表3-28、表3-29所示为现阶段各钢铁公司提供市场的汽车用热轧、冷轧高强度钢板的加工性能情况比较。图3-108所示为高强度钢板适用情况。

表3-28 汽车用高强度热轧钢板的加工性能分类

种 类	强度指标 TS (MPa)	强化机理	特 征	主要适用场合	零件实例
一般加工用高屈强比型（HSLA）	440~980	固熔强化、析出强化	适于弯曲、程度拉深加工	用于结构件、强化件	车架类零件，轮辋
拉深用	310~440	固熔强化	拉深性能好	用于结构件、强化件	车架、构件类零件
烧结硬化型	310~590	固熔强化、马氏体强化	涂装烧结时，屈服强度和拉伸强度增大	用于结构件、强化件	立柱、构件类零件，悬架零件
高延展翻边型（高内缘翻边型）	370~980	固熔强化、析出强化、贝氏体强化	延展性优良，孔扩张率高，适于翻边、翻孔加工	用于结构件、强化件	车架、构件类零件，车轮，悬架零件
低屈强比型（DP）	540~780	马氏体强化	高延性，低屈服点，适于张出加工和拉深加工	用于结构件、强化件	构件类零件，轮辐
高延展型（TRIP）	590~780	残留γ型强化	具有极高的延展性，强度·延展性均衡，适于大拉伸加工	用于结构件、强化件	构件类零件，悬架零件
高耐腐蚀型	440~780	固熔强化 贝氏体强化	耐腐蚀性能优良	用于结构件、支撑件	底盘零件

表3-29 汽车用高强度冷轧钢板的加工性能分类

种 类	强度指标 TS (MPa)	强化机理	特 征	主要适用场合	零件实例
一般加工用	340~1470	固熔强化、析出强化、马氏体强化	适于弯曲、轮底拉深加工	结构件、强化件、车身内板零件	立柱、构件类零件，保险杠
拉深用	340~440	固熔强化	拉深性能好	车身外板、内板零件、构造件	车身外板、仪表板、立柱、下纵梁
烧结硬化型拉深用	340~440	固熔强化	涂漆烧结时屈服强度增大	车身外板、内板零件	车门外板、车盖外板等
大拉深用、超大拉深用	340~440	固熔强化	延展性好，r值、n值高，适于大拉深和张出加工	车身外板、内板零件、构造件	车门外板、车盖外板、仪表板、构件类
高延展翻边型（高内缘翻边型）	440~1180	固熔强化、析出强化、贝氏体强化、马氏体强化	延展性优良，孔扩张率高，适于翻边、翻孔加工	结构件、强化件	构件、立柱类零件，下纵梁、座位零件

续表

种　类	强度指标 TS（MPa）	强化机理	特　征	主要适用场合	零件实例
低屈强比型（DP）	440~1270	固熔强化、析出强化、马氏体强化	高延展性，低屈服点，适于张出加工和拉深加工	结构件、强化件	构件、保险杠、车门支撑框架、座位零件
高延展性型（TRIP）	590~780	残留γ型强化	具有极高的延展性，强度·延展性均衡，适于大拉伸加工	结构件、强化件	构建类、立柱、下纵梁

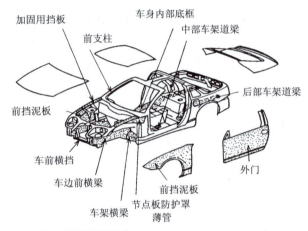

图 3-108　高强度钢板的使用情况

为解决用于冲压成型的高强度钢板的现有问题，各钢铁公司开发各种新产品而被采用。以 BH（bake hard）为例，简述其工艺与性能。BH 钢板在成型时 YP 低，和软钢板具有同等优良的成型性。冲压加工后，经短时高温的涂装烘干，变形时效处理，材料的 YP 增大。因此，满足拉伸刚性、耐电镀性等特殊要求，车罩、车门、车厢等零件主要采用 TS 在 340~390 MPa 的 BH 钢板制造。

（4）表面处理钢板[93]。防锈蚀问题是提高汽车质量亟待解决的问题之一。20 世纪 60 年代，北美、北欧等地区随着冬季路面融雪盐用量的增多，车体腐蚀问题成为严重的社会问题。1976 年，加拿大政府提出了"5 年内无锈蚀孔，1.5 年内无表面锈蚀"的汽车防锈标准。这成为各大汽车公司提出自己品牌汽车防锈保证期长度的一个参照。最近，为促进报废汽车的再利用运动，欧洲的汽车公司提出了"12 年保证期"的宣言。

使用表面处理钢板制造汽车车身冲压零件，这是一种防止锈蚀的有效手段。现阶段，各大汽车公司各有各的考虑，而使用各种各样的表面处理钢板。表 3-30 介绍了表面处理钢板的处理层构成，其特征和冲压成型特性。

（5）冲压钢板应具备的特性[93]。图 3-109 所示为汽车中利用冲压成型的零件，可见其种类繁多。为将钢板以冲压加工的方式制成各种复杂形状的汽车零件，不仅要求钢板的成型性良好，而且还要满足由零件自身功能所提出的要求（如刚度、强度、防锈蚀能力等）。

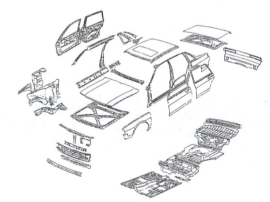

图 3-109　汽车中的冲压零件实例

以前，围绕冲压成型的研究是以防断裂、破裂现象为中心的，随着技术的进步和社会对汽车功能提出的更高要求以及汽车多样化需求，研究逐渐扩展到除破裂问题以外的诸如精度、形状、外观质量等相关问题。截至目前，各种各样的研究活动仍在进行中，取得的诸多研究成果已经部分实用化，相信今后会有更多的成果不断涌现出来并进入实用化。

第3章 加工技术

表 3-30 表面处理钢板一览

分类	镀锌钢板								非镀锌钢板	涂装钢板
	溶解涂层				电气涂层				熔解涂层	涂覆
制法	热镀锌 (GI)	合金化热镀锌 (GA)	薄镀合金层的热镀锌	熔融锌、铝合金镀	电镀锌 (EG)	电镀合金锌 (Zn-Ni, Zn-Fe)	有机复合涂层 (Dura)	合金化电镀锌 (EGA)	铝合金涂层镀铝锡合金	加入锌粉末涂装钢板·发黑处理金属 (ZM)
镀层构成	Zn / 基体	Zn-Fe合金 / 基体	Fe镀层 / Zn-Fe合金 / 基体	Zn-Al (55%)合金 / 基体	Zn / 基体	Zn-Ni Zn-Fe合金 / 基体	有机皮膜 / Zn-Ni / 基体	Fe-Zn合金 / 基体	Al-Si合金 Pb-Sn合金 / 基体	锌树脂镀层 / 锌电镀层 / 基体
镀附着量（目标量）	45~120 g/m² （单面）	30~90 g/m² （单面）	30~90 g/m² （单面）	60~200 g/m² （单面）	10~50 g/m² （单面）	10~40 g/m² （单面）	10~40 g/m² （单面）	~40 g/m² （单面）	0~150 g/m²；(Al·Si)；70~150 g/m² (Pb·Sn)	15μm
镀层的加工性特征	MNv: 50~100 厚度达到目标值时加工性低下 有附着于刀具表面的倾向	MNv2: 50~300 由于收缩变形，而易成粉末	MNv2: 50~400 滑动性良好，由于收缩变形，而易成粉末	MNv: 90~175 弯曲性能好	MNv: 50~100 厚度达到目标值，加工性低下，对工具面有凝着性	MNv2: 50~400 收缩变形而易成粉末，加工性则好	MNv2: 50~400 收缩变形而易成粉末，加工性则好	MNv2: 50~400 收缩变形而易成粉末，加工性好	厚度在目标值时易干剥落 (Al·Si)，软质镀膜；工具粗糙度小，则摩擦系数大	由于形成褶叠而易于剥落

冲压加工的成型性，一般包括从拉深性能、延展性、折弯性等几个方面。在各种性能重叠、复杂的冲压加工时，为了清楚了解其主要的成型性能，需要经常对比分析研究钢板的机械性质和加工结果。表3-31给出了成型性缺陷和力学性能之间的关系。

表3-31　成型性缺陷和钢板力学性能的关系

力学性能 成型缺陷	YP	EL	CCV	Er	n	$\bar{r}$	紧密弯曲	平面内方向差异性
挤压裂痕			○		○			
拉伸裂痕		○		○	○			
延展折边裂痕		○	△					
弯曲裂痕	○	○				○		
起皱						○		○
平面变形	○				○			

接下来，从车身不同部位对板材所提出的各种要求出发，对车身钢板厚度的决定要素加以说明。

(a) 外面板应具备的特性：车身外板要求包括拉伸有刚性、耐电镀性、大变形冲击强度等。常见零件如：发动机罩、车门外板、后行李箱外板等。

(b) 内面板应具备的特性：车身内板要求拉伸有、刚性、材料强度、耐久强度、大变形冲击强度等。常见零件如：车底板、挡泥板、机罩筋板等。

(c) 结构材料应具备的特性：结构材料要求有、材料强度、耐久强度、大变形冲击强度等。常见零件如：辅助构件、横梁、车门导杆等。

以上所述归纳总结见表3-32。由此可见，对车体内外板所提出的特性要求是各种各样的，而车身钢板厚的决定是相当困难的。此外，还有防锈性、涂漆质量、静肃性等的特性，综合考虑这些特性，然后采用最合适的板厚、材料强度、表面处理等的材料。这才是最有成效的方法。

表3-32　车身板厚的决定要素

特性 类别		板厚的决定因素					零件举例
		拉伸刚性	耐电镀性	材料刚性	耐久强度	大变形冲击强度	
外板		○	○	△		○	机罩外板、车门外板、后行李箱盖外板
内板（面板）		○	△	○	○	○	地板、仪表板、车盖内部用钢板棚架
内板结构材料	A			○	○	○	车身大梁、车架横梁、仪表箱
	B			○	○	○	纵梁、差速器固定构件
	C			○	○	○	车门保护罩型材、纵梁、强化的坐椅安全带柱

3.6.6　冲压加工工艺

(1) 工艺类型·应用实例。

为追求低成本生产，人们研究了各种各样缩减工序的途径。最近，汽车车体零件的生产一般已经缩短到只有2~4个工序（下料除外）。作为参考，表3-33给出了车门的制造工艺及所用模具的结构示意。

(2) 冲压设备。

生产规模不同，冲压设备也不同。一般汽车生产厂家冲压车间常备的、有代表性的装备如下。

(a) 开卷落料（剪切）生产线：冲压零件所用的钢板原材料大部分以成卷的形式运入车间，因此，作为冲压加工的前处理工序，需进行预定尺寸的切断加工。特别是大中型零件（车门外板、车顶板等）属于异型冲裁，需利用专用的冲裁模具进行加工。图3-110所示为开卷落料（剪切）生产线的示意图。

表 3-33 加工内容和模具构造举例

工序名	下毛坯	拉深	修边、冲孔	精压并剪切	转向反边
加工内容	(略)	整体成形	周边修剪	翻边 下部翻边	内部反边
模具制造	(略)			回收边角	

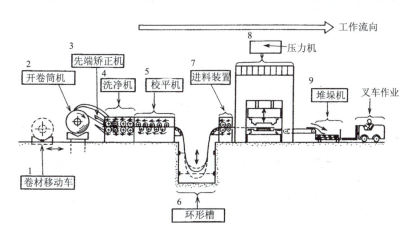

图 3-110 开卷落料生产线示意图

1—钢板卷；2—开卷；3—料头剪床；4—清洗机；5—校平机；6—强化装置；
7—送料机；8—落料压机（剪床）；9—堆垛；10—叉车运送

(b) 串联压机生产线：这是目前最有代表性的冲压设备，由多台直线配置的压机构成生产线，分手动上料、自动下料（机械手、卸载机等）的半自动线和上下料全部自动的全自动线两种类型。图 3-111 所示是这两种自动线的示意图。近年来，由于通用的多关节机器人的普及使用，全自动线已成为主流。

(c) 多工位压力机生产线：图 3-112 是多工位压力机生产线的示意图。多工位压力机生产线是指送料装置（指针方式和过竿式等）往复运动，向下一个工位台供料的自动冲压装置。由于能实现在一台压机上快速完成多道冲压工序，因此具有生产效率高、节约能源等优点。用于生产汽车零件的压机，吨位为 150～3 500 t，不论钢板

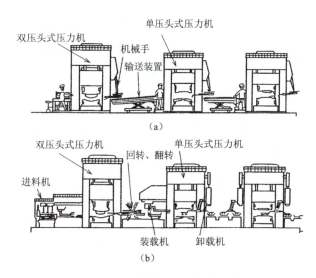

图 3-111 串联压机生产线示意图

(a) 半自动生产线；(b) 全自动生产线

厚或薄，生产速度可达 700～1 500 件/h。20 年前，适于此种冲压方式的汽车零件最大也只能是车罩、车顶等大的汽车外板零件。如今，随着超大型压机的开发和使用，要求最大要求成型压力达 5 000 t 以上的大型冲压零件也能采用此种方式生产了，当然后挡泥板不用说了，整体侧面车身的成型也可以制作。

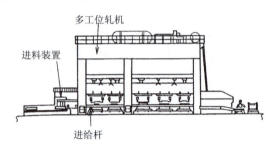

图 3-112　三维多工位压力机生产线示意图

(d) 顺序生产线：适于生产形状比较简单的小型零件。仅通过线圈运输就可以进行产品搬运，不需要输送夹具就可以高速生产。以此法生产的典型汽车零件是托架类零件。

(3) 冲压模具换型调整。冲压加工因为是批量生产，随着生产产品的改变，就需要进行模具、自动化装置的夹持等工具的改换调整工作。对于换型工作来说，应在生产线旁边准备下一个生产产品需要的外调整操作，生产一结束，将模型、工具等换入生产线内调整操作。一般来说，被称为内调整操作工作，其时间的缩短，对提高生产效率，同时对库存制品的削减等有很大的影响，在压制工序中已成为一个重要的研究课题。

具体的换型调整情况如表 3-34 所示。多工位压力机生产线中的换型调整也能够发挥优良的性能的冲压加工方式。装备了自动换型操作系统的多工位压力机生产线换型调整可在 3 min 以内完成。图 3-113 所示为说明多工位压力机生产线换型调整的示意图。

表 3-34　调整操作的具体实例

生产形态	外调整作业	内调整作业
开卷落料生产线 （MB 情况）	• 把下个生产用的卷材安装在卷材车上 • 从 MB 上取下原生产模具，安装下个生产用模具	• 从滑座上取下原来上滑块模具 • 交换 MB，在压机上安装下个作业采用的模具 • 卷回剩余卷材，从展卷机上取下，安装下个作业需要的卷材 • 调整堆垛机的原材料定位器的位置 • 把卷材安装到压机的输送板上 • 设定送料器的进给量
多工位压力机 生产线 （半自动线） （MB 情况）	• 把 MB 上的原生产模具换成下个生产用模具 • 模具缓冲垫销的替换 • 准备下个生产模具零件用的托盘 • 把下个生产用的原材料安装到 D/F 上	• 从滑座上取下原来上滑块模具 • 调整装模高度、平衡装置压力、缓冲器压力 • 变换 MB，在压机上安装下个模具 • 模具内气压管路配置，设定自动化定时器 • D/F 各部分调整 • 机械手调整
多工位压力机 生产线	• 取下 T/F 横梁上的附属装置 • 把 MB 上的原生产模具换成下个生产用模具 • 模具缓冲垫销的替换 • 将下个生产用的附属装置安装在 T/F 横梁上 • 把下个生产用的原材料安装到 T/F 上做好托盘的准备	• 应用自动换模系统进行模具替换 • T/F 挡板的附件交换 • 空闲工序的工件接收器的附件交换

注：D/F：从堆进料器；MB：压力机移动垫板；T/F：工件输送器

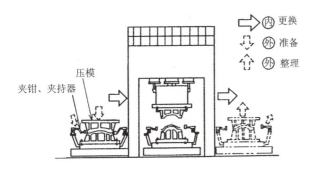

图 3-113 多工位压力机生产线换型调整的示意图

3.6.7 冲压模具的寿命

冲压模具的耐久性与寿命，很大程度上取决于生产条件、加工条件和模具规格等因素的综合影响。因此，进行工序设计时，需要对使用环境有充分的了解，据此选用最合适的模具结构和材料。模具设计人员应以生产现场的维修信息为基础，考虑了预防维修的问题后，再进行模具设计，这样才可能设计出经济性和寿命兼顾的模具。为此，建设与模具设计和生产现场直接相关的数据库系统就显得尤为必要。最近，已经出现利用专家系统作为建立数据库基础的事例了。

模具的耐久性或寿命受模具材质的影响极大，下面加以说明。

一般来说，模具材质的选用情况如表 3-35 所示。对于模具材质，应满足以下特性：① 耐久性方面，有耐磨耗性、淬透性、拉伸强度、疲劳强度、韧性、防碎裂特性和耐压性等；② 加工性方面，有被切削加工性、热处理变形、焊接性等；③ 其他诸如价格、市场性等。

表 3-35 冲压模具材料的选择及其适用部位

模具材料	适用部位·热处理方法等
1. 合金工具钢 SKS4、SKS5	• 在剧烈磨损部位使用（挤压加工中的压件面，曲刃、切刃刀具） • 需要热处理（与用途相应的热处理后，硬铬涂层，扩散渗氮处理，实施 TD 处理）
SKD11、SKD12	• 适用于高张力钢板的冲压加工，实施 SKD11 总烧，硬质铬涂层，TD 处理，一般模具、压坯料环适用

续表

模具材料	适用部位·热处理方法等
2. 机械结构用碳钢 S55C、S45C	• 用于制品装置等增强部分
3. 一般结构用碳钢 SS41	• 用于冲孔模板、缓冲器板、衬垫、模具座等
4. 灰铸铁 FC250、FC300	• 一般零件、模具座、法兰盘、冲模、上下模本体、除此以外台座等（没有强度、刚性以及磨损问题的部位） • （同上相对的有强度、刚性要求的场合） • 挤压加工中的压件面，需要采取适应有硬质铬涂层的措施
5. 球墨铸铁 FCD550F FCD650F	• 在挤压、弯曲工序中需要强度高、刚性、耐磨损的位置（垫块、冲头、切刃）

冲压模具的材料除钢材外，也采用氨基甲酸乙酯等弹性体材料制作模具，虽然对模具寿命有一定影响作用，但也有应用的事例。

使用工序多见于剪断加工和弯曲加工。

3.6.8 冲压模具的质量保证

冲压模具的质量和冲压零件的质量紧密相关，可以不夸张地说，模具的精度会原原本本地反映到零件精度上的。因此提高模具制作质量，可以更好、更快地冲压产品。为此，要准确把握模具精度和板材变形行为的关系，模具制造中要重视测试技术。图 3-114 为灵活使用测量仪以定量制造模具的一个实例。

作为冲压模具的质量保证项目，除和板材的质量密切相关以外，还与模具本身的功能等有关。模具功能：① 应具有成套性能；② 确保加工基准面，且耐久性没有问题；③ 满足安全基准；④ 能确保工艺性等。

3.6.9 冲压加工新技术

近年来，在汽车市场成熟的大背景下，汽车开发的趋势转向张扬个性的车型和高品质、高性能的车型。尤其是近年在首次通过了戈尔法案

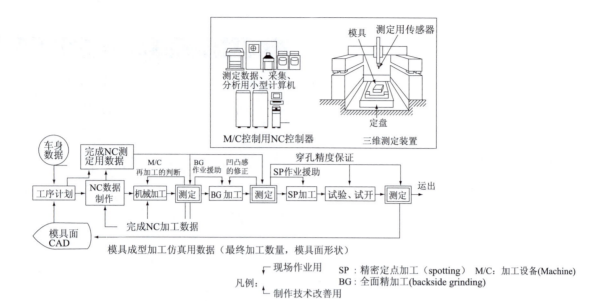

图 3-114　测量仪用于成型冲压的一个实例

（有关地球环境保护的法案——译者注）的美国开始实行燃料规制法案（CAFE）等，再加上环境保护、原油涨价等因素，全球对节能型汽车的需求更上一层楼。为节约燃料费用，实现车辆自身的"轻量化"是有效途径之一。通常白车身占车辆自重的 30%，而白车身大部分为冲压零件，因此寻求冲压零件"轻量化"途径十分必要。另一方面，由于冲压标准的强化，进一步提高了对汽车安全性的要求。但是，如果通过辅助结构增加车身强度，则汽车自重也会增加。"轻量化"和"安全性"二者对材料、工艺的要求相反，为平衡二者，各大汽车公司正在大力推进适于高强度钢板的新成型工艺。而且，最近也引入了塑料、铝合金成型技术（图 3-115）。还有如何能迅速满足客户提出的各种需求、缩短开发周期，是非常必要的。

（1）FA 化（FA-Full Automatic，全自动－译审者）。冲压以全自动多工位压力机以及机器人的工件搬运而使其 FA 化得以快速发展。随着生产线自动化程度的进步，产品质量、生产性能的提高，操纵作业以外的工作量已大大减少，易于实现 FA 化的外部条件已具备。FA 化的课题包括：成品件的装卸自动化，自动检查为中心的质量保证体系，作为冲压件素材的钢板和模具的自动存储和更换系统以及附属设备等的自动化。

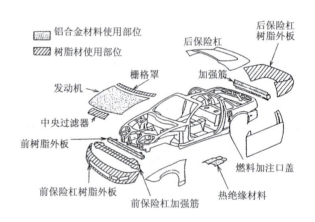

图 3-115　汽车外体中使用铝合金和树脂材料的部位举例

（2）信息系统。CAD·CAM·CAE 等计算机技术在 LAN（局域网）的支撑下很容易实现信息共享，因此已成为新车开发必不可少的工具。为使生产活动更紧密地联系市场需求，对市场变化迅速做出反应，信息系统成为必不可少的生产要素。而且，为使冲压工艺适应多种少量生产的组织形式，冲压车间内部信息系统的构建也尤为重要。图 3-116 所示为冲压工艺信息系统的示意图。

（3）附属设备的自动化。附属设备的自动化是指自动托盘的全面引入，从而能将工序间完成品自动装载运输。至此，各汽车制造厂商或独立开发、或与冲压设备制造厂商等联合开发，已经将数目、种类繁多的自动托盘系统引入生产线。

然而，由于零部件种类的限制，生产线为特定专用的情况很多。为使自动托盘能适应各种情况而顺利引入，通用型自动托盘的设计开发就十分必要。图 3-117 所示为一个自动托盘的使用实例。

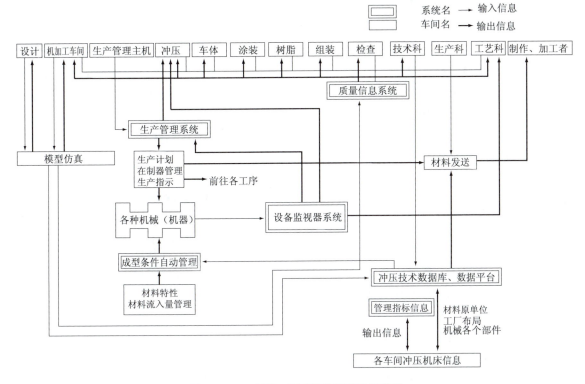

图 3-116　冲压工艺过程信息系统示意图

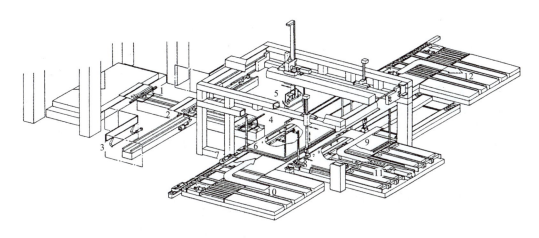

图 3-117　自动托盘化装置示例

1—No.1 梭式送料装置；2—面板检查梭子；3—安全护栏（升降式）；4—No.2 梭式送料装置（带回转机构）；5—面板装料装置（机器人）；6—托盘；7—托盘送料装置；8—配件装料装置；9—托盘；10—合格品托盘搬入输送链；11—返修品托盘输送链；12—合格品托盘搬出输送链

除此以外，模具的自动交换也属于附属设备自动化的范畴。由于模具体积、重量大，在实现其搬运、交换自动化的过程中，安全因素是必须考虑的一大问题。

（4）质量保证。冲压零件的检查，除尺寸精度外，依然靠检查者的目测和手感等作为检测手段。面板的扭曲变形、微细凸凹不平等表面缺陷的检测系统已经开发成功并且部分实用化，今后应将其适用范围扩大并进一步开发相关产品。至于尺寸精度检测,以激光传感器为代表的非接触式测量装置等的灵活运用正在推广,而作为反求工程(Reverse Engineering)项目。

(5)冲压过程仿真。汽车车身零件冲压成型性的考察,由于其形状复杂、微妙,检查内容只能个案处理,因此主要依赖熟练设计者的经验来确定。大约在20世纪90年代前期,成型仿真技术开始在冲压技术领域普及推广。伴随着高计算精度的仿真软件开发和计算机硬件视觉技术的显著进步,如今仿真环节已成为准备批量冲压生产时必不可少的要素之一。图3-118所示是成型仿真技术用于评价拉伸工艺的一个实例。不仅如此,仿真技术还运用于外观质量评价、二次成型的成型性考察等。近年来,伴随追求车身轻量化的趋势,高强度钢板的采用量急剧增加。从而不仅对材料成型性提出了更高的要求,而且对尺寸精度的要求也非常高。拥有了对尺寸精度的有效预测手段,对成型精度的定性评价是可能的。但如何实现对定量值的高精度预测,还有许许多多的问题需要解决,这已成为未来研究的一个重要方向。

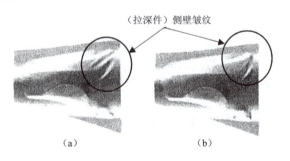

图 3-118 成型仿真应用实例(车身起皱)
(a) 50 mmUp;(b) 40 mmUp

3.7 塑料成型

3.7.1 概述

汽车中的塑料零件以其质量轻、设计自由度大和防锈蚀性等优点,在汽车外饰、内饰件中的应用越来越广。图3-119所示为汽车原材料构成比率随时间推移的情况,可见1973—2001年间塑料材料的采用比率确实在增大,到2001年已经占到8.2%。特别是,作为近几年的发展动向,以聚丙烯树脂为代表的多烯系树脂的用量激增。另外,高性能塑料所占的比重也在增加。在这样一种背景下,除了前述的优点外,塑料还可以列举出易于循环使用、材料和成型技术得到飞跃式发展等特点,而且可以预想,在今后的一段时间里,塑料制品还会以同样的趋势持续发展下去。

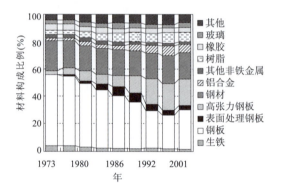

图 3-119 汽车所用材料构成比随年代的变化

另一方面,树脂材料零件也有较多的缺点:受温度影响尺寸变化大,耐热性差,时间长质地会变化,加工条件对质量影响大,回收再利用的性能不充分等。因此,要综合考虑零件的要求特性、使用场所、环境等因素,再决定零件的材料、形状和加工方法。

车体塑料零件的加工方法及材料如图3-120、表3-36所示[100-105]。可见,尽管零件类似,但加工方法及材料却有差异,这是由于塑料材料的成型方法很多的缘故,因此需要根据车型所要求的零件质量情况、由生产数量核算的总成本、现场实际设备情况等,选择相应的加工方法。

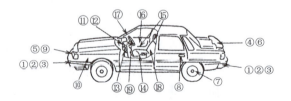

图 3-120 车身树脂塑料零部件的加工方法和材料

表 3-36　车身树脂塑料零件的加工方法及材料

外饰件			
记号	零部件名称	材料名称	加工方法
①	保险杠表层	PUR	RIM、R-RIM
		改性 PP、TPO、TPS、PC	注射成型
②	保险杠内层	PUR	RIM
		PP、PE	珠粒发泡
③	保险杠骨架	PP-GMT	冲压成型
④	气流零件	PUR	RIM，R-RIM
	导流板	改性 PP、PC	注射成型
	气流稳定器	PP、改性 PPE	吹塑成型
	侧气流稳定器	UP	SMC 模压成型
⑤	散热器格栅	ABS、PC、PMMA	注射成型
⑥	装饰件	ABS、PC、PMMA、AES、PA、PBT	注射成型
		UP	SMC 模压成型
⑦	轮罩	改性 PPE、PA	注射成型
⑧	门把手	POM、PA、PC、PBT	注射成型
⑨	灯类	ABS、PC、PMMA	注射成型
		UP	BMC 模压成型
⑩	外板	PP/PA、PPE/PA	注射成型
		UP	BMC 模压成型
		PUR	R-RIM

内饰件			
记号	零部件名称	材料名称	加工方法
⑪	仪表板	PP-F、PP-G、ABS、AS-G、改性 PPE	注射成型
⑫	仪表板芯衬	PVC+PUR	搪塑+RIM
		PVC+PUR	真空吸塑+RIM
⑬	杂物箱	PVC+PUR	搪塑+RIM
		ABS、PP-F、PP、TPS	注射成型
⑭	副仪表板	PVC+PUR	搪塑+RIM
		ABS、PP-F、PP	注射成型
⑮	扶手、头枕	PVC、PUR、PP	搪塑、RIM 注塑、吹塑成型
⑯	车门内衬	PP	注射成型
		PP	冲压成型
⑰	立柱护板	ABS、PP-F、PP	注射成型
		ABS、PP	真空吸塑
		PP+纤维（fabric）	冲压成型
⑱	座椅板	PVC	挤出成型、压延成型
⑲	转向盘	PVC+PUR	搪塑+RIM
		PVC、PP	注射成型

续表

材料代号说明			
记号	名　　称	记号	名　　称
PUR	聚氨酯	UP	不饱和聚酯
改性PP	改性聚丙烯	ABS	ABS树脂
TPO	热塑性聚烯烃弹性体	PMMA	聚甲基丙烯酸甲酯
TPS	热塑性苯乙烯弹性体	POM	聚甲醛
PC	聚碳氨酯	PBT	聚对苯二酸丁二醇酯
PP	聚丙烯	PP-F	填料改性聚丙烯
PE	聚乙烯	PP-G	玻璃纤维增强聚丙烯
PP-GMT	玻纤毡增强聚丙烯	AS-G	玻璃纤维强化AS树脂
改性PPE	改性聚苯醚	PVC	聚氯乙烯

3.7.2 加工方法概述

这里指材料加热为流动状态后充型，或者是冷却（加热）固化后利用模具得到所需形状制件的一次成型加工方法。汽车塑料零件常用一次成型加工方法的成型材料及模型型面形态如表3-37所示[106]。

表3-37　汽车塑料零件的常用一次加工方法

材料 \ 形态	间歇成型		连续成型	
	模型单面	双面	截面	无
热塑性塑料				
干料（粉）	搪塑成型	注射成型	挤出成型	压延成型
液状	搪塑成型	注射成型	挤出成型	
粒状	吹塑成型	注射成型	挤出成型	
填料增强片材	真空吸塑	冲压成型		
热固性塑料				
干料（粉）				
液状		RIM成型		
+增强纤维		R-RIM成型		
+毡状增强材料		S-RIM成型		
粒料		注射成型		
有填料片材		SMC压缩成型		

（1）压延成型。汽车塑料薄板零件、顶棚内衬、仪表板等都用压延法制造。图3-121所示为典型的压延工艺方法，是将材料混合并混炼熔融后，在四辊以上的铸铁平行辊压机上进行加热压延，取得所需厚度的加工方法。

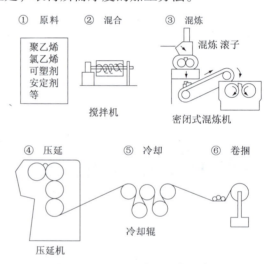

图3-121　压延成型工艺示意图

（2）挤出成型。该工艺的用途是，生产二维形式的一定截面形状、单色/多色或者多种材质的管材侧面保护层等制品。如图3-122所示，材料在加热桶内均匀熔融，然后受挤压连续通过模具模嘴，冷却连续地得到二维断面的制件。

挤出机由供料、熔料、混合、混炼、计量部分构成，按照材料推挤螺杆的数目可分为单螺杆和多螺杆两种类型（两根或多于两根螺杆），而多螺杆又分为同向回转和异向回转两种。前者对混炼较为有效，而后者于增加输出量。对于挤出机，可按照用途加以选择[108]。

（3）真空吸塑成型。汽车仪表板表皮、车门

第3章 加工技术

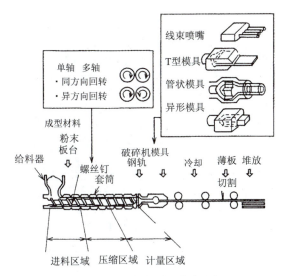

图 3-122 挤出成型工艺方法概况

内板、挡泥板屏蔽件及座椅表皮等制件均采用此方法制造。工艺过程如图 3-123 所示，将塑料片材经加热软化后盖于模上，通过型模上的排气小孔把塑料片材与型模间的空气排出，使软化的片材吸附到模型上，成型，然后经过冷却、脱模、修剪等工艺而制成成品[108]。

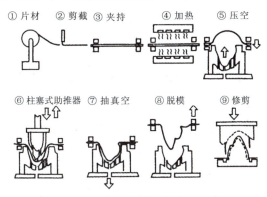

图 3-123 真空成型工艺过程示意图

为提高生产效率，从材料投入直到修剪废料全过程连续无人化，且设置多个线的例子也已问世。真空成型的模型有凸模吸附和凹模吸附两种，为防止制品的厚薄不均以及提高形状复映的准确性，已进行了真空工序前压空以及柱塞式助推器等的改进工作。

（4）注射成型。汽车保险杠、通风格栅、后面板装饰等外部装饰件和仪表板、副仪表板、护板等内饰件多用此方法制造。工艺过程如图 3-124 所示，将成型材料送入机筒内加热熔融，然后以 30～100 MPa 的高压注入模具内，经冷却定型（热塑性塑料）或加热硬化（热固性塑料）而制成成品。

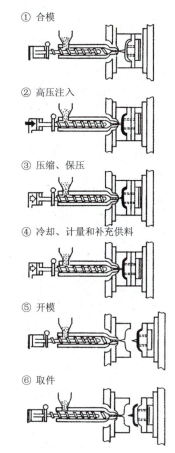

图 3-124 注射成型工艺过程示意图

为使越来越多的汽车塑料零件使用注射成型工艺制造，研究人员从材料、工艺方面进行了大量的改进。材料方面，如提高材料的抗冲击性、耐热性、耐溶剂性、刚性，降低材料刚性、成型收缩率、线性膨胀率，改善材料外观等；成型工艺方面，如提高材料的流动充型性、可回收性等。而且是在材料、工艺两者的平衡发展中进行的。

注射成型工艺不仅仅用于单一材料制件，还有多种其他方式：如为改善观感的同材质多色成型，为提高性能的多材质成型（图 3-125），为改善表面质量的薄片装入式注射成型（图 3-126）以及气体注入低压成型（图 3-127）等[110-112]。虽然生产效率也得到提高，但是因为一般材料具有刚性高的特点，所以产品形状的颈缩下切现象处理、针对高压引起的强度措施以及由于高循环化形成的金属模具的寿命缩短等，产生了提高使用金属模具费用的趋势。对此，采用了金属模具材料的改良和改善金属模具结构的措施，以及通过开发、采用具有较好的成型性能材料，减少模具使用费用的对策。

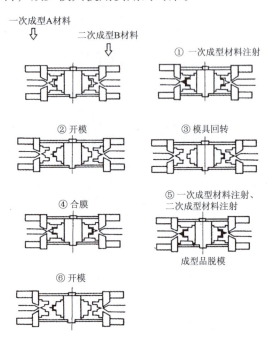

图 3-125　多材质注射成型

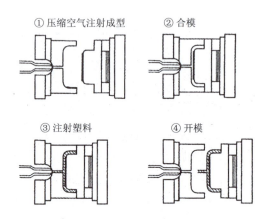

图 3-126　压缩空气主力注射成型

(5) 吹塑成型。此方法多用于导管、导流板、头枕、油箱等闭合截面零件的成型加工。工艺过程如图 3-128 所示，将塑料坯料夹持在双开模具内，通过吹入压缩空气而制得所需形状的塑料中空制品。吹塑成型因为一般使用 0.5 MPa 的低压空气，所以模具成本低，但是上下方位的

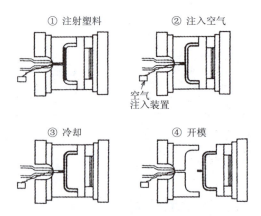

图 3-127　低压气辅成型

模具合模位置溢出的材料的最后加工和生产率方面略有降低。另外对于要求尺寸精度高和表观好的零件，则需要更精密的控制成型时的压力和冷却时间等参数。

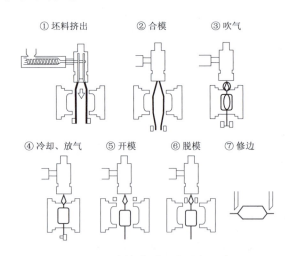

图 3-128　吹塑成型工艺过程示意图

还有汽车的换挡杆套、油箱等制品采用了不同材质多层吹塑成型的方式。特别是油箱，具有轻量化、布局上的限制、提高容积量等要求，正在进入由吹塑成型的塑料制品，替换钣金产品的阶段。

(6) RIM 成型，也称反应注射成型 (Reaction InjectionModeling)。汽车保险杠表层和内层、导流板、稳流器裙缘等外装件和仪表板、车门内板、转向盘等手感柔软的内饰件多用此法制造[116]。工艺过程如图 3-129 所示，将具有高反应性的两种以上材料（液体）在 10~18 MPa 的高压下经喷头 (mixing head) 喷出，混合注射

到模腔内，经反应固化而得到制品。由于成型材料是在高压下混合，而成型压力只有 0.5~2 MPa 的低压，因此 RIM 成型最适于大型复杂形状零件的制造。但是，由于需要足够的反应硬化时间，因此其生产性较差（保险杠类的工作节拍超过 3 min）、需要进行极严格的控制材料、设备、成型条件，以及需要后续精加工作业，是这种成型方式的缺点。

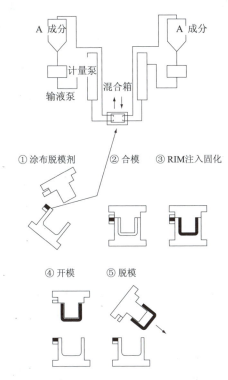

图 3-129　RIM 成型工艺过程示意图

为提高 RIM 制品的刚性、尺寸稳定性及热稳定性，多采用玻璃纤维等填料进行增强，即所谓的 R-RIM 工艺。还有一种 RIM 成型方法，是将玻璃纤维等利用其他工序预先成型为毡垫，然后放入模具型腔中，再注入树脂单体反应液，得到高刚性的结构材料，称为 S-RIM（Structure RIM）。其常用来制造保险杠加强梁、各种覆盖件及底板等。

（7）搪塑成型。搪塑成型加工多用于软化仪表板、转向盘、工具箱等装饰件以及车门内板等有皮革样柔软感的内饰件的制造。

搪塑过程如图 3-130 所示，将糊状或粉状成型材料（一般采用软质聚乙烯树脂）注入模具内，获得和模具内腔同样形状的薄皮状制品[118]。

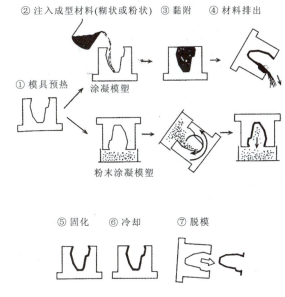

图 3-130　搪塑成型工艺过程示意图

作为模具的加热方法，只有单层表皮时采用简单的内部加热方式；若追求质感和低成本而采用双层结构时，多采用外部加热方式；表层有高的柔软细腻质感要求，但其缺点是必须严格控制成型条件，并进行必要的后续精加工。

（8）SMC 压缩成型。SMC 压缩成型适用于导流板、气流稳流器裙缘、车灯座、门梁柱、顶盖等零件的制造，特种车上用途更多[119]。

SMC 工艺过程如图 3-131 所示，将玻璃纤维浸润不饱和聚酯糊而制成的预制片材按需要裁剪并称重，层叠放在模腔内合模，以 5.0~15 MPa 的压力加压成型。由于材料为热固性树脂，模具需加温至 130 ℃~160 ℃，开模取出制件后，还需对其孔及表面进行相应的精加工[120]。

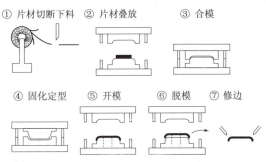

图 3-131　SMC 压缩成型工艺过程示意图

为改善制件的表面质量，除改良材料性能外，从设备和工艺角度考虑有以下改进措施：在压制时模具型腔抽真空，或在模具型腔内表面预涂层（型腔内涂层处理）。

（9）塑料冲压成型。汽车保险杠骨架、蓄电池托盘等零件常用此工艺成型。其成型过程与 SMC 压缩成型相似，只是 SMC 工艺材料为热固性树脂，而冲压成型采用热塑性树脂。如图 3-132 所示，将夹杂玻璃毡的热塑性材料按规定温度进行预热后，放入模腔施加 10~20 MPa 的压力，待材料冷却后即定型完成。

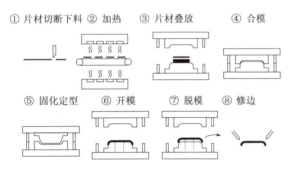

图 3-132　塑料冲压成型工艺过程示意图

3.7.3　金属模具制作

塑料制品的生产，要有原料、加工设备和模具。模具应具备以下条件：① 能够制成合乎设计要求尺寸、形状的成品；② 较长的寿命；③ 良好的生产工艺性；④ 制造容易，成本低。

模具制造过程如图 3-133 所示。模具的设计和制造过程已实现 CAD/CAM 化。设计方面，模具结构标准化、总装图、零件图的联合设计等使设计更趋合理。加工方面，零件表面加工、孔加工、型腔及型芯加工数控化（NC 化）、缩减精加工工序的高速精密细致加工、电火花加工全部零件表面等使加工任务更趋合理。

另外，CAE 技术的引入，不仅可以解决充填量不足（short shot）、焊缝预测、缩孔等问题以提高制品外观质量，而且可以通过结构分析对制品形状进行优化设计，从而缩短模具制造周期。图 3-134 所示为一个具体实例，应用 CAE 技术确定浇口位置、个数和大小以及加强筋的位置和形状等。

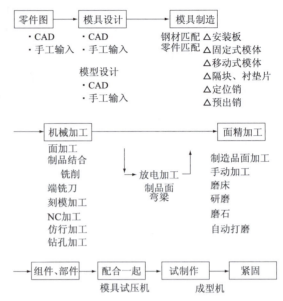

图 3-133　模具的制造过程

3.7.4　二次加工

塑料零件经 3.7.2 所述各种方法加工（一次成型加工）后即直接得到成品的情况很少。工艺上，往往还要以一次成型加工为基础，进行二次加工。如：① 除去浇口、浇道部分；② 除去飞边毛刺；③ 孔加工或切断；④ 和其他零件的粘接；⑤ 为美观和提高性能的涂装、电镀等。二次加工考虑到人工操作的缺点和提高质量稳定性的要求，计划通过自动化操作实现少人化、无人化的加工。

作为上述加工方式的事例，① 项加工对应注射成型工艺，模型内部流道少，如图 3-135 所示的自动去除浇口的热浇口系统和在模具开模时，使用刀具移动，剪断浇口、流道的方法。

②③ 项二次加工是在制品从模中取出后，根据质量和产量的要求，选择下述合适的方式进行：如用刀剪类工具在加热或常温下剪切挤压方式；以及利用 NC 加工机床和通过夹具固定的刀具进给方式加工；磨料和高压水流喷射加工（喷射水）；火焰灼烧去除等。④⑤ 项二次加工是根据制品材料特性，选定前处理方法、涂装涂料成分、涂膜干燥温度及涂装工具。图 3-136 为塑料制品涂装工艺流程，图 3-137 为电镀工艺

流程[123][124]。

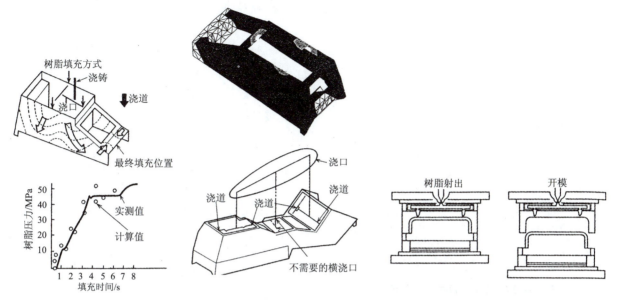

图3-134 CAE技术应用实例　　图3-135 热浇口系统

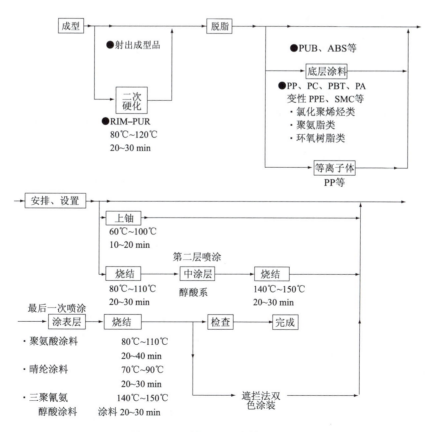

图3-136 塑料制品涂装工艺流程

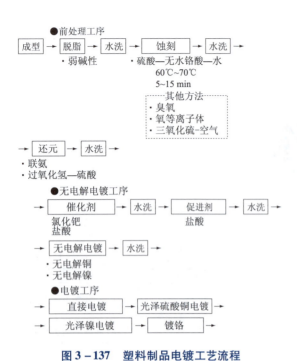

图 3-137 塑料制品电镀工艺流程

3.7.5 零件精度及质量保证

塑料零件的尺寸精度易受成型条件和使用环境的影响。因此，有较高精度要求的零件不仅要严格控制成型条件，而且要根据使用场合及其变化来确定精度、材料品种和组装方法。

（1）成型条件对精度的影响。以注射成型为例，树脂有结晶性和非结晶性之分，受树脂温度、成型压力变化影响，二者的成型收缩率也不同。这是由于树脂密度在成型时与冷却至室温后不同造成的。另外，注射成型时树脂经浇口流入制品内部，硬化变形在流动方向和与之垂直的截面方向上不同，造成零件精度的方向性不同。

（2）材料特性对精度的影响。塑料的线膨胀系数为 $5\sim15\times10^{-5}/℃$，是金属的 10 倍。所以，当与其他材料零件组合时，要注意长度方向上的尺寸匹配。为了克服塑料的高线性膨胀的问题，往往通过填充无机材料的方法加以解决。另外，作为材料本身，还要注意防止吸水、吸油或其他介质混入而使零件翘曲变形或发生尺寸变化。

（3）材料的时效对精度的影响。塑料制品成型时，因流动充型会在零件内部产生变形。而消除这种变形需要很长时间，所以塑料制品往往在常温下还要发生缓慢变形并引起尺寸变化。为此，要确定适当的成型条件并考虑模型内部熔融树脂的流动性，以减小或消除制件内部的变形。

（4）质量保证。在塑料制品的设计图纸上，明确标注的功能、尺寸精度、外观等，为了保证其在高温、低温、潮湿、干燥、光照、溶剂、振动及砂石等各种使用环境下能够保持下来，事先应对结构、材料进行研究，并进行验证试验。

3.8 陶　　瓷

3.8.1 概述

陶瓷一般定义为非金属无机材料经过高温处理后的生成物。按照此种定义方式，陶瓷所包含的范围极其宽广，如普通陶瓷、水泥、玻璃、耐火材料、搪瓷、碳素制品和人造宝石等。普通陶瓷以黏土、长石、硅石、陶石等为原料烧结而成，称为传统陶瓷。随着工业技术的进步，许多新型的陶瓷诞生了，称为新陶瓷或精细陶瓷。

新型陶瓷通常不用天然原料，即便偶尔使用也需制成精制粉体，对材料成分的纯度要求极高，最大限度地发挥材料本来的性能。

新型陶瓷根据性质和用途区分为通常有各种叫法，以下简单分两类。

（1）功能陶瓷。用于汽车火花塞的氧化铝陶瓷作为电气绝缘材料，广泛用于陶瓷基片、IC 接头等。此外，以陶瓷电容器、PZT 压电陶瓷、ZnO 可变电阻、铁素体、ZrO_2 传感器等为代表的特殊氧化物陶瓷，则是全面利用了其电气、电子性能的陶瓷。

（2）结构陶瓷。结构陶瓷是指以前主要使用金属材料的，涉及热应力和机械应力的结构部件材料采用的陶瓷的总称，具有高温高强度，高热冲击性等特性。代表材料有氮化硅、碳化硅等非氧化物陶瓷。

3.8.2 常用陶瓷材料的种类和性能

陶瓷种类繁多、性能各异，表 3-38 给出了主要陶瓷的种类、性能和用途。从表中可知，目前在工业中应用的陶瓷材料仍以氧化物为主。这是因为，氧化物是化学性质最稳定的化合物，由于自然界中存在有类似的天然物质，这可能使陶瓷的历史相当久远。一方面，非氧化物陶瓷具有许多优良的性能，但天然存在的少，人工合成的多，由于其化学不稳定性，使其实用化进程较晚。这里，选择实用化程度最高的氧化物陶瓷和非氧化物陶瓷的代表 Al_2O_3 和 Si_3N_4，对其性能分别进行介绍。

表 3-38 陶瓷材料的性能及用途

分类		特性	材料	主要用途
氧化物材料	绝缘体	耐磨性	Al_2O_3（氧化铝）系	各种机械零件、切削工具、喷嘴、轴承、机械密封
		耐热性	TA（钛酸铝）系	排气歧管、暖房用催化剂
			MAS（堇青石）系	汽车排气净化器的催化剂载体、除臭用催化剂载体
			LAS（锂辉石）系	排气通道、锅炉用耐热板
		绝缘性	Al_2O_3（氧化铝）系	多层垫板、陶瓷加热器、排气温度传感器、火花塞绝缘体、IC 基板和接头
			MgO（氧化镁）系	温度传感器（保险丝式）
		耐腐蚀性	Al_2O_3（氧化铝）系	耐酸泵零部件
		绝热性、润滑性、机械加工性	$KMg_3AlSi_3O_{10}F_2$（合成云母）系	润滑零部件、绝缘体夹具、绝热体、微波管用衬垫
	固体电解质	离子传导性	$\beta-Al_2O_3$（氧化铝）系	Na 传感器、NaS 电池
			ZrO_2（氧化锆）系	氧传感器、不完全燃烧传感器、温度传感器（热敏电阻）、SOFC（固体氧化物型燃料电池）
	半导体	电子传导性	TiO_2（氧化钛）系	
			金属氧化物	湿度传感器、水温传感器、液面传感器
	压电体	压电性	PZT（锆钛酸铅）系	均化器、水平传感器、密封传感器、爆振传感器、蜂鸣器、雾化用振动元件
			PT（钛酸铅）系	流量计、超声波诊断装置
			水晶（单晶体）	压力传感器、振动元件
			压电橡胶系复合材料	血压计、骨传导耳机
非氧化物材料	硫化物	发光性	ZnS（硫化亚铅）系	液晶钟、显示器、EL 开关
	氮化物碳化物	介电性	SiC（碳化硅）系	气体点火器、发热元件
		耐热性	Si_3N_4（氮化硅）系 SiC 碳化硅系	增压器转子、气缸套、活塞顶、涡流室、柴油机燃料喷射泵用滚柱、蜂窝型热交换器、陶瓷火花塞、DPF（柴油机微粒过滤器）
		耐腐蚀性	Si_3N_4（氮化硅）系 SiC 碳化硅系	机械密封、挺杆、冲模、轴承
		耐磨性	TiN（氮化钛）系 TiC（碳化钛）系	切削工具（超耐热硬度合金）
		高热传导性	AlN（氮化铝）系	变换器用散热基板

（1）氧化铝陶瓷。氧化铝陶瓷具有硬度及机械强度高，耐热性、化学稳定性及绝缘性好等优点，工业应用最为广泛。典型的具体用途为汽车工业用的火花塞、电子工业用的陶瓷基片和 IC 接头、切削工具和各种机械零件等。

氧化铝陶瓷根据用途不同，其氧化铝的含量

范围为 90% ~ 99%。一般来说，氧化铝含量越高，陶瓷性能越好，而制造越困难。氧化铝陶瓷烧结温度为 1 500 ℃ ~ 1 700 ℃，弯曲强度为 300 ~ 700 MPa，热冲击温度为 150 ℃ ~ 200 ℃，耐热温度为 800 ℃ ~ 1 000 ℃，绝缘电阻为 $10^8 \Omega \cdot cm$ ~ $10^{14} \Omega \cdot cm$。由于氧化铝陶瓷原料可大量制备，价格低廉，因此工业应用极广。

（2）氮化硅陶瓷。前文介绍的氧化铝陶瓷是氧化物陶瓷的代表，是一种典型的强离子键化合物，与其相比，氮化硅陶瓷作为非氧化物陶瓷的代表，是一种典型的共价键化合物，这也决定了氮化硅陶瓷的主要性能并列出如下。

① 高温强度高，且高温时强度衰减不大；② 传热性良好，热膨胀率低，使其耐热冲击性强；③ 硬度极高，耐磨性能优良；④ 同传统的高温材料相比，质轻；⑤ 耐热性能优良；⑥ 耐腐蚀性好，几乎不受任何药品及熔融金属的侵蚀，化学上极为稳定。

可见，氮化硅陶瓷是一种性能优异的构造材料，正在多种场合进行实际应用。如柴油发动机中的陶瓷蜗轮增压器转子及陶瓷进排气阀，都提升了发动机的性能。另外，由于氮化硅陶瓷具有轻质、高刚性和高耐热性，陶瓷轴承球的开发和使用也正在进行中。

自然界中不存在氮化硅这种天然材料，是一种烧结、加工等都较困难的人工合成材料。一般，氮化硅的烧结必须在氮气氛围下且 1 700 ℃ 以上的高温烧结，烧结体的强度为室温下大约 700 ~ 1 200 MPa，此强度可一直保持到约 1 300 ℃ 的高温状态。

3.8.3 陶瓷的制造工艺

陶瓷制备工艺可概括为，原料混合制备→成型→烧结→加工等几个基本步骤。

这种表述使得陶瓷制备工艺看似简单，其实其内容非常复杂。由于制备过程中操作对象多半是粉状物，影响因素很多，要实现对生产过程的精细控制以达到和保持所要求的质量要求十分困难。下面，以制造流程为序，说明各个步骤的作用、工艺方法和质量保证方法。图 3 - 138 为典型制造工艺流程图。

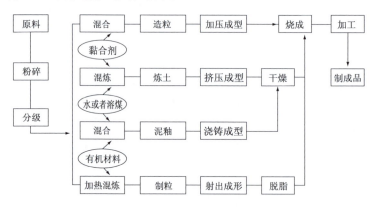

图 3 - 138　陶瓷的典型制备工艺流程图

（1）原料制备及混合。陶瓷制品的种类多种多样，一般需根据制品的形状、性能要求等确定所用的原料及其制备工艺。这些确定原材料及其相应成型方法的准备工作，称为原料制备及混合工序。具体来说，有主要原料和辅助原料的称量、配比、粉碎、混合、造粒等一系列工作。本工序的目的是为了成型时能获得均匀的高密度成型体，为得到均质烧结物对原材料进行预处理。将原料尽可能细化，然后混合均匀，用相应的成型手段，制备稳定的生坯。陶瓷的成型工艺多种多样，后文将进行介绍。不同的成型工艺要求制作不同的生坯，原材料的制备及混合要求也不同。例如，橡胶成型等压力成型法要求通过喷雾干燥的方式制备造粒粉末，以流延法为代表的铸造成型法要求将原材料均匀溶入溶剂，形成称为泥釉的生坯。同时，在成型工艺中起重要作用的还有一种被称作成型助剂的有机物,助剂的选择、添加对原料的制备十分重要。

(2)成型工艺 作为陶瓷的成型方法,自古以来,利用压力成型、注浆成型、卷绞成型等,可以生产各种窑业制品。近代,以难成型的非可塑性材料为主要原料的产品需求增加,而且对质量、精度的要求提高了一个台阶,传统的成型方法满足不了要求。为此,振动铸造成型、等静压成型、注射成型、流延成型等新的成型方法被开发并应用于陶瓷制造业。为得到更高质量的制品,可以采用将成型工艺和烧结工艺同时进行的热压成型、热等静压(Hot Isostatic Press)工艺等。

要制造高精度、高质量的烧结陶瓷,则必须先制备密度尽可能高的、均质的陶瓷成型体生坯。由于成型体是内部有空隙的多孔状物,后续的干燥、烧结工序势必会造成其体积收缩。均质的成型体,其收缩时各个方向的收缩率一致,从而可以预测出收缩后的尺寸及形状,得到高精度的制件。同时,由于成型体的高密度,也可得到致密、高强度的烧结体,从而获得高性能的制件。因此,从技术角度看,均质、高密度是对成型过程的最基本也是最重要的要求。同时,成型工艺是陶瓷制造过程中对生产性影响最大的环节,对生产的可操作性、复现性、稳定性和经济性都有影响。

表3-39给出了陶瓷的主要成型方法,下面对各种方法加以简要说明。

表3-39 陶瓷的主要成型方法

成型方法		原料制备形态	成型品形状	产品应用
粉末压力成型	模具压力成型	造粒粉体	较复杂形状,精度良好	IC基板、电容器、机械密封件
	等静压成型	造粒粉体	简单形状,精度差,需后加工	火花塞、球磨机用球石真空容器
铸造成型	注浆成型	泥浆(水溶剂)	复杂形状	坩埚、燃烧气道抽丝口
	流涎成型	泥浆(有机溶剂为主)	膜状、片状(叠层可得到厚尺寸制件)	IC封装物、多层基板、压电元件、电容器
可塑成型	挤出成型	可塑泥料	棒状、管状及异型断面形状制件	保护管、陶瓷蜂窝载体
	注射成型	可塑泥料、造粒粉体	复杂形状	火花塞、柴油发动机喷嘴、透平机转子

(a)粉末压力成型:所谓压力成型法,是在原料制备及混合过程中,先将原料混合,然后添加成型助剂,制成造粒粉体后作为生坯使用的方法。造粒通常采用喷雾干燥机(spray drier)。作为成型助剂,经常和粉体一起濡湿,只需少量添加即可增加成型体的强度,加压后粒子容易破碎,对模具的复映程度要好。压力成型法分为两种:① 利用金属模具沿单一方向加压成型的干压法;② 利用橡胶模具和水的静压力进行加压成型的等静压成型法。

干压法的成型速度快,适于大量生产,但成型的形状有限,而且由于单方向加压,容易造成成型密度较低且不均匀。等静压成型法尽管生产性不是很好,但由于液体介质从各个方向同时对粉体施加压力,获得的坯体密度均匀,可在高压力下得到高密度的生坯。同时,不论什么形状,即使相当大的制品也可以制作。

(b)铸造成型法:分为注浆成型法和流延成型法两种,前者是将浆料注入石膏模后成型,后者是使浆料在塑料膜上流延形成薄的涂层,之后以刮刀刮平成型。具体说明如下。

注浆成型法是将原料粉末分散于水中形成浆料,然后注入石膏模具中,由于石膏的吸水特性,所以浆料和模具接触部分附着良好,同时又把多余的泥浆排出适于成型薄壁复杂零件,但尺寸精度较差。

流延成型法是将原料粉末溶于有机溶剂中，然后在塑料托板上按要求的厚度涂抹成涂层，再干燥，使之从托板分离得到薄的片状制件的成型方法，适于大量生产。

(c) 可塑成型法：是利用泥料制成生坯的可塑性的成型法，分为：在真空条件下从金属喷嘴中挤出成型的挤出成型法，和注射成型两种方式。

挤出成型使用的喷嘴和制品的断面形状一致，因此，适于管状、片状等长度方向尺寸较大的制件成型，但尺寸精度不高。

注射成型是由塑料制品成型技术发展而来，有望成为复杂形状陶瓷制件的有效成型手段。但是，由于需要比其他成型方法更多的成型助剂，因此需要长时间的脱脂工序。另外，模具成本价高也是此种成型方法的缺点之一。

(3) 烧结工艺。由粉体成型的陶瓷生坯在低于熔点温度下加热形成具有一定强度的陶瓷的过程称为烧结。

形成烧结的主要驱动力为粉体材料的表面能。在烧结反应的初期，粒子接触部位产生大的空穴浓度梯度，于是元素从粒子内部向接触部位扩散，陶瓷生坯快速致密化。但是随着迁移扩散作用的进行，粒子形状由球状变为多面体状，表面能量的形态也发生变化。此后的致密化过程则与由粒子间能量促成的晶粒成长过程相伴而缓慢完成。

陶瓷烧结工艺有多种方式，分类方法也有多种。图3-139所示为分类方法之一。

图 3-139 陶瓷烧结方法的分类

大部分无压烧结的陶瓷体难以达到高的材料密度，一般只有理论密度的70%～95%，气孔率为零的情况极难达到，这是由于晶粒成长过程中粒间气孔作为封闭气孔而残存于晶间造成的。因此，若欲在无压力烧结条件下得到接近理论密度的致密烧结陶瓷，要从两个方面改进：一是选择适当的烧结助剂促进烧结过程；二是控制烧结氛围。需要特别指出的是，对待共价键结合力强，且构成元素的自我扩散系数小的非氧化物陶瓷而言，添加何种烧结助剂是非常重要的。

为进一步提高材料的密度和机械力学性能，人们发展了压力烧结技术。根据加压方法的不同，分为固体压缩法和气体压缩法两种。同无压烧结相比，压力烧结可得到更加致密的烧结物。压力烧结是加工难烧结的非氧化物陶瓷的有效手段。

一般来说，陶瓷烧结是对极细的原料进行长时间的高温加热，除温度外，影响烧结过程的因素非常多。也就是说，原材料的种类、杂质、添加剂的种类和用量、成型方法、成型压力、烧结气氛、加温速度以及冷却速度等都会或多或少地影响烧结过程。

由于实际烧结过程受诸多因素的影响，因此如果对成型条件不预先进行充分的论证，就很难得到再现性良好的烧结结果。但是同时，如果不仅考虑原料的粒度、烧结温度、烧结时间等条件，对其他种种影响因素也做适当选择，根据场合的不同即使不进行长时间的高温热处理，也能得到致密的烧结物。而且，通过烧结工艺对微结构进行控制，可得到特定功能的烧结体。此时，如果令影响烧结的诸多因素人为地发生变化，则不单单是材料的烧结性发生变化，也会令烧结体的微构造发生变化，烧结工艺的重要性由此可见一斑。

3.9 电 镀

3.9.1 概述

汽车产品采用的电镀方法[125][126]，涉及多方面的意义。虽然作为代表性的特点是装饰、防锈、耐磨损性，但是还有硬度、润滑性能、导电性能、焊接性能等方面的要求。

电镀质量的规定虽然取决于不同产品的要求，但是主要的规定项目是外观、耐腐蚀性，以及在各部位的电镀厚度、附着强度、硬度等。

工业化发展进程中,各种工程塑料、陶瓷等新材料被开发出来;为适应这些材料,同时为了提高发动机零件滑磨面的耐磨性能,添加各种分散剂的复合电镀液[127]的特殊电镀方法已经实用化。这些改进措施得到广泛关注。

3.9.2 电镀

(1) 电镀质量。在汽车上使用的电镀[128]零件,主要性能要求是装饰、防锈、耐磨损等。根据使用目的进行电镀处理。

(2) 工艺及设备。一般的电镀工艺,大致分为研磨-前处理-电镀-后处理。实际生产中,应按照产品的使用目的、材质、质量要求采用相应的工艺。主要的工序实例如图3-140所示。

(a) 研磨:汽车类零件高效率研磨单一品种零件时,多采用自动研磨机等设备。作为研磨材料,可使用金刚砂磨轮、翼片抛光轮、麻布抛光轮进行研磨。

(b) 前处理:一般电镀基材表面附着油污、润滑剂、氧化皮等。这些杂物因为都是影响电镀的因素,所以需要通过前处理工序清除。汽车零件的电镀前处理自动生产线,采用强碱脱脂-电解脱脂-酸洗后,再次进行电解脱脂-酸洗来提高被加工件表面的活性。

(c) 电镀:主要电镀设备由电镀槽、运输设备、电源、过滤器、电镀夹具和环保设备等辅助设备组成。

(3) 电镀铜。镀铜溶液的种类和镀层特性如表3-40所示。

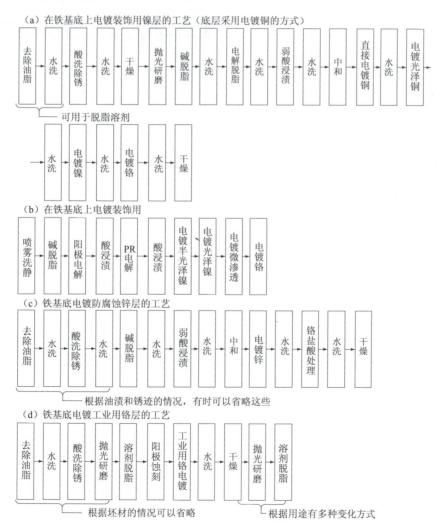

图3-140 一般电镀工序

表 3-40 镀铜溶液的种类和镀层特性

镀铜液种类		镀层特性	主要应用领域
酸性溶液	硫酸铜溶液	表面光泽度、平滑性良好，镀层硬度适中，使用改进的添加剂可获得物性更优良的镀层	通孔镀敷，电铸，印刷辊，防止渗碳，塑料类零件，镀底层用
	硼氟酸铜液	可实现高速电镀，镀层延伸率很小	电铸，印刷辊
碱性电解液	氰化铜溶液	可对铁、锌压铸模直接电镀，光泽电镀时外观光亮、平滑性良好	触击电镀，基底处理（防锈），无光泽电镀用于防止渗碳，或工业性加大厚
	磷酸铜溶液	镀敷均一性优良，镀层的结晶构造致密，抗拉性能和延伸性能极佳，镀层对高频电流的传导损失最小	波导管，通孔镀敷，电铸

(4) 镀镍。汽车的外饰零件采用这种方法最多。为提高耐腐蚀性能，一般采用多层镀技术。即镀上含硫量不同的锌层 2～3 层，上层是牺牲镀层，下层才是保护镀层。进一步再镀一薄层镍，制作成在镀层中形成气孔或者裂纹的腐蚀分散作用镀层。

(5) 装饰性镀铬。镀铬有分别采用 6 价铬酸和 3 价铬酸的方法。对于采用 6 价铬酸的镀铬工序，根据触媒种类还可分为装饰性镀铬电解溶液和氟化溶液等。另外，为提高耐腐蚀性能，采用在铬层表面形成气孔和裂纹的方法。

(a) 微裂纹铬镀层：比通常的装饰性镀铬厚，这是根据镀铬层本身的应力作用，产生微裂纹的处理方法。使用单层或者 2 层镀层。

(b) 微孔性铬镀层：这是一种在已共析出非导电性粒子的镍层上施以装饰性铬镀层而形成空穴的工艺。非导电性微粒子的共析达到了一定量（15 000～30 000 个/cm^2）时，防腐蚀性有所提高。

(c) 镍层上镀铬：镀镍时，由于高应力而发生裂纹，再在上面镀上装饰性铬。这个镀液因为是高氯化溶液，所以必须采取充分措施防止氯化物带入后工序的镀铬中。

(6) 工程铬镀层。在 JIS 标准中规定工业用铬硬度应在 750 VH 以上，镀层厚度根据不同的要求有相应标准。镀铬因为均镀能力差、被覆力不好，所以一般镀层厚度需要合理组合阳极位置、遮蔽板、辅助阳极、辅助阴极等，才能够确保规定的镀层厚度。电镀液虽然多采用装饰性镀铬电解溶液，但是很多的工业零件也使用氟硅溶液。表 3-41 所示为其应用实例。

表 3-41 硬铬电镀在汽车方面的应用

领域	适用的零部件	利用目的
汽车	曲轴、同轴上的轴颈、凸轮、气缸套、凸轮轴轴颈、各种轴活塞环、活塞销、轴承等	耐磨性、润滑性多孔性、硬度等

(7) 镀锌。这种方法是典型的防腐蚀电镀方法，即使零件漏出铁基底，也因为锌层成为化学反应的阳极。其作为可牺牲的镀层，有保护铁基底的作用。为防止锌层产生白色的锈层，提高耐腐蚀能力，一般在镀锌后，进行铬酸盐处理。铬酸盐溶液的主要成分为 6 价的铬溶液和 3 价的铬溶液。但是近年来随着世界各国（尤其是欧洲）对环境保护规定的重视，根据报废汽车的规定（ELV），对铅、镉、6 价铬酸、水银的使用有专门规定限制。受此影响，日本国内的汽车厂也采取了自主设定目标行动，因此，推进了代替以往使用的 6 价铬酸的铬酸盐，开发了采用有机酸等的铬酸盐种类。表 3-42 所示为铬酸盐处理的种类。对于镀锌操作，由于氢原子渗透到金属的晶格中，使材料的强度下降，因此需要进行烘、烤脱氢处理，当情况不能改善时，加入 0.5% 左右的钛盐，作为钛合金镀层加热时容易除去氢元素。

(8) 检查方法。

(a) 外观检查：因为采用目视方法进行表观检查判定好坏困难，所以采取设定限定样品进行判定的方式。

表3-42　各种铬酸盐处理技术概述

后处理的种类	类型	外观色调	适用条件、目的
光泽铬酸盐（光泽镀锌）	外观型	青银白色	要求美观，不太重视耐腐蚀性能的产品
	耐腐蚀型	青色半黄色	注重耐腐蚀性能，可以利用R/L的色差
有色铬酸盐	耐腐蚀型	金色以及红色	注重耐腐蚀性能
黑色铬酸盐	外观型	黑色	耐腐蚀性能好，也经常作为装饰件应用，但是耐磨损性能不好
	耐腐蚀型	黑色	重视耐腐蚀性能的零件，对气候的适应性也好
绿色铬酸盐	耐腐蚀型	橄榄色	在严酷腐蚀环境下使用的零件

(b) 镀层厚度和耐腐蚀性能：镀层厚度的测试可采用电解式厚度计、电磁式厚度计等进行测定。另外为确定产品的腐蚀程度，可根据质量规定，采用涂膏耐蚀试验、加铜和硅酸试验、盐水喷雾试验中的任一种方法进行定期检查，保证产品的质量。

3.9.3 塑料电镀工艺

塑料电镀[129]是在非导电体塑料上形成金属薄膜的技术，与电工相关的零件多采用这种方法加工。即使在汽车行业，塑料所具有的优点也是非常多的，很多产品采用了这种工艺。

(1) 材料及用途。塑料电镀使用的材料多数是ABS树脂材料。这种树脂因为含有聚丁橡胶，可以在树脂表面形成蚀刻（表面粗化）现象因而适合于采用电镀工艺。因为需要承受电镀处理工序的温度，所以使用具备热变形温度为95℃这种程度物理性能的电镀种类最合适。面向其他树脂的电镀方法，通过特殊表面处理方式的PP树脂和POM树脂的电镀方法已经实用化了。

表3-43所示为塑料电镀的性能和用途。

表3-43　塑料电镀的性能和用途

要求的性能	电镀种类	用途
装饰	铜-镍-铬电镀；镍-铬电镀；铜-镍电镀；	外门把手，中心罩，散热器格栅，模压衬片，车标，车门反射镜，其他
轻量化	铜-镍-铬电镀；其他	保险杠，散热器格栅；轮罩，其他
成型性	铜-镍-铬电镀	灯具，其他
绝缘性	铜-焊锡电镀	各种印刷基板
透光性	铜-镍电镀	仪器面板，开关，其他

(2) 处理工序。绝缘体塑料是不能够电镀的。因此采用非电解电镀方式，但为此需要进行特殊的前处理操作。表3-44所示为ABS塑料的电镀工序。活性化处理后的电镀，和在铁基底上的电镀没有大的区别。蚀刻法、催化剂、化学镀，成为这道工序操作的关键。尤其是蚀刻方法和化学镀需要控制表面形成微细的裂纹。另外根据环境法规，以往作为镀镍用的化学稳定剂铅，在应用上受到限制，因此也促进了化学镀镍的无铅化进程。由此近年来不采用化学镀，增加了利用直接操作工序进行镀层的方法。

表3-44　ABS塑料的镀层工序

序号	无电解电镀过程	序号	电镀过程
1	脱脂	13	活性化
2	水洗	14	水洗
3	表面粗化	15	触击镀
4	水洗	16	水洗
5	中和	17	硫酸铜镀
6	水洗	18	水洗
7	催化剂	19	半光亮镀镍
8	水洗	20	光亮镀镍
9	加速剂（活性化）	21	水洗
10	水洗	22	镀铬
11	无电解电镀	23	水洗
12	水洗	24	干燥

(3) 规定质量和检查方法。

(a) 耐腐蚀性能：涂膏耐蚀试验、加铜和硅酸试验为主要的试验方法。这两种方法和铁基底的试验方法相同。

（b）附着性：虽然有漆膜剥落试验（拉伸试验）和下一项的热循环试验的二次附着力评价，但是后者是常用的方法。

（c）耐热性能（热循环试验）：通过规定的高温（80 ℃ ~ 90 ℃）、室温、低温（-30 ℃ ~ -40 ℃）、室温周期循环数次的试验后，检查镀层的气泡、凸起和裂纹情况。

3.9.4 化学镀

电镀中不依靠电力方式，利用化学的还原反应方式析出金属镀层的方法被称为化学镀[130][131]。化学镀的特征是镀层的厚度在任何部位都非常均匀，镀层厚度控制与电镀方式相比容易。因为是利用化学反应形成镀层，所以在金属基底上可以进行镀处理自不得言，在陶瓷、塑料、玻璃、纤维、无机粉体等各种物体上进行镀处理也都可以。

化学镀的工作原理是将金属盐类、络合剂、缓冲剂、促进剂、稳定剂等溶解，在规定的pH值、温度等条件的溶液中，浸入经过适当的前处理操作的工件，使金属离子作为金属析出的镀处理方法。作为可以析出的金属，有镍、钴、铜、锡、金、银、铑等。这些金属如果作为单独的金属盐进行镀处理，则仅析出那种金属；如果组成多种金属盐类进行镀处理，也可以析出合金（镍-钴、镍-铜等）。

另外为了提高镀层的性能，在上述镀液中加入微粉粒子（SiC、MoS_2、BN、PTFE（聚四氟乙烯）等），在析出镀层中使这些粒子分散，也可以进行复合化学镀处理。

析出镀层根据度液中的成分，划分的种类很多，每种镀层的性能也不同。Ni-P、Ni-P-SiC等具有耐磨损性能；Ni-P-MoS_2、Ni-P-PTFE等具有自润滑性能；Ni-Co-P具有磁性等。根据这些特点需要按照用途和目的选择最合适的镀处理方式。表3-45列出了化学镀的用途和应用示例。

化学镀工序一般来说把钢铁材料电镀时的工序直接应用就可以，但是对于非铁金属和非导电材料，工件需要进行与之相适应的前处理操作。表3-46是前处理工序的一个示例。

表3-45 在汽车工业中化学镀的用途和目的

适用零件	使用目的	适用无电解电镀
活塞、气缸、凸轮轴、摇臂、汽油箱、阀、调速杆、制动盘、喷嘴、螺母、模具、连接器、印刷基板、其他	耐磨性、防锈性、耐蚀性、自润滑性，镀层厚度均匀，电气特性、焊接性以及其他特性	Ni-P、Ni-P-SiC、Ni-P-BN、Ni-P-PTFE、Ni-W-P、Ni-B、Cu、Sn、Au、其他

表3-46 化学镀（无电解镀）前处理工序概述

序号	铝合金及其他合金	陶瓷
1	预备洗净	碱化脱脂
2	水洗	水洗
3	刻蚀	刻蚀
4	水洗	水洗
5	酸处理	感受性化
6	水洗	水洗
7	置换锌	活性化
8	水洗	水洗
9	无电解电镀	无电解电镀
10	水洗	水洗
11	干燥	干燥

化学镀镀液的组成根据金属盐、还原剂、络化剂等的组合和浓度有多种形式。其中镍、钴、铜、金为代表的镀液的组成情况如表3-47所示。

3.9.5 热浸镀

（1）工艺和设备。在熔融金属中浸入被加工件，然后提起工件，使部分熔融金属凝固在工件表面，形成金属镀层的方法称为热浸镀法[132]。

热浸镀只能浸镀比工件熔点低的金属。因此工件材料为钢铁时，在工业上可以浸镀的金属有锌、锡、铝、铅等。

一般的处理工序是在脱皮、脱脂、清洗、酸洗等的前处理后，进行浸焊接剂处理，然后进行热浸镀。最后根据需要进行防止变色处理等的后处理操作。

表3-47 一般化学镀的基本镀液的组成及条件

	镀镍工艺		镀钴工艺		镀铜工艺		镀金工艺	
组成	硫酸镍	25 g/L	硫酸钴	20 g/L	硫酸铜	10 g/L	氰化金钾	6 g/L
	次亚磷酸钠	20 g/L	次亚磷酸钠	17 g/L	福尔马林（37%）	20 mL/L	氰化钾	13 g/L
	柠檬酸钠	10 g/L	柠檬酸钠	44 g/L	氢氧化钠	10 g/L	氢氧化钾	11 g/L
	醋酸钠	10 g/L			EDTA·4Na	25 g/L	硼氢化钾	22 g/L
条件	pH 5.0 温度 90°		pH 9.0 氨碱 温度 90°		pH 12.0 温度 60°		pH 13.0 温度 80°	

作为热浸镀的特点是在工件材料的界面可以形成基底金属和浸镀金属组合的合金层。为了获得在浸镀后加工时附着性良好的镀层，有必要选择可得到薄而均匀的合金层的工况条件。

（2）镀锌。这种热浸镀方法主要适用于车体外板。为改善成型性、焊接性，使用可以形成含有约9%铁的合金化镀层热浸镀条件。与电镀纯锌相比，抑制了在高温潮湿环境中锌材料的渗出。进一步可采用在镀层上进行涂装操作的方法，抑制镀层的渗出，提高工作寿命。

（3）镀铝。在亚硫酸气体含量高的大气中和海岸地带镀铝比镀锌的工件显示了更好的适应环境性能。另外由于 Fe-Al 合金层的形成，在高温下具有耐氧化性能。在各种燃烧装置、热交换用管路、温水配管路、消声器等零件中获得应用。

（4）镀锡。虽然镀锡钢板在罐头容器材料中使用，但已被电镀材料所代替。另外在印刷电路板和电子产品的焊锡操作部位，大量采用镀锡或者镀焊锡方法。

（5）镀铅。铅虽然具有优良的耐腐蚀性能、耐化学药剂性能，但是和铁的合金化速度缓慢，需要掌握得到良好镀层的条件。在铅中添加15%~20%锡，形成的浸镀钢板称为镀铅锡钢板，被应用于油箱、散热器等部件中。

3.9.6 电镀废水处理工艺

电镀工厂的废水与其他产业相比，含有较多的有害物质。虽然根据不同的电镀种类，废水中含有的有害物质不同，但是一般来说可以分为4类：氰化物；金属铬系列；酸系列和碱系列废水。另外这些废水中还含有溶解性金属和油质、界面活性剂等有机类药品。这些废水的来源多数是工件清洗时，排出的浓度稀薄的废水。

氰基系列的废水常用的处理方法：在碱性环境下，添加氧化剂，使其分解为二氧化碳气体和氮气，达到无毒化处理的目的。

铬酸系废水的处理方法：一般用还原剂将6价铬还原成3价铬，之后与铜、镍、铁等重金属同样处理，使之凝集沉淀，作为泥渣除去。图3-141所示为一般的废水处理工序流程图。

表3-48所示为根据水质污染防治法第3条规定的废水标准。另外还有根据条例进一步强化规定的地方政府标准。

作为从电镀工厂排放的废弃物，主要是排水处理后的泥渣和老化液体更新时的浓度大的废液体等。对于高浓度的重金属废液，计划在工序内回收、再次利用，通过资源回收实施回归自然等目的。其他的废弃物委托专门处理人员、进行最终填埋处理。

另外对于处理后的流水，在东京湾、濑户内海等实施了关于化学氧元素含量（COD）的总量规定，作为富营养化对策，也研讨了磷元素、氮元素的限制规定。与此相伴，废水处理方法也将过去的沉淀处理和其他处理方式合用，探讨在封闭系统内进行相应处理的措施。

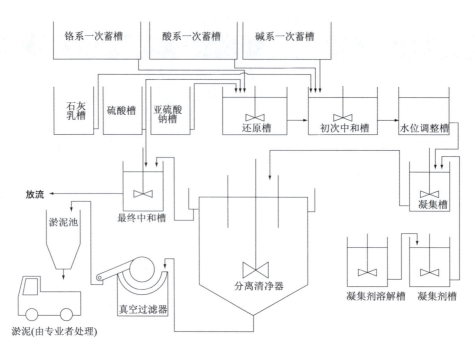

图 3-141 废水处理流程图

表 3-48 根据水质污染防治法规定的废水标准

	限制物质	限制数值
有害物质（健康项目）	镉	0.1
	氰	1
	6价铬	0.5
	铅	0.1
	砷	0.1
	汞	0.005
	烷基汞	不检测
	有机磷	1
	PCB	0.003
生活环境项目	pH	5.8~8.6
	全铬	2
	铜	3

续表

	限制物质	限制数值
生活环境项目	锌	5
	溶解性铁	10
	溶解性锰	10
	矿物油	5
	动植物油	30
	BOD	160
	COD	160
	SS	200
	氮	120
	磷	16

注：单位 mg/L（但 pH 值除外）

3.10 涂　装

3.10.1 概述

（1）涂装质量。涂装目的是在于提高和保持被涂装工件的保护及其美观性，从而对提高产品的性能有较高的要求。特别是车体外板的涂装质量，需要具有在世界上任何环境下，即使长时间连续使用，也不出现涂膜的质量下降和生锈现象，而且需要保持涂膜的光泽、色彩以及美丽的外观形象。

（2）涂装工序概况。涂装的基本工序如图 3-142 所示：主流方式分为电泳底漆、中涂装、面漆 3 次涂漆体系。在电泳底漆和中涂装的工序中，设置了为提高密封、防噪声、防锈蚀等的底板防护涂层的喷涂工序。作为高级轿车的涂装，有时还采取多涂层的措施。另一方面在最近省略了作为以降低能力-负荷为目的的中涂装的烘干工序，实施了中涂装-面漆的Wet-on-Wet工序。

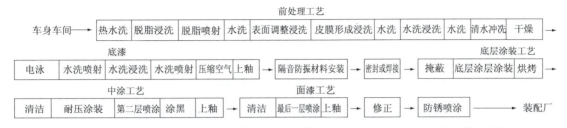

图3-142 轿车车身涂装工艺

（3）涂料。汽车用涂料可以分类为电泳涂料、中涂装涂料、面漆涂料以及塑料溶胶系涂料。电泳涂料虽然是汽车防锈需要的材料，但是作为影响面漆后机体光泽的重要因素正在进行改良。中涂装涂料具有面漆涂料的表面调整的影响因素，但是窗框用的黑色以及颜色防透底漆等，也有作为面漆的代用品而使用的方法。面漆涂料需要根据时代发展选择最新的、合适的颜色。表面光亮的优秀的涂料、加入辉光性材料的云母涂料等的应用实例也很多。

3.10.2 涂装工序前的车身

（1）概述。对于涂装前的车身，为提高涂装工序的生产效率，充分考虑生产指令系统的设定和涂装质量（外观、防锈等）工作是非常重要的。

对于生产指令的设定，要保证合理编排吊挂顺序，以及妥善安排浮动缓冲件的防锈对策。

（2）生产技术和系统。

（a）工艺和设备。

1）生产的顺序：涂装工序多数采用的是多品种混流生产方式。包括吊挂顺序的生产指令系统，最重要的是保证生产过程的损失降到最低限度。

作为示例是根据吊装的时间顺序编排车体颜色相同的批量生产的方法。虽然需要充分考虑涂装前、后工序的工作，既要考虑生产效率的提高，也要从节省资源的观点出发，在改变涂装颜色时，减少涂料的损失也是非常重要的。

2）输送设备：对于涂装前车身的运输，一般采用悬挂吊钩方式。吊钩工作时可分为从吊装工件到前处理入口和前处理以后部分。主要理由是为了防止前处理剂对吊钩材料的影响和涂装工序的污染以及异物的进入。

以往采用的是夹抱方式的吊装方法，目前多采用有利于前处理工序中车身外板面的洗净的单面装载的C型吊具。

3.10.3 前处理

（1）概述。前处理是在车身的内外表面形成均匀的皮膜，保持防锈能力和电泳涂料的附着力的工序过程。主流的处理方式由喷射式变为浸渍式方法。作为形成皮膜的特性，一般皮膜中的磷酸铁锌的比值越高，性能越好。以Zn-Ni系复合电镀钢板、Zn-Fe系两层电镀钢板等各种镀锌钢板等为中心的非铁金属，为强化防锈能力正使用这种方法，但是与此相对，含有Mn元素的皮膜可望达到更好的性能。

另外，近年来从环境保护的观点考虑，低温、低淤泥形式的材料也开始应用[134]。

（2）工艺及设备。图3-143所示为浸渍方式的前处理实例。浸渍槽一般为4~5个。

其次，在工序中产生的具有代表性缺陷的原因和相应对策如表3-49所示。

3.10.4 电泳（底漆）

（1）概述。电泳涂装时相对以往的浸渍涂装，具有根据涂料控制条件和涂料通电条件可定量控制涂层厚度的方法，由于阴极电泳具有零件周围镀层均匀，涂料损失少等理由，在汽车车身的底漆操作中应用广泛。

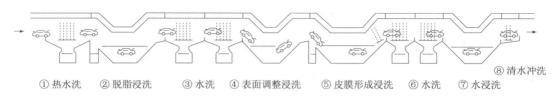

①热水洗　②脱脂浸洗　③水洗　④表面调整浸洗　⑤皮膜形成浸洗　⑥水洗　⑦水浸洗　⑧清水冲洗

图 3-143　前处理生产线概况图

表 3-49　代表性的前处理生产线出现的问题的原因及对策

序号	缺陷项目名称	现象及原因	对策及方法
1	淤泥附着	前处理槽内产生的淤泥淤积于车身盲区及内外板部	① 检查除淤泥的过滤器 ② 检查出槽部喷嘴的堵塞状况与角度
2	污物	由吊具与车身接触部位滴落的污渍水分下流时，干燥后的污渍	防止吊具前处理纯水水清洗后向工件的下滴现象 ① 清理吊具 ② 检查吊具空气喷嘴朝向（纯水清洗前）调整车身板组台部位的水洗喷嘴
3	阶层状附着	入槽时在车身外板出现层状不均匀层	在入槽部设置波浪喷嘴，调整表面流层状态、入槽方向和位置
4	黄锈 氧化皮	在车身外板产生黄色的皮膜	调整前处理液的搅拌，加强前处理液的管理

(2) 工艺。通过前处理工序的烘干炉，车身进入电泳工艺。图 3-144 所示为应用实例。一般来说以悬挂吊钩运输的车身进入电泳槽时有一定的倾斜角度，因此可排除工件携带的空气和气泡，使工件的所有表面都能形成防锈基础的电泳漆膜。然后用超滤液（UF）清洗掉电泳漆膜的残渣，送入浸渍水洗烘干工序。

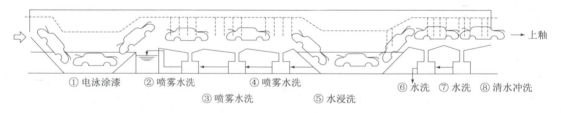

①电泳涂漆　②喷雾水洗　④喷雾水洗　⑥水洗　⑦水洗　⑧清水冲洗
③喷雾水洗　⑤水浸洗

图 3-144　电泳涂漆工艺例

(a) 电泳槽：对于工件，为获得必要的通电时间，需要一定的长度；在槽内设置隔膜电极和底部电极（同时为阳极），另外配置涂料的搅拌机构。

(b) 水洗 1 工序（UF：Ultrafiltration 水洗）：UF 水洗的目的是通过 UF 超滤液组成多段闭路水洗，排除超滤液，除去涂料中的低分子、溶剂、杂离子等，调整超滤液的成分。

(c) 水洗 2 工序（工业用水）：UF 水洗后，再用工业用水清洗工件，从电泳槽取出并清除表面的尘粒。目前浸渍水洗方法是主要的清洗方式。

(3) 电泳涂料。

(a) 阳极电泳涂料：阳极电泳涂料用树脂，一般是在环氧树脂中具有氨基（-N）的盐，利用酸（例如有机酸）中和，并经水溶化或者被水分散的物质，而硬化剂使用絮状异氰酸盐。

(b) 厚膜型阳极电泳涂料：降低涂层的电阻值使电析出量多的涂料，通过组成涂料粒径的选择，即使涂成厚膜，也可以获得平滑型式涂层的技术也已经成熟。

(c) 新技术：一般的阳极电泳涂料为促使环

氧树脂材料的硬化需要进行高温烘干，因此需要170 ℃ ~ 180 ℃ 的固化温度。针对这个问题，开发了硬化机理在低温领域也可以进行的电泳涂料。被涂工件厚度较大的零件，低温固化形式的涂料可以有效的应用。

另外在节省资源的涂装材料方面，开发了具有耐环境性能、平滑性的涂料，可以完成电泳和面漆2层操作。

进一步作为适应环境要求的铅氟化技术也已经实用化了[135]。

3.10.5 密封

（1）概述。汽车用密封材料主要使用在车身面板的板材结合处部位，如车顶渗水部位、支柱部位以及其他需要防止漏水漏气的部位。图3-145所示为密封应用实例。

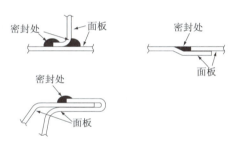

图3-145 密封应用实例

（2）密封材料的用途和种类。密封材料有两大类：一种是直接在钢板结合处涂敷，另一种是在电泳处理后涂敷。表3-50所示为钢板涂敷和电泳涂敷的对比情况。

表3-50 密封形式和树脂类的对比

被涂件的材质	密封树脂种类
钢板	① 环氧树脂类 ② 异丁烯橡胶类 ③ 聚氯乙烯类
电泳钢板	聚氯乙烯类 ① 内板、外板通用类 ② 内板用和外板用两类

（3）聚氯乙烯树脂类密封材料的成分和性能。聚氯乙烯树脂类密封材料的主要成分是聚氯乙烯，以及合成树脂、增塑剂、填料、颜料等。

特点是在5 ~ 12 MPa的压力下容易输送和涂敷，毛刷刷平等操作性好。另外电泳的密封性好，耐水、耐气候性强。

（4）涂敷部位和涂敷方法。

（a）车顶、车门、行李箱等的折边部位，发动机板舱钢板连接部位，车厢内、行李箱内部的板结合部位等。

（b）涂敷方法：除以往的接触式涂敷方式外，也使用非接触式（喷涂）带状涂敷方式，一般可根据涂敷位置选用。

虽然手工涂敷还是主流方式，但是通过机械手涂敷方法也在大批量生产线上被采用。

3.10.6 车底防护和热融性阻尼材料

（1）概述。

（a）车底防护：沥青类或者合成树脂类（聚氯乙烯等）黏结剂和防震性能好的材料配合制成的高黏度涂料，主要涂敷在车身下面和车身侧面下部，用于防锈、隔音（防振）。

聚氯乙烯类材料应用时可涂敷并烘干形成强韧的0.3 ~ 1.0 mm厚度涂层。

发泡聚氨酯类材料也进入了实用化研究阶段。

（b）热融性阻尼材料：其主要成分为沥青，配合一定的充填剂，形成的具有一定厚度的板状成型材料。其应用在车身的底板部位、挡泥板的下部等位置，以减少振动。

具有热融性能，可利用炉子热源密封复杂的凸凹表面，发挥热融密封的性能。因为其具有良好的密封凸凹表面特点，所以防水、防修效果也好。图3-146所示为密封和热融性阻尼材料的涂敷情况。

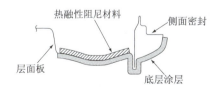

图3-146 密封和热融性阻尼材料的涂敷情况

（2）工艺。

（a）密封工艺：在电泳烘烤炉或者中途烘烤

炉通过后进行涂敷。密封涂敷面根据使用目的、外观质量水平的情况考虑,几乎没有在车身下部以外的部位应用。

为了防止喷涂到使用目的以外的位置,涂敷前要进行遮蔽,喷涂后需要清除遮蔽物并进行清理操作。

1) 遮蔽:过去使用胶带和纸、简易遮盖工具进行遮蔽,但最近多采用泡沫聚苯乙烯成型制品,以节省工时。

2) 喷涂:采用气喷涂枪或者无气喷涂枪喷涂。因为作业环境不好,所以采用机械手操作或自动喷涂机喷涂代替人工喷涂成为主流方向。

3) 清除遮蔽物:使用的遮蔽材料在进行烘烤前需要清除。包括自动涂敷后的检查和必要的修补,多数情况下是通过人工完成。

(b) 热融性阻尼材料:电泳烘烤后或者中涂烘烤后把按照规定的形状裁剪的热融性隔热阻尼胶板,用手工操作轻轻铺放在车身底板位置。

有时设置专用的烘烤炉,而是利用中涂、面漆烘烤炉的热源进行热融处理。

(3) 设备。

(a) 车底防护:一般采用悬挂输送机将车身吊起来,从下面进行喷涂加工。但从改善作业环境考虑,也在探讨使车身转动进行喷涂的加工方式。另外为了方便机械手或者自动喷涂机的涂敷作业,需要同时配置材料供给系统调温装置。图3-147所示是车底防护涂料供给系统和喷涂系统的实例。

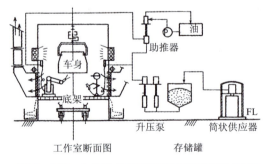

图3-147 车底防护涂料供给系统和喷涂系统

(b) 热融性阻尼材料:在生产厂按照指定尺寸、形状将热融性阻尼材料裁好,利用运输装置输送到生产线旁,通过手工安装在车身的指定位置,所以输送装置需要可移动的运输机。今后应考虑自动化的安装方式。

(4) 材料。

(a) 车底防护涂料:车底防护涂料一般来说除了沥青类、聚氯乙烯(PVC)类外,还有为减少车身重量的低比重类涂料、低黏度薄膜类涂料,另外正在开发适应环保要求的无聚氯乙烯材料。表3-51所示为PVC类车底防护材料的组成情况。

表3-51 PVC类车底防护材料的组成情况

	基 准
成分	氯乙烯、聚氯乙烯、聚醋酸乙烯、钛、聚酯树脂、含N树脂、氧化钙、苯二(甲)酸酯、表面处理钙、脂肪族溶剂
黏度	200~400 P
比重	1.50以下
加热残分	95%
流动性	1 mm以下

(b) 热融性阻尼材料:根据应用部位,热融性阻尼材料也加以区别使用。表3-52所示为热融性阻尼材料和应用部位的情况,表3-53所示为热融性阻尼材料的成分。另外最近也采用了喷涂类的材料[136]。

表3-52 热融性阻尼材料与应用部位

种 类	特 点	用 途
一般热融性阻尼材料	因自身熔化易于贴在凸凹部位	底板 挡泥板
压敏热融性阻尼材料(PA热融材料)	属压敏黏着型材料,用于垂直部位	车门板
磁化热融性阻尼材料	属带磁性的热融阻尼材料,可用于背面	车身顶盖,驾驶座位侧面的面板

表3-53 热融性阻尼材料的成分

	标 准
成分	沥青、滑石、石棉、碳酸钙、变性沥青橡胶
比重	1.4~1.5
灰分	60%以下
蒸发量	0.5%以下

续表

	标 准
延展率	15% 以上
热流动性	0
防振性	1.5t−0.08,3.0t−0.20

3.10.7 中层漆

（1）概述。中层漆介于底漆和面漆之间，具有提高两者的紧密性、耐冲击性、平滑性（底层的覆盖性，耐溶剂膨润性），耐气候性（耐光线劣化性）等作用。特别是对于耐冲击性能的使用部位，根据性能要求同时应用防石块涂层（SGC）技术和防划伤涂装（ACC）技术。为提高外观质量也可以采用双层中涂、颜色中涂、灰色中涂方法等措施。

（2）工艺。中涂工艺可分为表面清理、喷涂、晾干、烘干4个主要工序。

（a）表面清理：清除基底（电泳加工）漆膜上的灰尘、异物等缺陷。

（b）喷涂：利用气压或离心力将涂料雾化处理，附着在被涂物体上。

（c）晾干：为防止烘烤加热时由于溶剂急剧蒸发形成缺陷，事先使溶剂蒸发。另外使雾化涂料充分熔合、流平。

（d）烘干：使涂料干燥形成漆膜。通过加热使溶剂蒸发以及树脂产生固化反应。

（e）工艺平面图：图3-148所示为中涂涂装工艺平面图。

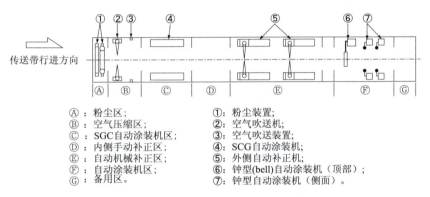

Ⓐ：粉尘区；
Ⓑ：空气压缩区；
Ⓒ：SGC自动涂装机区；
Ⓓ：内侧手动补正区；
Ⓔ：自动机械补正区；
Ⓕ：自动涂装机区；
Ⓖ：备用区。

①：粉尘装置；
②：空气吹送机；
③：空气吹送装置；
④：SCG自动涂装机；
⑤：外侧自动补正机；
⑥：钟型(bell)自动涂装机（顶部）；
⑦：钟型自动涂装机（侧面）。

图3-148 中涂涂装工艺平面图

（3）设备。

（a）喷涂室：为使涂料状态变化（雾化→附着→漆膜）稳定，需要保持一定的温湿度。另外为了迅速除去没有附着在被涂工件上的雾化涂料，需要有通风排气系统以免附着在其他被涂物体上或者污染作业环境。

（b）涂料供给装置：涂料供给装置就是利用泵将根据合适条件稀释的涂料，从涂料仓经过管路输送到喷涂室（循环系统）。为防止温度变化产生输出流量的波动，可以使用恒温装置和齿轮泵。

（c）烘干炉：烘干炉有红外线炉和热风炉。前者使用红外线灯和红外线加热器，后者利用柴油和煤气的燃烧热。热风炉又分为利用煤气燃烧加热的直接加热炉，以及同煤气燃烧进行热交换得到的热风加热的间接加热炉。

（d）喷涂装置。

1）空气喷涂机：在涂料喷嘴和空气帽前方把涂料和气体混合扩散，使涂料雾化。

2）空气雾化静电喷涂机：雾化方法和空气喷涂机大致相同，但在前端针状电极和被涂物之间形成电场。雾化的涂料粒子带有电荷，同时依靠静电力和气压力进行涂装的方式，提高了涂装效率。图3-149所示为该喷涂方式的工作机理。

3）旋杯式雾化静电喷涂机：依靠旋杯式雾化静电喷涂机的旋杯高速旋转生成的离心力使涂料雾化，并带有电荷，在离心力和静电力的作用下进行涂装。因为旋杯形状近似钟形，所以有时也称为钟形涂装机。图3-150所示为该方式的工作机理。

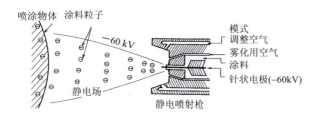

图 3-149 空气雾化静电喷涂机的工作机理

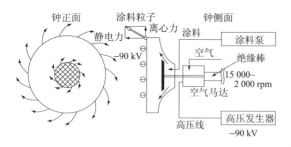

图 3-150 旋杯式雾化静电喷涂机钟式的工作机理

(e) 自动涂装机：车身外板的涂装推进了涂装自动化的发展。喷枪有可以往复移动的往复式和喷枪固定不动的固定式两种。空气雾化静电喷涂机主要使用往复式，旋杯式雾化静电喷涂机往复式和固定式都可以使用。

(4) 涂料的主要成分是树脂、颜料，其次成分是添加剂，辅助成分是溶剂、稀释剂等。

(a) 中涂涂料：要求具有附着性、耐冲击性、平滑性和耐气候性等。以无油性聚酯树脂为主，附加环氧树脂、三聚氰胺树脂，是氧化钛、碳黑等着色颜料和体质颜料分散混合制成。为提高外观质量，符合有关溶剂的排放规定，可以使用低分子量富含树脂的高固体涂料。

(b) SGC（Stone Guard Coat）：主要成分为氨基甲酸乙酯，用中涂和湿对湿方法涂装。虽然可以提高耐冲击性能，但是因为外观质量下降，所以仅限于一部位涂装。其用于车身下框、车门下侧位置的涂装作业。

(c) ACC（Anti Chipping Coat）：主要成分是聚酯类树脂，用于中涂和湿对湿涂膜方法涂装。与SGC方式相比，耐冲击性能下降，但是提高了外观质量。其用于车前盖板前部、车顶前部的涂装作业。

(5) 新技术。

(a) 喷涂无人化作业（自动跟踪）：虽然外板面的涂装作业几乎完全自动化了，但是还有一部分外板面和内板面的涂装依靠手工操作。正在引入跟踪外板面形状的仿形机构，以及包括车门开闭的内板表面涂装的机械手控制等。

(b) 水溶性涂料：从环境安全的观点出发，涂料内的溶剂含量限制具有强制规定的趋势。为此推进了水溶性涂料的实用化进程。水溶性涂料主要成分是大量采用丙烯酸树脂作为亲水基（—COOH等），将亲水基用来和氨、有机胺等中和、水溶化。因为水和有机溶剂不同，所以需要采取以下措施：① 为促进水蒸发要设置预热工序；② 涂料供给系统要采取防腐措施；③ 为了保证低温时的涂装、贮藏稳定，需要设置涂料调温系统；④ 需要采取针对胺臭的措施。

3.10.8 面漆

(1) 概述。面漆具有保护车体和装饰的双重功能。对于装饰来说，根据着色颜料的特点，面漆有各种各样的颜色，有本色面漆（图 3-151）和把着色颜料与铝箔结合得到的带有金属光泽的金属色面漆（图 3-152）。为了适应各种个性化的色彩需求，还有采用云母的涂装，以及为适应环境保护的要求也开始采用水性底色、粉末清漆等。

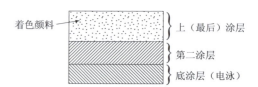

图 3-151 本色面漆涂层结构

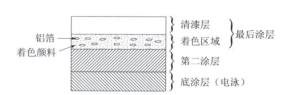

图 3-152 金属色面漆涂层结构

作为保护功能的面漆涂层，需要具有防紫外线照射的功能，以保护底层涂膜（电泳底漆、中涂层等），同时面漆涂层本身也必须具有耐气候性和耐污染性能。

图 3-153 是面漆工序的涂装工艺平面图。

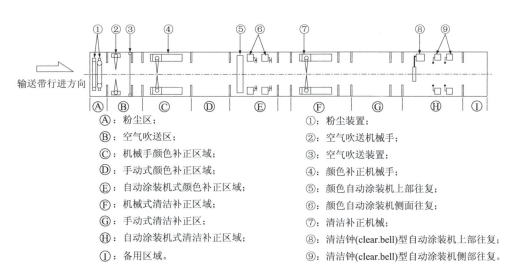

ⓐ：粉尘区；
ⓑ：空气吹送区；
ⓒ：机械手颜色补正区域；
ⓓ：手动式颜色补正区域；
ⓔ：自动涂装机式颜色补正区域；
ⓕ：机械式清洁补正区域；
ⓖ：手动式清洁补正区；
ⓗ：自动涂装机式清洁补正区域；
ⓘ：备用区域。

①：粉尘装置；
②：空气吹送机械手；
③：空气吹送装置；
④：颜色补正机械手；
⑤：颜色自动涂装机上部往复；
⑥：颜色自动涂装机侧面往复；
⑦：清洁补正机械；
⑧：清洁钟(clear.bell)型自动涂装机上部往复；
⑨：清洁钟(clear.bell)型自动涂装机侧部往复。

图 3-153　面漆工序的涂装工艺平面图

(2) 涂料。

(a) 聚氨酯树脂：聚氨酯树脂是由多元醇和多异氰酸酯通过聚合反应生产的树脂的统称。属于涂装后加热附加重合固化形式，广泛应用于各种涂料。

(b) 醇酸树脂：醇酸树脂属于聚氨酯树脂的一种，价格便宜，在生成时，根据使用油脂的种类、数量，可以得到多种性能的树脂材料。

(c) 丙烯酸树脂：丙烯酸树脂是由丙烯酸、甲基丙烯酸为主要成分的合成材料。使用这种树脂的涂料具有透明感、耐气候性好，但是另一方面，具有柔韧性差的缺点。

(3) 新技术。

(a) 涂膜的平滑性：获得精度高外观美的涂层是制作平滑涂装表面为条件的。涂层表面的凸凹表现在 102~103 μm 的波长范围，从感光特点的角度来看，波长在 102 μm 以下，对于颜色、光泽有影响；在 102~103 μm 的范围，成为具有微小凸凹的涂层表面。103 μm 以上的长波长，作为提高平滑性的因素可以采用。

对于这些全部领域范围的波，研究改进的方向是在涂层形成时，使涂层表面的波长增大，且向无高低差的方向加以改进。使用流动性的溶剂（提高烘干时的流动性），采用激光钢板（控制钢板的钝化均匀）、中涂水磨（提高底层涂膜的平滑性）等措施，是更好的提高涂装表面装饰性的技术。

(b) 氟树脂涂料：氟树脂是具有良好的耐气候性能的树脂，也具有良好的防湿性能，树脂的稳定性也高。作为预防酸雨侵蚀的措施，以及不需维护的涂层，而成为得到广泛关注的涂料材料。

(c) 珍珠云母：把云母（铝系硅酸盐）表面使用二氧化钛涂敷的使用云母颜料的涂料，具有珍珠似的光彩（图 3-154）。

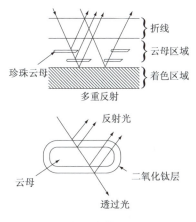

图 3-154　珍珠云母涂层（面漆）

与金属涂料的区别是涂层的光折射方式不同，珍珠云母涂料具有光乱反射的特点，在漆膜界面上反射光和一部分通过后又反射回来的光线重叠，可形成良好的效果。涂装方法是三涂层两烘干，三涂层是彩色层、云母层、透明层。

(d) 涂色云母：涂色云母与珍珠云母类似，是具有云母颜料的涂料。不同点是把涂敷的二氧化钛再涂上氧化铁,用涂色颜料调出色彩。涂装方法和一般的金属涂装相同,多采用二涂层一烘干方式(图3-155)。

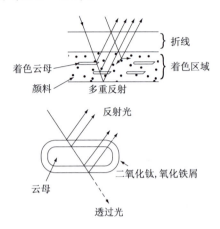

图3-155 涂色云母涂层(面漆)

(e)真空镀铝:过去银色光彩的材料,使用的是微粉化的铝粉粒子,这通常是利用球磨机等设备粉碎、研磨获得的铝粉制成的。但是近年来通过把含有铝的基材进行粉碎、蒸镀,可得到薄且平滑表面真空镀铝层,采用这种真空镀铝,可以形成颜色均一、高亮度、低粒子感的银色涂层,这种方式目前已经实用化了[137]。

3.10.9 修补

(1)概述。修补涂装可大致分为打磨和再喷涂两种方式。需要根据出现的缺陷内容决定采用打磨和再喷涂(图3-156)。再喷涂时,只在面漆上进行修补,或是从底漆的修补起是否必要需要认真确认后再进行。

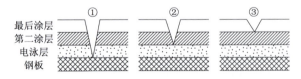

图3-156 缺陷部位涂层断面的实例

再喷涂分为局部修补(部分涂装)和车身整体修补。哪种修补方法都有长处和不足,所以需要根据补修车辆的情况和涂装条件进行选择。

(2)打磨。清理、研磨(图3-157)两道工序反复两次操作后,进行打磨、抛光,完成作业。

1)清理:用水或者溶剂汽油清理不合格的

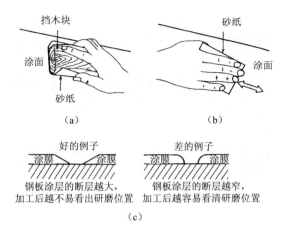

图3-157 研磨的方法和水平

(a)垫木研磨方式;(b)手研磨方式;(c)研磨结果

部位,然后用干擦布擦去水分。

2)研磨:用1 000#~1 500#的水砂纸磨平不合格的部位。

3)清理:将研磨后的污垢用水或溶剂汽油再次清理,然后用干擦布擦去水分。

4)研磨:在软布类工具渗入细目研磨膏,在不漏出底漆的情况下研磨出比砂纸研平大出2倍的范围。

5)打磨:在软布类工具渗入微细目研磨膏或蜡,进行均一打磨。

6)抛光:在软布类工具渗入抛光蜡,均匀的抛光打磨过的表面。

(3)再涂装。

(a)局部修补涂装(图3-158):如果缺陷处于面板的中央部位,即使缺陷面积小,这个零件也需要整体涂装。这是标准做法。

图3-158 车门的局部修补示例

(b)车身整体修补:涂装缺陷不是集中在一块局部位置,而是在车身的3~4个块或者整体出现时需要进行车身整体修补涂装。首先通过对缺陷部位进行研磨等操作,然后进行清理、平整,而使表面产生缺陷,再用500#~800#的砂纸进行整体研磨,并对车身表面进行充分清理后,再按照正规面漆涂装工艺进行再涂装作业。

3.10.10 打蜡

(1) 概述。在北美和欧洲积雪地区，为了防止道路冻结，大量在路上布撒融雪用的岩盐。因此车身底部不易观察到的闭合结构部位和底盘很容易受到盐害腐蚀，所以作为应对措施，需要进行涂蜡防锈作业（表3-54）。

表3-54 涂蜡防锈的分类表

分　类	涂敷部位	涂蜡质量要求	备　注
内部涂蜡	车门内部、车盖前部、后行李箱、铰链折页	防锈能力，浸透性，防脱落性、附着性	涂装工艺
底板涂蜡	整个底部	防锈能力，厚涂性，耐冲击性、耐寒性	装配工艺
面漆保护蜡	外板面漆涂装面、电镀面	表面耐污染性，表面保护性	装配工艺
发动机舱保护蜡	发动机罩内金属部位（发动机部件、螺栓类零件等）	防锈能力、透明、绝缘性	装配工艺

(2) 工艺、设备。涂蜡工序一般安排在面漆涂装检查后进行。设备由喷蜡室和材料供给装置组成，喷蜡室在涂蜡量大的情况下多采用湿式喷涂，涂蜡量小时采用干式喷涂。材料供给装置根据使用的材料情况，有在常温状态下使用的和需要加温装置加温到40 ℃~50 ℃的两类。

(3) 材料。防锈蜡的成分是由低熔点和高熔点的微晶石蜡、砜酸金属盐以及其他的防锈添加剂、调和颜料构成。最近也有和树脂等调配的类型。

(4) 新技术。蜡加热后利用热蜡黏度低渗透性好的特点和被涂物的温度差，可以大幅度缩短凝固的时间，正在引入兼有膜厚保持稳定、渗透性好的加热喷蜡工作系统。标准的加热喷蜡工作系统示意图如图3-159所示。

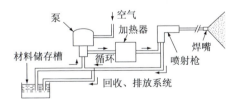

图3-159 加热喷蜡工作系统

3.11 焊接·钎焊

3.11.1 概述

在汽车装配中焊接加工所占比重相当高。其中可大致分为以车身、油箱等薄板为主的零件，以及车轮、制动器闸瓦、后桥壳、传动轴等行走部位零件中厚板为主的焊接结构。

作为汽车制造中使用的焊接工艺，虽然有表3-55所示的各种焊接方法，但是以点焊方式为中心的电阻焊接在焊接中占据主流地位。在汽车产业尤其重视质量和经济性要求，为适应这些要求，必须制定适宜的焊接方法和生产计划相适应的工程计划。因此不仅要考虑有关焊接的技术、方法、装置的各种问题，还要注意相关的其他加工作业，从工程计划到设备、加工、管理、安全等广范围的工作，然后制定焊接工艺方面的综合计划。

表3-55 在汽车制造中采用的焊接工艺种类

汽车焊接	电焊	二氧化碳电焊 MIG焊接（金属极惰性气体保护电弧焊） MAG焊接（金属极活性气体保护电弧焊） TIG焊接（钨极惰性气体保护电弧焊） 潜弧电焊 等离子电焊
	电阻焊	点焊接 凸焊 滚焊 闪光对焊 对焊
	气焊	氧乙炔焊 钎焊

续表

汽车焊接	其他焊接	螺柱焊 摩擦压连接 摩擦搅拌焊接 电子束焊接 激光焊接

汽车制造方面使用的焊接技术，是在 1970 年为适应大批量生产提高生产率和质量稳定化的要求，在各种焊接工艺方面开发的自动化生产技术。在 1980 年，为适应多样化的客户的需求，因为增加了车种、变形，所以作为生产形式也向柔性化的多品种少批量的混流生产方式转变，为实现这种需求开发了生产系统和焊接技术（机种专用的定位夹具的快换系统，机器人系统，伺服焊枪化，机器人装载用小型变压器、焊枪的一体化 DC 点焊机等）。

在材料方面，以北美和北欧为中心，为提高产品的防锈耐久质量，在车身的内板和地板等广泛采用了各种防锈处理钢板；在点焊中的电极修整器的开发，电极材料的改善，高性能的计时器（一次焊接工序过程中，使焊接电流自动处于最佳状态）等种种改善技术也被广泛采用。另一方面激光焊接类的高能量局部加热焊接方法也在适当被采用。

还有根据车身轻量化的需求，开始采用部分铝及铝合金材料，相应铝材料的焊接技术和实用化研究也正在积极地开展。例如使用铝板材采用闪光对焊方法制造车轮轮圈，把轮圈和铸造或轧制的圆盘件用 MIG 焊接制造成两部分组成的 Al 车轮，利用真空钎焊将铝制薄板散热片连接制造的铝制散热器等。

另外铝制的车身、被称作车身盖状物的发动机罩、汽车后行李箱盖、底座和车门等组装工作，可以采用点焊接或 MIG 焊接，还有铆接、摩擦焊接等方法。

今后汽车的轻量化需求有加速发展的倾向，因此可以预测在汽车材料方面，将采用把高强度钢板、Mg 合金、树脂、复合钢板和普通钢板组合，应用到汽车的各部件中的方式，与此相应，需要开发新的焊接技术。对于将要开发的焊接技术，需要具有较好的焊接可靠性，且应该是不影响生产、效率高的焊接系统。

以上简单说明了在汽车装配中应用的焊接技术，下面关于焊接技术的各种要素进行说明。

3.11.2 焊接工艺的种类和应用实例

（1）点焊接。点焊接是在铜或铜合金的电极间夹持被焊接零件，一边加压一边在短时间接通大电流，通过产生的焦耳热使需要焊接的零件结合的方法，这是最常用的焊接方法。这种方法被广泛应用的原因有以下几点：① 焊接时间短，适合在高速生产线上使用；② 设备运行费用比其他焊接方法低；③ 因为加压时间短，产生的变形量小；④ 操作不需要较多的熟练经验；⑤ 自动化比较简单易行等。量产汽车的白（裸）车身，几乎都是采用 1~2 mm 左右的冷轧钢板压制成型的，其中 90% 以上是通过这一焊接方法组装曾是的。而且手提式焊接机、固定式焊接机等手工焊接设备曾是主流。但现在生产台数和投资额度相适应的自动化生产，通过采用多点焊接和机器人焊接的方法，自动化生产率已经达到接近 100% 的程度。在控制方面，如图 3-160 所示把可控硅作为开关控制元件使用，通过位相控制进行电流的调节成为主流方式，但是最近随着动力电子元件向大容量化发展，图 3-161 所示采用功率晶体管和 GTO（晶闸管可控硅）的变换器控制方式开始普及应用。这些还随着焊接变压器的输入频率从数百赫兹提高到 1 kHz，且变压器铁芯的轻量小型化，制作了二次整流器进行了全波整流处理。现在因为将变压器和焊枪采用一体化设计，所以在生产技术方面考虑采用一体化设备。其优点如下：① 过去变压器和焊枪分离设置的焊接设备，连接变压器和焊枪的二次连接电缆的耐久性成为问题，但如没有二次连接电缆，将不会出现与其相随的损害和质量下降的情况。另外还可以削减维修工序、降低成本（过去二次电缆的外径为 $\phi 60$ mm，与此相对应的一次电缆最多为 $\phi 30$ mm 就可以了，所以也可以改善机器人的承载情况）；② 可以减低二次无负荷电压，因为可以大幅度减小输入（约 kVA），所以有利于工厂电源的小型化设计（为实现 3 相平衡负荷，所以相位间平衡性要好，通过整流使电流值变低，从一次运行来看功率因素从过去的单相50%~80%的程度，提高到80%~95%的程度）；③ 由于控制电信号直流化，从电源的角度来看，焊枪几乎完全成为电阻负载，所以对于焊枪内部（交流状态下为电感成分）的变压器的尺寸变型也小了。还有最大电流在设计阶段，也可以采用精度好的模拟方法；④ 因为可得到脉动少的焊接电流，所以焊接许可的工作条件范围扩大；还因为缩短焊接时间、降低焊接电流成为可能，所以防锈镀锌钢板等焊接性能差的材料的电焊焊接性能的改善也可以实现；⑤ 通过高速化的控制可以实现精细的电流控制操作。

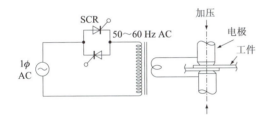

图 3-160　可控硅控制电路

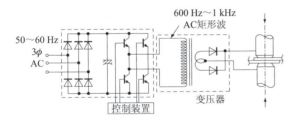

图 3-161　变换器式直流点焊机的结构

近年来，以提高商品竞争力为目的，白车身的制作采用与以往不同的材质结构的情况逐渐增加了。对增加的主要材质的焊接性能进行说明以下。

（a）以在防锈性能方面提高商品的竞争力为目的，镀锌钢板的适用范围增加了。与以往的冷轧钢板相比，因为初期形成的电线直径增大，所以焊接电流值、加压力也随着增大。另外因为锌与电极材料产生合金化作用，电极的寿命会显著降低，所以采用分散强化铜等难于形成合金层的电极材料，开发焊接性能好的防锈钢板和扩大电极成型制作的自动化生产等操作也日益普及。

（b）以防振和消声为目的来提高商品竞争力，在一部分产品中采用了防振钢板。这是在钢板之间夹入树脂等做成的类似三明治形状的复合材料，因为钢板之间的阻抗值提高，所以焊接时设置了旁路电路，并采用多脉冲通电焊接，此外在制振材料中混入石墨等导电性能好的材料。

（c）以整车轻量化、减少燃料费用和节省资源为目的，推进了车身组成材料的铝合金化进程。因为铝是良好的导电材料，所以焊接时需要给比钢板焊接高的电流值和加压力值。具体数值：1 mm 左右的钢板车身需要大致 7 000~15 000 A 的焊接电流、200~400 kgf 的加压力；但是铝车身需要 20 000~50 000 A 的焊接电流、400~1 000 kg 以及 3 倍以上的加压力。因此，为扩大铝材质的应用，焊接枪、连接电缆和变压器等工具的小型化是今后研发的方向。

（2）凸焊（projection welding）。凸焊方式：电极采用平坦的形式，在被焊接件上制成突起，使焊接电流在这个部位能集中在点或线位置上的焊接方式。其适合于螺母的焊接，以及热容量不同的零件的焊接等，图 3-162 所示为一个焊接实例。它还可以用于如传感器等需要通过密封获得气密性，且还需要将电线接头露出的部件，利用形成的环状突起，对密封部位（玻璃等材料）不能施加热作用的焊接件。其焊接实例如图 3-163 所示。

（3）缝焊。用图 3-164 所示的圆盘形状电

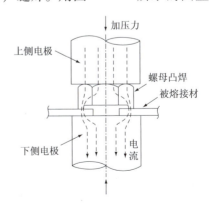

图 3-162　螺母的凸焊实例

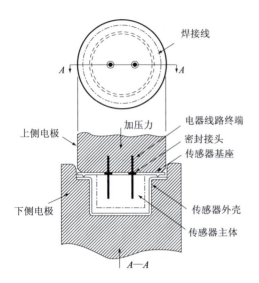

图 3-163　传感器的气密环状密封焊接

极代替电焊接采用的圆棒形状电极,将电极一边加压、一边转动,形成连续的点焊接相互搭叠的焊缝的焊接方法。在缝焊中,因为熔核和熔核的间距越小,所以通过已熔化部位的电流分流越大,圆盘电极的接触面积也越大,焊接电流比点焊接时的电流显著增大,通常达到 1.5~2.0 倍。另外缝焊接增加了成为焊接速度的因素,如果焊接速度很快,当然也需要相应地加大焊接的电流。缝焊接因为适用于两层板之间的连接焊接,所以适用于气密封、水密封、油密封等密封连接,这是其最突出的特点,在汽车油箱的制作中广泛使用。

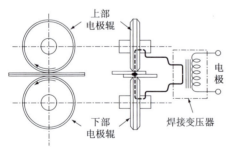

图 3-164　缝焊接的工作原理

(4) 对焊（电阻对焊）。对焊一般称作电阻对焊,图 3-165 中将准备焊接的金属件互相对准,并在连接处通入焊接电流进行加热,达到焊接温度后施加强压进行焊合[138]。虽然以往主要广泛应用在横截面形状简单的小部件的焊接工序中,但是从电阻对焊的生产性能、强度、材料消耗量、对环境影响等方面来考虑,可替代闪光对焊方法,在汽车车轮的轮辐、阀座管路架等零件的焊接中广泛应用。

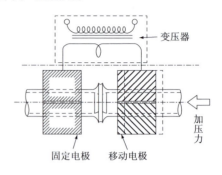

图 3-165　对焊实例

(5) 闪光对焊。闪光对焊是在采用对焊,且横截面积比较大的,均匀加热进行焊接困难的零件,以及薄壁且面积大的零件焊接时采用的焊接方法,焊接设备和线焊接设备相同。焊接操作程序如下:① 将分离一定间隔的金属件,在外加电压的状态下缓慢接近,使金属的端面间产生闪光;② 进一步控制金属件慢慢接近,继续维持闪光过程,在端面整体被均匀加热的情况下,迅速加压挤出接合面位置的氧化物等杂质,进行压接。

图 3-166、图 3-167 对操作过程进行了图

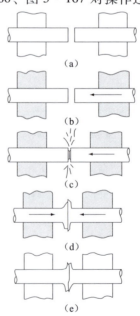

图 3-166　闪光对焊操作过程

(a) 焊接前；(b) 被焊件对接；(c) 闪光对焊；
(d) 焊点镦粗切断电流；(e) 焊接完成

解说明。另外表3-56说明了闪光对焊的特点。

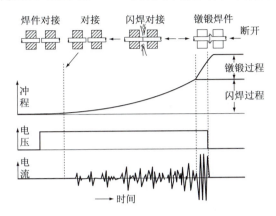

图3-167 闪光对焊原理图

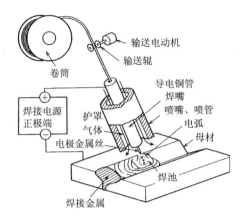

图3-168 气体焊接原理图

表3-56 闪光对焊的特点

优 点	缺 点
① 可靠性高,焊缝熔接强度高 ② 焊接速度高,生产效率高 ③ 加热范围小,对其他区域的热影响小 ④ 同对焊(电阻焊)相比,可进行大横断面积焊接	① 焊接设备价格昂贵 ② 需要大容量电力供应设备 ③ 由于有电弧产生,生产环境较差 ④ 焊接过程会不可避免的产生金属毛刺,去除十分不易

闪光对焊工艺广泛适用于汽车车轮的铁、铝等部件的焊接。

（6）金属极惰性气体电弧焊（MIG 焊接）[139]·二氧化碳气体保护焊·金属极活性气体电弧焊（MAG 焊）。这几种焊接方法统称为气体保护金属电焊，且根据保护气体的种类进行分类。图3-168所示为这些焊接方法的概要。气体保护金属电焊方法是消耗型电极线和基材间产生电弧，并以此作为热源，熔化电极线和基材并使其结合。

（a）金属极惰性气体电弧焊（MIG 焊接）：这种焊接是使用氩、氦等惰性气体为保护性气体的焊接方法。因为惰性气体本身具有不和熔融金属产生冶金反应的性质，所以密封条件合适几乎不用担心产生氧化、氮化反应。因此对铝合金、铜合金、钛合金等在化学方面性质活泼的非铁金属的焊接采用这种方法进行焊接。

（b）二氧化碳气体保护电弧焊：代替高价格的惰性气体，把在工业上可以大量制造的二氧化碳气体作为密封气体在焊接时使用，称为二氧化碳气体保护焊接方法。因为二氧化碳气体在高温电弧下可以形成具有强氧化性的保护气体氛围，所以可以使用添加硅、锰等元素的电焊条进行铁钢之间的焊接。这种焊接方法，热量集中，焊接基材的熔化程度良好，但是融化的液滴流动性与金属极惰性气体电弧焊相比不稳定，焊接瘤产生较多。

（c）金属极活性气体电弧焊（MAG 焊）：这种焊接方法具有金属极惰性气体电弧焊和二氧化碳气体保护焊共同的特点，是将氩气和二氧化碳气体，或者和氧气的混合气体作为钢焊接的密封气体应用的焊接方法。这种焊接方法被应用于作为功能部件的排气管、白车身、载重车底盘等的焊接工序，对汽车工业来说是不可欠缺的焊接方法。

（7）钨极惰性气体保护焊（TIG 焊接）。钨极惰性气体保护焊是采用钨棒作为电极，加热和熔化基材结合的焊接方法。因为几乎不消耗钨材料，所以也称为非熔极式惰性气体保护焊接方法。对钨极惰性气体保护焊来说可以使用交流电或直流电，其极性对焊接效果有较大的影响作用。焊枪的结构如图3-169所示。

（8）等离子体弧焊。利用等离子体弧形成的高热作为热源进行焊接的方法称为等离子体弧焊。对等离子体弧来说可分为移动电弧和非移动电弧两种形式，工作原理如图3-170所示。移

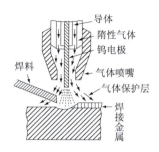

图 3-169 焊枪的结构

动电弧型是在焊枪内接直流电的负极,与接续正极的被焊接件之间产生电弧的焊接方法,与钨极惰性气体保护焊的方法相似。非移动电弧型焊接是在负电极和正电极(铜制喷嘴口)之间产生电弧的焊接方法,被焊接件不是电极。等离子体弧焊的方向性强,如图 3-171 所示。下边说明这种焊接方法的优点。

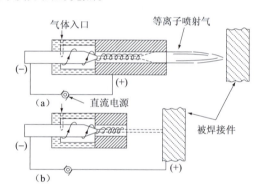

图 3-170 等离子体焊接的工作原理
(a) 非移动型;(b) 移动型

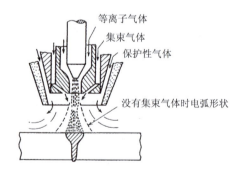

图 3-171 等离子体弧焊的方向性强

(a) 可以进行各种材料的焊接:等离子气体主要使用氩气,密封气体也是使用氩气,所以这种焊接气体氛围为惰性气体氛围,可以适用于易氧化的金属材料的焊接(图 3-171)。

(b) 热能量集中:这是等离子体焊接的第一个特征。因为热能量集中度高,熔化深度大,焊道跨幅窄,热影响幅度也窄小。另外焊接速度可以达到钨极惰性气体保护焊接方法的数倍以上。

(c) 可以进行极薄板材的焊接:等离子体弧因为电离度高所以即使电流强度低也稳定,利用这种特性可以焊接以往熔融焊接不能进行的极薄板材的焊接加工,如 0.02~0.3 mm 的金属板材的焊接加工。

(d) 电弧的方向性强:等离子体弧具有方向性强的优点,在图 3-172 中的有阶梯差的焊接场合,也没有像钨极惰性气体保护焊那种电弧偏向一侧的现象出现。

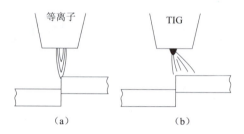

图 3-172 有阶梯差的等离子体弧焊的情况

(e) 由于电弧长度的变化引起熔化深度改变小:等离子体焊接电弧与细长电弧的钨极惰性气体保护焊等相比,由于电弧长度的变化引起熔融深度的改变少,所以内焊道的均匀性良好。

(f) 钨电极的消耗少:钨极惰性气体保护焊中钨电极消耗时,熔融金属落入钨有时会产生污染,但是在等离子体焊接中由于等离子气体的流动和冷却作用,电极的消耗少,不需要担心钨产生的污染作用。

等离子体弧焊不仅可以代替钨极惰性气体保护焊,还可以代替激光焊接。其实例是应用于 TWB 加工法。所谓 TWB 加工法(Tailor Welded Blank),是在连接不同品种和不同厚度钢板时,具有可以部分改变一种钢板的特性、性能、特征的加工方法,以往虽然可以采用热影响小的激光焊接,但可以采用具有相近性质、成本低的等离子体焊接方法来替换。

(9) 摩擦焊接。摩擦焊接是将焊接母材面对面接合,并使两者相对转动,利用在接触面产生的高热量实现热压接合的加工方法。摩擦焊接方法有制动式和蓄热式，其工作原理如图3-173和图3-174所示。制动式摩擦焊接方法是把焊接件的一部分固定，另一部分定速转动，并在轴向加压，相互接合面上达到适当温度时，通过制动使转动停止。此时的焊接过程如图3-175中实线所示。蓄热式（惯性式）焊接方法是推动固定焊接件端面部分向安装在自由回转轴上的另一部分焊接件端面接近，通过摩擦部分消耗转动能量使转动迅速衰减、停止的压接焊接方法。摩擦焊接的优点：① 因为通过焊接件内的局部发热形成焊接，所以产生氧化和材质变化的情况少；② 由于氧化物在剪断作用下被排除，且其混入的可能性也极少；③ 不同材质的恶金属焊接也可以；④ 焊变形小。摩擦焊接的缺点：① 焊接件必须是轴对称零件；② 仅限于质量较轻的零件；③ 薄壁零件、夹持位置小的零件不能够焊接等。

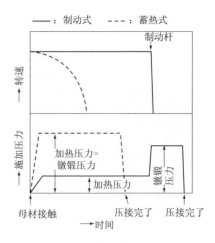

图3-175 摩擦焊接周期过程

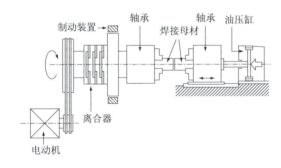

图3-173 制动式摩擦焊接装置

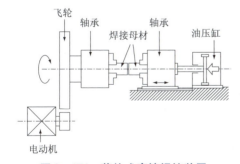

图3-174 蓄热式摩擦焊接装置

（10）电子束焊接。电子束焊接是用在真空中形成的高速、高能量密度的电子束作为焊接热源进行焊接的方法，如图3-176所示。这种焊接方法是将阴极释放的电子流，通过加在电极间的高电压进行加速，进一步由电磁线圈收聚，冲击工件表面。电子束焊接因为电子束被极强地收聚，所以其能量密度很高（与等离子体能量密度约为 10^2 kW/cm^2 相比，电子束能量密度约为 10^5 kW/cm^2）。因此与以往的电弧焊接和等离子体焊接相比，电子束焊接具的特点：① 热变形少；② 可以进行深窄缝的焊接；③ 可以进行高速焊接。

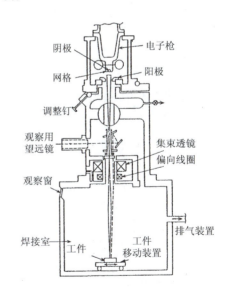

图3-176 电子束焊接机

焊缝的比较情况事例如图3-177所示。

在汽车制造领域，有效利用电子束的特点，在齿轮的焊接和蜗轮增压器的叶轮与轴的焊接（图3-178）等，和需要高精度、高负荷的部位的零件的焊接工作采用了电子束焊接方法。但是因为电子束焊接原则上需要真空工作室，所以具

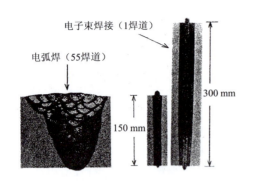

图 3-177 电子束焊接的焊缝深度和形态[141]

有以下不足：① 加工节拍时间长；② 受被焊接零件结构尺寸大小的限制等。为此近年来在某些需要电子束焊接方法的场合也逐渐采用同等能量密度、且在大气环境中可以完成焊接工作的激光焊接方法代替。

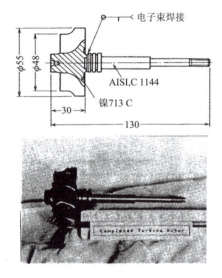

图 3-178 电子束焊接实例（蜗轮器转子）[142]

（11）激光焊接。激光焊接是利用相干（保持相位秩序）的单色光形成的激光束作为热源的焊接方法。这种焊接方法是将从激光发生器产生的激光束通过镜子和光纤导出，利用透镜和反射镜聚焦后，投射到被焊接零件上的加工方式。图 3-179 所示为加工原理。激光焊接方法因为利用和电子束同等程度的高能量密度（10^5 kW/cm^2）的激光束，所以具有以下优点：① 热变形小；② 可以进行深窄缝的焊接；③ 可以进行高速焊接。另一方面因为利用光，所以具有以下缺点：① 对于反射率高的铝材等的焊接工作，需要大功率的激光发生器；② 聚光镜或透镜和工作表面之间的距离调整困难。图 3-181 所示为铝材的激光焊接实例。在汽车制造领域已经实用化的两种主流激光反生器是 CO_2 激光器（气体激光器）和 YAG（钇铝石榴石激光器）激光器，但最近半导体激光器、光纤维激光器也被应用了。因为 CO_2 激光器可以得到高输出能量（10 kW 左右），所以理论上可以应用于各种焊接情况。图 3-182～图 3-184 所示为应用实例。YAG 激光器导光系统可以采用光纤完成是其优点，由机器人夹持焊接头可以进行三维车体部件的焊接。虽然半导体激光器的发振效率高，但因为输出能力低、产生比较大的电子束光点，所以在钎焊、表面改善、淬火、树脂溶解等方面使用。光纤激光和 YAG 激光器相同，导光系统除了也可以采用光纤完成外，激光的激励因为可以由光纤自身产生，所以

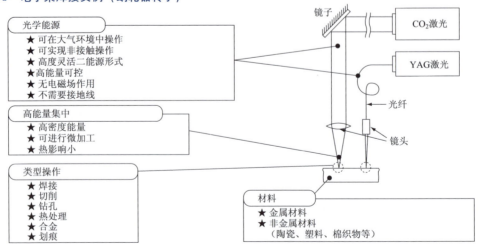

图 3-179 激光系统概念示意图

发振器可制作成小型器件而不需要冷却器,节省了设备设置的空间。进行激光焊接时,需要特别注意对有关安全问题的考虑。激光是红外线,因为肉眼不能直接看到,所以需要配备保护镜和采用隔板(丙烯板)等设置独立的加工工作间。

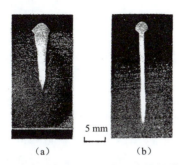

图 3-180　激光焊接实例(与电子束焊接的比较)[144]

(a) LBW (M2.5); (b) EBW
(JIS SUS 304, 10 kW, 1 m/min)

图 3-181　激光焊接实例(铝 5456)[145]

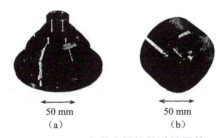

图 3-182　由激光焊接的黏性零件

(12) 硬钎焊。钎焊是把比焊接母材熔点还低的金属或者合金作为金属焊料使用,在焊接母材没有熔融,仅金属焊料熔融,并将被焊接材料结合的焊接方法。一般金属焊料的熔点在 450 ℃以上的称为硬钎焊,450 ℃以下的称为(软)钎焊。在汽车制造中使用的硬钎焊作为不产生变形的焊接方法,使用热源集中的弧光,进行低熔点

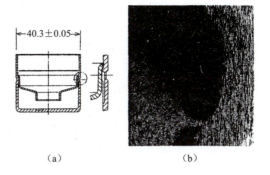

图 3-183　发动机零件的激光焊接

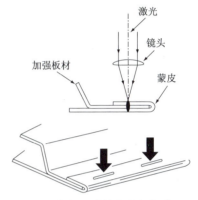

图 3-184　车身零件的激光焊接应用示例
(一种结合摩擦的焊接方式)

的铜弧焊的弧钎焊为主流方式。现在虽然金属极惰性气体电弧焊已经普及,但是其他的钨极惰性气体保护焊、等离子体弧焊、激光弧焊等也在应用。电弧硬钎焊在汽车制造中应用的方式是作为消除接缝的表面美观措施而被采用的,在今天已经成为极普通的焊接方法。焊锡被堆焊加工后,需要通过打磨进行表面精处理,此时的产生的铅粉尘,成为恶化工作环境的公害问题,因此必须在工作场合设置强制通风排气装置,所以需要较大的设备投资,作为这种焊接方法的替换技术,开发了电弧硬钎焊技术。图 3-185 所示为目前使用的变形小的汽车车身外板接合方式的部位和焊缝情况。另外目前关于不需要进行焊缝精加工处理的激光弧焊技术,正在开发并有扩大应用范围的趋势。

(13) 钎焊。虽然是前面已经说明是在450 ℃以下使用金属焊料焊接母材的方法,但是作为在汽车制造中使用的钎焊的实例,是作为对焊接母材和母材的表面处理层尽可能不产生热影响作

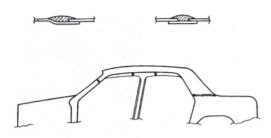

图 3-185 车身外板接合部位的焊接的焊缝

用的焊接方法,使用在油箱的注油嘴和与管路连接等位置。图 3-186 所示为使用的焊接截面的情况。汽车的油箱虽然使用耐腐蚀性能好的镀铅锡板材料(采用热浸镀方式把铅和锡的合金镀在钢板表面的方法),但在油箱嘴部位等的焊接过程中,焊接加热温度过高时被焊接材料的表面镀层会产生熔解,使得好不容易获得的耐腐蚀特性部分被损坏。针对这种情况,在这个部位的焊接采用钎焊方法,以保证其耐腐蚀性能。

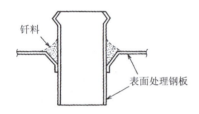

图 3-186 油箱嘴部位的焊接截面图

现在,在钎焊中使用的焊料不采用已经指定为有害物质的铅料,而使用无铅焊料(锡、银和铜成分的焊料等)。

3.11.3 焊接设备

在车体焊接工序中,已经引入了采用多种焊接方法的自动化设备,但这里仅就其中的典型事例——车门焊接线作为重点进行说明。

(1) 生产线的布置。图 3-187 所示为车门生产线布置情况的一个实例。① 由桌式多路焊机(以下简称为多路焊机)临时焊接成车门的基本骨架;② 利用机器人增加点焊接的部位后,设置边缘粘接和涂敷胶粘密封剂的外面板。通过折边连接车门的窗框部位;③ 利用机器人进行硬钎焊连接;④ 利用多路焊机(近年来也有采用激光焊接完成的情况)进行窗框的焊接。最后进行折页安装后完成工作。

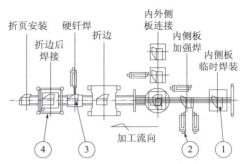

图 3-187 车门生产线布置示意图

(2) 焊接机概况。

(a) 桌式多路焊接机(图 3-188):作为多路焊接机,以前虽然多使用压制焊机,但是在采用双头焊枪、逆向焊接组合,作为近年车身的防锈对策应用的电镀钢板的焊接操作就困难了,另外因为焊接机工作性能分为上侧、下侧,维修、检查都比较复杂,所以现在桌式形式的焊机应用较多。

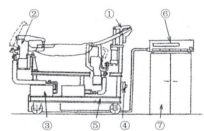

图 3-188 桌式多路焊接机
① 定位器;② 焊枪;③ 焊接变压器;
④ 空气电磁阀;⑤ 机架;⑥ 焊接计时器;⑦ 控制箱

① 定位器:按照工件形状的接受部分和用夹具保持被焊接件位置的装置。

② 焊枪:桌式多路焊接机除了特殊部位,焊接机是由点焊机组成的。图 3-189 所示为焊枪的典型实例。加压动力源主流为空气加压方式。焊枪的基本形式分为 C 型和 X 型,根据打点部位的特性分别应用。

③ 焊接变压器:通称为"多通道变压器"。现在多通道变压器的容量常用为 110～170 kVA。虽然多通道焊接装置,通常每一个变压器,仅用来作为接一个焊枪焊接的系统被应用,但也有连接两个以上焊枪使用的情况。

④ 空气电磁阀。它被设置在焊枪加压系统、定位器的夹紧系统上,通过程序控制进行工作。

第3章 加工技术

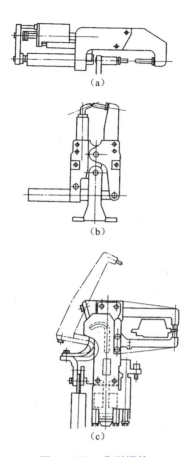

图3-189 典型焊枪
(a) 直线式C型焊枪（直线移动型平衡式焊枪）；
(b) 支点式X型焊枪（夹紧型平衡式焊枪）；
(c) 凸轮模式C型焊枪

⑤ 机架：前面说明的①～④功能的机具被安装在这上面。

⑥ 焊接计时器：它是控制焊枪电路接通的必要条件（加压、电路接通、保持、松开的各个时间段，以及电路接通时的电流控制等）。

⑦ 控制箱：控制定位装置、焊枪的工作顺序。以前多采用继电器控制电路，但近年由于标准化、通用化、削减设备投资等的发展，已经普及程序控制方式了。

以上的结构组成了桌式多路焊机。

另外焊接线上的其他工艺（前车盖、侧面板、车顶板工艺）也同样可以使用。图3-190所示的实例为侧面板的连接夹具。近年来因为汽车产品更新的迅速和机器人的成本下降，所以迅速推进了机器人化的发展。

(b) 点焊接机器人：点焊接机器人在补充焊

图3-190 侧面板的焊接夹具

接工序中使用广泛，现在应用的几乎都是电动伺服型机器人。其具有力源种类简单、可运送质量高、维修容易等特点。图3-191所示为点焊接机器人的结构组成。

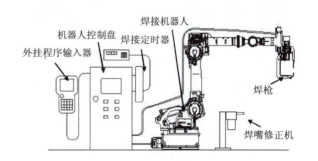

图3-191 点焊接机器人的结构

1) 焊接工具：焊接工具有气压工作的气枪和伺服电机驱动的伺服枪两种，与前者加压力为固定数值相比，后者在每个接合部位的压力可以分别设定，1台焊枪可以完成多种板材组合结构的焊接工作。另外因为连接时可以改变电极行程，所以可以缩短连接时间以及抑制钢板变形。图3-192所示为一个伺服焊枪的实例。

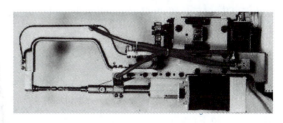

图3-192 伺服焊枪

2) 机器人本体：其基本组成可实现6轴机动的较大范围的轨迹运动，但是伺服枪的电机，以及机器人自身移动的电机等需在机器人的控制下运行，可实现 7 轴以上运动的机器人也可以实现了。另外同一工序，对应多种部位工作时，需要不同形状的焊枪，但通过机器人和焊枪之间设置的工具转换器可以替换携带的备用焊枪，还有焊枪以外的操纵手柄等也可以进行替换。图 3-193 所示为焊接机器人的实例。

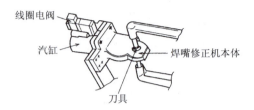

图 3-194　齿轮齿条形式的电极修整器

图 3-193　侧面板增补焊点工序机器人

3) 控制装置：分为焊接机器人控制器和焊接计时器两大类。虽然产品都已经标准化了，但特别是焊接计时器，为了保证达到焊接性能的稳定，定电流控制和升压控制也实现了标准化管理。上面说明的设定情况以及打点位置、焊接条件的设定在示教手册中有解释。最近开发了定热量控制方式的装置，为防止进入过度的热量，产生焊接溅射物，同时提高焊接性能和改善环境创造了条件。

4) 电极修整器：电极前端的尺寸形状，因为对焊接点的质量有较大的影响，所以随着电极的消耗需要进行修整处理。为此采用电极修整器，在焊接周期中自动进行修整。修整器的驱动形式有采用气压电机驱动的，还有利用气缸的齿轮齿条驱动的，以及电机驱动的。图 3-194 所示为采用气缸的齿轮齿条形式电极修整器的实例。由以上结构组成的点焊接机器人是系统较好的装置。图 3-195 所示为作为点焊接机器人的应用实例，即白车身的补充焊接工序的应用情况。在本工序中，将上述的结构单元 50～60 台组合起来形成多路工作系统，可同时进行 1 000 焊点的点焊接工作。

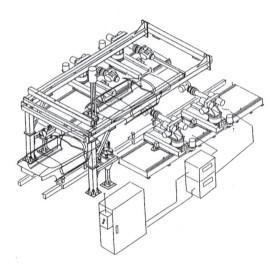

图 3-195　机器人多路工作装置

(c) 自动金属极惰性气体点焊接、电弧焊。

1) 自动金属极惰性气体点焊接：在焊点的固定位置进行金属极惰性气体焊接的工艺方法，在结构上电阻点焊接不能操作的位置，具有单面焊接优点而被采用的方法。但是对于薄板冲压件零件，板之间的连接情况的优劣，对焊接质量有较大的影响，另外焊接位置的涂敷质量对焊接质量也有较大的影响，作为使用频率需要限定在最小值。作为焊接装置具有和金属极惰性气体焊接大致相同的情况。图 3-196 所示为最后的生产线上使用的金属极惰性气体点焊接机器人的实例。

2) 金属极惰性气体保护钎焊：这种焊接采用铜作为芯线材，密封气体从焊接稳定角度考虑使用纯氩气体，是金属极惰性气体保护焊的一种。由机器人等实现自动化时，芯线的折曲会产生故障，降低运转率，因此多采用护套结构。送进运动装置不是以往的辊轮形式，而多使用推挽式电机（图 3-197）。另外在进行车身的顶棚和最后面板的连接应用时，需要焊接线具有高精度

图 3-196　金属极惰性气体点焊接机器人

的传感定向装置，折边的自动焊接机也需要有航向传感指示装置。图 3-198 所示为适用于车门生产线的金属极惰性气体保护钎焊的应用情况。

（d）激光焊接装置：作为车门折边部位的焊接工作，采用工作台式多头焊接设备，多采用电阻焊接方式。最近作为车身的防锈蚀方法，在外面板采用了双面电镀钢板。以往采用的电阻焊接方法，由于电阻焊接方式会发热，在外面板上产生烧蚀变形，影响商品的性能质量，所以需要进行修整处理。作为防锈策略的电镀层的性能下降是不可避免的。针对这个问题的改正方式之一，就是开始采用了激光焊接方法。图 3-199 所示为折边焊接部位应用激光焊接的情况。

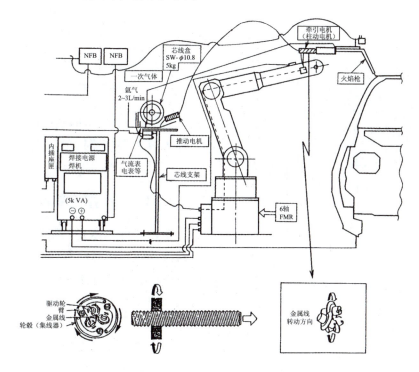

图 3-197　金属极惰性气体保护钎焊设备

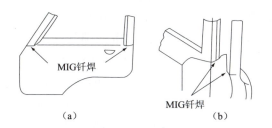

图 3-198　金属极惰性气体保护钎焊方法的适用部位

作为激光器有各种各样的形式，图 3-200 所示的焊接设备的实例采用了二氧化碳激光器。

1）激光器：它由二氧化碳激光发生装置、电源、风机和制冷装置组成。

2）导光系统：将激光发生器产生的激光传导到被焊接部件的装置，其由镜子、凸凹镜等构成。

3）机器人：水平方向两轴自由度，垂直方向一个自由度，前端具有三个回转自由度，有力源和电动伺服电机进行运动驱动。

4）定位器：它是固定被焊接件的工具。为提高通用性能，有时也具有多种类零件固定作用的工具。

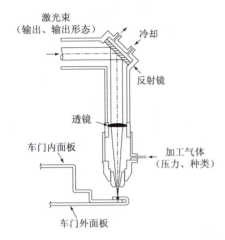

图 3-199　折边焊接部位应用的激光焊接

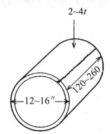

图 3-201　轮辋焊接设备

3）液力变矩器的制造设备：图 3-204 显示了作为液力变矩器用的压制成型的叶片和基板，适合在炉中焊接的焊接炉。

3.11.4　焊接质量检查

车体（裸车体）的制作工序使用多种多样的焊接方法，同样对这些焊接方法也采用了相应的多种检测、测试方法。这些检测试验方法，与相关的其他制造工序的检查、试验方法组成了有质量保证的基础体系。图 3-205 显示了关于焊接工序的主要的测试方法[148]。焊接部位的质量不管采用什么样的焊接工艺种类都按照下述的步骤进行，保证质量达到要求[149]：① 在产品设计时进行各种要素的设定（设计方案、结构、材料、生产性能等）；② 焊接方法的选择确定；③ 试验验证（包括破坏性试验和非破坏性试验）；④ 实施的工程计划（设备、生产线的状态）；⑤ 实施场所的确定、检定（由步骤③获得的数据，进行各种条件差别的比较和反馈确定）；⑥ 日常检查、质量保证管理项目的设定（产品精度、焊接条件、设备性能维护、破坏及非破坏试验等）；⑦ 制作工艺的确定、实施。图 3-206 所示为质量管理体系的框图[148]。作为在生产现场应用的

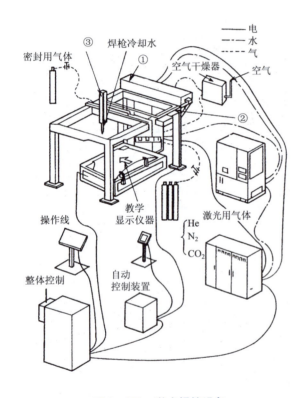

图 3-200　激光焊接设备

（3）其他焊接设备。这里介绍白车身以外的零件制造生产线使用的设备情况。

1）轮辋的焊接设备：在轮辋的制造生产线上，轮圈的制作工序使用弧焊机，将轮圈和轮盘连接起来的设备是多头点焊设备。图 3-201 和图 3-202 所示为设备的使用情况。

2）油箱的制造设备：在图 3-203 中显示了把油箱的上部、下部的周围进行密封焊接的装置。

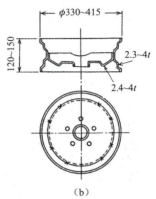

图 3-202　轮辋焊接设备使用情况

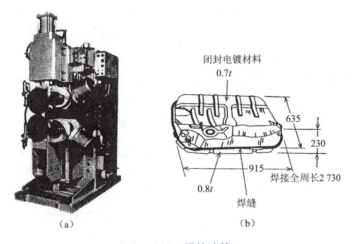

图 3-203　焊接油箱

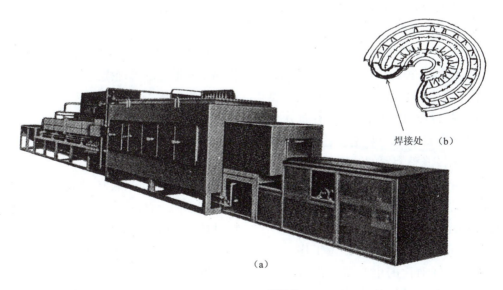

图 3-204　焊接炉

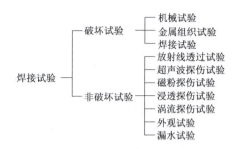

图 3-205 焊接工序测试方法

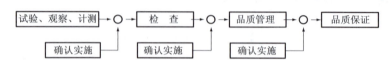

图 3-206 质量管理体系框图

这些保证焊接质量的管理方法，在各工序或者每个产品都设定了管理要订和定期检查次数，进行机械性质和金相组织、焊接性能等的破坏试验，表观缺陷和内部缺陷等非破坏试验的检查工作。但是这些试验工作，在制造现场的运用实施几乎都不合适（试验设备、试验顺序安排等），所以一般在加工工序中，从管理的可行性和工作效率方面考虑，采用以下的检查措施：① 使用钢凿、螺丝刀的剥离测试和采用锤击方法的模拟剪切试验（针对弧点焊、点焊接工艺）；② 目测进行外观检查（弧焊接和钎焊的气泡，边缘齐整，表面裂纹，杂质和熔渣的卷入，润湿性，焊缝腰高等）；③ 在工艺中的压力泄漏检查，进一步在工序外进行与上述检查方式不同频率的白车身破坏试验和重要安全保护部件、部位的非破坏试验。另外对各种焊接设备进行检修、定期的校验及修正，保证质量的稳定性，通过数据的累积和反馈保证和提高焊接质量。近年在很多制造工程中把焊接条件和产品精度的一部分作为标志性指标或者控制依据。在弧焊接时焊接缝隙和间隔等的传感测定，在点焊接时除焊接电流、通电时间等焊接条件外，电极间电阻等焊接状态的显示正在被实施。近年随着防锈处理钢板和高强度钢板应用范围的扩大，出现了各种各样质量问题，比如：① 由于卷入烟雾粉尘和化合物产生的焊接不良现象；② 硬钎料的浸湿性受损问题；③ 加压力和焊接电流关系的重新认识；④ 电极、垫板寿命的缩短（助长了电极修整装置的频繁化）；⑤ 高强度钢板钢凿检查困难等。随着逐渐增加的严密的条件及管理情况，破坏性、非破坏性检查的频率、次数增加和日常性检查工作的实施、生产线的非破坏性检查的实用化成为必做工序。还有，在今天已进入自动化的生产线上，通过检查或者显示而对不合理情况的发现、分析、修正、复归正常的事后处理措施，对生产效率将产生较大的影响（如：时间，工作人员，生产的损失等）。因此在事前预知、预防不合理的因素、条件的产生，并应用积极的质量管理系统是必要的。

（1）条件管理。虽然制造结构、材质、焊接方法等管理因素的条件涉及多种，但是一般来说，前面说明的试验的场所和实施的场地能够得到的各种条件，具有合理的管理范围，如何以稳定的形式进行控制是需要注意的因素。

这些想要控制的条件，要通过很多工序，零件的变化因素很多，易成为设定不对或者关键因素不合适的内容。因此必须通过试验、实践，掌握影响各种焊接方法工作稳定性的主要因素，在焊接中组合工艺和焊接特性，实施监测各种条件的变化情况并及时反馈，力图达到所谓的自适应控制系统形式的管理模式。

例1 焊接间隙的传感（sensing）→焊枪的横摆运动，夹紧压力增加等。

例2 焊接电流的显示→定电流，阶段性提高等。

（2）破坏、非破坏试验。这是和"条件管理"相同的、在制造工序内的检查试验，也正在探讨在工序内进行剥离试验的替换方法。例如通过X射线和超声波的图像处理技术，进行实时测试反馈等方式。但这些非破坏测试方法需要特殊的试验装置，受到测试条件、测试范围等的限制，在工序中的应用比较困难，因而希望能够在早期进行开发[150]。还有仅依靠这些系统，不能得到万全的质量保障，还需要通过定期的其他手段的试验、检查、整合、检验证明，才可能得到综合质量保证的结果。产品设计，试验，焊接方法的选定，夹具设备的设计，通过工程的实施实现从头至尾的质量保证措施，同时把各种要素、机能、实践技术等的技术技巧的积累作为基础等综合性控制保证系统的建立，将作为最终目标。

3.11.5 焊接新技术

最近随着防锈质量的提高，质量轻、高刚性化需求的上升，以往的冷轧钢板材料开始向铝合金、树脂材料、复合材料等材质转换了。关于这些新材料，黏接等以往辅助使用的连接方法的应用面扩大了，同时激光、电子束、扩散连接的价格比较高的设备和在特殊场合下需要使用的低价格的连接方法除外，通过各种技术要点的采用，扩展了原有技术的性能和应用范围。作为其代表实例如图3-207所示，图中所示的是采用摩擦搅拌连接方法应用于铝合金产品的连接工艺。过去在利用点焊接进行的焊接操作中使用具有大电流、大加压能力的焊接装置，为保持焊接质量需要经常频繁地研磨电极尖端，为此所需的时间和因为研磨电极产生的磨损，以及电极的替换次数也增多。还有因为大电流的流过，产生的焊接热量影响外观质量。如果采用摩擦焊接方式，焊接需要的能量仅是点焊接方式的1/10，几乎没有发热，在点焊接中出现的飞溅问题不产生的条件下，就可以完成结合过程。

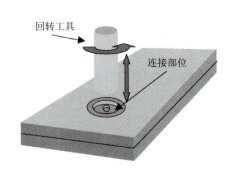

图3-207　摩擦焊接

3.12 连　　接[151-153]

汽车装配工作的重点是将数量众多的结构零件组装后，制作出美观、性能优秀、可靠性高的汽车产品。为了适应各个位置的性能要求，连接方式有多种多样，但是螺纹连接在需要拆分要求的连接位置中广泛使用，铆钉连接在框架等结构中和在紧固、黏着内室零件的操作中使用较多。

3.12.1 螺纹连接

发动机、变速箱、前后桥等部件，在几乎全部的零件装配中使用螺纹连接，而且连接可靠性也高。

(1) 螺纹连接的种类。

(a) 弹性区域连接方法（拧紧力矩法，回转角度法）：该方法为螺钉零件在具有的弹性极限以下（屈服点的70%~90%）的弹性变形区域内的连接方法。因为拧紧力矩和轴向力之间的关系成线性比例关系，所以把连接力矩作为应用的特性指标进行连接操作的方式应用得最多（图3-208、图3-209）。

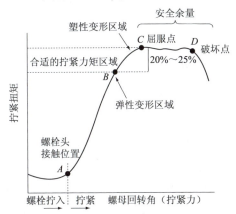

图3-208　螺栓连接的受力变形关系图

这种方式因为基座面、螺栓面的摩擦系数（摩擦力矩系数）值分散性较大，轴向力不稳定，所以近年来也增加了通过扭转角度方法，控制螺栓受力在弹性区域范围的角度连接方式。由于螺栓的回转角度和轴向作用力大致成比例变化，将螺栓变形控制在弹性区域范围内，就可以获得稳定的轴向力（图3-210）。图3-210所示为必须

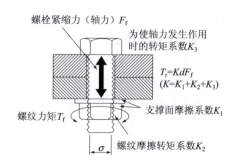

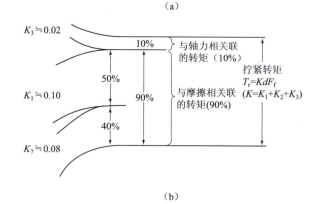

图 3-209 拧紧力矩与轴向力之间的关系

(a) 拧紧力矩和预紧力（轴向力）的关系；(b) 拧紧力矩的一般组成情况

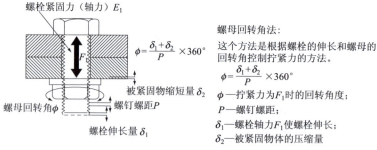

图 3-210 螺母的回转角和螺栓的伸长量关系

预先掌握的被连接件的压缩变形、螺栓的伸长变形和回转角度之间的关系。

(b) 塑性区域连接方法（屈服极限连接法）：由连接产生的轴向应力超过了螺钉零件屈服点应力值的连接方式。这种连接方式可以最大限度地发挥螺钉零件的力学性能，可以使连接力在小的范围内波动。另外还具有消除连接力不足的情况、防止松动和疲劳破坏、提高连接可靠性、减小螺钉结构尺寸、连接螺栓的个数等作用。

(2) 螺钉连接的操作和设备。在汽车装配工序中使用的设备根据各种装配操作的特点（重要程度、工作速度、结构的装配特性、保证精度要求等）选择最合适的装置。手工操作工具（扳手、套筒扳手等）是一次只要转动非常小角度就有效的工具，即使在自动化的时代也得到广泛应用。一般来说，气动、电动、油压驱动的操作工具很多。一些重要的部件连接处，采用可以得到最佳连接力、力矩的定力矩装置工具组装更好。

气动驱动工具成本低、重量轻、操作性好、应用广泛。大体分为两种：气动机动扳手和拧螺母装置，但是需要含有气源三联体（过滤器、调压器、加油器）的气压供给系统。尤其是使用机动扳手的工作场合,具有冲击、振动大、力矩不稳定等缺点,对于精度高的紧固部位,很多情况下采用多功能的螺母拧紧装置。以数流式螺母拧紧装置为代表的电驱动工具,没有上述缺点,连接控制极容易,且连接力矩的稳定性高(图3-211)。

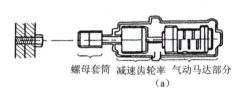
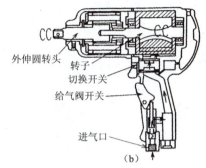

图3-211 气动拧螺母装置和气动机动扳手的结构
(a) 气动拧螺母装置;(b) 气动机动扳手

另外,目前充电式工具开始被广泛应用。不需要连接软管、电线的充电式电动工具,操作便利性非常好,随着蓄电池技术的提高,推进了装置的轻量化、工作的持久性,质量也稳定,对充电式电动工具来说有机动扳手形式和螺丝刀形式,虽然简易但也有力矩控制形式装置(图3-212)。

图3-212 充电式机动扳手的结构

设备设定的基本原则:选择满足要求的连接性能设备,操作环境的维护,具有针对操作人员的方法、工作规程的合理指示。尤其是成为完成整车装配,对于不能进行检验的发动机、变速箱、前后桥、传动系统等高速回转部分的连接工作,适合采用带有显示功能的直流式螺母拧紧装置作为主要的连接设备,并有需要注意操作的姿势。如果实现单元总成化,在总装线上的连接会相当简单,也可以提高生产效率、操作性能。

连接松动是螺栓连接工作中的常见现象,图3-213显示了螺栓连接松动的原因。

在图3-213(a)中,松动的原因:① 螺栓轴部或者螺纹间隙的塑性伸长;② 螺纹接合部位螺纹牙的塑性弯曲;③ 被连接件的塑性压缩;④ 螺纹牙的接触面或者螺母的接触面粗糙度减小(平滑);⑤ 螺栓、螺母以及工件被腐蚀,在图3-213(b)中,松动的原因:① 因为被紧缩的螺栓与螺母外部有很大的转矩作用,所以螺栓与螺母松动;② 因为有振动、冲击和螺母的接触压力会瞬间减小的时候,转矩起作用,螺栓与螺母会松动;③ 被拧紧的物品在螺栓与螺母的周围转动,给予螺栓、螺母的松动力矩而使之松动。

防松方法虽然有开口销、双螺母、尼龙螺母、弹簧垫片、粘着连接,增加连接力等各种措施,但是需要分析研究清楚连接部位的功能和松动的原因,并采取相应合理的措施(图3-214)。

(3) 螺栓连接的管理。构成汽车的零件、部

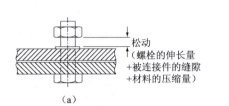
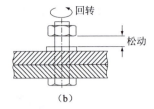

图 3-213 主要的螺栓松动的原因

(a) 螺钉与螺母之间无相对转动情况下的松动；(b) 螺钉与螺母之间有相对转动情况下的松动

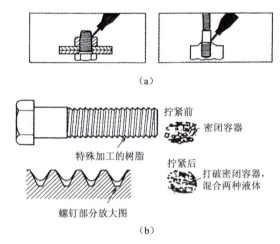

图 3-214 黏结防松方法

(a) 一种液体黏结剂的防松；(b) 两种液体黏结剂的防松

件需要正确的连接，无论在如何严酷的工作环境中也不产生松弛，也不可以由于过度拧紧连接出现破损现象。螺栓连接管理的关键要素如图 3-215 所示。连接最实际的管理要素虽然是螺栓的轴向力，但是因为直接测试轴向力值比较难，所以在实际生产现场，多采用通过测试连接力矩、回转角度的相对方式作为轴向力的控制措施和方法。图 3-215 所示的关键要素虽然都非常重要，但是主要的因素如下：

① 组成零件：螺纹及接触面的精度，粗糙度，表面刮痕如不加管理摩擦系数会变动；

② 连接操作：操作姿势、操作顺序，操作者个人情况等，对连接的影响差异性较大，希望尽可能做到分散装配。

③ 设备管理：需要采用适合装配部位、生产速度、预期精度的生产设备，并维护保全。

④ 特性标记：根据材料、连接媒介物体、工作性能等要求作出合适的标记指示。

3.12.2 铆接

铆接是将 2~3 块板材重叠半永久性或永久性地连接在一起的连接方法。大、中型载货车，客车的车架的连接，支架类的连接操作，多采用直径大的铆钉铆接；制动蹄和制动片的连接多采用小直径的铆钉连接；仅从单面连接的结构件多采用盲孔铆钉。

（1）铆钉的材料和种类。对于钢材的连接采用低碳钢铆钉材料（铝系全脱氧钢），对于铝、硬铝、铜、黄铜等选择同系列材料连接。

铆钉大致可分为：① 从接合面的两侧铆接的方法（图 3-216）；② 从接合面的一侧插入，在插入内侧铆接的方法（图 3-217）。其中②也被称为盲孔式铆钉的方法，在封闭断面的结构形式的，且没有在两侧夹住被连接件的结构中使用。

（2）铆接的操作和设备。对铆钉机来说有空压驱动和油压驱动两类，但是因为噪声、振动污染的影响关系，空压驱动设备几乎不再使用，仅在一部分小直径的铆钉和轻合金铆钉连接中采用。大、中型载货车、客车车架（3.2~8 t 钢材）采用 $\phi 8 \sim \phi 16$ 的钢质铆钉，用冷铆接方式完成作业。图 3-218 所示为该方式的一个实例。

（3）铆接作业的质量管理。因为如果铆接操作失败的话返工困难，所以需要将操作的零件、

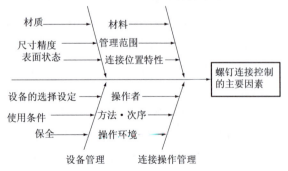

图 3-215 螺栓连接管理的主要因素示意图

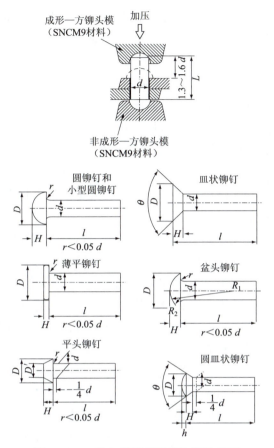

图 3-216 铆钉的常用形状和铆接机理

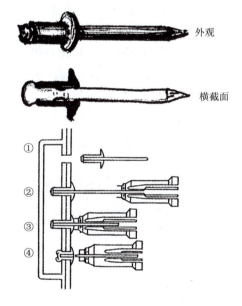

图 3-217 盲孔式铆钉和铆接方法
① 插入铆钉基本材料；② 铆钉工具集；
③ 一边按住凸缘，一边拉触发器；④ 完成连接

工作环境条件准备好后再进行作业。

① 零件的准备工作：接合部材料的成型精

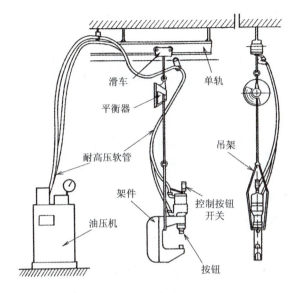

图 3-218 冷铆接设备

度，铆钉的长度和内部缺陷，硬度的确定。

② 操作的准备工作：固定镦压铆钉，铆接孔径的对正，板间间隙调整，夹紧铆接顺序的设定。

接合板之间有间隙，铆钉没有充分充满铆钉孔，铆接效果差时，被连接板的总厚度和铆钉长度的确定工作是非常重要的。图 3-219 所示为货车车架成型实例的铆接情况。

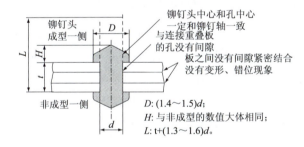

D: $(1.4\sim1.5)d$；
H: 与非成型的数值大体相同；
L: $t+(1.3\sim1.6)d$。

图 3-219 铆钉连接实例

3.12.3 紧固件连接

具有强度不太高，重量轻，外观漂亮，简单操作即可以完成连接的特点，连接方式是紧固连接，而且因为没有螺栓、螺母类零件生锈的现象，所以在车的装饰件、外观镶边等广泛应用。管座、成型夹、按钮螺塞、铆钉、压板等由各种树脂材料制作的紧固件，推动了减少零件质量的发展进程，也提高了生产效率（各种零件的应用实例如图 3-220 所示）。

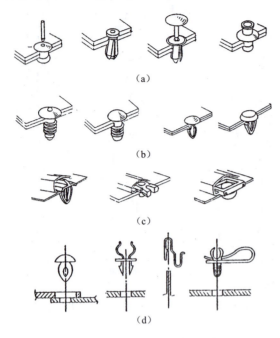

图 3-220 紧固件的应用实例
(a) 铆钉；(b) 纽扣型塞钉；(c) 成型夹扣；(d) 夹具件

3.13 其他加工技术

3.13.1 喷丸硬化加工处理

（1）概要。作为被广泛采用的表面处理的物理洗净方法喷射加工方式（图 3-221），可分为以去除表面毛刺和后续加工的基础表面整理的喷丸处理加工，与以改善表面性能和冲击模压为目的的表面硬化处理加工两种方法。

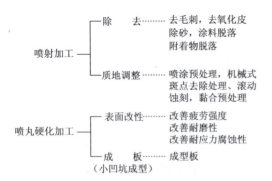

图 3-221 喷射加工方法的分类和用途

这两种加工方法的原理是通过让小的硬粒子以高速冲击对象物体，利用高速粒子本身的冲击能量，对被冲击的物体表面或者表面层进行加工。

图 3-221 显示了喷射加工方法的分类和用途。其中关于改变表面性能的方法，作为可以在不改变材料、零件形状以及热处理方式等的前提下，简便地提高零件强度的加工方法，在喷丸硬化处理加工中进一步确认了其有效性，因而在具有轻量化需求和高强度要求的汽车零件中扩大了应用范围。

喷丸硬化加工处理是，采用具有较高硬度的球粒子冲击被处理零件的表面，使被处理零件表面产生加工硬化效果的同时形成压缩残余应力，从而提高表面疲劳强度的加工方法。另外从节约加工成本、提高生产率的观点来看，这种方式也可以说是有效的手段。

在生产现场喷丸硬化处理方法的加工程度的管理，采用拱高和喷丸覆盖率参数进行控制。

在试验板夹持模具上装好试验样板（也称为喷丸变形试片），进行喷丸硬化处理后取下试验样片，试验样片被喷丸处理的表面作为凸面弯曲，采用测量仪器测试其弯曲程度作为喷丸加工强度的判定指标。这个指标就称为"拱高"。

还有被加工表面的整体面积相对于喷丸压痕面积的比值，用百分率表示的数值称为"喷丸覆盖率"。

（2）喷丸加工设备和使用的喷射材料。

(a) 设备结构：喷丸硬化加工设备可分为两类。

1）离心投射方式（蜗轮式）：利用 2 500～3 000 r/min 的超高速回转的蜗轮，使投射材料具有较高的能量，投射到被处理零件上。这种加工方式与空气喷嘴加工方式比较，加工处理能力大大提高，且操作成本也低，所以作为大规模生产用的方式已经普及。

2）空气喷嘴加工方式：这种方式是在混合室中将投射材料和压缩空气混合，再由喷嘴高速喷射出去的加工方法。这种方式的特点是可以产生较高的喷射速度，在零件表面形成较高的残余压缩应力。另外因为每个喷嘴产生的投射量和投射面积小,且需要采用压缩空气,所以作业成本相对较高。

图3-222所示为各种设备的结构概况[154]。

(b) 被处理材料和使用材料:喷射加工使用的喷射材料,根据被处理零件的材质、硬度以及使用目的,分别使用铁系材料(如铸铁、铸钢、钢丝丸、锻钢材料等),或非铁系和非金属系材料(如铝丸、氧化铝丸等)。表3-57所示为各种投射材料及其应用特点[154]。其中作为喷丸硬化投射材料,多采用钢丸材料。

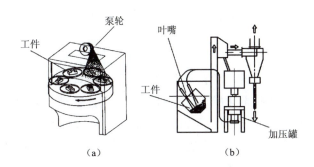

图3-222 设备结构简图
(a) 离心投射式(泵轮式);(b) 气喷式

表3-57 各种投射材料及其特点

种类	名称	硬度(HV)	粒度(μm)	主要用途
铁基材料	钢丸、钢粒	350~450	50~2 500	清除氧化皮,落砂,喷丸硬化
	钢丸、钢粒	500~530	50~2 500	喷丸硬化
	钢丸、钢粒	530~850	50~2 500	强力喷丸
	钢砂	450~850	200~1 400	机械式斑点去除加工;清除氧化皮,辊亚光加工,珐琅加工前处理
	白铁丸	650~750	200~1 700	桥梁涂装前处理,铜合金落砂
	钢丝切制弹丸	350~700	300~2 000	喷丸硬化,落砂
	不锈钢钢丝切制弹丸	500~700	300~1 200	铝车轮落砂处理,机械式斑点去除加工
	经过调整的钢丝切制弹丸	350~800	200~1 400	喷丸硬化,强力喷丸硬化
	无定形砂	900~950	50~200	喷丸硬化
非铁基材料	锌粒	40~60	400~2 000	铝压铸件去飞边,涂装剥离
	铝合金粒	160~180	600~2 000	铝压铸件去飞边
	铝丝切制弹丸	40~60	600~2 000	铝压铸件去飞边
	铜丝切制弹丸	50~150	1 000~2 500	涂装剥离
非金属材料	刚玉(氧化铝)	2 100~2 300	50~800	清除氧化皮,机械式斑点去除加工 小毛刺去除
	玻璃珠	500~550	50~800	机械式斑点去除加工,清除氧化皮,小毛刺去除
	陶瓷珠	700~800	50~800	喷丸硬化,机械式斑点去除加工
	尼龙粒	—	300~2 000	塑料成型零件的小毛刺去除

(3) 面向汽车产品的应用实例。作为喷射加工,是在锻造、铸造以及热处理加工后,以清除表面鳞屑和毛刺等为目的而采用的最熟知的加工方法,但是以提高强度为目的的喷丸硬化加工方式,在变速箱齿轮、连杆、摇臂、气门弹簧、曲轴等承受交变动载荷的零件方面的应用和试验实例已经有很多了[155]。

图3-223所示为SCM420H材料的模数为4的渗碳齿轮,进行喷丸硬化处理加工后的$S-N$曲线图。与渗碳淬火后的零件相比,采用喷丸硬

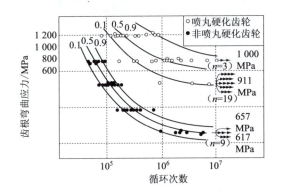

图3-223 喷丸硬化加工对渗碳齿轮的疲劳强度的影响作用

化处理加工后，大幅提高了零件的疲劳强度。

3.13.2 热喷涂技术 [157][158]

（1）热喷涂法及其种类。所谓热喷涂法是把通过热源熔化的热喷涂材料，以高速喷覆在被处理材料表面，形成皮膜的表面处理技术。作为热喷涂材料的种类范围很大，可以采用铁、铜、钼、铝等金属，或者氧化物、碳化物等的陶瓷材料，以及塑料等材料。作为热喷涂用途，一般用来提高零件的耐腐蚀、耐磨损、耐热、绝热等性能，是作为一种表面性能改进技术使用的措施。热喷涂法的种类和特点如表3-58所示，在汽车领域中热喷涂技术的应用实例如表3-59所示。另外，作为新的热喷涂法开发了冷喷涂方法（用超音速气体喷涂，是采用在熔点下的热喷涂材料，通过热喷涂粒子的塑性变形形成皮膜，抑制粉末氧化的一种热喷涂加工技术）[161]和激光混合热喷涂法（将激光和其他工序过程组合，提高硬度和致密性能的热喷涂技术）[162][163]等。

表3-58 热喷涂方法的种类和特点[159]

热喷涂工艺		火焰温度(K)	粒子速度(m/s)	喷涂材料		喷涂层的特征		生产性		成本	
				形态	种类	组合强度	致密性	可控性	喷涂速度	设备成本	运行成本
燃气式	火焰喷涂 线材火焰喷涂	~3 300	~200	线	M	△	△	△	○	◎	○
	棒材火焰喷涂	~3 300	~200	棒	C	△	△	△	△	○	○
	粉末火焰喷涂	~3 300	~100	粉末	M·C·R	△	△	○	○	◎	○
	高速火焰喷涂（HVOF）	~3 000	~900	粉末、线	M·C	◎	◎	○	△	○	△
	爆炸喷涂	~3 300	~900	粉末	M·C	◎	◎	△	△	▼	△
电热式	电弧喷涂	~5 500	~250	线	M	△	△	◎	◎	◎	◎
等离子喷涂	大气等离子溶射	~16 000	~450	粉末、线	M·C·R	○	○	○	◎	△	△
	水等离子溶射	~30 000	~300	粉末	M·C	◎	◎	△	◎	△	○
	减压等离子溶射	~5 000	~700	粉末	M·C	◎	◎	△	△	▼	△
	电焊喷涂	~5 500	~800	线	M	◎	◎	▼	▼	△	○
	激光喷涂		~250	粉末、线	M·C	△	△	▼	△	△	△

注：M：金属；C：陶瓷；R：树脂；◎：优秀；○：良；△：普通；▼：差

表3-59 在汽车领域中热喷涂技术的应用实例

应用实例		课题	材料	热喷涂工艺	特征
驱动系	拨叉、同步器、离合器片	耐磨性、耐烧付性	钼等	线材火焰喷涂、电弧喷涂	提高滑移性能
制动系	制动盘	保持摩擦系数	陶瓷等	大气等离子	提高制动性能
发动机	气缸内壁	耐磨性、耐烧付性	钼、铁基合金等	大气等离子线爆	提高发动机性能、轻量化
	活塞环	耐磨性、耐烧付性	钼、镍铬合金等	大气等离子、火焰喷涂、高速火焰喷涂（HVOF）	提高发动机性能、降低摩擦
排气系	消声器	耐蚀性	铝、锌等	线材火焰喷涂、电弧喷涂	提高寿命、降低成本

（2）热喷涂材料。金属系列热喷涂材料，使用的目的主要是提高零件的耐磨损性能、耐腐蚀性能以及表面硬化等；非金属系列热喷涂材料使用的目的主要是提高零件的耐磨损性能、耐热性能、绝热性能等。表3-60所示为按不同使用目的分类的热喷涂材料情况。

表 3-60 热喷涂材料分类

目的	热喷涂材料	
耐腐蚀	金属	锌、铝、锌-铝合金、不锈钢、镍-铬合金、自熔性合金、钛合金、铜等
	非金属	陶瓷、塑料
耐热性	金属	耐热钢、自熔性合金、MCrAlX 合金等
	非金属	陶瓷、金属陶瓷等
耐磨性	金属	碳素钢、不锈钢、镍-镉合金、自熔性合金、钼、钼-铁合金、钨-镍铝矾土等
	非金属	陶瓷、金属陶瓷等

（3）热喷涂加工工艺。热喷涂加工工艺分为 6 个基本工序：素材加工，脱脂洗净，表面粗加工，热喷涂，后加工，检查。表 3-61 所示为通过等离子体热喷涂以提高耐磨损性能为目的，对拨叉爪部进行钼热喷涂加工的工序步骤。图 3-224 所示为热喷涂装置和热喷涂枪，图 3-225 所示为拨叉爪部热喷涂情况和热喷涂皮膜。

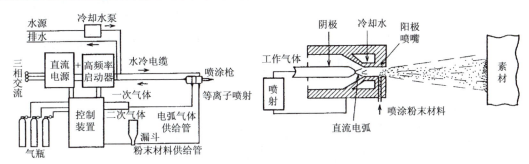

图 3-224 热喷涂装置和热喷涂枪

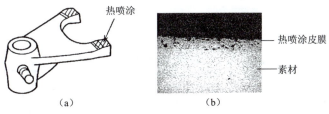

图 3-225 拨叉爪部的热喷涂部位和热喷涂皮膜

表 3-61 热喷涂的工序实例

工 序	加工要领
脱脂洗净	被喷涂工件表面的油脂等污物，会显著降低涂层和基体材料的结合强度，故喷涂前应进行脱脂清洗
表面粗加工	由于基体材料的表面经处理后，对喷涂材料粒子有良好的固定作用，因此采用喷丸处理，使涂层和基体材料的机械结合强度显著增强
热喷涂	利用等离子喷涂装置进行钼粉喷涂
后加工	对涂层进行研磨加工，达到规定的涂层厚度
检查	检查涂层的厚度、结合强度、硬度、气孔率等

（4）质量检查。对汽车零件主要力学性能要求是耐磨损性能、耐热性能、耐腐蚀性能等，因为这些零件中的多数属于重要的安全零件，所以具有较高的质量要求。质量管理规定虽然对每个零件的要求不同，但是一般来说需要进行热喷涂皮膜和基材的结合强度（密着强度），皮膜厚度，硬度，气空率等质量检查。

3.14 无损检测

3.14.1 概述

（1）非破坏检查的种类[164-171]。

非破坏检查（Nondestrctive Inspection，NDI）

是在不破坏机械结构性能、形状的前提下,检查在机械结构中存在的缺陷的技术,有磁粉探伤方法、渗透探伤方法、电磁感应探伤方法、超声波探伤方法、声发射探伤法等、X射线探伤方法。

(2) 非破坏检查的目的。

确认商品的完整性能,提高商品的可靠性、质量,改良制造技术,降低生产成本,确立全面保证产品质量的体制。

3.14.2 无损探伤检测

(1) 磁粉探伤试验方法[164][167][170]有表面缺陷的磁性材料对之进行磁化处理,在缺陷部位就会产生漏磁现象。在表面均匀撒布微细的磁粉材料时,则在缺陷部位会形成磁粉凝集齐堆现象,用人工目测即可直接看到缺陷部位。图3-226所示为漏泄磁束的分布情况。

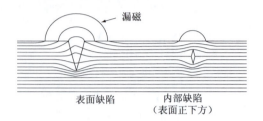

图 3-226 由缺陷形成的漏泄磁束

另外,图 3-227 所示为由于产品的形状、缺陷的方向不同而应用的不同的磁化方式。

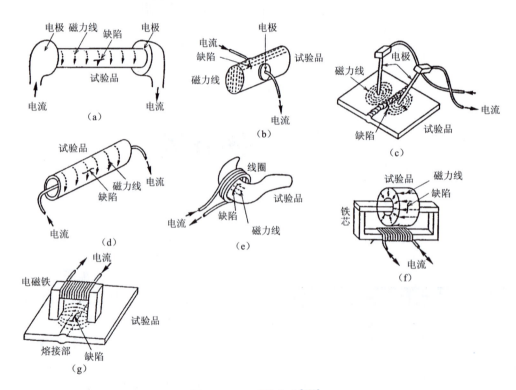

图 3-227 磁化方式[130]

(a) 轴流方式; (b) 垂直方式; (c) 探针方式; (d) 贯通方式; (e) 线圈方式; (f) 磁束贯通方式; (g) 磁极间方式[130]

还有虽然合适的磁化电流根据对象物体的形状、材质不同,但是一般磁化电流值按照磁束为饱和磁束密度的80%~90%设定。在极间式录磁探伤法、电极尖端探伤法中,采用 JIS G 0565 中规定的 A 型标准试验样片,确定磁场强度、方向。

(a) 基本操作。

1) 前处理:除去可能影响磁粉附着的,被检查对象物体表面的油脂、涂料、锈蚀物等。

2) 磁化处理:确定合适的磁化方法和磁化电流。

3) 合适的磁粉和检查液体:磁粉采用微细

的磁粉材料，可以是有着白色、黑色的非荧光磁粉和在暗处利用紫外线照射可发出黄绿色荧光的荧光磁粉。磁粉可分散悬浮在液体（水或者精制煤油液体）中，作为检查液体使用。检查液中的磁粉浓度用在溶媒 1L 中含有的磁粉量表示。JIS G 0565 标准中规定：荧光磁粉为 0.5~2.0 g/L；非荧光磁粉为 7~70 g/L。

4）磁粉痕迹的观察：使用非荧光磁粉时，在光线充足的场所进行观测；使用荧光磁粉时，在暗室中采用紫外线灯照射观测。

5）后处理（脱磁处理）：残留的磁力会吸附铁粉，成为产生磨损现象的原因，所以需要实施脱磁处理操作。

(b) 特点和应用范围：铁钢材料等强磁性体的表面缺陷的检测，对于没有裂口的破损处那样的缺陷也可以有效地检测出，但是对于奥氏体系不锈钢类的非磁性材料就不能应用。虽然可以确定表面缺陷的位置、长度，但不能确定深度。另外，与磁化方向成直角关系的缺陷以外的问题难以检出。

在曲轴和凸轮轴的磨削裂纹、淬火裂纹的检查中已被应用，在生产线上应用的实例也有。

(2) 渗透探伤法[129—131]。这是利用渗透剂渗透到缺陷中的毛细管现象，检测各种材料表面缺陷的方法。有利用含有荧光体的渗透剂，通过紫外线使缺陷产生黄绿色荧光的荧光探伤试验方法；还有使用含有红色染料的渗透剂，观察缺陷情况的有色渗透探伤方法。

另外，根据渗透剂不同的洗净性，可分为后乳化型渗透探伤、水洗型渗透探伤、溶剂去除型渗透探伤方法。

(a) 基本操作。

1）前处理：图 3-228 所示为渗透探伤试验方法。

用蒸汽清洗、酸洗等方法清除被加工件表面的油脂等。

2）渗透处理：将工件浸入渗透剂中，用喷头涂布。表 3-62 所示为各种试验零件所需的渗透时间。

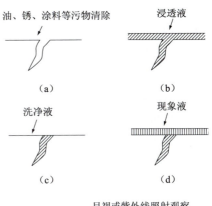

图 3-228　渗透探伤试验过程
(a) 前处理；(b) 渗透处理；
(c) 洗净处理；(d) 显影处理；(e) 观察

表 3-62　标准渗透时间[168]

试件		荧光渗透		染色浸透
		普通法	PEP 法*	
铝镁	铸件	5~15	5	10~20
	锻件	30	10	20
	焊接件	30	10	10~20
	疲劳裂纹	30	10	10
不锈钢	铸件	30	10	10~20
	锻件	60	10	20
	焊接件	60	20	10~20
	疲劳裂纹	30	20	10
黄铜	铸件	10	5	10~20
	锻件	60	10	20
青铜	钎焊件	15	10	10~20
	疲劳裂纹	30	10	10

*：浸透液中不含乳化剂；时间单位：s

3）洗净处理：除了清除缺陷以外，还要清洗附着在工件表面的渗透剂。

4）显像操作：在工件表面涂覆白色微细粉末状的显像剂材料。

5）观察：直接观察表面显现的缺陷标记。

6）后处理：清除工件表面的残余渗透剂，避免产生腐蚀现象。

(b) 特点和应用：虽然工件的表面形状对探

伤试验产生影响作用，但是可以检测出深度为 20 μm、幅度为 1 mm 以上的缺陷。不仅适用于金属材料，也可以用于塑料、陶瓷等表面裂痕的探伤检测。

目前已有曲轴和凸轮轴的磨削裂纹、淬火裂纹的生产线外的检查实例。

（3）电磁感应探伤方法[164~167]也称为涡流探伤法。将金属材料置于高频磁场内，在材料中感应的涡流因为金属材料的缺陷、材质等情况会发生改变，通过检测这种改变，判断试件的缺陷。涡流法可以实现高速检查（50~200 m/min）。另外因为检查的结果可以通过电信号取出，所以自动判断、自动记录方便，作为全数质量管理的工具正在被广泛应用。

图 3-329 所示为涡流法的工作原理。

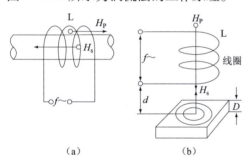

图 3-229 涡流法工作原理
（a）通过式线圈；（b）探头式线圈

在线圈 L 中通入频率为 f 的交变电流，则产生沿箭头方向的磁场 H_P，在金属内部感应出电流涡流，通过这个涡流会产生出附加的交变磁场 H_s，因为 H_s 和 H_P 的方向相反，则使 H_P 减少，所以涡流与最初的交流方向相反减少了 H_P，则涡流相对最初的交流电流成为阻力作用，形成改变线圈电感的现象。从线圈端电压的测试可以知道涡流的大小和变化情况。

（a）基本操作。

1）线圈的确定：试验线圈是重要的零件，对缺陷的检测能力有较大的影响作用。通过式线圈适用于棒、线、管等横断面为圆形的工件；探头式线圈适用于板、钢锭等工件的表面缺陷检测；内插式线圈适用于管内等内面缺陷的检测。

检测频率对缺陷检测灵敏度有较大的影响作用。最佳频率为

$$f_c = 5.066/\sigma \cdot \mu r d^2$$

式中，σ 为电导率（μΩ·cm）；μr 为比透磁率；d 为圆棒的直径。

2）对比标准试件：对比标准试件是进行确认检查探伤装置的综合灵敏度是否保持规定的灵敏度的检测工具。在 JIS G 0568 标准中"钢的涡流探伤方法"以及 JIS G 0583 标准中"钢管的涡流探伤检查方法"已经有了规定。

（b）特点和应用范围：在表 3-63 所示为涡流探伤方法的特点。

表 3-63　涡流探伤方法的特点

优　点	缺　点
① 检查结果输出为电气信号，故可实现自动探伤； ② 非接触式探伤； ③ 检查速度高（3.0~200 m/min）； ④ 适于检查表面缺陷； ⑤ 也可进行高温探伤； ⑥ 应用广泛，如探伤检查、材质判别、涂层厚度测定、尺寸及形状测定等	① 只适用于形状简单的棒状、管状零件的检查； ② 不能检测距离表面较深位置的缺陷； ③ 在多数场合下，试验对象以外的因素影响成为产生杂音的原因； ④ 根据试验结果的瑕疵标记，直接判别瑕疵种类还存在困难

（c）探伤的自动化：虽然在高速压轧材料时实现了高速探伤，但是不同直径、截面产品的检测较困难。

（4）超声波探伤方法。超声波因为具有波长短、方向性好，在分界面易产生反射的特点，适用于金属内部缺陷的检测。使用频率为 500 kHz ~ 10 MHz。

超声波是作为声音媒介的分子或原子的机械振动形成的，超声波的振动模式有纵波、横波、表面波（也称瑞利波）以及板波。

在表 3-64 中所示为物质的密度和声速。

超声波由水晶板的压电效应产生，振子可以利用水晶、钛酸钡、硫酸锂等压电材料切制成型，在其背面粘贴阻尼，设置在一个容器内即是探头。探头有垂直使用的和斜角使用的形式，为有效利用入射的超声波，接触媒介使用甘油、水玻璃。

表 3-64 物质的声速（C）和 2 MHz 时的波长[165]

材料	密度 ρ /g·cm^{-3}	纵波		横波	
		C_L/m·s^{-1}	λ/mm	C_S/m·s^{-1}	λ/mm
铝	269	6 260	31	3 080	141
铜	7.8	5 900	3	3 230	1.61
丙烯酸酯塑料	1.18	2.700	1.4	1 120	0.56
甘油（丙三醇）	1.26	1.900	0.95	液体、气体中无横波	
水（20℃）	1	1 480	0.74		
油	0.92	1 480	0.7		
空气	0.001 2	340	0.17		

（a）基本操作。

1）确定探伤方法：主要采用的是脉冲反射法。为了保证接触的稳定性和延长探头的寿命，有借助液体时超声波入射的液浸式方法。图 3-230 所示为探伤图形及其作用机理。

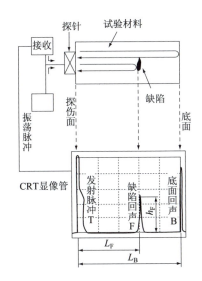

图 3-230 超声波探伤的作用机理

2）探伤灵敏度的确定：确定探伤灵敏度的方法有以标准样件的人为缺陷作为回声高度基准的方法和以底面回声高度为基准的方法。在 JIS Z 2345 标准中规定了探伤灵敏度和探头性能定期检查的事项。

（b）特点和应用：平板状缺陷即使很薄也可以得到较大的缺陷回声，但是球状缺陷（脐孔、气眼、气泡等）的检出能力低。锻造组织因为结晶粒粗，所以林状回声和衰减显著，要准确探伤比较困难。

在压制加工中作为测试厚度计而被应用。

（c）探伤的自动化等：最近在钢铁材料压延中作为在线自动探伤设备应用进展最为显著。

由于超声波信息处理技术的发展，应用光学全息技术原理，超声波全息技术也可以将不透明物体内部信息，用影像化处理技术进行表述。

（5）音响放射法（AE 方法）。AE 方法是利用探头检出试件产生破坏或者塑性变形时，释放的弹性波的情况，进行分析计算，了解试件裂纹的产生时间、位置的测试方法。作为压力容器进行耐压试验时的监视装置，分析计算材料的焊接破裂、延迟破坏、应力腐蚀破裂等现象。材料进入塑性变形区域，在位错移动时以及裂纹的前端间歇成长时产生 AE 现象。

（6）射线探伤[164,166] X 射线、γ 射线（以下称为射线）。因为射线可以穿透物质，所以如果采用照射强度相同的射线，由于材料内部缺陷会产生吸收射线的差别，据此可摄得有缺陷的投影照片。

（a）基本操作。

1）射线装置的选定：加速电压在 130 kV 以下的 X 射线装置，适用于轻合金、小件零件的检测；120～300 kV 时适用于钢以及不锈钢的焊接部位检测；400 kV 时适用于 50～80 mm 厚板的检测。

γ 射线试验装置以钴^{60}Co、铱^{192}Ir 的放射线同位素为射线源，钴^{60}Co 源用于检测厚度为 30～100 mm 的钢制品，铱^{192}Ir 源用于检测厚度为 20～70 mm 的钢制品。

2) X射线胶片：虽然试件的厚度、材质有所不同，但是一般来说如使用低灵敏度的胶片，可以得到较好的摄像质量。

3) 缺陷检出灵敏度及像质的管理：图3-231所示为JIS透过度计和厚度计的实例。线形透过度计可以识别相对最小陷阱的试验部分厚度的比值，厚度计以厚度1mm变化的浓度差控制检出度。

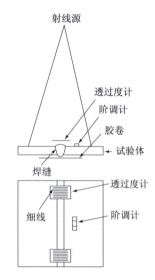

图3-231 透过度计和厚度计实例

4) 缺陷的等级分类：根据缺陷的大小、数量进行等级分类，把缺陷分为破裂、气眼、矿渣卷入等。JIS Z 3104、3105等包含了材料性质不同的投影方法、等级分类的规定。

3.14.3 材质检测

(1) 电磁感应法。这是测试材料的导电率、磁性能等的检查方法，因为电磁感应法可以进行非接触式测试，所以经常应用。对于钢材，磁特性（保磁等）和硬度、含碳量以及拉伸强度具有相应关系，因此电磁感应方法适用于自动检测区分不同材料、判定硬度等。

另外，也有把铸铁制作的汽车零件的硬度测试，从布氏硬度替换为剩磁量进行自动化操作的实例。

(2) 超声波方法。这是利用超声波在材料中的传播速度、衰减量等，与材料的种类、热处理情况、应力状态等相关的特性进行测试的方法，

被应用于检查点焊接作业的焊接部位情况。但是因为测试焊点自身比较难，所以正在研究使用多个探头测试焊点的方法。

3.14.4 应力检测

(1) X射线应力测试方法[172,173]。波长λ的X射线照射多晶体时，满足布拉格（Bragg）折射条件的晶格面产生折射，即

$$2d\sin\theta = n\lambda \tag{13}$$

式中，d为晶格面的间隔；θ为折射角；n为折射次数，为正整数。

图3-232所示为X射线的折射条件。

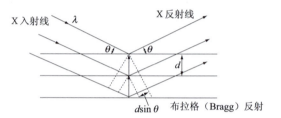

图3-232 X射线在晶体上的折射情况

应力状态为平面应力时，根据弹性理论表面应力为

$$\sigma = \frac{E}{2(1+v)}\cot\theta_0 \frac{\partial(2\theta)}{\partial(\sin^2\psi)} \tag{14}$$

式中，θ为特性X射线的折射角；θ_0为没有变形状态下的折射角；ψ为X射线的入射角；E为纵向弹性系数；v为泊松比。

把ψ改为测量2θ，如相对$\sin^2\theta$情形，式(14)为线性关系（称为$2\theta-\sin^2\theta$曲线图），根据斜率M可以确定表面应力。

(a) 基本操作。

1) 选定X射线应力测试装置。

2) 选定测试方法：根据测试传感器的扫描方式，有并倾法和侧倾法，如图3-233所示。

通常采用并倾法测试，但是齿轮的齿底等位置采用并倾法受空间限制时，使用侧倾法。

根据X射线的入射形式，可分为入射角固定方法（ψ_0固定）和面方线固定方法（ψ固定），如图3-234所示。

3) 选定测试条件：① X射线和折射面的选择；② X射线管电压、电流的选择；③ X射线

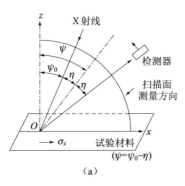

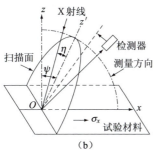

图 3-233 根据测试传感器扫描方式的分类情况

(a) 并倾方式；(b) 侧倾方式

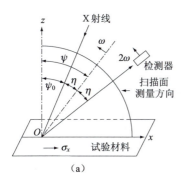

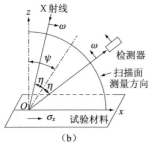

图 3-234 X 射线入射形式

(a) ψ_0 固定，入射角度固定形式；

(b) ψ 固定，面方线固定形式

入射角的选择；④X 射线折射顶点位置的确定。

（2）磁变形方法[166]。它是利用磁性体被磁化后产生磁变形的原理，从磁变形的大小判断应力值的方法。该方法正处在实用化研究阶段。

（3）声弹性方法[174]。材料受到应力作用，其弹性常数虽然小但也发生改变，所以材料中传播的声速也改变。利用这种声速的变化判断材料中应力的方法就是声弹性方法。这种方法正被用来进行有关于螺栓轴向预紧力的测试控制方法的实用性研究。

参 考 文 献

[1] 安藤寛：無孔性ダイカスト法によるホイールの開発，アルトピア，p.19-23（1987.2）

[2] 岡崎健ほか：高性能ダクタイル鋳鉄の自動車部品への適用，自動車技術，Vol.43，No.6，p.19-24（1989）

[3] 龍華文隆ほか：オーステンパー処理球状黒鉛鋳鉄自動車部品の実用化，鋳物，Vol.60，No.10，p.615-618（1988）

[4] 大塚公輝ほか：エンジン排気部品用耐熱鋳鋼，日立金属技報，Vol.6，p.53-58（1989）

[5] 日本鋳物協会編：鋳物便覧改訂 4 版，丸善

[6] 大中逸夫：鋳造プロセスのコンピュータシミュレーション，機械の研究，第 41 巻，第 1 号，p.183-190（1989）

[7] 米倉浩司ほか：コンピュータによる鋳造解析技術，豊田中央研究所 R&D レビュー，Vol.23，No.4，p.40-53（1988.12）

[8] 大塚幸男ほか：コンピュータによるダイカスト鋳物の湯流れ解析システム，鋳物，第 60 巻，第 12 号，p.757-762（1988）

[9] 茂松哲生：精密ダイカスト金型におけるCAD/CAM/CATの活用と展開，プレス技術，第 26 巻，第 8 号，p.106-114

[10] 田中淳夫：高圧鋳造法により製造されたFRMの応用，JACT NEWS，p.33-39（1987.9.20）

[11] 野々山秀夫ほか：表面再溶融チルカムシャフトの開発，トヨタ技術，第 36 巻，第 1 号，p.159-164（1976）

[12] 蓮井淳ほか：肉盛溶接？溶射，溶接全書 15，産報出版

[13] 志村栄彦：自動車会社における鍛造工場での品質保証，鍛造技報，Vol.9，No.19，p.35（1984）

[14] 鍛造ハンドブック編集委員会編：鍛造ハンドブック，日刊工業新聞社（1971）

[15] 鍛造－目指すはネットシェイプ－，コロナ

社，p. 355（1995）

[16] 株式会社万陽カタログ

[17] 浅野幸治ほか：熱間鍛造プレス，特殊鋼，Vol. 37，No. 2，p. 39（1988）

[18] 三井造船株式会社カタログ

[19] 新編自動車工学便覧，第9編，自動車技術会（1983）

[20] 福光昭之：ハンマの鍛造エネルギー制御について，鍛造技報，Vol. 12，No. 30，p. 13（1987）

[21] わかりやすい鍛造加工，日刊工業新聞社，p. 147（2005）

[22] わかりやすい鍛造加工，日刊工業新聞社，p. 158（2005）

[23] 最新塑性加工便覧，日本塑性加工学会（1986）

[24] 水谷厳：精密鍛造システムの最近の動向，塑性と加工，Vol. 30，No. 343，p. 1084（1989）

[25] 村松勁ほか：自動車電装品の冷間鍛造，塑性と加工，Vol. 28，No. 321，p. 1003（1987）

[26] 坂口英雄：温間鍛造の基礎，鍛造技報，Vol. 13，No. 34，p. 6（1988）

[27] 安藤弘行ほか：鍛造プレス機械の特徴と現状，プレス技術，Vol. 27，No. 8，p. 31（1989）

[28] 中沢繁夫：熱間鍛造の現状と動向，素形材，Vol. 30，No. 7，p. 8（1989）

[29] 柳下小太郎：回転を利用した塑性加工の進歩と將来，鍛造技報，Vol. 9，No. 18，p. 20（1984）

[30] 中沢繁夫：自動車部品と回転鍛造機，鍛造技報，Vol. 13，No. 35，p. 38（1988）

[31] 平井幸男：回転鍛造法，鍛造技報，Vol. 11，No. 27，p. 20（1986）

[32] 吉村豹治ほか：閉そく鍛造法の現状，塑性と加工，Vol. 24，No. 271，p. 781（1983）

[33] 高雄昭好：最近の閉塞鍛造プレスによる加工実例，プレス技術，Vol. 21，No. 6，p. 57（1983）

[34] わかりやすい鍛造加工，日刊工業新聞社，p. 140（2005）

[35] 鍛造技術講座（型設計），東京鍛造技術研究所（1981）

[36] 高橋昭夫：冷間鍛造型の設計，アマダ技術ジャーナル，Vol. 14，No. 73，p. 1（1981）

[37] 澤辺弘：私のみた冷間鍛造技術の発展と現状，アマダ技術ジャーナル，Vol. 13，No. 71，p. 7（1980）

[38] 鍛造―目指すはネットシェイプ―，コロナ社，p. 292（1995）

[39] 有馬達夫：型屋から見たネットシェイプ成形，第31回鍛造実務講座テキスト，p. 70－71（2004）

[40] 田中司：熱間鍛造における精密化の方向，塑性と加工，Vol. 23，No. 253，p. 105（1982）

[41] 日本粉末冶金工業会：焼結機械部品―その設計と製造―，技術書院，p. 11（1987）

[42] 日本粉末冶金工業会：焼結部品概要，p. 97（2004）

[43] 日本粉末冶金工業会：焼結部品概要，p. 68（2004）

[44] 日本粉末冶金工業会：焼結部品概要，p. 95（2004）

[45] 日本粉末冶金工業会：同規格 JPMA5－1972，焼結電気接点材料

[46] 津和ほか：精密機械，No. 293，p. 945（1963）

[47] 粉体粉末冶金協会：焼結機械部品の設計要覧，技術書院，p. 17（1967）

[48] M. Yu. Balshin：Vestinik Metallopron.，Vol. 18，No. 2，p. 124（1938）

[49] 日本鉄鋼協会：鉄鋼便覧，第5巻，鋳造?鍛造?粉末冶金，丸善，p. 446（1982）

[50] 上田：工業経営ハンドブック，技報堂（1966）

[51] 日本粉末冶金工業会：焼結機械部品―その設計と製造―，技術書院，p. 94（1987）

[52] D. Pohl：Arch. Eisenh_tt.，No. 40，p. 647（1969）

[53] 徳永：日本金属学会報，Vol. 11，No. 5，p. 360（1971）

[54] 粉体粉末冶金協会：焼結機械部品の設計要覧，技術書院，p. 38（1967）

[55] 林ほか：名古屋工業試験所報告，Vol. 10，No. 11，p. 687（1961）

[56] 日本鉄鋼協会：鉄鋼便覧，第5巻，鋳造?鍛造?粉末冶金，丸善，p. 521（1982）

[57] D. W. Hall, et al.：Int. J. Powder. Metall. Powder. Technol.，No. 21，p. 79（1985）

[58] 日本粉末冶金工業会：焼結機械部品―その設計と製造―，技術書院，p. 323（1987）

[59] 日本粉末冶金工業会：焼結機械部品―その設計と製造―，技術書院，p. 302（1987）

[60] 日本粉末冶金工業会：焼結部品概要，p. 47（2004）

[61] R. －P. Chimie：Rare Earth Monitor, Vol. 2, No. 4, p. 687（1989）

[62] 日本粉末冶金工業会：焼結部品概要，p. 49（2004）

[63] M. Hansen：Constitution of Binary Alloys 671

[64] 牛谷ほか：鋳造技法，第24号，p. 38（1986）

[65] 城井ほか：自動車技術，Vol. 40, No. 8, p. 1029（1986）

[66] 前田ほか：自動車技術，Vol. 43, No. 6, p. 79（1989）

[67] 田枝ほか：工業加熱，Vol. 21, No. 4, p. 17（1982）

[68] 神谷ほか：熱処理，Vol. 26, No. 3, p. 221（1986）

[69] 星：金属臨時増刊号，p. 41（1985/5）

[70] D. F. Mellon：Industrial Heating, p. 15（July, 1988）

[71] 中村：電気製鋼，Vol. 60, No. 4, p. 382（1988）

[72] 武田ほか：特殊鋼，Vol. 35, No. 12, p. 50（1986）

[73] 松井ほか：自動車技術，Vol. 42, No. 5, p. 570（1988）

[74] H. Nonoyama：SAE Paper 871062

[75] 竹田ほか：自動車技術会学術講演会前刷集，881052（昭63．5）

[76] 森ほか：自動車技術会学術講演会前刷集，871028（昭62．5）

[77] 坂野孝義：自動車生産システムの歴史，日本機械学会誌，Vol. 90, No. 829, p. 63（1987）

[78] 日本機械学会：機械工学便覧（1987）

[79] 野口尚一ほか：機械工業ハンドブック，森北出版（1969）

[80] 精機学会：精密工作便覧，コロナ社（1970）

[81] 切削加工技術便覧，日刊工業新聞社（1968）

[82] 機械工作学，産業図書（1987）

[83] 日本工作機械工業会：工作機械の設計学（基礎編），p. 18（1998）

[84] 小松晃：さらなるフレキシブル生産への取組み，機械と工具，2005年10月号，p. 17－21（2005）

[85] 日本工作機械工業会：工作機械の設計学（基礎編），p. 15（1998）

[86] 新美友治：新編自動車工学便覧，p. 1－30，自動車技術会（1983）

[87] 高橋進：自動車車体部品の成形シミュレーションによる成形性予測，塑性と加工，Vol. 44, No. 506, p. 35－39（2003．3）

[88] 中原孝善：自動車車体への高強度鋼板適用例と成形技術，塑性と加工，Vol. 46, No. 534, p. 41－45（2005．7）

[89] 佐藤章仁：高強度鋼板の問題点とその対応，塑性と加工，Vol. 46, No. 534, p. 4－7（2005．7）

[90] 中川憲彦：新編自動車工学便覧，p. 1－37，自動車技術会（1983）

[91] 梅原有二：新編自動車工学便覧，p. 1－31，自動車技術会（1983）

[92] 梅原有二：新編自動車工学便覧，p. 1－32，自動車技術会（1983）

[93] 菱田祐次：第44回塑性加工学講座，日本塑性加工学会（1989）

[94] 林央：自動車用高強度鋼板の規格と種類，塑性と加工，Vol. 46, No. 534, p. 68－73（2005．7）

[95] 中川威雄：プレス成形難易ハンドブック第2版，p. 251－330，日刊工業新聞社（1997）

[96] 中川憲彦：新編自動車工学便覧，p. 1－37，自動車技術会（1983）

[97] 白尾正二郎ほか：小松技報，小松製作所（1988）

[98] 中川威雄：プレス成形難易ハンドブック第2版，p. 533－556，日刊工業新聞社（1997）

[99] 自動車技術ハンドブック，基礎理論編，p. 161（2004）

[100] 飯塚：車体用樹脂材料の現状と将来，自動車技術，Vol. 41, No. 7, p. 704（1987）

[101] 塚本：新しい高分子材料と自動車への応用，ポリファイル，No. 1, p. 20（1987）

[102] 福島ほか：自動車用樹脂新素材の開発動向と今後の展開，プラスチックエージ，p. 111（Apr. 1986）

[103] 松島：プラスチックの自動車への適用と今後の課題，自動車技術，Vol. 40, No. 8, p. 993（1986）

[104] 重高ほか：オレフィン系エラストマーバン

パー材の開発，日産技報，Vol. 22, No. 12, p. 890 (1986)

[105] 岡田：自動車内装部品の基礎知識，プラスチック成形技術，Vol. 6, No. 5, p. 9 (1989)

[106] 射出成形法とプラスチック工業，射出成形，プラスチックエージ，p. 18 (1980)

[107] 村上：押出成形，プラスチックエージ

[108] 西：P&V法の紹介と効率的な開発事例，自動車技術，Vol. 36, No. 10, p. 1104 (1982)

[109] 大柳康：成形プロセスと成形条件，工業材料，Vol. 35, No. 7, p. 46 (1987)

[110] 大和精密工業KK．複合成形プロジェクト：プラスチックの高機能？複雑形状化のキメ手，型技術，Vol. 4, No. 2, p. 18 (1989)

[111] 南村：射出成形機からみた成形品の表面加飾技術，型技術，Vol. 4, No. 2, p. 56 (1989)

[112] 大柳：ストラクチュラル？ウェブ射出成形法，新材料成形加工辞典 (1988)

[113] 石館：サンタナ用樹脂燃料タンクの国産化，日産技報，Vol. 20, No. 12, p. 242 (1984)

[114] 大竹：5層ブロー成形プラスチック燃料タンクの開発と材料のリサイクル法，プラスチック成型技術，Vol. 18, No. 1, p. 14 (1991)

[115] 福原：重点多層ブロー成形法によるガソリンタンク，プラスチックエージ，p. 129 (Mar. 1989)

[116] 幸田ほか：R-RIMウレタン製ソフトフェイシアの開発，自動車技術，Vol. 40, No. 7, p. 890 (1986)

[117] 瀬川：強化プラスチックによる自動車部品とその成形21，Ⅲ．SRIMとSRTM (3)，プラスチックエージ，p. 224 (Jan. 1990)

[118] 藤原ほか：パウダースラッシュインパネの成形技術，自動車技術，Vol. 43, No. 5, p. 74 (1989)

[119] 清水：ボディパネルのSMC化，プラスチックエージ，p. 127 (Apr. 1990)

[120] 木村：SMC成形法，FRP，p. 251 (1971)

[121] 高堀ほか：熱可塑性複合材料の自動車部品への展開，プラスチックエージ，p. 119 (Apr. 1986)

[122] 白石：ホットランナ方式，射出成形用金型，p. 141 (1973)

[123] 大野：自動車部品の塗装について，自動車技術，Vol. 40, No. 8, p. 999 (1986)

[124] 真部：プラスチックメッキによる表面加飾技術，自動車技術，Vol. 40, No. 7, p. 844 (1986)

[125] めっき技術便覧編集委員会：めっき技術便覧，日刊工業新聞社 (1971)

[126] 鵜飼義一ほか：表面技術総覧，広信社 (1983)

[127] 高間政善：機能部品への分散めっき技術の応用，自動車工業における表面処理，p. 35 (1983)

[128] 吉川弘二ほか：電気めっきガイド'83，全国鍍金工業組合連合会 (1983)

[129] 友野理平：ユーザーのためのプラスチックメタライジング，オーム社 (1978)

[130] 金属表面技術協会：金属表面技術講座9 無電解メッキ，朝倉書店 (1968)

[131] 神戸徳蔵ほか：最新無電解めっき技術，総合技術センター (1986)

[132] 金属表面技術協会：金属表面技術便覧，日刊工業新聞社 (1969)

[133] 広瀬孝六郎：工場排水とその処理，技報堂 (1968)

[134] 岡田栄作ほか：自動車用化成処理の環境対応，表面技術，Vol. 55, No. 11, p. 719-724 (2004)

[135] 野本健ほか：鉛フリーカチオン電着塗装の開発，塗装工学，Vol. 35, No. 1, p. 11-17 (2000)

[136] 長岡秀憲ほか：塗布型制振材の開発，TOYOTA Technical Review, Vol. 52, No. 1, p. 18-23 (2002)

[137] 渡邉健太郎ほか：金属調シルバーの開発，塗装工学，Vol. 39, No. 9, p. 336-345 (2004)

[138] 沢井ほか：溶接叢書，第6巻「抵抗溶接」，産報出版

[139] 益本功ほか：溶接全書，半自動 自動アーク溶接，産報出版

[140] 溶接技術シリーズ，新しい溶接方法のかんどころ，産報出版

[141] 溶接学会編：溶接工学の基礎，丸善 (1982)

[142] S. Nobori, et al.: Electron Beam Welding of Turbine Rotor for Automotive Turbocharger, IIW Doc., No. IV-389-85

[143] Y. Iwai, et al.: Application of Laser Welding for Automotive Parts Manufacturing, Proceedings of LAMP '87, p. 517 (1987)

[144] S. Hiramoto, et al.: Deep Penetration Welding with High Power CO_2 Laser, Proceedings of LAMP '87, p. 161

(1987)

[145] 片山ほか：アルミニウム合金 5456 のレーザ溶接，溶接学会講演概要，第 46 集，p. 144（1990）

[146] C. J. Dawes：Laser Welding in Automobile Manufacture，Proceedings of LAMP '87，p. 523（1987）

[147] 東成エレクトロビーム：レーザ溶接が生産技術を変える，ツールエンジニア，Vol. 29，No. 4，p. 94 —95（1988）

[148] 仙田富男：溶接部の非破壊試験検査，産報出版（1979）

[149] 自動車工学便覧，自動車技術会（1987）

[150] 里中忍ほか：画像処理による抵抗スポット溶接部の超音波測定，溶接技術，Vol. 37，No. 3，p. 64（1989）

[151] 締結工学概論，機械学会誌，Vol. 76，No. 651（1973）

[152] 日野技報，Vol. 25

[153] 金属の疲労と破壊の防止，養賢堂

[154] 高木厚：ショットピーニングによる表面層の改質，新東工業資料

[155] たとえば，五十嶺優ほか：エンジン部品へのショットピーニングの適用について，自動車技術，Vol. 43，No. 6，p. 93 — 99（1989）

[156] 久松定興ほか：浸炭歯車のショットピーニングによる強度向上，自動車技術，Vol. 41，No. 6，p. 725（1987）

[157] 富山俊一：新しい溶射技術と材料，金属，p. 42 — 47

[158] 長坂秀雄ほか：溶射ハンドブック，日本溶射協会

[159] スルザーメテコジャパン（株）：スルザーメテコ防錆?防食溶射装置の現状，溶射技術，Vol. 21，No. 4，p. 55，産報出版（2002）

[160] スルザーメテコジャパン（株）：自動車で使われる最近の溶射技術，溶射技術，Vol. 24，No. 4，p. 48，産報出版（2005）

[161] 榊和彦：コールドスプレーテクノロジー，溶射技術，Vol. 21，No. 3，p. 29，産報出版（2002）

[162] 桑嶋孝幸：HVOF – YAG レーザーハイブリッド溶射法の開発，溶射技術，Vol. 23，No. 3，p. 59，産報出版（2004）

[163] 大森明：溶射技術及び溶射による金属?合金の表面改質による高機能化，溶射技術，Vol. 23，No. 1，p. 21

[164] 日本非破壊検査協会編：非破壊検査便覧，日刊工業新聞社（1967）

[165] 日本鉄鋼協会編：鉄鋼便覧，丸善（1981）

[166] 日本金属学会編：金属便覧，丸善（1982）

[167] 日本機械学会編：機械工学便覧，丸善（1986）

[168] 金属熱処理技術便覧編集委員会編：金属熱処理技術便覧，日刊工業新聞社（1961）

[169] 実用金属便覧編集委員全編：実用金属便覧，日刊工業新聞社（1961）

[170] 非破壊試験概論 A，日本非破壊検査協会（1975）

[171] 超音波探傷試験 A，日本非破壊検査協会（1976）

[172] 日本材料学会編：X 線応力測定法，養賢堂（1981）

[173] 日本材料学会編：X 線応力測定法標準（1982）

[174] 日本非破壊検査協会編：光弾性研究会（1989）

第4章

生产加工

4.1 概述

4.1.1 汽车生产的特点

生产汽车时，接到销售点的订单之后，生产加工系统向各工艺发出指示，并开始投入生产，如图4-1所示。组装、焊接工作完成后的车身，先进行涂装，然后在装配生产线上组装各种部件，检验合格后即完成。组装好的车辆将被运送到国内及海外的汽车销售公司售出。

汽车生产的主要特点如下。

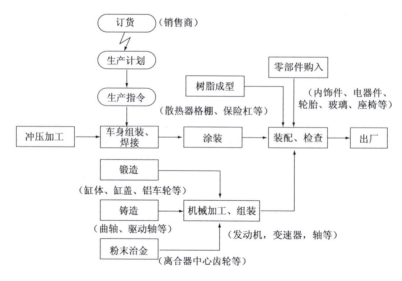

注：省略了热处理、电镀工艺
图4-1 汽车生产工艺的概要

① 当今社会，汽车需要同时满足高性能、高质量、高可靠性，经济性及环境性能等要求，而且对这些性能的要求还在不断地提高。

② 汽车生产，从原材料加工到车辆的装配，涉及的生产技术的领域范围非常大。为了满足生产要求，多数生产线通过采用电子计算机、工业机器人等先进技术，实现了高度自动化及系统化的生产。此外，在最后的装配生产线上，需要保证在频繁的产品更新等需要改变等情况下，还能高效率的工作，并且生产线具有可同时生产不同品种车型的混合生

产能力。

③ 由于构成汽车的零件约有两万种，再加上汽车的种类又非常多，因此在最后的装配生产线上的零件可达数千种。其中大部分的零件，可以从外面的专业生产厂购买。

④ 虽然以前汽车生产是按照预定计划生产为主，但是随着从接受订单到发货时间的缩短，近来逐渐采用按照订单组织生产的管理方式。

生产系统的研究课题是怎样保证具有上述特点的汽车生产，能够高效率地运行。

4.1.2 生产加工系统的全过程

生产系统由生产准备过程和制造过程两个主轴组成，如图4-2所示。生产准备过程包括从接到产品开发部门的产品规划、产品设计之后的工艺设计到开始生产之前的所有准备；制造过程则是从原材料加工到装配、检验等直到出厂之前的完成整车制造的过程。

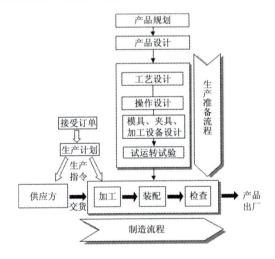

图4-2 生产系统的概要

在生产准备过程中，根据产品规划和产品设计决定了新产品之后，制定工艺设计及作业设计，进行设备、夹具、模具等设计和订货，从而使生产能够高品质、低成本地稳定进行。同时，为了提高这一系统自身的效率以缩短生产准备周期，一般与上游的开发部门同步开展工作。

制造过程中，通过保证与改进在生产准备过程中准备好的生产设备、模具、夹具、作业标准等，并根据生产计划所制定的生产指令，而进行加工、装配、检验等生产活动。在制造过程中经常需要提出能进一步保证产品质量、降低成本、提高生产效率的措施，并将这些措施反馈应用到生产准备过程。

4.2 生产准备

4.2.1 生产准备的流程

生产准备的目的是根据车辆开发计划，确定汽车、零件等的加工方法，再筹备设备模具、夹具等。在生产的起步阶段，就能够达到预定的质量、产量、降低成本等目标，并以批量生产的形式进行运作。生产准备的基本过程如图4-3所示。市场的需求和人们的爱好千变万化，需要随时跟踪适应市场，因此要求从提出商品规划到批量生产的时间不断减少。针对这个问题采取对策是从20世纪90年代中期开始，在生产的所有过程中，推进了以CAD/CAM为基础的数字化工程，其结果是获得了比以往更短的周期，而且工作质量更高的作业流程。

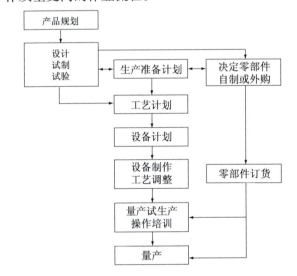

图4-3 新车型的生产准备过程

4.2.2 数字化工程的现状

数字化工程的核心是在产品开发阶段制成的3D模型数据。这里的3D模型不仅仅是2D模型的立体化，而还包含了很多设计信息的立体数据。同时即使在生产准备阶段，也可以在设备、模具、夹具等的工程数据中进行 3D 设计，在生产准备阶段全面推进数字化设计，主要可以获得以下 3 个效果。

（1）同步工程。从产品开发的初期开始，开发设计部门掌握的设计信息，生产技术部门可以共享，并互相交换意见，把生产必要条件（批量生产时，为了确保质量、降低成本等应该反映到产品设计中的要求）融入到早期的设计当中，以保证产品的品质。这样一来，可以减少在后续过程中如发现不合理的部分而变动原有设计方案的次数，缩短开发周期和减少开发工作量。虽然这种想法过去就有，但是随着设计数据及信息等数字化处理后，方便了共享情报信息，并以数字化的信息为基础，在虚拟空间实现可视化，达到可以通过数字化模型进行设计检查的目的（图4-4）。利用这种方式，可以自动标识出对于仅使用 2D 图形难以发现的干涉问题，通过虚拟制作可以对外观、装配性能等进行事先的确认、研讨。

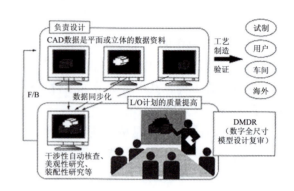

图 4-4 同步工程

（2）工程设计的最优化处理。对于以前只能做出实物才能知道的形状、参数等，现在可以根据数字化的产品数据和工艺数据在计算机上验证并预算出工艺设计的最佳方案。例如，铸造领域的铁水滚动分析和凝固分析，机械加工领域的进行加工部位抽出或工序分割的工艺设计支持软件，确定工序数和工序顺序的最佳方案的动态仿真，检验冲压领域的起皱、裂纹、回弹等成型性问题的成型仿真，检验焊接性能的焊接仿真等。如图 4-5、图 4-6 所示。

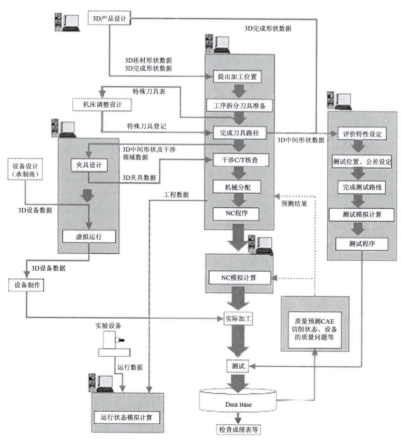

图 4-5 采用数字化工程的生产准备（机械加工）

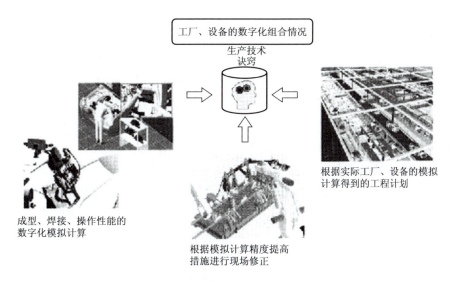

图4-6 采用数字化工程的生产准备（车身）

综上所述，采用上述的方法对工序中设计的过程和结果建立数据库，在以后的工程施工计划中可以作为技术诀窍供参考使用。

（3）金属模具设计、制作期限的缩短。设备、夹具等采用通用化及标准化设计方法，可以缩短生产准备过程的先行周期。但是对于金属模具，因每次要加工产品的形状都随情况而变化，不可能对其形状实现通用化、标准化。再加上要对高硬度的金属材料进行高精度的加工，技术上的难度也很大。因此，金属模具的设计及制作成为缩短研制周期的一大瓶颈。

因此，应该采取措施，大幅度地缩短金属模具的制作周期，将过去以模型为基础的方法过渡到以产品设计中制成的3D数字模型为基础的模具设计、制作方法（图4-7）。首先，根据设计数据直接进行金属模具形状的设计，缩短了从产品形状确定到完成金属模具设计的周期。然后，金属模具的制作从仿形加工和电火花加工而转向NC（数控机床）加工为主，并以3D金属模具设计数据和数据库中的金属模具加工技术信息为基础，自动生成满足精度和效率要求的刀具轨迹和切削条件的操作程序。

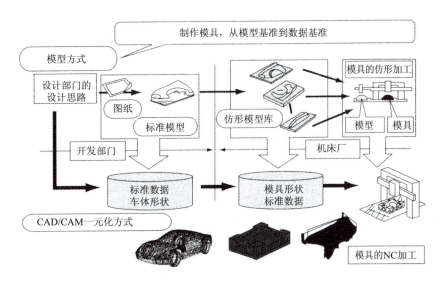

图4-7 模具制作随数字化工序技术的变化

4.3 制造工序和生产管理

4.3.1 销售、生产管理系统

接到客户的订单之后,从车辆生产到交货的全过程如图4-8所示。在生产管理中的研究课题是,根据不断变化的市场的需求,提出适合生产方式的生产计划,发出生产指令,同时获得高效率的生产和按期完成用户订单。

4.3.2 生产方式的种类

汽车工业中虽然有多种加工工艺,但根据工艺的特点和生产量可分为以下3大类。

(1) 批量生产方式。这是针对达到一定生产数量的产品,由专用的可替换的模具、夹具等加工制作的生产方式,包括铸造、锻造、冲压、树脂成型等多种工艺采用这种方式。缩短这种生产方式的前期时间与压缩在制品数量,减少调整的时间和缩小批量生产的规模是非常重要的。

(2) 流水线生产方式。这种方式是利用专门设置的生产线,连续重复地进行生产的生产方式。车辆、发动机等的装配生产是这种方式的典型代表。在这种生产方式下,生产线上各工序间工作量的平衡分配是非常关键的,分配是否合理将直接影响生产过程。

(3) 单件生产方式。首先根据每个产品的设计图纸确定加工顺序和生产日程,然后提出作业指令进行生产。生产设备、模具、夹具等的制作工作都属于这种生产方式。

单件生产方式对操作顺序计划和生产日程计划的正确性、工序能力的适当把握、各工序的负荷量合理分配等的要求较高。

4.3.3 生产计划

生产计划是开展生产活动的依据(也称经营计划),根据生产计划的要求,可制定从短期到长期不同生产时间的计划。

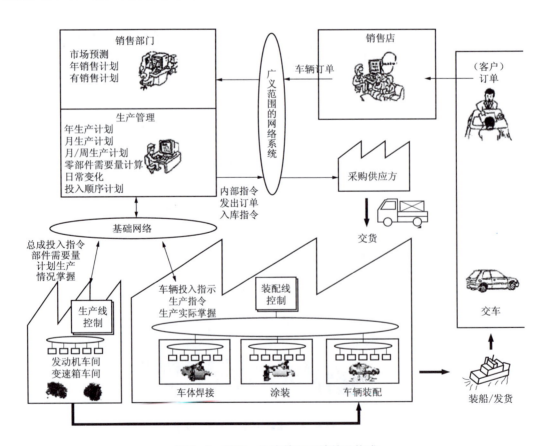

图4-8 销售、生产管理系统的总构成

(1) 年度生产计划。长期生产计划包括数年前对基本车型的生产预测和一两年前的年度生产计划。年度生产计划是在销售部门根据市场预测和经营方针，确定了不同车型的销售计划基础上，制定的在装配生产线上相应的生产计划。然后，依据这个计划确定主要的总成或部件的生产计划。并按照这些生产计划对生产设备的能力进行探讨研究，策划确定设备投资计划。同时，制定包括材料供应、设备、人员等计划，这些是制定资金计划的基础。

(2) 月生产计划。年度生产计划多体现以预测为基础的计划，与此相比月生产计划是确定了的生产的执行计划，它确定生产线、设备的运转计划、人员确保、材料、外协零部件的订货、资金计划等成为每月的生产活动的基础。

月生产计划以销售部门每月的销售计划为依据，对每个生产线根据车辆的型号标准确定每月的生产台数，之后按不同的日程安排确定月生产计划。月生产计划从各种准备业务的先行周期开始，每月中旬到20日左右发布。另外计划期间的长度，显示了今后生产的趋势，有时也有需要1~2个月的筹备时间周期的情况，这是确定3~6个月的生产计划时的要求。以月度生产计划为中心的月度的生产准备业务流程如图4-9所示。

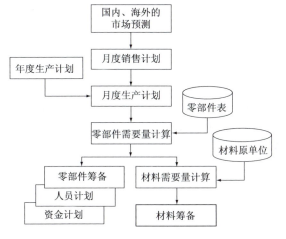

图4-9 月生产计划准备业务的流程

(3) 旬计划和周计划。销售点车辆的订单是根据月销售计划决定的，并在每旬或者周的前5~7天提出（出口车辆大多以月为单位）。虽然旬、周间的订单包括根据顾客的订货情况的内容，但也有销售点根据预估的销售前景等来决定订单的情况。为保证销售点车辆的库存周转率良好，旬、周间的订货要合理分配。把全国的订货单统一后按车名分类、统计数量，与月生产计划比较调整后，确定生产数量。然后以此为依据，在每旬、每周的不同日期开始生产。并根据这个日程计划给销售点反馈回去确定的生产日期和交货日期。

(4) 零部件及材料的准备。生产计划确定后，马上开展车辆生产需要的零部件和材料的准备工作。根据生产计划和零件表，可计算出零件的需求数量，在充分考虑提前程度和库存量情况之后，根据生产周期、决定生产、购入的数量与入库时间，并向各工序和供应商发出指令、订单。

确定在该工序中必须的零部件的生产量之后，根据零部件的生产量和材料的原始（生产一个零部件需要的材料量）数据，计算出铸造、锻造、冲压等工序中需要的材料数量，向供应商发出通知、订单。

(5) 零部件表。有关构成车辆零件的信息是车辆生产的必要信息之一。表示整车与其组成的各零部件之间的对应关系的表称为零部件表。零部件表不仅包含着组成汽车的零部件的信息，也包含着设计上的技术信息、零部件的生产工艺等，因此作为公司的基本信息被广泛利用。

(6) 人员计划。车辆、零部件等的生产量确定后，为了使生产顺利进行，需确定生产线的运行计划和人员计划。为了保持高效率生产，经常合理地配置劳动人员是一项重要的工作。不同的生产线、不同的工艺需要的从业人员，必须根据车型种类和零件的标准生产时间进行计算。求得所需人员后，还需要根据新录用人员的配置情况、工序间和车间间的支援情况、出勤体制的改革情况以及加班时间的调整等执行情况，进行调整，确保必须的从业人员。

4.3.4 车辆生产标志管理

(1) 每日的变更。销售点由旬、周的订单订货之后，根据顾客的要求或销售情况变化，时常出现需要更改车辆的订单的情形。为了灵活处理这种变化的情况，规定须在生产日的前4、5天可以进行每旬或每周订单的适当改变。但是每日的变更并不是无限制的，需要根据月生产计划准备的零部件及人员情况，进行变动幅度管理限制。

（2）投入顺序计划。确定生产的车辆后，要确定在车辆的装配生产线上装配车辆的顺序。由于决定装配顺序的方法与装配生产线的运行和生产管理方面的想法不同，所以这里仅介绍具有代表性的想法。观察装配生产线的各作业工序，可以知道如某个作业过程发生延迟现象，会使整个生产线中止运行，因此必须对各工序平均分配作业负荷。一方面，为使零部件的生产量、搬运量的变化尽量少，有必要调整顺序，使在装配生产线上单位时间使用的零部件的数量尽量恒定。另一方面，投入顺序也要尽量满足生产设备的投入条件。

（3）装配线生产指示。根据车辆投入顺序计划，最先对车体焊接生产线发出车辆开工指示。车辆经过车体、涂装、最后的装配生产等步骤，由1～1.5天的先行时间制成。通过计算机管理生产线，对各工程的生产指标、生产线的生产状况的把握以及整个工艺过程的控制，是最佳的控制方式。

（4）零部件获取方式。从零件的前道工序或供应商处获取零件的方法大体可分为以下三种，各公司也同时采用这些方法。

（a）计划方式：根据旬间、周间的计划或者确定的生产计划可求得零部件的需求量，根据库存情况等确定添加量零件的方法。

（b）补充库存方式：这是确定装配生产线上某一段时间的零部件需求量的先行周期后，再来确定补充零件的方法。看板方式是其典型的例子。

（c）同步方式：由装配生产线上使用的顺序供应零部件的方式。这种方式因为是在总装线投入车辆后才发出供应零部件指令，所以为了保证零件的顺利供应，该零部件的生产车间或供应商应在装配车间附近。这种方式适用的零部件主要有发动机、变速箱、轮胎、座椅等，一般多是尺寸大且种类杂的零部件。

（5）配车管理。车辆装配完成并检查合格后，由配货部门完成车辆的配货管理工作，事先确定运输的方式和路径。车辆运输主要利用卡车、轮船来进行。车辆出厂后，由每个输送中转站掌握车辆的情况，并常常采用联机的方式在线管理车辆的位置。

以上介绍了从销售商订货到制造厂商处理订单、生产、配车的全过程情况（图4-10），且计算机控制在整个过程中贯通始终。

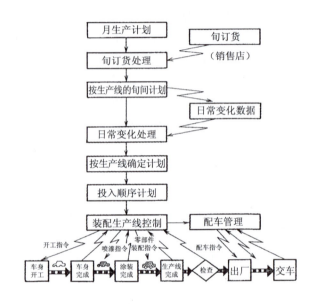

图4-10 车辆的订货、生产、配车的流程

4.3.5 生产管理

评价生产过程，并不断提高生产效率的工作是非常重要的。

（1）成本管理。降低成本，与提高销售量一样，都是增加收益的一种方法。根据不同的管理单位（部门不同，产品不同，费用也不同），确定每年、每半年、每季度的成本指标，并同每月的实际消耗的费用进行对比分析，提出减少成本的措施并对这些措施进行评价。

（2）效率管理。由适当的人员对是否高效率的生产作出正确的评价，评价的指标是作业效率（标准作业时间、实际作业时间）。作业效率是由各车间、各部门、各车型等的管理部门，在每个阶段期或半个阶段（每年或半年）制订的目标数值。然后，根据每月的实际作业效率，算出实际指标完成值，及时提出提高效率的措施，并积极开展评价活动。

4.4 生产系统的发展

在制造业中的生产系统，随着时代环境（科技、技术、经济、劳动、国际等）的变化，为有效地实现 4.1.1 节中提出的 4 个特点，需要通过不断地改变生产方式、生产形态、生产结构等，达到提高生产性能和经济性能的目的，如图 4-11 所示。

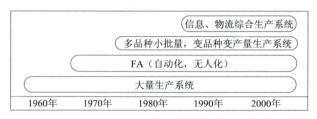

图 4-11 生产系统的形态变化

从第二次世界大战后到 20 世纪 60 年代（1960 年），由于大量引入了以福特汽车制造公司为代表的生产方式——单一品种大量生产的技术，建立了汽车工业批量生产体制的基础。

20 世纪 70 年代（1970 年），把自动化、无人化加工作为目标，采用了 PLC（Programmable Logic Controler）、NC 加工机械及自动输送系统等设施，开展了自动化工厂 FA（Factory Automation）的建设。

20 世纪 80 年代（1980 年），为了适应用户对车型多样化的需求，有了多品种少批量、变种变量生产的趋势。通过采用灵活性高的工业机器人、无人搬运车和生产设备之间的信息传输、处理，开始了在一个生产线上可生产多品种车型的柔性制造系统 FMS（Flexible Manufacturing System）的建设。

20 世纪 90 年代（1990 年）后期以来，生产系统的发展没有停留在接近单台自动化机器，以及柔性制造生产线等的制造现状，开展了从产品开发、设计、生产计划到生产管理的全部生产过程均由计算机综合处理的生产方式 CIM（Computer Integrated Manufacturing）。其目的是综合管理与制造相关的人、物、设备以及与此相关的信息等，实现制造生产整体的飞跃发展和低成本的生产方式。

4.4.1 生产系统的关键技术

（1）PLC。PLC 是产业机械的可编程控制系统设备。PLC 自 1970 年后期诞生之后，替代了过去的继电器电路（有接点电路）。PLC 作为一种可以编写简单程序、在现场容易更换和修改的生产线控制装置逐渐发展起来（图 4-12）。

PLC 由与外部接收输入信号的输入/输出接口，以及根据这些信号和程序等进行程序控制的中央处理器（CPU）组成。

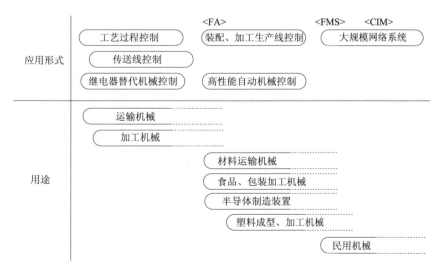

图 4-12 PLC 扩展的要素

对于生产线，在各个设备、机器上设置 PLC 进行分散控制，设备生产线的设置和调整可以分成电气系统的工作和机械系统的工作，且各个部分可以在整体安装前进行调试。这样可以大幅提高现场调整操作的效率，也有分散危险的作用。因此，在汽车生产中，通过网络把每个 PLC 结合起来，使生产线作为一个整体进行综合控制的生产方式，已经逐渐普及。

虽然为了提高设备控制的效率，一直在完善 PLC 的功能，但是，今后随着包含 PLC 以及周边机器的硬件、软件的标准化，作为使构成生产线的各种机器（从计算机到传感器）更加融洽地运行的控制器，正在向操作简便、提高适用范围的方向发展。

（2）数字控制装置（NC）。NC 是根据测试运动轴的运动位置数据发出控制指令，使其按给定的速度移动，并最后停止在目标位置的装置。随着近年电子技术的进步，不仅控制运动轴，具有控制其周边装置功能的 NC 也已经普及了。

20 世纪 60 年代（1960 年）后期，虽然利用 NC 装置代替油压仿真伺服机构的工作受到关注，但因为价格高，很少应用到汽车生产中。进入 20 世纪 70 年代（1970 年）前期，随着技术的进步，微型计算机的开发和数字化伺服电机的价格逐渐降低，从 20 世纪 70 年代后期开始，NC 装置开始在汽车产业中大量应用，如图 4-13 所示。

配备 NC 装置的设备、机器（NC 机械），通过改变程序可以很容易地适应多品种生产的情形。所以 NC 机械的应用，在今后的汽车生产中，从多型号少量生产到品种适当中等批量的生产、变型号变产量的生产工作的开展、推进，会发挥重要的作用。

（3）工业专用机器人。工业专用机器人的定义是：依赖自动控制熟练操作、移动，可以根据程序完成各种作业的工业用机械，如图 4-14 及图 4-15 所示。

		1960年	1970年	1980年	1990年
汽车生产	生产数	·48万台　·70万台	·530万台	·1 100万台	·1 270万台
	设备	单个设备→专用TF M/C [量产规模] 的扩大	NC M/C [能源措施]	FMS,FTL化 [对变化情况确保柔性适应能力]	CIM 化
数字控制装置（NC装置）		·初期NC装置 脉冲电动机的控制方式 脉冲液压方式	·初期NC装置 ↑ ·IC存储器的低成本化 NC机的低成本化，迅速普及 工业机器人的普及	·伺服电动机的低成本化 ·DC伺服电动机的普及 ·AC伺服电动机的普及	

图 4-13　NC 应用情况

图 4-14　垂直关节型机器人图例

图 4-15　水平关节型机器人图例

20世纪60年代（1960年）初期，美国的Unimation公司和AMF公司发表了工业机器人的实用机型。60年代后期，随着日本国产机器人的登场，以汽车车体焊接生产线的投产，迅速地将机器人引入到生产过程中。工业机器人的用途和功能要求如表4-1所示。

表4-1 工业机器人的用途及功能

用途	主要应用实例	功能及特点
点焊作业	薄板点焊接	需要握住沉重的焊枪并能高速移动
弧焊接作业	薄板、厚板的弧焊接	在焊接速度下要有必要的运动轨迹精度
涂装作业	车体的中涂、面漆	必须有防爆性 需要具有横摆功能 必须具备直接接受示范的功能。（Diret Teaching）
密封作业	防锈剂、黏结剂的涂敷	喷嘴前端的速度一定而且具有较高的运动轨迹精度
工作台作业	把工件堆放	需要有工件堆放位置的顺序移动的动作
运输作业	加入生产线的工作	可以对应的工作种类需要的机械手
装配作业	轮胎装配、座椅装配	根据工作种类要求的功能也多种多样
锻造作业	锻造工件的运输	需要具有耐热性能和工件高速运输功能
检查、测试作业	精度检查、涂装表面检查	根据需要的高精度、高速工作

现在，工业机器人多采用依赖计算机的电动伺服控制中的信号储存驱动方式来实现自动控制即示教重放方式。这一动作示范（控制程序作成）方式分为使机器人移动到动作点的控制方式和根据机器人语言控制的方式。这些方式在现场的示范作业时间长，需要避免与周边装置及零部件等的干涉等问题。现在，随着仿真技术的进步，逐渐发展为由CAE技术实现的离线程序控制（Offline Program）方式。

今后将以更高的效率及生产性能为目标，开发出高速、高精度、能够及时发现异常问题的关键技术。

（4）无人驾驶运输车（AGV）。AGV是包括无人驾驶运输台车和无人驾驶运输拖车的电气式自动运输车辆。与传送带方式相比，可以自由改变运输的路径，因此近几年，开始应用到要求实现柔性生产过程的系统中。

AGV的分类如表4-2所示。对于汽车制造生产线，AVG一般多采用具有电磁感应和光学诱导两方面的优点的磁感应方式引导路径。

表4-2 AGV的分类

方式	电磁感应	光学诱导	磁带引导
原理	操舵装置→演算线路→检出线路→天线；感应线	操舵装置→演算线路→检出线路→传感器；投光器；路线带	操舵装置→感应控制→磁传感器；磁体
特点	地面的色彩、污染没有影响，安全性、可靠性好；埋设感应线→需要预先进行地面埋线工程，而且改变线路困难	路线带的破损、污染影响动作设置路线带→不需要地面工事，线路变化容易	同时具有电磁感应、光学诱导的优点

续表

方式	电磁感应	光学诱导	磁带引导
适应对象	被油等污染地面的工厂 重物运输 野外运输	污染少的工厂	电磁感应、光学诱导适应的对象都可以

（5）自动仓库。所谓自动仓库是指由保管物品的框架和无人驾驶运输车所组成的，能够通过简单的操作控制，自动按照"在需要的时间，需要的物品，需要的数量"的指示，完成物品入库和出库工作保管设施。自动仓库根据结构不同的分类方式如图4-16所示。一般，立体仓库适用于保管的物品的质量从轻到重范围很广的情况，回转系统适合保管物品质量较轻且需要操作速度快的情况。

（6）车间内部网络。在将车间内部的FA单体机器和生产管理、设备管理等信息，以及合理地联系操作人员的协调型自律分散系统的建设中，车间内部网络起着重要的作用。

作为代表实例是汽车装配车间的网络系统（图4-17）。

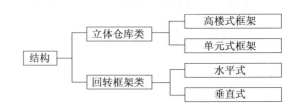

图4-16 自动仓库的分类

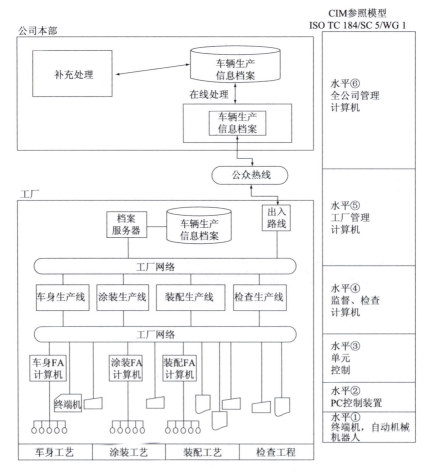

图4-17 车辆装配命令系统

汽车生产条件正在发生激烈的变化。例如汽车上的零件数量和种类的不断增加,产品更新周期的不断缩短,机器人、自动机械的大量应用等。因此,需要建立能够把生产控制信息比过去更加详细的、准确及时地送到生产现场的柔性系统。

车辆生产控制系统采用包含了各层次的信息量相适应的网络系统。所有的信息由文件储存服务器管理,而车体、涂漆、装配等各工序的处理由各自的生产线计算机执行,并由网络有机地连接在一起。终端到生产线计算机之间也使用网络连接,因此可以建成具有整体协调性的自律分散系统。

4.4.2 生产系统的发展趋势

迄今为止,为适应环境的变化需求,以提高生产性能和经济性能为目的,生产系统在不断地变化着。以设计到产品出厂为对象 CIM 系统为代表,正在推进建设被称为"人员、物资、设备、信息"综合的制造领域最优化的信息管理系统。

今后正在进入要求产品寿命的不断缩短,新商品作用周期的不断减少的发展时期,因此要建立不仅只有制造领域,还应该包括全部企业活动内容的意义更广泛的生产系统。换言之,作为使制造业的企业本质产生变革的经营者,应该考虑加速展开供给链式经营(SCM)以及产品生命周期管理(PLM)。

SCM(Supply Chain Management)就是对企业供应链的管理,管理对象从供应商直至顾客,包括了设计、生产准备、采购、生产、物流、销售等的全部企业活动概括在供应链中,目的在于对这一整体进行最优化的管理,如图 4-18 所示。

PLM(Product Lifecycle Management)指包括市场研究、商品规划、从开发到设计、生产、物

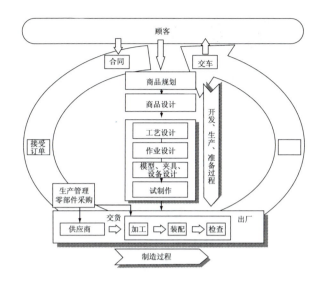

图 4-18 SCM 的范围

流、销售、售后服务、循环利用、销售停止等的产品的一生,并以全体最优化为目标的管理方式。SCM 和 PLC 都以缩短开发用期、有效率地制造、提高服务质量、及时供应结合需要变动的最合适的制品等来实现利益最大化的目的。

实现这些,需要供应厂商、制造厂家、运输、销售公司等不同企业之间物品与信息一致,并实现共有化和协同合作;实现高水平的信息、物品统一的生产管理系统(CIM)等,并使整个生产系统具有高水平和高可靠性。

参 考 文 献

[1] 間瀬俊明:日本の自動車開発におけるデジタル化の進展と展望,自動車技術,Vol. 58, No. 1, p. 99(2004)

[2] 鳥居元:マツダのMDI 活動~機械加工領域での取組み,機械と工具,Vol. 46, No. 2(2002)

[3] 田畑孝一ほか:OSI 明日へのコンピュータ・ネットワーク,日本規格協会(1987)

[4] 自動車技術ハンドブック,1991 年度版第 4 巻,生産・品質・整備編,第 3 章

第 5 章

零部件、总成

5.1 发动机

5.1.1 汽缸体、汽缸盖

(1) 汽缸体。汽缸体的机械加工工艺概略分为以下几类：为安装汽缸盖、油盘变速器壳体等的结合面的铣削加工；为安装滤油器、水泵等的各种附件的结合面及螺纹孔加工；以及为决定发动机性能的重要功能工艺的曲轴轴颈孔、汽缸孔等的加工。

另外从基本材料到完成全过程的考虑，工件的投入、工序间的运送、制成品的清洗和检查等多道工序是不能忽略的。

图 5 – 1 所示为汽缸体加工的工艺流程。

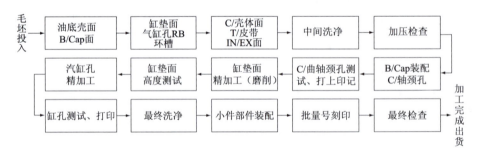

图 5 – 1 汽缸体加工工艺流程

(a) 基准面加工工序：铸造工艺完成后，为对工件进行机械加工，首先要完成加工基准面和基准孔的工作。初始基准的选取，一般有两种，一种是使用铸造制作的汽缸孔；另一种是利用缸垫面（以下称为 Ga 面）上的铸造工艺用销孔。加工时使用铸模孔的位置和图纸上标注的尺寸之间的误差最小的孔为基准孔，对保证加工质量是非常关键的。在这个工序中的加工，是进行油底壳面的（以下称为 OP 面）的平面切削和基准定位销孔的加工，随后的工序全部以这个平面和孔为基准来进行。从 OP 面可加工的平面和孔有时也在此工序中同时进行。

(b) 机械性能工序的粗加工：接着以 OP 面和定位销孔为基准，从 Ga 面开始加工。机械性能加工以汽缸孔的粗加工、Ga 面的切削及定位销孔的加工为主体，同时在缸孔底部的衍磨时的落空部位等也很重要。因为工序的加工负荷大，辅助机械类的安装孔等的加工多由别的设备分担进行。为了达到高效率加工和减少刀具磨损，一般多使用陶瓷、CBN、由人造金刚石设计而成的复合刀具等。

(c) 四个侧面加工：加工 Ga 面和 OP 面以外的四个面。这些面的加工主要进行安装辅助机械的面以及螺纹孔加工，其特点是需加工的地方非常多。由相同直径孔和螺纹孔等构成的加工，在最小轴间距允许的情况下，可采用多轴刀具加工，一次同时加工多个孔，可以大幅度提高加工效率。

在工件自动搬运并加工的生产线上，最初的工序是进行钻孔加工和凸台加工；其次进行螺纹加工，根据需要可以增加铰刀加工；随后的工序中对刀具的折卸进行检查并进行以下的流水作业。

使用 Ga 面和 OP 面的基准面和基准孔定位的工作台叫夹具盘。把工件放在夹具盘上，一边改变每个加工面与工作台的方向和工件的装夹面，一边进行加工。

自动搬运生产线如图 5-2 所示。多轴刀架（多轴组合刀库）如图 5-3 所示。

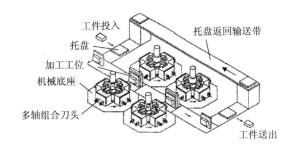

图 5-2　工件自动搬送生产线

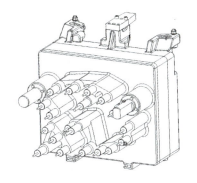

图 5-3　多轴刀架（多轴组合刀库）

(d) 清洗、密封检查：随着高输出功率、高效率的发动机的增加，需要更加严格地控制加工中残留的切屑。不仅是表面上残留的切屑，为了清除孔加工、水套加工中残留的切屑，采用高压清洗、碱清洗等各种各样的清洗装置，为提高产品质量创造了条件。

因为汽缸体是铸件，不可避免地会因为铸造缺陷、气孔等引起漏水、漏油的现象。为了防止这些不良泄漏现象出现，应对铸造工序现状随时进行监控，如在批量生产线上，设置利用空气泄漏测试仪进行气密性检查的工序，以保证水套、油路、曲轴箱等的质量。

(e) 机械性能加工工序：对初工序中完成粗加工的制品，根据图纸中的尺寸要求，进行力学性能要求的精加工工序，而这个工序在发动机加工中是最重要的、将左右发动机力学性能的加工过程。代表性的力学性能工序包括 Ga 面的最后加工、曲轴颈的最后加工、汽缸孔的最后加工等。

在初工序中对 Ga 面已进行粗加工切削，通常为了清除工序中的磕碰产生的刮痕，留有一定的加工余量，在接近最后的加工中再通过精加工去掉。近年来开发的轻量型汽缸体，多采用铸铁汽缸套，而本体则由铝来制成的结构。因此需要异材混合切削，对铣刀加工的要求非常严格，常采用人工钻石刀具加工、大型磨床磨削等来替代原来的铣刀加工。

曲轴颈孔的加工主要采用可以同时加工全部轴颈的直线镗削的方法。但是，多数情况下轴承盖和汽缸体的材料不同，需采用异材混合切削，因此，确保加工精度成了主要的考虑因素。为提高设备、工具等的刚度，提高人工钻石刀具的切割锋利度等，还应对各个生产线进行调整。另外，还需采用铰刀等类型的精加工工具或采用磨床的研磨加工等的方法进行生产。

对在初工序中经过粗加工的汽缸孔，按规定的直径进行最后的精加工。在此工序中为了使活塞在汽缸中平稳地滑动且不会烧结，需加工适当的存储油的网纹。一般在进行精镗加工后，以研磨加工完成最后的工序。在精镗加工工序中，采用加工自动辅助修正机构进行加工，使用多刃刀具提高加工效率，使用人造金刚石或 CBN 工具等提高耐磨性。

最后的工序是进行珩磨加工。利用珩磨加工，去除受损的表面，用较小的切削抵抗力进行精密加工去除表面残留的应力，使汽缸材料充分发挥其本身具有的最大程度的润滑性，从而使润滑油的润滑效果达到最好。珩磨加工以加工出上述所述的表面为目的。一般根据磨具的粗细精度及其磨削量分为几个阶段进行。因为表面的粗糙度直接影响发动机的力学性能，所以发动机规格的确定反映了发动机设计人员的能力。充分理解加工质量对发动机性能的影响后再进行生产是保证加工质量的关键，所以需要操作者和设计者之间充分的沟通。

FB/HON 机器概况如图 5-4 所示。FB/HON 工序如图 5-5 所示。

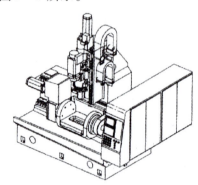

图 5-4　FB/HON 机械概况

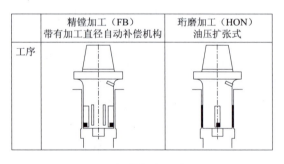

图 5-5　衍磨复合工具概略图

近几年，从要求发动机"高效率、高功率化""减轻环境负荷"等观点出发，针对材料的轻量化、高强度化、耐热性等方面内容，不断进行改善。汽缸体已开始采用陶瓷等硬质材料和铝的复合材料（MMC）制作。采用复合材料提高了加工零部件强度，同时也引起了切削刀具寿命显著降低等问题，因此如何扩大其适用范围成了新的研究课题。考虑汽缸体的发展，无疑采用新型材料是一个新的发展方向，所以今后也需要以提高机械加工性能为目标，推进研究开发工作的开展。

(2) 汽缸盖。

(a) 汽缸盖的造型：汽缸盖需要承受发动机爆发压力的高强度和耐高温性等性能，同时为了保证汽缸能够快速冷却，还要求具有很好的导热性能。为方便复杂形状零件的加工制作，材质上一般选用 Si-Cu 系的铝合金。四轮车中采用的汽缸盖以四行程发动机为主流，一般来说引进混合气体的进气孔、排放废气的排气孔及冷却用水套等的成型制作，都采用砂芯加工方式。

汽缸盖的典型制造工序如图 5-6 所示。

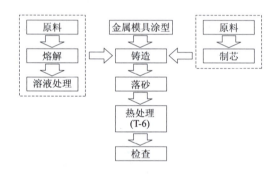

图 5-6　汽缸盖的典型制造工艺

1）砂芯造型。

砂芯造型主要采用混合树脂和砂粒的材料。水套砂芯由于水道复杂、精细的形状而要求高的净度。

一般增加树脂的混合量，可以提高砂芯的强度，但是，随着树脂混合量增加，容易产生气体，形成的铸造缺陷。

铸造完成后，需要从缸盖中清理出砂子，同时要考虑铸造后的崩坏性，因此正确确定树脂的混合比例很重要。

对于进入排气孔的砂芯来说，为了使混合气的进入和燃烧废气的排放顺畅地进行，对由铸造热引起的膨胀和铸造表面粗糙度有一定的要求。需要采用膨胀系数小，砂粒细的砂料。

2）金属铸造模具的涂型。

汽缸盖一般采用金属模具铸造，其模具多涂有涂型剂。

使用涂型剂，可提高模具本身的保温性能和浇注液的流动性，以及模具与铸件的分离性能等。一般情况下，铸件形状部分和浇道采用不同种类的涂型剂。

3）铸造。

因为汽缸盖对发动机本身的高输出、低燃料消费率的影响较大，所以需要采用附加价值较高的方法来加工，铸造方案也需要相应变化。

模具铸造方案一般采用GDC（重力金属型铸造法）和LPDC（低压力金属型铸造法）等。近几年，四轮车用汽缸盖向薄壁轻量化的方向发展，因此多采用LPDC。

(b) 汽缸盖加工：汽缸盖与汽缸体都是箱式薄壁零件，因此汽缸盖的加工也有平面的铣削加工以及相应的连接孔，螺纹加工等工序组成，最后完成力学性能部分加工（如气门周边部位，以及凸轮轴孔加工）。现在汽缸盖加工由于具有丰富的功能系统（可调配气相位、油压挺杆供油等），要求进行角度孔、小径长孔等的复杂且高精度的加工。

另外目前作为零件被采用的燃料喷射装置的喷射口的制作（喷射入口的加工），还有作为排气歧管等重要部件通过减少零件个数和轻量化提高燃烧利用率的关键措施，都是实现铸造一体化的成型制作。为此，以汽缸盖单个零件为对象增加了很多的工序（加工次数）。

但是增加工序，不单是增加设备就可以解决的，还需要采用组合刀具（钻镗组合刀具），复合形状刀具（综合形状刀具）等来简化加工方法，实现一次成型形状复杂的制品。不仅使用复合刀具，还需要加重切削，因此需要根据不同情况，选择切削条件才可以达到加工要求。

燃料室可称作是汽缸盖的心脏，而燃料室周围的加工方法是最有代表性的，也是最重要的加工过程，其主要特点是需要保证在常温或加热状态下，被压入汽缸盖的气门座圈的工作面精度以及气门、导向孔的同轴度等。

近年来，从不仅是汽油（无铅、有铅），还由于天然气、酒精等燃料的多样化、废气的净化等观点出发，考虑环保的相应措施，气门座切削加工的难度也在增加。

为使气门座和气门接触面紧密相连，用保证其宽度得以均匀一致分布的圆周加工的3把刀具分三段进行倒角加工（这个对气体流动也有影响），但是气门座的硬度、切削次序对加工精度和刀具寿命有很大的影响，因此在切削条件的确定和每日的管理工作（精度方面）要非常细心，作为日常的生产活动贯彻执行。

5.1.2 活塞

（1）概述。活塞因为承受燃烧产生的高压和高热，所以需要具有较高的热强度和热传导性能。另外，为了减少往复运动产生的惯性力，要求本身的质量要轻。因此，活塞除了大型柴油发动机等一部分利用铸铁制作外，皆采用铝合金材料制造，坯材的制造法有铸造方法（重力铸造法和压力铸造法）和锻造方法。

活塞由于温度分布不同引起的热变形、汽缸的烧蚀、发动机振动、燃油耗费等情况，因此需要综合考虑这些情况再确定其形状和尺寸精度，并需要很高的铸造和机械加工技术。

活塞的制造工艺示例如图5-7所示。另外从高精度、低成本、省力、与多品种少量加工相适应等方面考虑，制造工艺上也在不断进行着加工设备和加工技术的改革工作。

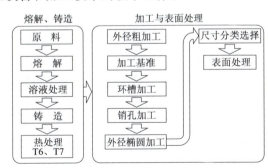

图5-7 活塞的制造工艺

以下按照顺序对汽油发动机用活塞的制造方法进行说明。

（2）材料。活塞用的材料主要采用 Al - Si 系合金，要求具有耐高温、耐摩擦、低成本等性能。因此，含有较多的 Si（硅）、Cu（铜）、Ni（镍），Mg（镁）元素，以获得高温强度高和耐磨损性能好的合金。也有采用为降低成本，除去 Ni 元素的合金材料。另一方面，近年来随着发动机性能的提高，燃烧室的温度也在增加，因此对活塞的耐热性要求也更高了，所以含大量 Ni（镍）元素的合金材料作为高负荷发动机用材料被广泛应用。

活塞一般使用的 JIS 标准中规定的铸造用铝合金材料的化学成分如表 5 - 1 所示。高性能和低成本为目标的合金材料虽然在 JIS 标准以外，但各个公司也在研究并将其投入实际应用，但是无论何种合金都需要重视高温强度、尺寸稳定性及切削性。

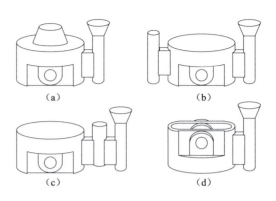

图 5 - 8　活塞典型铸造方案示例
(a) 带冒口单侧流道连接式；(b) 双侧流道连接式；
(c) 单侧流道连接式；(d) 反向单侧流向连接式

表 5 - 1　活塞采用的 JIS 标准中规定的铸造用
铝合金材料（含主要化学成分%）

	Si	Cu	Ni	Mg
AC8A	11.0 ~ 13.0	0.8 ~ 1.3	1.0 ~ 1.5	0.7 ~ 1.3
AC8B	8.5 ~ 10.5	2.0 ~ 4.0	0.10 ~ 1.0	0.50 ~ 1.5
AC8C	8.5 ~ 10.5	2.0 ~ 4.0	0.50 以下	0.50 ~ 1.5
AC9A	22 ~ 24	0.50 ~ 1.5	0.50 ~ 1.5	0.50 ~ 1.5
AC9B	18 ~ 20	0.50 ~ 1.5	0.50 ~ 1.5	0.50 ~ 1.5

竞赛用的两轮车多采用锻造加工的活塞制品，根据使用目的采用 4000 系列和 2000 系列的铝合金材料。

（3）铸造。热处理铝合金活塞以重力金属模具铸造法为主流方式。铸造方案有各种各样的形式，图 5 - 8 所示为典型的铸造方案。

重力铸造制品由于金属模具的急冷效果，促使金属组织细化，另外由于铸造空隙和酸化物的作用，空气的卷入等缺陷也少，所以具有力学性能高的优点。

对于高性能的发动机和耐高温高压的柴油发动机的活塞，为促进活塞冷却，也有在活塞顶部利用盐芯设置被称为冷却管路的油冷却空隙的情况。另外，作为高温、高压情况下的活塞环槽磨损对策，有时采用在 TOP 环槽部铸入耐蚀高镍铸铁和 FRM 制的耐磨环的方法。

热处理从强度、尺寸稳定性考虑多采用 T6 或是 T7 处理方式，但是压铸时采用 T5 处理方式。

（4）机械加工。活塞的加工可分为车削加工（粗加工外径尺寸）、镗削加工（油孔、销孔）、仿形加工和 NC 加工（外径精加工）三种。

在这些加工工序中，由于活塞轻量化引起的薄壁化，在使用夹具的夹紧操作时容易产生变形，所以需要注意加工顺序和夹紧操作方法。

加工设备为与活塞的高精度化和多品种小批量化相适应，采用了数控（NC）加工装置。主要工序如下所示。

(a) 销孔加工：对圆度、圆柱度、表面的粗糙度等有严格的精度要求。销孔精加工的镗削方法如图 5 - 9（a）所示。为了提高表面粗糙度，最后的精加工采用摩擦抛光钻孔和摩擦滚压加工。而且为了避免由于活塞销的弯曲变形导致应力集中现象，有时会把销孔顶部扩大几微米，加工成喇叭状。

(b) 活塞环槽加工：环槽的槽宽和深度，表面粗糙度，平行度及倒角，对发动机的油耗和漏气量有很大影响。因此需要提高加工精度，特别是近几年由于重视环境保护问题，对精度的要求也更高了。

4 冲程汽油发动机的活塞环槽一般是由两个压缩环槽，一个润滑油控制环槽，共计 3 个环槽构成。环槽加工中由与各个槽的宽度相同的刀刃切削。为了缩短加工时间,把三把刀刃设置成梳子状,同时加工的情况比较多,如图 5-9(b)所示。

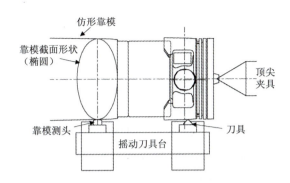

图 5-10　活塞外径(仿形)椭圆加工

椭圆量—100~500 μm;锥面轮廓量—50~200 μm

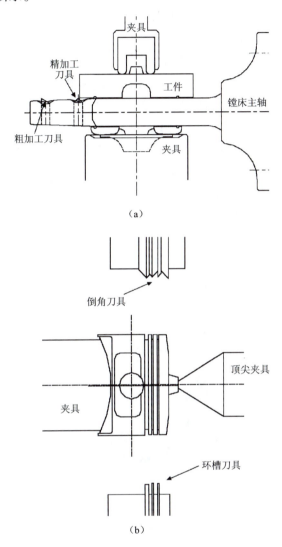

图 5-9　销孔及活塞环槽的加工

(a)销孔的最后加工工序;(b)活塞环槽加工

(c)外径加工:为了适应由于温度分布不同导致的热膨胀差,以及抵抗住侧向力,从套筒下端开始朝被置于高温高压下的顶部方向缩小直径(锥形面),同时把水平断面加工成椭圆形。这些加工都通过仿形凸轮(图 5-10)或由 NC 机床控制进行。每个发动机都设定了各自的活塞外圆周的锥形面尺寸要求和椭圆量,而且为了提高外圆周部分与汽缸相对运动时的耐磨损性能,采用了条痕加工方法。

(5)表面处理。由于发动机的输出功率高,有时需要对活塞顶部、环槽部实施硬质耐酸铝处理。而且,为了改善初期磨合性能和降低摩擦,也有对活塞外圆部采用镀锡或实施加有固体润滑材料的树脂表面涂层的实例。

为了发动机的轻量化和提高燃烧室周围的冷却性,虽然有高硅合金铝一体化的汽缸和铝制气缸套、铝 FRM 汽缸,但与这些汽缸相对应的活塞,近年来有不断增加实施活塞外圆镀铁处理的倾向。

5.1.3　连杆

与每辆车所需的其他零部件相比,连杆的需求量较多,因此为了大量生产,很多都是采用以生产效率高的专用设备为中心的机械和自动搬运组合的全自动生产方式。

加工工序中活塞销孔的固定有压入配合方式和全浮式等若干不同的方式。一般使用中碳钢时,热锻后进行淬火回火处理;非调质钢要进行空冷处理,使硬度达到 22~30HRC。另外,为了减少机械加工工序和加工余量也有一部分采用粉末冶金锻造材料,以及为了减轻重量也有一部分采用 FRM(纤维增强金属材料——Fiber Reinforced Metal)和 Ti 合金。

还有从环保要求考虑,正在替换掉含铅成分的材料,尽管其有利于快削。

(1)加工工序。采用热锻坯材的连杆的加工工序如下所示。

(a)大端(头)、小端(头)端面加工:使用旋转式平面磨床和双面平面磨床。旋转式平面磨床要有2个立式磨刀石轴头,在旋转工作台上安装工件,逐个侧面进行粗磨与精磨。双面平面磨床是工件配置在相反方向的2个横轴平面砂轮之间通过时,同时加工工件的两个端面。

(b) 小端孔加工:一般采用钻、铰加工,也有采用拉削加工,还有采用坯材锻造后用冲孔加工方式加工小端孔的工艺。

(c) 合盖面、端面、大端孔半圆部的加工:关于端面的加工虽然有时采用铣刀加工,但是还有立式平面拉削加工和横式连续拉削加工。立式平面拉削加工是指把工件固定,然后移动拉刀进行加工。每套加工时间大约是 30 s。

横式连续拉削机床是采用把拉刀固定,移动工件进行加工的方式。每套所需加工时间是 5 ~ 10 s,生产率较高。拉刀很多是使用硬质合金钢或高速钢制作,近年考虑环保要求,正在替换成含氯离子的切削油剂。

(d) 合盖面的精加工:多数情况下是采用旋转式平面磨床进行精加工。也有采用拉刀进行精加工的情况。

(e) 大端油孔加工。

(f) 螺栓孔、螺栓座、金属锁槽的加工:当通过连杆螺栓确定连杆体和盖的位置时,要求螺孔的尺寸及位置精度较高。孔加工一般分为钻孔、扩孔、铰孔3道工序。大多采用数个工件同时操作的直送型组合机床加工。

图 5 - 11 所示的是无螺母螺钉连接的连杆的情况,螺栓孔加工后,在连杆体上用丝锥攻出螺纹。用定位销和定位套定位时,需要增加螺纹孔的阶梯孔加工和定位销孔加工工序。

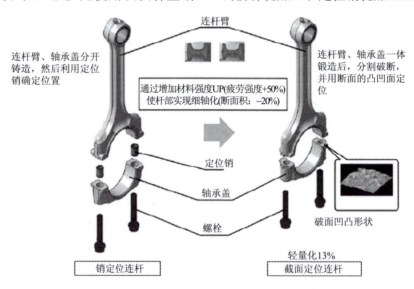

图 5 - 11 连杆形式比较

(g) 衬套压入装配:只有在活塞销采用浮动方式时使用。

(h) 盖装配:压入连杆螺栓后,拧紧螺母。如果是无螺母螺钉连接,利用连杆体的螺丝孔连接螺钉。螺母的紧固大多采用 AC 伺服螺母拧紧装置。另外,紧固方法大多是采用以前的转矩紧固法,但为了得到更稳固的紧固力,有采用塑性域紧固法的趋势。

(i) 大端、小端端面的精加工:精加工的目的是去除连杆体和盖装配后大端端面产生的高低不平及确保平面粗糙度。并且因为端面是精加工大小头孔时的基准面,所以确保大小头端面的平面粗糙度和平行度是很重要的。加工大多是使用双面磨床(立式、卧式)。

(j) 大小端孔的精镗加工:这项加工对大小端孔的孔径、孔的位置度、表面粗糙度、平行度、同轴度的精度都有要求。为了保证孔径的精度,镗孔后在线测量孔径,再把测量结果回馈到镗孔加工过程中,多采用自动刀具磨损补偿的加工方式。同时,为满足平行度、同轴度的要求,必须不倾斜地放置工件。

(k) 大小端孔的精研加工：压配合安装时，有时要进行小端孔的研磨加工。

(l) 质量、尺寸、区别：为了消除多缸发动机的各汽缸间质量不平衡现象，连杆成品的整体质量以每 2~3 g 程度分类并进行标注。而且，如果要求更高的平衡精度时，就需要采用平衡修正措施，使工件的整体质量和大小端的质量一定。检查尺寸时需要测量大小端的孔径、位置度、平行度、同轴度。对于大端的孔径，按照每 6 μm 区间进行分类和标注。

(2) 新技术。

(a) 粉末冶金锻造连杆：粉末冶金锻造是把金属粉末压缩成型，再加热，然后锻造的方法。图 5-12 中显示了与以前的热锻工艺比较，以及粉末冶金锻造制品的加工工序。粉末冶金锻造制品具有以下特点：① 坯材加工精度高；② 材料成品率好；③ 重量分配、重量控制容易；④ 具有熔解材料不能得到的性能等。在节省资源、节省能量方面也是一种很好的加工方法。

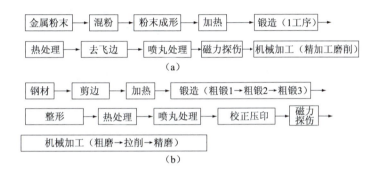

图 5-12 粉末冶金锻造连杆和热锻连杆的加工工艺比较
(a) 烧结锻造；(b) 加热锻造

粉末冶金锻造连杆与以前的热锻连杆比较，成本为 80%~90%。这是因为表 5-2 所示坯材加工精度高，可以省略粗磨工序和拉削工序，减少设备投资额。另外在制造耗能方面，只是热锻加工方式的一半左右。

表 5-2 坯材精度对比

尺寸精度（100 mm）/mm	±1.5	±0.2
拔模斜度/(°)	7	0
重量分散率/%	±3.5	±0.5
坯材成品率$\left(\frac{坯材重量}{原重量}\right)$/%	70	>99.5
制品成品率$\left(\frac{制品重量}{原重量}\right)$/%	45	80

(b) 钛合金连杆：钛合金连杆是用钛合金加热锻造成型的方法，这种方法制造出来的连杆具有以下特点：① 材料的比强度、比刚度好，可以大幅度的减轻工件重量（减轻 30%~40%）；② 热导率小，化学活性高，容易氧化，所以必须采取防止滑动面烧蚀的处理措施。由于钛合金的表面状态、内部组织、抵抗变形力和变形能力会随温度的变化而显著变化，所以加热、锻造时必须进行严格的温度控制。

在机械加工工艺中，特别是钻孔加工时，由于钛的热传导率小，产生的热量难以扩散，工具磨损严重，所以在选定合适的切削条件的同时，最好使用注油冷却钻孔。

(c) FRM 连杆：轻合金的基体，特别是需要强度的部分可以通过加压铸造法复合强化特殊纤维束。加工工序如图 5-13。比起钢制热锻连杆，在保证同等的强度和刚性的同时，可以大幅度的减轻工件重量（减轻 30%~40%）。已有铝基不锈钢纤维复合强化连杆量产化的实例。

(d) 破断连杆：因为连杆体和盖在一体锻造成型后需要进行分割加工操作，由分割面的凹凸形状确定连杆体和盖之间位置，有各种各样的分割方法，并可以实现连接的稳定性和轻量化。而且没有了以前的确定连杆和盖位置的加工工序，

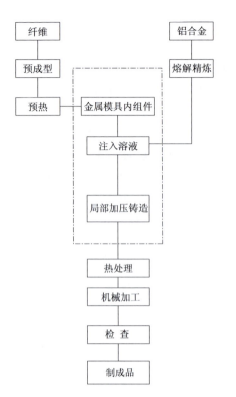

图 5 – 13　铝基 FRM 连杆的加工工艺

简化了加工工序（图 5 – 11）。

另外，为了成功进行分割破断，还增加了多种保证分割面的稳定和清洁的措施。

5.1.4　曲轴

（1）坯材。锻造曲轴的普通加工工序如图 5 – 14 所示。

作为粗成型工序，有变细轧制、压延、弯曲等方式，可单独或者组合使用。6 汽缸和 V 形发动机的曲轴，销和轴颈在同一平面上锻造，清除毛刺后，在扭转工序中进行扭曲的例子是很常见的。整形工序的目的是修正之前工序中产生的弯曲、扭曲、变形等，提高尺寸精度。为了降低成本，采用非调质钢，省略热处理工序的情况也在增加。

（2）粗加工。通常曲轴的粗加工工序如图 5 – 15 所示。

连杆颈部的加工大多是采用以前称作连杆颈车床的多刃车床，同时加工所有连杆颈部的方法。但现在为提高柔性加工能力，通过 NC 控制进行的铣削加工成为主流。这种加工方式是用铣刀挨个加工连杆颈部外径，对于半行程等的加工灵活性高，而且，如果与轴肩部加工同时进行可提高加工效率。油孔是小直径深孔加工的典型实例，有用长麻花钻阶段进给加工和深孔钻加工的两种方法，通常根据曲轴的材质和加工精度等选择加工方式。圆角轧制是为了增强销、轴颈角 R 部的疲劳强度而使用的加工方法。前一道工序加工角 R 部的槽入口，再在这个槽部进行滚轧机加压，增加表面压缩残留应力，使疲劳强度增强。

（3）精加工。一般曲轴的精加工工序如图 5 – 16 所示。

图 5 – 14　曲轴锻造工序流程

图 5 – 15　曲轴粗加工工序流程

图 5 – 16　曲轴的精加工工序流程

轴颈磨削通常是用同轴多砂轮装置同时加工曲轴的几个轴颈[1]。连杆颈的磨削使用的是被称为连杆颈磨床的特殊磨床来进行。有单个连杆颈加工的单砂轮式和同时加工同方向的 2 个连杆颈的双砂轮式两种。

磨削后为了增强疲劳强度、耐磨损性，有时要进行软氮化处理，但从保护环境的观点看，为减少废弃物，正在向 GSN 转化。除氮化处理外，为增强强度，也有采用在磨削前，通过对连杆的摩擦面销部和轴的主要部位轴颈部进行高频淬火，使表面硬化的措施。平衡修正是曲轴的重要加工工序之一，方法是利用测试装置进行动平衡测试，得出曲轴的不平衡方向和不平衡质量值，通过演算处理确定修正的方向和修正量，按照结果自动进行打孔，进行平衡修正[2]。为减小初始平衡量，有时采用在坯材的惯性中心处加工中心孔，并进行质量定心的措施[1]。超精加工是确保连杆颈、轴颈的表面粗糙度的工序，方式有用砂条的超精加工形式和利用砂带的缠绕磨削加工形式。在最后的加工工序中，要整体清洗螺丝孔和油孔，特别是为了彻底除去油孔内残留的切屑、异物，需要进行高压（10～20 MPa）清洗。

（4）质量保证。曲轴是高速旋转零件，质量要求严格。而且，充分掌握上述性能，然后确定工艺设计的设备和加工方法是很重要的。曲轴的一般要求质量指标，主要部位的代用特性值见表 5-3。

表 5-3　曲轴主要部位的精度要求

代用特性值		要求精度（标准值）	备注
销、轴径部位	直径公差范围	10～20 μm	根据金属选择的情况而不同
	圆度、圆柱度	2.5～5 μm	高精度时要求高
	表面粗糙度	0.4～0.8 μm	
轴径振动		30～50 μm TIR	
1/2 行程的公差范围		50～100 μm	在柴油发动机时的要求严格
不平衡量		5～20 gf·cm	高精度时要求高

（5）新加工法。这里介绍一下为提高质量、生产效率、成本、柔性加工等，不断发展和应用的新加工方法。其中一种是拉刀加工，有直线型和旋转型两类，可以完成连杆颈、轴颈部从氧化皮到倒角的一体化加工过程。而且，可以达到比车削、铣削加工更高的精度。还有为提高生产效率和设备运转效率而开发了使用 CBN（立方氮化硼）砂轮的连杆颈磨床。这种砂轮的更换频率是以往砂轮的 1/10[3]。有报告称一次 5 μm 的表面修整量可以磨削加工 1 000 个连杆颈。近几年由于 FMS（柔性制造系统）等的发展，开始关注设备柔性加工性能的提高。受此影响，在 NC 化发展方面落后于车床和多工序数控机床的磨床，也于 1984 年开始推进了实质性的 NC 化进程，1989 年开发了消振装置、打砂轮装置、位置计算装置都 NC 化了的 8 轴 NC 轴颈磨床。

(a) 曲轴磨削技术的最新动向：关于磨削工序，使用磨损小的 CBN 磨砂，并利用这个特点高速磨削技术（加工、修正刀具条件的确定，冷却剂供给方法的改进）被应用在批量生产中。磨削速度可以达到 80～150 m/s 的砂轮线速度。一般的 CBN 砂轮是以能够压制成型和修整的陶瓷形式为主流。

(b) 面向大量生产的技术：主轴—砂轮轴同时回转加工连杆颈的方法是在加工件旋转的同时，通过使砂轮轴工作台前后移动进行连杆颈的磨削加工。对于多汽缸曲轴的连杆颈，可通过调整位相差别，从而提高加工的柔性。利用 NC 机床的高性能，研制开发了具有两个砂轮工作台的设备，如图 5-17 所示。

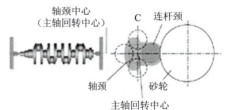

图 5-17　主轴—砂轮轴同时回转进行连杆颈的加工

(c) 面向少量生产的技术：轮廓加工磨削

方法是使窄幅的 CBN 砂轮高速旋转的同时绕加工件的轮廓移动的加工方法，因为可利用 1 个砂轮完成圆筒、端面、锥形等加工，所以通过少量生产时的工序集约过程，可以起到减少加工设备数量的作用。因为是仿形加工，所以注意掌握砂轮的角磨损情况并随时采取适当的修整措施，如图 5-18 所示。

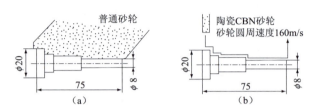

图 5-18 轮廓加工磨削[6]

（a）切入磨削（普通砂轮）；
（b）轮廓加工磨削（CBN 砂轮）

（6）环保有关措施。这里介绍一下曲轴加工中为减轻环境负荷而采取的措施。

适用于汽车曲轴的无铅易切削钢的实用化：在曲轴的用材中，为提高可加工性，添加了铅的易切削钢曾被广泛使用。从减轻环境负荷的观点看，减少铅的使用量成为研究课题。还有，从减少二氧化碳的低燃料消耗，到通过采用高强度材料寻求曲轴的轻量化的要求出发，为适应这些需求，在进行不减低易切削性、可以替代现有易切削钢的无铅高强度易切削钢开发的同时，在生产车间，通过工具开发和加工条件的最优化设计，在不损害工具寿命和切屑处理性能的前提下，谋求整体的无铅高强度用材化。

5.1.5 滑动轴承

发动机及变速器上使用的约半数的滑动轴承、衬套、止推垫片的材料，采用了图 5-19 所示的双金属制造法，即在钢基材料上烧制轴承合金材料，制成双金属材料。

而且，轴承合金可以按照无铅化等要求的各种用途进行选用。

这些双金属材料坯材可以按照图 5-20 所示形式进行机械加工。根据需要进行涂层，作为成品轴承出货。

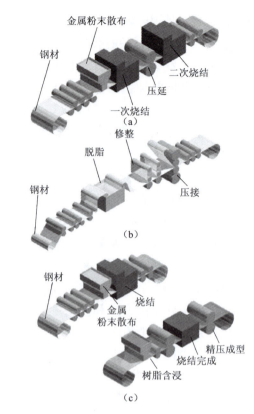

图 5-19 滑动轴承的双金属制造方法

（a）烧结工工艺；（b）压接工工艺；（c）含浸工工艺

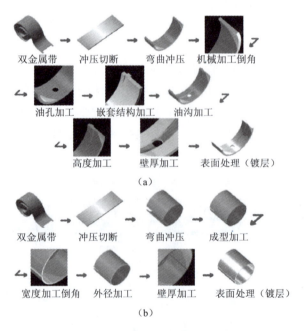

图 5-20 滑动轴承的机械加工例

（a）部分轴承加工工艺；（b）卷制衬套加工工艺

加工方式从切削方式发展成为压制成型，随着材料成品率的提高和发动机的小型轻量化的发展，轴承材料的高面压适应性能和多镗（Multiboring）等方式，节省能量的内径形状和冠面加工等初期磨合形式的制作等，包括加工方法、轴承材料、轴承表面形状等已经开发并实用化了。

5.1.6 凸轮轴

为了适应发动机的高输出能力、低燃料消耗需求，4阀形式的发动机结构成为主流。而且，可控气门行程的发动机结构的使用也在增加。

在上述背景下，引入了在凸轮轴增加凸轮挡块数量、提高耐磨损性能、适应轻量化的需求的生产方法。图5-21显示的是在汽油发动机上应用较多的铸造凸轮轴的制造工艺。

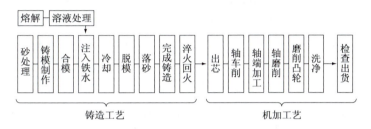

图5-21 球墨铸铁淬火凸轮轴的制造工艺

（1）坯材生产工艺。

（a）铸造凸轮轴：铸造凸轮轴形状自由度高，加之凸轮挡块的增加、通过中空化实现轻量化变得容易，此外，轿车到小型货车的发动机都广泛采用，是成本最低的生产方法。通过铸件拔芯的中空化铸造方法的简略说明如图5-22所示。作为制作工艺，一般采用砂型铸造法，但为了铸造出高精度的坯材，并考虑保护地球环境的因素，有时也采用金属模具铸造法。另外铸造凸轮轴根据采用的材料情况，可分为以下几种。

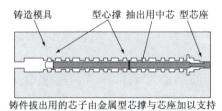

图5-22 通过铸件拔芯的中空化铸造方法

1）冷硬凸轮轴：在铸造模型的凸轮部位埋设冷模，铸造成型的同时，凸轮部可以获得耐磨损性高的冷硬组织。虽然铸造模型的造型有些复杂，但因为不需要进行表面处理，属于是低成本的生产方法，如图5-23所示。

2）球墨铸铁淬火凸轮轴（也称可锻铸铁）：这是经过球墨化处理的铁水用一般铸造方法铸造成型以后，对凸轮部进行淬火处理的生产方法。

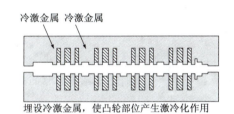

图5-23 冷硬凸轮轴的铸型的简略构造

特点是与冷硬凸轮轴相比具有更高的表面耐压性能。

3）铸钢凸轮轴：虽然比铸铁的铸造性差且成本高，但耐磨损性、耐面压性更好。

（b）锻造凸轮轴：凸轮轴负荷高的大型柴油机，一般采用锻钢坯材制造。锻造凸轮轴拥有良好的强韧性，但比起铸造法，坯材的加工余量较多，增加机械加工工序的工作量，同时工序中还必须进行凸轮部和轴颈部的表面硬化处理。

（c）套装式凸轮轴：各个部位单独加工，然后组装起来作为坯材使用。套架式凸轮轴的代表性结构如图5-24所示。套装式凸轮轴可以适应高性能化、轻量化的生产方法。其特点有以下4个。

1）各个部位可以选择不同的材质。

2）与铸造法相比，可以大幅减少加工工序。

3）通过部件的组合，可以适应多气门化、多品种化的需求。

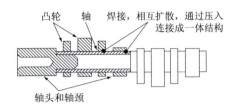

图 5-24 套装式凸轮轴的结构

4)通过中空轴方式可以大幅减轻制品重量。

套装式凸轮轴在汽车上的使用也正在增加,但如何控制原材料的成本成为以后的课题。套装式凸轮轴的生产工艺如下。

① 部件装配凸轮轴:轴颈部、凸轮部使用的是冷锻的制品,轴使用磨削的圆钢,然后采用把各部分焊接或者压配连接的一体化生产方法。不需要大型的锻造设备,坯材的精度也比较好,除去锻造剩余的粗加工工序可以限制到最小,可以由小型且生产率高的通用设备组成。

② 粉末冶金制作凸轮轴:轴颈部、凸轮部使用烧结成型的材料,轴使用钢管,然后把各部分采用扩张连接或者压配连接的一体化生产方法。这种方法通过把轴制造成管状来减轻重量。而且凸轮部使用烧结材料有很好的耐磨损性,当增加凸轮挡块数时,可以适应减薄宽度、高面压化的需求。

(2)表面硬化方法。凸轮部的表面硬化方法如下所述。

(a)冷激化:在铸造模子的凸轮部位埋设金属冷模具,在产品铸造成型的同时,使凸轮部析出耐磨损性高的渗碳体。

(b)淬火:给坯材的凸轮部表面和粗加工后的表面加热,并迅速冷却,得到高硬度的马氏体组织。加热手段有高频感应、火焰、激光、超声波等,但是利用高频感应进行淬火的方法使用广泛。

(c)氮化处理:把加工后的凸轮轴在氨气或氰酸盐液中加热,使其形成化合物层和氮扩散层,改善耐磨损性和耐疲劳性能。

(d)再熔处理:这是采用等离子体等加热方式,仅使凸轮的表面产生瞬间熔解,使合金熔入的硬化方法。再经过冷激凸轮轴的处理方式,可进一步改善制品的耐磨损性能。

(3)凸轮轮廓加工。以前的凸轮轮廓加工,是通过标准凸轮控制磨削工作台运动,进行仿形磨削加工的。现在通过 NC 控制,使砂轮工作台在凸轮旋转同时,进行磨削的 NC 凸轮磨削成为主流。近年来随着发动机的高性能化,要求有各种各样的轮廓和高精度,因此一般都使用机械误差修正和轮廓数据输入比较容易的 CNC 凸轮磨床。

5.1.7 发动机气门

为解决发动机的高输出功率化、低燃料消耗化,DOHC-4 气门的发动机构造成为主流,并且从 4 汽缸发展到 6、8 汽缸,所谓发动机的多汽缸化也在不断发展。

从生产方面来看这些趋势,每辆汽车的气门的使用数量达到 2 倍以上,随着提高生产率以及高输出功率化的要求,吸/排气门的疲劳强度、热负荷都增加了,因此也需要不断提高材料强度。

典型的汽油发动机用气门的制造工艺如图 5-25 所示,气门的形状、各部分的名称如图 5-26 所示。

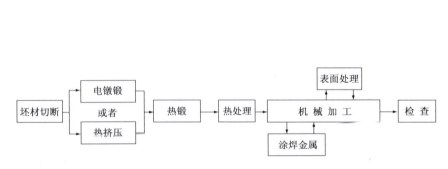

图 5-25 典型的汽油发动机用气门的制造工艺流程图

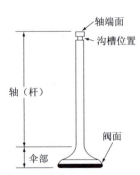

图 5-26 气门的形状

现在，以更高的输出功率，更低的燃料消耗为目标，正在研究气门的进一步轻量化技术。封入钠的中空气门、钛气门、陶瓷气门等，一部分已经实用化，或者在汽车比赛中应用，生产技术的研究也进入了迅速发展的阶段。

以下对一般的 DOHC-4 气门发动机用气门的制造方法要点进行说明。

（1）材料。汽油发动机典型的进排气门使用材料如表 5-4 所示。

（2）锻造。气门形状的特点是在细长的轴头有很大的圆板。通过热锻可以得到伞形头的形状，但是为得到预成品形状（通常称为葱头形状），可采用的方法有电加压方法和热挤压方法两种。这两种方法各有长处和不足，各公司可以根据实际情况选择使用，如表 5-5 所示。

表 5-4 进排气门使用材料及高温拉伸强度　　　　　　　　　　　　　　　　%

材料		标准	C	Si	Mn	P	S	Ni	Cr	Mo	N
进气门	SUH 3	上限	0.45	2.5	0.6	0.03	0.03	—	12	1.3	—
		下限	0.35	1.8	0	0	0	—	10	0.7	—
	SHU 11	上限	0.55	2.0	0.6	0.03	0.03	—	9.5	—	—
		下限	0.45	1.0	0	0	0	—	7.5	—	—
排气门	SUH 35	上限	0.58	0.35	10	0.04	0.03	4.50	22	—	0.50
		下限	0.48	0	8	0	0	3.25	20	—	0.35

高温拉伸强度图

表 5-5 锻造方法的对比

比较事项/加工方法		电墩粗法	热挤出法	冷挤出法
工序概况		切断 电墩粗法 热锻	切断 热挤出法 热锻	卷材 冷挤出法 热锻
比较事项	锻造品精度	◎	△	◎
	坯材成本	△	○	○
	材质自由度	△	◎	△
	能量效率	○	○	○
	自动化	△	○	○
	设备费	○	△	△

注：◎：优点大；○：有优点；△：不足。

另外，为提高生产效率，一部分制品热压出伞形头后，再连接上挺杆部，虽然只限于吸气气门的制造方法，但通过冷挤压制作出葱头形状的方法也在应用。

（3）表面处理。气门杆虽然应用时有气门导套引导运动，但为了防止黏着、减轻摩擦力、提高耐磨损性，需要进行软氮化处理。处理条件等见表 5-6。作为环保措施，正在研究开发替换软氮化处理方式的热处理方法。

（4）机械加工。因为用于气门的耐热钢是难切削材料，所以磨削方法是主要的加工方式。

气门的常用机械加工工艺如表 5-7 所示。

表 5-6 各种表面处理条件

种类/条件	处理材料	温度	时间	硬化层厚度	适用
扩散渗氮处理	氰基酸盐液	600 ℃左右	30 min	20~30 μm（前后）	吸、排气阀都可用
气体软氮化处理	气体氛围	600 ℃左右	3 h	20~30 μm（前后）	仅吸气阀用

表 5-7 机械加工工艺的基本情况

工序	粗磨轴	锥部位车削	销部槽磨削	精磨轴	表面处理	轴端面磨削	配合面磨削
工艺简介	砂轮／调节辊／箭头是转动方向	刀具／弹簧夹头	工件驱动用辊／砂轮／调节辊	与粗磨轴加工方法相同	（省略）	工件驱动用砂轮／阀轴端部	砂轮／弹簧夹头
设备名称工具材质切削速度切削液	无心磨床（砂轮）WA80K（圆周线速度）2 700 m/min 水溶性磨削液	自动车床（超硬工具）TH10（圆周线速度）90 m/min 水溶性磨削液	无心磨床（砂轮）WA80K（圆周线速度）2 700 m/min 油性磨削液			专用磨床（砂轮）GC150H（圆周线速度）2 100 m/min 水溶性磨削液	圆柱磨床（砂轮）A100R（圆周线速度）2 700 m/min 油性磨削液

一般来说机械加工的加工速度慢，需要大量机械，因此最近倾向于采用如图 5-27 所示的技术，同时磨削气门阀接触表面和气门杆部，或者同时磨削两个气门件的高效率加工方法也已经实用化。通过采用高速砂轮和高转速工作，磨削方法也达到了高效率。

（5）检查。清洗完成制造的气门，检查气门阀接触表面的气密性，除了尺寸、外观检查外，还要检查硬度、气门间隙等。

5.1.8 燃料供给装置

对汽车用汽油发动机的化油器及燃料喷射气门的生产技术进行说明。

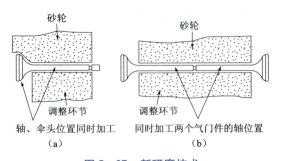

图 5-27 新研磨技术

(a) 复合加工；(b) 同时加工

（1）化油器。介绍一下喷射式化油器的加工法和化油器的精密空气燃料比率的测量法。

喷射式系统中具有代表性的，即规定了主燃料系统流量的主喷射器的加工方法如图 5-28 所示。

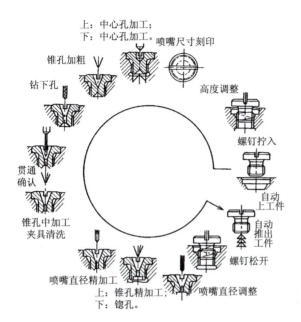

图 5-28 采用回转式专用机床的加工工艺

一般情况下,这一类部件燃料计量部位的孔径公差约为 ±0.003 mm,而且是表面粗糙度为 3.2Z 程度的高精度部件。因为需要多道加工工序,所以使用图 5-29 所示的加工效率好的回转式专用机床。

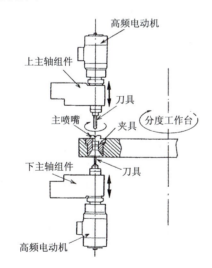

图 5-29 回转式专用机床的结构示意图

制造完了的喷气式化油器的精度,用气动测微仪和已知燃料流量的标准喷射式化油器进行比较试验确认。

化油器的空气燃料比率的测量是用基于音速喷管理论[7]的空气流量测量系统,和具有使用流出孔的燃料流量测量系统的试验台来进行测试。

空气流量和燃料流量都是通过质量流量求出,两者的比就是空气燃料比率。

化油器试验台的结构如图 5-30 所示。

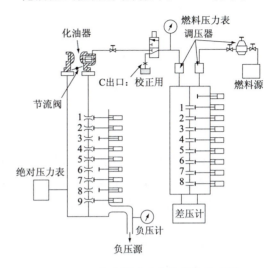

图 5-30 化油器试验台的结构示意图

音速喷管是用保证了测量器精度的美国 NBS 标准喷管,小孔根据实际流量进行校正。

(2) 燃料喷射阀。燃料喷射阀(简称喷油器)的系列制造工艺如图 5-31 所示。

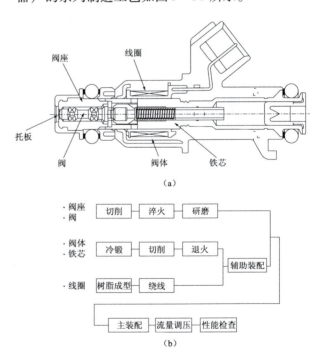

图 5-31 喷油器的制造工艺流程

在图 5-32 中,阀及底座的功能是必须在阀门关闭时完全隔断燃料,阀开启时按规定的燃料流量放出燃料。

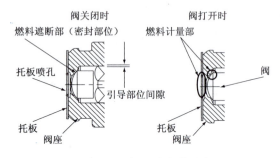

图 5-32 阀及底座的功能

因此，为确保燃料的隔断机能，以下因素是非常重要的：确保阀及底座的密封处的圆度、表面粗糙度，以及阀与底座之间的导向部分的间隙要求，密封处的同轴度；还有，燃料的计量机能需要确保金属板的喷口径，阀密封处的直径，升程量，这也是很重要的。

下面说明喷油器的重要部件底座、阀的加工方法。

阀的密封部位是圆锥与圆筒的交叉顶部，用精度更高的磨削加工技术确保这部分的圆度。

由于着眼于轴承等零件中使用的钢球具有非常好的圆度，也可以制作出如图 5-33 所示的圆形气门的喷油器。

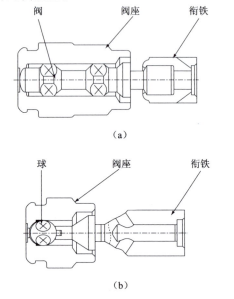

图 5-33 一体阀和球阀式的阀分总成的结构比较
(a) 一体阀式；(b) 球阀式

另外，在图 5-34 中，底座可以采用同时磨削包含密封处的底座面和引导阀运转的引导面的，采用一次装夹可以磨削加工的 2 轴内面磨削机床来保证同轴度要求。

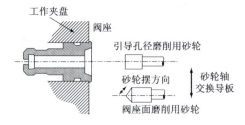

图 5-34 利用两轴内表面磨床进行阀座加工的方法

底座和阀的直径方向的间隙，可以通过测量底座引导部位的直径，来选择阀导杆的直径，或通过配合磨削方式，确保直径方向的间隙要求。

阀升程的加工如图 5-35 所示，采用配合磨削方式，消除 2 个部件的合成误差。

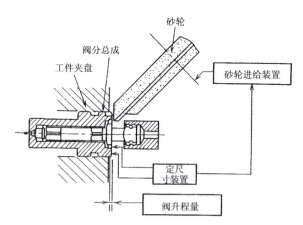

图 5-35 阀升程的配合磨削方法示意图

喷射燃料的雾化促进技术从以前的针式雾化方式，发展到目前的以在喷油器的最前端设有微小喷孔的多孔式金属板形式成为主流。

金属板上的微小喷孔是冲压形成的，然后需要按规定流量进行流量测试。

制作完成的喷油器有动态流量测试和静态流量测试的燃料流量测试指标。

动态燃料流量调整，是在与发动机的低旋转域相当的状态下使阀门动作，如图 5-36 所示，通过调整弹簧达到规定的流量。测量燃料流量装置一般使用图 5-37 所示的容积式流量计。

第5章 零部件、总成

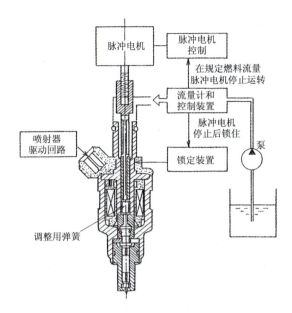

图 5-36 动态燃料流量调整方法的示意图

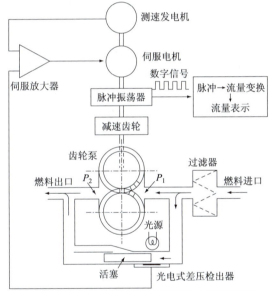

图 5-37 容积式流量计的示意图

静态燃料流量调整是在保持阀门处于开启状态的情况下，用前面说明的相同的容积式流量计测量流量。

用于测量燃料流量的流体使用校正用燃料，并严格控制燃料的温度、黏度、比重等参数。

因为喷油器各个零部件都需要非常高的制作精度，所以伴随着加工的高精度化需求，必须提高测试能力，以及细心地注意避免灰尘的附着及混入。

5.1.9 进气、排气歧管

（1）概要。为适应发动机的高输出功率化、减少废气排放，减少燃料消耗，实现轻量化等要求，进气、排气系统的部件经常是随着每次型号有变化就要进行大幅度地变更设计。因此，在这些部件的工艺设计中，必须考虑到能迅速灵活地适应部件形状和材质的变更。

（2）进气歧管。典型样式的铝合金铸件进气歧管的制造工艺如图 5-38 所示。考虑到热处理特性要求和成本等问题，热处理方法采用 T4 或 T6 等方式。

（a）坯材：铝合金制进气歧管的制作方法主要是重力模具铸造法，但因为其形状复杂且为薄壁零件，所以需要很高的铸造技术。

近年来，为了达到更高的薄壁轻量化要求，所以运用 CAE 技术进行了熔液的凝固分析、流动分析，有时还采用通过模具内的减压和非活性气体置换等方法铸造。

进气歧管的端口形状复杂，且要求一定的表面粗糙度，铝合金铸件采用壳芯形成端口形状。另外因为还有像 EGR 那样细的端口，所以必须仔细检查这部分的砂残留和端口折断造成的堵塞。

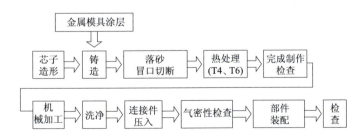

图 5-38 铝合金铸件进气歧管的制造工艺流程图

近年来可以实现轻量化和简化机械加工的尼龙等树脂制和镁合金压铸的进气歧管呈现不断增长的趋势，但是这些制作方法不仅需要考虑材料的特性、质量、成本，还需要综合判断制造的全球化、循环利用等问题后，再确定应用。

（b）机械加工：每次模型变化都要大幅更改设计，而且每种车的进气歧管形状都有很大的不同，因此必须解决多品种小批量生产问题。用专用设备解决很困难，因此以加工中心和 NC 多头机为主要设备，来提高加工通用性的生产线。

（3）排气歧管。

（a）加工工艺。

1）铸铁制排气歧管：加工工序与铝合金制进气歧管的工艺相同，但有时排气歧管还要附加涡轮增压器等辅机，为了防止机能不良有时还要追加去除内部毛刺的液体研磨工序。

2）不锈钢排气歧管：为了减轻重量和提高排气性能而采用的不锈钢排气歧管的加工工艺大致如图 5-39 所示。

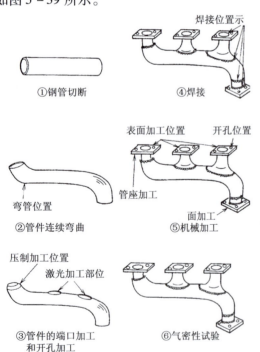

图 5-39　钢管制排气歧管的工序

① 管子（不锈钢）的切断。

② 管子的连续弯曲（各端口形状的加工）。

③ 管子的端口加工（压轧加工）及开孔加工（激光加工）。

④ 各管子（端口）的焊接。

⑤ 各凸缘（汽缸盖安装面、正面管安装面）的机械加工。

⑥ 泄漏测试。

在工序设计上需要注意的是连续弯曲工序中要充分考虑到管子可能的破裂，厚度不均匀等问题，有必要设定管子挤压压力和弯曲速度。

另外，关于管子的焊接，充分考虑到熔解量及裂缝等，有必要设定管子材质（碳量等）和焊接条件。

（b）质量保证：为保证没有排气泄漏和各个部件的安装位置精度，需要进行下列检查工作。

① 汽缸盖安装面的位置、平面度。

② O_2 传感器等各个传感器安装孔的位置、深度及密封形状。

③ 正面管的安装平面的位置和平面度。

④ EGR 管等的安装孔的位置和密封面形状等。

（c）其他：随着发动机的高输出功率化，耐热性要求也在提高，所以在排气歧管上高硅合金铸铁、耐腐蚀高镍铸铁等难切削材料的应用增加了。针对这些难切削材料的加工，为确保表面精度、刀具寿命，必须选择最优的刀具材料以及最适合的切削条件。

5.1.10　催化剂转换器

（1）概述。使用了多孔陶瓷载体的催化剂转换器的构造示例如图 5-40 所示。

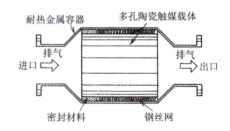

图 5-40　催化剂转换器（多孔陶瓷载体）

催化剂转换器是在多孔陶瓷载体或金属多孔载体的单元表面上，覆盖上比表面积大得多的一层矾土，里面含有白金、钯、铑等贵金属触媒成分，再将其放进耐热金属容器里，安装到发动机的排气系统上使用。

金属多孔载体使用厚度为 50 μm 的耐热性不锈钢箔，有低压损（高输出功率），不需要皮膜保护材料，但另一方面因为成本高，所以根据应用目的与多孔陶瓷载体分别考虑。

（2）制造工艺。使用了多孔陶瓷载体的触媒转换器的制作流程图如图 5-41 所示。触媒转换器的制造工艺可分为以下三道工序。

（a）多孔化工序：多孔陶瓷载体是用混炼的滑石、高岭土、矾土等陶瓷原料，挤压成型并烧制成具有薄壁单元板的多空隙材料。金属多孔载体交互配置薄平板和波纹板，卷成波形管形（图 5-42）。

图 5-42 金属多孔载体的结构

（b）催化工序：为提高与排气的反应性，在多孔载体的壁面上分散吸附着贵金属等催化剂物质。

（c）转换器化工序：这是为确保无排气泄漏及耐久性，而把多孔催化剂载体装入耐热性容器内的工序，有从容器的单端侧面插入的压入方式和夹入三明治状的蛤壳型抓斗方式两种。

金属多孔载体的另外一种加工工序是在多孔成型后，装入耐热性容器，然后再加入催化剂进行处理，并连接圆锥及凸缘部分。

5.1.11 增压器

（1）超级增压器（机械增压器）。超级增压器有 8 环式、螺旋式、叶片式等几种形式，每种形式都是由包含了旋转叶轮、轴承和流道的机箱组成，在这里以图 5-43 所示的叶片式为例进行说明。

（a）转子：转子多采用铝合金材料，坯材是采用低压铸造法和压铸法制造的。为改善响应特性而制作成复杂的形状，还有的将转子做成中空形式来减少惯性的实例[8]。转子表面一般要涂上氟表面涂层。之所以需要表面涂层，是因为通过

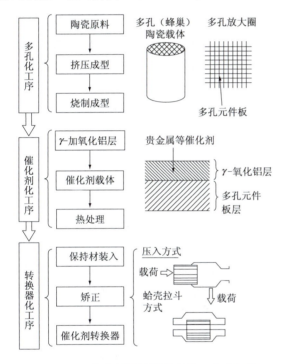

图 5-41 催化剂转换器的制作工艺流程图
（多孔陶瓷载体）

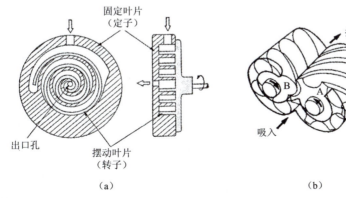
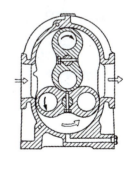

图 5-43 超级增压器的形式对比
（a）叶片式；（b）螺旋式；（c）8 字环式

减小空隙可以提高压缩机的容积效率，还可以避免高速回转体间金属的接触（图5-44）。

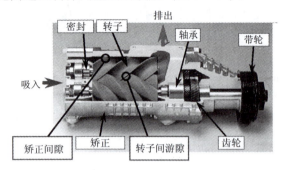

图5-44 超级增压器的结构

从提高表面涂层后的外围型面精度的观点看来，应该使用射出成型法进行表面涂层，或是涂层后对外周实施机械加工等操作。

（b）其他：前面讲过为提高间隙精度，在产品装配状态，转子的旋转相位和定位精度是很重要的，为提高各部件的精度和装配精度，各公司在制造方面积累了各种各样的方法。举个例子，设置定时齿轮，采用通过转子间的间隙缩小齿轮游隙，在安装齿轮时，确保转子间具有不互相接触间隙的方法等。

（2）涡轮增压器：涡轮增压器由压缩空气的压气机、从排气中回收热能量的涡轮机、把压气机和涡轮机连接在一个轴上并支撑它们的轴承系统组成。各部分采用的材料和制造方法说明如下（图5-45）。

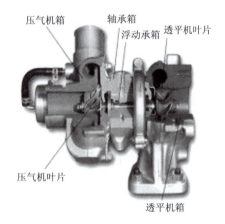

图5-45 涡轮增压器结构

（a）压气机：压气机由用旋转能量压缩空气的叶轮和恢复增速空气的压力，以及作为前/后流道的配管连接部位的机箱构成。压气机一般是在200℃以下使用，因此叶轮、机箱都适合用铝合金材料铸件。但是近年来随着高压力比化的发展，高强度材料的开发也在相应推进。叶轮的制造方法采用了精密铸造方法之一的形状自由度高的橡胶铸模法。这是因为叶轮是三维的，结构复杂而且是薄片形状的。机箱采用压力铸造方式或重力铸造方式制成。虽然压力铸造方式需要模具，但大量生产时有成本优势，表面粗糙度好，形状精度也高，能减少加工成本。另一方面，重力铸造方式与压力铸造方式相比机械加工部分增多，但不需要高价的模具，所以少量生产时可以控制成本，而且还具有压力铸造方式不能制作的类似齿根根切形状，可以一体成型制作的优点。

（b）涡轮机：涡轮机是由把排气的能量转化成旋转能量的叶轮，和把排气引导到叶轮且作为前/后流道配管连接处的机箱构成。近年来还发现汽油发动机的排气温度在涡轮机的入口处超过1 000℃。为了使叶轮在这种高温和高应力下的能够使用，采用了镍耐热合金。为确保薄片形状的精度，叶轮的制造方法采用了熔模铸造法（失蜡法）。叶轮的惯性力矩对发动机有很大影响，因此各公司都在开发密度低的叶轮材料，近年来量产适用的Ti-Al材料就是其中的例子。为避免机箱由于热应力导致的龟裂，需要用线膨胀系数小，而且有耐氧化性能和支撑结构重量的高温强度的材料。排气温度在900℃前后时使用高硅可锻铸铁和耐蚀高镍铸铁，超过950℃时使用铸钢材料。制造方法适用壳模铸法或冷芯盒法，可以控制性能复杂的气流路（滚动）形状的变动。

（c）轴承系统：涡轮增压器的转子的工作转数是每分钟10万转以上，直径小的转子达到每分钟20万转以上。为了使转子能稳定旋转，采用浮动轴承，在金属中添加LBC材料等。近年来减少环境负荷物质的活动不断开展，无铅材料的研究也蓬勃发展。另外轴承箱承受着涡轮机发出的热量，同时还要支撑轴承，还要具有冷却和润滑的机能。因此采用铸铁材料，对于需要水冷封套那样复杂的内部形状时，可以利用壳芯配合制成。

5.1.12 蓄电池

(1) 概述。汽车的启动用电池大多采用铅蓄电池。汽车用电池与其他的电器产品不同,它的作用(充放电反应)因为是电化学反应产生的,所以容易受到环境温度、汽车的行车环境、电器产品的设定条件等的影响。因此需要注意操作和维修。

(2) 构成。汽车用电池由以下零部件构成:① 极群:正极板、负极板、隔离板、连接带(极板连接处及电池间连接处);② 周边部件:盖、终端、液口栓、电解液等。

把极群插入电槽,极群与电槽间连接处连接上后,用封口用树脂或者焊接把电槽和盖连接起来制成电池。电池构成示例如图 5-46 所示。

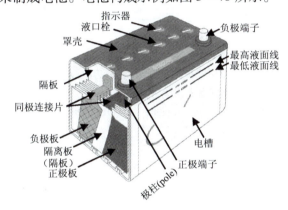

图 5-46 汽车用蓄电池的结构(省略了电解液)

(a) 正极板和负极板:在铅及铅氧化物的粉末里加入稀硫酸搅拌而成的膏状物,填入铅钙及锡合金或铅锑合金制成的格子里,制作成极板。

格子的制造一般用梳形模具的重力铸造法和延展铅的加工方法。连续铸造法也实用化了。

一般轿车用的电池大多是把由铅钙及锡合金构成的铅块经过延展加工制成格子板(板栅)。

另外,载重车、公共汽车、出租等专用车的电池大多是把铅锑合金构成的铸造板栅作为正极板使用。

板栅的形状实例如图 5-47 所示。

(b) 隔板:蓄电池使用的是把合成树脂、硅石粉、油搅拌成的片状物加工成的袋状的袋式隔离板或者是以聚乙烯为主要材料用抄纸法制造成

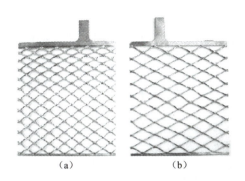

图 5-47 板栅的形状
(a) 正极扩展板栅;(b) 负极扩展板栅

的平状隔离板。

隔离板根据用途区别使用,一般的乘用车的电池用袋式隔离板,卡车、公共汽车、出租车等专用车的电池多是用平状隔离板。

(c) 电池槽和盖:电池槽和盖的材质主要使用耐热性、耐冲击性好的 EPP 树脂(在 PP 上共聚 PE)。

(d) 电解液:电解液采用精制稀硫酸。一般,汽车用电池在完全充电时的比重是 1.28(20 ℃时)。

(3) 制造工艺。典型的汽车用蓄电池的制造工艺如图 5-48 所示。

汽车用电池的制造工艺是由铅块的熔解、铅粉及格子的制造、正负极糊状物的搅拌与填充、电池组装时的供给与加工、硫酸的调和及定量注液、充电等工序组成。

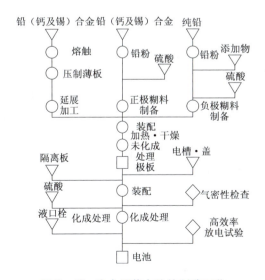

图 5-48 汽车用蓄电池的制造工艺

各道工序中还包含检查工序,随着机械化、自动化加工的发展,产品质量稳定,同时还要保证在干净的环境中制造。

5.1.13 充电装置

充电装置(交流发电机),如图5-49所示。它以交流发电机为主体,并包括把交流转化成直流的整流器,保持电压稳定的电压调节器以及驱动滑轮等。

不断得到改良。定子线圈的高密度化技术如图5-50所示;制造自动化技术中的铁芯加工示例如图5-51所示;磁极的加工示例如图5-52所示。

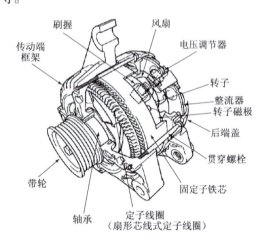

图5-49 充电装置的组成结构

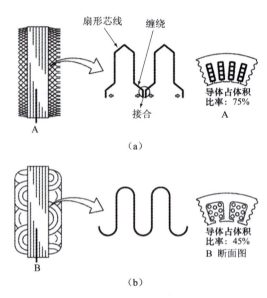

图5-50 整流子片芯线方式和以往的绕线方式定子的比较

(a)整流子片芯线方式;(b)以往的绕线方式

(1)加工工序。为适应发动机的高输出功率化、高速化发展进程,转子平衡技术、转子磁极(Rotor Pole Core,转子轴芯)制造的自动化技术、为适应交流发电机输出功率增大的定片线圈的高密度化技术、定片铁芯制造的自动化技术等

图5-51 定子铁芯的加工例

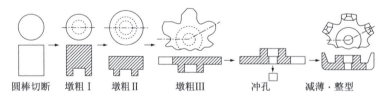

图5-52 磁极的加工例

(2)组装工序。传动端作为局部装配,在其上安装尾部端盖,完成装配工作。为提高组装自动化程度,正在努力改良装夹工具和引进机器人(图5-53)。

(3)检查试验工序。检查试验工序分为零部件阶段和组装阶段,还分为尺寸、形状的检查工序和有关电气的试验工序。检查试验工序为实现ZD(零缺陷)思想,在生产线上进行全体产品检查取代抽查成为主流。对于电磁噪声也用电子式分析器进行全体产品检查。

5.1.14 火花塞

(1)概述。火花塞是通过火花放电点燃压缩混合气体的一种装置,如图5-54所示。火花塞

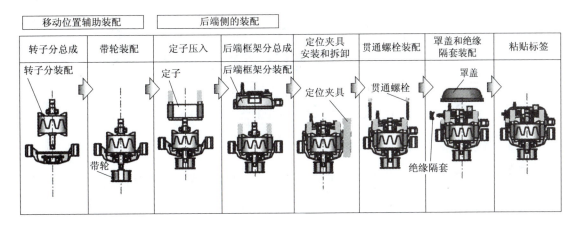

图 5-53 装配工艺图例

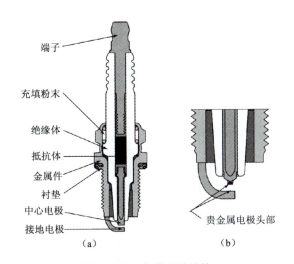

图 5-54 火花塞的结构

(a) 镍电极型；(b) 贵金属电极型（点火部位扩大）

由保持高电压的绝缘体、放电器、在燃烧室安装用的金属部件等组成。通常为防止电波噪声的产生，汽车用火花塞里面安装了数千欧的电阻器。近年来为延长使用寿命，提高点火性能，有时采用把纤细的贵金属薄片熔接到电极上的制作方式。

（2）制造工艺。火花塞的制造工艺如图 5-55 所示。绝缘体是拥有高绝缘性和耐热耐腐蚀性能的，以氧化铝为基础材料的陶瓷，把氧化铝粉用静水压压制（CIP）成型，然后用砂轮磨削，再在 1 600 ℃ 程度的温度下烧制。中心电极是用热传导性好的铜做心材，用耐热耐氧化性好的镍合金作为外层材料，制成 2 层结构，再通过冷挤压制作成型。绝缘体和中心电极及终端用加了炭精棒粉的抗压材料，和加入金属粉的导电玻璃在高温下密封。金属部件是把低碳钢冷锻，切削加工之后，焊接上镍合金的接地电极。然后，经过轧制螺纹加工后，为了能够耐腐蚀，进行镀锌和镀镍的处理。

密封中心电极的绝缘体和金属部件，为了保证密封性，利用冷铆接或者热铆接连接。连接后，弯制接地电极，并把电极间的放电器按规定尺寸成型，安上垫圈，完成安装。

5.1.15 散热器

（1）概述。对于汽车的低燃料消费、高性能化要求，散热器也在谋求通过小型、薄壁、简单化及树脂化来提高轻量化和放热性能。其变化过程如图 5-56 所示。

散热系统是由进行热交换的散热器，把外面的空气强制送进的冷却风扇，储存冷却水的储存箱构成的。

散热器根据中心部使用材质的种类，可分为铜制散热器和铝制散热器。

散热器上使用的金属材料要富有延展性，弯曲等的冷加工、焊锡、钎焊，焊接容易，热传导好，这些性能是很重要的。满足这些条件的材料主要是铜和铜合金，但随着技术的进步，近年的汽车用散热器的主材料变成了铝。以前的铜制散热器使用焊锡，焊锡的成分铅是一种可能会给人体和生态造成负担的物质，因此全世界都在减少它的使用。

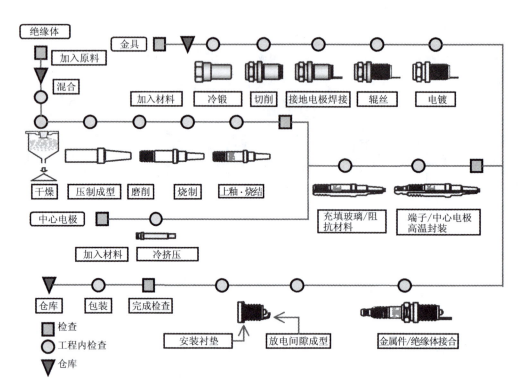

图 5-55　火花塞的制造工艺/质量管理（JIS B 8031）

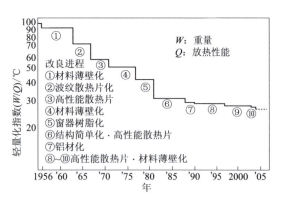

图 5-56　散热器的改良发展进程

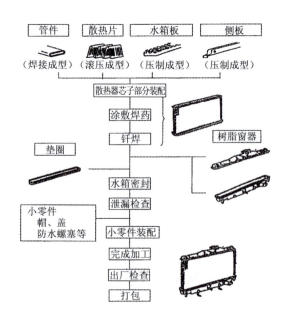

图 5-57　铝制散热器的制造工艺

（2）散热器的制造工艺。铝制散热器的制造工艺如图 5-57 所示。图 5-58 所示为构成部件。在散热管截面是扁平型的情况时，熔接方式是主流，但是也有使用圆管和把圆管加工成椭圆形管再使用的。图 5-59 表示的是管加工的实例。散热管制作通常如图 5-59 所示，利用卷材，经过圆筒成型、高频焊接、焊缝切削、扁平成型，然后按需要的长度切断制成。

散热片的加工如图 5-60 所示，利用上下一对齿形滚轮高速压成波形，同时进行左右工作性能的开刃加工（百叶窗加工）。

为了使散热片等这些铝制部件容易钎焊，在铝合金制成的芯材的一侧或两侧作为表皮材料，利用压延硬钎焊料，覆盖形成包层应用（图 5-61）。

把散热片、散热管互相组合的中心部分的结构部件投入到加热炉里，使炉子中心的温度上

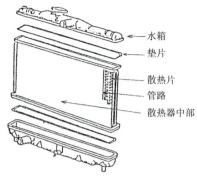

图 5-58 散热器的结构

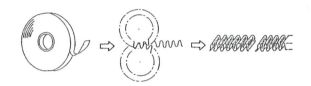

图 5-59 焊接方式的散热管的加工

图 5-60 冷硬凸轮轴的铸造模型的简略构造

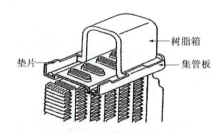

图 5-61 包层材料示意图

升到 600 ℃ 左右,散热片、散热管上比芯材熔点低的硬钎焊料熔解,并把各部件连接在一起。

被熔焊钎的铝芯子和树脂槽的连接如图 5-62 所示,把垫片安装到集管板与树脂槽之间后,把集管板的两端铆接组装起来。

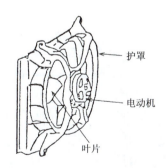

图 5-62 树脂槽的铆接部位

铆接完成后检查芯子、槽部是否有泄漏。泄漏检查是通过在散热器内封入被压缩的气体的方式进行,但除了把测试用散热器浸入水槽检查的方法以外,还有通过比较标准散热器和测试散热器之间的气压差检查的方法,以及往测试用散热器里封入 He（氦）气,然后测出泄漏气体的方法。

最后根据车辆外观上的要求,需要涂装时,涂装干燥后,再进行第二次泄漏检查,合格后完成散热器的制造。

(3) 铝制散热器的硬钎焊。硬钎焊的方法有图 5-63 所示的几种,但是其中 NOKOLOK 法和真空钎焊法较常用。这里的 NOKOLOK 是助焊剂的商品名。

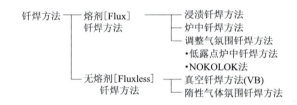

图 5-63 铝制散热器的硬钎焊方法

(4) 冷却风扇。冷却风扇是在环状的箱体上安装电动机和扇而构成的,如图 5-64 所示。除电动机外,各个部件为了轻量化,大多使用挤压成型的树脂部件。

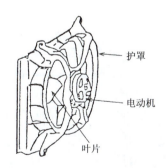

图 5-64 冷却风扇结构示意图

(5) 储水室。为了轻量化,储水室一般是树脂制的。采用吹塑成型或者是挤压成型。

5.1.16 发动机装配

(1) 概述。装配工序以汽缸体为中心,分为曲轴、连杆、活塞、汽缸盖等基本零部件的装配,和进气歧管、排气歧管、冷却水配管、电线、交流发电机等外部部件的装配。为满足近年来消费者需求的多样化,由于汽油发动机与电驱动的混合驱动发动机的发展,增加的发动机的变化,以及进一步减少制造成本,高质量化,工作节拍时间的缩减等需求,所以需要将以下工作做好。

① 进一步发展以前的自动化生产线,扩大柔性更好的自动装配工艺。

② 为获得高质量产品,需要实现检查作业的自动化。

③ 物流输送的最优线路布置设计。

同时还要建立与销售市场直接相关的生产系统。

(2) 装配作业布置图。装配作业布置图(图5-65)除了装配工艺计划外,还要根据部件的供给方法,部件的存储量,发动机、部件等由于种类不同而作业时间的不同,装配部件的模块化情况,装配完成的发动机的运货方法等因素来设计确定。

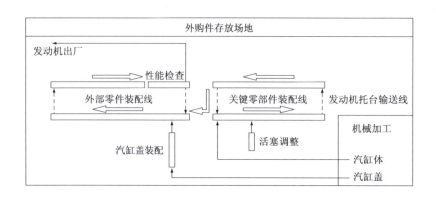

图5-65 发动机装配作业布置图

(3) 设备。装配作业线设备由使发动机流动的传送带及附加的自动装配机(图5-66),检查装置(图5-67、图5-68),及控制各个设备的生产系统组成。传送带有很多种形式,一般使用容易适应随机生产的自由流动方式,并与装配托盘(图5-69)组合使用。

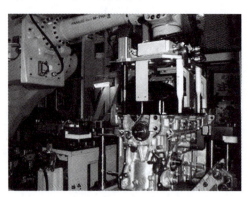

图5-66 油底盘自动装配机

图5-67 装配检查机器

其优点如下。

① 容易实现自动化。

② 可以精确地定位。

③ 搬运机构的通用化。

④ 设备之间可以适应人工作业引起的作业时间的变化。

⑤ 可以固定作业姿势。

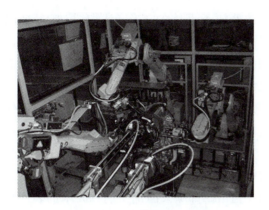

图 5-68　油泄漏测试机器

图 5-69　自由流动输送线和装配托盘

托盘的定位装置非常精确，使用了定位销的高精度部件也可以自动装配。托盘上安装了可以获取各个产品的信息的 ID 标识，有助于自动装配机的控制、部件的核对、生产状况的把握以及实时处理。

自动装配机是为了节省人工，提高质量，适应重量大的制品的操作。而在发动机装配作业线上，主要采用于装配汽缸盖作业线以及装配基本骨干部件的作业线上。

在汽缸盖装配作业线上配置汽缸盖的气门装配机、气门弹簧装配机等。

在基本骨干部件的装配作业线上配置了曲轴装配机、油底盘装配机、汽缸盖装配机等。这些自动装配机的主体是把部件供给和螺栓紧固组合在一起的自动机。另外最近由于图像处理信息技术的进步、特别是软件技术的发展，部件核对时不单是形状判断，还可以通过颜色来判断，能够防止多种部件的装配错误，降低了制造成本。

引进自动装配机、检查设备时需注意以下几点。

① 容易适应发动机设计的变化。

② 可靠性高，没有误停车现象。

③ 可以短时间内修复故障（可以以人工作业为接应）。

尤其是为了适应设计变化，使用了通用型的机器人，与机械手部分的自动交换相适应。同时对多机种的流动作业也要适应。

检查装置是确认装配状态是否有异常的装置，主要是确认旋转滑动部位的装配精度，以及油路、水路的气密性。在装配状态下，旋转曲轴，根据旋转中的最大转矩、平均转矩的测定值，检测装配精度是否有异常。至于气密性测试，一般是采用往每个检查工序的标准和装配工件里封入压缩空气，然后根据压力的变动检查是否有泄漏问题。

另外，与检查设备有所不同，作为保证工序质量的装置，通过传感器确认是否有 O 形圈，利用照相机进行装配部件的自动核对。

设备运转检查实际上采用全部设备点火运转检查方式，有时从环保角度考虑，采用不点火运转检查方式。不点火运转检查是要进行各种传感器配线的检查，传感器的性能检查，调节阀开闭时间的检查及燃料系统配管的泄漏检查等。

(4) 信息处理。管理装配、检查工序复杂的自动化流水线需要用信息管理网络。信息管理网络不可缺少，这个网络分为以下几大类。

① 购进物品的管理系统（入库检查实际情况管理）。

② 库存管理系统（储存部件的库存管理）。

③ 工序网络系统（加工数据等）。

④ 设备网络系统。

⑤ 质量管理系统（跟踪检查等）。

通过这些管理系统可以把精度高的信息集中管理。在质量管理方面，按照发动机的制造批号管理各装配作业线的历史检查记录，确保质量水准和适应市场需求。另外，通过给每个部件贴上条形码，从部件入库到产品出库，实行一体化信息管理，并进行跟踪检查。

5.1.17 转子发动机

(1) 概述。转子发动机与活塞式发动机（往复式发动机）不同，它的生产线上有特殊的加工装置和装配、检查工序。这里主要说明这些内容。

作为转子发动机固有的东西，在加工生产线上制造了在转子壳体内能加工出摆线的设备，以摆线内包络线为基本形状加工转子的设备和转子的密封槽、密封孔的加工设备等。

装配作业线有壳体的重合组装而形成发动机主体的工艺，为保持各工作室气密性的密封类零件的选择装配工序和为保证装配完成的发动机性能的3室差测定（3工作室的压缩压力差）工序。

(2) 主要部件的加工。比起活塞式发动机，转子发动机的基本构造简单且部件件数少，但转子壳体和转子都是形状特殊的部件。下面说明与之相对应的生产工艺和生产设备情况。

(a) 转子壳体的加工：在转子壳体的加工工艺中，茧型摆线的加工占很大比例。形成茧型内面的工艺的顺序如下。

① 用层流压铸法填充铸造在锯齿状的钢板上，如图5-70所示。

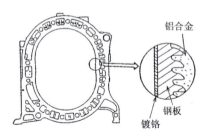

图5-70 摆线滑动内面的截面示意图

② 利用铣削方法进行钢板层内面的粗加工。
③ 利用磨削方法进行钢板层内面的精加工。
④ 镀铬处理。
⑤ 镀铬表面的珩磨加工。
⑥ 镀铬表面的逆电处理。

用铸造压力把钢板层铸成茧型，进一步利用铣削加工进行磨削工序的前处理。

用6轴控制的轮廓磨床进行钢板层的精加工，形状精度在这道工序中基本确定。

放着转子壳体的工作台同时控制一个回转轴、两个往返轴，通过补正学习机能，旋转出摆线的曲线状。在这状态下砂轮进刀，磨削出需要的尺寸。

镀铬处理由两道工序组成。先是形成固体铬镀层的工序，然后是为了提高镀层的润滑油保持性，加逆电压下能够呈多孔形状的工序。这个阶段的镀层的表面形状变如图5-71所示。通过珩磨加工留下凹部除去凸部，达到要求的表面粗糙度，如图5-72所示。

图5-71 电镀表面施加逆电压后的形状

图5-72 电镀表面珩磨加工后的形状

最后，再次对镀层进行逆电处理，把珩磨加工后残留下来的凹部连接起来，进一步提高润滑油的保持性。

(b) 转子加工。

1) 转子的外周表面及燃烧室的加工：转子外周的三角形以摆线曲线的内包络线为基础。这道加工使用4轴控制立体型NC车床，如图5-73所示，同时加工旋转工作台上配置的三个转子的各一面。一个面加工完了后，自动转动定位，进行下一个面的加工。

燃烧室加工设备的构造也大致相同。刀具配置在3个转子的内侧，在燃烧室朝着旋转工作台中心的状态下加工图5-74所示的窝形。

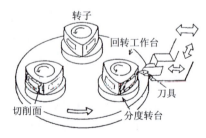

图5-73 内包络线的加工

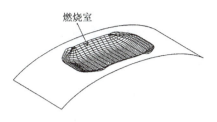

图 5-74 转子的燃烧室形状

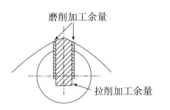

图 5-75 顶端密封槽的加工

2）顶端密封槽的加工：顶端密封槽的加工包括拉刀加工和研磨加工两道工序。拉刀加工使用立体型平面刨床，这个装置是安装三槽分开拉刀的撞块（沿床身内侧上下移动部分）下降的结构组成的。

磨削加工使用沟槽磨削专用机床。这种机床是使装有转子的工作台来回移动，砂轮边旋转边进刀方式进行磨削。

为确保密封槽的宽度和直线性，必须使拉刀加工和磨削加工的中心一致。因此，防止薄砂轮变形是很重要的，如图 5-75 所示，要注意拉刀加工后的槽两侧磨削余量的平衡。

3）拐角密封孔的加工：在转子上装配拐角密封时，两者形成的顶端密封槽必须是直线状的。因此，加工时顶端密封槽与拐角密封孔的同轴度很重要。拐角密封孔的加工设备的结构是能够自动测定顶端密封槽的位置，并可以自动修正加工用镗削部件的位置。

（3）装配。转子式发动机的装配作业线如图 5-76 所示，由以下几道工序构成：① 装配旋转系统、燃烧系统基本部件（壳体、转子、偏心轴、气密封类零件）的前组装；② 装配吸气、燃料系统、控制系统等外装部件的后组装；③ 点火试验工序。

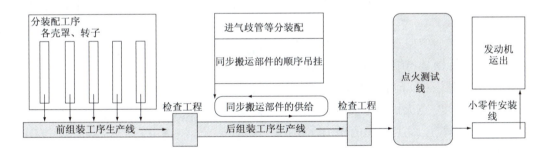

图 5-76 发动机组装试运行线的布置图

（a）装配夹具。转子式发动机的基本部件都是积层构造，如图 5-77 所示。因此，采用把壳体和转子按顺序叠放的装配方法，装配时使用可以旋转、倾斜发动机的装配夹具（图 5-78）。

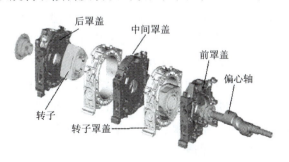

图 5-77 发动机本体部件

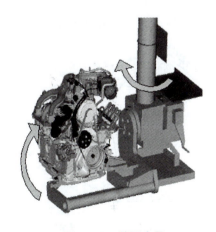

图 5-78 装配夹具

(b) 气密封的装配。为了确保转子发动机性能中最重要的密封性，必须选择与顶端密封的槽的宽度，拐角密封的转子孔径，侧面密封的槽长度相吻合的材料进行装配（图5-79）。

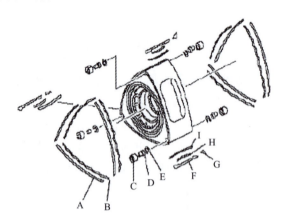

图 5-79 气密封的装配

A—侧密封；B—侧密封·弹簧；C—拐角密封；D—拐角密封销；
E—拐角密封·弹簧；F—顶端密封；G—侧片；
H—顶端密封·小弹簧；I—顶端密封·大弹簧

(c) 检查。作为各装配工序的关口的检查工序，确认装配精度（压缩压力、发动机启动时的力矩测试）和润滑油、水、燃料通道的气密性（泄漏测定），在点火试验中检查功能并做各种调整及初期磨合运转。特别是压缩压力，要在以下3种情况下进行检查确认：① 前装配后；② 后装配发动机组装完成后；③ 点火试验结束后。在图5-80中，测定各工作腔压缩工序中的压力，确定绝对压力（3工作腔的最小压力）、3工作腔压力差（3工作腔的最大压力和最小压力的差）、FR差（前面和后面的最大压力差）都在基准值内。这些检查都合格的发动机才可以出库。

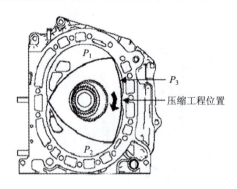

图 5-80 3 工作室压力差的测试

5.2 动力传动装置

5.2.1 离合器

离合器分为盖装配和圆盘装配方式，制造工艺如图5-81、图5-82所示。盖装配由盖子、膜片弹簧、压力板构成，用铆钉组装起来。圆盘装配由金属板、毂、弹簧、衬片等构成，用销、铆钉组装起来。构成部件的加工精度和销、铆钉的组装精度对离合器的质量有很大影响。

5.2.2 手动变速器

(1) 齿轮、花键。变速器上使用了很多齿轮和花键。根据汽车的高输出功率化、轻量化、低噪声化的需求，提高齿轮、花键的强度和精度是很重要的课题。

(a) 齿轮：其制造工艺如图5-83所示。为了实现高精度化，有时热处理后再对齿面精加工。另外，为了实现高强度化，也存在热处理后再进行喷丸硬化处理的情况。

1）切齿：除了倒车齿轮的加工，几乎所有齿轮都采用齿轮滚刀加工。用使定位角与基准角移动错位的齿轮滚刀扩大圆角半径，另外用多头（3～5口）、多槽（14～20槽）、直径大（100～180）的齿轮滚刀可以提高齿面粗糙度和齿面强度。另外，使用剃前滚刀消除剃齿的高低不平，可以提高齿根弯曲的疲劳强度。另一方面，插齿刀用于齿轮滚刀无法加工的阶梯形齿轮（双联、多联齿轮）和内齿轮的制作。

2）剃齿：如图5-84所示，常用的有轴向剃齿、对角斜切、切向剃齿、径向剃齿4种方法。径向剃齿的生产率最高，但不适合模数大（4以上）的齿轮。另外，径向剃齿法，在研磨刀具时，可以利用偏心滚柱研磨法改变相对于齿面宽的压力角（图5-85）。在图5-86中，对于齿轮噪声，可以很容易地得到良好的内对角接触、降低齿轮噪声。

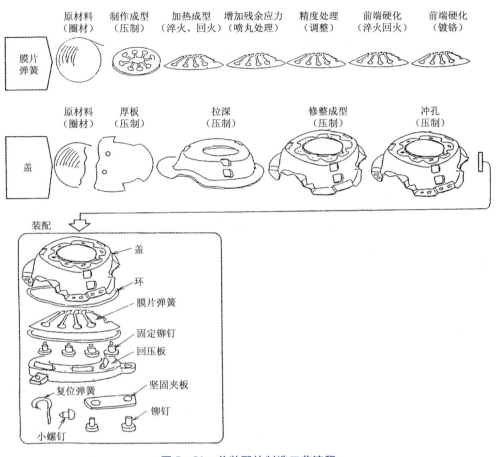

图 5-81 盖装配的制造工艺流程

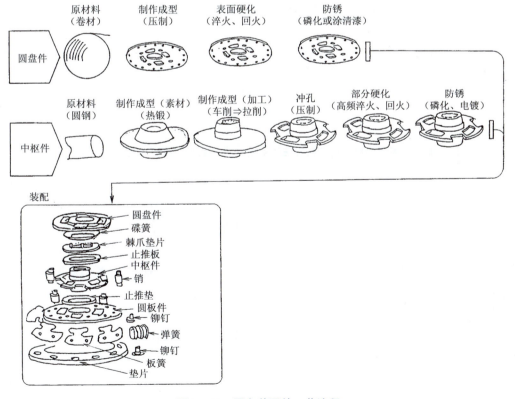

图 5-82 圆盘装配的工艺流程

图 5-83　齿轮的制造工艺

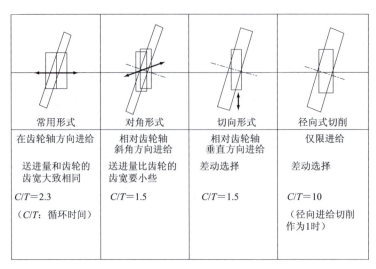

图 5-84　剃齿加工方法和种类

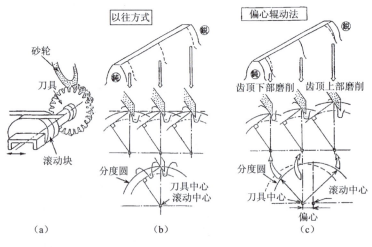

图 5-85　剃齿刀的再磨削工艺方法的变更（径向剃齿刀磨削时的偏心辊子方法）

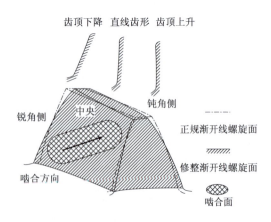

图 5-86　相对齿宽压力角的变化（内对角接触）

(b) 花键：有外花键和内花键。外花键有正齿、微小扭转角度（2°）、锥度形状。正齿和微小扭转角度的情况，虽然在齿宽较窄时可以采用齿条式滚压制作，但在齿面宽时可以采用球式滚压、齿轮滚刀加工、插齿刀加工方式。另一方面，内花键用拉刀加工。盲孔用插齿刀加工。还有通过精密冷锻法锻制花键，省略机械加工的制造方法也可以使用。

(c) 热处理：渗碳淬火被广泛应用。为了保证较高的尺寸精度，材料的淬火性、炉子的空气氛围、淬火油等的控制也是很重要的。

(d) 喷丸硬化处理：由于有高强度化的需求，热处理后再进行喷丸硬化处理的齿轮增多。用直径为 0.6～0.8 mm 的细球，以 30～100 m/s 的高速碰撞齿轮表面，在其表面形成压缩残余应力，使齿面及齿根的疲劳强度提高。

（e）精加工：精加工分为对齿轮珩磨等对齿形、导向没有修正能力的软精加工和有修正能力的硬精加工。

1）软精加工：齿轮珩磨有螺旋齿轮啮合方式和斜齿条珩磨方式。前者又有外齿珩磨方式和内齿珩磨方式。

2）硬精加工：作为热处理后的齿面的精加工法被采用的硬精加工法，以电镀 CBN、电镀金刚石、超硬材料为主要工具，谋求提高零件的刚度，缩短加工时间。表 5-8 所示的是硬精加工法。

（2）同步器齿环。同步器齿环是用耐磨损的铜合金经精密锻造而成。一般制作工序：① 原材料溶解；② 成分分析；③ 管制造；④ 管加工；⑤ 探伤检查；⑥ 热精密锻造（700 ℃～800 ℃）。另外，形状复杂的齿面要在精密加工工序中完成。

在机械加工中必须注意同步器齿环所要求的内锥面的角度、真圆度，还有去除飞边等的质量要求。机械加工的一般工序：① 锻造毛刺的去除，内面和两端面的车削；② 内锥的螺纹切削和精车削；③ 去除飞边；④ 检查。在车削加工中也可以使用 NC 车床进行螺纹切削。车床的夹具由于加工时需要夹紧，因此需要选择不会引起同步器齿环变形的夹紧的位置和合适的夹紧力。虽然不需要切削油，但夹具上不能残留碎屑。去除飞边的工序中进行滚筒抛光，或滚刷加工。检查工序中测量内锥的尺寸。同步器齿环的加工工序如图 5-87 所示。

（3）换挡拨叉。大量生产线中，从精密锻造材料的输送到最终工序的完成，都使用将自动机连接起来的设备。换挡拨叉上用的材料有铝压铸件、铝铁铸件、可锻铸铁、钢板冲压件等。材料不同需要的加工工序也不同，主要的机械加工工序：① 钻孔；② 铣削；③ 去除毛刺；④ 清洗；

⑤ 尼龙垫片的安装；⑥ 高频淬火；⑦ 检查。

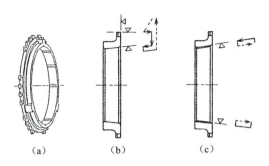

图 5-87　同步器齿环的加工工序示例
(a) 精密锻造；(b) 车削；(c) 螺纹切削，内锥面精加工

第一道工序是进行钻、铰换挡拨叉孔的加工，并加工与换挡拨叉连接的十字孔和端面。第二道工序以铰刀孔为加工基准，进行拨块槽的铣削加工，以及拨块槽的倒角加工。机械加工多使用装备有专用夹具的专用机床。连续自动工作机床上使用托板。第三道工序通过压滚筒研磨去除机械加工时产生的毛刺。第四道工序是清洗。第五道工序把换挡拨叉安装到树脂喷射成型的模具里，贴装尼龙垫片。这道工序的目的是增加与其他部件滑动摩擦面的耐磨性。其他的加工方法还有高频淬火、硬质镀铬等。第六道工序给拨块槽进行高频淬火，用专用的线圈加热，喷出冷却水进行淬火。淬火质量的定期检查是要检查硬度、淬火深度、淬火裂纹和金相组织等。最后的工序是检查相对于换挡拨叉孔的臂面的尺寸精度。各工序的加工示例如图 5-88 所示。

（4）滚动轴承。滚动轴承一般由轴承内、外圈、滚动体及保持架等组成。

轴承内外圈、滚动体的材料要求具有疲劳强度、机械强度、耐磨损性、耐烧蚀性高，硬度高，尺寸稳定性好的特性。保持架的材料要求耐磨损性好、机械强度大，尺寸稳定性好。另外还要求加工性好，成本低。轴承内外圈、滚动体的制造工艺如图 5-89 所示。

从提高材料的成品率、生产效率，同时通过改善材料的纤维组织延长寿命考虑，轴承内外圈及滚动体采用塑性加工方式。然后进行热处理，确保必要的硬度。

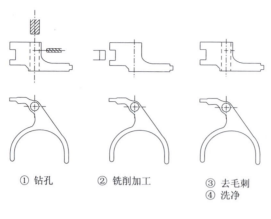

① 钻孔　② 铣削加工　③ 去毛刺　④ 洗净

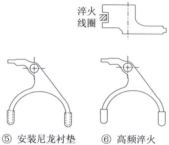

⑤ 安装尼龙衬垫　⑥ 高频淬火

图 5-88　换挡拨叉的加工示例

轴承零件	原材料	制 造 工 艺
内圈、外圈	钢管 圆钢 钢带	塑性加工 → 车削 → 热处理 → 磨削 → 滚道表面精加工
流动体（钢球）	钢线 圆钢	**塑性加工** → 冲洗 → 热处理 → 磨削 → 研磨、抛光
流动体（辊子）	钢线 圆钢	**塑性加工** → 车削 → 热处理 → 磨削 → 滚道表面精加工

图 5-89　轴承内外圈、滚动体的制造工艺

表 5-8　齿轮硬精加工方式

加工方式	剃齿方式（2齿面加工）	剃齿方式（1齿面加工与引导齿轮同步）	球形磨削方式	滚刀切削	仿形加工方式	旋刮加工
工具材质	CBN	CBN	普通砂轮	CBN	CBN	超硬
工具形状	剃齿刀具形状	剃齿刀具形状	鼓形螺旋形式	蜗杆形式 螺纹形状	成型加工形式	插齿刀形状

滚动轴承因为需要较好的精度、耐磨损性、强度，所以热处理加工是很重要的工序。

热处理完成以后，进入滚动体的磨削工序。磨削工序使用专用的磨床，在微米精度内进行精加工。

特别是轴承内外圈的滚道和滚动体表面是关系到轴承性能的最重要的部分。为减小形状误差、表面的起伏和粗糙度，采用超精加工和研磨等表面精加工措施。

在专门的车间、专用的生产线上制造的各个部件，投入装配作业线，装配成滚动轴承以后，进行检查、清洗、防锈处理，包装后出货。另外根据提高可靠性、轻量化、小型化、容易操作的需求，正在发展专用轴承、成套化进程。

（5）最后装配。

(a) 装配工序的构成：手动机械变速器的装配工序如图5-90所示，以离合器壳体的齿轮组件装配为中心，按照变速控制系统、变速箱体等基本部件的组装，小部件的组装顺序构成装配主线，同时还有齿轮辅助装配作业线构成。组装完成后，进行最后的试验，试验后再经过作业工序完成装配过程。

(b) 装配传送带：传送带有装配了夹具的平板式传输带，使用组装工具平板架的自由流动的方式、配有夹具的台车驱动方式等各种各样的类型。

不仅限于变速器的组装，被广泛采用的是使用了装配夹具托盘架，可以定位停止的自由流动传送带。

另外，台车方式的装配传送带用于大型变速器的装配。

(c) 自动装配机：为了节省人力、提高质量、改善作业环境，很多场合采用了自动装配装置。主要的自动组装机有工件姿态变换机，齿轮、轴承、油封及小部件的压配机，箱体、后盖、齿圈的紧固机，垫片选择装置，液体涂料涂装机等。

紧固机、压配机的示例如图5-91（a）及图5-91（b）所示。紧固机和压配机各配有测力传感器，还装有定量控制紧固转矩、压配力的质量控制系统。测试生产线的前期工序有泄漏测试、上润滑油，后期工序配置有自动抽油机。

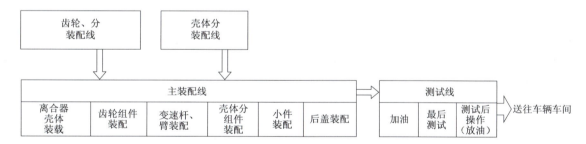

图5-90 手动机械变速器的装配工艺流程

(a)

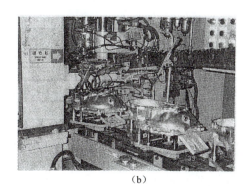
(b)

图5-91 自动装配机

从组合了手工作业工序和自动化工序的生产线构成考虑生产率的话,最理想的是使自动机械集中。要充分考虑适应自动机变化需求的多种方法,提高生产线的加工机动性,而且选择能够容易适应产品设计的变更,不会引起开工率下降,可靠性高的机构等,这也是非常重要的。

(d) 检查设备:按照设定的运转模式和检查标准,进行 1~5 挡、回转和全变换的噪声、换挡性能的检查。一般,生产线上的噪音检查多凭感官判断,也有的使用频率分析器进行机械检查。另外,换挡系统的检查中用测力传感器检出移动力,判断是否有异常现象。

5.2.3 自动变速器

(1) 变矩器。加工上主要的注意事项:① 确保左右变矩器(以下简称 T/C)性能的 3 个主要部件(泵叶轮、涡轮机转子、定子)上设置叶片(金属板)的形状精度;② 确保叶片之间构成的室内的气密性;③ 清除 T/C 内的异物。

(a) 主要部件的加工示例。

1) 泵轮叶片安装:图 5-92 表示的是部件的结构示例,图 5-93 所示为工艺的流程。有自由曲面的叶片的形状,主要采用压制成型。因此,确保形状的制作精度及其维持管理是很重要的。叶片对壳体的装配通过使用机器人和简易装置等实现了装配自动化。这时的装配要领是不能让叶片从叶片壳体脱离。叶片的固定方式主要是把叶片推入叶片壳体里设置的槽和孔里。为了强化固定力,确保气密性,也采用铜钎焊工序。

在叶片壳体上焊接上橡胶衬套。因为不能让润滑油从 T/C 里渗出来,所以对焊接部位要进行泄漏检验。检验方法一般通过施加一定的空气压力,自动检出泄漏引起的压力变动。

2) 蜗轮机转子组件:如图 5-94 所示,蜗轮机转子的构造与泵叶轮相似。因此,加工方法也以此为标准。不同之处是蜗轮机转子组装完成后,还设有调整平衡的工序。通过这种措施保证回转平衡。

3) 定子组件:工艺流程如图 5-95 所示。定子是用压铸法和喷射成型法制成的。拥有自由曲面的叶片的形状精度,主要通过模具的精度和成型条件的控制等保证。

4) T/C 装配:工艺流程如图 5-96 所示。在泵叶轮和变换器盖的外部焊接工序中,确保泵叶轮的橡胶衬套和嵌入发动机的变换器盖的定位凸缘的同轴度是很重要的。因此,有时组装完成以后还需要加工控制管部分。对外部焊接部分进行泄漏试验。另外,组装完成后还有调整平衡工序。

(b) 性能保证:组装后,用 T/C 试验装置进行性能检查。试验项目有失速性能、传递转矩性能、速度比一定时的输入轴转矩、输出轴转矩特性等。

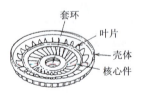

图 5-92 泵轮叶片的结构示例

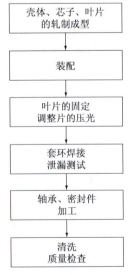

图 5-93 泵轮叶片组件的工艺流程示例

图 5-94 涡轮机转子的结构

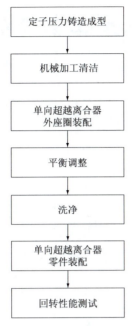

图 5-95　定子组件的工艺流程

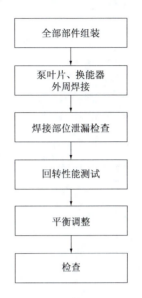

图 5-96　变矩器装配工艺流程图

（2）装配。自动变速器（以下简称 A/T）装配由很多部件构成的功能单元。装配工序如图 5-97 所示，工序包括液压控制部件、动力传输部件的装配，A/T 总成装配，试验及最后装配等。

（a）液压控制部件装配：液压控制部件由油泵组件、阀体组件、调速器组件等构成 A/T 性能的中枢系统。装配工序的注意事项：① 保证各组件部件的装配质量和功能，消除后期工序 A/T 组件装配、试验中的功能不良现象；② 排除异物（夹杂物），保证各组件中零部件的正常运转。对于前者，在每个部件上都设有试验装置。表 5-9 所示的是各组件的主要质量项目。对于后者，除了装配前仔细地清洗部件外，还可以在配件组装完成后的性能试验中冲洗工件内部。为提高冲洗的效果可以采取一些切实可行的措施，例如对于阀体试验装置，可设法暂时开放油压线路，使液压油容易流动，便于清洗等。

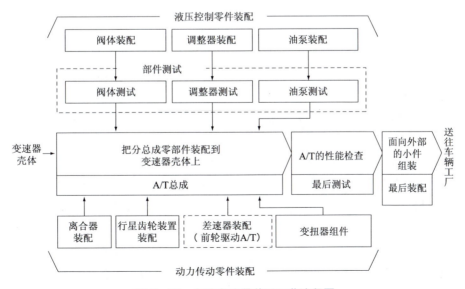

图 5-97　自动变速器装配工艺流程图

表 5-9 自动变速器的测试、质量确认项目

部件	必要的功能	调整·确认项目
油泵组件	产生油压	• 确认转速-输出关系； • 末端间隙调整
阀体组件	• 调整油压：与发动机、节流阀开启度成比例的油压； • 换挡阀切换； • 换挡定时器控制	• 节流阀压力调整、确认； • 确认管路压力：确认各离合器供给油压，确认时间-油压特性
控制器组件	调整油压：与车速成比例的油压	确认转速-油压特性
A/T 组件	• 自动变速； • 手动变速； • 力矩增幅； • 停车锁定	• 确认自动变速情况：提高挡位，降低挡位； • 输入/输出转速，输出力矩； • 管路压力； • 根据指南换挡的手动变速确认； • 变矩器最大转矩； • 输入力矩； • 停车力矩； • 拖转力矩； • 控制开关接点导通性； • 节流阀拉线的标记

(b) 动力传动部件的组装：动力传动系统的主要部件有湿式多板离合器、行星齿轮装置等。对于前轮驱动用 A/T 还包括差速器组件等。动力传动部件的装配质量对行车可靠性有很大影响，因此保证以下装配工序的质量是很重要的。要确保离合器组件的油压线路的密封性能，离合器片的正确装配，确保离合器的尾端间隙等。行星齿轮装置中要确保滚针轴承的正确装配。

(c) 主装配：主装配工序有分总成部件、轴部件、密封部件等的装配工序和手制动、多板制动的行程等的计量、调整工序。手工装配是主要的，但计量、调整工序多使用专用装置。确保与动力传动部件的装配同样的装配质量是很重要的。

(d) A/T 最后试验：A/T 组件试验项目有：① 变速确认；② 通过冲洗排除异物；③ 确认部件运转正常，并进行最后的运行测试。冲洗是用 ATF（Automatic Transmission Flood，自动变速器油流）把 A/T 运转状态下残留在内部的异物和离合器初期运转中产生的异物冲洗到 A/T 外部的工序。在这里，ATF 供给系统的过滤能力的维持管理等很重要。需要确认部件运转的主要是停车机构。在输出轴上施加静扭矩，确定系统在前进、后退方向没有滑行运动。

5.2.4 无级变速器

(1) 概述。无级变速器（以下简称 CVT）由 CVT 的特有的主要部件，对带轮（主动、从动）控制的油压部件加以手动变速器相类似的齿轮的部件构成。

(2) 装配工序和布置方案。对 CVT 的主装配工序大致分类的话，可以由成为装配基础的壳体、皮带轮、调节阀、油泵、外部各部件的组装作业构成。另外还有出货前，保证最终质量的最后试验工序。装配工序由壳体、皮带轮、差速器、调节阀、油泵等各个组件装配工序构成。装配平面布置图如图 5-98 所示，由主装配作业线和与之直接关联的最后试验线及各种配件装配作业线构成。

任何一个工序都是在考虑到生产能力、型号数量、部件数量等条件和效率、组装精度等因素编制完成的。另外，为了保证对灰尘等异物敏感

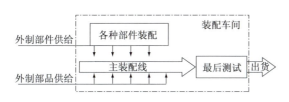

图 5-98 装配平面布置图

的油压机能部件正常工作，组装整体的作业环境及各部件的清洁化、包装方式也很重要。

（a）部件装配：各部件组装中把装配部件按照功能集成。另外，重要部位的紧固、计量由自动机械进行，保证质量。在图 5-99 中，CVT 特有的带轮装配工序中需注意的是带轮与连接部件安装时的加工条件（钣金制品、铆接条件）的设定，以及有伺服功能的在滚珠花键部安装滚珠后的驱动力，装配后泄漏量的精度控制。在油压部件的调节阀、油泵装配工序中，设置用于功能测试的试验台，保证各部件功能完善。

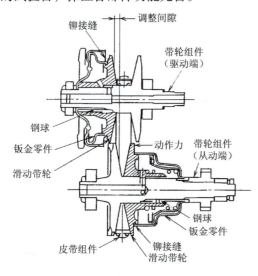

图 5-99 皮带轮和皮带组件

（b）主线装配：如图 5-99 所示，CVT 的装配作业线的特征是在带轮和皮带组件的装配时，为了准确地调整带轮锥面的位置，所以计量和补偿量选择采用自动化工序。为确保装配质量，壳体结合面规定的密封剂涂抹量采用了自动涂敷装置作业，重要部位的连接采用了自动紧固装置，变速器装配状态下内部油泄漏的检测采用了自动泄漏试验机等。因为需要防止异物混入，所以为防止部件装配时产生异物，在插入部的部件形状等方面要采取防范措施。

（c）最后试验：作为变速器组件的出货确认和为保证最终质量，全部制品都要进行变速特性、挨挡性、油压、齿轮噪声、外观检查、油泄漏等的确认测试。自动试验项目根据各种程序条件，在接近实车的状态下，进行发动机运转试验，判定性能是否良好。另外，同时用液压油进行冲洗，这对于 CVT 中没有变速冲击的平稳的变速控制特性也是很重要的。连续记载输入转数、车速及每次形成的油压特性，确认连续无级变速时带轮的动作与控制它的调节阀功能之间的关系。把数据全部记录下来，在质量信息、工序能力验证等方面可以灵活应用。

5.2.5 传动轴

传动轴因车辆的款式和构造的不同，由涉及多方内容的系统构成。但基本上由轴管、花键轴、万向节、中心轴承座构成。图 5-100 所示的是典型的传动轴的制造工艺。

（a）叉架、花键轴材料加工：传动轴的平衡性很重要。无关的材料少，后期工序中的切削工时、切削量就少，而且从能充分保留利用材料内部纤维流向考虑，采用温、冷锻的精密锻造方法最合适。

（b）轴管的加工：因为传动轴在直径、长度等方面有各种各样的组合形式，所以需要具有从进货到保管的系统，设备，轴管的直径、长度的确定，切断、嵌合连接部的加工设备等。

（c）机械加工：对叉架要进行万向接头安装孔的加工，与轴管的嵌合部，焊接工艺槽加工，对花键轴要进行滑动部的花键（直线、渐开线）加工，焊接工艺槽加工等机械加工。因为传动轴具有整体的刚度要求，以及万向接头部位、花键部位的耐磨损性的要求，所以必须进行适当的热处理加工。

（d）叉架、花键轴与轴管的焊接：安装到焊接夹具，调整好花键与叉架的相对位置后进行电弧焊接（CO_2、等离子等）。熔着量少且能充分熔化，没有缺陷（剩余过多、焊接不足、气泡）的焊接是很重要的。焊接情况检查、尺寸检查是必要的工序。

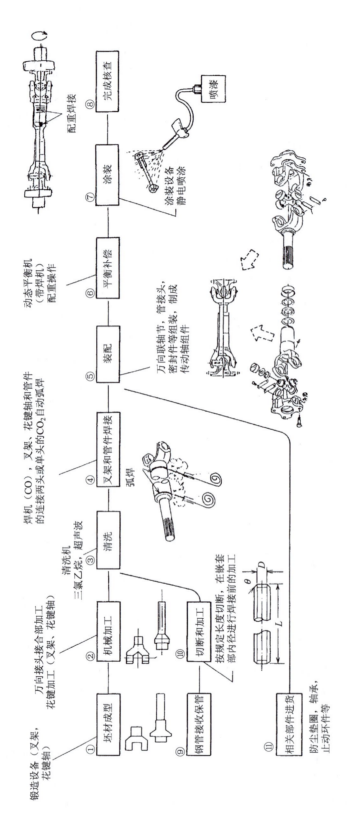

图 5-100 传动轴的制造工艺流程

(e) 装配：万向接头、托座应装配到在车载状态下合适的位置。

(f) 平衡：在和车载相同的状态下，用动平衡机测量平衡量和位置，按所需的重量，焊接轴管。

(g) 涂装：大多采用喷雾式涂装，特别注意把重点放在防锈上。还要注意防止涂料进入轴承部、花键部。

(2) 制造要点：因为传动轴是保护安全的重要部件，所以最重要的工序是焊接工序和平衡工序。

5.2.6 等速万向节

(1) 制造特征。等速万向节（以下简称CVJ）有固定式和浮动式，以及球型和幕板型等，但下面就其中具有代表性的固定式球型CVJ进行说明（图5-101）。CVJ的构成部件很多，但都比较小而且形状各不相同，因此锻造加工有热锻、温锻、冷锻，还有把这些方法组合起来的加工方式。机械加工是用通用设备的车削、拉刀、滚压、磨削加工，其中磨削加工有很多特殊的加工方法。另外，如果批量化生产，可多个工件同时加工或者引进多轴专用设备，提高生产率。热处理有渗碳淬火和高频淬火方式。

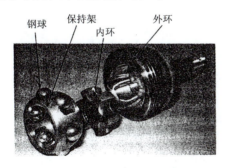

图5-101 球型等速万向节

(2) 锻造加工。CVJ的锻造加工为了减少坯材重量以及减少甚至取消机械加工，所以推进了精密锻造方法。

(a) 外座圈：外座圈加工有切断棒材、用加热器加热，再进行4~5个工序的温锻。然后实施喷丸及润滑处理，最后通过冷锻完成杯内槽的成型制作。

(b) 内座圈：与上述外座圈加工相同，切断后，恒温退火，实施喷丸、润滑处理，然后封闭冷锻、拔芯。另外也有进行热锻以及温锻和冷锻的加工。

(c) 壳体加工：提供规定尺寸的棒材，连续进行加热、切断、成型、冲裁的高速热锻加工。并且，为削减机械加工工序，还用冷锻制作出内外球面形状。

(3) 机械加工。

(a) 外座圈槽加工：由于是有着特殊曲面的球型槽，因此在高速轴上安装砂轮，使加工物像摇篮似的摇动进行磨削加工。每个槽实施分度，并进行6槽加工。磨削方法如图5-102所示。

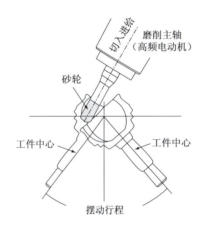

图5-102 外座圈的摇动磨削方法

(b) 内座圈槽加工：这个槽也是特殊的曲面。加工方法是在圆柱磨床上安装内部装有定位和分度装置的夹具，同时加工相对的2个槽，用3次分度完成全部6个槽的加工方式（图5-103）。另外还有沿着槽的轨迹，靠砂轮转动，逐个槽磨削加工的方式。

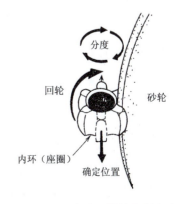

图5-103 内座圈槽的磨削方式

(c) 壳体球面的磨削：内外球面的磨削主要采用生产率高、圆度好的靴式磨床。通过两个靴板支撑，工作物的一个端面由磁力吸住并转动的方式，使用内球砂轮对壳体内曲面进行磨削，如图 5-104 所示。

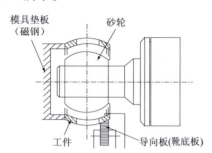

图 5-104 壳体的内曲面磨削加工

（4）装配、检查。CVJ 的装配部件包括较少的联轴节辅助装配、压入装配，保护罩及保护带的装配，润滑油的注入等。另外，检查就是测量接头的角度、转动方式、转矩及弯矩等。

5.2.7 减速装置

（1）加工工序。

（a）齿轮类。

1）锥齿环、主动小锥齿轮加工：加工工序如图 5-105 所示。齿轮切削装置是利用安装在圆板上的端面铣刀逐个切削每个齿的齿槽。一般采用单一分度法进行加工。

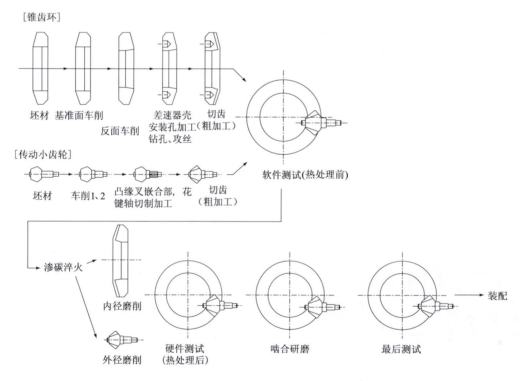

图 5-105 锥齿环、传动小齿轮加工方法

锥齿环是利用铣刀的进给方式切削出圆弧齿槽。传动小齿轮是通过铣刀的自行旋转和铣刀台（吊架）的公转及工件本身的自行旋转，形成圆周运动切削齿槽的。

相对于单一分度法，还有连续分度法，这种加工通过铣刀的切削方向与齿轮啮合线的斜交差，抵消铣刀的误差，具有减小啮合振动的特点（图 5-106）。

对用上述方法完成齿轮切削加工的两齿轮进行渗碳淬火处理。锥齿环采用能够把淬火时的变形控制到最小的模压淬火法。另外，为了提高齿面强度，可以进行喷丸硬化处理。

成为装配基准的内直径、外直径的精磨加工完成后，把两齿轮组合，确认其齿接触面的位置和长度，然后转到齿面精加工工序。加工方法有研磨加工法和使用 CBN 砂轮的珩磨齿（硬精加

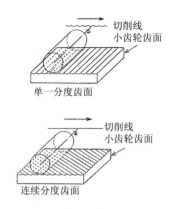

图 5-106 齿轮切削方法的对比

工）法，按照对噪声、强度的要求来选择使用。对齿面精加工后的齿轮组合进行最后测试，评价齿轮的噪声、振动和传递误差等情况，然后进入装配工序。

2）差速器半轴齿轮、小齿轮。切齿采用了安装在圆周上的铣刀逐个精加工齿槽的加工方法，但随着精密铸造技术的进步，正在普及非切削加工法的精密锻造。精密锻造法具有提高齿轮强度和缩短生产周期的优点，因此得到较好的评价并被广泛应用。渗碳淬火后，进行装配基准面的半轴齿轮的外径及受力侧面、小齿轮的内径的精磨加工。为了解决齿轮的初期烧蚀问题，实施磷酸锰被膜处理。以上的加工方法如图5-107所示。

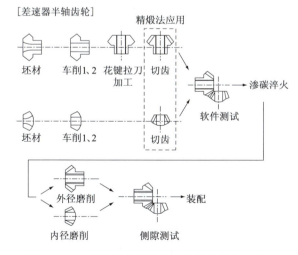

图 5-107 差速器半轴齿轮、小齿轮的加工方法

（b）壳体类：轴承护圈、支架体、差速器壳体的材料一般采用球墨铸铁（FDC）。组装时，必须严格控制影响每个齿啮合的支架体的锥齿环安装部位，以及半轴轴承部位和主动小锥齿轮内轴承安装部位的垂直角度，齿轮间的偏移、锥齿环、主动小锥齿轮的各自组装距离，内球面直径的尺寸控制等。

（2）装配。

（a）部件装配：清洗工序完成后的齿轮类、壳体类零件进入各自的组装工序。一方面，传动小齿轮边调整轴承预负荷边组装轴承护圈、内外轴承、法兰等。另一方面，把锥齿环通过齿轮背面的螺栓孔紧固到差速器的壳体上。

（b）支架单元主装配、调整作业：把组装好的传动小齿轮和锥齿环装入支架壳体里。对被装入支架壳体的齿轮类组件，进行图 5-108 所示的各部位的调整。然后，接受支架单元装配工序的最后检查，装入汽车驱动桥箱，并安装到车辆上。

（3）质量保证。

（a）齿轮类：锥齿环和主动小锥齿轮的制造及质量确认工序如图 5-109 所示。

（b）机箱类：机箱加工的质量保证一般是直接测量直角度、平行度加工变形、偏移，把数据反馈到加工设备进行修正的方式。特别是对齿轮啮合有很大影响的半轴轴承的安装部位与主动小锥齿轮的安装部位的直角度等是全部加工件必须保证的部位。

（c）组装：组装工序中的质量保证是通过再次确认齿轮侧隙、齿轮接触面、轴承预负荷、内球面直径尺寸实施的。对于噪声的要求严格了，所以最后驱动单元试验台上以部件总成为对象测试噪声和振动情况，同时实施泄漏试验等油泄漏核查。

5.2.8 液力耦合器

（1）构成部件的加工。

（a）金属板：液力耦合器结构如图 5-110 所示。金属板有两种，与壳体上花键连接的壳体金属板和与轴连接的中心金属板。

金属板把板厚 0.5~1.0 mm 的冷压延钢板用精密冲裁后制成，为防止表面烧结，所以实施表面氮化处理（图 5-111）。

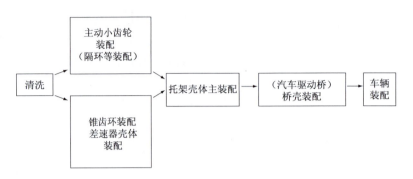

图 5-108 装配工艺流程

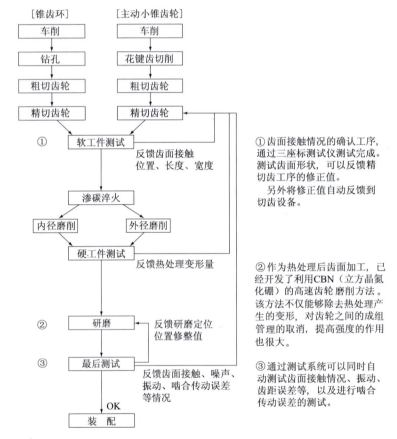

图 5-109 锥齿环和主动小锥齿轮制造及质量确认工序

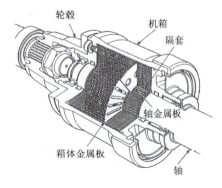

图 5-110 液力变矩器结构示意图

图 5-111 金属板制造工艺流程

（b）壳体：壳体具有传递驱动力的功能，同时还需要具有承受温度上升时引起内压增高的强度，因此采用碳素钢制造。作为制造方法采用整体精密冷锻方法（图 5-112）或者采用电子束焊接方法把凸缘焊接到拉刀加工过的壳体件的端面（图5-113）。

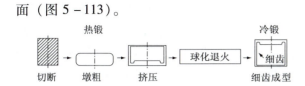

图5-112 整体精密冷锻方法

（2）装配与功能保证。装配工艺和功能保证工艺如图5-114所示。

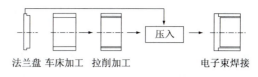

图5-113 电子束焊接方法

（a）装配工艺：交互装配中心板、隔离环和壳体金属板，进行压力泄漏检查后注入定量的硅油，保证黏性连接器的传递转矩值。

图5-114 装配和功能保证工序

硅油注入时，为了在较短时间内把高黏度的油注入到密封的壳体里，可采用使壳体内抽真空方式，注油完成后再对油加压。

（b）功能保证：液力变矩器的特性保证是通过测量检查时的油温和旋转数差产生的传动转矩值，用以保证是在规定基准值内。

5.3 转向机构

5.3.1 转向盘（方向盘）

方向盘中央设置了气囊组件，如图5-115所示。为了达到轻量化，方向盘的内芯金属使用了铝和镁材料，并利用压铸法制作成型（图5-116）。内芯外侧被氨基甲酸乙酯的RIM成型材料覆盖。也有采用皮革、合成皮革、木材覆盖的方法，通过黏和缝制安装。外层的材质的选择要考虑到车辆整体的协调，从设计和功能方面选定。

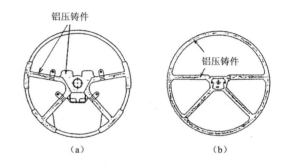

图5-116 内芯结构
（a）轮辐压铸件；（b）桨状压铸件

在氨基甲酸乙酯的制造工序（图5-117）中，把聚二醇和异氰酸盐等成分按一定比例，在混合管中瞬间混合后，注入模具，通过反应制成泡沫制品。气囊组件的垫片也是用同样的成型方法制造的。而且，成型时需要模具，模具的材质对成型品的外观有很大影响。模具材料的主流是电铸镍模具。

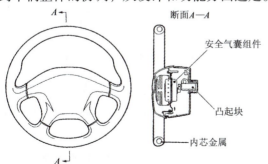

图5-115 方向盘结构图

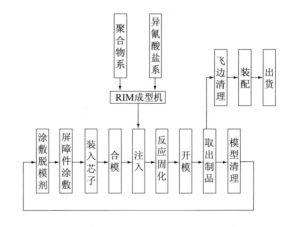

图5-117 氨基甲酸乙酯（RIM）制品的制造工艺

气囊组件由空气囊、充气机、垫片等构成，要求有很高的可靠性。因此在装配工序中，为保证不出现不合格产品，采用了彻底地防止故障策略，引进了利用计算机条码方式的履历管理系统。

5.3.2 转向柱

转向柱由把方向盘的旋转运动传递给转向齿轮的主轴和把它固定到车身侧面的柱管构成。

（1）主轴的加工。轴由两个平面的管和与管嵌合在一起的两个平面的轴构成，可以传递转矩且碰撞时可以收缩，其制造采用冷锻方式。另外为了抑制平时的晃动，两者之间用喷射成型机注射树脂固定起来（图5-118）。

倾斜用联轴节有十字叉型的万向联轴节和树脂球窝联轴节，如图5-119所示。

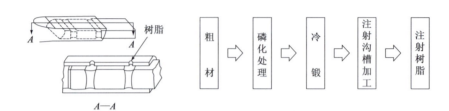

图5-118 轴的加工 工艺流程图

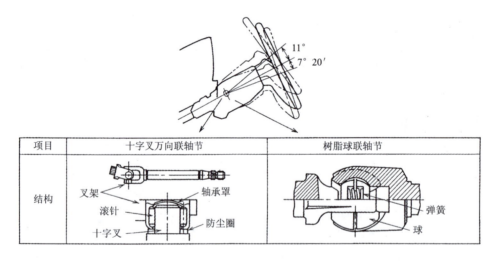

图5-119 倾斜联轴节

十字叉型联轴节的加工工序如图5-120所示，树脂球联轴节的加工工序如图5-121所示。

树脂球联轴节零件件数和工序少，可以实现

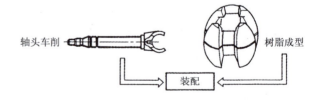

图5-121 树脂球窝联轴节的加工工序

低成本化。特别是与树脂球的摩擦面可以采用冷锻方式制造，省去了机械加工过程，减少了工序数量。

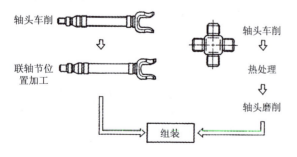

图5-120 十字叉型联轴节的加工工序

（2）轴管的加工。为了缓和车碰撞时对驾驶员的冲击，轴管里安装了吸收冲击能量的装置。

具有代表性的吸收能量的装置有球形的，（图 5-122），以及弯曲型的（图 5-123）。球形的加工是通过把装在树脂制壳里的球压入直径不同的上管和下管之间完成的。要全数测量压入时的负荷量，保证质量。另外弯曲型的加工是通过把具有一定的吸收能量能力的弯曲托座焊接到轴管上完成的。

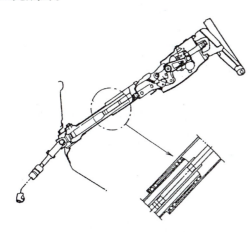

图 5-122 球型轴管

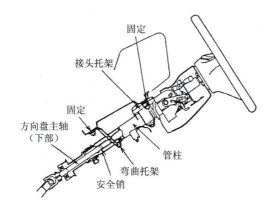

图 5-123 弯曲型轴管

5.3.3 转向器

液压助力转向器有与齿条齿轮式和球状螺母式，作为转向器的功率系统，使用油压和电机。而且，最近其控制装置多采用 EPS（Electric control Power Stearing）系统。

下面说明油压式齿条齿轮式液压助力转向器（回转阀）的加工方法。

液压助力转向器的方向盘操舵扭矩 T 与产生油压 P 的关系如图 5-124 所示，这叫做扭矩-油压特性。在产生的某个油压条件下，所需的往右打方向盘的扭矩 T_R 和往左打方向盘的扭矩 T_L 相等（$T_R = T_L$），这对动力转向器是一个重要的性能要求。

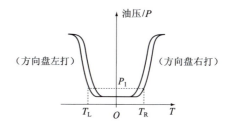

图 5-124 扭矩-油压特性

扭矩-油压特性受部件以及其组装精度所左右，因此，对每个零件的尺寸、形状、表面粗糙度都有高精度要求。

（1）阀轴的加工（图 5-125）。阀轴为了达到所需的油压特性，对阀槽的分度和倒角形状都要求高精度。

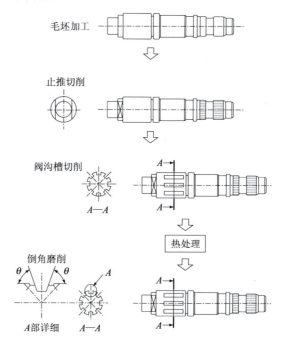

图 5-125 阀轴的加工工艺

对于油压特性很重要的倒角磨削工序，为确保高精度可使用特殊的倒角磨床。

（2）阀体的加工（图 5-126）。与阀轴相同，为了达到所需的油压特性，阀体内径的真圆度、圆柱度、槽分度精度都很重要。

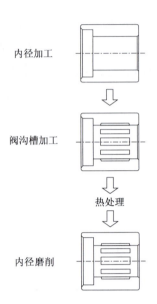

图 5-126 阀体的加工工艺

对于油压特性重要的槽加工方法有以下几种。
① 用拉刀加工完槽以后，压入两侧套盖。
② 冷锻使槽成型。
③ 插槽加工。

用②③加工方法制成的整体产品部件件数少，可以实现低成本化。

(3) 小齿轮的加工。小齿轮和扭杆是用销固定的，淬火后需要共同加工，因此采用了图 5-127 所示的工艺。齿的加工方法多使用滚铣刀切齿和滚压（图 5-128）。

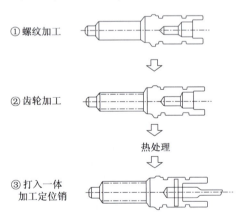

图 5-127 小齿轮的加工工艺

(4) 扭杆的加工。随车种的变化，扭杆需要的油压助力不同，因此需要外径不同的数种加工形式，可以通过磨削或车削进行精加工操作（图 5-129）。

图 5-128 滚搓小齿轮

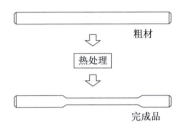

图 5-129 扭杆的加工工序

(5) 齿条的加工。与手动用齿条相比，齿条轴部也具有汽缸杆的作用。因此通过对轴部的热处理加工以及尽可能地抑制由于活塞杆的沟槽引起的变形，安排工序保证加工出工件的直线度。另外为了提高油封的密封性，对表面粗糙度也有规定要求。

5.3.4 转向器装配

液压助力转向器的装配为了确保不从油压部件混入异物，设置可以准确地消除各部位的毛刺的装置或者机械化机构。特别是 O 形圈的装配等，需要研究专门对中心的工具，注意不要割坏 O 形圈。

另外，作为检查工序，引入泄漏试验机、性能试验机，以进行性能质量核查。

(1) 找出中位点。液压助力转向器的扭矩－油压特性由阀组件性能来确定，其中主要是由阀轴与阀体的位置关系决定。装配完小齿轮、扭杆、阀轴、阀体后，适当地调整并固定阀轴与阀体的位置，完成阀组件的装配。图 5-124 中，调整位置使 T_R 和 T_L 相等的位置被称为中位点。

液压助力转向器中位点找出设备如图 5-130 所示。这种装置的特征是用计算机测试和计算扭矩－油压特性，在最少的调整次数内调整出最适当的扭矩－特性。调整完成后，这种装置在阀轴和扭杆上钻一个共用孔，插入定位销固定，完成阀组件的装配。

(2) 液压助力转向器组件的性能测定。把已找到中位点的阀装入阀体，制造完成后检测液压助力转向器组件的性能。检测时，使负荷接近车辆装载使用时的负荷，并进行自动检测，保证产品出库质量。性能检测设备如图 5-131 所示。

第5章 零部件、总成

图 5-130 液压助力转向器组件中位点找出设备

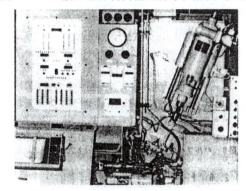

图 5-131 液压助力转向器组件的性能检测设备

5.4 悬 架

5.4.1 悬架弹簧

（1）螺旋弹簧。螺旋弹簧的成型方法有冷成型和热成型方法，其中热成型方法是主流方式。下面以热成型方法进行说明。图 5-132 所示为热成型方法制造工艺。

（a）坯材：对热压延材料进行拉制或者清理，保证规定的线径和表面损伤状态。弹簧的末端加工有以下几种情况：① 不加工；② 锥形辊轧底圈部；③ 加工成直径连续变化的锥形。使用钢材种类是 SUP7、SUP12 等低合金钢，但是已研究了如何添加 Ni、Mo、V 等增加强韧化性能，以达到高应力化和轻量化[9]。

（b）卷绕：高温加热的坯材以带槽金属芯（导杆）为导向件，或者通过数控系统控制节距，

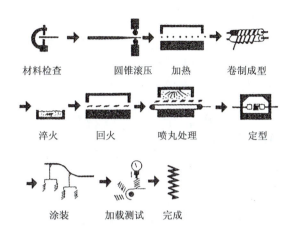

图 5-132 螺旋弹簧的制造工艺

卷绕在平滑的金属芯杆上。然后用机构把金属芯杆从弹簧里拔出来，再把卷成的弹簧放进淬火油槽。另外采用计算机控制节距代替有槽金属芯杆，只卷在金属芯杆上的方式也在使用。

（c）喷丸硬化处理：喷丸硬化处理是在弹簧表面层附加残留压缩应力的一道工序，其方式如图 5-133 所示。把弹簧放在两个旋转的滚轮上，边旋转边进行喷丸硬化处理。

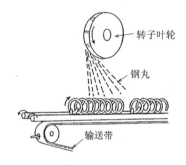

图 5-133 喷丸硬化处理方法

（d）定型：喷丸硬化处理后，使弹簧承受超过其最大使用载荷（屈服极限）的压缩载荷。这被称为定型。这道工序是为了提高弹簧的弹性极限，减少弹簧弹性减弱现象。然后经过涂层处理工序，并进行全部零件的承载试验，完成制造。

除了这几道工序，为了改善使用中的弹簧的耐松弛性，正在普及回火后立刻在温热状态下进行定型的热定型方法。

另外冷锻成型的弹簧采用按指定的拉伸强度被热处理的油回火钢丝，用卷绕装置成型，再低温退火。随后的喷丸硬化处理等与热成型时的其

(2) 板簧。由数枚叶片构成的板簧的制造工艺示例如图 5-134 所示。板簧使用的材料有 SUP6、9、9A、11A 等。

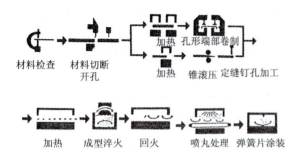

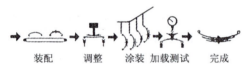

图 5-134 板簧的制造工艺流程图

(a) 板簧端加工：主要有环圈卷绕、二次卷绕（3/4 卷绕、1/4 卷绕）、三角切割，销钉孔加工、夹子用孔加工，锥形加工等。锥形加工采用圆形截面的滚轮和装配了半圆锥形的滚轮滚压。锥形长度达到全长的锥形片的加工，有沿边滚压后再锥形滚压的方式，以及为了抑制边太宽而使用小径的工作轧辊，在每个侧面滚压的方式等。

(b) 成型、淬火：经过板端面加工的板簧为进行成型、淬火加工需要加热。一般淬火采用边压缩边淬火的压缩淬火方式，但还有用抑制辊或压缩成型后自由形态下淬火或约束下淬火的情况。另外抑制辊成型，是把板簧与指定形状的型板一起通过滚轮之间成型的方法。

(c) 喷丸硬化处理：对回火之后的板簧面（拉伸边）进行喷丸硬化处理。这种加工有纵向送进板簧和横向送进板簧两种方式。另外对于拉伸边，在负荷预定拉伸应力的状态下进行处理，这种在得到高压缩残留应力的应力状态下进行喷丸处理，是为了进一步提高疲劳强度。

(d) 组装准备：组装前，对板簧片进行以下的加工。第一个板簧片在环圈部压入套筒，确定宽度，第二个以下安装夹子，黏贴消声片等。如果压力不足或过大会导致使用中脱落、套筒变形和环圈部产生巨大应力，因此在金属套筒和含内外筒的橡胶套筒的压入作业中，要用适当的压力压入。一般，压入前，用铰刀加工环圈内径，而使用金属套筒的话也可以在压入后用铰刀加工。

组装完成后，经过定型、涂装工序后，进行最大荷重试验。

(e) 其他：为了实现高应力化和轻量化，对强韧化有效的改良综合处理方式（急热急冷方式），即像锥形叶片那样把滚压加工和淬火加工组合起来的热处理加工已经开始应用了。比起钢制弹簧，轻量化显著的 FRP 片簧已经量产了[10]。它的成型使用的是在玻璃纤维里浸入树脂，然后按指定的次数卷绕的灯丝绕组的方式来制作。

5.4.2 减震器

(1) 减震器的发展趋势。伴随着汽车的高性能化的发展趋势，特别是作为主动控制的构成要素的高功能化，或者为了提高以前的阻尼器的功能，追求高频及行程感应型等阀门构造的复杂化、高精度化，因而对生产技术进步的期待非常大。另外，对于高质量化，衰减力的响应性能的提高、高防锈化、面向环保的设计和生产技术两方面都成为了主要课题。

(2) 生产工艺。以下对一般双筒式减震器及麦弗逊滑柱式减震器进行说明。典型结构示例如图 5-135 所示。

表 5-10 中是按加工方法整理的结构部件，图 5-136 中所示的是具有代表性的组装工序流程图。

表 5-10 不同工艺的主要结构部件表

加工方法	结构零部件名称
冲压	弹簧座、圆盘阀、制动软管座、底板、减震器关节联结架等
制管	工作缸、储油缸
烧结	活塞、底阀体、导向器
树脂、橡胶	密封件、活塞环、反弹制动器等
机械加工	活塞杆等

(a) 活塞杆：用于支撑的活塞杆是强度部件，是减震器、支撑的结构部件中很重要的零件。而且，因为是经常反复滑动的部件，所以对与它的耐磨损性、防锈能力有关的外径表面粗糙度、电镀厚度、电镀前的外径精度等要素的控制是重要的。具有代表性的活塞杆的加工工序如图 5 - 137 所示。

外径精加工工序中，除了以前使用的超精加工以外，还通过用弹性砂轮磨削、抛光研磨、薄膜研磨以及它们的组合，确保外径的耐磨损性和防锈能力。

(b) 阀系装配：阀系装配中最重要的是各部件的清洗，如果清洗不充分的话，会成为组装后衰减力不良的原因。作为装配工序自动化的方法，多是使用装载零件机和分度机的全自动型设备。

(c) 储油缸的装配：储油缸是把结构部件焊接到电焊接钢管上，作为容器组装起来的部件。代表性的装配工序如图 5 - 138 所示。

焊接工序由以前的 CO_2 焊接改换成氩气焊接，以达到焊接速度的高速化和防止飞溅黏着现象。

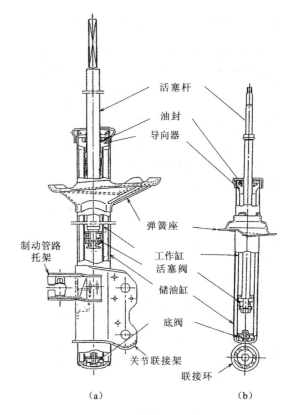

图 5 - 135 减震器典型结构示例

(a) 麦弗逊滑柱式减震器；(b) 减震器

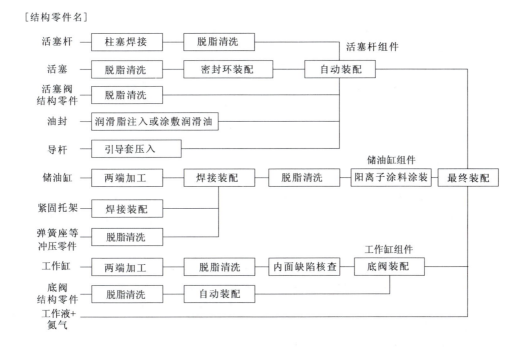

图 5 - 136 装配工艺流程图

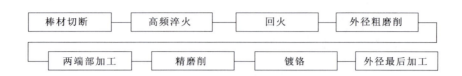

图 5-137　活塞杆的典型加工工序流程

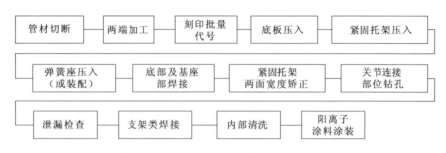

图 5-138　储油箱管的典型装配工艺流程图

（d）最后的装配：最后的装配工序是把各结构部件插入储油缸内，封入油、低压氮气，测量衰减力，保证减震器的功能并出货的工序。代表性的滑柱式减震器的最后组装工序如图 5-139 所示。与气门装配相同，储油箱管内的清洁度及油的清洁度是关键因素。

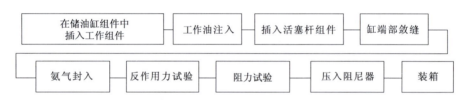

图 5-139　滑柱式减震器典型的最后组装工艺流程图

（e）涂装：为适应多种多样的涂装色彩，静电涂层和粉体涂层得到广泛应用。另一方面为提高防锈能力，阳离子电镀涂层的使用也不断有所增加。

5.4.3　球铰总成

用于独立悬架式的前悬架和后悬架的球铰是重要的保护安全的部件，必须采用充分注意质量保证的工序来生产。

（1）接头。用热锻、冷锻、压制成型或铸造等方法制造坯料，再进行切削加工。材料和热处理的控制是关键因素。

（2）球销。对冷锻造品进行机械加工方式是主流。对材料和热处理的控制是关键因素，另外对于锥形连接类型制品，其尺寸精度是疲劳极限稳定化的关键因素，需要在冷锻模具方面采取措施。

（3）球座。带有弹性作用的聚丙烯酸酯和聚酯弹性体等合成树脂材料结构成为主流。在这种结构中，需要在球座的形状、材料的设计上采取措施，为保证在稳定的精度下制作成型，模具制作时的精度控制是关键因素。

（4）装配。球铰的结构不同，组装方法也不同，但大多以滚轮滚压为主要方式。

作为防止各工序中出现不同产品、不良产品、错误装配等情况，采取了相应的防止失误的措施，还采用了能够检查扭矩、摇动角等的全数检查机器，并将这些组合在一起设置在各道工序中。

图 5-140 所示的是行走式整体型树酯球座的装配工序和检测装置的示例。

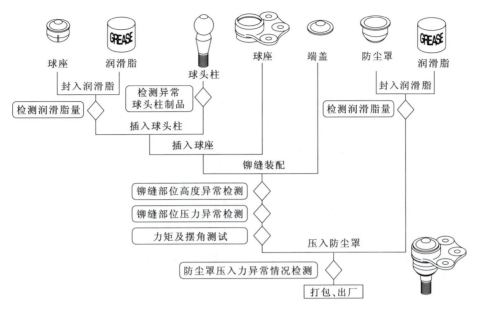

图 5-140 装配工序和检测装置的典型示例

5.4.4 摇臂及其连接

(1) 概述。摇臂及其连接主要是用钢板、钢管、铸铁、铝合金制成的,加工时必须根据使用情况选择最合适的。

各种材料的加工方法如下。

① 钢板制:冲压 - 焊接 - 涂装(- 机械加工) - 装配。加工工序如图 5-141 所示。

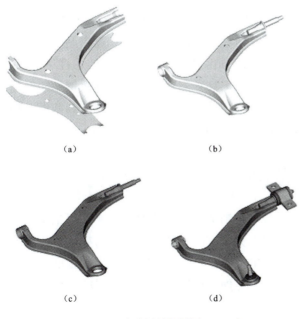

图 5-141 钢板制摇臂的加工工序

(a) 冲压;(b) 焊接;(c) 涂装;(d) 装配

② 钢管制:切断 - 焊接 - 涂层 - 组装。

③ 锻造制:锻造 - 涂层 - 机械加工 - 组装。

④ 铸铁制:铸造 - 涂层 - 机械加工 - 组装。

⑤ 铝制:铸造或锻造 - 机械加工 - 组装。

(2) 工序的特征。

(a) 焊接:在钢板或钢管的焊接中,大多采用二氧化碳电弧焊接,焊接并不难,但为了确保精度,必须充分考虑到焊接导致的变形。

也就是说,在控制热输入稳定的同时,想办法在焊接顺序和工具上控制焊接工件变形是很重要的。另外,使焊接部位的冲压板紧密结合在一起也是很重要的。把缝隙抑制在一定范围内,这对于确保精度也非常重要。

焊接钢管时,除了采用二氧化碳电弧焊接外,还可以使用电阻焊接法(电阻对焊)。

(b) 涂装:为了防止生锈导致钢板或钢管部件的板厚减少,要求进行充分的防锈处理,一般采用阳极电泳涂装。

(c) 机械加工:钢板焊接结构与铸造部件相比属于柔性结构,被削部分多是软钢材料(如机械结构用的碳素钢钢管),所以需要在使用部件上安装夹具时,要防止钳位产生变形,以及在切削加工中想办法使切屑容易处理。

球铰的连接部位一般是锥形孔,为了确保与

球节的接触，要求采用高精度的加工方式，多数场合采用锥形铰刀进行精加工。特别是采用铝合金材料时，还需要考虑采用与工具形状吻合的切削油。

（d）装配：在橡胶衬套的压入装配、球铰的压入装配和连接中，压入使用的是液压压力机，连接采用螺母紧固装置。对于橡胶衬套的压入装配，尽量使用与其形状吻合的夹具，不要损害橡胶衬套具有的性能。

为了使压入装配更容易，也有在压入部位涂敷润滑材料的情况，但如果是采用没有外管保护的橡胶衬套进行压入装配时，为防止橡胶件的破损，必须涂敷润滑材料。

（e）锻造及铸造：对于铝合金材料，为确保强度，一般是采用锻造或层流充填压铸方法。

（3）橡胶衬套。橡胶衬套本身对乘车的舒适性和操作的稳定性有很大影响，因此其形状和橡胶材质涉及到很多种形式。形状上除了有无外管的区别外，还使用在中间插入一个管的双层结构（图5-142）。另外还出现了没有外管的且在摇臂的橡胶衬套（collar）部位边压入边粘接的结构形式。

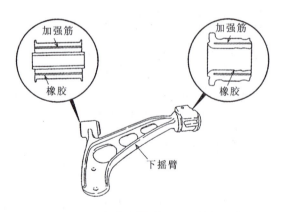

图 5-142 铝合金摇臂和双层轴套结构

关于压入装配，重要的是要在不影响其特性的位置进行推压操作，而且需要有符合其形状的夹具。

（4）质量保证。摇臂和连接杆大部分是被指定为重要的安保产品，要求有确实的质量管理措施。全数检查是质量保证的前提，但是对于一些特殊困难部位的检查，可以通过具有充分的相关关系的设备条件的管理以及代用特性来保证。关于这些特征现说明如下。

（a）焊接：虽然熔深要求很重要，但是一般是通过设备的条件管理和外观品质来保证质量，根据情况采用破坏性检查再次确认质量。

（b）涂装：涂层的形状和厚度，是利用形成成膜的形状来保证，但是通常用设备的条件管理来替代。另外，袋形状那种结构不只是要确认外侧的膜厚，内部的膜厚也需要适当检查确定。

（c）装配：对于橡胶衬套的压入装配，虽然用拉拔力情况来保证质量，但是通常由压入装配力的控制来代替。压入力和拉拔力需要事先了解其相关关系。压入力的检测最好能由在压入夹具装置的加载单元上直接检出。

5.5 制动器

5.5.1 制动鼓和制动盘

（1）概述。制动鼓和制动盘随着汽车的高功率输出化发展变得大型化，但是为了汽车的轻量化需要更轻的制动装置。制动鼓和制动盘所用材料主要是灰口铸铁（FC25），然而为了提高耐磨性能，一部分添加入了 Ni 和 Cr。因此，在由薄壁铸铁构成的制动鼓和制动盘的机械加工工序中，采用难以变形的加工方法和以提高生产率为目的，利用 CNC 车床和专用机床的柔性生产线，并采用超硬工具和陶瓷工具的干式机械加工方法已经成为通用的加工方式。对制动鼓和制动盘性能和质量的影响很大的相对滑动部位的加工，使用了珩磨、研磨、滚光等方法，但从加工精度、质量、生产率、成本考虑，珩磨加工成为主流。

（2）制造工序。在制动鼓和制动盘加工中，因为最后车削加工余量的变化影响加工精度，所以坯材的夹紧方法和高速重切削的粗加工成为非常重要的工序。因此制动鼓和制动盘的加工设备，应是考虑了最后加工余量情况的机械加工生产线。

图 5-143 所示为制动鼓和制动盘的加工工序的简图。

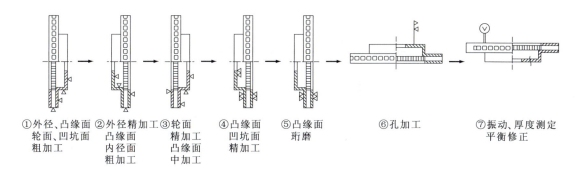

图 5-143 盘型制动器的制造工序

5.5.2 制动摩擦片和制动块

（1）概述。制动摩擦片和制动块的材料主要是由作为摩擦材料骨骼的纤维、填充剂、摩擦调整剂、黏合剂等构成的。因为纤维是提供全部摩擦材料的强度及弹性的物质，常使用钢纤维，芳族聚酰胺纤维等。具有耐磨耗性、耐热性的填充剂中使用了碳酸钙、硫酸钡、橡胶粉末、腰果粉末等，作为摩擦调整剂使用了石墨、二硫化钼、铜、铝等，而且还使用了能把全体都结合的酚醛树脂等的结合剂。把这些全部配合、搅拌，热成型后进行机械加工，制造摩擦片和制动块产品。

制动摩擦片和制动块的制造工序中，虽然铸造方法经历了软质编织→特殊编织→橡胶铸模→树脂铸模的变化，但是现在耐热性好的材料调整范围宽的树脂铸模施工方法成为主流制造方式。制动摩擦片和制动块的制造工序中，为了利用材料的热反应进行热成型，根据配合材料的选择和加热时间，加热温度等条件设定的物性自动控制是最重要的。

（2）制造工序。制动摩擦片的树脂铸模施工方法可分为干法制作、半潮湿制法、潮湿制法。干法制作是把干燥的配合粉体用搅拌机混合后，经过全工序以干燥状态制造。这种制法因为配合剂的选择，物性的自动控制比较容易，所以应用非常广泛。半潮湿制法是搅拌时加入水和溶剂来抑制粉末的施工方法，潮湿制法是到轧成型工序为止用潮湿状态制造的施工方法。潮湿制法预成型性好，但是配合剂的选择范围窄，还需要干燥工序。今后，干用干燥制法，潮湿制法，减少粉末的半潮湿制法将会多起来。

一方面，制动块按其基本材料的种类大致可分为有机材料、半金属材料、无石棉材料三种，但其制造方法无太大的差别。

图 5-144 所示是根据干法制作的制动摩擦片制造工序的流程，图 5-145 所示是制动块制造工序的流程。

还有，用粉末冶金法把金属和碳纤维等固化的 C/C 复合材料等的，耐热性、耐磨耗性都很好的制动块被制造出来，一部分在赛车上得到应用。金属材料是以铜粉或是铁粉为基本材料，加入金属或非金属的粉末，搅拌混合后，在常温下

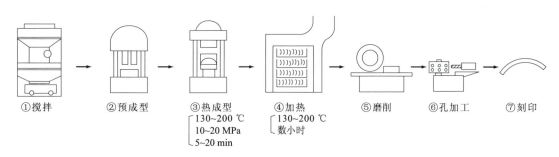

图 5-144 制动摩擦片（干法制作）的制造工序

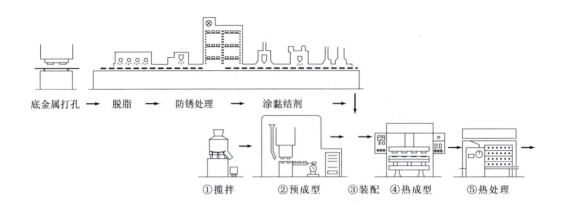

图 5-145　盘型制动器制动块的制造工序

压缩成型后烧成的。C/C 复合材料中有纤维中含有 PAN（Poly-Acryl-Nytroryl）系的物质和沥青系的物质，炭充填方法中有把树脂或沥青浸泡后加热的方法，以及从气相中析出的方法，这些方法全都处于制造改善过程中，今后有发展的可能性[13]。

5.6　车轮及轮胎

5.6.1　车轮

（1）概述。车轮被指定为重要的保安部件，同时是要求具有时尚性、轻型化、冷却性能好等多种特性的零件。在产品开发阶段，设计－生产技术－制造部门需要进行充分的事前探讨，重点是确保目标特性的同时，要易于制造。在制造阶段，重要的是在各个工序采取针对特性值的严格检查制度，制造出可靠性高的高质量的车轮。

（2）车轮分类。车轮根据构造可分为以下三种。

① 一件式车轮。
② 两件式车轮。
③ 三件式车轮。

其典型结构如图 5-146～图 5-148 所示。

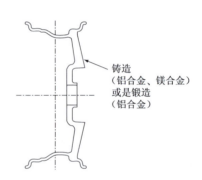

图 5-146　一件式车轮

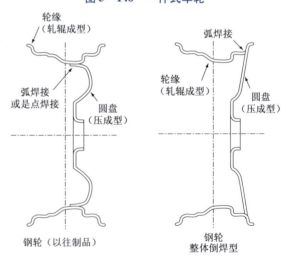

图 5-147　两件式车轮（一）

（3）一件式车轮。其由铸造（Al 合金、Mg 合金）和锻造（Al 合金）制造。一件式车轮是把轮缘部、圆盘部一体成型后，再机械加工各部，所以可以得到较高的精度。

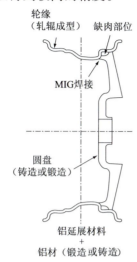

图 5-147　两件式车轮（二）

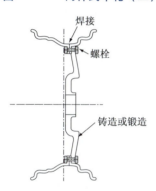

图 5-148　三件式车轮

铝轮的铸造方法：重力铸造法，低压铸造法，高压铸造法。

一般的熔液的流速较慢则卷入的空气较少，内部质量就好。熔液中加的压力越高凝固越快，得到组织越致密。所以各制造工厂灵活运用各自的实情、特征，来选择铸造方法。

重力铸造法用比较简单的装置进行制造，在厚壁部位设置补缩冒口来确保内部质量。

低压铸造法凝固是可以从浇口较远的部分向着浇口进行的指向性凝固，容易得到健全的铸物。低压铸造机的结构示意图如图 5-149 所示。

属于低速填充压铸法中一种的高压铸造法，因为熔化液体流动顺畅，空气卷入少，到凝固结束为止的压力传播性好且可以维持，所以可得到高质量的铸造成品。高压铸造机的结构示意图如图 5-150 所示。

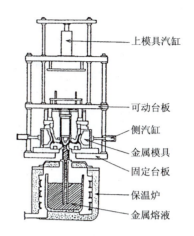

图 5-149　低压铸造设备的结构示意图

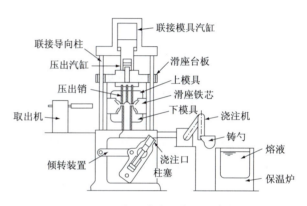

图 5-150　高压铸造机的结构示意图

虽然 Mg 合金很轻，但因为存在车轮不可避免的伸展不足，耐腐蚀性差等材质问题，在铸造模具、安全性、环保等制造方面的课题有很多没有解决，故批量产品很少。

（4）两件式车轮。钢轮由轮辋及轮辐构成。轮辋的成型方法是把原材料卷起来，用闪光对焊或者 DC 对焊后，进行辊压加工。轮辐的成型方法是使用连续自动压力机等压制加工成型。然后，用点焊或氩弧焊等组装成型。工序流程如图 5-151 所示。近年通过采用高张力钢板和复合组织钢板，达到整体重量平均减轻 10% ~15% 程度，以及成为重视美观性的整体漂亮类型。

铝制车轮轮辋采用了与钢铁产品同样的加工方式。轮辐一般采用铸造铝合金，加工后，与轮辋的结合用 MIG 焊接。因为在一件式车轮中不可能实现的轮辋部分"缺肉"现象成为可能，所以有助于轻量化的发展。因为轮辋是由延展材料构

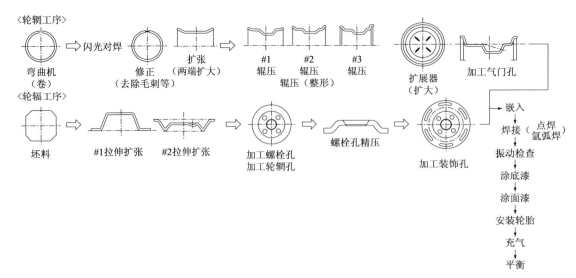

图 5-151 两件式车轮的制造工序

成的,所以有很好的韧性。另外因为只进行轮辐铸造,铸造模型减小,铸造性也好。缺点是为了结合成为一体,精度有所降低,美观性不好。

(5) 三件式车轮。用最适合的材料组合确保车轮所要求的功能的制品,因此通过不同材料组合构成。因为工作量比其他制造法多,制造成本高,所以倾向用于多品种小批量的生产方式。

5.6.2 轮胎

轮胎制造工序从提炼橡胶工序到检查工序大致可分为 8 种工序。其工序流程如图 5-152 所示。

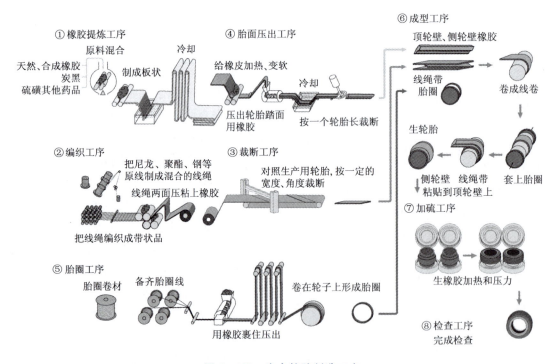

图 5-152 汽车轮胎制造工序

(1) 橡胶提炼工序。把原料橡胶、碳、油、石蜡、防老化剂、促进剂、硫化剂等配合起来,用被称为密闭式混料机的设备混炼制成。这个工序是影响后续工序的操作性和轮胎的性能(乘车舒适性、操纵安全性、耐磨耗性）的非常重要的步骤。

（2）编织工序。依靠尼龙、聚酯材料等加工成原线，并按规定宽度编织成帘布。为使编织的帘布和橡胶黏结良好，用浸泡液浸渍。

浸渍后的帘布，被制成帘布卷，再经过牵拉装置、加热装置，用轧辊在帘布两面按规定的厚度涂上橡胶。还有利用高拉伸强度的电镀处理的钢线，进行编织轮胎用帘布，并在钢帘布表面涂上橡胶的加工方法。这种制品被称为钢编织产品。

（3）裁断工序。将表面覆胶的帘布用裁断机（切断机），根据轮胎的各种尺寸、所规定的宽度、角度进行裁剪，并在传送带上连接接头。在它的表面也有粘贴薄橡胶的。

（4）胎面压出工序。在橡胶提炼工序中把混炼的混合橡胶，用热轧辊炼制成软橡胶，供给压出机。按规定截面形状压出胎面、侧壁面等，并按规定的长度裁断。

除了单式压出机以外，还使用可以把多种橡胶同时压出，且完全成为一体化的二元压出机和三重压出机。

（5）胎圈工序。把被称为胎圈钢丝的镀铜处理的钢琴线按指定的根数排列，用小型压出机把橡胶覆盖上，作为带状物按规定的圆周、段数卷绕，在必要时缠绕上套环胶带。除了上面的拉绳胎圈外，按用途还可采用六角胎圈、电缆胎圈等。

（6）成型工序。从轮胎的构造分，轮胎分为子午线轮胎和斜交轮胎。如图 5-153 所示对斜交轮胎来说，把裁断成为斜交状的轮胎壳，用两枚以上贴合，这胶合板的层互相交叉强化而成，

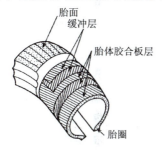

图 5-153　斜交轮胎的结构

但若是如图 5-154 所示子午线轮胎的话，为了使径向方向平衡，可组合粘接一枚以上帘布片使用。另外在径向构造中，为了支持轮胎周向运动的力，在冠部加入了辅助强化带。一般叫它安全带，用两枚以上。近年来随着要求高速、高性能化，子午线结构成为主流。

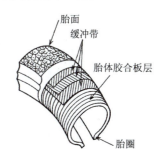

图 5-154　子午线轮胎的结构

（7）加硫工序。把从成型工序中送来的各种尺寸的生轮胎放入加硫冲床的铸模中，使用蒸汽、温水、燃气，产生化学反应，使其成为加硫轮胎。

配合橡胶通过架桥反应，变化成具有规定弹性、物性的加硫橡胶，而加热温度、气囊内压、加硫时间等的加硫条件是产品质量稳定化的重要因素。

（8）检查工序。从加硫工序送来的加硫轮胎的飞边露出的橡胶被去除后，进行外观检查、平衡测定和 RFV（半径方向的跳动，由纵向刚性变动引起的半径方向的力）、LFV（横向方向的跳动，由横向刚性变动产生的力）、CON（由横向刚性偏差产生的横向力）等一致性测定。

另外根据不同品种，除了 X 射线检查以外，还可以进行更精密的检查。

上边说明的是一般轮胎的制造工序情况，但为了适应高质量化的要求，无需各工序间储备部件和台车搬运，以及实现机械化、自动化等新的生产方式正在开发。

5.6.3　车轮、轮胎的装配

这里从轮胎和车轮的组装开始，到车轮组件的平衡修正为止，对轮胎组装工序进行说明。如图 5-155 所示是一般轿车用的轮胎组装生产线的构成。下面所示是其设备概要。

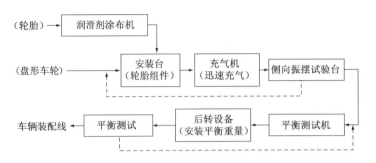

图 5 – 155　轮胎装配线的构成

(1) 润滑剂涂布装置。为了使轮胎和车轮的嵌合装配简单化，用含丰富的润滑材料滚子状毛刷，把轮胎轮缘周围全部涂上润滑剂。

(2) 装配（轮胎组装），如图 5 – 156 所示。以被固定的车轮为中心，把滚轮沿着轮缘外缘转动，随着轮胎轮缘的扩张把轮胎安装在车轮上。

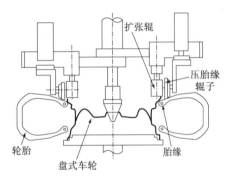

图 5 – 156　安装台

(3) 充气机（急速充填空气），如图 5 – 157 所示。轮胎侧面被密封的状态下，向车轮轮缘和轮胎间送入高压空气，瞬时轮缘内侧和轮胎凸缘贴紧，轮胎内气压达到所规定的值。

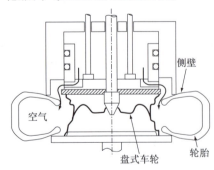

图 5 – 157　充气机

(4) 跳动测量（Runout Test）。车轮组件在定速回转的状态下，在轮胎胎面和轮胎两侧面中接触测试器，检查径向和横向的情况。

(5) 平衡测定机（图 5 – 158）。测定车轮组件的动平衡情况，指出进行不平衡修正时的平衡载荷的重量和操作位置。

图 5 – 158　平衡测定机

(6) 反转机（平衡载荷安装）。操作者为了把（5）中指示的平衡载荷贴附在车轮的内外侧，把车轮组件反转的机构。

(7) 平衡测试机。对完成不平衡修正工序的车轮，再次进行平衡测试、检查。

5.7　车　身

5.7.1　车架

(1) 概要。现在，最常见的车身构造是单壳体车身，其次是车架构造。对于车架构造，可大致分为纵梁式封闭截面类型和非闭合截面类型两类（图 5 – 159）。前者多用于 SUV 及无货箱小卡车，后者多用于大型卡车。

(2) 制造工序。把经过冲压工序制造的零件在组装工序中确定位置，通过焊接等方法连接，

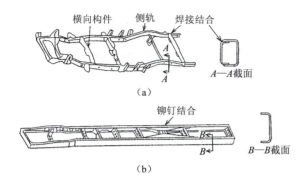

图 5-159 车架形状
(a) 商用车车架：横向构件、侧轨，焊接结合；
(b) 卡车车架：铆钉结合

形成梯形车架，然后进行涂装。

(a) 冲压工序：如图 5-160 所示为纵梁的加工工序。纵梁如果是封闭截面类型，也有利用弯管机把矩形管成型制作的实例。

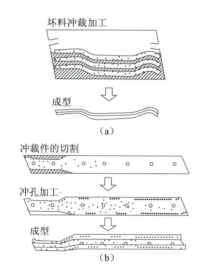

图 5-160 纵梁的冲压加工工序
(a) 商用车车架；(b) 卡车车架

(b) 装配工序：下面以纵梁使用矩形管截面成型的产品例子进行说明。在纵梁中连接小零件后，确定横梁等的结构零件的位置连接成梯形结构。因为连接是以氩弧焊为主，所以容易发生变形。因此需要预估变形量并加入冲压成品内，或利用液压驱动的夹具进行修正，确保产品的精度。

(c) 涂装：小型车架在完成装配后进行涂装，但是考虑到大型辅助强度板接合面的防锈问题，多采用组合前进行各单件的涂装，组装后再次进行整体涂装。

5.7.2 车身本体

(1) 车体组装工序和生产设备。车身组装工序是把经过挤压工序加工的零件用焊接等方法相结合，形成白车身的工序。车体组装线的基本的组装流程和大体零部件的结构如图 5-161 所示。

车体组装中用到的加工技术如图 5-162 所示，焊接为主体，还可以列举出粘接、螺栓连接、最后加工、塑性加工等。对应这些的加工设备的构成如图 5-163 所示。

一般来说车身底部、侧体、主体的工序是以点焊方式为主，各工序由预备工序和增加工序组成。在预备工序把零件装配在专用夹具中进行点焊后，在增加工序中用自动装置等的通用设备进行补焊操作。如图 5-164 所示为专用夹具的结构，如图 5-165 所示为机器人的外观情况。

还有，这些设备的控制方法可以列举出的有：利用每个单件定时装置的顺序控制系统，以及工序间的网络控制系统。其不仅控制单件设备的动作，还同时可以进行生产信息指示和掌握整体运转状况。

以下对各工序的内容进行说明。

(a) 车身底部：这是作为车体基础的部分。由于底盘零件和发动机、油箱等组装上去的关系方面，因此，应很重视焊接强度的保证。如果底板焊接采用通常的点焊枪，则往往成为大型设备，因此也有不少场合使用铝制的轻型焊枪，多点焊机。另外可从侧面进入的焊接采用连续通电方式的点焊接和电弧焊的情况也有。

(b) 车身侧体：这是车体外观上最重要的部分，要求外板具有较高的表面精度。另外近年从提高侧面冲突性能的观点考虑，辅助强度材料和高张力钢板的应用显著增加了。把辅强材料和内部零件的各自的分总成安装到外嵌板中，从而完成车身侧体的组装。

(c) 主车身：安装车身底部、车身侧体，顶棚等形成车身骨架的工序，是决定车体精度的重要工序，同时还是保证经过了增强焊接之后的车身强度的工序。还有对于车身侧体和顶棚的连接构造，逐渐成为主流的是鸡冠发式结构。这是把点焊接部分利用金属彩带类覆盖得到的结果，而不需要以往采用的钎焊和最后加工方法。

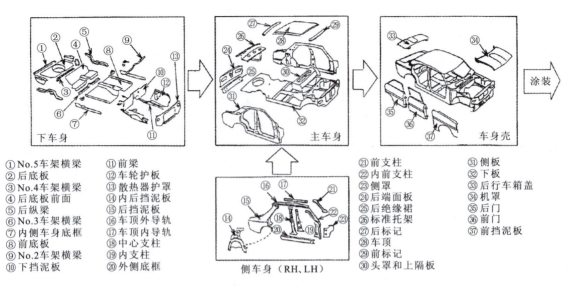

①No.5车架横梁　⑪前梁　　　　　㉑前支柱　　㉛侧板
②后底板　　　　⑫车轮护板　　　㉒内前支柱　㉜下板
③No.4车架横梁　⑬散热器护罩　　㉓侧罩　　　㉝后行车箱盖
④后底板前面　　⑭内后挡泥板　　㉔后端面板　㉞机罩
⑤后纵梁　　　　⑮后挡泥板　　　㉕后绝缘裙　㉟后门
⑥No.3车架横梁　⑯车顶外导轨　　㉖标准托架　㊱前门
⑦内侧车身底框　⑰车顶内导轨　　㉗后标记　　㊲前挡泥板
⑧前底板　　　　⑱中心支柱　　　㉘车顶
⑨No.2车架横梁　⑲内支柱　　　　㉙前标记
⑩下挡泥板　　　⑳外侧底框　　　㉚头罩和上隔板

图 5-161　车体安装的流程和构成零件

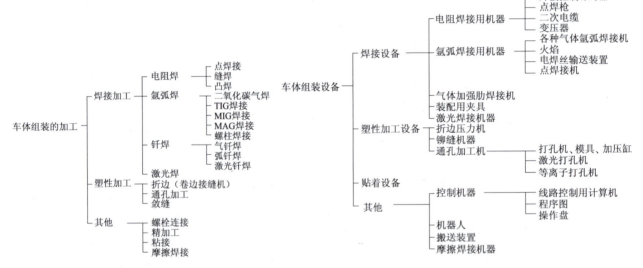

图 5-162　车体组装的加工方法　　　　　图 5-163　车体组装设备

图 5-164　专用夹具外观

图 5-165　机器人外观

(d) 壳体生产线：组装车门、发动机罩、后备箱、正面挡泥板的最终工序。在这里，主车体和各装配零部件的精度调整成为主要作业。

多采用传送带形式的流水作业方式，虽然是依靠人工操作的工序，但也正尝试着较多的自动化和减轻重体力工作的措施。

(2) 装配方法。

(a) 主车身的装配方式：这个工序是安装车身底部、车身侧体、顶棚等形成车身骨架的工序，前面已经说明，但它的装配方式是考虑了生产计划、设备投资等情况后决定的。下面以示例说明这种装配方式。

1) 环形生产线方式：把多个夹具台车编成沿环形循环形式，安装车身底部、车身侧体、顶棚等形成主车身的方式，虽然对人工作业来说是效率最高的生产方式，但因为是在连续的流水线上生产，所以自动焊接非常困难（图5-166），因此也称其为移动环方式。

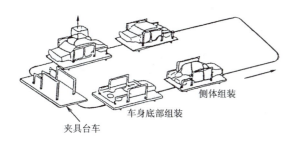

图5-166 移动环方式

2) 定点方式：该方式为，工作被固定在数个工序中的夹具中进行，只有车身可以搬运的焊接装配方式。一般是依靠人工完成操作。与后述的机械环方式中车身的流动方式相同。也称为框架结构方式。

3) 门生产线方式：它是把安装车身侧体的夹具，与安装车身底部的夹具台车结合，构成主车体夹具，装配主车体的方式。装配完成后，安装车身侧体的夹具回到侧体的组装工序中，夹具台车回到主车体的初工序（图5-167）。

4) 机器包方式：这是一种发展框架结构的方式，推进自动化操作的方式，也在夹具中投入车身底部、车身侧体、顶棚等，灵活运用专用或通用的点焊机组装主车身的方式。其是很多工序完全自动

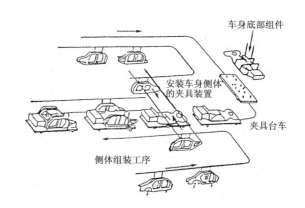

图5-167 门生产线方式

化的生产线。车体可以由传送装置运输（图5-168）。

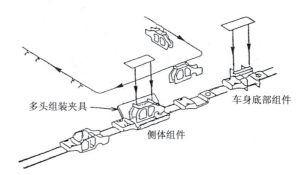

图5-168 机器包式

5) 托盘方式：该方式以机器环方式为基础，把托盘夹具内加工件搬送到各托盘。托盘在各工序中位置被确定，由机器人进行点焊接操作。依靠托盘夹具的换轨，可以实现多品种混合生产。

(b) 车身底部、车身侧体的装配方式。

1) 依靠装配夹具的方法：其是使用夹具、手提点焊接机等的装配方式。夹具和焊接机完全独立，操作者决定零件的位置，操作焊接机装配。另外，近年来采用装配夹具和机器人配合方法的应用逐渐增多。

2) 依靠专用机的方法：该方式是夹具和焊接机成为一体，只靠零件的安装来自动装配的方式。多点焊接机就是它的典型代表。

(3) 车体装配的自动化。其以进行多品种、高效率生产为目的，灵活应用产业机器人推进自动化发展。特别是把点焊接作为主体被灵活应用，从当初油压驱动开始到电动化驱动等各种各样的进步，依靠高精度化、高速化，运转范围扩

大，可运输重量扩大等，大幅度推进了自动化的发展进程。如图5-169所示为使用机器人的生产线。机器人操作在生产线中占据了较大部分，因此每个产品换型是需要重装各机器人工作指令。关于这种换型操作，现场实施效率较低，近年来，依靠离线示教方式[14]，把现场作业限制在最小限度。

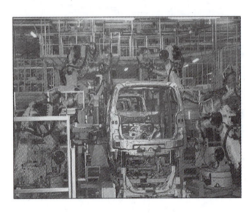

图5-169 主车体增强焊接操作生产线的外观

一方面，关于电弧焊接，为了提高制造精度，依靠电弧焊接电源的变换器化[15]和数字化，改善电弧焊接的稳定性、起弧性，并从人工操作置换成机器人操作。

零件的组装和最后加工作业是车体装配生产线中需要人工配合的操作，需要进行各种熟练的调整操作，被誉为自动化最难的作业。依靠机器人的高精度化和制造技术的提高，提高了车体的精度，还有通过传感技术和机器人技术的配合使用，这些操作自动化的例子也增加了。

（4）模拟技术。针对最适合的配置，最适合的台数，适应生产台数负荷变动等情况，灵活运用模拟计算技术，进行精度的事前研讨成为可能。

（5）车体组装的未来。迄今为止，致力于追求质量、成本、缩短工期、通用性等设置安排工序。将来，需要考虑环境和全球化的影响作用。为此，依靠铆接技术和摩擦焊接等的焊接方法改革，Al和Mg等材料的置换技术，以及工序及车身构造的标准化等课题被提了出来。

5.7.3 油箱

（1）概要。其按用途分有汽油用、柴油用、CNG次压缩天然气用、FCV（燃料电池）用、LNG用油箱；作为功能可分为填充（给油）、储存、供给等。

从这些油箱中，取出汽油用油箱加以说明。作为贮存用箱的材质是钢板或树脂。对于钢板材料，从防锈性能来说，到现在一直采用镀铅锡板（镀铅－锡钢板），但是为了减少有害物质，向镀锡锌钢板变化，进一步向把6价铬废止了的无6价铬花边钢板和镀Al钢板应用发展。另一方面，因为树脂材料具有以下优点：① 形状自由度高；② 重量轻；③ 没有锈等，所以树脂材料的适用范围正在扩大。

钢板箱的制造工序如图5-170所示。把两个压制成品制成豆馅糯米饼状，一般采用缝焊接方式把外周凸缘连接。外周线作业虽然是依靠仿行机构控制操作，但使用机器人的例子也有。焊接后，用水溶性丙烯涂料涂装外侧后，组装泵等的机能零件。仍然还要实施耐碰撞的涂装作业。

（2）树脂箱。其在欧美国家的应用迅速扩大。把HDPE（高密度聚乙烯）吹炼成型，但为了抑制汽油的渗透，用氟化氢和SO_3制成阻挡层，或用聚酰胺（尼龙）制成多层化或者制成密封化，而且还有采用EVOH（乙烯树脂醇）用HDPE制成三明治的多层树脂油槽。

5.7.4 车身外饰件

（1）玻璃。

（a）概述：用作汽车窗户的玻璃全都是安全玻璃。按种类分有强化玻璃和合成玻璃两种，但有机玻璃及无机玻璃-有机玻璃复合体也开始采用。强化玻璃是通过热处理在表面有压缩应力层，抵抗依靠外力和温度差表面发生的拉伸应力，是提高抗破坏强度的高强度玻璃，主要用在侧窗，后窗和可开式车顶盖位置（图5-171）。合成玻璃是在两张玻璃之间装入层状结构的薄而透明的有机胶片紧贴成一体的玻璃，比强化玻璃安全性高（图5-172）[17]。其主要用与挡风玻璃，其他窗户也有采用。有机玻璃是用透明、硬质、高刚性的树脂材料做成的，采用聚碳酸酯的后1/4窗户的例子也有。

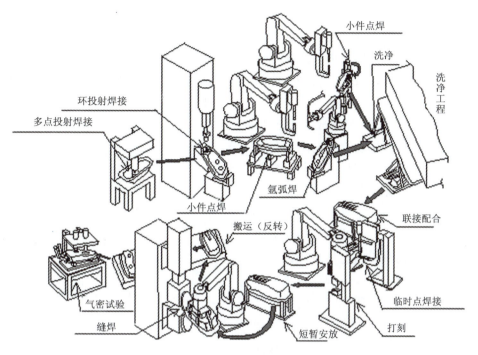

图 5-170　油箱的制造工序概要

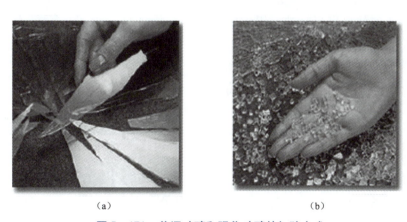

(a)　　　　　　　　　　　　(b)

图 5-171　普通玻璃和强化玻璃的打碎方式

(a) 普通玻璃；(b) 强化玻璃

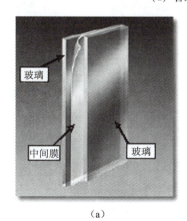 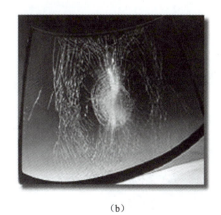

(a)　　　　　　　　　　　　(b)

图 5-172　合成玻璃的断面构造和打碎方式

(a) 断面构造；(b) 打碎方式

(b) 强化玻璃制造工序：汽车使用的强化玻璃是把加热到变形点以上的玻璃急速冷却，几乎都是表面压缩，固定了内部拉伸应力的热强化玻璃。强化玻璃的制造设备是由加热、成型、冷却这三个基本过程构成。

把用浮法制成的玻璃板，切断成必要的形状，把端面倒角并洗净后，把防雾用的热线和装饰用的图案，用玻璃板印刷、干燥。此前的准备工序是，与弯曲强化方式无关的共通的过程。为了强化制成设计的形状，把前工序中准备好的玻璃加热到变形点以上的高温。工业中使用的加热成型装置有：用金属制吊具垂直悬挂加热，把变软的玻璃用雌雄一对的铸模压制成型后急速冷却的垂直压制炉（图5-173）；用环状的金属模具水平支撑玻璃的周边，依靠自重成型后急速冷却的重力炉（图5-174）；用高温燃烧燃气使其浮起并加热，铸模成型后急速冷却的气泡炉（图5-175）；而且还有用滚轧机搬运加热，用炉内或是炉外设置的模型压成型的水平压制的强化炉（图5-176炉外成型）。这些设备是按照形状和质量的不同要求分别使用。另外还有强化比较简单形状的侧面玻璃，把加热搬送的浮动底板形状从平面缓缓鼓起，随着玻璃软化沿着底板形状弯曲的燃气炉强化法（图5-177）。根据成型方法，只能成型在行进方向中具有直线的圆筒面，但这是生产周期短、生产率高的设备。

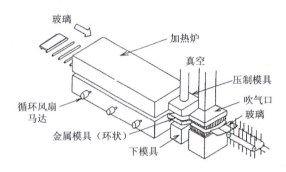

图5-175　气成型炉

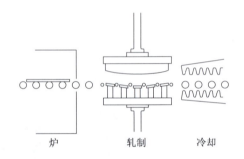

图5-176　水平压制强化炉

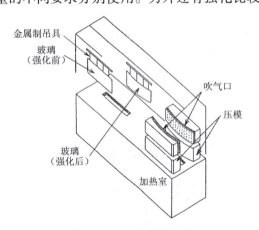

图5-173　垂直压力炉

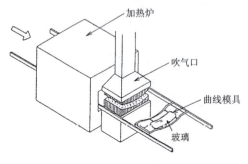

图5-174　重力炉

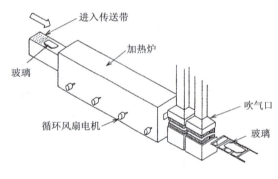

图5-177　燃气炉

形成设计形状的玻璃的冷却，主要采用空气喷流方式，用吹风机和压气机加压的空气从一群喷嘴喷到成型后的玻璃表面，通过强制对流方式进行冷却。

(c) 合成玻璃制造工艺：合成玻璃的制造工艺如图5-178所示。与强化玻璃的成型不同，为了避免因内板和外板的玻璃形状的不同引起的不合适现象，切出内外用的两块板，经倒角后，重叠起来放在金属模中同时加热成型的方法是一般常用的方法。为了不损伤金属模型内侧的光学质量，只在周边使用了与玻璃接触的环状物品。为了用自重法成型设计形状，仔细调整面内及上下面的温度分布非常必要。用滚轧机等加热，用水平压力机把每张内外板成型后，再合成加工，这种方法也已经实用化了。

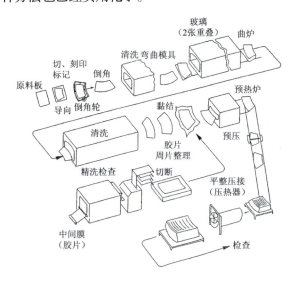

图 5-178 合成玻璃制造工序图（重力弯曲炉）

成型的两张玻璃间夹入有机胶片，用真空脱气或者碾压机加压预备压接后，用压热机加压，完全压实后，成为透明度高的合成玻璃。

(d) 表面贴膜工序：以提高视觉认可性，舒适性为目的，在玻璃表面贴膜，附加有遮热，抗紫外线，防止反射而且还要防雾等性能。工序是：弯曲加工之前或者把弯曲加工后达到设计要求形状的玻璃洗净后，真空蒸镀、喷镀或用胶体溶液凝胶方法制成金属或金属酸化物或者用有机化合物的薄膜进行粘贴。因为是以包含正面和后部，以及侧面、顶棚等幅宽较大的部位为对象，所以需要大的作业设备。

(e) 模块成型工序：如图 5-179 所示，完成弯曲加工玻璃的周边有把聚氯乙烯等树脂一体成型的模块化工序。树脂中使用像聚氯乙烯这种热可塑性材料的时候，和使用如尿烷等反应性材料的时候，成型装置分为各种射出成型机和 RIM 成型机。图 5-180 所示为聚氯乙烯的射出成型工序。无论哪种场合都需要采用金属模具，所以也需要保证玻璃形状精度要高。

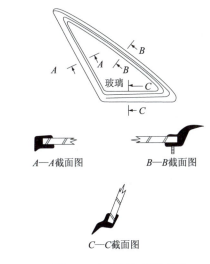

图 5-179 模块成型玻璃

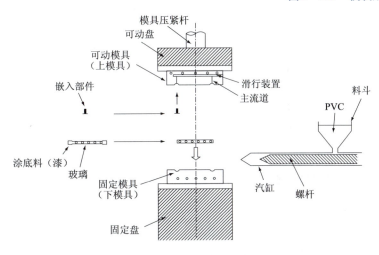

图 5-180 模块成型工艺

(f) 有机玻璃及无机玻璃-有机玻璃复合体制造工序：有机玻璃通常使用聚碳酸酯树脂，通过射出成型方法加工成玻璃形状，但是因为与无机玻璃相比耐气候性能和耐擦伤性较差，所以有必要对树脂表面采取硬化处理措施（图5-181）。

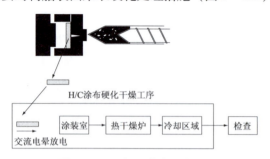

图5-181　有机玻璃制造工序

另外，无机玻璃-有机玻璃复合体是利用在无机玻璃中使用丙烯系透明黏着材料或是液状硅系黏结剂，以及黏结聚碳酸酯等方法制造。

(2) 保险杠。

(a) 概述：保险杠以往通过钢板压制成型或轧辊成型生产，但从20世纪70年代的后半期开始，从安全、节省能源等的社会要求和追求时尚性的观点出发，迅速推进了树脂化材料的应用进程，目前轿车的保险杠几乎都是树脂制品。树脂保险杠与钢铁保险杠相比有以下优点：① 形状自由度大；② 冲击吸收性、形状回复性好；③ 一体化零件；④ 防锈；⑤ 轻量化。树脂保险杠的典型结构如图5-182所示。保险杠根据其结构及功能可选择各种材料和施工方法[18-21]。

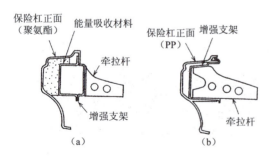

图5-182　保险杠的结构示例

(a) 聚氨酯保险杠；(b) PP保险杠

(b) 树脂保险杠的表层材料：在日本以PP（聚丙烯）和尿烷为主，但在欧美国家多采用另外的工程塑料类和合成橡胶类材料。

1) PP材料：与成本面的优点对照，依靠变性技术，聚合物合金化技术，底料（漆）涂装技术等的进展适用范围正在扩大。作为一般保险杠的品级是指在PP树脂中混合了滑石、橡胶等，提高了刚性及耐冲击性的东西。

2) 尿烷材料：因为成型性和复原型好，多用于罩型等大型保险杠和美国市场的5英里保险杠（MAIRUBANPA）中。为了改良生产率和物性，依靠材料的高活性化，内部脱模剂的开发和玻璃纤维等，进行着辅助强化技术[22]的开发。

3) 合成橡胶系材料：烯烃系、聚酯系等与尿烷相似的有橡胶的特性的材料开发出来了。因为可以实现射出成型，所以作为尿烷材料的替代品开始投入使用[23]。

(c) 树脂保险杠表层的制造工序。

1) 注入成型工序：能实现无人控制的连续生产，是生产率很好的成型方法。其成型工序的例子如图5-183所示。另外保险杠成型不合格的事例如图5-184[24]所示。为了进行高质量并且高效率的生产，材料优良的流动性，金属构造（脱模方式，浇、冒口方式等）的最佳化和高精度化成型条件的最佳化等是非常重要的。在注入成型领域中，在设计阶段即能预测成型加工性能的CAE技术得到发展，今后将成为开发周期缩短、质量提高、降低成本的有效方法[25-27]。

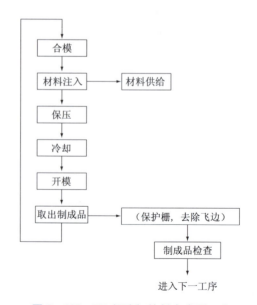

图5-183　PP保险杠的射出成型工序

缺陷	现象
鱼篮（凹陷）	制成品表面出现凹陷现象 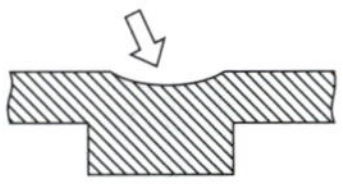
敛缝	熔融树脂流动分为两股后再次合流时由于没有完全融合而在表面产生的线状印记 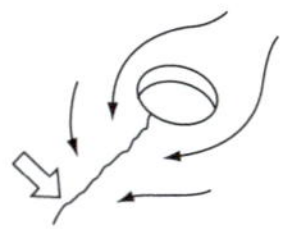
波纹	出现的以浇口为中心的熔融树脂流动痕迹 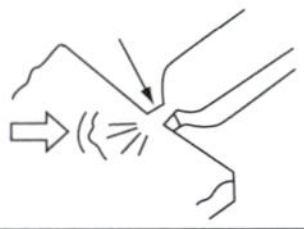

图 5-184 射出成型的主要缺陷

为了提高生产效率和减少人力，调整作业和运输作业的自动化等技术，成型工厂的 FA 化在逐渐发展[28]。

2）涂装工序：树脂保险杠从颜色图案协调性方面考虑，一般涂装与车体相同颜色，其涂装工序如图 5-185[29] 所示。最后一层的涂料要求具有适应树脂基材伸缩率大的材料，主要采用尿烷系材料（80 ℃烧结花纹）。

5.7.5 车身内饰件

（1）仪表板。

（a）概述：可以称为汽车内部装饰部件脸面的仪表板根据用户需求的多样化，构思的新颖性，先端技术电子学的应用等，发生了巨大的变化。今后这种变化趋势还将会继续发展。

1）对仪表板的要求事项：进入汽车时，因为首先进入视野的是仪表板，有高档感、触感、舒适感等感官方面的要求，运转时的操作性、多个测量仪表的正常工作和保证正常工作的功能方面的要求，以及安全气囊保持和发生冲突时保护乘员的安全方面的要求。而且，随着材料技术和质量保证技术的发展，更加强调汽车整体耐用性的要求，所以对仪表板来说，关于耐热性、耐寒性、耐光性、强度等成为内部装饰零件中最严格的基准。

图 5-185 树脂保险杠的涂装工序

2）仪表板的结构和使用材料：仪表板的构造大致区分为软化型、半软化型、硬质型三类。

软化型仪表板：对于基材采用半硬质尿烷泡沫材料全面覆盖的类型，如图 5-186 所示为其截面结构。

半软化型仪表板：标准是软化材料安装在上面或手可以接触到部位的类型。

硬质型仪表板：完全没有用软化材料的类型。

仪表板常用材料如下所示。

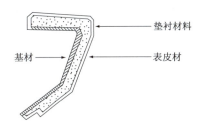

图 5-186 软化型仪表板的截面结构

表皮材料：虽然一般采用 PVC（氯化塑料）材料，但是从再利用性的观念考虑，现在推进了利用 TPO（热可塑性烯烃）材料、TPU（热可塑性尿烷）材料，以及热硬化型聚氨酯材料等的置换工作。

骨架材料（基材）：PP 复合材料和 ABS、ASG、变形 PPO（树脂）材料等。

软化填充材料：半硬质尿烷泡沫、PP 泡

沫等。

（b）仪表板的制造工序：仪表板的要求指标涉及较多，需要根据不同的汽车类型、规格要求，采用不同的成型方法进行制造。以下显示了根据仪表板表皮材料成型方法，进行分类的典型成型方法。

1）真空成型：利用薄膜片真空成型的表皮材料，依靠注入成型品的基材和半硬质尿烷泡沫一体成型的最常用成型方法。这种加工方法一般来说成本较低，但是鲜明构思的表现和装饰花边的表现都很有限，设计自由度低。如图5-187所示为这种加工方法的流程。

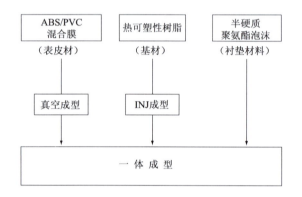

图5-187 通过表皮材料的真空成型方法制作的仪表板

2）喷射成型（注塑表皮法）：利用在金属模具中涂敷尿烷泡沫形成的涂层，依靠射出成型品的基材和半硬质尿烷泡沫一体成型的仪表板。仪表板表面的耐光性等质量很好，但是根切形状、狭小部位的涂装性有一定界限。如图5-188所示为这种加工方法的流程。

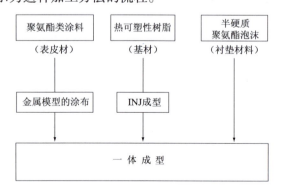

图5-188 通过表皮材料的喷射成型方法制作的仪表盘

3）涂凝模塑成型：涂凝模塑成型是根据表皮材料的种类，可大致分为液胶涂凝模塑（液体）和粉末涂凝模塑形式。

进行液胶涂凝模塑的时候，表皮板厚度的均匀性稍微不足，重量的分散性稍大，结果有使成本增加的倾向。液胶涂凝模塑，粉末涂凝模塑都采用把PVC材料烧熔粘接在金属模型中，形成仪表板的表皮，在通过射出成型品的基材和半硬质尿烷泡沫，一体成型。特别是以PVC粉末为材料的粉末涂凝模塑成型方法，因为表皮板厚的均一性好，而且设计自由度高，质量好，所以在高级车仪表板的应用增加了。如图5-189所示为这种加工方法的流程。

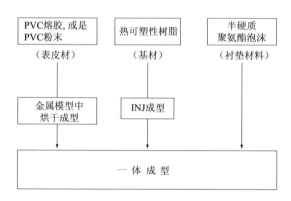

图5-189 利用表皮材料的涂凝模塑成型方法制造的仪表板

以上说明了典型成型方法的特点，但是另外还有贴入成型和硬质型的仪表板。

贴入成型是用接着剂把发泡聚乙烯填料直接粘接在仪表板基材上加工成型方法。这种方法对深拉延加工具有不利之处，另外表层形状R值变大，在设计自由度方面稍有困难。

还有硬质型的仪表板在轻量化上有优势，但缺少柔软舒适性能以及高档次的感觉。

表5-11所示为仪表板表皮材料的特性。

（2）座椅。

（a）概述：座椅如图5-190所示，由面套总成、泡沫件总成、框架（弹簧）组成的基本构造加上调角器和移动滑轨等的功能部件，汽车座椅头枕等的安全部件，扶手等装饰部件组成。另外从舒适性方面考虑，在前座椅中安装了高度（座

表 5-11 仪表板表皮材料的特性

表皮成型法 项目		涂凝模塑类型		涂装类型	真空成型类型		
		粉末成型	溶胶成型	喷射成型	半硬质 PVC 薄片	PVC 薄板	PVC 薄板
设计图案性	皮革类	◎	◎	◎	△	△	△
	织物类	◎	○	○	△	△	△
表皮厚度均一性		○	○－△	○	△	△	△
材料构成		PVC 粉末	PVC 糊状物	PUR 涂料	PVC/ABS NBR 薄板	PVC 薄板 /PVC 泡沫	PVC 薄板 /PP 泡沫
厚度（mm）		1.0~1.2	1.5~2.0	50~80 μm	0.8~1.0	2.5~3.0	2.5~3.0
成本		○－△	△	△	○	○	○
物性	抗拉强度/（kgf·cm^{-2}）	100~150	100~150	10~20	150~200	50~70	100~150
	伸展/%	200~300	300~400	50~150	100~200	200~300	200~300
	耐热性，耐光性	○	○	○	○	○	○

椅的上下机构）调节器等功能部件的也很多。在构思方面，为了提高设计自由度及适合感，可以看到很多黏结（一体成型）座椅。而且，从安全性方面，在座椅内部装有侧安全气囊，为了防止危害性，树脂零件也安装了很多。

（b）制造工序：座椅的结构零件及组合安装工艺流程如图 5-191 所示。

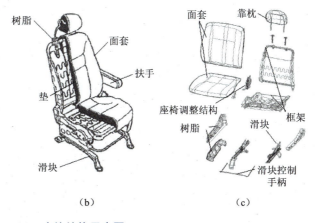

（a） （b） （c）

图 5-190 座椅结构示意图
（a）外形；（b）组装结构；（c）分解结构

1）面套总成：有座椅的外观，表面触觉，造型的装饰性和耐磨耗性及表皮的强度，耐久性功能的内饰，是把织物、氯乙烯皮革、尿烷泡沫、里侧基布按形状裁剪，用多针缝纫机或是高频率焊机，按规定的间隔缝纫加工（2 枚软质座椅之间，加入泡沫等的芯，注意固定点，在表面座椅做出浮出模样膨胀）后，把各种各样的部件材料缝制出来。如果采用真皮材料，是在牛皮表面上色后使用。

2）泡沫件总成：是座椅的垫子材料，有使人感到舒服的作用，是左右商品性能的部件。侧面和中央部有硬度差（侧面不同硬度），改善了

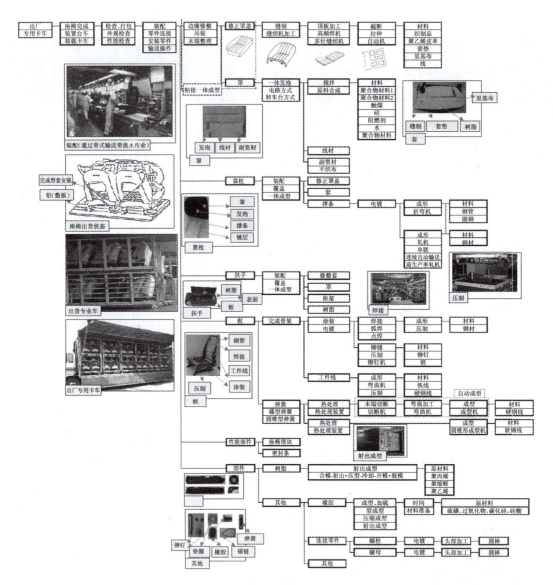

图 5-191 座椅的制造工序概要

乘员的舒适性，由层数变化可以改变硬度（积层不同硬度不同），因此改善了表面感触性和操作性的不同硬度的填充材料有很多。

3）框架：框架是形成座椅的骨架的零件，钢板用压机制作，钢管用弯管机弯制，钢丝用轧机或用 NC 弯曲机制造。弹簧根据用途，把钢琴线和硬钢线加工成 S 形状和环状使用。

这些零件是采用氩弧焊或者点焊加工组装的。这个工序推进引入了通用自动焊接机进程，逐渐增加适应多品种少量生产的发展需要。另外为了实现轻量化，也有在框架材料中使用 Al 合金、Mg 合金、树脂的例子。

4）装配工序：把各种零件组合在一起（依靠螺栓等连接以及部件组装）完成产品。尿烷填充材料中把表皮直接粘接（黏结剂或是胶片）在填料上的粘接成型施工方法，以及把表皮材料和填料的发泡模具组合，和填料一体发泡制作的表皮整体冒泡法等逐渐增加了。这些方法具有不损伤表皮材料的美观性，可以形成任意的形状，进行裁剪、缝纫机缝制，并可以减少组装工序等优点。

（3）顶棚。

（a）概述：顶棚除了具有提高内饰外观的美观作用以外，还具有与车外的隔热、隔音及车内的吸音等的性能，以及车内灯、室温传感器等的安装，容纳遮光板等功能。顶棚根据其结构大致可分为成型顶棚、悬挂式顶棚、贴合式顶棚等，但最近为了确保室内空间，从设计自由度考虑，成型顶棚的使用成为主流。

（b）制造工序。

1）成型顶棚：制造成型顶棚的工序如图5-192所示[30]，根据基材的种类，有基材和表皮材料分别成型的方法和同时成型的方法。

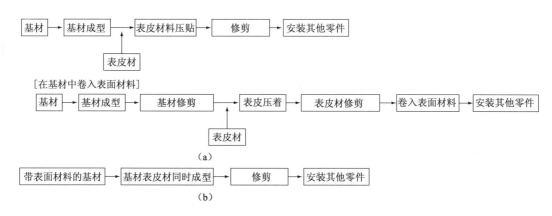

图 5-192　成型天井的制造工序

（a）基材和表面材料分别成型；（b）基材和表面材料同时成型的情况

① 基材。

分别成型的方法：以腈纶毛毯、瓦楞纸板、硬质纤维尿烷等为材料，热压成型。

同时成型法：以附有表皮材的发泡聚苯乙烯、发泡PP等材料冷压成型。

② 表皮压接：表皮压接是把附着尿烷的PVC（聚氯乙烯）、附着织物的PVC、附着发泡聚氨基甲酸酯的合成橡胶等，在表皮材料的内侧贴上热熔化物，用成型后不久的基材的余热压接在一起的方法。

③ 修整：修整一般采用压机打穿的方法，但也有采用数字控制的水喷射加工机的加工方法。

2）悬挂式顶棚：悬挂式顶棚的制造工序如图5-193所示，根据表皮的种类大致分为缝制类型和焊接类型。

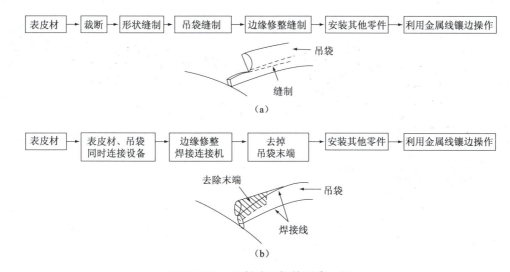

图 5-193　悬挂式顶棚的制造工序

（a）缝制类型（材质：纤维，PVC 激光的场合）；（b）焊接连接型（材质：PVC 薄膜的情况）

1）缝制类型：织物，PVC皮革为表皮材料的场合，表皮按照车身形状以及裁断适应材料伸展的尺寸裁剪缝制，还缝制了吊袋部，边缘修边支柱微调等的子零件，在吊袋部穿过经过表面处理的硬钢线（电缆排线），并保持形状不变。

2) 焊接类型：PVC 膜片为表皮材料时，配合车的形状的同时，吊袋部也用焊接方式同时形成，只是为使端部与本体以相同的宽度形成，加入了一道切削工序。

子零件安装：穿过电缆排线，与缝制类型相同。

3) 贴合式顶棚：贴合式顶棚是把一般的尿烷泡沫粘贴制成的，采用与 PVC 座椅的表皮材料制作的面套总成制作方式打穿制造。

5.8 辅 件

5.8.1 汽车空调

（1）汽车空调系统概要。汽车空调主要功能是换气，送入冷风，送入热风。组合这个功能，把冷却的空气加热到目标温度，并从希望的出口送风（图 5-194）。把空气冷却的热交换器叫做蒸发装置，加热的热交换器叫做发热器核心。这两个热交换器和送风机一起安装在一个箱子里，作为 HVAC 零件（HVAC：Heating, Ventilation and Air-conditioning）放置在车内。

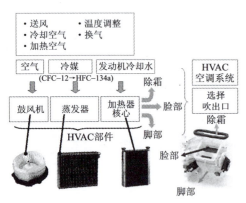

图 5-194　汽车空调系统的功能

把空气冷却的是冷冻循环，在冷冻循环中循环的工作流体称为冷媒。因为汽车空调用冷媒必须是安全的（无毒性、不可燃性）、能充分发挥冷交换的作用、制造容易、低成本，所以汽车空调诞生当时（1957 年左右）开始就使用了氟利昂材料。被用为汽车空调用冷媒氟利昂是分子中含有氯的 CFC-12。但是，已经确认大气中放出的氟利昂 CFC-12 会分解大气臭氧层，其分子中的氯分子是破坏臭氧层的原因，因此从 1989 年开始执行了氟利昂的使用规定。此后，作为代替 CFC-12 的冷媒，氟利昂分子中不含有氯的 HFC-134a 开始使用了。

冷冻循环的机理如图 5-195 所示。最初的冷媒是用压气机压缩成高温、高压的气体冷媒。被压缩的高温、高压气体冷媒流入车辆前面搭载的冷凝器中，在这里与外界大气进行热交换，高温、高压气体冷媒变成高温、高压液体冷媒。这个液体冷媒用膨胀阀减压。减压时，冷媒与周围的空气进行热交换，获得蒸发潜热。这个热交换通过蒸发器进行，因此可以冷却车内的空气。热交换结束的冷媒变成低温、低压气体冷媒，可再次用压气机压缩成高温、高压的气体冷媒。

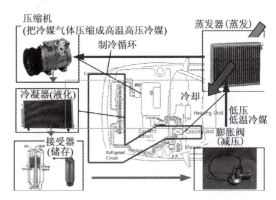

图 5-195　汽车空调用冷冻循环

一方面，空气的加热利用了发动机的余热，即散热器的冷却水（85~90℃）。作为 HVAC 部件内设置的加热器依靠这个冷却水与空气进行热交换，制造出热风。加热器冷却水回路如图 5-196 所示，依靠水泵把发动机冷却水送入，并可以用调节阀调整送入加热器的水流量。

上述包括冷却循环和加热器冷却水回路的，标准汽车空调的发动机室内的零件构成如图 5-197 所示，车室内零件构成如图 5-198 所示。把空调系统的操作系汇集的部件就是空调嵌板，为了确保从驾驶席和助手席都容易操作，因此将其设置在仪表板中央（图 5-199）。

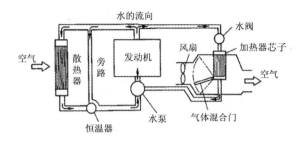

图 5-196 加热器回路

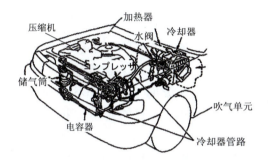

图 5-197 发动机室内的部件结构示意图

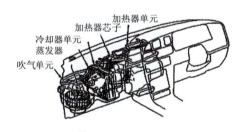

图 5-198 车室内的部件结构示意图

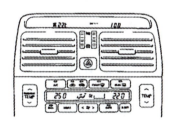

图 5-199 空调面板

5.8.2 仪表

（1）概述。为了容易掌握运行中车辆的状况，配置了各种仪表及指示器。一般有表示车速的车速表，表示发动机回转数的转速计，表示燃料余量的油量计，表示发动机冷却水温度的温度计等。另外把这些仪表及指示器装入一个壳体里则称作组合仪表，这些仪表对保证汽车安全且经济的运行，是不可缺少的部件，并且兼有使车室内美观漂亮的作用。

（2）组成。仪表由指针、文字板、衬页板等的设计部，表示行车距离等的液晶显示器，使指针摇摆移动装置，输入信号的演算、输出的电脑组件，前玻璃及壳体等框架部构成，其典型的组成结构如图 5-200 所示。

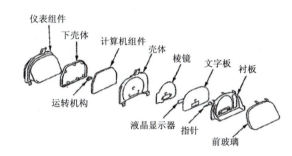

图 5-200 仪表的组成结构

（3）制造工艺。仪表有各种结构，但这里主要介绍典型结构的制造方法和主要工艺。制造工艺流程如图 5-201 所示。

图 5-201 仪表的制造工艺流程

（a）零件加工。

1）成型工序：这里的对象零件是，下箱、箱体、棱镜、衬页板、前玻璃等大件零件，以及机构件和指针等的小件零件，根据形状和大小用成型机成型制作。

2）印刷工序：这里的对象零件是文字板。测量仪器是观赏性产品，因为垃圾和灰尘对产品质量的影响很大，所以需要在无尘室内进行制造。

（b）内部功能装配。

1）运动机构装配：是左右测量仪表的性能的重要零件，并且因为使用了极小零件，所以使用了防止灰尘和异物进入的自动装配装置，且全部的零件都自动装配完成。

然后，进行全体成品的性能检查，完成装配

作业。

2) 电脑组件结构：根据测量仪表的设计，配线的电路基板的光源 LED、各种仪表集中控制的单片机、液晶显示器、其他的 SMD 电子零件都自动高速安装完成。然后，在流动过程中进行锡焊，并通过必要的功能检查后，完成装配。

（c）总装配：把加工完的零件和按照内部功能组装的部件汇总，顺序安装到称作箱子的零件中，进一步安装文字板、指针。然后，依据各种指示标准进行调整。接着安装完成衬页板及前玻璃。这个工序中重要的是，因为需要根据售出目的地及汽车的等级，来改变测量仪表的结构和设计方案，所以如何保证没有错误的组装。为此，在产品设计、工序设计上的 FP 方法（预警法：意即在过程失误发生之前即加以防止，是一种在作业过程中采用自动作用、报警、标识、分类等手段，使作业人员不特别注意也不会失误的方法）需要进行充分的研究。

（d）检查：测量仪表对于驾驶汽车的人来说，是传达信息的重要零件，而且为了达到具有创意的设计性要求，实施了全体产品的精度和外观检查操作。

5.9 电子设备

5.9.1 集成电路

（1）概述。目前电子工学在所有领域中的应用范围逐渐扩大。对于汽车近年来急速地加快了电子化的进程，达到搭载了很多的电子控制单元（Electronic Control Unit，ECU）的程度[31]。

汽车的电子化首先从发动机的控制开始，引入到易操纵、确保安全的所有系统，使汽车的性能、功能有了飞跃性的提高。并且扩展到电子式仪表、CRT 显示器等的"显示装置"，利用汽车电话、新信息传输媒体的"通信"系统中，今后其应用范围还将会不断扩大。

在汽车用 ECU 中被称为中枢的 IC（Integrated Circuit，集成电路）系统最大的特点，是与民用电子器件相比，因为在恶劣的环境中使用，所以对于温度、湿度、振动、电器的噪声等耐环境性能方面，需要确保具有较高的质量和可靠性。

这些用在汽车上的 IC 件按结构分类，可分为单片 IC 和混合 IC，此外还有应用了半导体技术的各种传感器用 IC（图 5-202）。

图 5-202 IC 按构造分类

单片 IC 是在一个硅单结晶基板上集成了二极管、晶体管、电阻、电容器等的很多电路元件的东西，分为双极的 IC 和 MOS（Metal Oxide Semiconductor）IC。双极的 IC 是，把平面型晶体管从数个到数百个安装在同一个基板上形成一个电气回路。而 MOS IC 是把 MOS 晶体管从数十个到数万个安装在同一基板上形成的，所以与双极的相比，由于构造简单，即使再提高集成度也可以。

另一方面，混合 IC 是在陶瓷基板上进行厚膜加工后，装上晶体管和电容器等的元件和零件，形成一个电路的 IC 件，与单片的 IC 相比，不仅可以处理高电压输入，而且在高速情况下可以得到大电流输出。而且作为汽车用的产品，随着对于小型化、多样化要求的增加制作成本为中低层次，另外与单片的 IC 相比开发期限短，所以作为实装技术应用较多。

半导体应用传感器的作用是把这些输入信号传送到控制用 IC 中，因此其在压力、温度、磁气、光、加速度等各种领域中得到开发，对高精度系统的控制成为可能，其制造方面也正在应用 IC 的制造技术。

（2）制造工序。

（a）单晶硅片：作为 IC 基板用的单晶硅片是把多结晶硅和特殊添加剂混合一起，在石英坩埚中熔融，一边旋转一边慢慢吊起种结晶棒，制造出必要直径的单晶棒。然后，用金刚石刀片按所定的厚度把单晶棒切断，再通过研磨将单晶硅片表面加工成镜面形状（图 5-203）。

（b）芯片：芯片的制造工序是在单晶硅片表

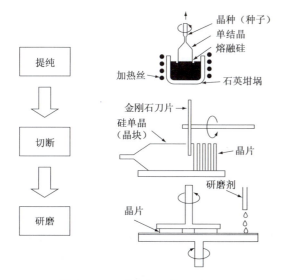

图 5-203 硅单结晶的制造工序

面制作电路功能的工序，这是进行微米单位的微细加工技术。基本的工序流程如图 5-204 所示，硅单结晶芯片的氧化，光刻法、蚀刻法、不纯物扩散等步骤循环重复 15~20 回后，各元件配线，最后表面保护完成制作。把这些工序做更详细的说明的话，首先把芯片放入约 1 100 ℃ 的高温炉中加热，流入纯度高的氧气和水蒸气，在芯片表面形成电的稳定的硅氧化膜。然后，涂上称为绝缘物层的感光材料，用直线对准器在基板表面应用相片技术，把 IC 电路底片（前罩板）的图形露光及蚀刻，跟前罩板一样的电路图案临摹到基板表面。接着在高温的扩散炉把氧化膜去掉部分，用硼或是磷热扩散形成不纯物层，但近年来采用了

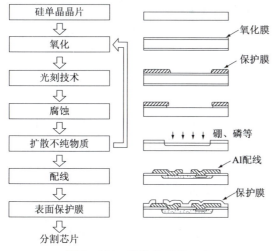

图 5-204 芯片的制造工序

通过更高精度控制的离子注入装置，打进基板表面的方法。这个方法能把原子一个一个计数输入，所以可以实现不纯物进入的深度和浓度的自由控制。接着，在活性低的低压气体中，加高电压在基板表面蒸镀铝膜，进一步通过蚀刻法形成金属配线。最后，用 CVD（Chemical Vapor Deposition）在基板表面形成保护膜后完成制作[34]。完成的基板制品，每一片都要在试验台上测试，进行合格品和不合格品的判定，不合格品做出标记。

(c) 单片 IC：单片 IC 的组合安装工序如图 5-205 所示。把在切割工序中被切成一片一片的芯片在特殊安装工序中固定出引脚，主要的固定方法有用混入银等导电物质的糊状黏着剂的方法，以及把芯片和金属膜高温加热，得到金属的共晶合金的黏着方法。接着，进行连接引脚和芯片的电极的引线接合操作。引线接合操作方法大致可分为热压接方法和超声波方法，使用了约 25 μm 的金属线的热压接方法被广泛应用。然后，为了不使 IC 芯片被灰尘和湿气所破坏，实

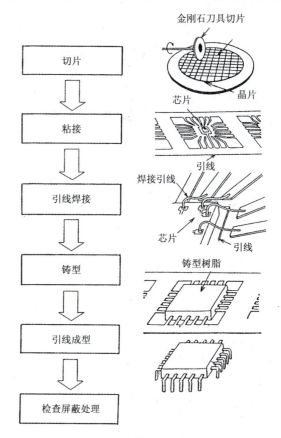

图 5-205 单片 IC 的装配工序

施用陶瓷和树脂等的包装用物密封的铸模工序，并通过切口及压制形成引线，加上标记后完成制作。最后对制成品进行电气特性检查，外观检查后，实施冷热循环，预烧等的屏蔽，确保汽车IC件的高可靠性。

(d) 混合IC：混合IC的制造工序如图5-206所示可分为以下四类。

首先在厚膜印刷工序中，把糊状的导体和电阻高速印刷在陶瓷基板上，高温炉中进行干燥、烧成后，并用胶囊保护其表面而制成厚膜基板。接着的零件组装工序中，在这个厚膜基板上印刷锡焊（焊锡粉末糊剂），利用其黏附性，把IC芯片、晶体管等的元件正确地安装在已定的位置。然后，在炉中根据焊剂熔融后靠逆流焊锡形成电气回路确实的连接、清洗。进一步在包装工序中，为了保护元件和电路不受灰尘和湿气、热等因素影响，用硅酮凝胶、树脂壳体、散热片等包装。最后实施冷热循环试验等检查。特别是在同汽车搭载相同的条件下，进行高温、低温中的性能确认和依靠测试仪器的多项检查。

图5-206 混合IC的装配工序

(e) 半导体传感器：半导体传感器如前面所述，利用了很多半导体的特性，光、温度、压力、加速度、磁气等的非常多的传感器已经实用化，这些产品在制造时，因为可以应用IC的制造技术，所以推进了小型化、轻量化和低成本化的进程。例如，半导体压力传感器（图5-207），由把压力转变为变形的硅膜片和把变形变为电信号的扩散电阻组成，这些在基板制造工序中可在一片硅芯片上形成。只是，因为是由半导体构成的，存在温度特性和元件间的特性分散等的问题，通过电路补偿、调整可以解决这些问题。作为压力传感器特性之一的偏置电压的调整，是通过激光束切割与传感器单元一体化的陶瓷基板上的调整电阻进行，最近，也实施了利用激光束直接调整基板上的薄膜电阻的方法（薄膜激光剪切）。

半导体传感器的制造工序，按传感器的种类

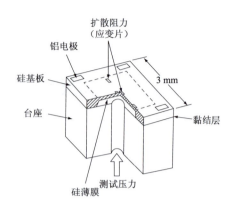

图5-207 半导体压力传感器的构造

分类有很多，但基本上是由基板制造、元件（传感器芯片）组装、调整、检查等步骤组成，与单片IC和混合IC相同，最后根据汽车苛刻的使用环境条件，进行各种检查后完成制品。

5.9.2 电子设备安装

对汽车用ECU的要求是很严格的，而且多样化，其中尤其是针对小型化要求使用了SMD（Surface-Mount Device，表面贴装元件）。

如图5-208所示，表面贴装方式因为不用像穿线安装形式的导线，可以减少空间。另外可以把锡焊填塞到小的纸塑的螺距中。而且因为基板的两面安装成为可能，所以提高了安装密度。

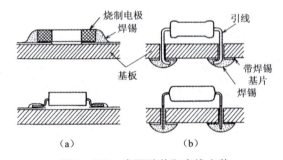

图5-208 表面贴装和穿线实装
(a) 表面实装；(b) 穿线实装

在本项中对使用了SMD的ECU的制造工序进行说明。搭载了SMD安装方法有以下四种形态（图5-209）。

① 单面表面贴装。
② 双面表面贴装。
③ 单面表面贴装，混合穿线贴装。

④ 双面表面贴装，混合穿线贴装。

在这里说明的 ECU 属于第四种类型。

如图 5-210 所示为这个 ECU 的制造工序的概况。还有图 5-210 中包含了下一项中说明的检查工序。以下按顺序对制造工序进行说明。

（1）添加焊膏。在称为表面侧或是元件面侧的配线的印刷版上，需要敷上焊锡的地方涂上焊膏。焊膏是把焊锡粉末和焊剂焊药、黏结剂等均匀混合的糊状的混合剂。其涂抹方法有，钢网板

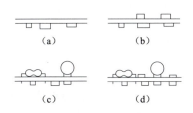

图 5-209 SMD 实装工序

(a) 单面表面贴装；(b) 双面表面贴装；
(c) 单面表面贴装与穿线贴装混合；
(d) 双面表面贴装与穿线贴装混合

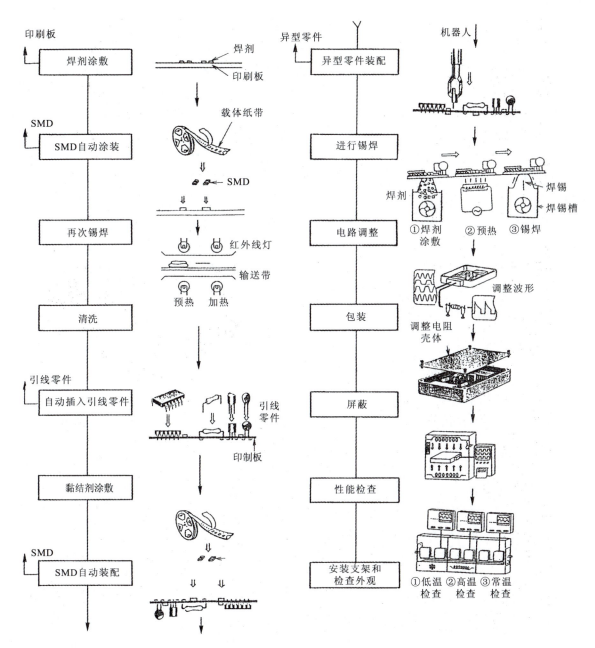

图 5-210 ECU 制造工序

印刷及分配器分配等方法，一般采用钢网板印刷方式。

（2）SMD自动安装。在涂了焊锡糊剂或是黏结剂［在（6）中说明］涂装的印刷板上，用计算机控制的自动安装机安装SMD。SMD的供应方法有几种，如图5-210所示是在传送带上放置，一个一个供应的实例。自动安装机是利用计算机控制的机器人，一个个吸住后在印刷版的固定位置上安装。

（3）回流焊。安装了SMD的印刷版，在回流炉中加热，前述的（1）中涂抹了的糊状焊锡熔化，使SMD焊接。

回流焊的方法有以下四种。

① 红外线回流法。

② 热风回流法。

③ 热风、红外线回流法。

④ 蒸气回流法。

上述各种方法都有优点和不足，所以根据对象SMD的外形、形状等选定最合适的方法。另外作为车载用产品，氮气的回法是主流。而且，作为减轻环境负载的对策，焊锡无铅化的推行也在逐渐展开。

（4）清洗。附上焊锡时析出的焊剂焊药残渣，焊锡渣滓（焊锡小球），其他不纯物等影响产品及印刷版配线的可靠性，所以需要进行清洗。最近大部分向无清洗化操作方向发展。

（5）引线制品自动插入。根据技术的或是经济的理由不能SMD化的带引线的产品，通过计算机控制的自动插入机直接安装到印刷板［一般是（2）中安装了SMD的面］上。

（6）涂黏结剂。反转印刷版，为了在内侧或是称为焊锡面的面上安装SMD并临时固定，在安装的地方涂上黏结剂。

使用的黏结剂有热硬化型和紫外线硬化型。一般前者是环氧系树脂，后者是丙烯系树脂。从零件受热影响这点来说希望用紫外线硬化，但是有紫外线阴影部分不能充分硬化的问题，所以采用热和紫外线并用的硬化方法。

（7）异型零件的安装。用自动插入机安装难以处理的异型零件，比如，连接器、混合IC等，用人工安装或采用机器人安装。

（8）喷流式锡焊。这样全部安装完毕的印刷板被送到喷流式锡焊附着装置。

喷流式锡焊附着装置进行以下三个工序，以在印刷板上附着焊锡元件。

（a）涂焊剂焊药：为削弱焊锡的表面张力、改善浸湿性，使焊锡确实地附上雾状或是液状的焊剂焊药，涂敷在印刷板需要焊锡的部位。

（b）预热：缓解实装零件的锡膏时的热压力，同时焊剂焊药中的活性剂锡膏是在最合适条件下反应，并且为了使反应产生的气体控制在最小限度，使熔剂干燥气化，所以给印刷板加热。

（c）锡焊：使用了喷流式锡焊槽，形成熔融焊锡的喷流波，在其上边使印刷板浸渍通过后进行锡焊。

这样喷流式锡焊能同时把引脚制品和SMD锡焊，生产率也高，但是为了在熔融焊锡中浸渍，引脚端子间隔的小SOP（Small Outline Package）IC等的锡焊容易发生连焊，不能好好进行锡焊。但在回流锡焊中，锡焊的部分上预先印刷上糊状焊锡，然后安装电子零件，加热、熔融，所以正在朝着更高密度实装的锡焊发展。

锡焊的质量因为容易受微妙的条件变化影响，所以需要严格执行工序管理措施。然后，印刷板被装入箱子中。

（9）电路调整。对印刷板单面或是双面形式的主要部分中，设置有多数的探针与之接触，这样，电路特性的检验靠自动检查装置进行。多数零件的集聚误差集中在调整处，需要调整时，从自动检测装置显示出电阻值。目前IC产品的性能提高，通过装置可以自动修正，并把修正的数据写入IC，调整完毕。

（10）封装。安装上盖后进行封装，然后，按照规格贴上标签。

到这个阶段，装配即告完成。

5.9.3 电子设备检查

车载用ECU是在非常恶劣的环境下使用的产品。其在这样的环境条件下要稳定地工作，充分发挥用户期待的性能，就必须从设计初期开始，非常认真仔细地考虑其质量的问题，从设计到制造、直至出厂的各个阶段开展各种质量检查确认工作。在本节中对于在制造的最终阶段怎么进行质量确认问题，以前述 ECU 为例进行说明。

（1）温度特性检查（老化时间效果）。如图 5-211 所示，组装完成的 ECU 进入温度特性检查工序。

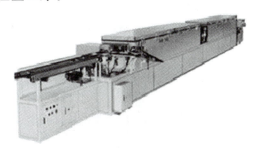

图 5-211　零件筛选装置

一般来说半导体零件具有早期故障的趋势，但可以说没有磨损故障。因而，以含有这些特性的零件构成的 ECU 也有同样的倾向。因此为了防止在市场使用中出现早期故障，所以采取在高低温环境中，使 ECU 在规定时间连续工作后，检出初期故障的措施。

（2）性能检查。ECU 是否已按设计的要求制造出来，并且是否已达到质量要求可以向市场发货，需要进行最终的性能检查。检查时，利用自动检查装置对 ECU 进行检查。检查分三个阶段：① 低温检查；② 高温检查；③ 常温检查。把温度设置为三个阶段是为了提高不良制品的检出能力（图 5-212）。

图 5-212　性能检查装置

（3）托架安装和外观检查。按照需要为把 ECU 安装在车辆上可以安装托架，同时进行 ECU 的外观检查，至此，ECU 检查完成。

应用这样完整的质量管理措施，才可以得到高可靠性的产品。

5.10　混合动力系统

5.10.1　混合动力汽车用电机

（1）概述。近年来，装载混合动力系统的轿车增多了（图 5-213 及图 5-214）。混合动力系统有串联系统和并联系统，以及集中两者优点构成的串并联系统。但是在各汽车公司生产的系统、结构等均有区别，电机的结构和制造方法也不一样。在本篇中主要说明典型电机的制造工序。

图 5-213　装载混合动力系统的
电力汽车（本田 Civic）[35]

（2）电机的制造工艺。丰田 Prius 和本田 Civic 制作的已经被实用化的混合动力用汽车电机采用的是永磁式同步电机。永磁式电机因为能量密度高，可以小型化，所以对于混合动力系统的制作具有优势。在本篇中说明这个永磁式同步电机的制造工艺。电机制造工序可分为定子安装工序、转子安装工序、电机安装工序。

（a）定子安装工序：永磁式电机的定子，有跨多个齿牙绕线的分布绕线方式和在定子的各个

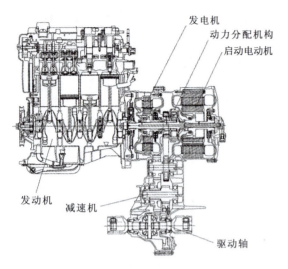

图 5-214 装载混合动力系统的电力
汽车示例（丰田 Prius）[36]

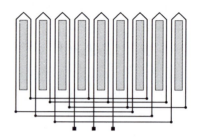

图 5-216 集中绕线展开图

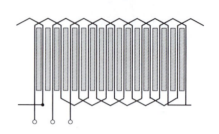

图 5-217 分布绕线展开图

齿牙上安装线管集中绕线的突极集中绕线方式（以下称为集中绕线），如图 5-215 所示。

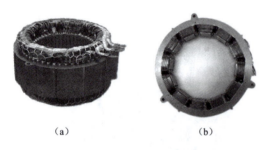

图 5-215 定子绕线方式的例子
（a）分布绕线方式；（b）集中绕线方式

集中绕线方式与分布绕线方式相比，铁损变大，弱励磁的活用范围小，不适合高转速、高输出的电机等情况，但是因为绕线机构简单，所以具有绕线装置和绕线固定工序简化容易的特点。另外因为线圈结构小，对空间小的电机结构设计来说是非常有效的手段。可以期待在把铁芯按每个齿牙分割制造时，提高打穿电磁钢板时的材料使用率，对抑制制造成本有效，以及通过在定子、转子上使用不同种类的电磁钢板，而使性能和制造费用平衡达到最佳化。如图 5-216 及图 5-217 所示为集中绕线方式和分布绕线方式的绕线展开图。

1）绕线。

① 集中绕线方式：采用集中绕线方式时，沿每个齿牙进行绕线。如果是混合动力用高输出电机，一般采用排列比较粗的电线，但需要采取在齿牙上安装绝缘线管后再进行绕线的方法，以及采取在绝缘线管零件上绕线后安装在齿牙上的方法。从绕线时排列绕线和防止电线产生扭曲现象、高速制作、保护电线绝缘漆层的观点考虑，一般采用把齿牙和线管旋转后绕线的方式。近年来，以电机的高能量密度化为目标，矩形截面电线的使用实例也在增加。矩形截面电线的绕线方法，因为像圆截面电线那样仿照缠绕"草包"似的层积起来困难，所以绕线时需要抑制电线的横向移动和扭转变形，还需要注意边缘部分的损伤等。

采用每个齿牙绕线的集中绕线方式时，需要把各个绕线线圈连接起来。连接件是使用环状的配电用零件等，绕线后的线圈端部通过熔化等接合方式连接。所谓熔化连接方法，是在熔化用电极间一边通电一边敛缝的方法，利用通电后端子发热现象，即使在电线上有绝缘树脂涂层的情况下，也可以使用这种连接的方法（图 5-218）。

② 分布绕线方式：分布绕线方式与集中绕线方式不同，不是每个齿牙都安装整体线圈部件的方式，一般按以下顺序进行组装：① 使用线框等进行电线的成型；② 插入电线之前使

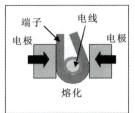

图 5-218 线圈间配线及熔化连接实例

绝缘纸等,来确保定子和电线间的绝缘性能(图 5-219);③使用电线插入机(插入物插入机),把成型好的电线从齿牙间的开槽部插入(图 5-220);④用楔子防止线圈飞出,其利用插入机同时插入。⑤插入后,为了整理电线端部,利用编织方法把相邻线圈端部用线绳材料编织固定。然后,进行清漆和模型等的绕线固定处理。分布绕线方式中因为核心部材的电线嵌入的幅度(开槽尺寸)和电线线径会影响电线的插入性和质量,所以定子设计方法和绕线设备以及与制造条件的关系非常重要。

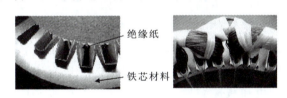

图 5-219 绝缘纸插入式编织方法事例

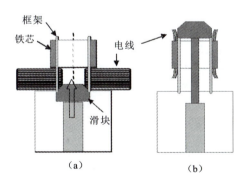

图 5-220 利用隔板插入电线的示例
(a) 固定状态;(b) 插入后

2)电线的固定:因为电机通电时在电线上发生的力以及电机等振动原因引起摩擦,所以电线的固定是为了防止由于以上原因电线的绝缘膜损伤而采取的措施。

典型的固定方法:①依靠清漆固定;②依靠树脂模具固定;③依靠自身熔化粘接电线固定等。依靠清漆的固定一般在含浸槽中把电机浸泡,或是清漆材料滴下后,在高温炉里进行硬化处理。依靠树脂模具固定不需要硬化工序,因而可以提高生产率,但是也有在重量上与清漆固定方式相比有若干不足,以及需要专用金属模具的特点。两者与电线的固定配合可以保证电机整体的绝缘性。另外,自身熔化粘接电线固定方法通过事先涂装的粘接层,利用加热处理自身融化粘接,使电线之间固定。加热粘接处理可以使用高温炉的方法和利用电线通电时电线自身的发热方法,还有对于比较细的线材,可以使用绕线时直接吹入热风的固定方法。

3)定子的固定:定子是由层压的电磁钢板构成的,一般具有壳体并固定在壳体上。在壳体上的固定方法:①螺栓连接;②加热嵌入连接;③压入配合连接等方法。

螺栓连接是在电磁钢板冲切时形成螺栓孔,与壳体进行连接的方法,一般组装性良好。加热嵌入方法是通过事先加热壳体,使壳体内径热膨胀扩张,插入定子后把壳体恢复到常温后固定的方法。为了扩张壳体需要进行加热处理,相对来说还期待定子的热能够高效率的放热到壳体中去。压入配合方法是把各个绕线的齿牙压入铁系材料的圆环零件的方法,这个方法兼有把分割的各个齿牙固定功能以及固定到壳体的功能。

b)转子装配工序:永磁式同步电机的转子根据永磁铁的形状和转子的配置,分为表面贴磁型(SPM)和内置磁铁型(IPM),如图 5-221 所示。

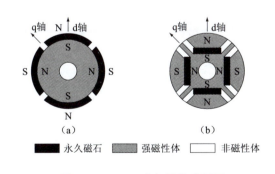

图 5-221 PM 电机的构造例子
(a) 表面贴磁型(SPM);(b) 内置磁铁型(IPM)

1) 表面贴磁型转子的装配：表面上布置的磁铁因为属于不能维持磁铁有关的吸引排斥力和由于转子旋转产生的离心力的那种结构，所以需要采取把磁铁内周黏结或者把外周固定的措施。在外周固定时，为减少对磁铁的磁特性影响，一般采用玻璃纤维和不锈钢制的圆环零件固定方法。采用玻璃纤维固定时，有把纤维直接缠绕，用清漆等树脂固定的方法，以及事先制作成玻璃纤维圆环，再装配的方法等。

2) 内置磁铁型转子的组装：内置形式转子的情况下，磁铁多数采用从层叠磁钢转子的窗口插入装配。磁铁一般为了防锈进行镀层处理或者采用树脂铸出表面层。因为混合动力用的电机磁铁涉及很大的吸引排斥力，所以不仅要插入到转子中，还为了防止磁铁的振动和防止镀层的损伤，一般需要通过粘接材料进行固定处理。用树脂铸模的磁铁通过轻压入装配就可以固定。磁铁的轴向固定常采用在转子的两端安装供按压用的非磁性金属板，一般压入固定轴的形式较多。

3) 平衡修正：转子因各个磁铁的重量差和磁钢板的厚度偏差的影响等产生不平衡现象。混合动力汽车用电机因为是高速旋转的部件，所以一般需要采用平衡修正，为了消除不平衡情况，可以采用在适当的位置进行钻孔加工或者黏结平衡修正用树脂材料的方法。

4) 磁铁的上磁：磁铁的磁化在转子组装后进行比较理想。这是因为可以防止零件输送时附着异物，维持保磁力，避免装配性能下降以及防止安装时磁铁损伤的缘故。上磁使用上磁用线圈。上磁线圈是采用与磁铁个数相同的线圈，对应着磁铁安置在圆周上，靠强力磁力输入把磁铁磁化。对于磁力的发生，是通过使用有大型的电容器等的电源，瞬间把大电流通入上磁线圈上实现的。因为大电流使线圈发热，常使用具有水冷等的冷却功能的磁轭。采用IPM转子时，因为有些规格的转子不可以磁化磁铁，所以也有插入单件上磁后的磁铁情况。

(c) 电机装配工序及检查（图5-222）：为了把前述的定子及转子组合装配成电机，还需要有轴承等的轴保持用零件和端子，插塞连接器等的配电用零件；为控制电机，检测定子和转子相位回转角的传感器的组装调整工序；动力性能和绝缘性能确认等的质量检查工序等。混合动力汽车用电机的安装位置根据系统有各种结构方式，有安装在减速装置内，也有安装在发动机和减速装置之间的方法等，所以装配方法有很多种组合和方式。

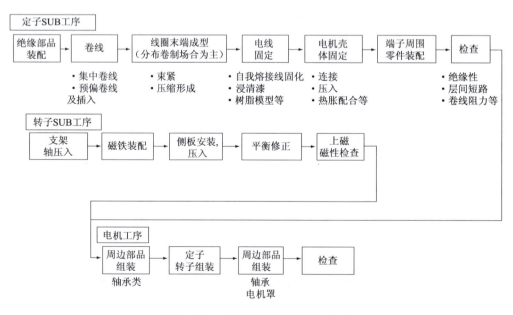

图5-222　永磁式电机的组装工序例

电机的检查项目：可以作为定子单体的检查绝缘试验、绕线电阻试验；作为转子单体检查的磁气特性试验；作为电机装配后实施的动力检查和发电性能检查等，但关于这些测试项目，根据各个电机要求的特性和生产工序的构成情况，可以设计为多种组合形式。

以上虽然简单，但对电机的制造概要进行了说明。今后随着混合动力系统的扩大，期待进一步开发出小型、高输出能力、效率高的电机，为实现这个目标，设计技术和各个生产技术革新也是重要的因素，也期待着包括相关领域中相应的技术开发、革新和进步。

5.10.2 混合动力汽车用变换器

（1）概述。控制混合动力汽车用电机的变换器的电路如图5-223所示，其由以下部件构成。

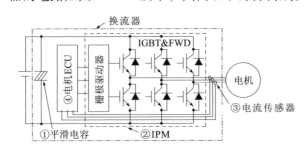

图 5-223 变换器电路

IGBT—绝缘栅双极型晶体管；FWD—自由二极管；
IPM—智能动力模块

另外，变换器的安装如图5-224所示。散热片上安装IPM、光滑电容器、电机ECU。电流传感器设置在IPM的电流输出线头焊片上。

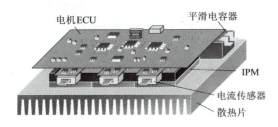

图 5-224 变换器实装图

（2）制造工艺概要。变换器的制造工艺流程大体上如图5-225所示。如图5-226所示为变换器的装配示意图。

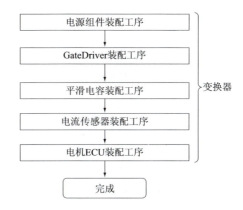

图 5-225 变换器制造工序流程

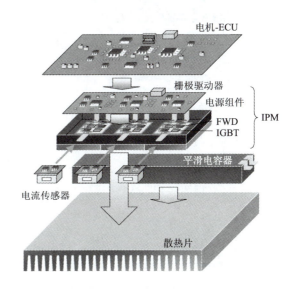

图 5-226 变换器实装概念图

首先装配组装了IGBT和FWD的半导体芯片的电源组件（详细内容后述）。其次，在电源组件上安装控制芯片的Gate Driver来完成IPM。然后，在散热片的上部，安装IPM、平滑电容器、电流传感器和电机ECU基板，完成变换器装配作业。

（3）电源组件的制造工序。在本书中介绍电源组件的制造工序。

（a）工艺流程：如图5-227所示为电源组件的工艺流程，如图5-228所示为电源组件的安装图像。工序由把IGBT、FWD芯片安装在模块基板的管芯焊接工序；把模块基板安装在壳体的壳体装配工序；连接芯片和模块基板的电线焊接工序；通过凝胶和树脂保护芯片表面的封装工序组成。最后通过电器特性检查判定电源组件好坏。

图 5-227 电源组件工艺流程

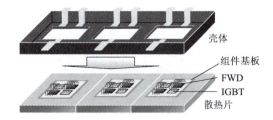

图 5-228 电源组件图像

（b）管芯焊接工序：把 IGBT、FWD 芯片安装在组件（模块）基板粘接固定的工序。图 5-229 是管芯焊接工序的安装实例。

图 5-229 管芯焊接工序安装实例

作为管芯焊接法的方法有焊锡接合法、树脂黏结法等。混合动力汽车等流过电流数百安培时，由于芯片和组件基板的热膨胀系数差需而要缓和热应力。一般使用焊锡连接法需要有以下特性要求。

- 连接部的机械强度。
- 低空隙率（空隙）。
- 不会给芯片的可靠性带来坏影响。

关于连接部强度，必须注意芯片背面由 Metal 和焊锡材料有可能形成的贴紧性低的合金层。所谓空隙如图 5-230 所示，焊锡没有均匀濡湿，形成局部没有焊锡的部分（空隙）。如图 5-231 所示是用 X 射线拍到空隙的样子的照片，看起来白色的部分是空隙。空隙，恶化基板的热扩散情况，由于局部发热破坏芯片。作为抑制空隙的措施，在焊锡达到液化状态时（高熔点焊锡时，温度为 250～350℃），为去除焊锡内部残留的空气，最好形成真空环境。对于安装的温度环境，为了不影响安装零件的特性，有必要设定安装温度、时间。

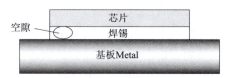

图 5-230 空隙图像

图 5-231 芯片 X 射线透射照

组件基板是在常用绝缘体陶瓷基板的上下面贴上电极金属板构成的。作为陶瓷材料使用氮化铝（AlN）、氮化硅（Si_3N_4）、氧化铝（Al_2O_3）等材料，作为金属板使用铜和铝等材料。

组件基板下面，粘接固定着散热器。如图 5-232 所示基板安装工序的图像。这个散热器用于芯片工作时产生热的冷却，以及壳体的固定。组件基板的粘接，或与芯片同时进行，或在管芯焊接工序后进行。如果是后者，芯片和模块基板的连接焊锡应使用在热扩张器安装工序热处理中不被熔化的低熔点的焊锡。如图 5-233 所示是 Pb-Sn 系焊锡的状态。

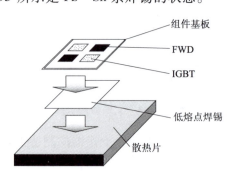

图 5-232 基板实装工序图像

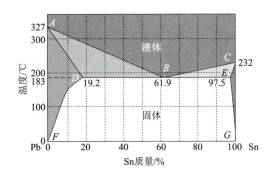

图 5-233　Pb-Sn 系焊锡状态图

在高于 $A-B-C$ 线（液相线）的范围中，焊锡变成液体，$A-D-E-C$（$A-D$、$E-C$ 线：固相线，$D-E$ 线：共晶线）以下变成固体。$A-B-D$ 及 $B-C-E$ 范围内是糊状（固液共存）物体。从这个图中可以知道，改变 Pb-Sn 的比率，液化的温度也可以产生改变，因而对管芯焊接工序的焊锡没有影响可以进行安装。

近年来因为对环境问题的重视，焊锡材料无 Pb 化的研究也有了进展，Pb-Sn 以外的焊锡材料也开始使用。

（c）壳体安装工序：在装配完的散热器上安装壳体的工序。如图 5-234 所示为壳体的安装情况。

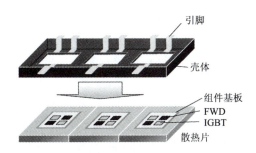

图 5-234　壳体组装图像

壳体安装所要求的条件是，在后续的封装工序中不能让液状封装树脂漏出。方法是使用黏结剂等提高密封接合性。壳体里，装有为把芯片的电气特性引出的引脚零件，在后续的引线接合工序中与组件基板连接。

（d）电线结合工序：电线结合工序是把芯片和组件基板间，以及组件基板与引脚零件间等按电器方式连接的工序。如图 5-235 所示芯片-组件基板间安装示例，图 5-236 所示组件整体图。

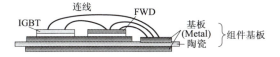

图 5-235　芯片-组件基板间安装示例

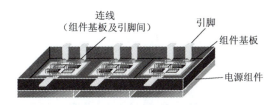

图 5-236　组件全体图

电线连接的基本原理是，电线的金属原子和被连接物的金属原子接触并赋予能量使金属开始扩散，双方都合金化的连接方式。

大电力用的电源组件用铝线（$\phi 300 \sim \phi 500 \mu m$），方式一般采用靠荷重和超声波能量连接的超声波焊接（Ultra Sonic Bonding）。

引线焊接要有以下特征。

- 连接部的机械强度（包含电气的连接性）。
- 不会给芯片的可靠性带来坏的影响。

连接包括超声波能量、施加时间、电线连接面上防挤压载荷来控制、连接强度依存于电线的压溃大小等工序。如图 5-237 所示是电线焊接后的引线外观照片。用压溃范围和焊接工具把电线的连接面挤压，连接时形成的电线的压溃部分。

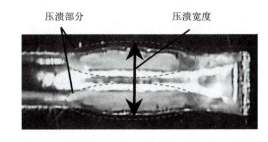

图 5-237　电线结合工序后的电线外观图片

如图 5-238 所示是连接强度的压溃范围曲线。随着压溃范围的增加，剥离困难，但是却容易发生引线的破断。即在剥离曲线和破断曲线的交点处连接强度最高。

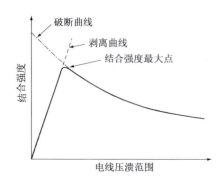

图 5-238　结合强度和压溃范围

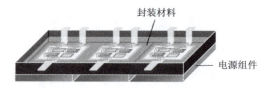

图 5-239　电源组件完成图

还有作为各个参数特性的说明。如果超声波能量太强，则在温度循环测试中发生电线破断不良现象；如果超声波能量太低，则会因合金化不足而降低机械强度。如果载荷过大，电线趋于平坦，结合面的中央产生空隙；如果载荷过低，施加超声波时电线产生滑移现象，两种都会降低机械强度。

关于连接对零件的特性、可靠性影响的说明：需要注意不要影响到 IGBT 芯片内部形成的硅（Si）氧化薄膜（SiO_2，门氧化膜）；开关元件 IGBT，通过门氧化膜控制 Si 基板内载波进行 On/Off 动作；引线焊接时，如果使这个门氧化膜受到损坏的话，氧化膜的绝缘性降低，可能引起不能控制动作，并引起长期可靠性的降低。

(e) 封装工序：封装工序为了保证组件基板上安装的半导体芯片，不受水分和微粒等外界的影响，而用封装材料密封的工序。密封方式有气密封装法（Hermetic Seal）和非气密封装法。气密封装法有完全防止外界气体侵入的金属封装、陶瓷封装、玻璃封装等。非气密封装法是把树脂靠紧在芯片上封装的方式，有转移铸型法、浇注封装法等。非气密封装法的气密性没有气密封装法好，但价格低，适合量产作业。转移铸型法主要应用在 IC 和 LSI 包装工序中（图 5-239）。

树脂封装材料多采用以环氧树脂为主要成分的热硬化性树脂或硅酮树脂。

热硬化性树脂因为加热就凝固，所以有不能再利用的缺点。关于这点，近年也在开发，即使成型后加热也可以再次熔融的热可塑性树脂。但热可塑性树脂因为耐热性低，不适合在发热很大的零件和高温场合安装，以及树脂流动性低的问题成为研究课题。

硅树脂是硅氧烷结合（硅 Si 和氧气 O 的互相结合）中附上有机基的高分子化合物（聚合物），因为与环氧树脂的碳-碳结合能量（356 kj/mol）相比，硅-氧结合能量（444 kj/mol）更高，所以有耐热性高的特点。还有在胶体领域类似冻胶凝胶状的东西有低应力，缓冲性、防震性好等功能。

电源组件的场合，与 IC 和 LSI 相比，因为格外大的包装尺寸和壳体内部构造复杂，所以采用浇灌封装低黏度硅树脂的方法。近年来，出现了以低成本化、轻量化为目的，靠封装材料用转箱铸型法包装的产品。

(f) 电器特性检查工序：电器特性检查工序是针对装配完的半导体芯片等进行电性能检查的工序。主要进行的检查项目是：静特性检查，动特性检查，绝缘特性检查等。

静特性检查测试的主要的项目是 IGBT 中门的漏（漏电）电流，集电极-发射极间的耐压，集电极-发射极间漏电流，ON 电压，FWD 中阴阳极间耐电压，阴阳极间漏电流，正向电压等。测定电路如图 5-240 及图 5-241 所示，实测特性示例如图 5-242 所示。

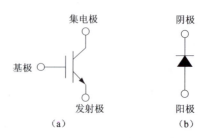

图 5-240　半导体芯片的记号

(a) IGBT；(b) FWD

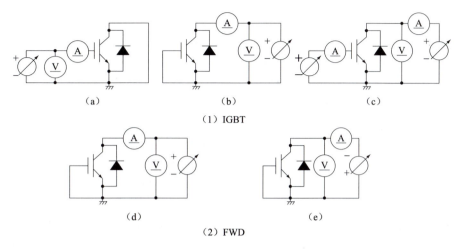

图 5-241　静特性测定电路

(a) 基极漏泄；(b) 集电极-发射极耐电压；(c) ON 电压；(d) 阴极-阳极耐电压；(e) 顺方向电压

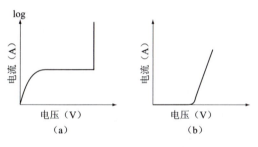

图 5-242　IGBT 测定波形

(a) 集电极-发射极耐压；(b) ON 电压

这里集电器-发射体间耐电压，和阴极-阳极间耐电压的测定电路是相同的，这是因为 IGBT 和 FWD 并联接续的缘故。因而出现的耐电压的数值是两者中较低的特性值。漏电流是两者之和的数值。

动特性由如图 5-243 所示的测定电路测定，项目是测定如图 5-244 所示的开关关闭（On→Off）特性：具体来说是测试 I_c（集电电流）直到不流通为止的时间（图 5-244 中的①）；以及导通（Off→On）特性，具体的是 I_c 电流从开始流出到达设定电流值为止时间（图 5-244 中的②）等。通过这些测试项目确认芯片的开关性能。

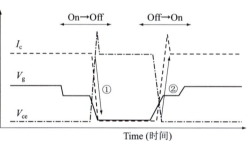

I_c：集电极电流；
V_g：基极电压；
V_{ce}：集电极-发射极间电压。

图 5-244　动态特性波形

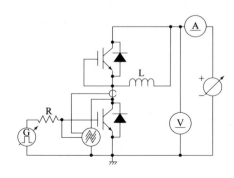

图 5-243　动态特性测定电路

关于详细的测定方法，请参照电器学会电器标准调查会标准《绝缘阀门双极晶体管》（JEC-2405-2000）。

参 考 文 献

[1] 起橋達ほか：自動車製造，自動車工学便覧，第 9 編，第 1 章，p. 59 (1983)

[2] 石原智男ほか：機械加工，自動車工学全書，第 19 巻，第 4 章，p. 105 (1981)

[3] 応用機械工学，5 月号，p. 106 (1988)

[4] 川股泰助：CNC クランクピン研削盤における

サーボコントロール技術，応用機械工学，8 月号，p. 98（1989）

[5] 豊田工機ホームページより引用

[6] 機械振興協会加工技術データシートより引用

[7] Liepmann et al.，玉田光訳：気体力学（1970）

[8] 社団法人日本ダイカスト協会論文 JD02-33：スーパーチャージャ M/F ロータのダイカスト化

[9] 阿久津忠良ほか：高強度ばね鋼の開発，ばね技研 62 年度春季講演会前刷（1987）

[10] 大森宮次郎ほか：テーパリーフスプリング製造への改良オースフォームの実用化，熱処理，Vol. 30，No. 2，p. 99（1990）

[11] 新井康夫ほか：GFRP 板ばねの開発，ばね論文集，32 号，p. 44（1987）

[12] 青木和彦：自動車選書ブレーキ，山海堂

[13] 工業調査会：新材料成型加工辞典

[14] 飛田英明ほか：自動車工場におけるスポット溶接のための新しいロボット技術，溶接技術，Vol. 36，No. 3，p. 64（1988）

[15] 丸山徳治ほか：ガスシールドアーク溶接における電源の出力波形制御方法，溶接学会誌，Vol. 57，No. 7，p. 39（1988）

[16] 旭硝子 HP，http：//www. agc. co. jp/automotive-glass/lamisafe/products/tempa. htm

[17] 旭硝子 HP，http：//www. agc. co. jp/automotive-glass/lamisafe/whatslami/whats1. htm 及び http：//www. agc. co. jp/automotive-glass/lamisafe/whatslami/index. htm

[18] 自動車材料の新展開，東レリサーチセンター（1988）

[19] 岡田行雄ほか：最近の自動車外装用樹脂材開発と利用状況，プラスチック成型技術，Vol. 4，No. 9，p. 9（1987）

[20] 飯塚昭夫：車体用樹脂材料の現状と将来，自動車技術，Vol. 41，No. 7，p. 704（1987）

[21] 鈴木正通：自動車樹脂部品の生産技術の動向，自動車技術，Vol. 42，No. 5，p. 582（1988）

[22] 幸田忠士ほか：R-RIM ウレタン製ソフトフェイシアの開発，自動車技術，Vol. 40，No. 7，p. 891（1986）

[23] 重高俊郎ほか：オレフィン系エラストマーバンパー材料の開発，日産技報，Vol. 22，p. 119（1986）

[24] 山本節二ほか：大物プラスチックス部品生産における高効率かつ省人化のための生産技術，自動車技術，Vol. 44，No. 5，p. 106（1990）

[25] 山部昌ほか：樹脂部品開発におけるCAE 手法の活用と今後のシステム化，日産技報，Vol. 23，p. 48（1987）

[26] 長谷川次郎：プラスチック成型とCAE 技術の現状と将来，自動車技術，Vol. 44，No. 1，p. 94（1990）

[27] 葭原健作ほか：大型射出成型部品の表面品質向上技術，プラスチック成型加工学会第 2 回年次大会前刷集，p. 49

[28] 豊島和昭ほか：樹脂成型工場のFA 化，自動車技術，Vol. 42，No. 5，p. 614（1988）

[29] 大野雅史：自動車樹脂部品の塗装について，自動車技術，Vol. 40，No. 8，p. 999（1986）

[30] 大塚ほか：成型天井の設計，プラスチックエージ・エンサイクロペディア，p. 76（1981）

[31] 志賀拡ほか：カーエレクトロニクス，山海堂（1986）

[32] 原島文雄：エレクトロニクスのインパクト，自動車技術，Vol. 41，No. 6，p. 183（1987）

[33] 青野重夫：エレクトロニクス，自動車技術，Vol. 41，No. 6，p. 188－191（1987）

[34] 徳山巍ほか：MOS LSI 製造技術，日経マグロウヒル社（1985）

[35] 本田技研工業ホームページ

[36] トヨタ自動車プリウス広報資料（2003）

[37] トヨタ自動車提供資料

[38] 電気自動車ハンドブック編集委員会編：電気自動車ハンドブック，p. 432，丸善（2001）

第 6 章

车辆装配

6.1 概 述

6.1.1 汽车装配的要点、种类和特点

汽车制造的最后工序为车辆装配,它由车辆的总装工序和最终检验工序两部分构成。总装工序一般包括以流水操作方式的各种输送线组成的总装配线,以及其他组装分总成部件的分装配线两大部分(图6-1)。

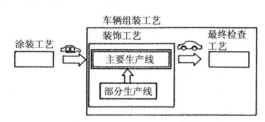

图6-1 车辆总装工艺示意图

车辆装配的特点如下。

① 车辆装配中涉及的零部件多种多样并达到了庞大的数量,如:内外饰件、电线、管路、软管、发动机、玻璃、行走部分零部件、各类油类等。为此,组装工程在汽车制造中占了大约一半左右的工时。

② 操作内容和其他的工序相比,要复杂,如规定扭矩的螺栓连接、各种配合、粘接、配管、配线、连接等操作,这些操作要依靠人们的感觉与判断能力(图6-2)。

为适应由劳动密集型产业发生的就业结构的变化,需要考虑开展装配工作的自动化生产和在设计阶段就注意车辆结构的合理化设计与研究。

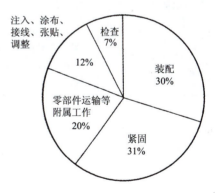

图6-2 车辆总装作业的比率

6.1.2 生产方式

国内和海外的建厂条件不同,需要根据汽车的生产量、车辆的种类(如:轿车、卡车、大型客车及特殊车辆)等情况,各自采用不同的方式,但是随着市场需要产品的个性化、多样化发展,以往的品种少、产量大的生产方式,正在向品种多、量产少的方向变化。

因此,装配产品的种类增加了,所以产品的入库、保管、供给、组装要求等的方法也发生改变(表6-1)。

表6-1 装配生产方式对比

生产方式 比较项目	少品种大批量生产	多品种、少量生产
零件运入	按周制订生产计划	根据机型，按日制订生产计划
零件保管	零件箱	自动化仓库或生产顺序
零件供给	小零件：装配线旁批量供应 中大件：按生产进度供给	小零件：装配线旁批量供应 中件：依据车间生产计划的顺序供给 大件：按生产情况同步供给
设备	专机+通用夹具	通用机器人+可按机型转换功能的通用装配夹具
装配作业指导	根据机种、颜色等的组合不同，约1 000种	根据机种、等级、颜色、类型、选装件发送地等的组合情况，种类有数万种之多
生产方式	在车身装配的零件大致相同	根据机种、等级、类型的不同，装配的零部件也不同

6.2 装配工艺

6.2.1 轿车

（1）装配线的组成和平面布置。

（a）工艺流程和装配线的组成：装配是将在分装配线上装配完成的大量的各种不同的零部件、总成，装配到在主装配线上运行的车辆主体上面，这些工作因为几乎全部由人工完成，因此车辆装配属于劳动密集型的工种。组装线的操作顺序需要根据以下三个条件决定：① 以车辆结构为基点的零件装配的绝对顺序；② 装配线内部设置的设备和组装工艺的长度的约束要求；③ 使每个操作者在装配线上的工作时间基本一致。例如：车体钢板、配线、配管、吸声材料、计算机等和汽车基本功能相关的零部件单元，与用于涂覆类的软包装部件如车地毯、车内系统等，在组装程序中具有明确的先后顺序，据此，可以确立主要零部件的组装顺序（图6-3）。然后，可以根据装配线的设备限制条件，进行适当的修正。

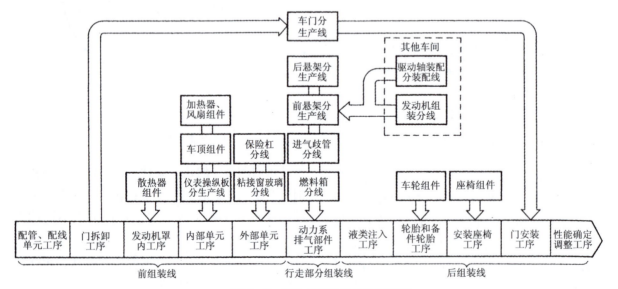

图6-3 轿车总装线的结构示意图

以这个操作顺序为基础，综合分析生产量，从操作者的密度，到每个人的工作时间需使之在其生产节拍时间内等情况，再确定其他零部件的装配顺序。对于装配特殊型号的汽车时，常会出现操作时间不平衡的情况，因此这种情况需要设定特殊的组装工序。基于上述原则，再考虑工厂的建厂条件、生产能力、零部件供给方式等因素，最后设计组装平面布置图（图）。

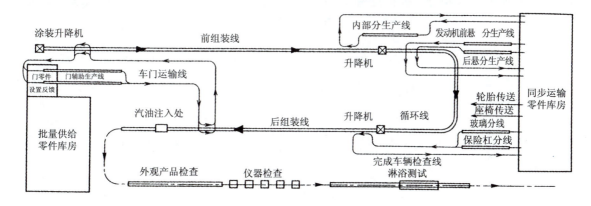

图6-4　轿车总装线的平面布置图

（b）各装配线的特点。

前段车身装饰线：前段车身装饰线主要是完成车的内外饰件、发动机室和后行李箱内的各种零部件的装饰工作，以及后续的底盘装配线前需要装配的各种零部件。

前段车身装饰线的车身主体的运送方式有以下几种：在装台车上由地面输送带搬运的台车方式；输送带上直接装上车身夹具的输送带附带的方式，用钓钩钓起并利用悬挂输送线运送的悬挂方式；还有利用可以自由行走的台车运送的方式等。

底盘装配线：底盘装配线主要进行前悬架、后悬架、发动机总成、油箱、传动轴、排气管、消声器等车身底下大型部件的装配。输送时，因为底盘装配需要从车身的下面安装，所以需要采用自动钓钩或普通钓钩法，也有将车身倾斜30°～90°角以改善装配操作条件的例子。

后段车身装饰线：后段车身装饰线主要完成各种油液的加注操作、座椅、轮胎、车门等的内外饰大件，发动机室的管路、电线连接以及各种调整确认。输送方式几乎都采用平板式输送器。

分装配线：在主装配线运行车身主体同步，在分装配线上完成各零部件的装配并运送到指定的位置。

（c）输送系统：表6-2列出了在总装线上使用的输送系统的特点。

表6-2　轿车总装线采用的各种输送机的特点

输送机名称	工作速度	灵活性	成本	停止定位精度	人工操作性	其他
平板式输送器	最高速度18 m/min（速度有变化）	根据生产线的形式，采取固定的方式	较低（需要基础费用）	一般	好	结构简单，故障率低
悬挂输送器	最高速度18 m/min（速度有变化）	按节拍快速输送，在地板下也可以实行操作	一般建筑加强费用大	一般	一般	吊臂对操作有影响；由于在车上作业，有晕船的感觉
台车式输送机	最高速度18 m/min（速度变化大）	可以比较容易实现按生产节拍快速输送	一般	一般	一般	操作者和自动运输机混杂也可以
穿梭式输送机	最高速度180 m/min（加减速平稳）	生产线形式固定；车身的安装接受部位必须通用化	稍高	好	不可以	适用于全自动生产线；输送机和操作者混杂有危险

续表

输送机名称	工作速度	灵活性	成本	停止定位精度	人工操作性	其他
自由走动自动台车输送机	最高速度 80 m/min（加减速平稳）	虽然与生产节拍的对应是自由的，但是生产线布置形式的改变是非常困难的	高（整体控制费用高）	好	好	可以吸收作业时间的若干差异。适于操作者和自动运输机混杂的情况
自动导引车 AGV	最高速度 30 m/min（加减速平稳）	生产线，整体布置方案可以自由改变	最高（整体控制费用高）	一般	好	因利用电池驱动，所以需要充电的位置和后备车等 在自动化区的标准操作时间减少。

(2) 装配工艺和设备

(a) 连接、粘接、配线、配管和各种油液的加注工作：通过螺栓、螺母、螺丝等螺纹类零件进行零部件的组装，是最基本的装配工作。常用的操作工具根据工作情况选择，小螺钉类零件采用螺丝刀装配；螺栓、螺母类零件采用扳手或专用的螺母紧固装置，对于需要稳定的力矩的关键连接，需采用电控力矩的螺母紧固装置（图 6-5）。

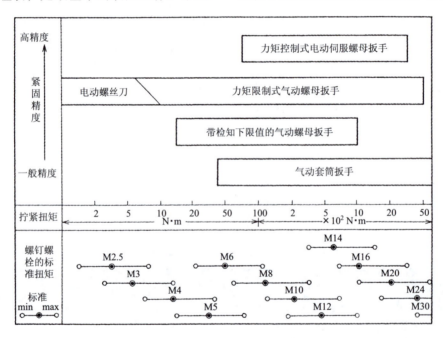

图 6-5 螺栓紧固工具和精度等级

对于那些内衬、装饰等塑料零件装配操作时，也有使用塑料材质的卡子（图 6-6）。

粘接：内饰件如衬垫、隔音材料、车门的密封条等，外饰件中的挡风玻璃、尾灯、车标等采用粘接方式。

粘接工艺：小的零部件可采用胶带粘接；大的零部件采用直接涂黏结剂的方式。

粘接设备采用能以压力输送黏结剂的高黏度气泵或齿轮泵，通过软管连接黏结剂喷射枪进行粘接操作。

在进行挡风玻璃的粘接操作时，因为需要保证车内不漏雨，而且有相当的外力会加上来，因

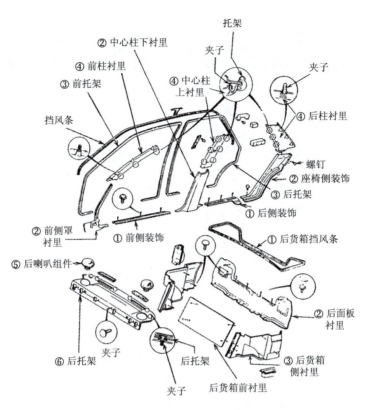

图6-6 使用塑料内饰零件的夹子

此有必要在规定的位置，涂布规定的形状与量的黏结剂，为此，使用的设备有自动涂胶机和黏结剂定量供给装置。有时从供给装置到喷枪喷嘴之间的管路外包加热装置，以保持黏结剂的黏度。

电线连接：车辆装配时的电线连接工作，包括采用标准接头的连接和将地线用小螺钉连接到车身上的操作等，这些工作可以在各部件安装中进行，也可以在安装完成后进行。所以，电线连接的工作在前段车身装饰线、底盘装配线和后段车身装饰线内分散进行。

配管和油液加注工作：燃油、制动液、漏泄装置系统、清洗装置系统等在前段车身装饰线完成配管工作；冷却系统、空调、动力转向器等在后段车身装饰线完成配管工作，然后进行油液注入操作。发动机、变速箱、差速器等在各辅助转配线上完成油液注入操作。

将要注入的各种油液，需要用罐装容器存储在专门的危险品仓库中。操作时用汽泵或齿轮泵输送到工作点，并通过定量注入装置，按照不同机型的需要，进行定量加注。

加注分类方法如表6-3所示。

表6-3 油液加注方法

加注方法	油液种类
抽真空后定量加注	散热器冷却液；制动液；空调制冷液；动力转向液压油
定量加注	汽油；发动机机油；后桥齿轮油；手动变速器齿轮油；挡风玻璃清洗液；自动变速箱油

（b）机械化和自动化：汽车装配属于劳动密集型产业的工作，针对目前由于雇用结构的变化引起劳动不足现象，在产品多样化的发展和质量要求不断提高的前提下如何减少装配误操作，以及当操作人厌倦工作时应采用的措施等情况，正在推进自动化操作的进程。如表6-4所示为日本汽车制造厂已实施的装配自动化实例。

装配工作进行自动化时，让车身停住再进行装配工作的情况反而，在装配设备的大小、成本、以及可靠性方面具有优势。在依靠人力连续运送的工作部分，较多引入部分地进行间歇式运送的装置。

表6-4 日本汽车制造厂已实施的装配自动化实例

工艺流程	螺栓连接	装配	压装，粘接	喷涂	加注	投入零件	转换工作台操作	检查、调查
关键点	重物姿势难调整	单纯工作	较大零部件的安装	易污染的操作	易污染的操作	较难姿势车装卸	单调工作	依据人的感觉判断
操作内容	发动机安装	后门整理安装	整理贴装棚顶	涂敷玻璃底漆	注入冷却液	投入前座	发动机框架	前照灯调试
	装载R悬挂（减震器）	在门上安装接线柱	贴装玻璃橡胶条	涂覆玻璃保护层	注入动力转向液	投入后座	从框架取出面板	静态测试台
	油箱安装	安装R搭挡	前后玻璃安装	涂敷R复合粘着剂	注入车窗洗涤液	投入成形车顶	从托盘中取出R座椅	插入尾气测试传感器
	轮胎安装	前后玻璃牵线	车辆代号刻印	涂敷车门密封	注入汽油	投入电池	在托盘中整理包装	除霜器摆动测试
	轮胎备用安装	装入阀件	完成车的防锈涂蜡操作			装载仪表盘		校直测试
	安装加油口盖				装载备用轮胎			
	车门安装							

另外，在产品设计阶段，就应该彻底地从方便制造的角度出发，设计车辆结构；以提高自动化程度为目的，同时进行的装配生产线的效率、技术、工具的研究实例，如图6-7所示。其装配过程为：在分装配线上进行部件的组装，并在进行车身主体装配前完成检查，然后进行整车组装。

（3）生产管理。在装配线生产管理方面广泛应用各种计算机控制系统。① 生产指示（装配顺序，种类标志，组装产品的供给等）；② 生产线的控制操作（整个装配线的同步工作、停止等的控制）；③ 反馈控制（产品质量，运行情况管理，不同机型的生产现状，装配品种变化的情况，设备的故障反馈等）如图6-8所示。

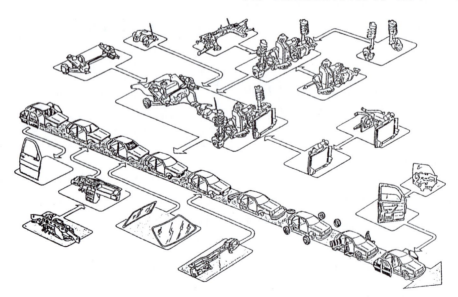

图6-7 以提高自动化程度为目的的车辆装配线实例

生产顺序：对于轿车的种类来说，根据品种的不同，每一种型号有500种左右，组装的零部件也有数万种之多。通常在计算机中输入各种限制条件：① 生产计划；② 优先顺序；③ 前面工序的生产情况；④ 不同种类车型的作业负荷率；⑤ 产品库存情况；⑥ 装配线的限制条件等。据

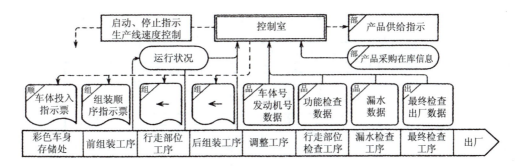

图6-8 装配生产线的生产管理

此得出装配顺序。工作时将喷涂完的车身出库，送到指定车身装配线，并按照指定的生产顺序和过程进行各种车型的装配。

装配顺序：在车身上粘贴由计算机打出的关于产品种类信息的专用标记卡片。在零部件仓库适当的位置安装指示灯，方便装配零件的查取。

生产线自动控制系统：因为需要以数条主输送线为中心，将零部件输送线、产品存储输送线、悬挂输送线、辅助装配输送线等连接起来同步工作，所以要设立专门的中央控制室，在控制室内设置显示装置，显示整个输送线的启动、停止、速度调整、车辆的进出情况、发生故障的位置等，以便对整个生产线设备实现监控和问题处置。

质量信息管理：在装配的关键位置配备检查人员和自动检查设备，将组装的车辆的质量信息和车辆编号对应，并将检测出的故障项目、内容输入数据库，存入计算机；同时告知故障发生的工位，防止再次产生相同的故障。然后修理出现故障的车辆，将修理信息也输入计算机，作为该车辆的修理记录保存下来。

(4) 零部件供给系统。根据零部件产品是厂内制作、外协制作，生产车间和装配车间的基本情况以及公司的政策等的区别，零件的供给方式主要为以下几种。

(a) 同步生产供给方式：在装配车间附近的工厂内，按照总装线上的车辆装配进度的需求，将由厂内和外协加工制作的各种零部件组装成部件，并同步供给直接装配。这种方式在种类较多的发动机、轴系、座椅等部件的装配中应用。这种生产方式的必要条件是：部件生产线上的生产时间和运送到总装线上所需的合计时间，比在总装线上从开始装配到部件装配结束的时间要少。

(b) 按计划的生产顺序供给的方式：部件的生产虽然按照计划进行，但是是根据组装线的供给要求、组装的先后顺序，进行零部件供给的方式。在同步生产供给方式下部件在生产线的加工周期时间不足时应用这种方式。

(c) 按计划在生产车间内顺序供给方式：将准备装配的零部件批量供给到组装车间，在车间内按顺序存放，供应到装配线上操作的共建方式。种类很多的零件不能放在装配线附近时，以及为提高工作效率和避免误装配，可采用成套部件供应的方式。

(d) 装配线旁批量供给方式：这是作为小的部件如紧固件和种类不多的零部件的一种供给方式，供应方法是在装配车间将送入的部件直接供给到装配线旁。

一般在装配工艺中是将上述的各种方式混合使用的（图6-9）。

输送系统是根据部件的大小和输送的频率，确定选用人工推送的输送线、滚动输送线、电动吊车、无人输送车等输送方式（图6-10，图6-11）。

(5) 质量保证和动能保证。

(a) 工艺过程中的质量保证：组装操作虽然有一部分实现了自动化，但还是人工作业为主，因此每个工序采用标准化的操作方法是质量保证的前提。

操作内容包括零部件的出库、检察、供给、选择、完成装配到车体等多种不同性质的工作。因此为保证每个工序的工作质量，需要建立装配操作的规矩。

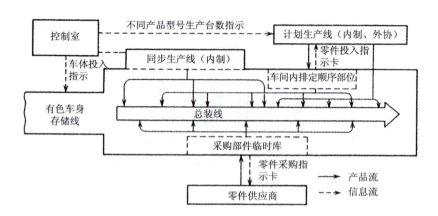

图 6-9　组装线零部件供给方式流程图

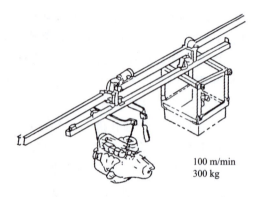

图 6-10　输送发动机的电动吊车线

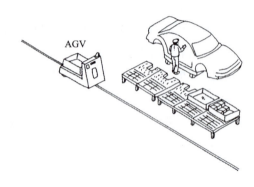

图 6-11　输送小件的标准自动导引车系统

装配操作规程一般有以下的内容：① 操作顺序：从零部件选择到装配过程的顺序；② 操作中的要点：包括零部件安装时的基准、连接的顺序和连接的力矩等；③ 操作质量：操作者自身认定的质量项目内容和项目的规定数值，根据需要为检验质量使用量规、力矩扳手的位置，需要双检要求的项目等；④ 使用工具设备：在操作中需要使用的工具、设备和使用条件，如加注装置应用场合中的加入油液量和油液压力的控制装置等；⑤ 车辆规格：规格复杂时，或者使用形状类似的零部件时，采用简略的标记，颜色或其他现场的标示。

（b）完成车辆的检查以及设备：组装完成后的车辆，对其主要的性能与功能需要根据"公路运行车辆的安全标准"的规定项目进行车辆检查，如有必要加以调整，再发给书面检查证。

如图 6-12 所示为整车检测线的组成示意图。在该检测线上，车辆要完成行走、调整转弯、制动等性能的各种检查。

检查\功能	转向角	安装定位	焦距灯光	制动器	侧滑	行走	动力传动系统、排放污染检查（底盘测功机）	淋水
行驶		○			○	○	○	
转弯	○					○		
停止				○		○	○	

图 6-12　整车检测调整线的组成

1）转向角检测（回转半径检测）：将两个前轮各放置在转车台上，左右充分转动方向盘，检查车轮的转角；方向盘是否处在标准的位置，以及车轮的定位。

2）车轮定位检测：有动检测方式和静止检测方式。前者是将汽车的前轮驶到转鼓上，并使转鼓转动，和汽车行驶中的运转状态相同，通过车轮定位检测装置，可以发现在转鼓上将产生侧向滑移。根据侧向滑移量的测试，可以得到车轮的前束和外倾角值。后者是根据车轮的基准轴和基准面，采用直接测试的方法测得车轮的前束和外倾角值（图6-13）。

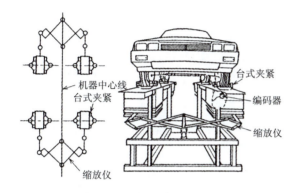

图6-13 静态车轮定位参数检测台

3）前照灯检查：在车辆前面一定距离设置屏幕，使前照灯光照射到屏幕上，根据不同机种对灯光焦距位置的要求，调整前照灯的调整螺栓，达到规定照射位置。因为调整是以车辆行走中心线为对象，所以多数情况下是在静止车轮定位检测或转向角检测这同一工序中进行。

4）制动性能检查：将需检查的车辆驶到2个或4个滚筒上，并将车辆停止的状态下，驱动滚筒转动，由于车轮被制动，驱动系统上测得的驱动力将和车辆的制动力相同。

5）侧滑量检查：车轮的前束和外倾角值不合适时，前轮将出现横向滑移现象。该滑移量可根据车辆驶过左右分开的两个踏板时，踏板产生的移动量计算求得。

6）行走检查：有试验台行走试验和实际道路试验两种方式。前者是车辆将驶上专用检定装置，由车辆驱动转鼓转动。转鼓具有和车辆的惯性相当的惯性质量，因此可以检查车辆的加速性能、噪声、操纵感觉等内容。后者可以检查汽车在各种路面、陡坡、弯道和小型试验道路上行驶的情况。

7）底盘测功机检测：一般是将车辆的驱动轮驶上一个滚筒，并通过车辆本身的动力驱动滚筒转动，采用符合安全标准的行走形式，并进行速度表的指示值、排放污染物等的检查。有四个滚筒的检测台还可以进行车辆四轮的防抱制动性能的检查。

8）防雨密封性检查：从车辆的前后位置、上下位置、左右位置进行喷淋水，模仿下大雨的情况，检查车辆是否有漏雨的部位。

6.2.2 载货汽车

（1）生产线的组成和车间平面布置图。

（a）车辆装配生产线概要：载货汽车的车体结构和轿车的硬壳式车身相比较来说，采用的是H型（梯子型）车架结构，并以车架为中心，进行各零部件（图6-14）的装配，形成的装配生产线。

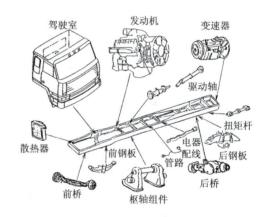

图6-14 载货汽车装配的主要零部件

装配生产线的组成大致可分为两部分：一是装配驾驶室、内饰件、外饰件和电子配套元件的装饰生产线，二是在车架上配管、配线、安装发动机、车轴等部件单元的底盘生产线（图6-15）。

（b）底盘生产线的装配工艺：底盘生产线的装配工艺过程是兼顾载货汽车的结构和装配质量确定的。如图6-16所示为底盘生产线的装配工艺的一般流程。

将车架搬送到主生产线的输送线上，在车架前部侧面打印上车的编号，然后进行电缆线、制动系和燃料系管路和控制阀等部件的装配。由于车辆型号不同则这些部件种类也复杂、数量也大，所以为使在输送链上的操作工作尽量简洁，在别的准备工序中尽可能的装成分总成的状态再供应到装配线上。

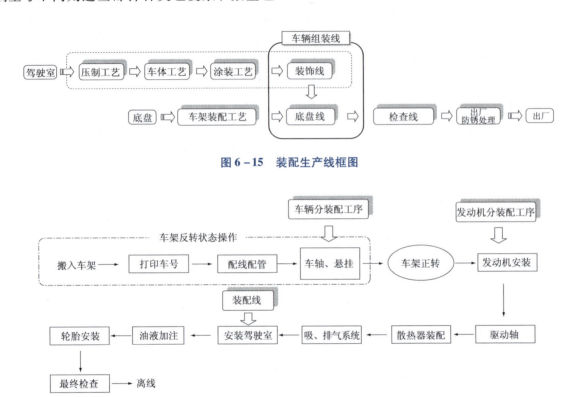

图 6-15　装配生产线框图

图 6-16　载货汽车底盘装配线的流程

其次的工作是进行车轴、减振弹簧、悬挂系统零部件的安装。到这里的装配工作是在车架处于反转状态下完成的。这是因为包括车轴等的较重的部件，在车架处于倒扣状态下安装比较容易，所以使用这样装配工艺的场合很多。然后将车架正转，进行其他工序安装，已成为分总成的发动机+变速器，散热器和由装饰生产线上送入的驾驶室。到这里车辆的装配工作大致结束，然后进行冷却水、制动器液、燃料等的加注操作，安装轮胎，最后自行离开装配线。

（c）工序质量和检查：离开装配线的车辆将进入检查线，进行出厂前的最终性能测试。另外，在装配生产线上，为保证质量，需要根据详细记载有关安装的控制力矩值等要求和车辆运行、操作、预防灾害方面需要的各种部件的装配作业表和管理工序图的整理工作。

（d）物流：虽然根据生产情况，零部件的供给有各种不同的形式，但是在品种多批量少的生产场合，因为在装配线旁存储较多的零部件，所以也应考虑如何保证操作者对产品进行选择时间和留有足够的部件存储空间等问题。

为此，一般为使生产的车辆种类和生产流程相适应，应将各种零部件用装用容器存储供给到生产线旁并且排列整齐。另外，类似散热器、油箱的大件物品，多数采用与生产顺序相一致的、从部件生产厂直接将装配的部件送到装配线上的方式。

（2）装配设备。这里仅对一般的载货汽车装配线的设备和工艺进行说明。

（a）底盘生产线的运输系统：对于载货汽车的装配过程，有按固定的时间间隔运送产品的固定节拍方式，也有按照车型的不同，时间间隔可以进行调整的可变节拍方式。虽然各种输送线都有自动输送系统，但是在型号多、批量少的生产情况时，因为每个产品装配时间不同，所以一般采用可变节拍的输送方式。另外输送线的方式，有链式输送线和地面板式输送线两种。

载货汽车的车架长度是多种形式的，与此研究出相应的输送方式。链式输送线的方式是在两条输送链上连接上被称作滑动垫木的机械附件完成输送工作。地面板式输送线方式是在和地面统一高度的输送线上安装轨道小车，在小车上装载输送产品完成运输工作。

从工作的便利角度分析，地面板式输送线方式更好些（图6-17），但是因为需要专用坑道，安装费用高。

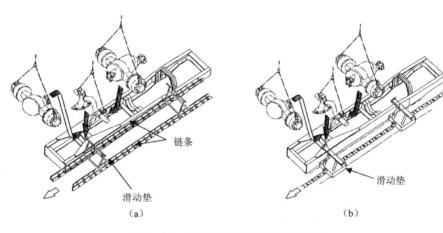

图6-17 底盘装配线输送系统的种类
(a) 链传动运输线；(b) 地面板式运输线

(b) 车架号码打印设备：在车架前部侧面打印车型、车编号的设备。

(c) 底盘翻转设备：根据载货汽车的结构特点，许多安装作业需要在车架下面进行，为了操作方便，所以这些工作在车架翻转状态下进行。因此下面的安装工作结束后，必须将车架翻转到正规的位置，所以底盘装配线多数设置了底盘翻转机（图6-18）。

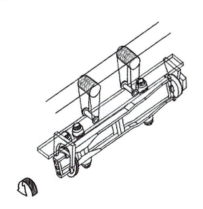

图6-18 底盘翻转机

(d) 油液加注：油液加注方式与轿车基本相同。即使在载货汽车上，对于冷却水、动力转向装置油的加注来说，从改善工作环境、提高生产能力方面考虑，多数采用加注速度快、充填性能好的真空充填方式（图6-19）。

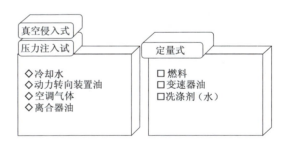

图6-19 油液加注方法

以上虽然是装配线上的代表性设备。但是载货汽车经常操作几十公斤，甚至超过一百公斤重的部件，所以在装配线上配置很多专用起重吊车。对于多品种混合生产，而且生产量急剧变化的场合，这些设备在进行工序、装备设计时，就应该采用有较大的使用范围，不需要额外成本就可以灵活移动、安装的结构。

(3) 改装载货汽车。

（a）专用车改装的种类和特点：大型专用车的改装，根据用途不同是一个品种一种形式，生产数量也从数台/月到1 000台/月不等。主要专用车的种类和生产规模如图6-20所示。

图6-20　改装车的类型和生产规模

目前面向一般运输公司的厢式车、密封箱式货车（图6-21）占了改装载货汽车的大部分。另外，垃圾回收车和扫雪车等面向公共事业使用的车辆，在特定时期内也会大量生产。

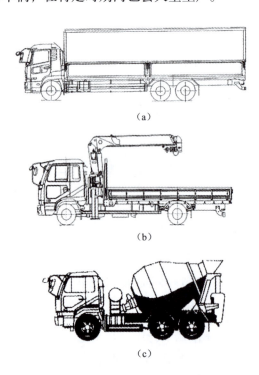

图6-21　专用车的类型
(a) 铝制厢型货车；(b) 简易起重机车；(c) 搅拌车

生产这些改装车辆的工厂，为提高生产率，也在开展专用车部件的标准化进程。例如普通货车的木式车箱的标准化，被改装侧面（载货汽车）车架的宽度（JASO B 101），动力输出位置的形状、尺寸（JASO E 001），或者由各种团体制定的关于载货汽车货箱装载的小件物品（车体工业协会标准）等的标准化等。

（b）车体改装的生产方式：专用车改装的生产方式虽然根据批量生产和非批量生产的情况有所不同，但是在批量生产时，一般采用和轿车、载货汽车装配生产线相同的流水输送线方式。另外，根据订单生产的各种各样形式的车身，可在一条生产线上装配。对于特殊的专用车和特殊结构装置（如搅拌车的搅拌滚筒结构，翻斗车的翻斗部件，车厢体，驱动结构等）的装配，因为受到装配设备的限制，所以多数在有一定数量（每次同一型号车量达到规定的数量才装配）时才分批生产。改装工作的顺序如图6-22所示。

6.2.3　客车

根据用户的不同用途要求，客车在汽车中是具有多种形式和种类，在与载货汽车驾驶室相似的车身内，具有很多和居民住房的装饰相近的结构。与其说是汽车，莫如说是在住房中经常见到的东西，如橱柜、卫生间等，很多也被装配到车上。另外客车的类型也非常多，有无台级型、超高地板型、双层客车、旅游客车、超豪华客车等，从制造角度来看，客车可以说是多品种小批量的典型。

（1）装配工艺设计和车间布置。虽说是多品种小批量生产的产品，但是，这需要设计日产量为10台左右的生产线。由于车体是较大的可活动的居住空间，所以必须充分考虑产品的可操作性、作业性、安装顺序等情况后，再进行车间布置、设备选定和工艺分配，总装线最好直线布置。如图6-23所示是两个装配线的平面布置图的标准模式。如图6-24所示为将车身装配线和底盘装配线结合的生产方式下，各工序的流程情况。近年来从提高产品质量和组合件完整性的观点考虑，这种方式成为主流趋势。

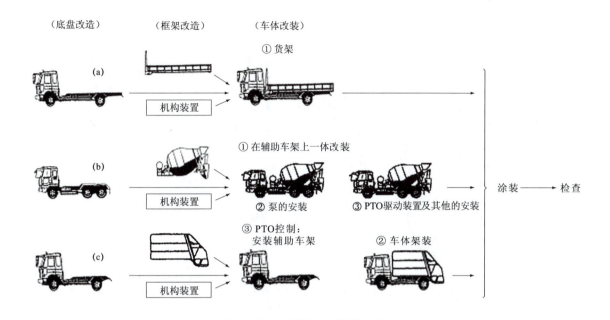

图 6-22 改装车生产线的流程
(a) 普通平板载重货车；(b) 搅拌车；(c) 垃圾车

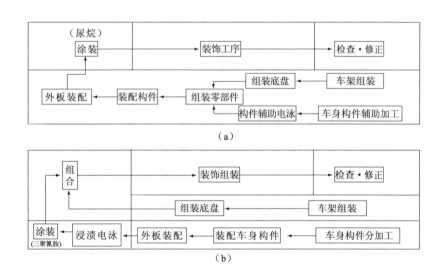

图 6-23 客车生产装配线的平面布置图的标准模式示例
(a) 在底盘组件上安装车身的装配方式；(b) 底盘组件和车身组件结合的装配方式

(2) 工作分配。与多种多样的车身比较，底盘的操作还是容易形成标准化的生产过程，这和载货汽车的情况大致相同。但是，随着客车（典型代表是无台阶汽车，如公共客车）室内空间的扩展，底盘操作和载货汽车比较，其部件装配、操作的空间在逐年变得窄小；还有因为车身安装后的检查等工序的实行也比较困难，所以尽量扩大采用模块化的组装单元成为质量保证的措施。另一方面，在车身的装配工作中，考虑到在室内工作的作业姿势，多人工作时的互相干扰，使用设备的制约等问题，在这里也采用与目前的轿车中相同的部件单元模块化的措施，在分生产线上完成部件单元的装配工作，在车身内仅完成部件单元的安装，以使车身内的装配工作简单易行。

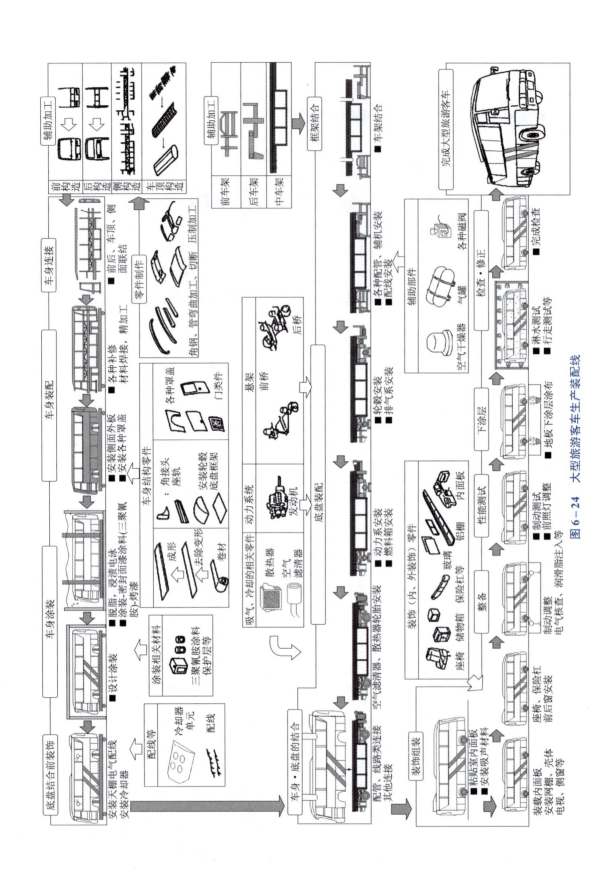

图6-24 大型旅游客车生产装配线

(3) 质量管理。当车身装配完成后，因为对其进行检查和调整比较困难，所以采用和其他汽车一样的以工序为单位的质量管理方式是非常重要的措施。另外，每一个车体的规格不同，而且多数操作是由人工完成，因此保持质量的稳定性是特别困难的任务。

(4) 设备。装配设备和轿车、载货汽车虽然没有大的区别，但是因为结构尺寸大得多，所以需要采用便于移动、利于操作、通用性好的设备，下面对这些特点进行说明。

(a) 冲压、钣金：为防止车窗下的外侧金属板产生热变性、确保外观质量，需要预拉伸设备。另外，在前后结构等方面使用的大型压机，需要的投资额也高，没有批量生产能力的客车种类，一般采用依靠手工操作的简易设备即可加工的树脂面板材料或者采用以减轻重量为目的的铝合金材料制作。

(b) 焊接：其重要的问题有两个，一是保证焊接精度，使由于焊接卡具在各部件中的累积误差值最小；二是设备的通用性，对多种类车身应采用最少的设备完成操作。焊接设备除使用点焊机外，CO_2 焊接设备也常使用。

(c) 涂装：以提高涂装质量为目的，正在采用电泳浸涂和烧结法涂装工程。设备也以符合尺寸要求的、大型的为好。

(d) 装饰：冷气设备、控制面板、空调管路、顶棚、洗手间等都有较大的尺寸，因此需要各种辅助装配的设施。

(e) 底盘装配：基本和载货汽车的装配方式大致相同。但是同巨大的车体连接处的结合情况，装配车架的卡具精度也是重要的内容。

(f) 检查：首要的检查项目是制动器、车轮的定位参数和前照灯光束的调整，虽然检查设备和载货汽车的设备大致相同，但是还需要注意车辆的大小和通用性问题。

参 考 文 献

[1] 自動車技術会：ロボット小委員会報告「自動車工業における車両組立の自動化の現状と今後の課題」(1986.7)

[2] 本田技研サービスマニュアル，LEGEND シャシ整備編，p. 13—37 (1986.11)

[3] Global Viewpoints「 New Fiat 」，Automotive Engineering, p. 108 (April. 1988)

第7章

质量管理[1]

7.1 质量管理概论[3]

7.1.1 质量管理的定义

在以大量生产为基础的汽车工业中，为了保证汽车质量，合理地进行生产，各企业已广泛采用了质量管理技术。日本的质量管理技术的引入是在1946年，以电器、通信工业为中心发展起来的。

当时，介绍到日本的方法是统计质量管理方法，其典型的方法是管理图和抽样检查法，在企业中渗入了工程管理的思路，同时在检查方法中建立了科学基础，并且同时介绍了数据统计分析法、方差分析法和试验计划等，为提高产品质量发挥了较大作用。

这些活动的开展多是在第二次世界大战结束以后，在美国军队的普及、指导下进行的。在第二次世界大战中，美国在军需产业中引入质量管理技术，作为战时标准如下：

(1) Z1.1 质量管理指南。
(2) Z1.2 数据分析控制图法。
(3) Z1.3 生产过程质量管理用的控制图法。

这些标准的制定取得了很好的效果。这种标准也成为日本质量管理的出发点。

在汽车工业领域，从1949年前后开始把质量管理技术引入到企业工作中，并且通过各种方式，开展了有关质量管理技术方法的教育活动。

1950年7月，美国统计学家戴明博士应日本科学技术联盟邀请来到日本，举办了有关质量管理技术的讲座，对日本国内质量管理的发展产生了极大的影响。1951年接受戴明寄赠讲座版税的日本科学技术联盟，为了永远铭记戴明博士的功绩和推动日本的质量管理工作，组织设置了戴明奖评选委员会，设置了戴明奖和戴明实施奖。戴明奖是奖励在日本的质量管理中作出贡献的个人；戴明实施奖是奖励在实施质量管理中作出显著成绩的公司。根据每年度的推荐、申请情况，由戴明奖评选委员会审查、确定获奖的单位或个人。日产汽车公司、丰田汽车公司、日野汽车公司等就是获得戴明实施奖的汽车制造企业，因此汽车行业的质量管理水平引人注目。

随着第二次世界大战结束后日本工业的复兴，在美国诞生的各种各样的管理技术被引入到日本企业中并获得多方面的发展，尤其是质量管理技术并不单纯局限于在制造工程中统计质量管理方法的利用，而是把实行质量管理作为经营管理的一环在全社会予以广泛开展，在1960年就使统计管理的思想深入到企业内的各个部门。这种方法被称为TQC（全面质量管理）或是CWQC（Company-wide Quality Control），并且在汽车工业也取得了经营现代化的成果。

另外，1949年7月制定的工业标准化法，促进了质量管理技术的普及。当时在这个法律中，规定了由通产大臣认可的商品需要标记JIS标志的制度。这个标志是获得质量管理审查认可的证明，其必要条件是生产这个商品的公司实施了质量管理技术。在汽车行业中生产汽车总成和部件的多数工厂都获得了JIS标记的认可，由此可见汽车工业的质量管理活动有深远的影响。

1981年在修订的JISZ8101《质量管理用语》中，把质量管理定义为"能经济地创造出满足客户要求质量的商品或是服务的手段体系"。近代的质量管理活动因为采用统计学的方法，被称为统计学质量管理。而且，有关现代质量管理的JIS标准，为与后面说明的ISO标准整合而进行了修订，关于质量的定义也就产生了和ISO9000标准相同的定义，但是在这里考虑到便于理解，引用了旧标准的定义。另外没有包含在ISO标准中的JISZ8101的定义，在从JIS 8101—1到JIS 8101—3的修订版本中做了介绍，可以参考理解[22-27]。

7.1.2 质量保证[5-6]

为保证汽车质量，必须具有从市场调查到销售的全公司体制。因为为顾客提供一辆满意的汽车，不仅仅是工厂的问题。

例如A公司作出了"对消费者保证商品物美价廉、可靠性好"的质量保证，组织了全公司的质量保证体系，其概念如图7-1所示。另外，如根据前述1981年修订的JISZ 8101，则质量保证的定义是："为了保证能够充分满足消费者所提出的质量要求，由生产者进行的成体系的活动。"

如图7-1所示，从新产品规划到索赔处理各阶段的工作都是围绕质量开展的主要活动。从试制到批量生产，特别是由批量生产的准备到移交生产时的评价是活动的关键环节。认真地抓住这些环节的工作，对于在以后的生产过程中不出现问题是非常重要的。进入生产后，必须根据作业标准正确实施作业，通过检查和质量监督来保证产品的一致性，同时应将市场销售汽车的使用结果适时地反馈回来，这些都是保证质量的重要活动。

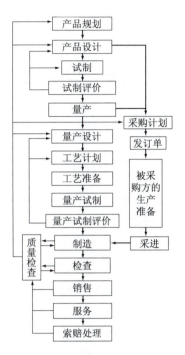

图7-1 质量保证的概念体系

如图7-2所示的这种结构是质量管理方法的思路。

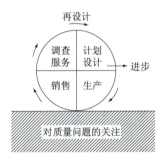

图7-2 质量管理的思路

上述质量管理方法的思路是戴明博士在日本的讲演会上强调的概念，被称为戴明环。公司开展的提高质量的各项活动，均围绕这一思路实施，如试图重新考虑这些活动的意义，不围绕这个戴明环就会产生问题。这种想法进一步发展为如图7-3所示的管理环，并在日本建立起来。全公司都要毫不含糊地一起围绕的这个管理环进行工作，而且各种活动和承担各个活动的部门也需要毫不含糊地围绕这个管理环开展工作。

在计划不明确的情况下进行生产，生产的产品进入销售阶段，用户对产品的评价就会出现很多的质量问题，而公司正在进行的检查及质量监

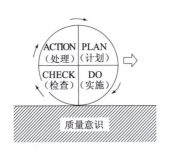

图 7-3 管理环

督活动却与这些发生的问题无关而还在继续进行。尤其是不能确实地掌握用户在使用阶段提出的种种希望和要求，不能在商品计划阶段内反映这些问题。因此为了保证产品质量，必须在产品生产的全过程中彻底贯穿质量管理的思路。

具有流动趋向的市场的质量要求，内容也是在变化着的；即使内容不变，其要求水平也在发生变化。由此看来，未必能保证这种体系是完备无缺的。因此，必须积极判明事实，根据这一情况而改变这一体制。

各汽车制造厂实际上在卖出商品时要以"用户第一"的想法，还要"后续工序也是顾客"这一概念作为基础，在各个阶段，为保证质量，明确必要的作业和相关的部门，努力强化质量保证体制。

7.1.3 质量管理方法

作为质量管理统计方法的典型代表是 W. A. Shewhart 设计的控制图（Control Chart）。

控制图是为了检查工艺是否稳定，或是为了保持工艺稳定用的图，控制图引出一对表示控制界限的线，表示质量或工艺条件的点在控制界线中间。如果点的排列没有异常，表示过程稳定。如果点的排列出现异常，则表示有不稳定的因素。如果知道了产生不稳定现象的因素，分析原因，并且去除那个因素，就可以确保工艺处于稳定的状态。

控制图根据它的用途分为分析用控制图和管理用控制图。分析用的控制图是根据规定时间内的数据计算管理界限等需要的统计量，并且绘出数据点，研究控制界限以外的点和异常点的情况，为工艺分析创造条件。而管理用的控制图是根据分析维持稳定的工艺状态的工具。

如图 7-4 所示是表示汽缸盖漏气量的平均值和范围的控制图。这个控制图是在生产线上测量机械加工后的 200 个某种型号发动机汽缸盖的数据求得的。数据是在待测样件水套内封入空气，参照标准品的压力差，使用泄漏量测试仪测试泄漏量得出的。

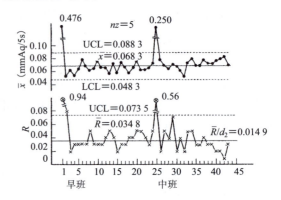

图 7-4 汽缸盖漏气量的 $\bar{x}-R$ 控制图

No. 1、No. 2、No. 25 各组不在控制界限内，其他各组在控制界限内。

控制图根据数据的类型可分为以下几种。

（1）计量值的控制图。

$\bar{x}-R$（平均值-偏差）控制图

$\bar{x}-\sigma$（平均值-标准偏差）控制图

$\bar{x}-Rs$（1点-移动范围）控制图

（2）计数值的控制图

p（不良率）控制图

p_n（不良个数）控制图

c（缺点数）控制图

u（每单位的缺点数）控制图

计量值的控制图经常将平均值的控制图和观察误差偏离的控制图合用。

决定控制界限的范围是使用通常准备的数据，推定偶然原因产生的偏差，根据统计计算数据来确定的。在这种情况下，以工程平均值为中心的标准偏差的3倍作为确定控制界限的方法称为"3σ法"，并被广泛使用。

工程控制运用统计学研究控制图的使用性的休哈特观点，是质量管理方法的基础，被称为

"质量管理始于控制图，结束于控制图"。理解这种控制的观点，不仅是应用于制造工艺与质量相关的工作，在质量以外各种管理中也可以应用。有种说法是：这种观点进一步延伸，就形成了现在日本的控制方法，这种说法也不能说是言过其实。

质量控制的统计方法中，控制图、柏拉图、特殊特性图、图表、检查列表、散布图、分层被称为 QC 7 大工具。需要根据实际情况进行具体的管理，因此灵活应用这些方法是重要的。

检测、推断和分散分析，再加上应用这些手段的试验计划、多变量分析等方法也为提高产品质量发挥了作用。最近的计算机技术的发展，包括软件技术的开发也为上述方法的应用提供了条件。

另外利用频率分布及其性质的工作能力的调查等，在质量管理中出现的各种活动在各企业中也得到广泛采用。

如图 7-5 所示是显示抽样检查严格程度的特性曲线（OC 曲线，Operating Characteristic Curve）的例子。试验样本的数量是 100 个，合格判定数量 c 是在实施 4 个抽样检查的情况下，判断样本不良率的合格概率情况。图中显示的 α 被称为生产者的风险，即把合格的产品样本抽检确定为不合格产品的概率。另外，β 被称为消费者的风险（Customer's risk），即是把不合格的产品样本确定为合格产品的概率。在质量管理的引入阶段，抽样检查作为新的思想方法，为各行业实行合理化的检查作出了贡献。

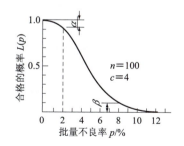

图 7-5 OC 工作特性曲线的例子

质量管理的方法开始于收集数据。从这个意义上来看为了收集数据，抽样检查方法是增加的一种好办法。对于处理这些数据的统计方法，有把语言数据整理成图的方法，即亲和图法、关联法、系统法、矩阵法、矩阵分析法、控制图表法、PDPC 法等作为新 QC 的七个工具被众所周知的方法。

另外，应用统计方法进行高效率试验的试验设计方法，作为实用的研究工具已经普及。把两个因素和确定多种因素的试验称为二元配置试验，根据包含交互作用的分散分析可以明确各因素之间的依存程度；三元配置或者多元配置的情况，即使多因素作用也可以分析；进一步利用正交表，可以对至今没有考虑到的试验进行分析计算。在这个领域中计算机的发展起了很大的作用。

7.2 生产各阶段的质量管理

7.2.1 规划

为了使汽车作为商品进入市场，从产品规划阶段到推向市场一般需要经历 3~5 年的时期。在长时期的调研、测算的基础之上制定新产品规划是很重要的。

从经营规划的角度来观察，正确的规划是通过对产品系列的综合研究，从销售的需要预测到技术预测的新产品试制请求，直到开发能力部门的新项目的开发等以技术部门，营业部门各自的研究结果作为基础，并通过高级领导会议协商作出的决定。

各汽车制造厂为迅速向市场提供产品，通过评价确定设计质量，高效率地做出决定，因此针对新产品开发的步骤已经作成标准化了。

在全公司会议上讨论研究发展规划时，负责产品规划部门要明确提出发展目的，确立主要性能、发展规模、生产预计、发展能力、发展进度以及成本指标等车辆规划的设想。

在决定开发项目后即移交试制设计，在试制设计过程中，各设计部门根据产品规划部门的指示进行必要的设计，并按照试验、评价的结果确认是否符合规划部门的要求，否则，应变更其试制设计。

汽车的规划设计有更改部分性能直至全部换型等各种不同的情况。但是根据规模，设计企划团队的建立等开发的程序过程也已经被标准化了。

近年来，由汽车引发了环境问题和资源的循环再利用等问题，社会对质量的要求也日益严格。在这种意义上讲，在产品计划阶段为适应这些要求进行的研究也受到了重视。

7.2.2 设计与制作

在设计阶段要灵活运用以往技术积累的设计基准和标准等技术资料，但是全新的开发也很多。针对这类情况，为将其开发的结果与标准化结合起来，这方面管理工作也很重要。要实现高效率地汽车设计的目标，应积极引入运用计算机设计、结构分析和设计评价等先进技术。

在车身、发动机和电子产品等设计领域，也包括涉及这些领域的设计软件的革新工作，在缩短开发时间和提高产品质量方面取得了显著进步。

在汽车工业中从设计开始阶段就需要许多专业零部件制造厂的协作。遇到类似产品改型那样大规模的变更时，对试制件的供应、试验和评价等，都要建立汽车制造厂与零部件制造厂的协作体制。

在日本有"国土交通省"制定的关于对新型汽车的形式认可制度，通过规定的审查后才许可制造。认可条件是必须符合国家制定的安全标准。

近年来，国内外制定的汽车法规都与汽车安全和汽车尾气排放密切相关，并有严格化的趋势，与此相应的开发设计在技术方面也是一项非常重要的课题。对试制结果进行综合研讨，在确定产品规划后即可开始批量生产设计。但是按照汽车的商品性来看，外形设计是个基本的问题，各公司都设有负责外形设计的专业部门，从草图设想到油泥模型的制作阶段，包括高级领导会议审查决定的全部程序都成为标准化的过程。作出开发决定后，按油泥模型利用自动测绘技术绘制总图，根据总图进行制造车身所必须

的模型图纸设计和车身参数的设计，同时也开展必要的功能零部件设计。在设计过程中需要掌握大量的试验数据和质量信息，保证质量的认可工作贯穿全部发展计划，没有遗漏。为同步迅速实施必要的措施可利用计算机技术，现已研制出正确处理这些质量信息的工作系统，如图 7-6 所示。

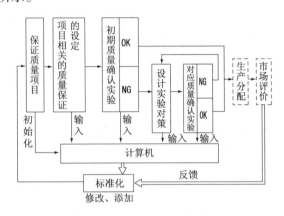

图 7-6 保证质量体系的例子

将在这个系统中进行的试验评价的结果输入到计算机中，通过可以管理整个项目的综合清算的输出显示，可以掌握每个保证质量的项目，曾经进行过多少次改进措施。此外，不同设计负责单位的不合格项目，对应措施过多的不合格项目，可以根据需要，输出显示出来。

保证设计质量的基础是正确确定质量指标、确定为达到此指标需要的技术力量，以及健全的质量评价体制。

各公司过去虽然已经强化了以车辆行驶试验为中心，进行车辆质量评价、认可的体系，但是也补充了模拟实际状态的台架试验方式，合理的灵活运用这些方法，以促进开发设计高效率的运行。根据市场使用条件等的研究进展状况，充实新试验设备，建立在设计阶段就能够能按质量指标自我审查的质量体制。另外利用计算机技术进行模拟分析，在进行设计或者改变设计方案时，可以不进行产品的试制，通过计算机程序进行设计方案的评价研究的技术已经实用，提高了研发工作的效率。但是即使利用计算机进行了研究，最终还需要通过实际研制的车辆或产品的评价，做出最后综合的评价、结论。还有为了避免设计

人员的设计失误,增加了这样的体制,即在设计阶段由设计部门自我评价设计结果,然后试验部门利用各种技术标准对设计情况进行分析评价。并根据评定结果设计者可以判定是否需要重新设计。设计完成时汇总最终的评价结果,在高层领导会议上审查核准,若无问题可转入下一阶段,按生产准备阶段的管理体制进行工作。目前也已出现了这样的体系。

另外,在这一阶段必须注意的问题是:应建立防止过去出现过的产品问题重新发生的体制。

图7-7是开发阶段的B公司对安全零件、重要部件、可靠性的保证体系。

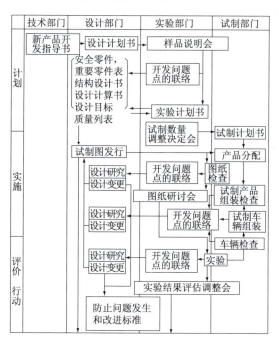

图7-7 安全部件、重要部件、可靠性的保证体系

根据技术上的开发、研究工作,判断能否解决这些质量问题是非常重要的,不论是过去的市场情报、生产准备、制造、检查等方面的反馈情况,包括外协件在内的质量问题,都应很好地研究它是否已经解决。关于批量生产设计对其改进项目也必须有明确的评价。特别是从销售和技术服务的观点来看,为了更好地进行核查,必要时可让直接负责这些工作的人员也参加研究阶段的工作进行评价。

7.2.3 生产工艺计划

为实现设计质量要求,生产准备活动按照如下的程序进行:根据工艺计划编制必要的设备计划,筹措设备供应、完善工艺、建立批量生产体制。

工艺计划是利用生产技术标准,按照设计图纸要求的质量水平编制工艺,在编制工艺时也要考虑适当采用新技术。

汽车生产工艺包括锻造、铸造、冲压、热处理、涂装、电镀、树脂成型、机械加工、车身装配、部件组装、涂装、装饰、总装配和自动生产工序等多种工序,所以生产技术部门与设计部门、制造、检验部门需要进行必要的协调,明确每项工艺的质量水平。

现在的制造工艺采用大规模自动化设备,因此事前很好地研究其构思,各部门之间进行充分必要的协调是重要的。随着工序必要条件的确立,在工序管理中要综合研讨关键的核查工序、检查工序的配备等,再制定工艺计划。如图7-8所示为工艺计划书的实例。

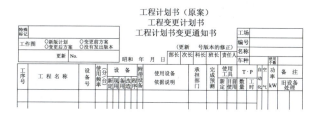

图7-8 工艺计划书实例

根据工艺计划编制必要的设备计划,图7-9显示了各个设备计划制订的流程。为适应大规模的生产准备,在生产准备草案阶段,就需要在事前对在质量保证方面是否进行了必要的考虑,对过去有问题的工序的改进措施是否落实进行专门的研讨。

在实施设备计划时,存在各个设备的工程能力问题,但是是否达到计划要求的能力,无论在供应设备时或整顿工艺时都应进行核查[10]。

生产准备质量的核查关键是通过量产试作阶段进行。试制的结果若达不到必要的工程能力,应进行分析并消除不合适的因素。生产准备完成后,通过确认工程能力,并在全公司范围进行研讨，明确问题，确定相应对策后，再进入量产阶段。

如图7-10所示是C公司的生产准备体系。在这个图中可以看到技术人员参加的活动，即在新车进行管理的业务阶段有负责设计技术人员，在量产中驻在制作现场，因此对试制过程中产生的问题能够及时处理。

7.2.4 采购

如前所述对于外协厂的协作，从产品的试制阶段开始就有着密切联系，但是要求其质量管理体制和汽车制造厂相同。关于保证安全的零部件等，有时也特别规定外协制造厂选定标准，保证质量方面没有问题。

从零部件构成一辆汽车的观点来看，则要求全公司需要执行相同的管理水平。在和外协厂订立外购件合同时，保证产品质量的重要事项，是订立合同的重要环节。

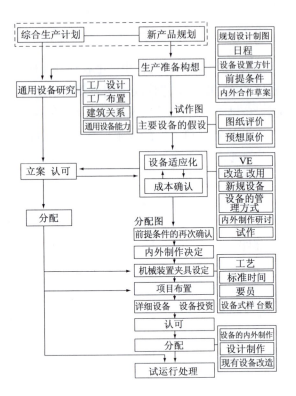

图7-9　各个设备计划的制订流程

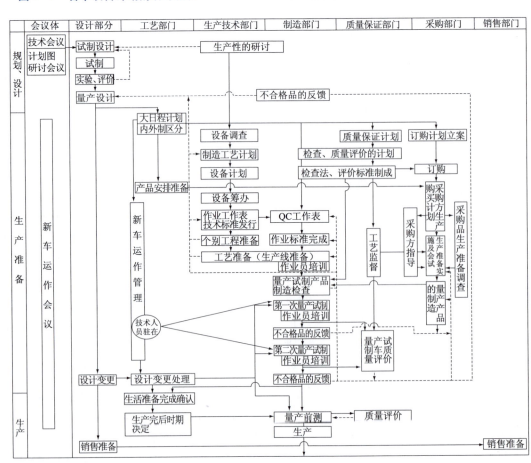

图7-10　新产品的生产准备体系

在选定外协厂后,应对这个公司提出保证质量体制的适当要求。对于外协厂的基本条件,应从它的生产技术的优秀程度、规模、资本大小等进行全面的考察,总装厂的采购部门在日常工作中应随时掌握外协厂的情况,并进行必要的指导和帮助。

如图7-11所示是和外协厂之间的生产准备体系。外协厂确定的前提是考虑该厂能够保证从产品试制,到批量生产都能持续供应产品,这是考虑在开始批量生产时出现问题要今后加以防止的体制。通常的方式是根据订购单位的规格要求,由本公司自己设计,并征得被订购单位同意。

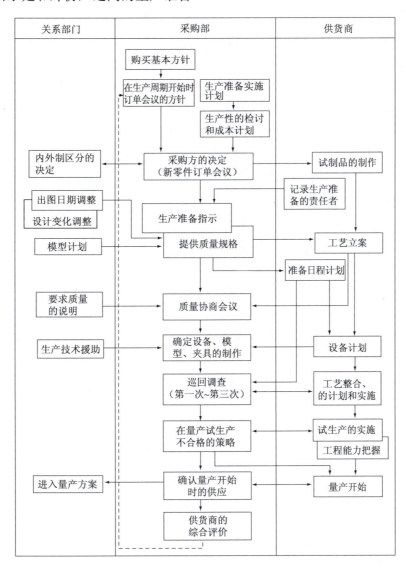

图7-11 和外协厂之间的生产准备体系

在新车开发阶段不仅要提出规格及图纸,而且也要注意质量的确认,试验项目及其实施方法等的传达也很重要。汽车总装厂在外协厂交货时,大多要求在提供外协件的同时按照顺序提交有关数据资料。从发出订单开始,按照进程确认工艺计划和工艺管理、检查的情况,同时核查从外协厂入库的量产产品,判断是否符合质量要求,这种方式作为初期管理的方法已经标准化了,也有工厂按照这种方式进行管理[12]。

由外协厂进货时,当然应根据双方同意的计划,由外协厂进行出厂检查,但是还需要在汽车总装厂进行入库检查。在入库检查时采用MIL-

STD105D 等的高速型抽样检查法。MIL 标准虽然正在向现代的 ANSI 等方法过渡，但基本原则没有变化。

此外，对于满足质量保证条件的协作厂的产品，各公司也可以采用定期进行必要的工艺监督和指导，省去进货检查的管理方法。在进入批量生产阶段如发现不合格品时，除把不合格品退回外协厂外，还要对发生不合格品的外协厂的质量保证体制重新评价，必要时应调查其工艺，明确不合格原因以防止再度发生。另外，对其入厂的外协件还应进行特殊的检查，根据情况对外协件厂的工艺进行指导和帮助。在外协厂的质量保证方面，需要特别注意对于安保产品的操作和设计修正、工艺变化时的管理情况。

关于安全部件，除对二次协作供应方的规定之外，对外协厂需要附加的订货规定。在与总装厂的协商下，根据工艺管理方法、检查方法的工序调查，确认实行产品全部检查的要求，以及关于批量产品的管理全过程和质量记录的保管。

对更改的处理，要符合生产准备阶段确定的程序，进行更改时须通过申报，获得批准才能执行。

对于汽车工业而言，保证外协厂的质量管理水平是非常重要的工作，因此各公司对外协厂的能力提高进行必要的帮助、培养。还有通过各协作厂之间的联合会类组织，对自发的努力成果和优秀的协作厂予以表扬的制度等，也是保持质量管理水平的措施之一。

7.2.5 生产

汽车生产过程是从所谓锻造、铸造、冲压等制造坯料的加工开始，经过机械加工、总成装配以及车身组装、油漆等过程，直到部件装配、总装配，是由非常繁杂的工艺所组成。

这些工艺过程是以各种生产技术为基础，虽在设备和生产方式方面各具特点，但无论哪一种工艺，都应具有工艺计划所给定的工程能力，以及保证生产质量一致性的管理活动。

进入现代生产技术的工程，采用多种技术和革新，使多种类产品可以流水化生产，且能够根据需要自动进行加工产品种类的改换等，但是随着自动化的生产发展，为保持生产过程中产品的质量，工序设备、安装夹具、工具的保养工作也是非常重要的。

随着生产的自动化，测试、控制的自动化生产技术，对保证产品质量发挥了重要作用。

如图 7-12 所示为在加工过程中进行测量的典型实例，它是在磨削曲轴轴颈时采用的自动尺寸监控装置"零点自动补偿尺寸监控系统"。这种装置装在磨床上，对加工过程中的工件进行在线测试的部件；设置在能比较稳定的进行测试的位置上，进行加工完成后的测量，根据测得的数据结果，补偿在线加工中测定的零点。利用这种原理，可长期的保证磨削加工维持高精度。从此例看，测试、控制技术的发展为保证产品质量作出了较大的贡献。

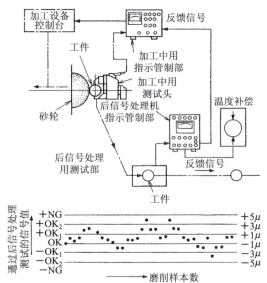

NG 以及 OK_2 的信号是由后信号处理的测试值，与加工测试的零点有 2μ 的漂移量。OK_1 的信号仅在 2 次连续出现时与 2μ 在线测试的零点出现 2μ 的漂移量。

图 7-12 在加工过程中进行测量的典型实例

制造阶段质量管理的基础是工艺管理计划。工艺管理应选定必要质量特性作为管理项目，确定在工序管理中为稳定这些质量特性的关键和定期检查位置，确定每个管理项目的管理水平、管理方式，由管理图或检查表检验其结果，以及必要的处理方式。

如图7-13所示为工艺管理计划的一例。对定期抽样检查的产品，按照制定计划的控制项目，测试产品的质量性能，并通过制定的程序确认工序的管理情况。在流水作业生产中，除此以外还要预想到制造条件变化时的工作情况，例如在生产开始阶段或者操作者换班等情形时，应特殊检验一定数量产品的质量，以保证产品在批量生产时不致发生错误。

QC工作表					发行 年 月 日				No.产品号		页码
操作计划					工程				产品名称		
工程号	工程名	机械设备	管理项目	规格制造标准	管理标准	方式			测试器具	管理图	注意事项
						初品	定期				
						取样方法	管理者	间隔	取样方法	管理者	作业指导

图 7-13 工艺控制计划的一例

工艺管理计划虽然是分析、总结工艺的情况作出的，但是对于需要保证的质量特性，在制造工序中怎样选定管理特性也是重要的问题。有的场合也采用通过统计方法选择与真实特性有关的代用特性，用容易操作的方法进行管理。

对于可以量化的质量特性，各种工艺都应用直方图来掌握工序的工程能力情况，依据这种方法进行工程管理的方式也被广泛采用。图7-14所示为汽车重要部件之一的转向节硬度的直方图。图上的 C_p 是工序能力指数，用标准偏差的6倍除以公差求得。转向节是球墨铸铁铸件，制造工艺：① 低频炉熔化；② 炉前试验；③ 球化处理；④ 孕育处理。

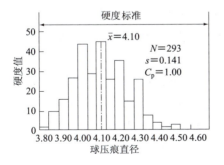

图 7-14 转向节硬度的直方图

通过这一工艺的产品硬度的分布情况，如上述直方图，表示出是极其勉强地在硬度标准范围内生产出这个产品的。对于这样的工艺如不严格进行产品检查，就有不合格产品转入下一工序的可能。因此还应作出产品硬度的特性因素图，利用以往的数据检测确定和产品硬度相关的大波、小波值。调查结果如表7-1所示。CE值（碳当量）与小波有关的显著水平为5%时称为显著，并取为试验的因子，从上述的研讨，如表7-2所示，对5因素而各选定2水平。做出 L_{16} 的正交试验方案，如表7-3所示进行分配，把熔解次数分作8次试验，得到如表7-4所示的方差分析结果。对显著的因素要重新评价其水平，并如表7-5所示修订了标准，改进后产品硬度分布如图7-15所示，工序能力指数 C_p 为1.46，产品硬度分布与改进前相比达到了非常稳定的状态。通过这样的解析分析，明确了控制项目，根据修订的标准，其控制水平也在数据的基础上便可以被确定下来，C_p 值如控制为 6σ 的区间，则1.33以上即为满足水平要求[15]。

表 7-1 产品硬度和因素的关联调查结果

因素	相关	大波			小波		
		0	+	-	0	+	-
处理温度		14	24	30	23	20	24
CE值		21	29	18	27	28	12
Si（%）		18	19	31	20	21	26
铸入完成需要的时间		19	25	24	10	34	23
铸入的温度		24	20	24	19	23	25

表 7-2 选定的因素和水平

因素	水平	0	1	记号
CE值		4.00	4.30	A
Mn（%）		0.30	0.70	B
Si（%）		1.50	2.00	C
Mg添加量（kg）		4.45	6.50	D
接种量（%）		0.30	0.60	F

表 7-3 排列

一次单位	二次单位
$ABA \times BCA \times Ce_1D \times F$	$Fe_2e_2e_2C \times Fe_2e_2eD$
1 2 3 4 5 6 7	8 9 10 11 12 13 14 15

表7-4 方差分析结果

因素	S	ϕ	V	F_0	$E(V)$
A	1 225.00	1	1 225.00	8.89	$\sigma_e^2 + 8\sigma_A^2$
B	7 876.56	1	7 876.56	57.18	$\sigma_e^2 + 8\sigma_B^2$
C	1 914.06	1	1 914.06	13.90	$\sigma_e^2 + 8\sigma_C^2$
F	315.06	1	315.06	2.29	$\sigma_e^2 + 8\sigma_F^2$
$D(F_0)$	300.12	1	300.12	2.19	$\sigma_e^2 + 4\sigma_{D(F_0)^2}$
$D(F_1)$	1 081.13	1	1 081.13	7.85	$\sigma_e^2 + 4\sigma_{D(F_1)^2}$
$C \times F$	175.56	1	175.56	1.27	$\sigma_e^2 + 4\sigma_{C \times F^2}$
e	1 101.93	8	137.74		σ_e^2
记	13 989.42	15			

注: $F(1.8:0.05) = 5.32, F(1.8:0.01) = 11.3$

表7-5 修订标准

	实施前	实施后
CE 值	4.10 ~ 4.25	4.25 ~ 4.30
Si (%)	1.80 ± 0.10	1.80 ~ 1.90
Mn (%)	0.45 ± 0.05	0.40 ± 0.05
接种量 (%)	0.5	0.6

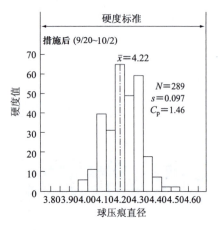

图7-15 改进后的直方图

随着工艺的自动化、测试仪器的发展,为保证产品质量,已研究出全部测量信息进行反馈的方式。如图7-16所示为发动机曲轴不平衡量控制系统,是已经实用的工程控制方法。与准备保证一种产品的质量水平相结合,设定连续测定的样本数n与判定合格品个数c的值。在产品的工程能力比较稳定的工艺中,这是一种用计算抽样的检查方法与工艺调节相联系起来的方法。

先给定调整机床的界限值,并在加工过程中设有自动检查站,对加工产品测量的结果进行定期检查,超过界限值时马上停工,经过必要的确认、调整后,再重新开工。

在这种情况下,调整界限值的确定多数情况是利用计量抽样法和管理图法完成的,但是必须确实掌握工程能力,从而落实这样的工作方法。

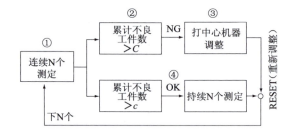

图7-16 发动机曲轴不平衡量控制系统的工作方式

① 连续进行n个工件的不平衡测试。
② 不良工件(过大的不平衡量)出现$c+1$个时,则需要调整加工设备。
③ 停止加工生产线的工作,进行中心加工机器的中心孔的调整。
④ 如果n个工件测试的不良个数在c个工件以下时,这一批可以继续进行加工。

7.2.6 检查

在汽车工业方面,为适应各种生产工艺应该采取适当的检查方式,通过这种方式保证产品质量。但是作为最基本对内容,是保证质量特性的重要度和通过工序管理确保质量水平程度。应检查的质量特性项目一般分为如下三级。

(1)安全项目、车辆重要性能项目。作为检查对象的相关项目,若质量指标有问题,将会危及人身及社会安全(例如,制动软管的耐压性、排气的 CO 值)。

(2)车辆性能项目、零部件重要性能项目、重要外观项目。作为检查对象的质量指标若有问题,会损害车辆性能及零部件性能,致使商品价值明显降低(例如:加速性能、活塞外径、涂漆的鲜艳性等)

(3)零部件性能项目、外观项目。这些是指除安全零部件、重要性能零部件以外的零部件的质量特性以及车辆、单个零件外观上的缺陷(例如:零部件间分级尺寸,型式表识类的外观等)。

检查工作按其目的又可分为：外协件检查、工序间检查、完工检查等。关于外协件的检查如已在"购买"一节提到的，前提是：供应方的质量保证，但是开始时应对外协件进行特别检查，也可要求提出检查数据进行确认或在产品入库前进入外协厂进行驻厂检查。

对外购件供应方的检查体制和工艺管理状况等的调查结果，应和上述的检查结果合并考虑，作为汽车制造厂，在必要时可实行进货检查。

进货检查在各汽车制造公司有各种检查方式，也有用独创的评分来给定检查水平的例子，虽然省略进货检查的情况也很多，但是在多数情况下，要监督汽车制造厂与外协厂之间商定的检查，以确保产品不发生质量问题。

工序间检查是制造部门对必要的特性实行边生产边检查的方式，也有按照工艺特点兼用巡回检查。

随着工艺自动化的进展，工序检查也在跟着实行自动化、高效率化。工艺检查需要根据该工序的特点，采用技术标准型和计量标准型的抽样检查，或者连续生产型的抽样检查，但是有关安全特性的内容，从安全保证的必要性考虑，原则上必须进行全数检查。

在制造生产线上测定困难的精密测试项目检查，可由专门的检查部门实施抽样检查，但是对于所设置的生产线，和工艺有阶变更产品应特别地采用精密检查方法。

发动机和变速箱等功能部件和完成车辆作为其最终检查，主要由检查部门设置连接生产线的，对产品型式和性能进行检查的流水线。

如图7-17所示为出厂车辆的最终检查线的平面布置图实例。

检查工作是按检查工序规定的标准检查表进行的，表7-6所示为检查表的一部分。每一项检查项目完成后都应做上记号，若有质量问题应进行返修，修正结果要重新检查后再确认。

汽车制造厂应把这些记录全部保存一定年限。作为保证的业绩而保留之外，这些收存的实际记录，是发行出厂检查合格证的依据。此外，从生产线上抽检一定数量的车辆，由检查部门对各种参数、重要功能、排气以及其他性能等项进行精密检查，并进行汽车行驶检查，这些记录也和生产记录一样要保留一定年限。

日本汽车制造厂对国内销售的汽车要向国土交通省提出汽车形式指定的申请，并经其批准，在申请中关于完成的检查和各装置的检查、其业务组织、检查实施要点、检查用机械器具的管理要点，以及成车检查合格证的填发要点，以上各项从法律上是必须有的，若这些事项遇到新的改变，必须提出申报。

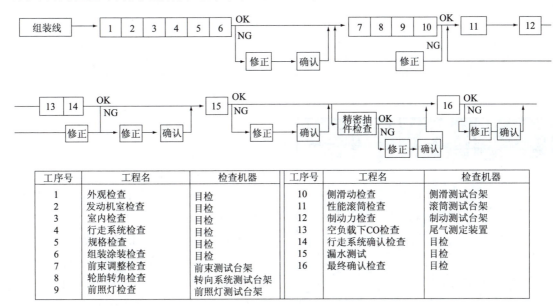

图7-17 出厂车辆的最终检查线的平面布置

表 7-6 整车检查表示例

工序	检查位置	检查项目	评价	不合格项目
行走部分检查	Fr 上摇臂 制动软管 Fr 下摇臂 转向横拉杆球接头 燃料管 防止尾气扩散装置 油箱 燃料入口，给油箱管 驱动轴 制动管 排气管，消声器，催化转换器	紧固，开口销状态 安装，伤痕 紧固，开口销状态 紧固，开口销状态 间隙，伤痕 配线，外观的联结 安装 安装 紧固 安装，间隙，伤痕，凹坑 安装	检查	修改确认
	Fr 稳定器 羊角臂 Fr 悬挂构件 转向齿轮箱 Fr 减震器 转向联结装置 转向联结轴 Fr 下摇臂 变速箱 变速箱，传动装置	紧固 紧固 紧固 紧固 紧固 紧固 紧固 紧固 紧固 紧固	检查	修改确认
	驱动轴 差速器 Rr 下控制摇臂 Rr 减震器 Rr 上控制摇臂 Rr 悬挂构件 Rr 稳定器	紧固 紧固 紧固 紧固 紧固 紧固 紧固	检查	修改确认
车轮转角检查	车轮　　前	车轮转角（内侧）	检查	修改确认
前照灯	前照灯 前照灯弯管接头	开、关灯，亮度，H、L 切换高度，左右摆动情况	检查	修改确认

表 7-7 检查结果

检查员＼序号	1	2	3	4	5	6	7	8	9	10	计
A	○	○	○	×	○	×	○	×	○	○	3
B	○	×	○	○	×	○	○	×	○	○	3
C	○	○	○	×	×	×	○	×	○	○	4
D	○	○	○	×	○	○	×	○	○	○	2
E	○	×	○	○	○	○	×	×	○	○	3
F	×	○	○	○	○	○	×	○	○	×	2
计	1	2	1	2	2	2	3	3	1	1	17

此外，对各工序检查的结果应以日报、月报形式分送各有关部门，各管理责任部门据此分别采取各项处理措施。这些情况也可以利用计算机完成，对于不合格产品的现场确认和调查同时进行，形成质量保证的核心。

检查技术也根据市场对质量要求而相应改变。汽车方面关于人体感观方面的质量特性，特别是检查员的一致性方面成为问题。研究这个一致性的方法之一就有考克兰的 Q 鉴定。

现举一实例介绍如下：现有 10 台成品车，每台都有一处漏水，发给 6 名检查员如图 7-18 所示的卡片，每人连续进入每一台车辆进行淋雨漏水试验，将漏水处记入卡片上，将其结果汇总如表 7-7 所示。O 标记表示有 ±50 mm 漏水处，X 标记表示判断错误。其结果可按下式计算统计量 Q，得：

$$Q = \frac{n(n-1)\{\sum x_i^2 - (\sum x_i^2/n)\}}{n\sum u_i - \sum u_i^2} =$$

$$\frac{6 \times 5 \times (51 - 17^2/6)}{6 \times 17 - 33} \approx 1.232$$

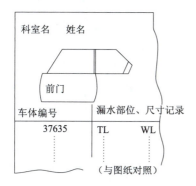

图 7-18　漏水处记录卡片

因为 $x^2(5, 0.05) = 11.07$，所以检定结果表示其危险率为 5%，不能认为检查员之间有差异。除此之外，还有采用威尔科克逊的按位次 2 样本差的检定法，和采用感官功能检查的评价板的设置，用肯特尔（Kendall）的位次一致系数也能获得良好结果的事例等，已经开发了应用范围非常广的方法，望加注意。

7.2.7　销售及售后服务[7]

汽车从制造厂发至销售店，然后售给用户，每辆汽车都要附有汽车制造厂的保修证明书。汽车在已属于使用者后，所有在保修期间或保修行驶里程内发生的故障，若属通常使用情况范围内时，销售店应执行无偿修理的保修制度。销售店在把汽车交给用户前应对新车进行检查保养。由销售店对新车实行各种免费检修的技术服务工作，一般还有了解用户使用情况的跟踪调查体系。此外，汽车必须进行必要的定期检查及保养，为使用户了解这些内容，要发给用户写清各种注意事项的使用手册。

在日本国内根据《公路运输车辆法》的规定，汽车用户有按规定接受定期检查的义务。从这一意义看，伴随销售的技术服务业务，也应被认为是一项重要的产品质量管理工作内容。销售店应具备汽车维修保养的必要条件，及经过国家审定合格的检查主管人员，负责汽车维修体制的贯彻执行。如表 7-8 所示为标准的定期检查保养的部分内容。为确切地执行包括这些知识的技术服务，必须具备必要的检查维修设备、工具以及经过充分培训的维修人员。同时也要保证及时顺利地供应必要的维修配件。经常整理维修检查保养记录，以备随时核查是否为用户进行了高质量的服务，虽然各销售店采用了各自的服务方法，但技术服务部门应与制造厂协同制定必要修理标准，当新型车销售时，对各销售店的维修人员要进行集体培训等，以充实维修能力。

随着技术的进步，汽车装置了高精度的电子零件和控制系统，在这些新技术发展的同时，必须确保维修服务质量。在新型车研制过程中，应由具有实际维修经验的专家和设计人员共同研究讨论，努力使汽车易于维修保养。用户在购入汽车后提出的改进要求直接反映给销售店，这些改进质量的信息由销售店反馈给制造厂，然后转给产品规划和设计部门。

现在日本汽车不仅销售国内，而且广泛地向国外输出，国外的销售和维修保养体制各具不同特点，必须慎重地考虑采用适当的形式。从汽车耐用和消费的经济观点来看，应包括对用户技术服务的经济性。如果产品的维修不被用户所理解就不能充分发挥其作用。所以对产品使用说明书等，为使用户易于掌握，必须编写得简明易懂，多数用户在领取驾驶合格证前虽曾受过专门教育训练，但对其内容仍难以充分理解。因此，销售店应通过技术服务工作使技术服务部门与用户沟通起来，这是一项重要的任务。如图 7-19 所示为使用说明书中一些内容的实例。对于使用内容，包含的技术要点需要再三加以研究。

表 7-8 点检保养方式（根据修理记录本）

检查部位及保养项目		检查修理时间					交换时间		备 注
		日常检查	新车时检查		私人轿车			每年替换（年）	
			1个月	6个月	每6个月	每12个月	每24个月	每行走里程替换（×10³km）	
方向操纵装置	方向盘： 操作情况						●			
	齿轮箱： ① 紧固不松动 ② 漏油			○		○	◆			
	杆及臂类： ① 松弛、摇动及损伤 ② 球铰防尘罩的龟裂和损伤					◇	◆ ●			
	转向车轮： 车轮定位						◆			
	动力转向装置： ① 带的松弛及损伤（新件6月才松弛） ② 油漏及油量 ③ 安装的松弛	○	○		●	● ● ◆				电动式、齿轮驱动式、电动非液压式不需要定期检查
制动装置	制动踏板： ① 晃量及踏下时和地板的间隙 ② 踏下时的感觉 ③ 制动的效果	●	○	○ ○		● ● ●	● ● ●			
	驻车制动机构： ① 牵拉空隙 ② 制动的效果	●	○	○		● ●	● ●			
	各种管路： 泄漏、损伤及安装状态				◇	●	●			
	储油箱： ① 油量 ② 制动流体交换	●	○	○				2 [3]		

续表

检查部位及保养项目		日常检查	检查修理时间					交换时间		备注
			新车时检查	私人轿车				每行走里程替换 ($\times 10^3$ km)	每年替换（年）	
			1个月	6个月	每6个月	每12个月	每24个月			
制动装置	主缸、车轮上缸及圆盘卡滞： ① 液体泄漏状态 ② 性能、磨损及损伤					● 	● ●			
	制动鼓及制动闸瓦： ① 鼓和制动衬的间隙 ② 闸瓦和运动部位制动衬的磨损 ③ 鼓的磨损和损伤				◇	◆ ◆ ◇	◆ ◆ ●			
	制动盘及制动块： ① 盘及块的间隙 ② 块的磨损 ③ 盘的磨损及损伤				◇	◆ ◆ ◇	◆ ◆ ●			
	真空泵： ① 性能 ② 转子、联轴器、叶片、壳体、端盖等状态									每 200×10^3 km 检查 每 200×10^3 km 检查
行走装置	车轮： ① 轮胎的状态（气压、龟裂、沟槽深度） ② 轮胎气压 ③ 轮胎的龟裂及损伤 ④ 轮胎沟槽深度及异状磨损情况 ⑤ 车轮螺母和螺栓的松弛 ⑥ 前轮轴承的晃动 ⑦ 后轮轴承的晃动 ⑧ 前轮轴承润滑脂的换装 ⑨ 后轮轴承润滑脂的换装			○ ○ ○		◆ ◆	◆ ◆ ◆ ◆	80 80	4 [5] 4 [5]	
缓冲装置	安装部分及连接部分： 松弛、摆动及损伤					◇	●			
	减震器： 油泄漏及损伤						●			
	油压、气压式车高调整装置： 油液替换							100		
动力传递装置	离合器： ① 踏板的晃动及断开时和地极的间隙 ② 油液量			○		● 	● 			
	变速箱和变速情况： 油泄漏及油量（新车检查时权只检查油泄漏情况）			○			◆	◆		

注：1. ● 及 ◆ 所示为法令规定的检查时期，其中 ◆ 是距离要求；

2. ○ 是厂商制定的检查时期；

3. ◇ 所示为厂商制定的严格情况下的检查时期

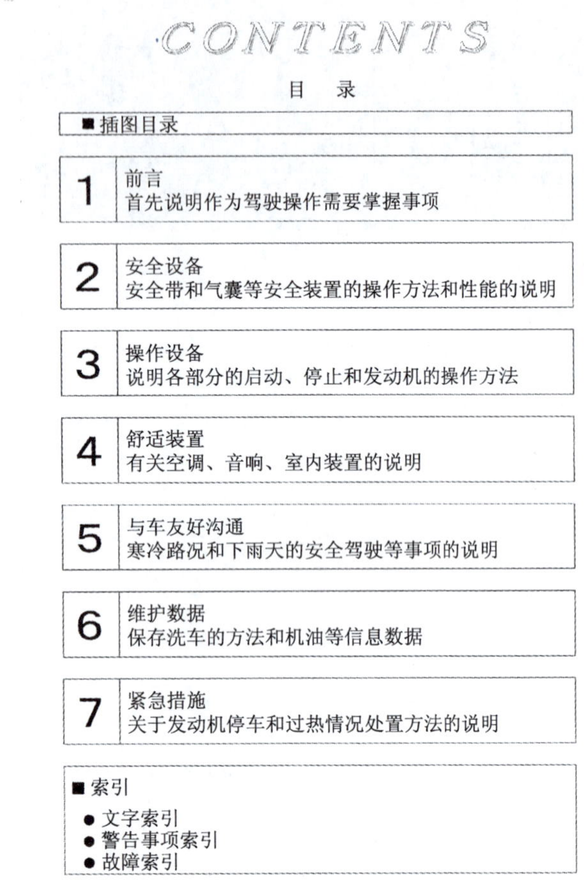

CONTENTS

目录

■ 插图目录

1	前言 首先说明作为驾驶操作需要掌握事项
2	安全设备 安全带和气囊等安全装置的操作方法和性能的说明
3	操作设备 说明各部分的启动、停止和发动机的操作方法
4	舒适装置 有关空调、音响、室内装置的说明
5	与车友好沟通 寒冷路况和下雨天的安全驾驶等事项的说明
6	维护数据 保存洗车的方法和机油等信息数据
7	紧急措施 关于发动机停车和过热情况处置方法的说明

■ 索引
● 文字索引
● 警告事项索引
● 故障索引

图 7-19　使用说明书目录

在市场上发生有关安全问题和涉及法规的重大质量问题时，如属制造厂的责任应予以回收，每次发生的信息内容，须进行调查证实，在判断有回收必要时，确定必要的对策措施，通过销售店通知用户，同时向有关政府部门申报。在日本，汽车制造厂负有将执行回收返修情况向国土交通省报告的义务。不论国内或国外，需要经常进行修改或废除法规的内容。这些方面的信息必须充分掌握，这对质量管理是至关重要的。

市场上对产品的要求是随社会的要求和在质量方面的竞争情况而改变的。作为市场调查的一个环节，虽然对需要动向的调查、用户对本公司产品要求的调查、新产品出厂后对用户反映的调查以及购买动机的调查等，都应以用户为对象很好地有计划地进行活动，但这还很不够，还有必要以市场的环境条件、法律、习惯以及工业状况等为对象，进行周密细致地调查。可以说销售机构是获得这些方面众多信息的重要组织。不仅对市场上有关本公司的质量信息，而且许多有关竞争产品的信息，都可通过这一渠道获得。

7.2.8　监察制度

为在企业中圆满地进行质量管理，正如前述，要把企业内部体制按照此目的完善地组织起来。图 7-20 是企业的监察工作体制。根据企业的有关质量方针，质量管理的监察分为业务监查和质量监察两个方面。所谓业务监察就是监察企业内各项工作是否能充分围绕计划（PLAN）、执行（DO）、检查（CHECK）、处理（ACTION）、管理环（CIRCLE）的体制实施。所谓质量监察是就企业内部通过事物的接触监察其各项工作质量是否异常。这些活动相互间都有密切联系，作为工作的结果是防止表面上出现的重要问题重复发生，检讨总结企业内部工作，从判断各项业务工作在质量管理方面实际达到的深度，由此查出发生问题的所在，并采取相应措施，使之不致重复发生。

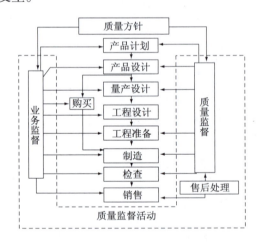

图 7-20　质量监督活动的作用

这种监察活动对于汽车行业来说，不仅在汽车制造厂开展，外协厂也必须进行。对于汽车制造厂与外协厂之间缔结合同的业务内容，就其履行合同的业务情况要实行监督监察。

前面提到的是形式认定的汽车，对于由国土交通省指定类型的汽车制造厂是否按照规定实施申请等业务工作进行实地的检查。不仅是本国，而且在美国和欧洲各国，对批准定型的有关汽车制造厂也实行监察。这种监察是有按法律根据的，而作为国家的任务执行的。在日本各地方的陆运事务所也对指定的维修保养工场执行监察。这是为了使汽车得以适当地保养而立的法。

根据控制图的质量数据检出工艺的异常情况，从确认质量的不合适情形，指出在工艺的哪个位置有什么样地问题，解决该问题并避免质量问题的再次发生，根据这种质量管理的思路，在各公司实行了和业务监督并行的产品的质量监督管理。从生产线上抽取一定台数检查工作结束的车辆，根据预先制定的评价标准再次确认的结果，指出工艺上和检查方法中的问题，同时根据特殊的质量信息抽取检测出异常的制品，进行精密的核查，由统计数据明确问题的实际状态，这种方式也在应用。

在流水生产线上，可以确定工艺管理需要的各种标准，并依据标准持续进行生产，但对每件件产品进行精密测量和评价是有限度的。因此需要把专门进行测试和评价工作进行独立出来，且根据这些数据来确认、保证产品的质量。这种形式对外协件的监察也可以采用，即各公司实行从一定数量内任意抽取试样的测试、评价方法，鉴定外协厂质量管理的状况。同一产品如在几条不同的生产线上生产时，也必须相应地采用各个产品检查比较的监察方式。

各公司也采用在后续工序掌握质量状况，和本工序的质量状况合并进行分析的综合监察方法，代替直接测量、评价产品的方式。不论在什么情况下确定产品质量监察方式时，都必须采用根据连续的数据进行判断的体制。

7.3 最近的质量管理动态

7.3.1 源头管理

原来的源头管理这个词，是指控制直接影响质量特性的关键因素的意思，即在生产中发生问题时，找到发生问题的前段工序，寻找产生问题的原因和对策，沿着工序的流向类似河流寻找源头的方式进行管理控制。另外在某个工序中出现问题时，寻求工序中潜在的问题原因并控制它，也有源头管理的含义。也就是像河流一样，从源头扩展出去会引发出各种各样的问题。如果追溯到那个源头就意味着有着一个不良因素的存在。

上述，这种简朴业的语言表达方法，在最近的质量保证体制中，就成为了：质量管理由制造工艺管理开始，制造过程中研究的问题的原因是来源于：采购生产准备、产品设计、产品规划这样不断地向前一工序（工程）推移，最后成为必须在生产管理的循环图中的，在 PLAN 阶段（计划阶段）要彻底地管理好的这样一个结论。并在制造现场采取可靠措施再次避免这些问题的发生。掌握了它，从产品经济控制观点来看是反馈回前期工序，也可以说实施了本意中的"源头控制"的方法，这种方式也将提高制造过程中的控制水平。

寻找河的源头是相当困难的，河流的源头的确定也是相当难的，同样不良原因的研究也不简单。相关程度低的要素无论采用几种措施，在客观上也不能避免浪费的指责。熟悉统计方法的使用，深刻理解品质管理的内涵，将可以拓宽源流管理的道路。

与控制质量相关的人们探求源头的情况和积累的经验，形成企业竞争力的差别。在后续工序中发现的问题越晚，问题影响就越大，引起的后果也就越严重。况且假如产品流入市场，那将影响到企业的存亡，所以从质量控制的经济性这一观点看，源头控制的重要性显而易见。

7.3.2 PPM 管理

众所周知 PPM 是表示百万分之一的单位。产品的不合格品的不合格率以 1% 作为指标时，目前的电子器件和汽车都没有问题。由于现在已成为不得不用 PPM 来讨论不合格率的时代了，在这种水平下怎么做好质量管理是个难题。

工程设计的时候以 6σ 范围作为基础得到 1.33 的程度，而这次来提高工程能力指数 C_p 为 1.6~1.7。因为抽样检查方法目前也不能消除检查方法错误的危险，所以不满足 C_p 值的质量特性要求时，可以采取全部产品检验的措施。在现实的生产中如果有一个产品是坏的，自动化的生产线就会全部停产，损失极大。因此从设计阶段开始就要注意设计的正确性，并且在工程设计的思路方面也要全面贯彻源流管理的方法，如进入制造阶段立刻进行核查，在源流检查中发现异常现象，马上进行彻底地解决。另外在制造过程中注意设备的保养和维修，包括避免操作者的失误、无人化工厂等也需要努力发展。

PPM 管理的更高的水平是挑战不合格率为零的记录。

7.3.3 质量管理小组（QC circle）

1962 年，日本科学技术联盟发行的杂志《现场和 QC》的倡议开始的 QC 小组的活动，不仅汽车总装厂，在汽车部件厂、汽车销售店等很多公司也蓬勃地开展起来了。在日本经常举办全国性 QC 小组活动会议，从 QC 小组大会的召开和参加者众多的情况来看，就可了解到与汽车相关各公司 QC 小组活动的高水平。

图 7-21 说明了 QC 小组开展活动的方法，但是在 QC 小组中解决问题的程序是以 QC 小组领导为中心，自己选取题目自主解决，在管理图、排列图、因素特性、直方图、检查表、分布图、操作标准等各种活动中，边学习、边实践并取得成果，体验成就感的同时一边积累知识，一边继续活动，小组的自身活动水平也不断提高。

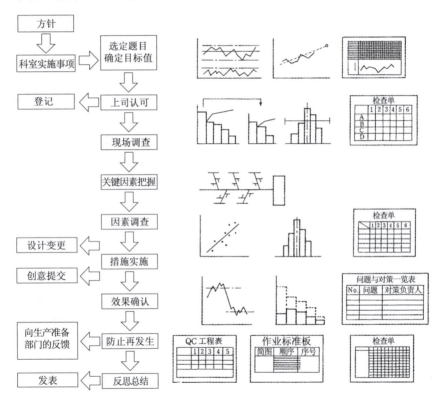

图 7-21　QC 小组活动的开展方式

每年的 11 月，在东京全日本选拔的 QC 小组大会在日本科学技术联盟的组织下召开，全国 9 个支部的 QC 小组代表参会并发表论文。在大会上评选 QC 小组部长金奖，获得这些奖的 QC 小组中汽车总装厂和汽车零部件厂很多，也可以说汽车总装厂和汽车零部件厂 QC 小组活动水平较高。通过工厂内问题的解决，小组的活性不用说，而且 QC 小组活动也成为与今后技术革新的时代相对应的，提高了实力的"学习的小团体"。与汽车产业相关的各企业，制造部门、间接关系部门以及销售店的 QC 小组也有各种各样的发表机会，交流了优秀的经验，目前，仍在不断发展中。

7.3.4 质量第一的经营思想和质量管理系统

从制造工艺管理发展起来的质量管理，已经发展到成为全公司的质量管理活动阶段，一般来说企业和客户的有关质量要求是非常重要的，把提供满足客户质量要求的产品，并作为企业经营的第一理念的活动已经建立了。这种想法是从产品的本质自然而然地衍生出来的。基于这种理念从商品计划、贩卖到销售的各个阶段总结为PDCA转动，通过实践在日本发展为TQC活动，使日本产品的质量达到了世界公认的水平。其结果，促进了日本经济实力的飞速发展而日本的经营做法也引起了世界的关注。日本汽车行业质量提高的历史，的确可以说是这种经营思想发展的象征。

质量第一的理念的实现，体现在"后工序是客户"的概念上。对后工序的反馈，能否迅速的根据事实采取行动是很重要的。由质量得来的企业的信誉是影响企业发展和持续性的重要保证。从顾客的角度来看，质量第一是经营的出发点。但是这种想法在实践中还是相当困难的。因此，必须把它作为公司的理念，不得不反复地贯彻直至彻底。在日本引入的质量管理活动，并努力与实践结合起来的公司的原则和基本方针，很多都是："质量第一"、"客户第一"、"质量至上"等，这些标语在工厂中随处可见。美国企业通过观察日本的经营活动，也改变了对质量的认识，也开始强调质量第一。

近年来，在企业经营中普遍采用质量管理的思路，或是从提高经营质量的角度出发，普及质量管理系统或是全负质量管理（TQM）的想法，并作为企业经营的核心，综合性地加以处理，这样一个概念而被广泛使用。

另外，这些质量管理系统的标准化，在各国推进下作为国际标准被统一到ISO9000系统（后面称为 ISO9000 标准）已经发布。还有，ISO9000标准系不仅适用汽车行业，也适用其他行业中的质量管理系统，但是需要针对不同行业的特点融入相应的内容，而制订了不同部门的标准。在汽车行业中，有德国的VDA6、美国的QS9000和法国的EAQF，而这些不同国家的标准，随着商务活动的国际化，把关键的内容也统一起来，并且通过ISO的专门委员会ISO/TC176审查了ISO9001，进一步制定出统一标准，发行了ISO/TS16949。

在汽车制造厂里，遵守这些标准以及取得认可资格，同时即使协作厂也要求其取得这种认可资格，通过这种措施，达到购建和强化企业综合质量管理体系的目的。

7.3.5 海外生产的QC应用

随着日本的汽车制造厂的海外生产据点的扩大，在各种各样的企业中转移日本制造的方法过程中，质量管理和QC小组活动与海外生产的关系也在加深，各公司还在采取多种努力措施不断扩展。作为海外生产企业的核心人员，通过到日本汽车制造厂的研修，接触工程管理的做法，另外体验在制造现场开展的QC小组活动等情况，但是也要考虑适应其他国家情况的执行方法。

在汽车制造厂还举办了适应各国现状的教育培训方式，有组织地引入了QC质量小组活动，并且努力开展了致力于产品质量改善的QC团体活动。也有些汽车制造厂在QC小组活动中，聚集了世界各地的QC质量小组，举办QC小组的世界性会议等。

在日本，引入质量管理的同时，也开展了针对以工厂的管理者和监督者为主体的质量管理培训活动，但有组织的进行教育培训还是需要时间的。在国外的生产点的内部不用说了，成为海外生产点的公司、供应产品的协作厂也需要进行教育培训。在建立合作关系的国家中，虽然也提出了进行有组织的质量管理方面的教育培训活动，但还需要更上一层次的发展。

随着日本汽车制造厂在国外生产活动的增加，国内外部件工厂之间的互相帮助、技术合作关系的联系，再加上了独立设置海外生产点等发展迅速，每年都能看到新的进展情况。与这些活动相关的这些海外的制造厂商，对日本的质量管理活动也非常关注，因此特意来到日本，调查有关质量管理的实际情况。各种各样活动的开展，对促进企业今后的发展很有必要。

汽车海外生产现状及其新动向是：在日本市场销售了美国规划生产的汽车，在日本输入东南亚各国生产的功能部件，组装成在日本销售的汽车等，因此到今天汽车生产已经与过去不可比拟地更加全球化了。在这个过程中，可以重新探讨质量管理的真实意义。因此说合乎这种趋势的质量管理体制也必须要迅速健全起来。

参 考 文 献

[1] 片山善三郎ほか：第6章品質管理，自動車技術ハンドブック生産・品質・整備編

[2] American War Standards Z1.1，Z1.2，Z1.3

[3] 石川馨：品質管理とは

[4] 日本科学技術連盟編：管理図法

[5] 朝香鐵一ほか監修：品質保証ハンドブック

[6] トヨタ自動車工業：デミング賞実情説明書

[7] 自動車整備？車両関係通達集，交友社

[8] 横塚実ほか：品質保証のための実験品質情報管理システム，品質管理，Vol. 24，11月臨時増刊号，p. 79－82（1973）

[9] 宇治田巌：自動車設計部門における品質保証活動，品質管理，Vol. 23，11月臨時増刊号，p. 30－34（1972）

[10] 山田道信：生産コストと設備計画，自動車技術，Vol. 27，No. 7，p. 722－778（1973）

[11] 黒川隆弘ほか：新製品の品質保証，自動車技術，Vol. 27，No. 7，p. 748－754（1973）

[12] 福尾健二ほか：購入部品の生産準備，自動車技術，Vol. 27，No. 7，p. 755－759（1973）

[13] 佐々木清人：自動車検査の計測技術，自動車技術，Vol. 28，No. 12，p. 950－954（1974）

[14] 楠忠雄：リークテスタ使用条件設定の標準化，品質管理，Vol. 24，5月臨時増刊号，p. 17－23（1973）

[15] 岩鼻重雄：L38ステアリングナックル硬度不良要因解析，品質管理，Vol. 24，5月臨時増刊号，p. 23－27

[16] 弘津健夫ほか：工程内ロット判別による機械調整システム，品質管理，Vol. 24，5月臨時増刊号，p. 177－180（1973）

[17] 安井道弘：軽乗用車水洩れ低減対策，品質管理，Vol. 25，No. 4，p. 50－60

[18] QCサークル本部編纂：QCサークルの基本

[19] QCサークル本部：QCサークル活動運営の基本

[20] TQC用語辞典：日本規格協会

[21] 大岡忠芳：電子部品事業における製造のQC，品質管理，Vol. 42，No. 4（1991）

[22] JIS Q 9000：2000：品質マネジメントシステム－基本及び用語

[23] JIS Q 9001：2000：品質マネジメントシステム－要求事項

[24] JIS Q 9004：2000：品質マネジメントシステム－パフォーマンス改善の指針

[25] JIS Z 8101-1：1999：統計－用語と記号－第1部：確率及び一般統計用語

[26] JIS Z 8101-2：1999：統計－用語と記号－第2部：統計的品質管理用語

[27] JIS Z 8101-3：1999：統計－用語と記号－第3部：実験計画法

第8章

可靠性

8.1 可靠性总论

8.1.1 可靠性的定义

所谓可靠性（Reliability），在 JIS 上的定义是"产品在规定的条件下，规定的时间内，可以完成规定功能的性质"。对于汽车类产品，是指车辆以及其构成系统和部件的质量在市场的使用条件下，保持客户期待的工作时间的程度，表示为时间意义上质量的概念。从广义上考虑可靠性的定义，包括以下含义[1]。

① 耐久性能（不易发生故障）。
② 保养维修性能（发生故障可尽快修复）。
③ 设计可靠性（便于使用）。

其中①适用于结构零件，例如螺栓、螺母、弹簧等和消耗零件如灯泡、电池等的易耗品，即一次性用品；②适用于价格高的耐用产品的可靠性，如在产品某一部位发生故障时，能尽早找出故障所在，并迅速修复到正常状态。在这里是指维持可靠性的问题，即维修的难易性问题；可以维持的程度及性质称为维修性（Maintainability）。因此，可维修装置及产品是①和②相结合，也即①+②。也即作为产品的整体必须满足质量要求的情形，这种程度被称为有效率（availability）。但是如按照这种情形来讲，意味着要求产品整体的可工作时间非常高[2]。③指使用汽车和家庭用电器产品等过程中，介入了人们操作的产品。关于③点，随着汽车的高度普及已成为更重要的内容。

8.1.2 可靠性的历史

可靠性的历史，可以追溯到 60 年前，以美国的电子工业为中心产生，在军事航天产业发展过程中成长起来。现在不用说美国了，以欧洲、日本为开端，在飞机、铁路、汽车、电脑等的民用产品领域也广泛应用，这种方法在商品的评价中占有较大位置。一般来说，它是在可靠性工程学体系中发展起来的。其必要性如下。

（1）随着系统与产品的复杂化以及产品多量化，很容易产生不合格品和发生故障。

（2）系统和产品的研发周期在缩短，对性能的要求越来越高，需要有计划的保证质量。

（3）由于新技术的迅速发展，以及新材料和新产品的陆续出现，对其安全性和寿命等需要具有合理评价的要求也随之出现了。

（4）系统及产品所具有的功能，成为与人类生活有密切联系，因而，其故障及缺陷对人们生活和社会将会产生极大影响。

（5）随着电子产品的发展，系统和产品越来越复杂，产量也增大，相应的维修、保养服务、人员的培训、技能的提高等，都需要适应发展的步伐。

（6）由于消费者利益主义呼声的高涨，企业对安全公害问题的态度要重新评价，通过技术手段抑制公害的必要性认识提高了。

（7）不仅重视系统和产品的购买价格，还要重视系统和产品寿命周期内的成本（Life Gyde Cost）。

（8）不仅是初期质量，长期的使用质量的要求也在提高。

对汽车工业而言，关于上述的可靠性理由直接适用。尤其是为了适应节省资源和能源等社会要求的新技术，或者是对于附加机构来说，如何实现整个系统可靠性的提高的问题，日益受到重视。

8.1.3 质量保证与可靠性管理

（1）可靠性管理的思路。汽车是由多种零件、结构及部件所组成的复杂的机械装置，同时是使用环境多样化的耐用产品。因此，汽车工业首先需要不断提高基本性能、功能，还需要提高可靠性，在产品的计划阶段、设计阶段、生产阶段、服务阶段，随着必要的可靠性管理方法的实施，需要不断推进将各自密切相关部分有机的结合起来，以促进可靠性技术的发展。

（a）规划、设计阶段：可靠性与这个阶段的关系很大，把握市场需求，市场条件趋势，利用各种方法进行预测分析，并通过无遗漏、高效率的可靠性试验进行验证。还有通过对已进行的开发项目的设计审查等，确保产品的固有可靠性。

（b）生产阶段：该阶段需要针对规划设计阶段掌握的可靠性下降因素（材料质量、制造工艺、设备的维修等）进行有效的管理。

（c）售后服务：不管故障内容如何其修理，在技术上和时间上都需要容易完成。因此，对于服务人员，要实行周到的教育和培训，维修需要的诊断仪器、修理工具、信息等要充分提供等，这样的完备的维修体制是不可缺少的。

（2）与质量保证的关系。可靠性管理，由JIS定义为："作为质量管理的方法之一的可靠性程序的构成、实施以及相应的管理"。质量保证是以质量管理为基础发展起来的，但是质量管理和可靠性管理也有不一致的时候。其理由是质量管理通过制造工程的管理，达到提高质量的目的；与此相对应的可靠性是在开发、设计的阶段，为防止缺陷而采用的措施。但是正如定义的那样，可靠性管理是质量保证的重要组成部分。另外，质量保证如向源头管理发展，也将增加可靠性想法和提高操作方法的重要性。

8.1.4 可靠性管理的方法

（1）可靠性的尺度。

（a）可靠度函数：可靠性的定义还是在指定的某一规定条件下和时间中，用概率表示正常运转的百分率和完成维修的百分率。产品可靠度首先是从一定批量产品中，自开始起（此时 $t=0$），经历一定时间后，检查剩余百分之几未发生故障，称之为剩余率。如图 8-1 所示是普通载重汽车剩余率的实例。普通卡车的剩余率如表 8-1 所示。在图 8-1 中，在 $t=0$ 的时点上剩余率是 100%，经过一段时间后废车逐渐增多，剩余率降低并趋向零。若将它看作时间函数时，称为可靠度函数 $R(t)$。另一方面，与剩余率相反，到一定时间为止时发生故障的百分率称为累计故障率（失效率），即不可靠度，用 $F(t)$ 表示。$R(t)$ 与 $F(t)$ 的关系可用下式表示：

$$F(t) = 1 - R(t)$$

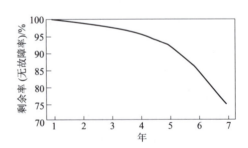

图 8-1 普通载重汽车剩余率的实例

表 8-1 普通卡车的剩余率

年	剩余率/%	年	剩余率/%
1	100.0	4	95.7
2	98.9	5	92.2
3	97.5	6	84.9

续表

年	剩余率/%	年	剩余率/%
7	74.2	11	32.6
8	62.6	12	25.5
9	51.3	13	20.7
10	41.2	14	17.3

如表8-2所示为普通载重汽车的不可靠度即累计故障率（废车率），并如表所示每单位时间的故障（废车）率称为相对故障率（废车率）。用图形表示这种情况则如图8-2所示，它不是比率而是用直方图求出的相对故障数。从数学上看相对故障率和相对故障数相当于对不可靠度 $F(t)$ 的时间微分，称为故障密度函数 $f(t)$。

表8-2 普通载重汽车的报废率

年	不可信度（累计报废率）/%	相对故障率（每年的废车率）/%
1	0	0
2	1.9	1.9
3	2.5	0.6
4	4.3	1.8
5	7.8	3.5
6	15.1	7.3
7	25.8	10.7
8	37.4	11.6
9	48.7	11.3
10	58.8	10.1
11	67.4	8.6
12	74.5	7.1
13	79.3	4.8
14	82.7	3.4

$$f(t) = \frac{dF(t)}{dt} = -\frac{dR(t)}{dt}$$

(b) MTBF 和 MTTF：这些都是用时间计量可靠度的参数，MTBF（Mean Time Between Failure）称为平均故障间隔，如发动机、变速器等能修理使用的新产品和装置，以其相邻故障之间的工作

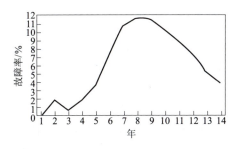

图8-2 表示普通载重汽车的不可靠度即累计故障率

时间平均值表示。与此相对的，MTTF（Mean Time To Failure）称为故障前平均时间，如灯泡、软管等发生故障即报废不能修理的零件和产品，以其发生故障前工作时间平均值表示，至于故障间隔时间指数分布的 MTBF，待以后详述。

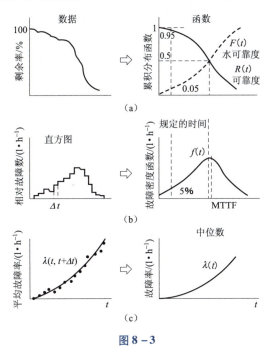

图8-3

(a) 可靠度；(b) 故障密度函数；(c) 故障率

(c) 维修度和平均修复时间（MTTR）：发生的故障在某规定时间内（维修时间内）修复的百分率称为维修度。与可靠度相同，若作为维修时间 r 的函数看，则称为维修度函数 $M(r)$。维修度函数是当 $r=0$ 时为零，比率随 r 的增加而增加，逐渐形成接近1的曲线。另外与 MTBF 对应，MTTR（Mean Time to Repair）称为平均修复时间。

(d) 有效度（Appropriate）：如前所述，有效度（A）是用可靠度和维修度相加来表示的，

其表达形式有多种，但一般为

$$A = \frac{\text{动作可能时间}}{\text{动作可能时间} + \text{动作不可能时间}} = \frac{U}{U+D}$$

也可以用下式表示：

$$A = \frac{\text{MTBF}}{\text{MTBF} + \text{MTTR}}$$

(e) 故障率：故障率表示到一定时间为止时的产品数，在下一个单位时间内用百分率表示可能发生故障的比率为

$$\lambda(t) = \frac{f(t)}{R(t)} = \frac{-\mathrm{d}R(t)\mathrm{d}t}{R(t)}$$

$f(t)$ 和 $\lambda(t)$ 的不同点是：$f(t)$ 表示在一定点上对全部而言的每一单位时间的故障率%，$\lambda(t)$ 表示到现时点为止剩余比率中每一单位时间的故障比率。现以列举车的寿命为例，$f(t)$ 是在某年度生产的车，当 $t=10$ 年后，在一年中可能报废的车辆，$\lambda(t)$ 表示 $t=10$ 年为止时，剩余的车辆中，在下一年内可能报废车数的百分率。

故障率的单位一般常用每 1 000 工作小时的故障率（%），即 $\%/10^3$ 小时 $= 1/10^5$ 个 x 小时，也有用 $1/10^6$ 个 x 小时（100 万小时）和 $1/10^9$ 个 x 小时 $=$ fit 的单位的。

从实际数据求故障时，要经常观察故障的发生，在某时间 t 的工作数为 $n(t)$ 时，其后在时间 $(t+\Delta t)$ 时 Δt 区间内若有 $r(t, t+\Delta t)$ 个故障发生，则在此 Δt 区间的平均故障率即为

$$\overline{\lambda}(t, t+\Delta t) = \frac{r(t, t+\Delta t)}{n(t)} \cdot \frac{1}{\Delta t} = \frac{r}{T} \quad (1)$$

(f) 经济性尺度：为使可靠性与成本均衡相适应，可用下列内容度量。

① 年度维修费/购置费 = 消费率（CR：Cost Ratio）。

② 维修费 + 操作费/工作时间。

③ MTBF/成本。

(2) 系统可靠性的预测分析法。

(a) FMEA：FMEA 是在设计、计划新产品时，在产品生产系统中产生的可能的麻烦或是部位的故障模式，进行预测、检验的方法，并且事先制订拟采取的对策。在进行预测研究时，需要应用以往的看法和技术见解。

FMEA 按照如下顺序进行。

① 明确对象是系统的要求。

② 明确对于产品构成因素的机能。

③ 选出产品的故障模式。

④ 调查有故障模式引起的影响。

⑤ 评价该失效的发生频率。

⑥ 综合④⑤的结果，求得总的评价。

⑦ 根据总的评价求出风险度，检查改正。

FMEA 的优点是可以分析评价出多数缺陷和问题，根据这些评价，可以确定问题的优先顺序，抓住重点。另外，FMEA 不仅在新产品的计划开发阶段应用，在确定工序的阶段也能使用，对于制造原因产生的问题，可以发挥很好地预防作用。

FMEA 实施上的注意点如下。

① FMEA 的表的右端，要明确记录计划和责任部署，如有必要还应该明确实施日期。

② 影响度。如表 8-3 ~ 表 8-5 所示，是对故障的严重度和频度的评价。

表 8-3 故障分级[3]

故障等级	称呼	基　准
I	致命	影响到生命安全，系统停止
II	重大	伤害到人，但能及时挽救
III	轻微	设法可能回避这种伤害
IV	微小	几乎不能伤害到人，系统的运作正常

表 8-4 严重度[3]

等　级	评　点
I	7 ~ 10
II	4 ~ 7
III	2 ~ 4
IV	2 以下

表 8-5 出现频度[3]

等级	基　准	评　分
1	非常频繁地发生	4 ~ 5
2	很通常地发生	3 ~ 4
3	可能发生	2
4	几乎不发生	1

③ FMEA 实施时，必须收集尽可能多的专业领域的人的经验和见解，对各种失效形式，提出能够想到的各种问题。

④ 从工作的起始阶段，就需要花费较大的工作量，列出所有产品并认真研究产品所有的失效模式。因此需要事先锁定对象，最好把辅助系统的范围确定。

⑤ 实施 FMEA 时需要花费很多的工作量，但是一旦成功设计一次 FMEA 后，由于其已具有一定的技术标准，下次开发同类的产品时，只需在原有的基础上进行修改就可以了。

⑥ FMEA 不要拘泥于形式，应该研究确实能够适应具体情况的方法。

(b) FTA：FTA 是针对在可靠性或者安全性方面发生的问题，使用专门的逻辑符号记录下来，并追溯发生的经过绘制树形图，研究问题发生的路径以及产生原因的分析方法。与根据一个产品的失效模式（下位）研究对系统的影响作用（上位）的"由下而上"的 FMEA 方法相反，可以说是利用了"由上而下"的分析方法。

FTA 按照下面的顺序进行。

① 明确对象的系统组成、性能、动作、操作方法。

② 选择分析的上层事件。

③ 列举与上层事件直接相关的第一层次原因，列于上层事件之下，并用逻辑符号连接。

④ 从第一个原因往下列举第二层次原因，并用逻辑符号连接。

⑤ 和④一样，列举三层、四层、……一直列举到 n 层原因，并各自用逻辑符号连接，则完成了 FT 图。

⑥ 分析、计算各原因的发生频率。

⑦ 根据逻辑符号，计算顶层事件的发生概率。

⑧ 确定它的发生概率在要求以下，假如不合乎要求，则需要研究需要采取的措施。

FTA 的优点是可以计算顶层事件的发生概率。

FTA 实施上的注意点如下。

① 制作 FT 图时，必须收集尽可能多的专业领域的人的建设性意见，达到知识聚集的目的。

② 应像 FMEA 方法一样，制定统一的技术标准[3]。

(3) 复杂产品的故障曲线。复杂产品或装置其发生故障的状况是，随着时间历程，按某一故障曲线规律变化。其曲线如图 8-4 所示，称为浴盆曲线（Bath-tub Curve）。如图所示故障发生的频数包含三个不同的时期。

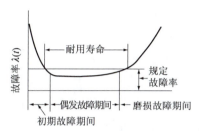

图 8-4　发生故障的曲线

(a) 初期故障时期：初期使用时其特征是故障率非常高，也和人类相似，在初生时死亡率较高。这一时期的故障，一般是由于设计或制造上的失误或使用方法上的不当所造成的。这类故障按使用条件磨合及试验，并经调整排除故障（Debugging）后，可能获得早期的稳定。

(b) 偶发故障时期：这一时期也与人类的青壮年时期相似，发生故障的随机性较大，产品故障率低且稳定。

(c) 磨损故障时期：此一时期的故障是由于疲劳、磨损、老化引起的。作为预防故障率上升的对策之一是采用预防维修措施，事先更换产生故障前的磨损零件。

如图 8-4 所示故障率比预先规定的故障率的值低，其时间的长短称为耐用寿命（Longevity），这也是表示产品可靠性的尺度之一[2]。

(4) 故障率的基本形式。以时间函数表示故障率时如浴盆曲线所示，可分为三种形式：① 减少型故障率 DFR（Decreasing Failure Rate）；② 恒定型故障率 CFR（Constant Failure Rate）；③ 增加型故障率 IFR（Increasing Failure Rate）。一般来说半导体等电子类产品多属于减少型故障率 DFR 型；可以作为系统使用的汽车、飞机等具有间歇性的故障发生的产品属于恒定型故障率 CFR 型；轴承、弹簧类机械零件产品属于增加型故障率 IFR 型。

故障率 $\lambda(t)$ 为一定时，可靠度为

$$R(t) = e^{-\lambda t} = e^{-t/t_0} \quad (t_0 = 1/\lambda) \quad (2)$$

可靠度是指数形式，无故障工作时间 t 遵从指数分布。

故障率的倒数 $1/\lambda = t_0$ 是平均无故障工作时间，即 MTBF 或 MTTF。

但是 t_0 或 MTBF 毕竟是平均值，实际上的无故障工作时间遵从指数分布且在广泛范围上分散着，所以把 MTBF 考虑为大修时间类的平均工作寿命是不对的。MTBF 相等或者超过这一时间的无故障工作概率，可设 $t = t_0$，由式（2）求出 $R(t_0)$，则 $R(t) = e^{-1} = 0.368$，不过在 37% 左右。

估计 MTBF 时，可采用求故障率式（1）的倒数，即用 MTBF $= T/r$ 求出。也就是将观察对象的各个工作时间合计的总工作时间，除以这一时期的总故障数求得估计值

增加型故障的产生，是在某处集中出现，如采用概率密度函数表示，则如下式所示，主要用正态分布（磨损故障并不全是正态分布）表示（其中 μ 为平均值；σ^2 为标准偏差），即

$$f(x) = \frac{1}{\sqrt{2\pi}\sigma} e^{\frac{-(t-\mu)^2}{2\sigma^2}} \quad (t \geq 0)$$

故障率服从正态分布时，若在集中的故障发生前采用预防性维修，更换零件则可延长使用寿命。

其次，在故障率的减少、恒定、增加等各种变化时都同样可用威布尔（Weibull）分布，其可靠度为：

$$R = e^{-\left(\frac{t}{t_0}\right)^m} \quad (3)$$

式中：引入一个 m 指数参数，m 称为形状参数。m 值在 <1、$=1$、>1 的区间变化时，分布形状也变化。例如 $m = 1$ 时近似指数分布，$m = 3 \sim 4$ 时，故障在中位数 $\tilde{t}$ 附近集中发生，近似正态分布。因此零部件及产品的寿命数据都适用维泊尔分布，从求得的形状参数 m 值就可知故障率的形式。将式（3）两边取两次对数，得

$$\ln\ln 1/R(t) = m\ln t - m\ln t_0$$

所以，在以 $y = \ln\ln 1/R(t)$ 为纵坐标，$x = \ln t$ 为横坐标的坐标上点出时间 t 及相应 $R(t) = 1 - F(t)$ 时，则形成斜率为 m 的直线。这种坐标纸称为维泊尔概率纸，实际坐标是以 $F(t)$ 为 y 坐标，t 为 x 坐标，在 n 个寿命数据中点出与第 i 个寿命 t_i 相对应的 $F(t) = r/(n+1)$，可做出直线，由此直线估计 m 时，可通过横坐标轴($\ln\ln 1/R(t) = 0$) 的 $\ln t = 1$ 点（这是 m 值的预测点），引前述直线的平行线，求的与纵轴($\ln t = 9$) 的交点。从这里再做出与横轴的平行线取得 $\ln\ln 1/R(t)$ 的值（绝对值），即为 m 值。汽车各种零件的维泊尔分布实例如图 8-5 所示。

（5）可靠性模型。产品的可靠性在短时间内做出评价是不可能的，需要通过长时间的使用结果才可以确定其可靠性。为此，必须尽可能将发生故障的作用机理利用理论以建立模型。上述的故障率形式是模型的一种。此外还有以下几种模型。

（a）串联模型：在考虑系统的可靠性时，这一串联模型与下面要提到的并联模型是基本的模型。由一些分系统和零件构成的装置和产品，就其功能看，其中任一单元发生故障都会引起整个装置的故障，并且任一零件的可靠度都是独立关系时，则可看作是串联模型。此时可靠度乘积法则成立。即装置的可靠度（$R_i(t)$ 为各构成要素的可靠度）为

$$R_s(t) = R_1(t) \cdot R_2(t) \cdot R_3(t) \cdot \cdots \cdot R_n(t)$$
$$= \prod_{i=1}^{n} R_i(T)$$

各要素的可靠度若服从指数分布，则根据 $R_i(t) = e^{-\lambda t}$，有

$$R_s(t) = e^{-(\lambda_1 + \lambda_2 + \lambda_3 + \cdots + \lambda_n)t} = e^{-\lambda t}$$

$$\lambda = \lambda_1 + \lambda_2 + \lambda_3 + \cdots + \lambda_n = \sum_{i=1}^{n} = \lambda_i$$

即在适用指数分布的串联模型中，装置的总故障率等于分系统及零件故障率之和。由此看来，复杂装置和产品的故障率，可用已知零件故障率数据进行预测。

考虑图 8-6 所示的串联模型的可靠度。如设 $R_A = R_B = R_C = R_D = R_E = 0.99$，则有 $R \approx 0.95$。同样的要素，如果有 20 个的话，系统等额可靠度约下降为 80%。这说明即使各分要素的可靠度高，但是要素的数量多，系统的可靠度也会显示出很低的现象。

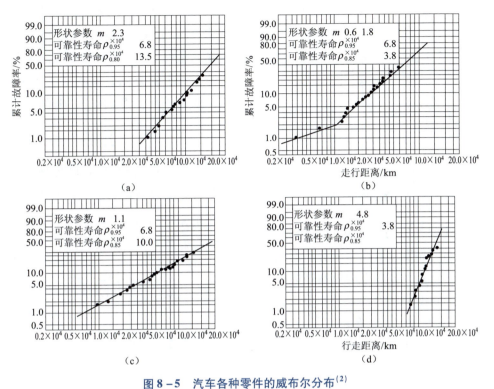

图 8-5　汽车各种零件的威布尔分布[2]

(a) 发动机零件；(b) 辅助零件；(c) 电器零件；(d) 驱动系零件

图 8-6　串联模型

(b) 并联模型。并联模型与串联模型相反，当两个以上的构成单元同时工作时，即使有一个单元发生故障，仅一个单元也能工作。系统的可靠度为

$$R_s(t) = 1 - (1 - R_1(t))(1 - R_2(t))(1 - R_3(t)) \cdots (1 - R_n(t))$$

不可靠度 $F_s(t)$ 可表示为

$$F_s(t) = \prod_{i=1}^{n} F_i(t)$$

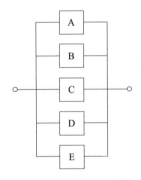

图 8-7　并联模型[2]

如图 8-7 所示的并联模型中 $R_A = R_B = R_C = R_D = R_E = 0.50$ 时，$R \doteq 0.969$，换言之，在并联模型由于附加后备单元则可提高可靠度。这种性质一般称为冗余性 (Redundancy)，特别在使用并联模型时称为并联冗余。冗余方式说明由可靠性低的单元组成的装置，可采用提高其可靠性，但另一方面也必须考虑系统的重量和成本增加引起的不利影响。

(c) 应力、强度模型：零件及产品经常产生恶化和故障原因是各种各样的应力造成的结果。这些应力除机械的、电气的影响以外，还有由于温度、湿度等环境影响产生的应力。

零件和材料的强度比作用应力大则安全，反之应力超出强度极限则产生故障。实际上，从强度和应力的分布看，它们是随时间变化的，最初预计应力和强度有充分的安全系数，经过一定时间，当应力分布与强度分布有重叠时，则发生故障。如图 8-8 所示，这种模型称为应力、强度模型。

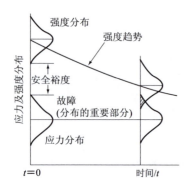

图 8-8 应力、强度模型[2]

应力、强度模型是应力、强度的时间分布，在某个时点上的不可靠度，可用两个分布叠加计算，即强度与应力之差，零以下的概率即为不可靠度。例如，假定强度和应力都是正态分布，强度分布取 (μ_1, σ_1)，应力分布取 (μ_2, σ_2)，则强度与应力之差的分布为 $(\mu = \mu_1 - \mu_2, \sigma = \sqrt{(\sigma_1^2 + \sigma_2^2)})$ 的正态分布。其差为小于零的概率，可由正态曲线面积求得。某零件的强度和应力的估计值如表 8-6 所示。此时差的平均值 = 4 200 - 3 200 = 1 000，差的标准偏差 = $\sqrt{(200^2 + 400^2)} = 447$，则

$$K = \frac{0 - 1\,000}{447} = -2.24$$

表 8-6 某部件强度和应力的推定值[2]

	强度（MPa）	应力（MPa）
平均值	420	320
标准偏差	20	40

从正态分布表查得比零小的面积为 0.012 5 可预计不可靠度为 1.25%。

过去设计人员大多使用安全系数，即安全系数 = 平均强度/期望应力最大值。即使安全系数相同，若强度分布不同，则强度小于应力的概率，即不可靠度，也有相当大的差异。这样，若采用不必要的大安全系数将会成为不经济的设计。因此，充分准备有关强度和应力的信息是一项重要工作。

(d) 累计损伤模型：对零件和材料的作用应力不是恒定，而是给以循环方式作用时，则会加速恶化，这个问题是大家熟知的线性损伤累计法则或 Miner 法则。设在某一定范围大小的变动应力 S_i 的条件下，零件的疲劳寿命次数为 N_i，应力 S_1 的交变次数为 n_1，其次应力 S_2 的交变次数为 n_2，按此应力水平变化时，则有

$$\sum \frac{n_i}{N_i} = 1 \qquad (4)$$

若满足式（4）时，则可认为达到寿命值。期望寿命次数是在满足此式时由 $\sum n_i$ 求得。因此，用 $S-N$ 曲线表示 S_i 与 N_i 关系时，可据此预计期望寿命值。

8.2 生产各阶段的可靠性管理[2,4,5]

8.2.1 策划

为了实现充分发挥汽车的各种性能，满足顾客的需求，生产被社会承认的优秀产品，则产品策划的优秀与否成为关键问题。所以在产品策划阶段，首先要充分把握市场的动向。其次基于这些信息修正产品的形式，设定可靠性目标。此外，对产品规划而言，重要的是要进一步为开发后续工程（生产准备、制造、销售等）的准备工作提供充分的信息资料。

（1）把握市场动向。市场需求的变化，顾客喜好的变化，车的使用方法的变化，社会形式和法规的发展趋势等的调查、分析工作是必要的。特别是掌握质量要求是很关键的，具体工作可采取问卷调查和模拟调查方式等，而且不能遗漏顾客以语言中表现出的潜在的、直接的质量要求，另外根据要求的强烈程度，尽可能地量化集成，整理成有序的体系。在理解这些要求和信息以及解决问题中，需要确保产品的可靠性，计划负责人必须铭记在心。

（2）设定可靠性目标。汽车的各种系统和零件应具备的可靠性水平，在汽车生产的历史上经过几次改型变化和改良而确立的。在可靠性目标的设定方面，首先以保证有业绩的车辆的可靠性水平为理念。考虑以市场动向的信息为基础的产

品生命周期成本，索赔信息，企业的政策和销售要点等，再确定可靠性目标。尤其是对于新系统的采用和产品的改良，通过分析基于以前的基准出现的索赔情况，以及市场的质量需求，明确应该提高哪个部分的可靠性，并在通过规划、设计、试验部门的分析研究的基础上，最后确定下来。

（a）产品的生命周期成本：从购买一台车之后到报废所支付的费用的总额（第一阶段）；该总额中包括了原始成本和用户成本的分配（第2阶段）；考虑占用户成本的变动费用（第3阶段）加以分解，并使对成本的可靠性成为最大，有必要按这样的方向来研定可靠性目标。

（b）索赔信息：作为索赔信息的掌握是比较容易的，对于企业来说是直接损失成本，同时间接的成为增加用户负担和负面评价。关于索赔的原因，在随后车型的开发中防止再次出现，或者降低发生，在设定可靠性目标时必须充分考虑。

（c）市场要求的质量的分析：可靠性是在时间历程中保证质量特性的要求，目标是根据市场上顾客的要求而确定的。因此进行可靠性目标设定时，需要进行根据市场（顾客）要求的质量和要求的强烈程度，和目前其他公司的质量的比较分析，加上企业的方针和产品的销售要点等对各质量项目的重要性进行评估，在综合各个因素的全面分析后确定可靠性的目标和水平。

另外，使市场要求以及可靠性目标能够确实地被传达到设计、试验、制作、销售、服务部门是件非常困难的工作，因此在开发期间，各部门的负责人定期会面、研讨、紧密的配合，这是很重要的。

8.2.2 设计与试制

（1）可靠性设计的方法[2,6,7]。为实现高效率的产品开发，而且确保产品的可靠性，在尽可能早的阶段进行产品的质量评价、改善是很关键的，尤其是在产品设计、试制阶段就在产品中穿插入固有的可靠性内容很重要。在设计、试制阶段可靠性设计常用要点如下：

① 明确系统及装置的可靠性要求。

② 分配可靠性。

③ 质量稳定性分析。

④ 可靠性预测（HFMEA，FTA，故障率和 MTBF 的预测等）。

⑤ 对重要安保零部件的减载措施、安全高裕度。

⑥ 对系统、零部件运用应力分析、统计方法的应用。

⑦ 简活化、标准化、模块化（Module）。

⑧ 灵活运用有实绩的结构、机构，成熟的经验。

⑨ 采用冗余设计法，故障保险（Fail Safe）。

⑩ 考虑产品的耐环境特性（热、振动、温度、湿度、灰尘、光、电波等）。

⑪ 考虑制造工艺（生产性、生产技术、技术水平、操作误差）。

⑫ 考虑人体工程学（Human Engineering）。

⑬ 经济性。

⑭ 设计审查等。

⑮ 可靠性试验等。

以下说明主要的项目。

（2）可靠性分配[2,6,7]。可靠性作为有关产品或系统、零件的重要事项，必须用具体的可靠性尺度明确载入设计任务书。即首先必须明确产品的可靠性总指标，继而是组成系统的子系统，再次是作为组装用的装置及零件，都必须明确分配可靠性指标值。这些指标值必须以具体可靠度、故障率、耐用寿命数、MTBF 等表示。但是为了确定可靠性指标，则必须由有关人员对这些数值的适用性、环境条件及良好性能的定义等取得一致意见。

为确定多数零件的可靠性指标，有必要考虑功能的重要程度和修理时间、修理费用等，但是一般依据零件质量的重要程度区分如下，并分别设定标准的可靠性目标值。

（a）重要安全零件：安全上最重要的零件如出现故障会影响人身安全，因此其必须具有高水平的可靠度。此时不只考虑疲劳破坏，而且对能引起统计上极少频率出现的极限应力的安全系数，也必须作充分考虑。重要安全零件包括制动系及操纵系大部分零件、悬架系、传动系及燃料系的部分零件。

(b) 主要功能零件：是车辆的功能上重要的零件，发生故障虽不致引起直接灾害，因此必须具有适当的可靠度。它包括发动机、传动系及悬架系的大部分零件，车身（包括内饰）的有关零件。

(c) 消耗、互换零件：考虑市场要求的水平、确保产品的利用率，然而确定可靠度。包括轮胎、制动衬片、火花塞及部分橡胶管等。

(3) 质量稳定性的研究[2,8]。在设计开发阶段为了有效的确保质量，方法之一就是利用质量工程学中的稳定性设计方法。

稳定性的研究的特征是利用非线性的质量稳定化。关于构成汽车的系统和分系统的要素（各部件和材料等的尺寸、特性值等），与那个系统和分系统要求的最终特性值 y 的关系，假定调查的结果如图 8-9 所示。在这里首先是变量 A，它的变化范围在 $A_1 \sim A_2$ 和 $A_3 \sim A_4$ 两处时，研究对最终特性值 y 的影响程度，则知道了在 $A_3 \sim A_4$ 区间的特性值 y 的分散度较小得多。因此，如果有满足目标值的方法，以 $A_3 \sim A_4$ 为中心选择参数 A 的目标值，任何人都会认为是更好些。再加上参数 A 的目标值选在 $A_3 - A_4$ 之间时，特性值 y 的数值与目标值 Y 的偏差为 α，例如参数 B 相对特性值 y 的关系几乎为线性，利用因子还可以修正，因此在制造过程中可以方便的、没有困难的达到目标值。

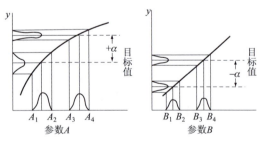

图 8-9 假定调查

实际上在进行稳定研究时，影响特性值 y 的参数很多，对于它们中的每一个，求得最佳解的工作是非常难的。为了很好地解决这个问题，利用正交表的试验设计方法是非常有效的。另外当进行数据解析计算时，根据 SN 比的评价也是重要的。这样在进行稳定性研究时，即使没有明确的要求特性目标值，如果知道了事前的设计常数（参数），也可以提高产品的稳定性，即为改善和提高产品质量，在产品开发的开始，要求特性提出前，利用现有技术，研究先行开发出最佳的以及提高产品质量的新系统，一旦要求特性出来时，重新开始或修正时，可以大幅地减少次数，同时制作出可靠性高的产品。

(4) 可靠性的推定预测[9]。可靠性预测的目的，是确认在设计阶段是否满足设计目的要求，确定采用什么样的设计方法以及为了提高产品的可靠性指出问题所在之处。具体做法如下：① 为系统整体的平衡，作为目标设定的指标；② 设计方式的比较，替代方案的研究；③ 可靠性分配；④ 在设计阶段的不可靠原因；⑤ 实际使用时的故障数据和预测值比较，发现异常原因和对策；⑥ 可靠性试验（计划、分析方法等）的提示。

作为可靠性预测方法，有前述的 FMEA（故障模态影响解析）和 FTA（故障树解析）以及主要作为针对偶发故障的故障率或者 MTBF 预测方法。

(a) FMEA：FMEA 主要是通过定性的、相对的评价提出问题点的方法，即使没有充足的数据也可以有效地预测新系统的可靠性。尤其是在产品的开发初期，清理出预测的问题并研究对于具有重要的故障模态的辅助系统和零部件结构以及形式的修正，在产品样本书和图纸反馈的同时，进行试验确认计划的和解析方法的研究。另外因为 FMEA 的故障模态把单一故障源作为出发点，有丢失复合故障等情形的危险，所以采用与解析分析结果致命度高的系统故障分析方法 FTA 同时应用，可以提高有效程度。

(b) FTA：FTA 是把系统整体不合理的故障和不安全问题，具有将复杂的事物现象用易于理解的因果关系表示出来的特点。作为实际应用时，在新系统的开发中，对于致命度高，重要的故障分析可使用 FTA 研究改善的措施，或者应能够使某个部件的可靠性提高，或者在系统的某个部分可进行冗余设计和避免误操作设计等。另外在市场或者开发过程中发生的新的重要的故障，进行充分的调查，进行重复试验，明确故障机理，使用 FTA 方法总结故障的影响因素，避免故障的再次发生。

（5）设计审查（DR）[10]。在设计、开发阶段，为达到可靠性管理、即可靠性目标的实现，高效率的确定设计方案，需要对每个项目进行设计审查（DR），以达到无遗漏的、高效率的执行设计意愿。在车辆的开发方面，作为 DR 的实施时期大致分为 3 个阶段：① 开发构思阶段；② 设计阶段；③ 试验阶段。每个阶段的研讨结果出来后实施 DR，对于车型的确定，相关课题的对策等执行评审决定。

在开发设计阶段，为达到目标质量的基本规格形式，需要进行各种各样的研讨。一般来说，多是质量目标和成本的审查。

在设计阶段，某种程度上的锁定对象对立加以审查，对于考虑可靠性、PL 问题的重要零部件和结构件，事前要实施 FEMA 等的分析，把结果作为事前的资料送与各委员进行评议。作为对象有以下几种：① 以电子产品为代表的新机构、系统；② 离合器、变速箱、制动器等机构（分系统）；③ 为达到代表燃费、排气要求等重要性能作用，需要采取的基本方针、具体做法、机构以及系统等。

在试验阶段，进行试制车和试制零部件的评价、试验前，选择重要项目的试验计划的评议，以及针对根据试验数据，进行解析计算的结果进行评议。还有作为设计审查的一般原则如下：

① 审查小组或委员会应由与质量性能相关的计划、设计、试制、试验、制造、质量管理、销售、服务等各部门的代表，以及可能的最高级专家组成。

② 审查需要参照规格形式要求项目、故障表（表 8 – 7）、预先制订的标准进行。参加人员作为会前的准备工作，事前需要充分了解规格形式和相关资料的内容，在会议中特别对建设性的要点进行说明。

表 8 – 7　故障表

		项　目	说　明	核查	不合适
质量、规格的稳定性	1	调查	同样的错误不能出现两次		
	2	法规·标准	是否遵守法规		
	3	共用·标准	尊重实际情况		
	4	共用的条件	参观、考察其他零件的使用方法后再共用		
	5	规格的明确	设计的总是数值化后也许不是问题		
	6	质量的稳定	减少质量的分散性；是否允许有误差在生产中成为问题		
	7	初期质量	提高商品性能，减少初期故障问题		
	8	质量和成本	是否存在过分的质量要求		
耐久性、安全性	9	预防火灾	保护、隔离火源		
	10	零件的干涉	相关产品需要有合适的间隙		
	11	接地干涉	与路面有合适的间隙		
	12	安全率	用合适的载荷条件进行计算		
	13	异常载荷	想办法达到尽可能安全损坏方式		
	14	预加故障	重要的零部件要有安全的寿命，或者失效安全		
	15	连锁故障	防止一个零件的故障成为相邻零件故障的原因		
	16	预防松弛	防止螺栓连接的松弛		

续表

	项 目		说 明	核查	不合适
耐环境性能	17	热环境	需要能够承受环境变化情况		
	18	腐食，老化环境	在材质选择、环境稳定、保持等方面考虑采取措施		
	19	其他环境	保护等方面考虑采取措施		
操作性、维修性	20	防止误装配	采用谁也不会产生错误的装配方式（Fool Proof）		
	21	操作性·调整·保养性	尽可能不用人工调整		
	22	互换性	修理配件容易到手		
	23	运送·牵引	不要损坏零件		
	24	其他	设计的思路，对试验的要求等		

③ 设计审查中要记录发现的全部问题，并把调查的责任落到个人身上，是否更改设计则由负责设计的个人作出最后决定。小组可就设计作出建设性的评语，但满足设计的最后责任则由设计监督人员负责。

(6) 可靠性试验。

(a) 可靠性试验的目的和种类：在设计、开发阶段可靠性试验的目的有以下几点：① 为新产品的开发，找出其弱点以改进设计；② 确认产品及零件的设计规格；③ 为检验试验方法等。

另外即使种类相同，也因为工作场所、环境等不同试验方法也不同。具体有以下方式：① 实际场地试验；② 试车场地试验，或者在试验室的模拟试验等。根据载荷强度：① 实际载荷试验；② 破坏性试验，极限试验；③ 加速寿命试验，强化试验。根据加载方式：① 定载荷试验；② 阶段载荷试验，或者载荷增加试验；③ 循环载荷试验等。这些载荷可以是单一载荷，也可以是复合载荷。

(b) 可靠性试验的方法：当进行可靠性试验时应考虑的主要问题是工作条件，即施加载荷的方式、环境条件及试验时间三个方面。作为汽车因为受载有多种方式，所以变动较大。比如：由于在铺装路、砂石路、凸凹路上行驶，零部件所受的载荷变化，工作载荷不是单一的数值，必须使用载荷图来观察。为获得数据，利用一般的公路和试车场，取得的各种载荷的数据值。如获得这些数据，基于这些，可以设定在各种试验中的工作载荷。

进行寿命试验时，为缩短试验时间一般采用加速寿命的方法。在加速寿命试验中，作为加载方式，有采用比市场通常水平高得多的试验方式，以及仅选取与寿命影响作用相关的载荷加载的方法，或者将两者复合的加载方式。在台架上进行加速寿命试验时，根据加载方式可分为：在一定振幅下单纯循环的加载方式，以及按照预先设定程序反复变动振幅及与其相应的次数的试验方式，也有利用随机加载的方式进行试验的方法。还有在故障机理方面必须选择最有效的载荷和水平。通过实车行走试验的加速寿命试验，多数是在试车场内进行。在开发初期进行相当快速的寿命试验，以尽快找出问题，然后结合一般市场条件的各种路面、行走方法进行试验。这种条件下的加速寿命比不可能是太大的数值，通常为2~5倍的范围。环境条件也是与可靠性有关的极为重要的因素，需要确定温度、湿度、雪尘埃、盐水、有机气体、臭氧、电波等种种可预测的环境水平。观察这些环境载荷对故障效应的试验称为环境试验。载荷有用单一条件试验的，通常用多种条件综合试验，以及加上循环试验。

可靠性试验，一般非常耗费时间。作为缩短时间的方法，前边已经说明有在环境条件比标准规定更加严酷的条件下进行加速寿命试验的方法，和加大影响作用载荷，缩短一次试验需要时间的试验方法，以及为了缩短整体试验的时间，按照标准的试验产品的整体带来产生故障的情况下完成试验，然后推测可靠性的中途结束的寿命试验方式。做法上又分为：定时间结束和定数量结束两种。

此外，明确了解以下问题也是很重要的：① 把什么现象作为故障的有关故障的定义；② 为了有效的判断故障，作为测试参数如何选择最好；③ 数据处理方法及结论的提出（故障分析）；④ 试验装置本身的可靠性管理等。

8.2.3 生产准备

在设计研制阶段，不管可靠性设计进行的如何好，若制造技术和管理方式与其不相适应，则产品也难体现原有的可靠性。换言之，制造方式工艺、操作人员技能、质量管理、检查及试验方法的好坏，对最后销售到市场上产品的可靠性都有很大影响，尤其在制造工艺发生误差及操作或管理上失误时，产品质量就有发生重大缺陷的危险性。这就是说在生产准备阶段要编制经过充分考虑的期望产品可靠性的生产工艺计划，以及管理基准。

（1）生产工艺的计划。当设计生产工艺时，为了理解设计的意图、新产品的特征、质量基准，必须充分地与设计部门交换信息，并确保能够完成国纸规定的可靠性的工程能力。首先应根据适当的数据对各工序预定的设备、工夹具，对设计公差的工程能力是否合适，并依据正确的数据进行工序能力的评价，能力不足时必须充分研讨，并采取措施解决问题。此外，必须注意搬运时的操作和运输姿态、长期保管等，引起的磕碰、污秽、生锈、变质等问题，并加以严防。

（2）设备的管理。产品质量因为与工具和设备的可靠性有较大的关系，所以需要进行是否能维持工程能力的点检，以及为了防止设备的劣化和发生故障，设定维修标准。如图 8-10 所示的是定期点检的标准。另外对于自动化设备来说，有利于提高产品的质量以及可靠性，但是其不利之处是问题的检查确定和探查原因困难的情形较多，所以必须有高水平的维修保养技术。

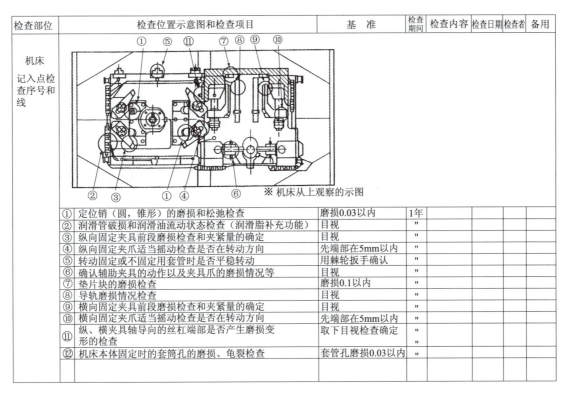

图 8-10 机床定期检查、堆修基准书示例

8.2.4 零部件购置

汽车整体组成的产品中，采购产品占有很高的比率达到70%～80%，当然它们的质量水平给车辆的可靠性带来较大影响作用。最近伴随着量产化的进展，产品机能的复杂化，采购的范围也扩大了，涉及技术高的产品、系统或者部件总成。并且负责那些部件的制造商逐渐的专业化，大部分具有了包含设计和研发能力的综合技术。但是，在市场上如发生重大的问题，购买者汽车厂也不可推卸责任这是惯例。所以作为汽车总装厂应该调查、指导供应商的质量管理和可靠性管理情况，还需要通过产品的试验评价确保可靠性。关于供应商的质量管理，最近作为购置合同的一部分由双方确定，在日常的质量确认的程序已经做了细致的规定，这也成为惯例。一般在质量管理基准中有以下要求：

① 提出、确认检查的标准：交货前。提出产品的检查标准、管理工程图等，并得到认可。规格型号改变时也要执行同样的手续。

② 重要工艺改变时的认可：材料和制造工艺的重要改变，需要事前告知，得到许可。必要时执行现场监督。

③ 初始物品管理：对于设计以及工艺改变时的初始物品，在入库前，提出试验、检查数据以及样品，必须得到认可。

④ 成组（套）管理的实施：与重要特性相关的工序执行成组管理，为以后可以追踪产品的质量历程而加上批量代号入库。

⑤ 质量管理记录的提出和保存：试验、检查结果、成组管理记录，试验、检查装置的精度管理记录，不合格现象的对策记录，根据需要提出。并在规定时间内保存。

但是对于技术上具有高性能的新产品等可靠性保证，也不一定有正式的程序。在这种情况下，从构思设计到产品生产开始的初期阶段，需要部件工厂和总装厂共同推进质量保证活动。需要特殊重视的事项是：① 包括可靠性要求的规格形式的明确；② 包括以往的索赔事件等问题的分析；③ 对于要求质量的工程能力的调查；④ 工程管理标准的设定和确认；⑤ 根据试制生产确认质量等。这些活动需要在供货方和购货方的设计部门以及质量保证部门人员的共同协助下进行，但是对于全面进行管理来说需要购货部门的帮助。

8.2.5 生产

在制造阶段，通过生产工艺计划的制订保证工程能力，为确保产品质量需要管理措施。为此包括加工、装配所有的制造作业的标准化工作是很重要的。这些管理计划的基础是工艺管理计划，其计划格式的实例如图8-11所示。

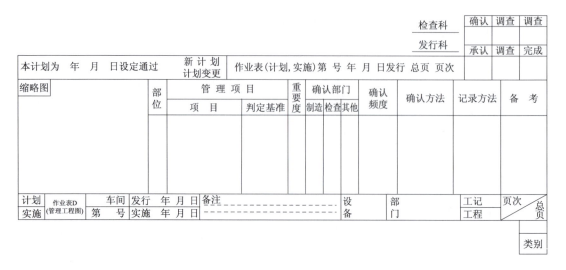

图8-11 工艺管理计划格式示例

另外，为确保可靠性，必须关心的重要事情是操作者失误问题。尤其是系统复杂时，由于不起眼的失误恐怕会产生不可预知的问题。

朱兰（J. M. Juran）将操作人的失误分类如下：

① 由于技能不高产生的：当操作者之间存在明显差异时，制作标准操作手册，通过用优秀操作者的"诀窍"对其他操作者进行具体的教育、训练，来加以改进。

② 有意的失误：即由于种种理由有意识地不遵守标准。采取的措施是使操作者理解质量标准的重要性，并对操作者进行启发教育。

③ 完全不注意：尽管以最良好的意愿进行操作，仍然出现意外的错误，连其本人也不知其原因。装配操作的错误率有 0.003%~0.1% 的数据。此时除采用避免失误方法（Fool-Proof）的工序设计外别无他法。

照上述实例看，可采取将重要操作工序挂出标示板，用图表表示操作要点，实行登记操作者制度，并在工作帽上标以特殊的标记等技能认定和资格认定方式。

但是由于操作失误的预测是困难的，所以完全杜绝也很难。作为人为误差的改善，在发生操作失误时，设定不让流入下一工序的"流出防止系统"，和采用可靠性高的自动化组装设备。代表实例如图 8－12 和图 8－13 所示。

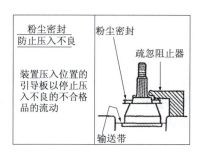

图 8－12　操作失误的流出防止系统

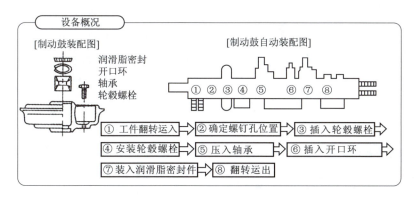

图 8－13　自动组装系统实例

其次，是工作环境问题。其一是产生故障直接的原因因素，如：尘埃、温度、湿度等的影响应尽可能排除；另一方面是照明、室温、操作姿势、劳力等对操作人员的负担尽可能加以减轻。这些每一项都是提高制造可靠性的关键因素。

8.2.6　检查

与工程可靠性管理活动一起的制造阶段的重要活动，是可靠性的评价也即所谓的检查。检查的必要性当处在：① 外购件的被接纳时；② 筛选工程中发生缺陷的情况；③ 完成品的可靠性评价时；④ 完成车辆的评价时。

以下，稍加详细说明。

（1）外购件的接纳检查。关于外购品的接纳而进行的可靠性检查、试验，因为具有破坏性的特点，多数情况下采用抽样检验。抽样检验的种类具有一次，或是多次以及连续抽取等多种方式。另外，由于所有样品全部试验直至出现故障需要花费较长的时间，所以采用定时或定数结束方式。为缩短时间可采用加速寿命试验的方法。

（2）筛选工艺中产生的缺陷。为了去掉工艺中的不良和潜在的缺陷，当场全数结合温度和震动等环境条件，并采用相当大的负荷下进行筛选试验的方法，这在电子产品中经常使用。

在机械产品中，作为类似的方法，部件和车辆为缩短时间，全数进行磨合运转，主要是通过感官功能检查寻找车辆初期问题。

(3) 完成品的可靠性评估。在进行设计变更的时候，根据更改的程度试制的样品，一般需要进行综合的可靠性试验，这种试验的重点是进行产品的所期望的使用性能和可靠性的检查，以清除生产开始前的工程和产品的缺陷，主要是在部件和车辆产品中进行。另外关于部件从日常生产的产品中，定期抽样进行规定事件的可靠性试验后分解，核查部件和装配中的问题，进行所谓的TDT分解（Fear Down Test）测试。

(4) 完成车辆的评估。工厂下线时进行的完成检查之外，最近站在顾客的立场评价车辆，开展能提高制作质量的活动。做法是每天或每周抽取数辆车辆，由数人通过数小时程度的一定时间来评价它。评价要基于一定的标准定量的掌握，确认新型车的出厂质量，并与工厂内质量比较。为了使车辆评价的结果对生产车辆提高质量发挥作用，所以评价者的选择和培育是非常重要的，评价水平与工厂的开发目标和工厂检查目标相整合，根据评价结论马上开展质量改善活动很关键。

8.2.7 销售及售后服务

为了使售出的车辆满足顾客的需求，必须做到在设计制造阶段达到的可靠性确保在应用阶段不变，任何时候都可以舒适、安全的使用。因此汽车在工厂组装完成后交到顾客手中时，必须保持它的质量，即输送和保管时的管理工作必须认真。其次让顾客按照使用说明书和粘贴的产品指示标签等，进行日常以及定期维修也是非常重要的。另外在开展定期抽检和故障修理时，需要能够使售后服务具有精密的、迅速的维修设施和技术。服务部门的作用是确保使用过程的可靠性，同时为设计和制造部门准确快速的反馈信息（可靠性信息）。

(1) 运输、保管。汽车是不需要专门包装、捆扎，而且以原有形式进行运输、保管的特别商品。因此运输和保管过程不合理的话，就将会出现划伤，受到粉尘、煤烟的影响。或是由于雨水侵蚀产生锈蚀等问题。特别是海外销售车辆，需要有长时间的船舶运输、港口的装卸等过程，有时会出现由于保管、操作不当等造成的损伤，所以需要进行充分、细致的管理。

(2) 维修设施和技术。维修设施是一个范围相当大的问题。例如：① 修补用零部件的供给；② 维修用工具的完善；③ 故障检测和诊断装置的完善；④ 测试和检测用仪器的完善；⑤ 整个服务系统和功能的充实等。维修时，不成熟的调整、修理反而成为使产品功能变得不稳定，引发新的故障的原因，因此必须通过教育培训，提高操作人员的维修技术，同时需要制订完善的维修手册。在日本有维修人员的资格认定制度，从法律上要求达到一定的技术水平，另外各企业也需要设置教育培训机构，强化培训维修、保养技术。

(3) 可靠性信息收集和反馈。为了确保产品在市场上的安全性和可靠性，收集设计开发时的测试数据、检测数据、加上在市场上使用的数据，进行综合分析是非常必要的。特别是市场数据真实反映了顾客的要求和不满的特点，因为可以分析在实际使用过程的故障、使用环境记载和情况、维修状况、需求等作为基本的信息来源是非常重要的，同时也是珍贵的资料。例如可以作为寻找故障原因的充足的技术信息、超过保修期间的可靠性数据、顾客承受的时间和经济损失的情况信息、潜在的问题信息等。在收集市场信息时，首先要在明确其目的的基础上，充分计划好数据的质量、收集的方法、分析和报告系统等，同时必须进行严格的整体运营管理。另外，在报告形式上，确定可以定量把握可靠度内容的必要的项目，规定正确的记录方式，并且为了方便集中统计处理，标准化的记录也是很重要的。

作为市场信息的种类，一般包括以下几项内容。

(a) 索赔补偿申请书：由销售商处理的在保修期内向汽车制造厂提出的索赔文件。索赔申请书中包括质量情报项目的实例，如表8-8所示。

表8-8 索赔申请书的项目

销售码	制造工厂编号
车辆型号	行走距离
车架编号	售出日期
主要原因编号	操作接受日期
现象编号	请求顺序号
作业编号	

（b）质量情况报告书：与申请补偿的索赔不同，是由销售商店技术服务负责人向汽车制造厂技术服务部门送交的报告，其内容是销售商店通过技术服务发现的有关不良质量、不良现象、翻修方法、预测原因等情况的详细记录。为了补充说明，多数还要附上照片、底片或者故障零件等。

（c）从市场回收的问题零件：除在质量情况报告书中附带的故障零件外，还应从处理索赔更换零件中，按一定比例回收故障零件。有时也会按照技术部门的要求，从经销商处回收特定的零部件。这些缺陷零部件对进行故障分析都是非常珍贵的，同时对汽车厂和协作厂之间如何确定索赔补偿分担比率，也会起到重要作用。

（d）现场调查：当需要对市场上质量不良的缺陷现象、环境条件等进行直接观察时，多数由设计人员和工厂的技术人员到现场进行实地调查。为掌握销售商的维修情况和特殊地区的使用环境等，也必须进行现场调查。

（e）持续跟踪调查：为获得在使用过程中经常发生的故障和质量下降的情况，以及有关维修和运行费用的信息，可从用户中选定适当的调查员或检查员进行连续的追踪调查。一般是通过销售商收集调查报告，必要时技术人员也可同时进行定期现场调查。

8.3 现代的可靠性管理活动

8.3.1 终身周期成本

因为汽车是作为耐久消费品使用的产品，所以制造厂不能轻视日常的运转以及维修需要的费用。但是，一般来说，提高可靠性、维修性、减低故障率、延长使用寿命的同时，产品的原始成本也要增加。

一方面为了节约能量资源，所以节省资源或是耐久性的产品的需求强烈已成为世界的趋势。因此，在汽车从开发到报废的整个生命周期中，如何做到降低原始成本、保养成本、税收、保险等总的成本，是必须考虑的问题。把这称为终身周期成本分析方法。在可靠性的问题上，这意味着必须充分考虑到经济因素的影响，相对成本不变使可靠性最大是其目标。

8.3.2 电子机械的可靠性

（1）电子机械的故障[1]。在市场上发生的电子机械的故障内容，大部分是由于电子部件的问题引起的。而其中的大多数是在半导体部件上，其中LSI、IC又居多。从故障的发生的距离状况以及市场的数据分析可靠度的事例来看，故障形态是初期的故障形式，还有故障原因多数是由于制造不良引起的。为了确保汽车用的电子机械的可靠性，制作出没有初期故障品和在应当使用的地方没有问题的电子产品，则树脂型制造的LSI、IC等产品的可靠性情况占有重要的比重。

另外，电子机械是构成复杂系统的构件，而且这种趋势还在逐渐增强。这样的系统一旦出现故障，确定故障位置并且迅速找到原因是非常困难的。

（2）可靠性设计。故障原因分析及可靠性评价，可以利用FME（C）A，FTA方法。例如，针对如图8-14所示的电路（A的热敏电阻检查到异常的高温，使B灯点亮并发出警报的电路）应用FMECA时，可以得到表8-9；利用记录的

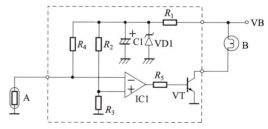

图8-14 电路图

必要事项的情形进行分析，根据致命度分析结论高的因素，选择几个项目决定是否采取对策。这里各零件的故障率可使用 MIL-HDBK-217 的数据计算。致命度分析是依据表 8-10 的标准，根据出现的频度和重要度、检知度进行的，而频度是根据故障的大小作为依据而加以评估的。

表 8-9 FEMCA 解释计算示例

产品号码	故障率	故障模式	系统功能的影响	致命度解析			
				频度	重要度	探测度	评分
IC IC1	156 fit	输出 High（高）	经常亮灯	4	3	3	36
		输出 Low（低）	灯灭	4	5	5	100
		开放	灯灭	4	5	5	100
电容器 C1	58 fit	开放	电源波动除去不完全	3	1	5	15
电阻 R1	68 fit	短路	电源供给停止，灯灭	3	5	5	75
R2	18 fit	开放	电源供给停止，灯灭	2	5	5	50
		开放	灯灭	1	5	5	25

表 8-10 致命度解析的评价标准

	频率	重要度	感知度
评价内容	（1）故障发生的可能性的大小用故障率来评价（fit 数） （2）故障率用故障模式数等分	对车辆性能的影响程度，根据机器功能作相对评价	评价使用者（驾驶者）是否容易感知故障发生
采分基准	• 100 fit 以上 …………… 5 点 • 50~100 fit …………… 4 点 • 20~50 fit …………… 3 点 • 2~20 fit …………… 2 点 • 2 fit …………… 1 点	• 功能的完全停止 …………… 5 点 （或是有人为灾害的可能性） • 功能的部分停止 …………… 3 点 （或是安全性的故障） • 轻微的功能不良 …………… 1 点	• 不能感知 …………… 5 点 • 安全的故障能感知到 …… 3 点 • 有警报等的表示 …………… 1 点

另外，为了确保可靠性，可以通过下面的技术措施进行处置：

（a）降低负荷：是在设计中把负荷降低的方法，对耐电压的降低、环境条件加上耗费电能引起汽车的最恶劣温度情况，对之实施减少热量的电路设计是很重要的。

（b）后备措施：作为系统地后备，冗余系统从成本和系统的小型化考虑，一般不采用，但是常用于作为关键件失效时，保证功能的备用系统。

（c）避免失效：发动机控制系统类的输出重要控制信号的装置，出现问题时，依靠后备系统避免系统停车，但是对于其他的输入输出信号问题时，为保证安全，设计具有避免失效功能装置是很重要的。

（d）自我诊断：在电子设备系统中，无论在哪出现问题，进行故障诊断，并迅速的处置是很重要的。最近电子设备可以自我诊断的车载（on board）故障诊断系统正在普及。

（3）可靠性管理[15]。电子设备的质量，现状是大多数由在该仪器中采用的电子部件的质量决定的。为提高主要部件水平、确保质量，在制造工艺中开展了以下措施：① 推进了自动装配工艺；② 实施筛选操作；③ 实施全温度范围的检查操作等。特别是筛选工作以除去电子件初期的问题、非破坏电子零件问题这类、潜在的问题明显化作为目标，需要实施在高温下让电子零件规定时间内工作的筛选检查。筛选检查时，设备的负荷和实际使用情况相当作为原则，工作状态也要在仪表的监控下有效的进行。另外对于半导体零件，温度周期、高温保存、温度老化作为主要检验项目考虑，一般采用把这些项目合成 1 项或者为取得更好的效果组合实施进行。还有在实施时,还需要采用不损害零件的试验条件,加上适应不良模态、不良机制的载荷。

8.3.3 PL [16, 17]

(1) 关于 PL 和 PLP。作为 PL 是在美国发展的法律概念(Product Liability)的简称,概括地说是"由产品引起损害的生产者和贩卖者的损害赔偿责任"。汽车的安全从原来产品的安全性来看是没有问题的,但是还需要由安全的使用方法保证。因此如果由于产品的缺陷或说明书不详细,发生有关人身事故和财产损失时,会产生要求索赔的诉讼情况。

作为 PL 问题的对应,个别的 PL 诉讼以及万一成为 PL 诉讼时的准备活动 PLD(Product Liability Defense),和为保证制造安全性,防事故发生于未然的 PLP(Product Liability Prevention)活动也是重要的。

为了开展 PLP 活动,就必须进行从包括可靠性的概念、产品规划直到使用的各个阶级的具体的行动。

作为汽车安全的水平,可大致分为以下的 5 个方面,制造厂以及使用者的责任关系如图 8-15 所示的安全"金字塔"图形所示。

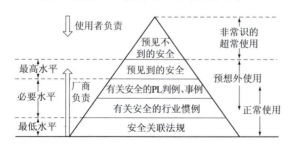

图 8-15 安全"金字塔"

① 法规水平:清晰的安全关联法规水平(最低必要水平)。

② 惯行水平:以往有关安全的行业通常应该满足的水平。

③ 判例水平:将过去的 PL 判例、事例为样本,防止再次发生的水平。

④ 预见可能的水平:虽然过去没有事例,但考虑到一些突发的使用情况,预测事件发生可能性的水平。

⑤ 不可能预见的水平:通常预测不到的,异常的使用方式引起事件发生的水平

就汽车来说,制造厂假如发觉产品缺陷,在法律上有执行召回制度的义务,但是包括这种问题,从工厂的立场来看,积极地开展 PLP 活动是必要的。

(2) PL 的事先预防(PLP)。

(a) 设计开发阶段:产品的安全性大体上是在设计阶段被决定的。作为工厂用更积极的被称为 Product Liability 的想法,实施为提高车辆安全性的解析技术,为安全考虑的技术措施都是重要的。尤其是当新系统的采用和系统的改良时,不仅灵活运用过去类似产品的数据和经验,而且对于新的不安全情况的预测和可采用的全部对策无遗漏地实施也是非常重要的。

设想假定成为不安全的事态(故障)的情况,事前预测其原因时,作为分析是否是系统自身问题的分析方法,主要有前述的 FMEA、FTA 以及 PHA(Preliminry Hazard Analysis,预备故障分析,在产品的构思阶段实施的方法)和 SSHA(System Safety Hazards Analysis,在产品的设计阶段实施)的方法。作为安全的技术措施,一般有以下几个内容。

① 消除不安全因素:把预测到的不安全因素从产品中清除。

② 防愚法(fool proof):一般不产生错误的方式,或是在误操作时不动作的方法。

③ 故障安全法:系统出现故障的时候,安全措施自动动作方式。

④ 保护装置:让人隔离危险。

⑤ 富裕性:容量富裕,或具有备份功能。

另外,从技术的角度解决困难的时候,无论如何也要采用减少使人员受到伤害的方法,为提醒使用者注意、避免出现误操作时设置提示标签,并记载在服务手册和用户手册中。

(b) 制造阶段:对于 PLP,作为可靠性管理活动,下面的内容是重要的。

① 考虑减少产品误差的实施对策,制作严格按照图纸要求的产品。

② 严格地完整记录并保存工程表的内容、制造、检查过程等。

③ 完善检查基准，而且基准应和图纸要求一致，同时要认真对待制造的误差和重要管理要点。必须是这样的文件。

④ 检查技术，采用符合时代技术水平的检测工具和方法。

⑤ 建立这样的制度：不制造、不出售故障品。

（c）售后服务阶段：为了推进持续性的销售活动，必须避免短视行为。另外对于安全的使用方法，需要采取积极的态度对待。

明确显示索赔或是与顾客交谈的窗口也是有利的，这种方式增加了预防事故的机会。这一做法也有不断增加。

参 考 文 献

[1] 品質，品質管理学会，Vol. 17，No. 4

[2] 新編自動車工学便覧，自動車技術会

[3] 真壁肇：信頼性工学シリーズ 13，品質保証と信頼性，日科技連出版社

[4] 朝香欣一ほか監修：品質保証ハンドブック，日科技連出版社

[5] 信頼性管理ガイドブック，日科技連出版社

[6] 坪内和夫：信頼性設計，丸善

[7] 信頼性管理便覧，日刊工業新聞社

[8] 田口玄一：実験計画法，上巻，第 3 版，丸善

[9] FMEA，FTA の解説，日科技連出版社（1979）

[10] デザイン・レビュー・ガイド，日科技連出版社

[11] 信頼性と寿命試験，日科技連出版社

[12] J. M. Juran：Operator Emrs — Time for a New Look，Quality Progress，Vol. 1，No. 2

[13] 森本克ほか：自動車の市場評価の解析，第 3 回信頼性・保全性シンポジウム報文集，日科技連出版社

[14] 関谷和弘：自家用車における使用信頼性の実態，第 4 回信頼性・保全性シンポジウム報文集，日科技連出版社

[15] 最新カーエレクトロニクスと車載電子部品・機器の信頼性対策，技術情報協会

[16] 石川馨：新製品開発と PLP について，自動車技術，Vol. 28，No. 10

[17] 自動車の信頼性向上，日本機械学会誌，Vol. 79，No. 697

[18] 製品安全技術，日科技連出版社（1982）

[19] プロダクトセーフティ研究委員会報告，日科技連出版社（1980）

第 9 章

标准化

9.1 概 述

建设汽车制造工厂的步骤大致可以分成选址、工厂建设、生产设备安装、投产运营等几个阶段。在这些阶段中，将会受到各种法规的制约，而遵守这些法规对企业正常建设来说是非常重要的（图 9-1）。

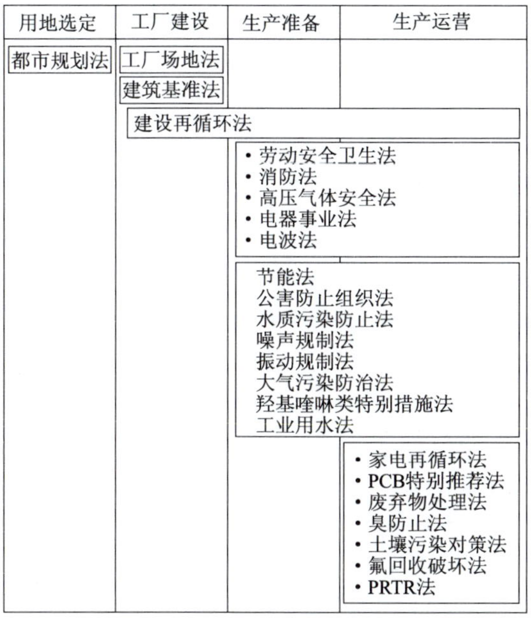

用地选定	工厂建设	生产准备	生产运营
都市规划法	工厂场地法		
	建筑基准法		
	建设再循环法		
		• 劳动安全卫生法 • 消防法 • 高压气体安全法 • 电器事业法 • 电波法	
			节能法 公害防止组织法 水质污染防止法 噪声规制法 振动规制法 大气污染防治法 羟基喹啉类特别措施法 工业用水法
			• 家电再循环法 • PCB特别推荐法 • 废弃物处理法 • 臭防止法 • 土壤污染对策法 • 氟回收破坏法 • PRTR法

图 9-1 与汽车制造厂建设阶段及相关法规

因为这些通用的法规原来主要是针对设备和人的，所以针对汽车制造厂的专用性质的法规不多，与一般制造厂的法规大体相同的文件。在这里，仅将日本国内法规中同汽车制造厂有关的内容、相关问题进行说明。

另外，对于近年来得到广泛关注的以地球环境问题为背景的标准 ISO14001（环境管理系统）的主要内容进行简单说明。

9.2 与汽车制造厂相关的法规

汽车制造厂可大致分为制造车身的车辆工厂和生产发动机、变速箱等部件的分厂。这些制造厂受到中央政府、各部委的法律，以及各地方政府及相当级别实体制定的各种规定，合计大概有 50 多种在各种各样的法规体系下建立的规定的约束。

这里将车辆制造厂和分厂的制造工艺中的主要生产设备（生产线）和相关的主要法规的关系制成表进行简单说明，如表 9-1 所示。

本章将这些主要相关法规的关键内容概略分为："劳动安全"、"建筑防火"、"环境保护"、"其他"等范畴，并对主要的法规进行概述。

9.2.1 劳动安全法规 [1]

根据统计资料，日本国内近年的生产事故的发生情况中，伤亡者较多，引起工厂停产 4 天以上的事故以及出现死亡事故的事件，从长期的发展的角度来看是处于减少的趋势，但近年来变化不大。

表 9-1 制造工艺和主要的相关法规（注：表中的法规简称，其较完整名称如图 9-1 所示）

工艺		主要设备（生产线）名称	相关主要法规							
			劳动安全	建筑·防灾			环保		其他	
			安全防护	建筑基准法	消防法	高压气体	大气防护法	水防护法	电器事业法	电波法
车辆工厂	轧制	起重设备类（天车设备等）	○							
		剪切机	○		○					
		动力轧机	○		○					
	车身	钎焊用气焊设备	○		○					
		研磨机（湿式）	○					○		
		高频密封加热装置	○		○					○
		除尘设备	○							
		冷却水泵设备	○							
	涂装	工作间，空调	○	○	○			○		
		干燥炉	○		○		○			
		洗净	○		○			○		
		电泳	○		○		○			
		涂装机	○		○		○			
		涂料供给	○		○					
		排水一次处理设备	○		○					
		涂装车间	○		○					
	装配	LLC 原油贮藏	○		○					
		R-134a 充填装量	○		○					
		汽油加油工序	○		○					
		车检线	○							
		地下瓶罐贮藏所			○		○			
	成型制作	进气歧管芯子成型机	○		○					○
		尿烷硬化炉	○		○	○	○			
		尿烷注入机	○		○	○				
		原料调和装置（毫）	○		○					
		合成树脂用成型机	○		○					
		棚顶成型	○		○		○			
		表皮加热炉	○		○					
部件工厂	机械	铣床（铣切机床）	○							
		发动机试验台	○		○					
		超声波清洗机	○					○		○
		气喷设备，气喷丸机	○				○			
		润滑处理，磷化处理	○					○		
		浸渍装置	○				○			
		电镀装置	○		○					
		工业用加热设备	○							○
	铸造	各种炉	○	○	○	○	○			
		抛丸机	○				○			
		超声波清洗机	○					○		○
		砂处理	○				○			
		壳体铸造机	○		○					
		压铸机器	○		○	○				
		低压铸造机	○		○	○				
		高频熔炉	○							○
	锻造	碱洗净机	○		○			○		
		铜丸及气喷设备	○				○			
		磷化处理设备	○		○			○		
		液压轧机（油压轧机）	○		○					
		气体软氮化炉	○		○	○	○			
		烧结炉	○		○	○	○			
		渗碳渗氮炉	○		○	○	○			

续表

工艺		主要设备（生产线）名称	相关主要法规							
			劳动安全	建筑·防灾			环保		其他	
			安全防护	建筑基准法	消防法	高压气体	大气防护法	水防护法	电器事业法	电波法
共同要求	实用	锅炉	○	○	○		○			
		送变电设备	○	○	○				○	
		柴油/煤气发动机发电机	○	○	○		○		○	
		LPO成套设备	○	○	○	○				
		压缩机	○	○	○	○				
		综合排水处理场	○	○	○			○		

这样的现状下，即使在汽车相关的产业，工作场所的安全、卫生，以及生产劳动人员的健康是和质量与环境相关的、关系企业发展根基的重要的管理工作；包括被称为CSR（企业的社会责任）、危机管理的观点，以及建立遵守相关法律的体制、组织｛系统｝等，也是重要的工作；特别是需要建设并不断修正发展关于生产设备等的计划、设置、使用、报废等各阶段中保证安全卫生的基本条例包含危机对策，以及确实可行的维持管理的体制。

（1）劳动安全健康法。劳动安全卫生法（以下简称劳动安全法）是以确保工作场所的劳动者的安全和健康，促进形成身心愉快的工作环境为目标制定的，作为经营者必须执行的基本项目。因此对制造业来说是基本的而且是重要的独立法规。

（a）劳动安全法的体系和相关行政机关：劳动安全法的主管行政机构是厚生劳动省，劳动安全法的体系如图9-2所示。

作为法律的劳动安全法，仅制定了经营者应该实施的基本事项，而其细则是通过不同层次的政令、省令、告示、通知等分别制定的详细的实施项目。这样的法律体系不仅是劳动安全法，一般的法律都是以这种形式建立的。

例如：政府令是实行的法令，仅制定了机械等计划申报的必要性，以及作为他的所有者经营者的事业的种类、规模的大小；省令规定了在各规则下，机械、设备的种类，申报的手续，以及需要采取的安全健康对策等具体的内容。

而且，为了顺利地实行这样的法律体系，以

劳动	名 称
(1)法律	劳动安全卫生法
(2)政令	劳动安全卫生法施行令
(3)省令	劳动安全卫生规则
	起重机等安全规则
	小型零件搬运安全规则
	锅炉及压力容器安全规则
	粉尘障碍防止规则
	有机溶剂中毒预防规则
	铅中毒预防规则
	电离放射线障害防止规则
	特定化学物质等障害预防规则
	事务所卫生基准规则
(4)告示	各种结构规格等
	定期自主检查指针
(5)送达	

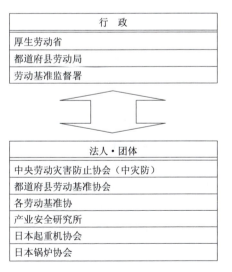

图9-2 劳动安全法的体系和相关行政机关

中央劳动事故防止协会为首，日本的起重机协会，日本的锅炉协会等的公益法人，以及民间企业，防止事故的组织，进行委托实行的如前所述的定期官方检查。

（b）劳动安全法规定的特定机械的种类：在劳动安全法中的特定机械的种类是由法体系中的各个细则规定的。作为汽车制造厂，通过表9-1可以了解这些机械设备的规定，可以说已经覆盖了了全部工程内容。

如前所述，设备种类的具体情况是由法定的管理要求决定的，而且是必须确实执行的。另外虽然法令中也有部分设备由于在设备的性能、大小尺寸等方面超出规定要求，但作为经营者对于这部分超出规定的设备也必须担负管理责任。

（c）劳动安全法申请手续的流程和保安管理：将设备的启用到报废的生命周期的法定管理事项总结整理，则如图9-3所示：在设备的购入阶段有计划的申请和审核事项，在设备的使用阶段，对安全装置的定期检查，操作者和责任者等的资格管理、工作人员的特殊健康检查和工作场所的环境测试事项等。另外还有在设备改造时计划的提出，设备停产时的申请，再次开始使用时的检查、设备报废时的申请等事项。

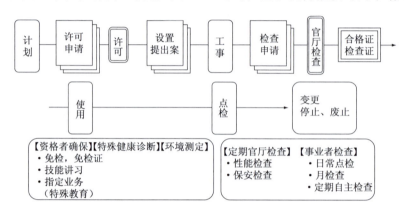

图9-3　申请手续的流程和保安管理

9.2.2　建筑、预防灾害标准

这里仅简单说明与工厂建设相关的"建筑关联法规"，以及作为预防灾害的主要法规"消防法"和"高压气体保护法"的内容。

（1）建筑关联法规。这里就"都市计划法"和"建筑基准法"进行简单说明。

（a）都市计划法和工厂用地法：汽车制造厂的建设，在都市计划法中规定了工业地域，或者限定了工业专用地域。不可以在住宅区、商业区用途的地域进行建设。

进一步在工厂用地法中规定在场地内必须建设一定面积的绿化地。虽然绿化地的比率根据行政规定有所不同，但是一般应达到场地面积的20%以上。

（b）建筑基准法：作为工厂整体，进行建筑设计时，主要的关键点如下。

① 避难距离：在工厂内的工作场所到室外出口的距离一般规定应在120 m以下。

② 防火区域法：虽然规定每1 500 m²的车间面积为一个防火区域，但是因为汽车制造厂的特殊性、几乎都是在生产线上进行流水作业，所以多数情况是把生产线的构成图提供给官方，并容许免除防火区域的设置。

③ 排烟法规：车间地面面积每500 m²，地面面积的1/50以上的排烟口面积和排烟设备是必须的，但是在机械车间等可以免去排烟设备的设置。

④ 环保建筑法规：在平成15年（2003年）修改的建筑基准法上，规定了环保建筑具体对策的要求，因此设立了对于车间内的机械换气和内部装饰材料的限制规定。

（2）消防法。制定法律的主要目的是针对火灾的预防、警戒、救助，保护人民的生命、财产，以及减小因为火灾、地震等引起的灾害的影响。

消防法是在总结了以往很多次大火灾教训的基础上，建立起来的。时至今日，大致可分为由

"消防用设备及防火管理"和"危险品规定"构成。所谓危险品是指在消防法的另表规定的第一类到第六类的物品（表9-2）。

表9-2 危险品分类

种类	性质	名称
第一类	酸化性固体	盐素酸盐类、过盐素酸盐类、无机过酸化物等
第二类	可燃性固体	硫化磷、红磷、硫黄、铁粉、金属粉、镁等
第三类	自然发火性物质以及禁水性物质	钾、钠、碱金属以及碱土类金属
第四类	引火性液体	特殊性引火物，酒精类、动植物油类 第一石油类、汽油、甲苯、苯等 第二石油类、柴油、煤油等 第三石油类、重油等 第四石油类（齿轮油、机油等）
第五类	自己反应性物质	有机过酸化物、硝酸酯类、硝化合物
第六类	酸化性液体	过盐素酸、过氧化氢硝酸等

前者的消防用设备等的工作，包括以下内容：工厂在设计阶段，应向市街等地方政府的认可检查部门提出建筑许可申请书，消防用设备开工报告等需要通过市街等地方政府的消防部门，得到有关防火工作的许可；根据防火对象使用开始报告和消防用设备设置报告情况，在建设工作完成后，接受防火检查。

后者的"危险物规定"，包括以下内容：危险物设施（指定数量的使用和存储）的许可制度，在建筑物和设备开工前，必须获得经过消防机关审查合格并得到市街等地方政府领导的批准。各种设施完成时，需要检查通过后才可以启用。

(a) 工厂的特点和消防法规：汽车制造厂的用地非常大，是从钢板材料加工开始到整车完成的全能制造厂，与其他产品制造厂相比具有规模大得多的特征。最近建筑物也在向高层化、复杂多样化发展。因此，在建筑物附近应设置40 m³以上的（1所）消防用水装置。另外一般还配备自我救护用的消防车（在动力消防泵设备的有效范围内）。因此可以不设置1、2楼屋内外的消防栓设施。

另外，汽车制造厂的另一个特征是在各个工序中大量使用和存储各种各样的危险品，由于危险品泄漏，引起火灾的危险性非常大。为此有责任对使用、存储以上危险物一定量以上的设施，定期进行安全检查，现场工作人员必须接受具有危险品操作许可证人员（或者是有危险品操作资格的人员）的指导。还有因为经常使用液化天然气、乙炔气、剧毒物品等，所以必须确保安全距离，阻碍消防救助活动的物体的位置、数量等必须向消防部门及时申报。

(b) 消防用设备的种类和定期及检查的频率：消防用设备的种类如表9-3所示，法定定期检查的频率为每年2次，并每3年向消防部门提交一次报告。

表9-3 消防用设备的种类

灭火设备	灭火器 简易灭火工具 屋内消火栓设备 洒水装备 水喷设备 泡沫灭火器 二氧化碳灭火设备 卤素化合物灭火设备 粉末灭火设备 屋外灭火设备 动力消防泵设备
警报设备	自动火灾报警设备 煤气泄露火灾报警设备 漏电火灾报警器 向消防机关通报的火灾通知设备 非常警报器具 非常警报设备
避难设备	避难工具 诱导灯以及诱导标志
灭火活动设施	消防用水 排烟设备 连接散水设备 连接送水管 非常万能插座 无线通信补助设备
电源及其他设备	非常电源专用进电设备 蓄电池设备 自家发电设备 配线

在这些消防用设备的设置方面，汽车制造厂有以下特点：房屋棚顶高、地面面积宽阔、有高温设备、建筑物有一定晃动、由于工序变化多等需要有一定弹性的对策等，消防设备等也需要采取相应合理而且有效率的设置措施。

(c) 防火管理：工厂、营业室等的防火管理，原则上是每一块工厂用地，选用一个防火管理员，并提出防火计划。在防火管理中，危险品设施（预防规定配备的危险品安全员）和消防用设备等的维护管理和自卫消防队等教育是重要工作，推行和全国的年间交流会议和公司内的交流会议也是重要的工作。

(d) 主要工序和主要消防法的规定：如前面表9-1所示，汽车制造厂和消防法的关系非常密切。特别是对危险品的一般处理场所，有工作区域的限制规定。原则上为一个处理场所的工厂和考虑到由于建筑物区域较大、工作又需要一定的灵活性、新技术的应用、不同工序的要求等因素，所以部分规定处理场所可以设置两个消防设施。1988年的法律修正案制定了更具体且多种多样的规定。

(3) 高压煤气安全法。高压煤气安全法（以下简称安全法）是为了防止由于高压煤气引起的灾害（包括爆炸事故以及制止偷盗等犯罪行为），制定的高压煤气的制造、存储、销售、运输等操作和消费的规定，以及存储容器的制造和使用的限制，还有为了确保公共安全，作为有关管理人员应该实施的事项等。

(a) 法律体系和相关行政机关：主管安全法的行政机关是通商产业省，法律体系如图9-4所示。

和安卫法一样，安全法也仅规定了经营者应该实施的基本事项。详细内容由不同层次的政府法令、部门法令、告示、通知规定了详细的实施细则。

例如在引入高压气体制造设备时，首先需要提出计划，获得各级政府的建筑许可。而且作为对象的气体种类等事项，在高压气体安全法的实施法令中有具体的规定。

其次是申请手续，对于高压气体设施等种类以及必要的安全对策等，根据气体的种类在一般高压气体的安全规定、液化天然气的安全规定、冷冻安全规定等有明确的说明，在其中规定了建

种类	名 称
(1) 法律	高压气体保安法
(2) 政令	高压气体保安法施行令
(3) 省令	一般高压气体保护规则
	液化石油气保安规则
	冷却保安规则
	容器保安规则
	特定设备检查规则
(4) 告示	政令关系告示
	制造明细告示
	耐震告示
(5) 通知	
(6) 例示基准	旧省令补充基准

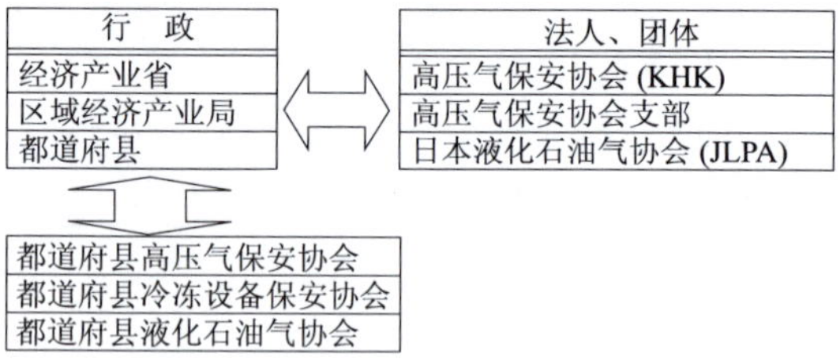

行 政	法人、团体
经济产业省 区域经济产业局 都道府县	高压气体保安协会 (KHK) 高压气体保安协会支部 日本液化石油气协会 (JLPA)

都道府县高压气体保安协会
都道府县冷冻设备保安协会
都道府县液化石油气协会

图9-4 法律体系和相关行政机关

筑的基本准则等事项。

但在实际执行时，有关高压气体设施等的申请、检查的业务，是向各地方政府提出事务委托要求，而对一些修正法令以外的事项，同实际执行的经营者缺少连接关系，多以不直接相关的形式来运作。

法律事务的运作是以高压气体安全协会为牵头单位，向液化气成套设备协会等的公益法人以及民间企业，提出采取防止灾害的措施，和前面说明的开展定期官方检查等委托工作。

(b) 安全法的设备对象、设施的种类：安全法针对的设备是指高压气体或液化天然气等的制造、存储设施、冷冻设备等。

不仅是制造工序，在汽车零部件中，安全气囊、气体减振装置、CNG车、LPG车、燃料电池汽车等的燃料罐，都有应用高压气体的部件，而且还不仅是这些部件，检查设备等也应作为安全法针对的对象加以注意。

还有在液化气的冷暖空间使用时，也涉及关于液化气的安全和操作的合理性的法规，以及在城市使用煤气的煤气使用法规。

(c) 安全法的向官方申请手续程序和安全管理：关于从设备引进到报废的使用周期中的法定管理事项，同前面图9-3说明的相同。在设备引入阶段要进行制造申请，向检查、管理高压煤

气的安全管理组织提出危害预防规定的申请；在设备的使用阶段要进行安全装置等的定期检查管理，安全总负责人、安全技术管理人员、安全责任人员的选任申请，以及还要完成安全教育计划的制定、定期讲座等的资格管理等工作。

9.2.3 环境保护法

（1）伴随生产活动的环境影响作用。虽然汽车生产基本属于低公害性的产业，但是属于具有综合影响作用的产业。除了对使用用地外的环境影响，即通常所说的7大公害（大气污染、水质污染、恶臭、振动、噪声、土壤污染、地基下沉）外，还涉及对地球温暖化的影响，由于化学物资、大量废弃物没有适当处理产生的环境污染影响，以及产生资源枯竭等多方面的影响作用。

环境影响的示意图像如图9-5所示。

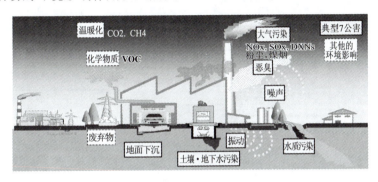

图9-5　环境影响形象图

（2）环境法体系和规定内容。关于工厂的环境安全的环境法的内容组成如下：为避免由前述说明的因为环境影响产生的破坏作用，保持良好的生存环境，制定的显示基本国策的环境基本法；以及对应各种环境影响，反映具体规定内容的特定法。图9-6所示为和生产活动相关的法律体系和规定内容。在特定法中，规定了在工厂设置的设施和在工厂可以从事的工程等事项，并要求这些设施的结构在建筑前获得建筑许可，规定了这些设施排水、排气等环境污染物的浓度水平。本项中作为代表事例就"大气污染预防法"和"水质污染预防法"加以概要说明。

另外如图9-6所示为作为法律以外的有关事业活动的规定，有地方自治单位制定的条例，比国家法律范围扩大（限制对象设备规模的扩展，规定数值的提高等）和进一步追加规定（增加限制对象设备、限制物等）等。这样的情况很多，在进行实际事业活动时，需要根据这些条例采取相应的措施。

（a）大气污染预防法：大气污染预防法是1968年由环境省作为具体负责官方机构制定的法律。该法律制定的背景是：由于伴随着第二次世界大战后快速发展的国家工业体系，发生了以1961年日本的四日市哮喘病为代表的严重危害人身健康的灾难事件；借鉴了1967年制定的"公害对策基本法"的要点；以及随着工厂等企业活动或建筑物的拆除时，对于煤烟或者粉尘排出等的限制规定等和大气污染有关的事项，以保护国民的健康和生活环境为目的而制定的法律。

作为大气污染预防法的对象：产生煤烟（煤粉、硫黄氧化物、有害物质——氮氧化物等）和粉尘等的设施，而被指定的有锅炉、加热炉、破碎机等57种特定设施；还有关于新建设备、设备改造、设备报废时的申请责任以及追加相应的排放规定等。

排放规定中，除了关于设施种类以及设置时期的浓度规定外，在保证环境基本标准比较困难的地区，还增加了硫黄氧化物（24个地区）、氮氧化物（3个地区）的总量规定。还有不仅是设施，对于产生特定粉尘（石棉）的建筑物的拆除，也需要事前提出申请，并有责任严格遵守操作规程。另外上述的规定，是指全部达到一定规模以上的设施项目要求为对象提出的，对于小规模的工程可以不作要求。

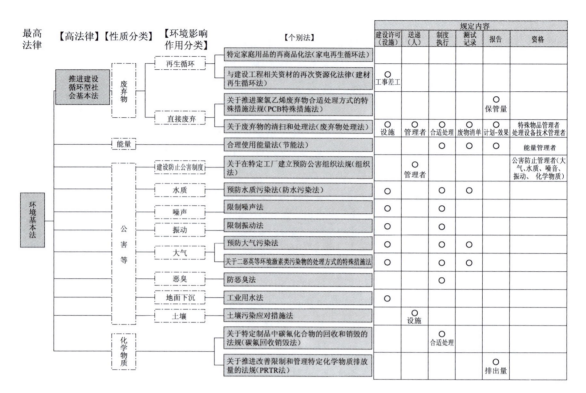

图9-6 环境法体系和规定内容

(b) 水质污染预防法：（日本）由于水质污染产生的公害的开始事件，是在明治初期在栃木县渡良濑川上游的足尾铜山发生的由于水质污染，下游的鱼和农作物受到毒害的足尾铜山矿污染事件，但是当时仅作为一个地方性的事故进行了处置。

可是，随后对于人身体的健康有很大危害的公害问题在各地连续发生。例如：由于工厂排出的污水含有甲基汞，1953—1960年熊本县水俣市以及1964年新成泻县阿贺野川流域的水俣病，1968年富山县神通川上流的神冈矿山由于排出的污水含有金属镉引起的全身疼痛病等。

在这样的背景下，根据1967年制定的"公害对策基本法"的精神，对从工厂向公用水域排放的废水和地下渗透水的限制做了规定，并根据生活用废水排放的对策的实施，力图避免向公用水域和地下水的渗透，以保护国民健康和保证生活环境为目标，于是，在1970年由环境省作为具体负责的官方机构制定了"水质污染预防法"。

作为"水质污染预防法"的限制对象，是指排放污水或废水的设施，具体来说，有酸或碱的表面处理设施、淬火设施、废气洗净设施、尿处理设施等285种特定的设施。还有关于新建设备、设备改造、设备报废时的申请责任以及追加相应的排放规定等。

根据排放规定，从特定设施的工作场所排放的放出水，除了规定的有害物质（金属镉等24项物质）、生活环境限制项目（ph值等18项内容）的浓度规定外，因为在封闭性水域会产生富营养化问题，对于向东京湾等的指定水域排放放出水的工作单位，进一步增加关于COD以及作为营养盐的氮、磷等物质总量的限制规定。

(3) 环境法规的发展趋势。法律的制定和修正是为实现与国家环境相关的价值观而进行的，从1970年到1980年前期的"大量生产、大量消费、大量报废"的时代，到现在的坚持"可持续发展"方向的时期，社会的价值观正在改变。

与此相适应，1980年以来，根据以往的排放规定，把预防公害作为目的规则已经不合适了，因此制定了"各种材料再生利用法"（PRTR法），确立了对资源及化学物资的使用加以管制以保护环境安全为目的的相应法规。

另外近年来因为土壤、地下水污染问题突出，2003年实行了"土壤污染对策法律"等，扩大了限制对象的范围。

9.2.4 其他相关法规

作为其他相关法规，这里仅列举与电气相关的电气经营管理法和电波法，并做简要说明。

（1）电气经营管理法。电气经营管理法的目的是："为正确合理的运行电气事业，保护用电者的利益，以及使电气事业健康的发展，对电气工作装置的工程建设、维护及使用作出的规定，以确保公共安全和自然环境。"内容主要由电气事业的经营、电气工作装置的工程建设、维护及使用等，共由8章组成。

作为汽车制造业，电气经营管理法针对的对象是本身使用的电气工作装置。包括接收电设备、常用发电站、备用发电装置等。因此必须遵守以下规定。

符合技术标准。

有自己的保安措施。

特殊情况需要有关环境影响的评价。

工程计划及检查。

（2）电波法。电波法的目的是："通过确保电波公平而且有效的使用，增进公共福利的发展。"内容主要由无线管理部门的许可证、无线设备、经营管理等，共由9章组成。

作为汽车制造业，涉及到的高频使用设备有工业用加热设备（利用10 kHz以上的高频电流，而且使用50 W以上功率输出的设备）。

9.3　汽车制造厂的标准

作为相关标准仅说明在ISO14001（环境经营管理系统）中限定的内容。

9.3.1　规定制定的原则[3]

ISO14001是在1996年9月以英国的BS7750标准为基础制定的初版内容。随后以"为了同ISO9000的相容性"和"明确规定项目要求"为目的的，在2004年11月发行的第一次修订版内容（国内标准JISQ14001在2004年12月出版）[4]。

另外，ISO14001不是法律规定的，而是面向环境保护制定的自发行动的框架的内容，并作为环境保护活动的管理工具这样一种定位。

9.3.2　规定的目标

如图9-7所示为环境经营管理系统的框图。ISO14001以环境方针为出发点，制定了Plan-Do-Check-Action的管理周期，反复开展这个周期活动，能够达到不断改善环境情况的目的。

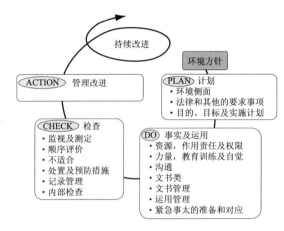

图9-7　环境经营管理系统的框图

另外，在ISO14001中还规定了根据环境方针引入了有关继续改善环境污染的预防、遵守法律以及其他需要注意的事项，并要求担负承诺的责任（面向社会的承诺）。从遵守法律和预防环境被污染两方面考虑贯彻执行。

9.3.3　法规执行中的注意事项

在初版标准中也规定了"遵守法律以及其他需要注意的事项"，要求掌握适用法律条例的内容以及正确的应用到日常的守法活动中去。

在2004年的修改版中，进一步追加明确了在法律条文中适用生产活动的具体内容，还有将初版中的"监察和测试"项目中规定的"（定期执行）保护管理评价"，作为独立项目列出，加强了有关遵守法律的管理措施。

9.3.4　ISO14001标准的审查和登记情况

如前所述，ISO14001标准对于保障环境安全活动（遵守法律，防患于未然）来说是非常有效的措施和策略，国内很多企业建立了遵循或适应法律规定的工作系统，经常开展保障环境安全活动。特别是达到ISO标准的工作系统，因为可以通过公共的外部审查机关进行审查认可，并获得公开，由于具有提高企业的知名度的优点，所以计划获得认证许可的企业也很多。在日本完成审查通过的企业约2万家（到2005年5月）。因此，日本审查通过的企业数在世界上处于第1位。

参 考 文 献

［1］厚生労働白書

［2］鈴木敏央：新よくわかるISO環境法，ダイヤモンド社

［3］社団法人産業環境管理協会，環境管理，Vol. 41，No. 1（2005）

［4］JIS Q 14001：2004 環境マネジメントシステム—要求事項及び利用の手引き，日本規格協会